戲劇導演

分析、溝通與風格

PLAY DIRECTING: Analysis, Communication, and Style,

7th Edition

著｜法蘭西斯・霍吉（Francis Hodge）
邁可・馬克連（Michael McLain）

譯｜洪祖玲

獻辭

謹將這本第七版的《戲劇導演》獻給2008年春天謝世的法蘭西斯・霍吉（Francis Hodge），作為對他無盡緬懷的紀念。霍吉博士集學者、導演、教育家等璀璨成就於一身，他在奧斯汀的德州大學（University of Texas, Austin）執教近四十年，激發並訓練數代導演學子，眾多在相關領域與他接觸的人士，表演、設計、劇場技術、評論學、劇場教育等，無不同霑惠澤。所有曾經負笈霍吉博士門下的學子，在學習告一段落離開時，對劇場作為一種藝術形式的認知視野大開，並確信劇場對吾人生活不但富饒意義且是需要的，甚而是一種高貴的生活方式。而人類的經驗——以及劇場擁有揭示這方面的能力——一直是霍吉博士向學子耳提面命的核心價值。拜師在霍吉博士門下，意味著擁抱劇場生活裡非常重要的紀律、創作力、技藝之養成、奉獻精神和嚴格的標準。誠然，這麼一位精湛的教師、傑出的導演、卓越的學者現身說法，以身作則，來自各種背景的學子們得以理解，劇場和戲劇是人類非常重要的活動與追尋，是文明社會奠基的基石。美國劇場因霍吉博士竟其終身的多方貢獻更加豐富。所有有幸與他結緣的人們都無比感念他，他的志業深刻地影響了許多人的生活，他的影響將代代相傳。

邁可・馬克連（Michael McLain）
加州大學洛杉磯分校

中文版導言

洪祖玲

戲劇導演之誕生

在現今劇場，導演位高權重，然而，發源自公元前六世紀希臘酒神祭典的戲劇演出傳統，被視為人類才智奇蹟之一的希臘悲喜劇，從那時起，劇作已晉身為文學。通稱為戲劇（drama）的劇作，與詩歌、散文在西方文學三足鼎立，劇作家彪炳千秋的地位在小說興起後仍屹立長存，劇場演出是綜合藝術，各種人才薈萃，流派枝繁種類葉茂，但在劇場史，「導演」真正在這領域定位成為專業，卻只是將近一百五十多年的事。

1874年5月1日，德國一個小公國的領袖喬治二世・薩克斯曼寧根公爵（George II, Duke of Saxe-Meiningen, 1826-1914），帶著他沒沒無名的劇團——曼寧根戲伶（The Meiningen Players）[1]——到柏林公演，曼寧根公爵把劇場諸多要素強力統整，所達到的整體藝術成果既獨特且璀璨，震動了歐洲劇壇，演出從四週延展到六週。從那時起到1890年，長達十五年，這劇團每年巡演時間延長到六至八個月，除了到德國其他三十八個城市，足跡遍及奧地利、瑞士、蘇俄、波蘭、捷克、荷蘭、英國、比利時、丹麥、瑞典等國。[2]曼寧根戲伶像龍捲風般，席捲了整個歐洲，其劇場成就是現代劇場史

---

1 關於曼寧根公爵領導的劇團名稱，Oscar G. Brockett & Robert Findlay 在*Generation of Innovation* 中稱作「The Meiningen Players」（曼寧根戲伶）（Boston: Allyn and Bacon. 1991），p.31；維基百科中稱作「Meiningen Ensemble」（曼寧根總體劇團）；不列顛百科全書稱作「Meiningen Company」（曼寧根劇團）；原文德文名稱為「 Meininger Hoftheatertruppe 」（即Meiningen Court Theatre Troupe，曼寧根宮廷劇團）。查詢日期：2020年3月30日。

2 Oscar G. Brockett & Robert Findlay. *Generation of Innovation*. (Boston: Allyn and Bacon. 1991), p.32.

上最重要里程碑之一：全權導演（all-powerful director）之誕生[3]。

曼寧根公爵是最先將導演當作獨立事業來從事的先驅。法國自由劇場的安德烈・安端（Andre Antoine, 1858-1943）、俄國莫斯科藝術劇團的康斯坦丁・史丹尼斯拉夫斯基（Konstantin Stanislavsky, 1863-1938）和丹欽科（Vladimir Nemirovich-Danchenko, 1858-1943）、現代戲劇大師易卜生（Henri Ibsen, 1828-1906）等都深受影響。戲劇學者海倫・克里奇・欽諾依（Helen Krich Chinoy）形容曼寧根公爵：「他運用一切劇場藝術媒介來詮釋文本。」「他把各種劇場藝術融合成具有視覺和聽覺詳盡細節的交響樂。不允許任何細節破壞總體效果，因為比起劇本自身，這些細節更能將舞台圖像成功地轉化出這個戲劇世界的意象。」[4]戲劇學者暨舞臺設計家李・西蒙森（Lee Simonson）認為：「一位統御一切的導演是必要的，導演可以把整個演出視覺化，並且經由對每一瞬間的控制，達到詮釋的統一度；燈光、服裝、化妝、舞台的最小細節都要具有詮釋的價值；在演出能夠表現出『戲劇的靈魂』之前，需要巨大的紀律和組織程度。」[5]

全面掌控演出的導演專業是新興的，但與過去密不可分；在劇場的歷史長河中，類似今日導演的這種角色的前身一直是存在的，通常附存於劇作家、指導者、製作人、明星演員、演員經理、舞台監督等等。古希臘劇場這類工作者被稱為didaskal，意即指導者或老師，指導者提示一套已被接受的規條和已定的目標，並不被期望有創作性的作為。在為數極稀少的斷簡殘篇裡，這類工作者僅少數幾位因顯著的創作成就很幸運地被記錄下來。在一本古代傳記記述著，擅於編舞的劇作家艾斯奇勒斯（Aeschylus, 西元前525/524－456/455）使歌隊移動成為演出的一個要素，他在《優曼尼底斯》（*The Eumenides*）這齣戲中，讓復仇女神狂亂地從四面八方入場，這招設計「大大驚嚇了群眾，竟使孩童氣絕，婦人流產」。索福克里斯（Sophocles,

---

3 同上，p. 15。

4 Chinoy, Helen Krich. "The Emergency of the Director." *Directors on Directing*, ed. by Toby Cole & Helen Krich Chinoy. (Indianapolis: Bobbs-Merrill Educational Publishing. 1983), p.23.

5 同上，p.25。

西元前496-406/5）致力於劇場傳統永恆性的改革，他使用繪製的佈景，引用第三位演員[6]，這兩位偉大的悲劇家符合了哥登・克雷格（Gordon Craig, 1872-1966）所定義的藝術家導演。源於中世紀教堂儀式的連環劇（cycle play），從創世紀搬演到最後審判日，從室內移到室外，繁複的場景和舞台佈景機關，加上數目龐大的臨時演員，這一切必須交付戲劇總監（play master）統一組織和指揮，他們的工作類似今日舞台監督，負責組織這個盛典，而現代導演必須理解舞台與劇場空間之性質、組織和設備等之運作，從戲劇總監的工作性質可以追蹤出來。我們從莎士比亞（William Shakespeare, 1564-1616）和莫里哀（Molière, 1622-73）的劇作中，很明顯看到這兩位偉大劇作家表現出現代導演的特質。在《哈姆雷特》，莎士比亞藉主人翁直述他對表演和演出的犀利觀照，莫里哀在《凡爾賽宮即興》（*L'Impromptu de Versailles*）分析角色並指示表演技巧，他的合作者暨記錄者拉格朗（La Grange）表示，莫里哀對演員表演極其細節、嚴格並精確的觀察和處理，在當時巴黎戲劇界是絕無僅有的[7]。今天，當執導一齣戲時，導演洞悉該文本的智力，必須等同創作那齣戲的劇作家之於該劇，這個必要的才能是從偉大希臘戲劇一脈傳承下來的。而在商業劇場裡，明星演員對劇本和演出的掌控才華幾是常態，這現象映現出導演必須深入理解表演且具掌控力、良好的領導和組織能力。在十九世紀的倫敦劇場，幾位傑出的演員／經理（actor-manager）如約翰・飛利浦・坎伯（John Philip Kemble, 1757-1823）、愛德蒙・基恩（Edmund Kean, 1789-1833）、威廉・查理・麥克雷迪（William Charles Macready, 1793-1873）、查理・基恩（Charles Kean, 1811-1868）、斯奎爾・班克羅夫特（Squire Bancroft, 1841-1926）[8]、亨利・歐文（Henry

---

6 Robert Cohen & John Harrop, *Creative Play Direction*. (N.J.: Prentice-Hall, Inc., 1984), p.2.

7 Chinoy, Helen Krich. "The Emergency of the Director. " *Director on Directing*, ed. by Toby Cole & Helen Krich Chinoy. (Indianapolis: Bobbs-Merrill Educational Publishing. 1983), p.6.

8 斯奎爾・班克羅夫特，英國演員暨劇院經理。他和妻子埃菲・班克羅夫特（Effie Bancroft）推動舞台佈景很真實的新演出形式，謂之「客廳喜劇」(drawing-room comedy)或「杯碟戲劇」（cup and saucer drama）。（取自維基百科。上網日期：2020年4月2日。）

Irving, 1838-1905），在他們出色的演藝生涯裡，對演出都進行了實驗性的探索並獲得顯著成就。戲劇學者欽諾依總結這些演員／經理在導演專業的貢獻時說道，他們的各項進展雖然已為演出藝術和舞台畫面建立基礎，「但這些導演的先驅們都未能在整體上取得持久的和諧一致，而這種和諧一致卻將顯現為一種理想。他們的貢獻是一種必不可少的準備工作。他們奮鬥的總成果，將留給一位不廣為人知但富有藝術才華的德國貴族：喬治二世・薩克斯曼寧根公爵。」[9]

後人尊稱為「劇場公爵」的喬治二世，其傑出的導演才華之養成有可追溯的軌跡。他就位成為領袖之前，於德國伯恩大學和萊比錫大學攻讀美術和音樂，在德國王公貴族中是出類拔萃的知識菁英，擅長政治和征戰同時熱中藝術，周遊歐洲列國，親炙倫敦查理・肯恩與柏林路德維・棣克（Ludwig Tieck, 1773-1853）[10]等演出，觀察巴黎、維也納等地最好的劇團之運作。當他接掌曼寧根宮廷劇團，與曾當演員的妻子艾倫・佛朗茲（Ellen Franz, 1841-1926）、演員暨舞台監督也是導演的路德維・克朗尼基（Ludwig Chroneg, 1837-1891）協力奮鬥，果敢實驗並實踐他的劇場創作理念，他們三人發展出一套排練制度：取消明星傳統，注重研究考證，講究細節，必排練到導演理念貫徹實踐才公演。[11]曼寧根公爵是揭櫫導演正式成為現代劇場創作性藝術家的創建者，但他不是孤單的，現代導演之誕生，與發端於十八世紀伏爾泰領導的啟蒙運動、英國工業革命、法國大革命、美國獨立等，與十九世紀之政治、宗教、社會、哲學、藝術、科技等等變革密切關聯，相關的人物包括達爾文、佛洛依德、尼采等，以及致力於劇場改革理念實踐的歌德和華格納等文藝大師。

二十世紀是導演的世紀，安端、史丹尼斯拉夫斯基、丹欽科、亞道夫・阿匹亞（Adolphe Appia, 1862-1928）、哥登・克雷格、梅耶赫德（Vsevolod

---

9 同註7，p.22.

10 Ludwig Tieck（1773-1853），德國劇作家，「他在劇本演出中讓劇作家和演員出現於舞台，或發表意見，或提出質疑，成為二十世紀實驗戲劇的先生。」胡耀恆：《西方戲劇史》（上）。（台北：三民書局，2016）。頁417。

11 胡耀恆，《西方戲劇史》（上）。（台北：三民書局，2016）。頁434-436。

Meyerhold, 1874-1940）、麥克斯・萊因哈特（Max Reinhart, 1873-1943）、賈克・科波（Jacques Copeau, 1879-1949）、布萊希特（Bertolt Brecht, 1898-1956）、伊力・卡山（Elia Kazan, 1909-2003）、尚一路易・巴霍（Jean-Louis Barrault, 1910-1994）等具開創視野的宗師，在演出中提出富原創性的實驗，熱切地詳加闡明記述理念、願景、技藝和方法，寫下現當代劇場史上璀璨的篇章。

來自四面八方的人們在劇院聚集，一起在相同時間的流動中，共同經驗一個戲劇世界的變異，這種儀式性活動，霍吉博士認為導演具有「祭司」的使命，他在本書最後言道：

> 賦予他／她經手的作品舞台生命，導演就像一位祭司，用一種可以追溯到古希臘的形式演繹我們這個時代的寓言。只有在你執導過一些作品，並且感受到身為一個主導者和觀眾間的互動和連結時，才能更深入的體會到這複雜的觀點。戲劇作品不只是娛樂，它們更是全面的觀看體驗。身為一位祭司，一位將劇場表演的儀式帶來生命的祭司，是你將它具體實現了。劇作家具有詩意的想像，導演們，經由演員和設計師，在舞台上，賦予這想像實體的生命。劇場不只是一個為了娛樂而存在的場所，最理想的型態，它應該要成為人們探索未知、多元理解和尋求歸屬的生活中心。[12]

以戲劇為本的劇場藝術是門人學，在現今，科技飛躍，經濟至上，物質主義昌盛，政治凌駕一切，大自然持續遭受嚴重侵害，二十一世紀的人類，依舊是活在歷史學家房龍在《人類的故事》一開始的大哉問：「我們活在一個巨大問號的陰影之下。我們是誰？從哪裡來？要往哪裡去？」人們需要導演這位祭司在劇場演繹我們這個時代的寓言。

---

[12] 參閱本書頁499。

《戲劇導演》，橫跨半世紀的接力與傳承

《戲劇導演》在1971年發行第一版至今半世紀，之所以能長時間高居美國導演教科書榜首[13]，最重要原因當然是內容豐盛、清楚、實用。作者法蘭西斯·霍吉博士（Dr. Francis Hodge）開宗明義表明這本書是「導演入門」，強調導演在創作過程之核心方法，淋漓闡明一個導演擔當的各種角色，從劇本的選擇和分析，到與演員和設計的合作，如何使一齣戲具相、發生、存活在舞台上，在演出現場與觀眾密切溝通；實質上，此書範圍相當全面且深入。霍吉的導演作品豐富，深諳劇場創作精神，洞悉劇場運作實務，在撰寫之前，於德州大學奧斯汀分校有二十年教授導演經驗，加上戲劇文學、劇場史、方法論等訓練紮實的學術背景，在在映現於他有條不紊翔實導介每項知識和方法。尤其，每次再版，霍吉都與時俱進，內容必修正、更新和添增。2005年第六版，高齡的霍吉邀請時值盛年的導演同行邁可·馬克連（Michael McLain）與他合著。執教於加州大學洛杉磯分校的馬克連，加強了導演與設計的合作方面，使此書在導演與各種藝術群合作之引導更加完整。第七版在2010年發行，馬克連在〈序〉表示，「目標是更充分地全面探究導演和設計者的關係，以提供導演執導時在這極其重要的層面具有紮實的基礎。」經由霍吉和馬克連兩位作者鍥而不捨的努力，《戲劇導演》從最初約二十萬字增加到現今第七版的三十二萬字。

霍吉於1915年出生於紐約州傑尼瓦市，在康乃爾大學獲得戲劇與劇場的博士學位，導演五十多部戲劇演出，指導過一百多齣研究生導演作品。他同時以導演和戲劇學者身分活躍於美國戲劇界，他是《教育戲劇雜誌》（*Educational Theatre Journal*）和《演講雜誌》（*Journal of Speech*）撰稿編輯，創辦美國劇場研究協會（American Society for Theatre Research, ASTR）——一個促進戲劇作為嚴肅學術研究領域的戲劇學者組織，也是

---

13 見Terry Briano-Dean博士在《劇場議題》對剛發行的第六版*Play Directing*的書評。（Theatre Topics, Volume 16, Number 1, March 2006, pp. 104-105）。

美國戲劇協會學院（College of Fellows of the American Theatre Association）的成員。他主編了《舞台和劇場設計的創新》（*Innovations in Stage and Theatre Design*, 1972）。另一部重要著作《北方佬劇院：美國在舞台上的形象，1825-1850》（*Yankee Theatre: The Image of America on the Stage*, 1825–1850），榮獲全國傳播協會（National Communication Association）金書獎（Golden Anniversary Book Award）。霍吉夫人矖菈（Beulah）是電視節目製作人也是主持人，在二十世紀60與70年代活躍於德州公共電視，霍吉謝謝她：「幫助我深刻體認到，在電子媒體的衝擊下，劇場奮力存活的過程中，闡明兩者本質上之不同，有著絕對的必要性。」[14]在本書字裡行間，洋溢著霍吉對戲劇現場演出與觀眾連結之特質言近旨遠的叮嚀，以及對具有祭司般使命的導演之熱切期許。霍吉在德州大學奧斯汀分校劇場與舞蹈系（Department of Theatre and Dance）執教三十年（1949-1979），他在校園內成立「展演實驗室」（the Demonstration Laboratory），每星期一次，提供同學展現新作品並溝通激盪的機會。在〈學術界導演〉中這一段話，可視為具有導演創作才華的霍吉終身將教育視為神聖志業奉行的感思，他說：「在戲劇製作的階梯上，導演總是不斷攀升，從簡單的戲劇到高度複雜的戲劇如歷史戲劇，然而，在課堂教學，耕耘開發年輕學子的才華，在知性和精神方面能獲得滿足，也是一種補償，本身就能成為一種目的。」1984年，德州大學奧斯汀分校感謝霍吉教授的貢獻，成立「霍吉戲劇獎學金」獎勵主修導演的優秀同學。2008年月4月6日，霍吉以高齡93歲謝世，奧斯汀紀事週報（The Austin Chronicle）專文報導：「學子們是他敏銳的智慧和熱情的受益者，最重要的是，他對自己的方法和技藝進行了嚴格的鑽研；他的教導，不僅對他們在劇場方面很有助益，在生活中也很有幫助。」[15]

---

[14] 見Francis Hodge 於1982年出版的第二版*Play Directing*, p.xiii。

[15] 資料來源：(1) 德州大學奧斯汀分校劇場與舞蹈系（Department of Theatre and Dance）官網，https://theatredance.utexas.edu/emeritus/hodge-francis；(2) Robert Faires, “In Memoriam: Francis Hodge (1915.1217—2008.0406)——The man who wrote the book on directing plays and was an influential teacher at UT has passed on.” *Austin Choronicle*. 2008.0418. https://www.austinchronicle.com/arts/2008-04-18/613556/（上網日期：2020年4月6日）

馬克連主事的第七版延續並保留前五版的核心題旨和內容。1973年，當馬克連是華盛頓圓形舞台（Arena Stage in Washington, D.C.）的一名成員時，他參與一個由美國駐俄劇院在聖彼德堡亞歷山大劇院和莫斯科藝術劇院的演出，這殊勝經驗開啟他對俄國劇場的興趣，於1977到1978，透過美國傅爾布萊特學術交流計畫，他成為第一位到蘇俄研究劇場的專家。馬克連參與創辦加州大學洛杉磯分校（UCLA）的劇場與電影電視學院（the School of Theater, Film and Television），是第一任副主任，以及參與創建該校的格芬劇院（Geffen Playhouse）。馬克連是香港政府在諮詢大學部與研究所於劇場課程方面的顧問。

本書的副標題「分析、溝通與風格」，這命題表徵了作者堅信的導演三種最重要的工作和任務是：劇本分析、通過與藝術群溝通達到和觀眾溝通、創造風格。直到第五版的〈序〉，霍吉仍堅定重申他在前四版所強調的，他確信無論是哪一個層級的導演，他的創作必定是根植於充滿啟發性的劇本分析，以及他對演員、各種設計師和觀眾不同層面的溝通；大多時候，導演是最高階層的溝通者，不是獨裁者；最後，他必須承擔起塑造這個演出的風格。從分析到風格，導演必須懷著如是想望：釋放自己成為一個完全投入、富有創意翺翔的領導者。

第一篇〈解構劇本〉，作者肯定，深入且翔實的劇本分析能讓導演「對劇本的感情和富有想像力的反應擁有客觀性支持」。正如彼得．布魯克（Peter Brook）所說：「日復一日，我的主要工作就是與這些詞語及其含意搏鬥。意義也是通過不斷摸索反覆試驗慢慢地從文本中浮現出來的。只有通過細節，文本才有生命，而細節是理解的成果。」[16]霍吉提供的分析方法，除了基本的文學肌理，更針對導演創作實務，實在且周全地列出導演研析一個劇本必須深究的要項：既定情境、對話、戲劇動作、角色、思想、韻律和氛圍之節拍。試舉一例，「既定情境」裡的「先前動作」與「態度導向」都是一齣戲的「內在環境」，作者提醒我們，「在劇情行進的過程，主要角色

[16] Peter Brook. “There Are No Secrets.” *The Open Door*. (New York：Pantheon Books, 1993), p.111.

並沒有改變他的個性，而是當壓迫的力量超過他能控制時，他的態度改變了。」導演追尋出在現在動作開始之前發生的先前動作，追蹤全劇主要角色的態度之改變、為什麼改變，掌握到主要角色從一齣戲開始到結束時態度導向之轉變，即掌握了主要角色行為的核心脈絡，宛若哪吒抓住了海龍王的龍筋。再以「戲劇動作」裡的「段落」為例，導演推敲全劇台詞、在每一段落「發現動作並下標籤」，下標籤——點題，即掌握該段落戲劇動作的進展、或題旨、意象、特質等，由此發展而完成該劇之「追查表」，導演掌握了全劇的動作之脊椎、清楚每一個段落的目標之同時，因解構，明白起承轉合，亦即掌握了全劇情節結構。氛圍與節奏是在這些鉅細靡遺之知性解構文本後，導演擬定具相這戲劇世界時的藝術與感性目標。霍吉解構劇本之方法，提綱契領又觀照細微，深具科學研究精神。這些理解是導演與藝術夥伴溝通一切的最重要根據。同時，對喜好文學的讀者，劇本與詩通常都被列為較難讀懂的文學體裁，就這一點，〈解構劇本〉是很理想的研讀劇本導引。

從第二篇起，是導演與藝術群——演員與設計——將劇本從文字具相成戲劇世界的流程和方法。第二篇〈溝通〉，這一篇勾勒出戲劇演出是門綜合藝術，因劇場在演出時間、空間上的有限特質，負責引領、溝通和協調的導演，必須深諳他合作的各個部門藝術家的專業與所運用的設備之功能。「在製作戲劇時，你越通曉什麼可行，你就會越有創造力和冒險精神，因為要以嶄新的意象觸動觀眾，取決於你是否徹底地了解你所使用的工具。」這篇分兩大部分，第一部分從第7章到第16章，是導演與演員在排演場一起工作時可資運用的七種工具：舞臺擺置、構圖、姿勢、道具運用、圖像化、移動與台詞投射；第二部分，從第17章到第22章，重點在導演與各設計部門工作，計有舞台、布景、道具、燈光、服裝與聲音。在這一版，自己身為舞台設計者的馬克連特地增加了第30、31章，增列為第四篇，題為〈溝通2——導演與設計的關係〉，進一步強調導演與設計合作的理想方式。作者指出，若企圖以設計作為新穎的表述，唯當導演徹底了解舞台的可能性和局限，對廣博材料熟悉且富有想像力之運用時，舞台會是一臺可以做你想做的任何事情的機器，且包括觀眾富有想像力的反應。

第三篇的標題是「詮釋——關於風格」，從第23章到第29章，透過對古昔劇場歷史和現今之劇本與製作中風格的研究，進階精煉這些技藝、機制、運作方法，塑造出專屬於這齣戲這個演出的獨特精神和風貌，亦即一己的風格。在這一篇我們管窺了霍吉博士學識之淵博和西方劇場寶藏之浩瀚。在第二版的〈序〉裡，霍吉特別感謝康乃爾大學卓孟德教授（Prof. Alexander M. Drummond），教導他認知劇場史和戲劇批評對導演無以倫比的價值。霍吉不懈地強調劇場史、戲劇文學與理論等學養對成為優秀導演的重要性，這呼籲貫徹了《戲劇導演》全書。導演學是一門專業技藝，而融合才氣、品味、創作力和學養等冶煉出的雋永風格，可望將導演從「總藝師導演」提升到「藝術家導演」的境界。

此譯著有兩個做法與第七版原著不同，於此稍做解釋。首先，關於第三人稱代名詞的用法。在2000年出版之第五版的〈序〉，霍吉特地說明書中第三人稱用法，他表明半世紀以來女性導演非常活躍，而女性演員／經理出現的更早，他在這書裡第三人稱用男性的「他（he）、他的（his）、他（him）」完全沒有性別的意味，他肯定導演是以才氣和必備的劇場學養而立足於劇場[17]。在第七版裡，馬克連採取了「他」與「她」輪流上場、有時「他／她」並置的做法。在這譯著，我選擇霍吉的觀點和做法——何況中文是第二人稱也有性別之分，以及以目前的性別知識，我們多已接受其實不僅兩性，性別至少可達五種。不過，我保留馬克連「他／她」並置的地方。再是，原書並無註釋，我將幾處行文中岔出說明的資訊移為註釋，相信並未影響原來內容的完整性。

霍吉和馬克連橫跨半世紀傾心接力完成的《戲劇導演》，打一開始，霍吉直言此書不僅是為有志導演創作的學子而寫，也為劇作、設計和演員而寫。譯者相信，劇場工作者若能接受作者諄諄教誨莘莘學子的口吻，肯定會很快發現這是一本富有見地且言之鑿鑿的劇場藝術創作指引，並如作者所期許，必能激發衍展出擁有自己特色的工作方法。

---

17 見Francis Hodge在2000出版之第五版 *Play Directing*, p.xvi 。

譯者誌謝

自從1983年負笈紐約時幸得霍吉博士的*Play Directing*，從昔稱國立藝術學院到今天之國立臺北藝術大學戲劇學系和劇場創作藝術研究所，以及2009至2010年在南京大學戲劇影視藝術系，《戲劇導演》是我三十五年來教授導演的首要教科書，也是架構我導演創作的重要基石，飲水思源，翻譯此書是我不容推辭的使命。這心願得以實踐，首先要感謝揚智出版社，尤其總編輯閻富萍女士和編輯謝依均小姐。2017年春天，閻總編輯偕新上任的謝編輯接受我推薦的*Play Directing*，且很速效地取得翻譯版權。在臺灣，劇場教科書的讀者屬少數族群，對導演有探索興趣的讀者可列為稀珍人種，民間出版社發行劇場導演教科書是非常辛苦的事，翻譯和出版*Play Directing*須先向原出版社獲得版權，揚智出版社願意投入，太令我感動了，我非常珍惜這個譯介的機會，再者，《戲劇導演》字數和知識量巨大，揚智出版社讓我從容完成翻譯、譯註和校對，無比感激。

2018年夏天卸下專任教職，秋天完成北藝大戲劇學院與曼谷朱拉隆功大學戲劇系共同創作的*Level With Me*，且在曼谷、日惹亞太戲劇節、關渡藝術節巡演後，我全時間投入《戲劇導演》翻譯工程，在日以繼夜伏案逐字逐句推敲爬梳中，我由動態的劇場實務人轉化成宅女鍵人。從2017年春天開始這三年，我特別要感謝二弟陳志明和弟妹楊繡琴，他倆完全肩負了照顧母親的工作，無比感念數十年如一日支持我的愛人同志葉子彥，包容我整三年以工作室為家，他和三位姊姊合力照顧我的婆婆。是這些家人親人的奉獻和眷顧，讓我能無後顧之憂專心翻譯工作。

這是我第一次翻譯大部頭論述，霍吉與馬克連的文采含英咀華，我原即癯瘠的英文能力更形枯槁，幸有精通中文的大妹夫Charles Cook和二妹夫Steve Miron，協同大妹祖瑛、二妹祖瓊，細大不捐斧正我不時請益的譯文；許宏達牧師介紹豐富的有道詞典，並漏夜將全本*Paly Directing*電子書轉成文字檔以方便我工作；負笈紐約的楊易——我在南京大學的高愛徒——贈送我不同版本的*Play Directing*，我得以一窺此書之演進，銘心感念這幾位大德熱忱協助。此書的專業術語譯名，由於坊間劇場中文專業書籍相當匱乏，承蒙十方善知識賜教得以一一克服，於此拜揖致謝：紐約的資深演員Jack Davidson和小提琴家Jonathan Miron、臺灣大學愛爾蘭戲劇專家高維泓教授、北藝大的同事和校友如：燈光設計家曹安徽老師、技術設計家楊金源老師、服裝設計家沈斻老師、舞臺設計家房國彥老師、作曲家許哲綸、聲樂家陳翰威，演員暨劇作家劉美鈺、戲劇治療師蘇慶元、演員蔡昇兼等。

從第十二章起，我邀請七位北藝大劇場藝術創作研究所校友與碩生協譯，翻譯初稿，依參與工作先後分別是：邢立人、謝依均、張世暘、馬洛書、吳子敬、程時雍、周安迪。兩位助理邢立人和王家斌；於翻譯初期，邢立人負責圖說翻譯和整理專有名詞譯名，在翻譯後期，甫從北藝大戲劇系主修導演畢業的王家斌，負責統一專有名詞和術語譯名並中英對照檢視譯文，以及整理出附錄之專有名詞與術語詞條中英對照。感謝這八位劇場生力軍協力。最後，衷心銘謝閻富萍總編輯對劇場教育之宏觀遠見、編輯謝依均小姐對文稿之建議與修正，特別感謝美編趙美惠小姐賦予整本書形貌，且包容我於排版後繼續修正潤飾譯文，非常佩服詹宜蓁小姐將全書三十三萬字貫徹始終鉅細靡遺之用心校對。

本書封面匯集了許多劇場記憶。謝謝國立臺北藝術大學戲劇學院提供畢製《鷹井之畔》與學製《彼岸》劇照、《谷德，搖搖搖》排練活動照，第六屆校友陳湘琪在大三導演課「動機分析」作業，其他是譯者執導《紅鼻子》的氛圍圖、《彼岸》角色結構圖、追查表與走位圖。感謝徐丹統合這些素材形塑本書封面。

祝禱我們所有人投注《戲劇導演》翻譯與出版工程的心力，助益華人劇場學子紮實打穩藝術與技術的基礎，精進劇場創作志業必備的技藝，「舞台是一個須以卓越的技藝操作的飛翔機具。」霍吉和馬克連說：「深諳劇場作為藝術形式的各種可能性，導演就能知曉自由之道，且領導藝術群何去何從。」

闕渡家工作室
2020年5月4日 全球瘟疫蔓延時

序

在準備這本第七版的《戲劇導演》時，我的目標是更充分地全面探究導演和設計者的關係，以提供導演執導時在這極其重要的層面具有紮實的基礎。為達成這目標，增加了嶄新的兩章，同時，在其他章節裡，凡是有關設計的流程中導演應該扮演的角色，諸多重點都被加強或闡明得更清楚，繼續更新了第六版裡某些圖片，某些習作也改換或拓展，期望有志學習導演的同好，盡可能投注充分的時間去完成這些習作。

如同前幾版，我要向許多大學生和研究生致敬道謝，這些人堅定不移地學習這恆久玄奇且永不乏靈思的技藝。在這媒體不斷推陳出新湧現在我們生活各個層面的時代，新一代的學子在現場演出中尋求超然的體驗，他們維繫且加強了這個信念：年輕人是能夠想像的——並且尋求——那些在我們生活裡僅有現場演出的劇場可以供給的。同時，誠摯地向提供本書建議與改進意見的使用者致謝，這些思想表達的關懷也令人鼓舞。最後，謝謝審閱這個版本的專家們：貝慈學院（Bates College）的保羅・柯瑞芝（Paul Kuritz）、大峽谷州立大學（Grand Valley State University）的凱倫・立柏曼（Karen Libman）、賀伯格藝術學院（Herberger College of Fine Arts）的威廉・派特蘭（William Partlan）、北方州立大學（Northern State University）的丹尼・游蓋提斯（Daniel Yurgaitis），您們之中每一位，我有說不盡的謝謝，因為您們的貢獻，《戲劇導演》一書得以更好。

劇照與平面圖致謝名單

每一張劇照以其出現之先後按以下之順序列出感謝人士：圖次、劇名和劇作者、導演、設計、提供照片者、演出地點。

劇照

1. 《亞圖洛・烏義之可阻擋的崛起》（*The Resistible Rise of Arturo Ui*）。劇作：貝爾托特・布萊希特（Bertolt Brecht）；導演：海因茲－維・豪斯（Heinz-Uwe Haus）；堪薩斯大學（University of Kansas）。
2. 《白痴的喜悅》（*Idiot's Delight*）。劇作：羅伯特・謝悟德（Robert Sherwood）；導演：法蘭西斯・霍吉（Francis Hodge）；舞臺設計：拉茲洛・方特克（Laszlo Funtek）；服裝設計：伊爾莎・里克特（Ilse Richter）；加拿大班夫藝術學院（Banff School of Fine Arts, Banff, Canada）。
3. 《髮》（*Hair*）。劇作：睿多、瑞格尼、馬克德蒙特（Rado, Ragni, McDermott）；導演：梅爾・夏皮羅（Mel Shapiro）；舞臺設計：艾蜜莉・菲力普斯（Emily Philips）；服裝設計：金尼克・普羅斯貝爾（Jeannique Prospère）；燈光設計：珍・霍爾（Jane Hall）；加州大學洛杉磯分校（University of California, Los Angeles）；克雷格・施瓦茲（Craig Schwartz）攝影。
4. 《孤雛淚》（*Oliver!*）。劇作：萊昂內爾・巴特（Lionel Bart）；導演：瑪格麗特・伊莉莎白・貝克（Margaret Elizabeth Becker）；舞臺設計：葛哈特・阿爾斯伯格（Gerhardt Arceberger）；服裝設計：凱倫・哈德森（Karen Hudson）；燈光設計：阿弗瑞德・史丹利（Alfred Stanley）；德州奧斯汀扎克里・史考特戲劇中心（Zachary Scott Theatre Center, Austin, Texas）。
5. 《聖女貞德》（*Saint Joan*）。劇作：喬治・蕭伯納（George Bernard Shaw）；導演：法蘭西斯・霍吉（Francis Hodge）；舞臺設計：克雷頓・卡爾寇許（Clayton Karkosh）；服裝設計：保羅・萊茵哈特（Paul Reinhardt）；德州大學奧斯汀分校（University of Texas, Austin）。
6. 《真愛》（*True Love*）。劇作：查爾斯・密二世（Charles Mee, Jr.）；導演：邁可・馬克連（Michael McLain）；共同導演：布萊恩・凱特（Brian Kite）；舞臺設計：丹尼爾・A. 艾歐納奇（Daniel A. Ionazzi）；

服裝設計：羅斯瑪莉・法比亞諾（RoseMarie Fabiano）；燈光設計：珍・霍爾（Jane Hall）；加州大學洛杉磯分校（University of California, Los Angeles）；克雷格・施瓦茲（Craig Schwartz）攝影。

7. 《奧瑞斯特斯2.0》（*Orestes 2.0*）。劇作：查爾斯・密二世（Charles Mee, Jr.）；導演：邁可・馬克連（Michael McLain）；共同導演：布萊恩・凱特（Brian Kite）；舞臺設計：丹尼爾・A. 艾歐納奇（Daniel A. Ionazzi）；服裝設計：羅斯瑪莉・法比亞諾（RoseMarie Fabiano）；燈光設計：珍・霍爾（Jane Hall）；加州大學洛杉磯分校（University of California, Los Angeles）；克雷格・施瓦茲（Craig Schwartz）攝影。
8. 《烈火家園》（*Curse of the Starving Class*）。劇作：山姆・謝普（Sam Shepard）；導演：邁可・馬克連（Michael McLain）；舞臺設計：李奇・羅斯（Rich Rose）；服裝設計：松本彌葉（Miye Matsumoto）；燈光設計：瓊安・麥克邁斯特（Joanne T. McMaster）；加州大學洛杉磯分校（University of California, Los Angeles）。
9. 《憤怒回顧》（*Look Back in Anger*）。劇作：約翰・奧斯本（John Osborne）；導演及設計：馬克・拉蒙特（Mark Ramont）；德州大學奧斯汀分校（University of Texas, Austin）。
10. 《考驗》（*The Crucible*）。劇作：亞瑟・米勒（Arthur Miller）；導演：渥德・貝克（Word Baker）；威廉・拉森（William Lar sen）飾演牧師。紐約馬汀尼克劇院（Martinique Theatre, New York）。
11. 《羅斯瑪山莊》（*Rosmersholm*）。劇作：亨利克・易卜生（Henrik Ibsen）；導演及設計：勞倫斯・彼得斯（Lawrence Peters）；德州大學奧斯汀分校（University of Texas, Austin）。
12. 《藍葉之屋》（*The House of Blue Leaves*）。劇作：約翰・圭爾（John Guare）；導演：瑟蓮娜・絲凱・艾波（Celena Sky April）；舞臺設計：蕭恩・柯特曼奇（Sean Cortemanche）；服裝設計：巴比・盧索（Bobby Russo）；燈光設計：艾利克斯・莫爾納（Alex Molnar）；麻州賽倫州立學院（Salem State College, Salem, Massachusetts）。
13. 《失智》（*Dementia*）。劇作：艾維莉娜・費南德茲（Evelina

Fernandez）；導演：荷西・路易斯・巴倫祖埃拉（José Luis Valenzuela）；舞臺設計：羅拉・法埃（Laura Fine）；服裝設計：海琳・希布里茨（Helene Siebrits）；燈光設計：金光燮（Kwang-Sub Kim）；洛杉磯拉丁劇場公司（Latino Theatre Company, Los Angeles Theatre Center, Los Angeles）；卡羅・皮特森（Carol Petersen）攝影。

14. 參見8。耶梅特・洛福德攝影（Emmet Loverde）。

15. 《犧牲者》（*La Victima*）。劇作：希望劇院（El Teatro de la Esperanza）；導演：荷西・路易斯・巴倫祖埃拉（José Luis Valenzuel）；燈光設計：金光燮（Kwang-Sub Kim）；加州大學洛杉磯分校（University of California, Los Angele）；卡羅・皮特森（Carol Petersen）攝影。

16-17.《羅密歐與茱麗葉》（*Romeo and Juliet*）。劇作：莎士比亞（William Shakespeare）；導演：邁可・馬克連（Michael McLain）；舞臺設計：李奇・羅斯（Rich Rose）；服裝設計：約翰・布蘭特（John Brandt）；燈光設計：葛瑞格・蘇利文（Greg Sullivan）；加州大學洛杉磯分校（University of California, Los Angeles）。

18-19. 同7。

20. 《奧瑞斯特斯》（*Orestes*）。劇作：尤瑞皮底斯（Euripides）；導演：唐・威爾梅斯（Don B. Wilmeth）；舞臺設計：約翰・R. 盧卡斯（John R. Lucas）。

21. 《一報還一報》（*Measure for Measure*）。劇作：莎士比亞（William Shakespeare）；導演：詹姆斯・湯瑪斯（James Thomas）；舞臺設計：蘭迪・威許梅爾（Randy Wishmeyer）；服裝設計：伊莉莎白・凱勒（Elizabeth Kaler）；佛羅里達州立大學（Florida State University）。

22. 《推銷員之死》（*Death of a Salesman*）。劇作：亞瑟・米勒（Arthur Miller）；導演：唐諾文・馬利（Donovan Marley）；舞臺及服裝設計：羅伯特・布萊克曼（Robert Blackman）；燈光設計：史戴夫・史托勒（Steph Storer）；加州太平洋表演藝術學院／索凡節慶劇院（PCPA/theaterfest, Solvang, California）。

23. 《奧賽羅》（*Othello*）。劇作：莎士比亞（William Shakespeare）；導演及設計：南西・基史東（Nancy Keystone）；喬治亞州莎士比亞戲劇節（Georgia , Shakespeare Festival）；伊馮・波依德（Yvonne Boyd）攝影。
24. 《傑克，或屈從》（*Jack, or The Submission*）。劇作：尤金・尤涅斯柯（Eugène Ionesco）；導演：布萊恩・弗利許曼（Brian Frishman）；舞臺設計：基普・馬爾許（Kip Marsh）；服裝設計：茱莉・金（Julie Kim）；燈光設計：大衛・拉維（David Levy）；加州大學洛杉磯分校（University of California, Los Angeles）。
25. 同7。
26. 《浮士德博士》（*Dr. Faustus*）。劇作：克里斯多福・馬羅（Christopher Marlowe）；開放式舞臺之實例；導演：法蘭西斯・霍吉（Francis Hodge）；舞臺設計：約翰・羅斯吉布（John Rothgeb）；德州大學奧斯汀分校（University of Texas, Austin）。
27. 《安蒂岡妮》（*Antigone*）。南西・基史東（Nancy Keystone）改編；導演及設計：南西・基史東（Nancy Keystone）；波特蘭中央舞臺（Portland Center Stage）；歐文・凱利（Owen Carey）攝影。
28. 同5。
29. 《白晝之書》（*The Book of Days*）。劇作：蘭佛德・威爾森（Lanford Wilson）；導演：溫蒂・C. 古德堡（Wendy C. Goldberg）；舞臺設計：邁可・布朗（Michael Brown）；服裝設計：安妮・甘迺迪（Annie Kennedy）；燈光設計：南西・L. 薛特勒（Nancy L. Schertler）；華盛頓特區圓形舞臺（Arena Stage, Washington, D.C.）。
30. 《大家安靜》（*Noises Off*）。劇作：佛萊恩（Frayn）；導演：奈吉・班尼特（Nigel Bennett）；舞臺及燈光設計：尼爾・彼得・詹波利斯（Neil Peter Jampolis）；服裝設計：派翠克・克拉克（Patrick Clark）；加拿大大西洋節慶劇院（Atlantic Theatre Festival, Wolfville, Nova Scotia）。
31. 同8。
32. 《憤世者》（*The Misanthrope*）。劇作：莫里哀（Molière）；導演及設

計：南西・基史東（Nancy Keystone）；亞特蘭大表演藝術劇場（Actors Express, Atlanta）；伊馮・波依德（Yvonne Boyd）攝影。

33.《伊蕾克翠片段》（*Elektra Fragments*）。邁可・哈克特（Michael Hackett）與安娜・克拉喬斯卡－維喬雷克（Anna Krajewska-Wieczorek）共同改編；導演：邁可・哈克特（Michael Hackett）；舞臺設計：角川和子（Kazuko Kadogawa）；服裝設計：米爾沙・華森（Milsa Watson）；燈光設計：克利斯提・羅登（Kristie Roldan）；加州大學洛杉磯分校（University of California, Los Angeles）；克雷格・施瓦茲（Craig Schwartz）攝影。

34.《離婚法庭》（*The Divorce Court*）。劇作：賽萬提斯（Cervantes）；導演：法蘭西斯・霍吉（Francis Hodge）；舞臺設計：約翰・羅斯吉布（John Rothgeb）；服裝設計：保羅・萊茵哈特（Paul Reinhardt）；德州大學奧斯汀分校（University of Texas, Austin）。

35. 參見13；金光燮（Kwang-Sub Kim）攝影。

36.《太太學校》（*School for Wives*）。劇作：莫里哀（Molière）；導演：邁可・馬克連（Michael McLain）；舞臺設計：李奇・羅斯（Rich Rose）；服裝設計：約翰・布蘭特（John Brandt）；燈光設計：瓊安・T. 麥克邁斯特（Joanne T. McMaster）；加州大學洛杉磯分校（University of California, Los Angeles）。

37.《馬爾菲女公爵》（*The Duchess of Malfi*）。劇作：韋伯斯特（Webster）；未製作的演出計畫；導演：瑪莉・喬・都普瑞（Mary Jo Duprey）；舞臺設計：史達雷特・雅克布斯（Starlet Jacobs）；加州大學洛杉磯分校（University of California, Los Angeles），第一幕，馬爾菲（Malfi），女公爵進場。

38.《血婚》（*Blood Wedding*）。劇作：賈西亞・羅卡（García Lorca）；導演：拉法・克羅波托斯基（Rafal Klopotowski）；舞臺設計：克里斯・柯林斯（Chris Kerins）；服裝設計：阿勃拉・柏曼（Abra Berman）；燈光設計：伊莉莎白・格林曼（Elizabeth Greenman）；加州大學洛杉磯分校（University of California, Los Angeles）。

39. 《群鬼》（*Ghosts*）。劇作：亨利克・易卜生（Henrik Ibsen）；導演：克里斯・寇曼（Chris Coleman）；舞臺設計：德克斯・愛德華斯（Dex Edwards）；服裝設計：蘇珊・米奇（Susan Mickey）；喬治亞州亞特蘭大聯合劇院（Alliance Theatre, Atlanta, Georgia）。
40. 《K2》（*K2*）。劇作：派翠克・梅爾斯（Patrick Meyers）；導演：溫蒂・C. 古德堡（Wendy C. Goldberg）；舞臺設計：李明覺（Ming Cho Lee）；服裝設計：諾埃爾・波爾登（Noel Borden）；燈光設計：艾倫・李・休斯（Allen Lee Hughes）；華盛頓特區圓形舞臺（Arena Stage, Washington, D.C.）。
41. 《菸草路》（*Tobacco Road*）。傑克・柯克嵐（Jack Kirkland）改編；導演：傑克・萊特（Jack Wright）；堪薩斯大學（University of Kansas）。
42. 同36。
43. 《集錦》（*The Collection*）。劇作：哈洛德・品特（Harold Pinter）；導演：邁可・馬克連（Michael McLain）；舞臺設計：邁可・馬克連（Michael McLain）；服裝設計：茱蒂斯・柏克（Judith Burke）；燈光設計：約翰・路特比（John Lutterbie）；德州奧斯汀演員劇場（Actors Theatre, Austin, Texas）。
44. 同7。
45. 《清洗》（*Cleansed*）。劇作：莎拉・肯恩（Sarah Kane）；導演：派翠克・肯納利（Patrick Kennelly）；舞臺、燈光與服裝設計：尼爾・彼得・詹波利斯（Neil Peter Jampolis）；音效設計：強納森・史奈普斯（Jonathan Snipes）；加州大學洛杉磯分校（University of California, Los Angeles）。
46. 《靈媒》（*The Medium*）。劇作：梅諾悌（Menotti）；導演：詹姆斯・達拉（James Darrah）；舞臺與燈光設計：馬利卡・史帝芬斯（Marika Stephens）；服裝設計：詹姆斯・達拉（James Darrah）；加州大學洛杉磯歌劇工作坊（University of California, Los Angeles Opera Workshop）。
47. 《莉希絲翠妲》（*Lysistrata*）。劇作：亞里斯陶芬尼斯（Aristophanes）；導演：瑪莉・喬・都普瑞（Mary Jo Duprey）；舞

臺設計；伊蓮娜・巴賓斯卡亞（Yelena Babinskaya）；服裝設計：安娜・格里沃斯基（Anna Grywalski）；燈光設計：黛娜・摩根（Dayna Morgan）；洛杉磯分校（University of California, Los Aungeles）。

48. 《滿口鳥隻》（*A Mouthful of Birds*）。劇作：丘吉爾（Churchill）；導演：艾弗因・舒尼爾（Efrain Schunior）；舞臺設計：菲利浦・拉文（Philippe Levin）；燈光設計：蘇侯・納迦非（Sohail Najafi）；加州大學洛杉磯分校（University of California, Los Angeles）。

49-50. 同6。

51. 《綠野仙蹤》（*The Wonderful Wizard of Oz*）。波蘭版改編：楊・史郭特尼基（Jan Skotnicki）；導演：列文・戈夫（Lewin Goff）；舞臺、服裝、燈光設計：亞當・基連（Adam Kilian）；波蘭普沃茨克（Plock, Poland）。

52. 《海上婦人》（*Lady from the Sea*）。劇作：亨利克・易卜生（Henrik Ibsen）；導演：法蘭西斯・霍吉（Francis Hodge）；舞臺設計：克雷頓・卡爾寇許（Clayton Karkosh）；服裝設計：保羅・萊茵哈特（Paul Reinhardt）；德州大學奧斯汀分校（University of Texas, Austin）。

53-54.《伽瑪射線效應》（*The Effect of Gamma Rays on Man-in-the-Moon Marigolds*）。劇作：保羅・金代爾（Paul Zindel）；導演：莎莉・羅素（Sally Russell）；舞臺設計：李・杜蘭（Lee Duran）；服裝設計：伊芙・布爾（Eve Bull）；燈光設計：貝基・威利斯（Beki Willis）；德州奧斯汀煤氣燈劇院（Gaslight Theatre, Austin, Texas）。

55. 同24。

56. 同47。

57. 《牛仔的嘴巴》（*Cowboy Mouth*）。劇作：山姆・謝普（Sam Shepard）；導演：金・科瓦奇（Kim Kovac）；舞臺設計：金・科瓦奇（Kim Kovac）；服裝設計：威廉・普索拉夫斯基（William Pucilovsky）；燈光設計：傑克・哈斯戴德（Jack Halstead）；丹尼斯・德洛利亞（Dennis Deloria）攝影；華盛頓特區天堂島快捷與獨立劇院計畫（Paradise Island Express and the Independent Theatre Project, Washington,

D.C.）。

58. 同47。

59.《珍寶公司》（*In the Company of Jane Doe*）。劇作：提芬尼・安東（Tiffany Antone）；導演：瑪莉・喬・都普瑞（Mary Jo Duprey）；舞臺設計：瑪利卡・史帝芬斯（Marika Stephens）；服裝設計：平田尼基（Sohail Najafi）；燈光設計：蘇侯・納迦非；加州大學洛杉磯分校（University of California, Los Angeles）。

60. 同41。

61. 同45。

62.《阿郝瑪托娃計畫》（*The Akhmatova Project*）。劇作：南西・基史東和臨界群眾表演團隊（Nancy Keystone and Critical Mass Performance Group）；導演及設計：南西・基史東（Nancy Keystone）；洛杉磯演員幫劇團臨界群眾表演團隊（Critical Mass Performance Group at The Actors'Gang, Los Angeles）。

63.《頌西公爵》（*Les Cenci*）。劇作：阿鐸（Artaud）；導演：熱內・明利亞丘（René Migliaccio）；舞臺設計：帝普・古普達（Dipu Gupta）；服裝設計：金勝民（Sungmin Kim）；加州大學洛杉磯分校（University of California, Los Angeles）、暗月戲劇公司（Black Moon Theatre Company）；克雷格・施瓦茲（Craig Schwartz）攝影。

64. 同45。

65. 同27。

66.《計算機》（*The Adding Machine*）。劇作：艾爾默・萊斯（Elmer Rice）；導演及設計：雷・基斯・龐德（Ray Keith Pond）；德州大學奧斯汀分校（University of Texas, Austin）。

67.《考驗》（*The Crucible*）。劇作：亞瑟・米勒（Arthur Miller）；導演：法蘭西斯・霍吉（Francis Hodg）；舞臺設計：拉茲洛・方特克（Laszlo Funtek）；加拿大班夫藝術學院（Banff School of Fine Arts, Banff, Canada）。

68.《犀牛》（*Rhinoceros*）。劇作：尤金・尤涅斯柯（Eugène Ionesco）；

導演：法蘭西斯・霍吉（Francis Hodge）；舞臺設計：約翰・羅斯吉布（John Rothgeb）；德州大學奥斯汀分校（University of Texas, Austin）。

69. 參見37；第二幕，〈羅馬：紅衣主教和茱莉亞〉。
70. 同46。
71. 同23。
72. 同47。
73. 同7。
74. 參見37；第四幕：〈女公爵孩子之死〉。
75. 《羊泉村》（*Fuente Ovejuna*）。劇作：德・維加（de Vega）；導演：法蘭西斯・霍吉（Francis Hodge）；舞臺設計：約翰・羅斯吉布（John Rothgeb）；服裝設計：保羅・萊茵哈特（Paul Reinhardt）。
76. 《伊蕾克翠片段》（*Elektra Fragments*）。邁可・哈克特（Michael Hackett）與安娜・克拉喬斯卡－維喬雷克（Anna Krajewska-Wieczorek）共同改編；導演：邁可・哈克特（Michael Hackett）；舞臺設計：角川和子（Kazuko Kadogawa）；服裝設計：米爾沙・華森（Milsa Watson）；燈光設計：克利斯提・羅登（Kristie Roldan）；加州大學洛杉磯分校（University of California, Los Angeles）；克雷格・施瓦茲（Craig Schwartz）攝影。
77. 同26。
78. 《求婚者的計謀》（*The Beaux Strategem*）。劇作：喬治・法奎（George Farquhar）；導演：法蘭西斯・霍吉（Francis Hodge）；舞臺設計：約翰・羅斯吉布（John Rothgeb）；服裝設計：露西・巴頓（Lucy Barton）；德州大學奥斯汀分校（University of Texas, Austin）。
79. 《灰燼》（*Ashes*）。劇作：大衛・拉德金（David Rudkin）；導演記錄拼貼：理查・馬汀尼茲（Richard Martinez）；加州大學洛杉磯分校（University of California, Los Angeles）。

平面圖

52. 《屋外有花園》（*Everything in the Garden*）環形舞臺平面圖。劇作：愛德華・阿爾比（Edward Albee）；導演：邁可・馬克連（Michael McLain）；舞臺設計：李奇・羅斯（Rich Rose）；加州大學洛杉磯分校（University of California, Los Angeles）。
53. 加拿大大西洋節慶劇院之節慶舞臺（Festival Stage of Atlantic Theatre Festival, Wolfville, Nova Scotia）；建築師：邁可・哈維／哈維建築（Michael Harvey, Harvey ARCHITECTURE）；伊莉莎白時代場景展示規劃：尼爾・彼得・詹波利斯（Neil Peter Jampolis)；邁可・哈維、尼爾・彼得・詹波利斯提供。

目錄

經由選擇舞台之溝通

協助觀眾接收一齣戲

1

為什麼是導演？

這本書是關於領導——精確地說，關於藝術事業的領導：現今劇場裡的戲劇導演。雖然，在〈附錄一〉裡，簡要地討論了執導音樂劇[1]和歌劇，然而，縱貫全書內文的根本核心是如何與劇本工作；在西方文化裡，最古老的劇本已達兩千五百年之久，直到今天，戲劇是劇場現場演出持續的形式。當你是導演時，有些時候，你會覺得自己像個足球教練，你經營這個團隊；導演在場外區域，讓一齣齣戲具相成形。在其他的日子，你覺得自己像是樂團的指揮，把在你面前的小提琴、管樂器、鼓等樂器所發出的音聲加強或融合。不過，大多時候，當諸多才藝人士各以其專業技能敞開心胸期待新點子新想法時，你當以一位**領導人**（非獨裁者）看待你自己。

當你瀏覽目錄時，你會注意到，在此列出的導戲流程中，有兩大目標：首先，第1章到第22章，以及第30章和第31章，全都是關於如何將一齣戲在舞臺上具相出來、活出來的**技藝、機制和運作方法**。第二，第23章到第29章是關於**精煉這些技藝、機制、運作方法**；透過對劇本和製作中風格的研究，讓自己的方法具獨特性，使劇本和製作搬演成功。有些比較沒經驗的導演，在他們尚未具有操作這些專業技藝的能力時，一旦他們發現風格化的演出非常具有吸引力，往往要跳過學習操作技藝的這一階段。別讓這種情形發生在你身上：不要還不會走路就要跑步。把一個劇本的製作弄成**你自己的東西**，可以等到你完全熟悉且擅長運作這些導演技藝時；單單讀過文本是不足夠

[1] 譯註：musical，通譯音樂劇，也稱歌舞劇。

的。這是為什麼導演技藝的每一個單元都有習作。請務必很認真地去做這些練習，這些習作可以茁壯你的能力，使你執導一齣戲時，演出的水平，從泛泛理解提高到具有個人獨特見地且增添演出光彩。

這本書雖然是關於導戲的流程，然也是為劇作者、演員、設計而寫的，因為觀眾所看所聽的，也是他們的工作。導演可以提供藝術群一種環境，讓他們把最具有創作力的才華充分表達出來，導演可以協助他們把想要創作的意念成形，然而，除非這些個別的藝術家知道怎樣作為一位主動且積極的合作者，朝向導演為這特定的演出所設定的目標工作，否則的話，他們僅是制式地完成一個專案而已。首要目標總是綜合性的；當導演同時也是合作者與大家一起工作時，這個真誠合作團體的組員就能發現這一點。

這本教科書也是為在高中執導的導演們而寫。究竟，在學習導戲時，並無所謂中途點——亦即，這本書所闡述的，不會發生哪些對初學者少了些、哪些對其他人多了點的情形。導戲就是導戲：你要嘛懂得怎麼導要嘛就是不會導。一旦你學會了導戲的全盤流程，初學者、中途生、進階，甚至專業，會根據各種不同演出的情況適需為宜來調整或選擇。導戲時，你先前涉獵過的戲劇文學、設計基礎課程、表演課等，都會影響你執導，劇本一旦進入製作，必定要求導演具有廣泛且豐富的想像力。隨著學習導戲，你即將涉入劇場中最具體和要求最高的研究領域之一。不過，貫穿這整本教科書的意圖並不是要販售一套**系統**——這是一套清楚且正確的工作方法。這本書的目標是提供關於精密檢視劇本**結構**（structure）、表演與演員的所有權（acting and actor-ownership），以及眾多完成一齣戲的技藝。當你全都瞭解了，你就可以著手設計具有你個人特色且富創意的工作方式。於是乎，這套導演學習，應是一種發現的媒介，而非一本僅要求順從的教條型書籍。當你理解了導演是在創作過程中啟發並激盪他人的領導者時，你就不會受那些拘束你工作的規條限制，開創你自己的創作方式。

導演的工作

當你在導演學習之途前進時，你會注意到，有四種驅動力引導導演們的作品：第一、對一齣戲想像的**願景**（vision）會強烈左右這個製作，從表演到舞臺的所有層面；第二、對形形色色劇本的動力變化具有**豐富的學識**——高潮與跌宕、怒吼與溫柔、快節奏與慢節奏；第三、激發設計和演員、引導他們把最具創意的能量投注到這齣戲的**溝通技巧**；第四、**娛樂觀眾的強烈企圖**，激發他們的心靈、感情和精神。

正因為在劇場裡導演擁有很大的權力，所以，相對的，對導演就會有很多期待和要求。不過，令人感到興味的是，一如劇作家，導演並未出現在**舞臺上**，觀眾對導演的認知是**透過**演員和設計在舞臺上所具現種種。相反的，交響樂團和歌劇的指揮，甚至足球賽的教練，他們本人都在現場，他們的臨場表現是演出和比賽的一部分，是看得見的。很明顯地，他們的才能推動著該演出和比賽的行進，他們直接影響團隊的運作、節奏、氛圍。然而，導演的創作，唯有透過觀眾完成觀賞並體驗了演員和設計們的整體創作後的回應，才得以完整地被感思和評價。由是，導演是溝通者，**他的創作主要是要透過**演員和設計把他的意念和能量傳遞給觀眾來完成。

於是乎，導演的工作，是達成最高目標的溝通者。導演可能對一個文本相當有感覺，不過，感覺，對這位準導演可能有些幫助，但卻無助於界定他的導演能力強弱。因為，導演的意念之轉換是必須經由他人的頭腦和感覺；這就是當一名導演要面對的挑戰同時也是必須擁有的才情了：透過自己腦海裡生動的想像力和感受，觸發開啟其他人感思豐富的源泉。

導演的這種挑戰充滿矛盾性。所有的藝術工作者，或多或少，都要面對平衡一己主觀自我和客觀自我的運作，主導者通常是主觀自我。不過，導演這行業是個例外，因為，大部分的工作都是在很自覺、意識很清醒的這一端完成。霍柏・布洛（Herbert Blau）在《不可能的劇場》（*The Impossible Theatre*）一書中，對劇場導演的功能進行了富激勵性、非常深刻的省思，他聲稱：「導演務必是一個大腦。」這項聲明並非意味導演僅能以冷靜的、客觀的、知性的方式進行工作，而是說，**導演必須相信自己對劇本的覺受，凡對演出有好處的，他的反應要真切熱忱**。作為一個在劇場需不時提出評語的評論者，導演必須**把他／她[2]的感覺和想法表達清楚**，這樣才可能與他人

---

[2] 譯註：作者用第三人稱述及劇作家、導演、藝術家等時，有時會同時用兩種性別he or she，且譯成「他／她」以方便閱讀。

溝通順暢。導演必須觀察、評量、做出診斷、設計補救策略。一個導演在這些行動上是否有效率，要看他能否平衡運作其客觀性與主觀性。導演在這些行動上的工作效率，端視他是否覓得客觀和主觀的制衡點。為了達到這種制衡，導演學子必須明白劇本結構、盛行的理論、表演訓練的過程、舞臺的使用、設計的視覺和聽覺等方面之可能性等，因為，很根本的，導演是一齣戲的總設計者，是他須把想像的意念搭配上具體的形式。

一如所有藝術家都必須具有的特質，作為一名導演，首先，必須富有冒險精神，熱切地尋覓著新路徑，能以戲劇詩人之姿「翱翔」。（即使是肖真日常真實生活風格的戲劇，也涵藏著詩的觀照或實相的詩意次元。）導演是常被認為僅僅是劇作的詮釋者；不過，如果該劇作家已激發了其他藝術家且已達到他／她企圖在舞臺上展現的高度，這位導演卻達不到這種高度的話，顯然是未盡其領導功能的。舞臺是一個須以卓越的技藝操作的飛翔機具。深諳劇場作為藝術形式的各種可能性，導演就能知曉自由之道，且領導藝術群何去何從。目標是：在限制裡翱翔。

吸引觀眾

永遠不能忘記導演的首要目的是娛樂——然而這可以意謂著許多事情。雖然，弔詭之處在於：好導演不特意把「娛樂」作為首要目標，而是這位導演如何娛樂才是重要的。也許換個詞彙會比較貼切：把「『娛樂』觀眾」改成「『吸引』觀眾」，以**引發觀眾身處其境的同理心**，讓觀眾不由自主地深陷其中。這是觀眾會忘卻自身而產生的一種注意力。這是導演你應該對觀眾做的事：讓他們看得目不轉睛。

由於在現今的電影電視走向裡，暴力似乎已成娛樂的同義詞，這現象讓我們頗困擾。究竟，成就一齣好戲，不是**怎樣**殺人，而是**為什麼**。一般的娛樂片是，一場生死決鬥的槍戰，壞人被殲滅了，有德之士倖存下來，這些娛樂片對觀眾的啟發其實少之又少。請記住，好戲——通常是爛戲的數量遠遠超過好戲——當各有其不同特質。你很快就會發現，很膚淺極表象的娛樂輕而易舉，製作一齣精彩好戲困難重重。

學習導演，一如學習其他技藝，是一個極個人的發現之過程——基本功練了又練，練到成為第二天性。這個學習過程要多久呢？端看在這趟自我發現的過程中，你覓得訊息、觀照各種知見的能力了。你內在已具有的藝術涵養會幫助你完成學習的其他部分。有句古老諺語：「生命是短暫的，藝術是長遠的。」這話真實不虛，因為藝術家先是因其工作需求而奮戰，接著，為了藝術能長存下來，他們往往超越了自己。如果你要成為一個導演——在劇場裡其他藝術家的領導者——你必須全盤學習。

習作

1.你注意到在這裡劇場theatre一詞是怎麼拼的？十九世紀時，字典編輯者挪亞・韋伯斯特（Noah Webster）把這字很粗率的放到像「中心」（center）這種詞彙的一般類別，而且給了「er」的字尾，從那時起，美國絕大多數出版商就這麼沿用。不過，從事劇場的人，尤其在紐約，都保留了古老的拼法，因其特殊意涵和對歷史的眷戀。劇場theatre這個術語，意味著傳承、傳統、習俗、公眾和私人的溝通、鏡像——視覺與聽覺——偉大的想法、令人懷念的角色、富有觀點的感性、現場的觀眾、現場的演員，數不勝數。你會用哪個拼法呢？

2.劇場與使用電子媒介（electronic media）的電視電影，除了很淺顯的事實它是現場演出外，還有哪些不同？劇場有哪些特性是在其他地方無法獲得的？

3.比較在劇場看演出和參加宗教儀典這兩種經驗。你能想像一名舞臺劇導演，寧願作為一名像是「儀式製作者」而不是一名娛樂節目的約定俗成的「協調人」嗎？請說明你的回答。

4.為什麼導演可以被形容成宛如製作儀式的儀式專家？

5.為什麼在劇場觀賞現場演出比看電影看電視，是較具有歸屬感的經驗？

6.劇場是社會機構嗎？為何是呢？你能否舉出其他類似的社會機構做比較？在社區裡，劇場和圖書館有哪些異同？

7.你為什麼要導戲？請把理由列出一張清單，與課堂上的老師、同學分享。跟你的組員討論這些原因。

2

劇本是什麼？[1]

分析與即興

文本是導演的首要工具。如果你對文本不夠瞭解，你可能會迷失。當你清楚明白你的職責時你必會敬重劇本，因為劇本是一齣戲的最根本。

你知道劇本該怎麼讀嗎？大多數人並不知道，只是像閱讀其他文體般，跟著文字走，被「故事」牽引。然而，導演的讀劇的方法全然不同，會特別注意開始和停止的地方、間隙處、沉默、最基本的描述。更進一步地，導演很清楚這些全都是戲劇動作。作為導演，這些都激發你的想像力，那些最終

1 譯註：這一章的標題原文是“What Is a Play？”。英文的play有諸多意涵，單單在劇場裡，除了遊戲、扮演、一齣戲、一部劇作，也常是「戲劇」等意思，通常需視上下文來推敲到底是指哪一項。在這本書的第一篇，研討的焦點與主軸是「劇本分析」，而中文「劇本」，在英文除了play，還有text、playscript、script等同義詞。貫穿全書，作者常用這四個字彙近距離地指陳同一樣事情。為此特地請教紐約劇場的資深專業演員Jack Davidson。Davidson用了兩種說法生動地描述這些字的同質性，他說：“We rehearse the play. We read the script. We study the text.”（我們排這齣劇本。我們讀這個腳本。我們研究這個文本。）“Or ‘we rehearse the play, we read the play, and we study the play.’ It’s all about the play. ”（或是「我們排這劇本，我們讀這劇本，我們研究這劇本。」都是跟這齣戲有關。）Jack補充道：「這個劇本是你們正在研究、分析與排練，用其他詞彙如『script』和『text』只是比較學術性。」（The play is what you are studying, analyzing, and rehearsing so the other words script & text are just more academic.）Davidson提醒：「script和text也可以用來指小說、詩、回憶錄等，但用play就能清楚界定你現在正在工作的是劇本。」（You could use script & text for novels , poetry, memoirs but if it’s a play it identifies what you’re working on.）

將由設計和演員執行的，開始在腦海裡湧現了。這些特別故事的製造者稱為**劇作者**（playwright）[2]，他們理解一部劇本是被製造出來的，一如其他技師像是造船師傅（shipwright）造船、車輪製造師傅（wheelwright）製造車輪。不過，劇作家或戲劇家的產品確實說來並不這麼具體，因他／她是一位有意識的製夢者，莎士比亞說的是，只要能妥善地運用基本工具，便能激發他者——觀眾——的腦力且創造出想像力的飛行。

劇作者的創作有一個特質與其他寫作很不同，在劇作者的「夢之飛翔」（dream-flight）裡，在劇作者腦海裡逐漸成形的即興（improvisation），不僅需考量到（演員）聲音和視覺工具，同時必須兼顧聚集了觀眾聽和看這故事的場地——劇院或舞臺。劇作者是一種稀有的藝術家，因為，他所書寫的不同於一般寫作是為一次僅供一名讀者閱讀，其寫作是為了製作這麼一種活動：包含了在**現場演出的演員和一些物件**用特別的方式安排，須讓一群以共享之姿而聚在一起的**群眾**聽得清楚同時觀看方便。劇作者沒有寫出來的地方——要讓演員填滿的空隙——往往跟寫出來的一樣重要。法國演員暨導演尚－路易・巴霍（Jean-Louis Barrault）[3]形容一齣戲是「受干擾的靜默」（interrupted silence）。這個觀點，徹底粉碎了我們以為一齣戲**僅僅是寫下來的對話之文字作品**的成見，因為我們明白：不寫的比寫下來的要困難多了。諸多有名的詩人和小說家在嘗試寫作這種「受干擾的靜默」——劇本——失敗了，他們發現他們不具有掌握這種類似梗概或骨骸的即興之專門創作技術時，他們放棄了。不過，也可能是觀眾的反應逼使他們退出，他們必然無法駕馭現場觀眾的。

眾多著名的劇作家如艾斯奇勒斯（Aeschylus）、莎士比亞、莫里哀都是演員，也常執導他們自己寫的劇本，對這現象，你應該完全不覺得奇怪。劇作家創作劇本時，恆是在他／她腦海中想像次元裡聽到對白、看見戲劇動

---

[2] 譯註：playwright這個英文字是由play + wright組成，而wright是製造者、建造者，playwright是劇本建造者。而劇本的故事常是作者根據已有的事件、故事、軼事等發展而成，在華文地區，劇作者也常被稱為「編劇」。

[3] 譯註：尚－路易・巴霍（Jean-Louis Barrault, 1910-1994）法國演員、導演、默劇藝術家。

作的，不過，自從十九世紀晚期導演以專業的特殊技藝的態勢興起後，當今已鮮少劇作家執導自己的劇本（哈洛德・品特是少數有名的特例，他也是演員）。一齣戲，源自劇作家想像心靈的一首戲劇詩，一種很特別的寫作，需對觀眾具有直接的感染力。**導演在營造出具有感染力的演出之創作過程中，很耗體力和精神，同時又僅是一種第二度智力**（secondarily intellectual）[4]，然而這種經驗需要導演擁有一種具觀照力的知性——這與劇作家的原創性兩者不盡然相同。演出成功時，直擊人心震撼不已；它可激發出眼淚和笑聲，快樂和憤怒；它可讓觀眾哭乾眼淚同時感到性靈被提升了。演出的力量很神秘，感染力深擊心靈深處。一齣精采的戲，一如我們個人的深刻生命經驗，劇中的角色宛如生活中的舊識，深深印烙在我們心田裡年復一年。

感知：劇本分析

在劇場，有些人一聽到**劇本分析**（play-analysis）就唯恐走避不及，因為他們認為那是一種對文本進行冷漠、據實、科學性檢視的枯燥乏味學術流派，這種過程會扼殺他們對文本原有的（主觀性）想像力。他們的臆斷是，精彩的演出唯當你對劇本感受強烈時才可能產生；好品味，對劇場有些涉獵，其他問題都可迎刃而解。本書對這種觀點完全不予苟同。確實，眾多劇本諸多層面是不容易用語言和文字來描述，但這不意味完全不能對劇本進行邏輯性、思考縝密的研析。在開始時，對劇本分析持有正確的態度是很重要的。

感知（perception）這個詞在此有其特殊意涵，因它同時涵蓋強烈的感受（導演主觀的飛翔和自由）以及對一部劇本如何構成之基本客觀認識。感知比第一次讀劇的反應和感受（如「我喜歡這個劇本、讓我相當感動」）豐富紮實多了。感知，意謂著你對這劇本已進行一番透徹的研究——劇本分析——這點，對該怎麼著手執導這齣戲，實在太重要了。

一個導演能從劇本分析發現什麼，端視他是否能夠把一個劇本徹底解構

---

4 譯註：secondarily intellectual應就劇作的原創力比較而言，如中國大陸劇場工作者所謂之「第二度創作」。

又能完全復原，是否徹底理解。感知，是導演對一個劇本有了「感覺」，又對這劇本的結構下了一番功夫仔細檢視後的整體觀感。如果導演在第一次讀劇時感受很強烈，又稔悉劇本分析工作，在進行研析後，他對這劇本的崇敬之情必定有增無減。

劇本分析，是導演對劇本反應的**感受和想像**之客觀性支持。劇本分析作為一種技術是和這個理念綁在一起的：導戲，並不全然是直覺性的流程，而是，在藝術創作的過程中，導演領導大家發展一個製作時，便需要把劇本的結構性要素提到意識層面，作為他做出選擇或決定時的依據。換句話說，為了一齣戲的利益，為了使劇本中所有可供劇場化的元素獲得最佳發揮，導演需**自覺地**洞悉這個素材的長項和弱點、山巔和峽谷、各種韻律等等。充分完成劇本分析的工作不擔保演出必定成功，但可確定導演理解了這齣戲，在合作流程一開始時，於人力所及方面先盡其善，這是導演他自己的感受以及即將在創作過程發生的種種決定之基礎。

劇本分析概述

仔細研讀以下插圖。這是對劇本必須深入探究的摘要，不僅關於第一篇的劇本分析部分，同時包括論及怎樣把一齣戲搬上舞臺的第二、三篇。

插圖裡，解構一部劇本時有五個主要領域要研析：(1)既定情境（given circumstance）；(2)對話（dialogue）；(3)戲劇動作（dramatic action）；(4)角色（character）；(5)思想（idea）。未在這張圖裡出現的是韻律性節拍（rhythmic beats）；(6)節奏（tempo）；(7)氛圍（mood）。這麼塊狀分割是為了方便討論，從一開始，你就必須明白，這些領域實際上是交錯重疊的，一如插圖所顯示，有些領域乃完全依仗其他領域，需等到其他領域發生動力才逐漸成形。用文字也可傳達相同觀點，不過，這張圖卻很清楚繪述出來了，對導演理解劇本的戲劇性結構幫助很大。教科書基本的溝通即在於清楚定義使用的術語。所以，你必須瞭解，在這本書談到劇本分析時，我們使用的術語，其意涵就是我們在以下幾章所要闡明的。為了方便討論，這七個領域將在以下三章分別討論：第三章，〈劇本的基礎和表層：既定情境和對話〉；第四章，〈劇本的核心：戲劇動作和角色〉；第五章，〈思想、韻律和氣氛之節拍〉。

每一個術語都代表了一個概念。僅僅去定義它們並非理解。如同在表演中，在導戲時，對「**做**」（doing）一詞，重點不在於定義，也不在於對概念的論辯，而是在於對這些詞彙的吸收足夠徹底，以至於可在各種語境下認出它們。

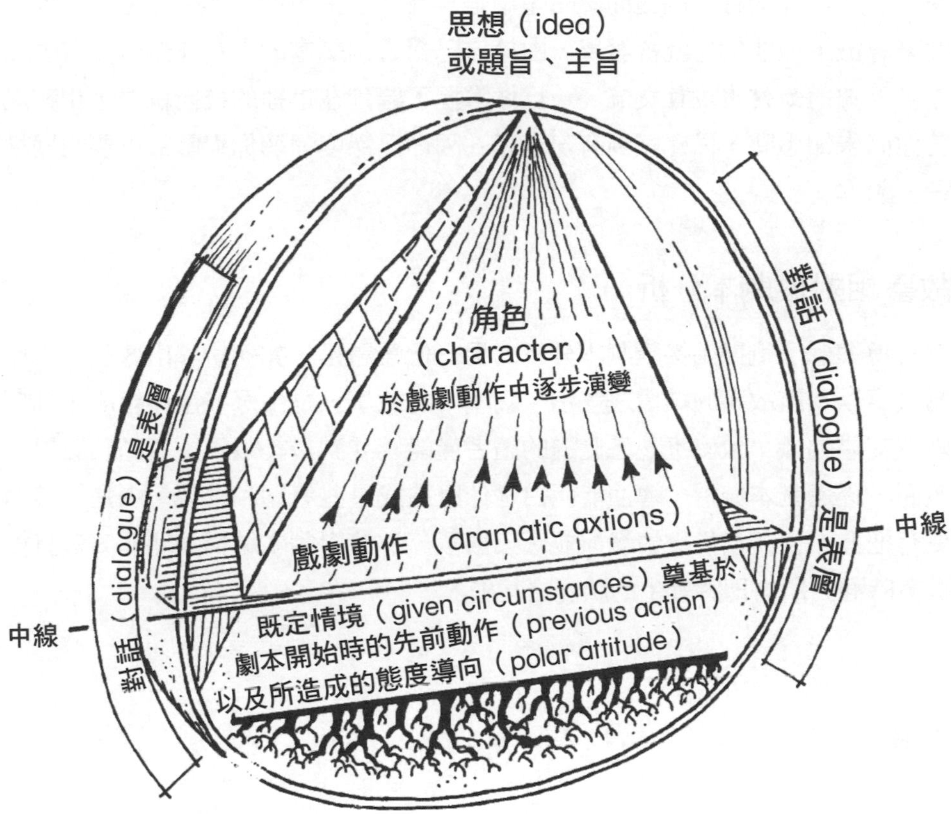

思想（idea）
或題旨、主旨
角色
（character）
於戲劇動作中逐步演變
戲劇動作　（dramatic axtions）
對話（dialogue）是表層
中線
既定情境（given circumstances）奠基於
劇本開始時的先前動作（previous action）
以及所造成的態度導向（polar attitude）
中線
對話（dialogue）是表層

戲劇結構圖示。

注意此中線：一齣戲從這裡開始，在當下不斷往前進行時過去的事一再被提。

你必須自己發現這些理念的深度和廣度，且要內化成思考一齣戲時的一種直覺。討論這七大領域時，將先界定術語，然後慢慢發展成觀念說明這些技術的每一個步驟時，將舉實例闡示，不過，唯當你對特定的劇本進行鑽研探究時，你才能真正領會。勿跳過這流程裡的任何一個環節；在你進行到下一個術語之前，務必理解該術語並實際運用。這七個術語系列的順序是依據其發生之先後來排定。

剛開始時，你很容易把這類深度檢視觀念功課置之一旁。畢竟，提出像「我是這麼**覺得**」這種簡單的印象是容易多了。不過，如果你是以這種態度來導戲，很快的你就會發現，由於自己對這個劇本的內在運作所知有限，你真不知道**如何與演員交流**。一旦你掌握了羅列在這裡的技術綱領，相較之前你尚未知悉時，你會感到有安全感，因你已深度理解你導戲最重要的器具——劇本。

故事相對於劇本分析

導演學子剛開始接觸劇本分析的另一個難題是，如何辨識出像是劇本作為故事以及該故事的結構之差別。劇本中的故事，是由眾多事件組成，且巧妙地交錯編織，致使不熟悉此道的讀者僅能感受到最終效果：氛圍和感覺。然而，經過劇本分析，導演能明白是什麼造成這些氛圍和感覺。由是，導演更有把握如何讓演員盡情發揮並感染觀眾。導演對劇本結構的理解，是日後導戲時面對所有即將發生的狀況之基礎。

習作

1. 討論以下這本書所有的主張和設定：
   a.一齣戲是一種富象徵性的策劃和設計，運用在舞臺上表演的演員和現場觀眾，展現出人類陷於相互作用的衝突和張力。
   b.導戲是一種揭示衝突的過程，經由與現場演員、設計的合作和強化，與現場觀眾進行對這齣戲的一種視野（vision）之溝通。

2. 什麼是戲劇詩人？為何現代以散文寫作劇本的作家也是戲劇詩人？劇本和小說或歷史有何不同？
3. 且不涉及嚴肅戲劇與喜劇之間差異的複雜性，為什麼喜劇作家也是戲劇詩人？
4. 導演是創造意象（image）的人。什麼是意象？請為五種感官各列舉出意象。
5. 就你對表演和設計的認識，你能看出觀眾如何經由意象理解一齣戲？其轉化的過程如何？

第一篇和第二篇的研習計畫之建議

為配合在以下章節將陸續介紹的新詞彙和片語，以及讓你學習劇本分析的收益更豐富，在此建議兩種工具：課堂研習劇本和即興創作流程。兩者皆是幫助你深耕劇本的方法。

A.劇本選擇作為工具

你們班上同學或指導者宜選擇一齣優質的獨幕劇。建議考慮辛約翰[5]（J. M. Synge）於1904年發表的《海上騎士》（*Riders to the Sea*）。（這是齣寫實劇〔Realistic play〕，也許你會因舊式風格而排斥。然而，寫實主義〔Realism〕離凋亡甚遠。寫實主義打從十九世紀易卜生〔Ibsen〕時期就是劇場主流，直到今天，你只要看看電影和電視劇，就會明白它仍是主流。那些不屑學習寫實主義而急著創作自己劇場風格的人，尚未領悟「新」即是所謂的舊之永遠持續變動的形式。）《海上騎士》組合完密結構嚴謹，歷經一整個世紀的解構分析，至今仍有令人好奇尚待探索的神秘。這戲至今依然屹立，因為它是境界高超意境深遠的戲劇詩。剛接觸時或許以為這戲簡單，然這是因你僅見其外貌非其內在。若你想瞭解二十世紀的現代劇作家致力於創

---

5 譯註：John Synge，根據愛爾蘭文學專家臺灣大學外文系高維泓教授表示，John Synge愛爾蘭人唸Synge的確是唸同sin的音，後面的g是不發音的。高教授亦提到，彭鏡禧早年翻譯顏元叔主編的淡江戲劇譯叢時，用了「辛約翰」這個譯名。一如Bernard Shaw被譯成蕭伯納，姓氏放在名字前面，可能是因為單音節的關係。

作非寫實劇作的情形，你就必須解構一齣寫實戲劇——一齣看似與被觀察的生活一樣逼真的戲——徹底理解然後再整合；否則，處理解構非寫實劇時你會迷失。這點容後再述。

班上同學可能經常想多看一些其他的、比較近期的作品，可以平衡一下《海上騎士》的老舊風格。其中一部或許可以是田納西・威廉斯（Tennessee Williams）在1940和1950年代發表的獨幕劇，或愛德華・阿爾比（Edward Albee）和山姆・謝普（Sam Shepard）的獨幕劇。你能看出來這些劇本和《海上騎士》的差別嗎？你現在應該學習所有劇本的結構，別讓急著執導近代劇的熱情扼殺了這過程。當你一旦瞭解劇本分析的原則，以及認識了寫實主義，你就能解構所有類型的劇本，包括音樂劇和歌劇，必能增強你的執導能力。劇場可以等你，然當你置身劇場仍混沌無知時，劇場不會需要你。

B.即興作為工具

本書建議把**即興**的技術作為貫徹課堂工作的方法。在早期，即興被認為專用來訓練演員，然而隨著其價值和可能性越來越顯著，即興不只用於訓練演員和排練，同時也成為劇本創作的基礎。不僅有為數不少的實驗電影用這方法拍成，在1960年代的開放劇場（Open Theatre）和生活劇場（Living Theatre）運用這方法現場演出，從那時起，不少新鮮且富原創性的演出皆以這方法發展而成。

一齣戲的文本，是劇作家在腦海裡一連串的即興所顯現、發展出來，經過潤飾等等所謂想像和創造過程的成果。接著，這齣戲包括導演、設計和演員等詮釋者，必須能夠看出潛藏在這文本裡的核心即興且將其釋出——以賦予劇場演出之新生命的方式，把它釋放出來。為了達到這目標，很重要地，導演和藝術群所有合作者皆需在他們各自的工作中發展即興技巧，他們將看到形式如何從這富饒的創作過程裡醞釀、綻放、發生。藝術群的每一位成員，無論是導演和設計之交換看法，抑或導演和演員之排練，都要在發展這個演出的過程中完成系列的即興創作。

於是，導演是第一順位的即興者。從這點來看，導演非常接近具相出自己的夢的劇作家——他們都掌控著即興創作。導演是永遠的遊戲玩家，經常即興性創作，在既定情境裡，自發性地創造出合適與令人信服的東西，但也立基於他正要詮釋的這齣戲，把劇作家在「製造」過程中所寫下並且形塑的、最核心的即興創作釋放出來。

在你跟著這本書學習的過程，你會注意到諸多習作都需要即興創作。若你曾經參與扮演遊戲，就知道即興創作可以弄得很像一齣戲，但那完全不是一齣戲，僅是釋放想像力的習作。整體意圖是要解放參與這場扮演遊戲的人——讓他們「飛翔」。為了達到這目標，有些條件必須設定。以下是引導即興創作的要點：

1.參與者不是以演員的身分；亦即，他們既非表演文本中某一部分亦非為觀眾表演。目標是經由對彼此和情境的完全專注來釋放彼此。雖然在即興之前已經設定一些既定情境，根據某種程度設定的內容，參與者在想像力的支配下，逐漸讓彼此放鬆且釋放出來。沒有預設的戲劇動作。所發生的，僅是參與者由於對方的力量（在此即興之他者）逼使而反應的結果。

2.觀者不是以觀眾的身分。這些人因特別待遇而出現在即興創作現場，因此他們不能像一般觀眾有發出任何聲音之類的反應，他們必須噤默無聲地觀看。否則，參與者於即興創作中的「發生」（happening）因受到干擾，讓他們有了覺知自我，一旦參與者因自覺變回他們自己，不再是他們在想像境遇裡的參與者，這即興創作就失敗了。

3.發展即興創作的地點不要在舞臺或與此類似的地方，因為這些場地的人工特質會讓即興創作者很有自覺意識。活動宜在即興創作者覺得適合的房間或空間舉行。

4.你僅需建議即興創作的開頭。之後發生的一切皆屬即興創作。

很明顯的，如果參與者和觀者都能遵守原則，在即興創作中往往可以發展出類似戲劇演出；作為觀者，你看到戲劇動作中富有不同情緒和節奏的角色，好些時刻，你被高度逼真與所言屬實而感動。不過，你需明白，完成這樣「擁有」複雜結構的即興創作並不容易，除非參與者是有經驗的，因學習完全放鬆需要練習。在做此書的作業時，於即興創作習作，你必須很嚴肅且完全集中精神，你將發現回饋是豐富的。

習作

1. 以下列的即興創作來闡示限制和飛翔的不同：利用教室裡的桌子、椅子和其他本質上中性的物品，組成一個有四個邊的空間。班上根據一般對各個形體字義上的認知——如椅子、床、沙發——以及與其他形體的擺置關係，試著猜測其表面看來的所在地。當大家對表面看法一致時，就可以進行為這些形體找出比較特別的地點和環境之企圖，班上試著為這些形體提出其他可能的意涵。由是，原本看起來是平常起居室，可變成深山中恐怖分子藏身的農舍。用幾個即興發展出來的地點重複玩這個遊戲。當班上同學不再受拘於他們在日常生活中對形象約定俗成的界定時，開始對這些形象產生富想像力的地方，形象就成為飛翔的啟動者，而不是既定不變的現實。（注意：這個習作不是為舞臺弄出一個舞臺擺置〔groundplan〕，所以，請不要在腦子裡想著它是舞臺，而是現實生活中的任何地方。）
2. 繼續第一項即興練習，在一個地點裡安排有特定關係的兩個人，如母與子、老闆和助理、男人與女人等。先決定一般的地點和關係，再試著提出更多非尋常的地點和關係來探測飛翔的可行度。
3. 繼續第二項即興練習，讓學生用數字而不是語言作為對話來發展衝突。例如，A說：1、2、3、4；B說：9、10、20；A說：2、3、6、7；B說：4、7、9、10。在這對白的替代物，數字本身沒有任何意義，是在這些數字群對白裡頭所含藏的態度和基本意涵。（在即興時，用語言對參與者有時會有困難，因他們必須費神斟酌用詞遣字。用數字會比較簡單，因為參與者只要費心在他對另一個人的態度。）當即興者交互作用達到相當張力，就可停下這即興並討論以下幾點：

   a. 什麼是即興創作？
   b. 即興創作的自由環境是什麼？
   c. 即興創作如何既像一齣戲卻不是戲？
   d. 什麼是一齣戲？（請試著定義它為熟練並高度發展的即興。）
   e. 參與者可對即興創作一開始時的建議增添些什麼？
   f. 數字對白的限制是什麼？

第一篇

解構劇本

劇本分析：
導演的首要研究

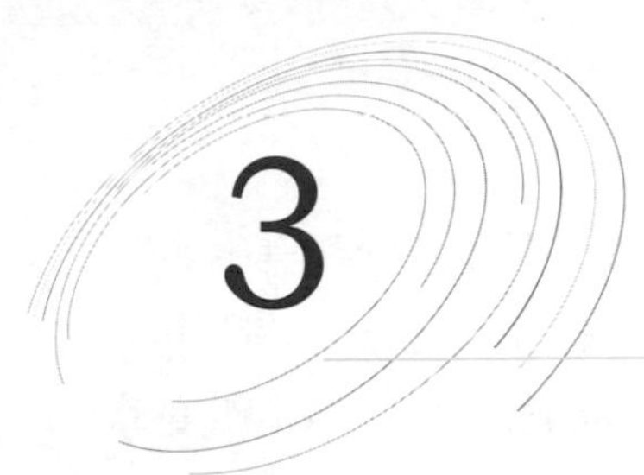

劇本的基礎和表面

既定情境和對話[1]

閱讀數頁之後，你會明白為何這一章的標題是〈劇本的基礎和表面〉。既定情境和對話框架了一齣戲，正如鋼筋和玻璃框架了地基很深的摩天大廈。既定情境類似一棟建築深植的基底——在其上建立了支撐結構和基礎；對話是外殼、表面、透明的套子覆蓋著在其內進行的活動。把這些意象放到腦海裡，就能明白何以這齣戲的真正內容、核心是涵藏在戲劇動作和角色裡，若沒有既定情境的基礎和對話的外殼，戲劇動作和角色就無法在結構裡建立起來。

既定情境（劇作家設定的背景）：基礎

定義

既定情境[2]（劇作家設定的背景〔setting〕）一詞，包含了在劇本中所有

---

1 譯註：dialogue與line都意謂「臺詞」，dialogue在中文裡相對的詞彙尚有「對白」、「對話」等，而line，是指對話裡特定的某句臺詞。紐約資深演員Jack Davidson 提點道，“Dialogue is all the talk the characters make in the play. Lines are the specific sentence's in the dialogue.”（Dialogue是在這齣戲裡所有角色的談話。Lines是對話裡的特定句子。）在這本譯著裡，我們將dialogue統一譯為「對話」或「對白」，把line譯為「臺詞」。

2 譯註：given circumstances這個詞應該相等與中國所通用的「規定環境」，不過，譯

關於情境——這齣戲的特別世界——之描述，劇中所有事件皆於此發生。這些資料包括：(1)環境事實（environmental facts，特定狀況、地方、時間）；(2)先前動作（previous action，所有在這齣戲開始之前發生的）；(3)態度導向（polar attitude，主要角色們對他們的世界所持的觀點）。

既定情境相對於劇作家設定的背景

在此略作說明後，蘇俄演員暨導演康斯坦丁・史丹尼斯拉夫斯基（Konstantin Stanislavski）的用詞「**既定情境**」將貫徹使用於本書，附帶的，**劇作家設定的背景**也常會提出，因後者也許是一般大眾比較熟悉的。背景一詞，常會與舞臺設計製作的實際舞臺裝置搞混， 當避免同時使用。許多劇本讀者認為，在出版的現代劇本裡，劇作家對於劇情發生地點或室內擺設往往描述很詳細。然而，這些描述常是該劇本第一次演出時，該戲舞臺設計的成果，由舞臺監督或編輯記錄下來。類似這樣的描述若是出自劇作家自己的腳本，那就存在一種危險，因為劇作家正企圖扮演著舞臺設計師——他知之甚少甚而一竅不通的角色。身為讀者導演的你若對這種陷阱的危險性不知覺，由於這些印刷出來的文字會在你腦中留下強大印記，你或許很難從這種一開始就接觸到的建議釋放出來。若你是在仔細研讀了劇本後再接觸到這些指示，危害度會少很多，因為對從既定情境伸展出來的原生擺置，你已具備有力的觀點。

對話是既定情境唯一可靠的來源　當你研讀劇本時，你很快就發現所有作者都有意識或潛意識地把背景（setting）[3]直接寫在對話裡。既定情境攸關角色對物件和地方、對時間、對在這齣戲開始之前所發生的感覺，以及對這特殊世界的覺受。在這齣戲所發生的一切皆深植於既定情境裡，劇作家必須精準幹練盡其可能將其全盤傳遞給觀眾。

者認為「既定」比「規定」妥當，有宿命的意味，是劇作家這上帝賜與的，而「規定」比較像法律、校規等機制。由於不僅包括客觀環境的環境事實，也包括戲劇動作和角色的內在環境——先前動作與態度導向，故譯為「既定情境」。

3 譯註：英文之setting有背景和舞臺布景雙重用法。

分析既定情境

在以下討論的前兩項——環境事實和先前動作——比起第三項態度導向——更著重事實。這是架構一齣戲的開始點的最後場域，這些是既定情境最重要的層面。尋求事實是重要的，而角色對這些事實的態度尤其極端重要。

環境事實　所有劇本對戲劇動作發生的地點和時間都會有些描述，同時對環境提供特定的資訊，這些元素即是這齣戲的**現實**（facts of the play），不管劇作家是否做了精確的歷史考證，它們皆將穩固地貫穿全劇。以下各部門，導演須有系統地分別做出筆記：

1. **地理位置**　關於確實地方的地理位置。這部分當包括氣候，氣候常定義了一個特定的地方，且影響戲劇動作。
2. **日期**　日期包括年份、季節、一天中的時辰。問問你自己：關於日期有哪些重要性？
3. **經濟環境**　經濟環境涉及社會階層、貧窮與富有。如果劇本裡出現了兩個或更多的經濟水平，就需確實弄清楚且記述每一種實況。（在講述故事或與演員溝通時，瞭解在這戲劇世界是誰控制金錢往往很重要，因為這會影響戲劇動作裡身處掙扎困境的角色所做的選擇。）
4. **政治環境**　政治環境所指的是角色與所身處的國家政體之間的特定關係。許多劇本界定了強烈影響角色行為的政治環境，其他劇本則默默接受在角色上設立了基本限制的政體。切勿輕易以為看似直接省略的部分不重要；你必須很仔細追蹤文本裡的蛛絲馬跡，劇作家很可能以為你若徹底理解了內容，對該政治環境理所當然就清楚了。但你不能這樣以為。劇作者埋下種種讓你做判斷的暗示，你必須一一尋出。
5. **社會環境**　角色生活所在的風俗、習慣和制度等是為社會環境。這些現實極端重要，因為角色的外在行為模式顯現了某些限制，由是，這些限制架構起這齣戲戲劇動作的基本衝突。
6. **宗教環境**　宗教環境涵蓋了對角色正式與不正式的心理控制。在第4項所提到的，這裡大抵類似。

研究一齣戲的既定情境時，你必須很嚴格地要求自己切勿誤讀或曲解；如第4項的建議，所有在劇中的現實必然已陳述或暗示了，別再妄自臆測。有些劇本會包含上列所有項目，有些僅有其中幾項。最重要的，**不要企圖以你自己的想法對這齣戲重組吻合史實的環境；若不存在劇本裡，就不存在**。劇作者不是在寫歷史，而是述說一個故事；劇作者可能不甚瞭解歷史，但也可能他／她故意改變事實來符合自己的目的。不要糾正，而是，確實記述下來劇作者在劇本所指定的現實。

先前動作　必須清楚地劃分**現在動作**（present action， 觀眾確實看見即時發生在眼前的）和**先前動作**（觀眾發現了哪些是**在現在動作開始之前發生的**）。所有戲劇皆在事件朝向結束的某個中間點開始；既定情境通常包括某些過去動作（past action），所以現在動作得以有往前行動的根基。不過從1960年代初期開始，越來越多現代劇本（品特〔Harold Pinter〕是典型例子）很少明確地揭示（reveal）過去動作。相反的，其他劇作家（如易卜生）很明顯地包含了過去動作。這兩種動作——先前和現在——都廣義地被稱為故事。導演工作的重點通常是在**現在動作**，而諸多主要難題之一即是如何讓揭示必要的過去動作時盡可能生動。現代戲劇強調心理揭露，正如佛洛伊德派心理分析師所做的，解釋原由時，過去所發生的常占很重大的份量，然而對觀眾來說，最重要的是現正發生的、即刻就在眼前的掙扎。

你必須學習分別這兩種戲劇動作。有時，為了達到完全展現的效果以建立讓現在動作確實可以開始的點，先前動作會占去整整第一幕甚至更長。你一旦學會分別，你就能掌握如何讓過去動作在臺上依然有趣。好劇作者會讓角色在現在動作過程裡做富有興味的回憶；亦即他／她會因這段回溯為角色設計在過程中讓觀眾興奮的情境。所以，對導演來說，**只會有激動且充滿張力（因在場其他角色的積極投入）的回溯**，沒有乏味的闡述（exposition）。從這點來看，**回溯必須發生於現在糾葛之中**，導演若不知道這結構要點，勢必很快就會失去對觀眾的控制，這也是處理眾多寫實戲劇如易卜生和契訶夫（Anton Chekhov）劇作的關鍵。

你可能會處理從十九世紀中晚期一直到現在泛稱為寫實主義的廣大範疇，你必須瞭解，劇作家對先前動作的部署，已有相當大的變化。寫實主義在二十世紀已經發展成為一種風格，有些劇作家對先前動作的做法已經跟早期的寫實主義作家如易卜生、蕭伯納（Bernard Shaw）、契訶夫的做法已有微妙的不同。以皮藍德婁（Luigi Pirandello）富開創性的劇作為例，如《各是其是》（*Right You Are, If You Think You Are*）、《六個尋找作者的劇中人》（*Six Characters in Search of an Author*），展現了一群角色（不像真實生活中的人物），他們對造成現在衝突的過去（先前動作）可能各有非常不同的記憶和詮釋，因此形成相當深奧的戲劇動作。從某個角度來說，皮藍德婁，這位在戲劇風格上領導革命的關鍵人物，他似乎是利用先前動作來闡明：過去並不是可以被完全洞悉的。稍晚，在二十世紀，像品特和山姆・謝普，甚至把先前動作發展成為具有結構性元素的故事。在品特的《生日舞會》（*The Birthday Party*）和謝普的《埋葬的孩子》（*Buried Child*），在某些關鍵點，明白展示的先前動作可能極度有限，這就會導致角色們發現，當過去所發生的不是那麼明確——尤其故事的參與者們當時並不在場時，就像生活中有時會發生的——一些基本狀況布滿了神祕感。但不管先前動作是像易卜生那麼清楚的被描述，或像品特僅有某些某部分被（神祕地）揭示，從發現先前動作和現在戲劇動作究竟有什麼關聯這角度來看，駕馭先前動作是導演非常重要的責任。就像鑽研一部精采的偵探故事的內在布局，對導演和演員都可以獲得深深的滿足感。

劃分這兩種戲劇動作的一種簡單技巧是，在文本裡把所有關於過去的回溯畫出底線（underline）。在易卜生的文本裡有很多這種臺詞，尤其是在第一幕，且往往在劇本稍後會有重要的揭露，特別是介紹新角色時。如果你列出這些先前動作，並標誌現在動作，你就可以看出它們直接的關係。

由於有些劇作家在處理必須的回溯時手法非常隱約巧妙，如果導演稍不用心就會模糊這些先前動作，導致觀眾也會錯失這些重要的地方，除非導演非常用心處理出來。劇本不會自己「講」，它們需要經由知道這齣戲在講什麼的演員和導演來溝通。康格列弗（William Congreve）的《世道》（*The Way of the World*）是英文語言裡最偉大的劇本之一。然而，如果觀眾錯失了非常簡短的一句關鍵詞——密羅貝爾（Mirabell）曾經是丰諾洱太太（Mrs. Fainall）的情人，他讓她懷孕了，且安排她和丰諾洱的婚姻。這個表明若被漏失了，就會誤解接下來有關密羅貝爾和丰諾洱的絕大部分戲劇動作。這個例子非常經典，但經常發生。學習找出先前動作，你就會知道如何處理這齣戲。

態度導向　所有在戲中的角色，一如在真實生活，都是被他們所處的特定世界限制著，這個世界充斥著他們的偏見、能忍和不能忍，以及當他們被迫跟其他角色有關係並採取行動去影響他們自己和他人時的推斷。當然，角色的這個特別世界被環境事實和先前動作限定了。雖然有很多環境事實的細節，但是生存環境造成的壓力和緊繃，導致角色各有不同的「感情環境」（emotional environment）。現代俚語稱為「焦慮」（hang-up）。主要角色的特別世界會聚焦**在一齣戲開始的時候**，因為它建構了主要角色與其他角色的關係位置。這就是這齣戲的**內在環境**（inner environment），它架構了衝突和問題：在婚姻裡外的愛情關係的環境；在母子、父子、父女、母女之間導致愛恨的家庭壓力環境；影響人們的作為，導致他們可能會毀掉他們的家庭或他們與家庭關係的政治、宗教、社會壓力環境；對勢力的恐懼、漠視他人、對財富的冷漠或熱愛、對宗教的冷漠或狂熱。**角色被這個特別世界抓住，這齣戲就是關於角色如何被它摧毀或從它遁逃。**

關於劇本有一些重要的面向：在劇情行進的過程，主要角色並**沒有改變他的個性**，而是當壓迫的力量超過他能控制時，**他的態度改變了**。其他角色是這些改變的特定工具。當主要角色遭遇這些勢力時，他必須調整自己，當他這麼做時，潛伏在他內在的一些能力（他真正的個性）浮現出來，逼使他有所行動。這些能力，無論是好是壞一直都存在著、但從來沒有被要求展現為個性的重點。劇本的戲劇動作發展，是由主要角色面對（劇本一開始所強調的）**內在**（inner）環境以及**他的特別世界**的態度之改變所組成的。

亦須指出的要點是，在戲中其他角色並沒有改變他們的態度，僅有主要角色，是這個事實讓他們成為主角，次要角色們扮演促成這些改變的工具。分析劇本時，我們通常最關切主角然後再決定配角們的確實力度和功能。

大部分的劇本展現了主角從**一齣戲開始**到劇終他們抱持的態度之劇烈改變。對這種變動，哲學性的說法是，角色從無知到覺知。在過程中，當他被迫採取這些行動**之後**，對他生存的這個世界，他看清楚多了。所以，記下戲一開始時主角對這內在環境（特別世界）所持的態度非常必要，導演洞見劇終角色的態度截然不同，可以幫助角色找到這兩端，同時也可以幫助其他角色發現他們的改變。發生在這兩端之內的就是戲劇動作。

確定了每一位主角的態度導向，導演就可以知道在兩端之間事件發展的幅度——角色的弧度（the arc of the character）——以及既定情境加諸在角色的明顯影響力。戲的樣態很明顯就在於主角們的態度導向。

一齣戲開始的意義在於，對操控他們的特別世界，這齣戲主角所持態度之位置的界定，在這世界他們將有所行動。這些位置很明顯的表明了**現在動作**的起始點。在大多數劇本裡的角色們（尤涅斯柯〔Eugene Ionesco〕的反英雄〔antihero〕是例外），對現在他們自己的內在環境，有著強烈的喜歡或不喜歡。接下來的現在動作或掙扎，或者鬆動了他們在戲開始的喜愛，或者使他們從不喜歡到喜歡（至少接受）。如果一個角色最後沒有接受他在戲開始時所厭惡的，於抗拒其他人施壓在他身上的過程裡，他可能會死掉或自我放逐，而成為所謂的**悲劇英雄**（tragic hero）。喜劇裡，一個角色極力堅持他從戲一開始便熱切喜愛的，不被動搖，他會存活下來，但成為嘲弄對象，是為**喜劇丑角**（comic fool）。不過無論在他身上發生什麼事情，他在戲一開始的態度一定在劇終時有很大的改變，如果他是一個道道地地的喜劇丑角，他可能還是過得快快活活的，沒有察覺到有人曾試圖改變他。

戲一開始的時候，對待特別世界的態度通常是比較一般而非那麼特別。往往是角色對事態認為是本來這樣、理所當然，尚未有意識地察覺到不對勁，雖然觀眾已經注意到不盡如此。戲劇動作會讓他警覺到這個特別世界，因為經由跟其他人的直接衝突，他的態度會被考驗。在戲最初的戲劇動作，往往已指出他跟別人是對立的，雖然當時他對自己的處境和作為可能是盲然無知。對即將發生的戲劇動作，角色的態度應該是很一般性而非特別性。以下是幾個原初態度的例子：

男人愚笨且浪漫，相當容易操控。（《海達·蓋伯樂》〔*Hedda Gabler*〕裡的海達〔Hedda〕。她最後的態度是什麼？）

唯一真正重要的是金錢。（《小狐狸》〔*The Little Foxes*〕裡的莉君娜

〔Regina〕。她最後的態度是什麼？）

「好」女人無趣、害羞，沒辦法交談。（《屈身求愛》〔*She Stoops to Conquer*〕裡的馬洛威〔Marlowe〕。他最後的態度是什麼？）

國王是神聖的，無人可以挑戰他的神賜統治權。（《伊底帕斯王》〔*Oedipus Rex*〕裡的伊底帕斯〔Oedipus〕。他最後的態度是什麼？）

女人的愛情全然是浪漫的愛慕和崇拜。（《康蒂妲》〔*Candida*〕裡的馬瞿班克斯〔Marchbanks〕。他最後的態度是什麼？）

當你學會精確地指出一齣戲的特別世界，你就會知道它內在運作的秘密，因為你知道在戲開始時阻礙主角的環境力量是什麼。這些認知會指示你，他們必須奮戰克服哪些勢力以達到終端。

著手態度導向的實際作業時，從每一個角色在最後發生什麼事情來找出他們的開始端，這樣做可能比較容易。請記住，觀眾的興味是集中在兩端之間發生了什麼，即導致主角受難和改變的戲劇動作。就是它掌握了觀眾對這齣戲目不轉睛，製造了這麼多變、這麼劇場性以及感情波瀾洶湧的改變。

習作

1. 利用任何寫實主義劇本（《海上騎士》、《群鬼》〔*Ghost*〕、《海達・蓋伯樂》、《美國水牛》〔*American Buffalo*〕等），列出這一章裡提示的類別之環境事實。這些事實對實際的舞臺布景有哪些建議？你能夠「看見」這些布景嗎？你能夠視覺化一些可能的服裝嗎？你能夠說出哪些身體移動？儀態（decorum，對該地的特定行為）？這些對角色的思考和感覺有什麼提示嗎？物質環境（環境事實）與人類的行為有什麼關聯？
2. 使用習作1相同的劇本，描述其先前動作：把第一幕裡字裡行間指涉出、在戲劇開始的那時那地以前所發生的戲劇動作，畫出底線。如果你研讀的是《海達・蓋伯樂》或其他易卜生的劇本，請確實算出有多少臺詞包含先前動作？（要很小心，別把觀眾剛看到的現在動作也算進去；有些描述仍然是現在動作，劇作家用角色們評判剛發生的事，讓觀眾去評量角色。）依你的判斷，瞭解過去、累積這些資訊有什麼作用？對現在所發生的事有什麼影響？它是不是讓我們更認識角色？你能明白為什麼先前動作本身並不重要，只有在它影響到角色的現在行為時才是重要的？

3. 非常重要：換個練習，研讀一齣戲的開始幾頁，在紙上列出其先前動作在一邊，列出其現在動作在另一邊。這樣，你就可以比較出劇作家確實所做的。
4. 同樣使用習作1到3的實習劇本，描述每一位主要角色對其內在感情世界的以下面向：

   a. 我（角色）對我的世界覺得如何？

   b. 我對我的關係覺得如何？

   c. 我對我自己覺得如何？

   d. 我對我的未來覺得如何？

   如果角色對以上問題能夠精確且流暢地說出他們的覺受和看法，他們會怎麼說？——如果你能用第一人稱意識流方式寫出來，幫助會很大。勿因篇幅過大而迷失了，每個角色兩三句精準的句子即可抓住他們的內心世界。如果你有足夠的洞察力，做完這習作，你會知道在戲劇動作開始時角色在何處，你能知悉角色的開始端。這麼做對你和演員工作主要角色有不可計量的價值。

對話：劇作的表層

當你理解了一齣戲的根基——它來自有密切關係的過去之既定情境的哪裡、何時、如何——你已經準備好要檢視它的表層，它的覆蓋面，即對話。在第4章鑽研戲劇動作和角色時，我們將特別用心研習它的內在特質，但現在，你必須很警覺地意識到，對話並非只是人們說些什麼，同時很重要的還是，**他們做了什麼**。

定義

雖然對話很明顯的是，在劇中兩個或更多角色之間的談話，以及角色一己的獨白、旁白等等，但它較不明顯的主要功能是「**包含**」**戲劇動作**，作為它的主要交通工具。另外，雖然對話常以印刷或書寫的方式出現，它的重要意圖是被聽見超過被讀，是談話而非書寫。

對話即是動作

對話不只是口頭上的交談；而是一種經過設計、高度經濟且富象徵意味的**行動**上的相互溝通，在這種行動中，劇中人物彼此逼使對方供應其需求。**對話通常存在於現在式**，因為是從說話人的嘴裡講出他所想的，就像生活中，在當下，人對其他人說出以得到他想要的。

對話是建構中的流程

A對B說某些事，B回應；這引起A對B回應、然後B對A的連續循環。不管對話的臺詞多麼高雅，遣辭用字多麼精緻，目的通常是一樣的：尋求另一人的回應，一如我們在真實生活中所做的。

對話的性質就是建立有角色特性的**要脅力**（forcing）或從其他角色獲得回應。在談吐上，所用的字眼可能會以非常精巧的方式隱藏這些力度，也可能很直接了當。就一個不用心的讀者的角度看來，對話不過就是一齣戲印出來的文本，然而，對話的基本功能是包含這齣戲的心靈和靈魂，這齣戲的精髓——**潛臺詞**（subtext）或戲劇動作。

韻文或白話文的對話

劇本因為角色使用語言的不同，而有相當大的差異。這個選擇是因為既定情境所致，這方面尤其可以描述出儀表形態（decorum）或外在形象——亦即角色的行為（他們的禮儀或「缺乏禮儀」）。大部分現代戲劇使用白話文（prose）對話，因為肖真我們的日常生活，僅少數用過往眾多劇作所使用的韻文（verse）寫成。很明顯的，韻文形式比散文人工化，但兩者基本的意圖是相同的：包含戲劇動作。在第29章我們會對以前的劇本有較多討論到韻文，不過仍需在這裡提出幾個重點。韻文不只是外表高度包裝，而是為了揭露充滿張力的感情和高度行動，更集中、更提升、更崇高的語言。韻文的感染力常常與肢體移動一樣強大，因韻文以最高的音調傳達了充滿張力的內在感受。因此它對觀眾具有直接的感染力。這是為什麼許多劇作家在使用散文對話的時候會試著去尋覓比日常生活用語更高度的語言，例如亞瑟・米勒在

《考驗》（*The Crucible*）所下的功夫。

對話是內在語言

為了發現其特別的角色特質，以及涵蓋戲劇動作的功能、直接映現既定情境，必須很仔細地分析對話。縱使在劇本的既定情境之有限範疇裡，作者仍然擁有很大的空間去選擇用詞，安排並設計意象。對話因此被認為是**含蓄性**多過**指示性**——比字典的用法和一般界定的意思更側重感情和意義。劇本中人們的語境裡，角色彼此感覺或覺察著（正如日常生活中相處緊密的人們所做的），結果是，他們不是在**向**對方說話而是**與**對方談話。因此，戲劇語言是高度主觀的、內在的。在寫實主義劇本，廣泛運用民間用語——方言——用來展現人們在日常生活中是怎麼說話，而非經過精緻化（elevated way）。電影充分展現了語言這些面向，尤其是在表現社會經濟地位比較低下的環境時。

對話是聽的語言

研究用方言寫作的劇本時，需要更具有透視力，不能只停留在如何遣詞用字或母音怎麼變調，因為劇作家在一個特定角色身上使用這種他真正聽過的語言，所涵藏在這外在形式中的，將會產生各種文化上的弦外之音，是對既定情境頗為巧妙的刻畫。由是，布魯克林或倫敦東區人們談話反映了都會生活的艱辛，而美國南方的語調，傳達出務農人家緩慢的節奏。時下許多傾向再現地方俚語的劇本（如奧古斯都・威爾遜〔August Wilson〕的劇本），就不像之前某些劇作家曾特地指出發音在拼字方面的改變，他們靠著特別選用或故意空缺的字眼來傳達角色發音含混的一面。於是，這類方言就非常仰仗演員的表演來補充了。

導演必須學習用心靈的耳朵聽對話——不僅字面上再現日常生活中所聽見的方言語音，且要再現劇作家在角色中放置這些詞句時的感覺。你需學會從既定情境來理解一齣戲的文本，使角色儀態與談吐相稱的技藝。這方面的技術將在闡述演員和表演時續談。（請見這章的第二個習作。）

對話是由句子和論說或言談組構而成

我們已指出，對話是需要技術精心安排的。仔細檢視任何好劇本就會發現，作者安排句子結構時通常是在句子結尾處丟出重點字眼，這句話的關鍵詞彙。這個落點造成戲劇性。結合數個句子的言談或論說亦是精心地以此技巧組構而成。導演洞悉了這個技巧，對他協助演員把台詞提煉的更出色很有幫助，就更能完成貫穿整齣戲極為需要的重點。

若不徹底理解在劇本中句子的形式和抑揚頓挫、構成句子環環相扣的精心安排，以及「**言談／論說**」之外的弦外之音，導演和演員的合作不太可能成功。有些受史丹尼斯拉夫斯基方法訓練的導演和演員，以為只要完全理解了潛臺詞，傳達該句臺詞就不是問題。這個假設並不正確，因為潛臺詞和文本兩者都需要被溝通。這雙重價值在第15章關於文本之口語傳達時會仔細討論，在此需要認知的要點是，所有戲劇性價值的基礎是潛臺詞——臺詞的內在實質。在下一章「戲劇動作的特質」將仔細討論這點。

習作

1. 大聲朗讀《海上騎士》或其他劇本的一些對話，然後，根據字的排序和修飾詞，重製這些臺詞。聽起來怎樣？你能適應嗎？然後播放一段演員是用方言的錄音。為什麼用方言說的聽起來比你嘗試做的更真實些？從這些音聲，你可以指出國籍特色嗎？聽得出來社會和經濟環境嗎？可不可以聽出角色的特質？
2. 用一齣電視情境喜劇做相同的測試。若一部腳本對演員如何使用肢體語言和音調變化沒有細節指示，這種「樸素」的文本，你能視覺化嗎？為什麼音調高低對戲劇動作這麼重要？
3. 從尤金・奥尼爾（Eugene O'Neill）的劇作裡檢視一些白話對話。指出他選用字眼的特質、句子和言談的長度、每段言述所建立的高潮。最重要的字和片語是不是在結束處？奥尼爾是否重複使用某些特定有關「感覺」的字群？ 他的臺詞聽起來如何？試試看。
4. 聆聽並觀看兩名演員朗讀品特的劇本，如《生日派對》或《歸家》（*The*

Homecoming）。仔細檢視品特怎麼發展某一句臺詞，然後檢視一群臺詞。能從臺詞中聽到既定情境嗎？對角色似乎咬字不清有什麼感覺？品特企圖寫哪裡的方言？

5. 大聲讀一頁大衛・希爾森（David Hirson）以韻文寫成的現代劇《野獸》（*La Bête*），或理查・威爾博（Richard Wilbur）以韻文翻譯的莫里哀（Molière）之《塔圖弗》（*Tartuffe*）或《憤世者》（*Misanthope*）。在這種韻文形式中，你聽的出來節拍的規律性嗎？哪些是韻文能而白話不能之處？再以艾略特（T. S. Eliot）的《大教堂謀殺案》（*Murder in the Cathedral*）重複這個實驗。聽的出來他的韻文形式不同的地方嗎？艾略特所選用的字彙和韻文格式哪些是散文所無法企及的？相反的，大聲讀一頁艾略特的《雞尾酒會》（*The Cocktail Party*），這是他用韻文格式寫成的，但他宣稱聽起來應像是散文。

註：在下一章闡明戲劇動作之後，將有一個對話之戲劇性動作特色的練習。

4

劇本的核心

戲劇動作和角色

戲劇動作是一齣戲中角色之間持續的衝突力量之撞擊。其中涵藏感動觀者的情感內容，一旦理解戲劇動作即解開了這齣戲。所有的戲劇都繫於戲劇動作和角色——那些**採取行動**的人們，從他人接收行動且逼使他有所行動，如是一再**反覆**，**形成壓力連鎖反應鏈**，**以及為了達成欲求結果所做的掙扎或競爭**。

戲劇動作和角色無可避免緊綁在一起，研讀這章必有助你瞭解這種戲劇形式。**情節**（plot）一詞，乃劇作家或劇評家用來形容組構成戲劇動作的**衝突事件之系列安排**。雖然戲劇動作和角色之間的關係密不可分，在這一章為了能討論到更多細節，我們將把兩者分開進行，以方便你能更清楚看到其個別特色。

明白戲劇動作的本質和操作方法是導演的首要功課，因戲劇動作是一齣戲的生命力，從它產出所有充滿力度流淌不息的衝突素材。除非導演瞭解其運作，否則想要協助演員或企圖有效率地使製作成形都是緣木求魚。他／她會不時陷入五里霧。再次提醒，在戲裡發生的是戲劇動作；是它抓住觀眾，使他們興奮，讓他們發笑。在前文已指出，戲劇不是一種事實，而是一種人為構成、一種設計，就其相似之處，也許我們可以把它比喻成人類的身體；戲劇動作就像心臟和其他重要器官使吾人身體能夠呼吸、活動，它提供一齣戲存在與活動的生命力度。

戲劇動作的特質

現在式

你已知悉戲劇動作僅存在於現在式。動作的參與者——角色——經常是處在「正在做」（doing）的狀況而不是「曾經做」（did）。為了使這個觀點更明確，同窗們應該大聲朗讀一頁小說。你將發現那是用過去式來撰寫角色做了哪些事[1]。換句話說，其敘述存在過去式裡。這是界定小說和戲劇的一個根本性差異——小說是過去式敘述，但戲劇存在於現在式，角色正在繪述他們在永遠的「現在」正在做的事，當導演和演員處理角色的思維和行動時必須學習進入該情境。如果現在朗讀一頁劇本，就可以很清楚看到我們一再提及的，劇場中的角色恆是在「當下」或現在式裡有所行動。就是這特質使一齣戲富有生命活力，其瞬間傳達到觀者的即時性會深刻打動我們。一如在生活中，無論何時，只要有兩個人相遇，他們就會開始互相「行動」，這也是我們在一系列舞臺時光所觀看的。在一齣戲裡，沒有任何過去式；事情發生著，縱使先前動作被揭示了，也是在現在式中發生。

戲劇動作不是活動

不管是在文本或演出，分辨出戲劇動作和活動的不同很重要。在檢視臺詞時，我們已習得角色所說的話包含戲劇動作，他們表達，然可能與戲劇動作本身是不一樣的。某人說：「喔，我喜歡你的襯衫。」但這人可能並不真喜歡你的襯衫，這是一句逗弄或挖苦的話，或者，相反的，這人**真的**因喜歡你的襯衫而讚賞。也可能這人真正有興趣的不是這件襯衫而是**你**，讚賞襯衫作為攀談的開端。同樣一句話，可以出現四種不同、可能的戲劇動作（逗弄、挖苦、讚賞、攀談）。哪個是真正的意圖，須從語境以及這話**如何**被說出的樣態來弄清楚。如果這句話是在一齣戲裡，你可分別出演員是否從潛藏

---

[1] 譯注：這是英文和中文文法截然不同的地方，英文的動詞本身必衍展出現在式、過去式、進行式、過去分詞，而小說主要是以過去式來敘述的，中文的動詞沒這些分別，在過去式多是外加其他詞彙來表達，很多時候過去式和現在式的分別不甚清楚。

的戲劇動作把意圖表達清楚。戲劇動作和活動的差別可從這例子看出。

活動是一個角色（最終是由演員來體現）在一個場景中或在舞臺上某一時刻**身體**正在做的事，但潛藏在其身體行為內的則是根本的戲劇動作或這動作的一個段落（unit）。（一如前例，這就像是角色在某既定情境下可能**說的話**，跟其**真正的**戲劇動作有關。）有時劇作家會很精確地寫出角色身體的活動，但通常是由演員和導演在排練中完成，這是一個劇本演化出有形生命之過程的一部分。

所以，一場戲裡的活動要具有兩項功能。第一，包含並傳達戲劇動作——**於該場景的既定情境之語境裡**——其與動作的關係類似於對話與戲劇動作所正在進行的。第二，活動於該場景或段落中提供由演員具相的角色之「常態的基本結構」（fabric of normalcy）。鮮少角色是擺明要和其他角色攤牌的。通常是像在日常生活裡，在這一天，我們試著維持過正常生活，但有些突發狀況干擾或破壞我們想維持的常態。重點是，**該戲的角色**並非在那場戲裡演戲（在寫實主義的戲裡，角色甚至不會知道他是在「演戲」）——角色是正在過生活，不管是在哪個時候。但在這表相下，戲劇動作——這場戲裡這角色和其他角色之間相互作用對峙的力量——正在發生。這**兩種層次間的張力**是觀看時最有興味的地方，活動的表相層次，角色一如往常生活看來「正常」，而另一個層次則是戲劇動作和壓力，他正與其他角色角力——某些他並不想這麼明顯被看到試圖掩蓋的事項。劇場弔詭之處，即是這兩種層次必須同時並存，表面上看來正常的活動與暗地裡的激戰——讓兩者同時具現的能力，歸屬演員和導演的技藝。相同的雙重層次結構存在劇本裡，也是這一章所要探討的。

像這樣同時具有活動和戲劇動作的雙重層次，在我們日常生活中**無時不刻比比皆是**。舉例如下，一個考得很不理想的學生和指導教授開會。在活動的表相層次上，學生和老師照規定行事進行順暢；他們隔著桌子對坐，學生把試卷遞給指導教授，教授看完講評，把試卷還給他。但潛藏在這日常活動的層面下，「這場戲」的既定情境可能是：如果該生在這門課成績只拿到C，他就失去獎學金，這一來，他必須退學，他會讓家人大失所望，對自己亦然。困難可能不僅如此。這學生與校內一位年輕女子捲入關係，如果不幸的鎖鏈啟動，這關係難免受波折，諸此種種，學生內心憂慮萬分。在教授「這場戲」的既定情境可以是這學生先前已有學習上的困難，抑或與前一位面談耽擱太多時間，罹患嚴重頭痛的教授需在二十分鐘內趕赴城鎮另一端與醫生的約診，也可能是她現在才發現有一個考題她並沒有寫得很清楚。受特別界定的兩人，在端坐交談的活動層面之下，戲劇動作層面可能跟彬彬有禮、非常社會化的表相大相徑庭，但這是必要的，不僅是為了禮儀，而是為了這場景之逼真需求，必須貼近生活以求其可信度。在戲劇動作層面，也許這學生正企圖弄清楚他在這門課的處境究竟有多棘手，教授這邊是否還有轉圜餘地，可不可能重考或更改成績，或者他為了合理化自己表現不佳，而指出其中一個題目指示不清楚以至於他無法準確答題。在指導教授這方面的戲劇動作，可能是要指出這學生回答的三個問題哪裡離題，鼓勵學生加倍用功，避免面談時過長以免耽擱她和醫生的約診，或是警告這學生這門課他不可能得到B。

從這個例子，我們發現在這場景的活動層面（學生和指導教授對坐，交談彬彬有禮，互遞文件）是一種真實——在這情況中我們能認為可信的「常態的基本結構」。然而在其下有另一種真實——攸關切身利害得失，沮喪的學生企圖跟老師溝通他不能拿C而試著旋乾轉坤，同時老師正想讓學生明白他拿B的可能性微乎其微除非出現奇蹟，且這面談因她趕赴自己的約會不能持續太久，或她發現因為自己考題寫得不清楚可能要調整那些答題困難學生的分數。這例子與「噢，我喜歡你的襯衫。」臺詞與戲劇動作的關係多麼相似，真正發生的與看來「簡單」的表相並不盡然裡外合一，不是嗎？

逐步演化出一齣戲有形的生命，為劇中每一場景尋出活動，是排練非常重大的一部分。這些都是從導演和演員對一個場景的戲劇動作（亦稱「潛臺詞」，或涵藏在文本表相之下的潛在含義）和可被觀看到的行為之認知中發展出來的。在排練時，無論是哪一場，演員和導演實驗著，尋找出最佳的活動，要同時具有肖真性（逼真、可信度）且揭示潛藏其中的戲劇動作。目標是戲劇動作和活動之涵藏與揭露的雙重性或兩種層次的結構。為這場景或某時刻尋得「對」的活動時，戲，就在角色之間一如平常生活通常「可見到的」表相行為，和更深層次「究竟發生了什麼事」的戲劇動作的張力間生動活現起來，觀眾雖「未必看到」但卻必定確實感受到了。

只有在非常罕見的情況下，這兩種層面會同時發生或聚合。當這情形發生時，通常總是高潮時刻，那時候，戲劇動作衝破了當時角色所努力維繫與呈現給他人的正常表相。田納西・威廉斯的《熱鐵皮屋頂上的貓》（*Cat on a Hot Tin Roof*）第一幕有很好的例子，梅姬（Maggie）正在上妝打扮換衣服，在此行為表相下的戲劇動作層次，她用激將法想推動布睿克（Brick）下樓參加大爹（Big Daddy）的生日壽宴。在布睿克這邊，他使盡種種冷漠、不感興趣、不可親近的態度，在這表相下他的戲劇動作是要梅姬閉嘴，要她離開，讓他獨自一人。他不斷喝酒，當梅姬靠近時，腳傷的他隨即拄著拐杖笨拙地移開。動作層面上，女人化妝梳髮，男人猛喝酒不太說話四處移動——妻子和丈夫的談話看似毫無結論而一場激戰在他倆之間正進行著。表層的活動與底層的戲劇動作在高潮時刻聚合：當梅姬對布睿克的針砭和迫使讓布睿克忍無可忍時，他不再裝作冷漠不感興趣而是突然間揮動拐杖用力朝梅姬的頭打去而擊破一盞燈。在那一瞬間，衝突突破「正常性」結構的裂縫，活動與戲劇動作成為一體。

因此，最重要的是，導演與演員工作、把一個場景中的活動與潛藏的戲劇動作連結且演化的能力。實際上，協助演員找到適當的活動，使他們搬演時在兩種層面上都具真實度，是決定導演成敗的關鍵。不過，在你進行排演之前，你必須對劇本分析很熟練，就文本的單個場景和整體，要能分別出活動和戲劇動作的不同。本章這部分的目標，是要訓練你洞見在場景裡活動表相下真正在角色之間發生的戲劇動作，他們之間的掙扎。

所有的戲劇動作皆是交互影響

如先前之闡述，戲劇動作是由角色們顯現出來的力量的衝擊。於是，所有的動作必會引起抵制或反動，或是流動在彼此間有所調整的動作。這個循環運作如下：(1)A對B有所行動；(2)B感受到A的動作的壓力，調整，且決定採取什麼行動；(3)B對A有所行動；(4)A感受到B的動作的壓力，調整，且決定採取何種行動。這個循環如是再度開始，但這次在程度上一定會有些新異之處，因為前一回的交鋒，既使是微小甚或難以察覺的改變，都已導致角色內在靈命起了變化。不過，如果這角色有所改變卻未達到他的目標，他將會繼續追逐尋求。這個反向互動的過程會持續進行直到(1)A或者B被擊敗；或(2)某些外在勢力介入這個流程（另一個角色進入）；或是(3)劇作家隨心所欲地結束了這個戲劇動作（場景結束）。

由是，所有的戲劇動作必定是**交互影響**（reciprocal）的，沒有單線道，必定有回程的動作。雙向都有壓力。很重要的一點是，這個循環之所以會形成，在於每個角色接收到壓力後，在他採取行動或開始新動作之前都會有所調整。形成的結果是，演員的表演大多是在接收到另一個角色的動作之壓力後，他決定要採取何種行動。我們在這裡用「決定」這個詞彙，但實際上，角色的調整過程，往往除了冷靜或理性地周密思考外，什麼都是可能的，通常是頗為直覺的反應。這一點，不僅振奮觀眾且推動戲劇場景繼續前行。

無論是施加壓力還是有所作為，因其層次繁複多樣，令人玩味，以至於往往**像是**一個角色強而有力控制了其他角色，該場景的戲劇動作似乎是單線的。然而如同這調整發生的時機一樣，這調整在表相上僅是低調且安靜的；不久，這個戲劇動作即將轉向另一方向，被支配的將成為主宰者。一齣戲的場景即由這般動作組成：A主宰而B退縮；然後B接管並控制了採取撤退行動的A。當A或B全面成功地控制了另一方時戲即達到高潮場景。不過，經常有其他出奇不意的對抗發生，因為戲就是由這類延遲的調適和新興起的動作所組成。遲早，被支配的獲得機會躍身成為支配者，只要A和B保持不知鹿死誰手的張力，觀眾就會持續興致盎然。一旦這問題獲得令人滿意的答案，顯出相對平靜的狀態，這齣戲就結束了。

除非兩個角色（兩股壓迫力）完全毀滅，一齣戲的結尾可能只建立了讓另一齣戲開始的既定情境。若角色吸引人，足以讓劇作家為他們的衝突不僅僅寫一齣戲，古希臘劇作家和某些現代劇作家，如尤金·奧尼爾的《傷悼適宜於伊萊克特拉》（*Mourning Becomes Electra*）、山姆·謝普在他幾齣家庭戲劇，角色的名字改變，但角色原型和根本衝突一再重現。所有戲劇的結尾都是建構出來的，但有些實在令人不甚滿足。與其說是戲劇動作結束，毋寧說，情況雖相對平靜些，然而潛伏的新威力和壓力正蓄勢待發。

分割戲劇動作：幕與場

導演必須有能力看出劇本中以各種風貌存在的戲劇動作，最後，在演出時，精準地完成。全劇最大的總戲劇動作，是貫穿整齣戲不同的強制力量之相互撞擊。導演要能洞視這些強制力量造成衝突的整體情況。至於最小的戲劇動作，則是角色們在臺詞與臺詞中瞬間施予的壓力——有時甚至不到一句話，可能是一瞥或一個字。在戲劇動作最大與最小之間的分割，屬於中間部分（intermediate division），如幕與場，是劇作家提出的正式段落。這些表徵了什麼？導演需理解為什麼劇作家要這樣來組構戲劇動作，以及，在演出裡，戲劇動作因這些幕或場的分割而形成的界線所揭示的意義。問你自己：為什麼這齣戲要分成這幾幕？全劇的戲劇動作在第一幕完成多少？第二幕呢？第三幕呢？亞瑟・米勒把《考驗》（*The Crucible*）分成四幕，很適合我們理解這齣戲怎麼發展，為什麼它是四幕而不是三幕？你須對你正在工作中的劇本提出類似的問題。有些例子，演出整晚的戲或「全長劇」（full-length），何以僅是一幕而不是兩幕或三幕呢？（嵐佛德・威爾森〔Lanford Wilson〕美麗的劇本《戀戀心湖》〔*Talley's Folly*〕即是一例。）

古希臘戲劇看起來「都在一幕」裡，真是這樣嗎？古希臘戲劇家乃用歌隊的合唱與蹈詠來強調戲劇動作的幾個主要部分，古希臘戲劇的文本從某方面來看近似音樂作品，和歌劇劇本或音樂劇劇本有共通之處，當我們知道這點後，對這些劇本的結構與其戲劇動作的切割就會有不同的看法。莎士比亞呢？我們現今從印刷的紙本所熟悉的幕和場的分法，其實都是後來的編輯添加的。在莎士比亞劇場有好幾種方式來區分段落，例如使用韻文對句來使一場戲圓滿結束；或是藉著另一個角色的上場，建立另外一個「地方」，來轉換到舞臺的另一個區位。「法式分場」（French scene）一詞，是從新古典主義（neo-classical）法國劇場對戲劇動作的分割衍生而來，每一個角色的上場下場標誌著一個新的場景。到了二十世紀後期，有些劇本完全沒有幕，可能是一系列的場景，彷彿用稜鏡折光般，由揭露不同層面之戲劇動作的數個場來組成一齣戲，如卡里爾・丘吉爾（Caryl Churchill）的《滿嘴鳥隻》（*A Mouthful of Birds*）。

身為導演，檢視劇本時，分別出戲劇動作在「場」與在「段落」間不同層級的能力必須很嫻熟，不管是在文本或表演或排練，這種能力都涉及處理戲劇動作發生的細節之精準度。如果《考驗》每一幕皆展現了總劇情裡某一部分戲劇動作的大進展，那麼，在這些幕裡的場展現了什麼？導演分析劇本時，當自問：「這齣戲每幕裡的場是些什麼？為什麼存在那裡？」毫無疑問的，劇作家如此安排場景，是因為當戲劇動作在觀眾眼前一步步展開時，這些戲劇動作必須存在。導演這時就需要「反向運作」，決定為什麼這些場景會在這裡——對於戲劇動作這整個「機器」之進展，每一場有什麼作用？若答案不是立見分明，那就問，如果刪掉這場戲會有什麼差別？有哪些損失？可刪嗎？若是齣好戲答案通常是「不行」。而為什麼「不行」的原因會讓你明白這一場在戲劇動作上的功能，這種功能，是你一定要確確實實弄清楚搞明白且在導戲過程中實踐。

要點是，一齣戲的戲劇動作可用很多種方式來分段落，但不管怎麼分法，導演必須清楚明白這些段落與其意義。無論如何，這些分段，都是理解這齣戲總戲劇動作的線索，而且幾乎可肯定的是，這些在演出時都須以某種形式映現出來。

戲劇動作之分段：段落

除了場，導演學生要學習分出戲劇動作的段落（unit）。場即是由這些更小的動作單元組成的，導演要能明白這些是如何結合而架構出這一場，這很重要。

段落，通常是在這種線形的往復運動裡，角色接收到另一個角色的回應，是角色之間相互調整或遷就時，與戲劇動作關係緊密的連續舉動。雖然，在一個段落中，角色間的動作力度可能是旗鼓相當，但我們常稱該段落的開始者或發動者為「攻擊者」，因為他／她在兩個或更多角色之間發起動作且發展成動作主線。

如何界定一場戲裡的段落？如前所述，段落大約是關於相同事件的一連串動作，是該戲劇動作的連續妥協或調整。不過，除了追蹤相關事件的主線外，導演也要能夠看到該段落的結果即將是這戲劇動作可辨識之變動。學習辨識段落變動（unit shift），是導演在早期進行劇本分析以及稍後在排練場必須要能夠掌握的事項，有數種方式產生段落變動，以下列舉數例：

- 某個角色並未如願得到他／她期望獲得的，在某一句與戲劇動作或策略有關的臺詞表示棄守，以便另闢蹊徑達到目的；
- 在戲劇動作中攻擊者從某個角色移到另一個角色——在有關戲劇動作的某一句臺詞，事實上，某角色接管了另一個角色原先的主導地位，動作於此變更到新的段落；
- 一個新的影響力進入這場戲，可能是第三個角色也可能是一通電話。在蕭伯納的喜劇《門當戶不對》（*Misalliance*）中，場面最壯觀同時也最輕鬆的一個段落變動處是，好幾位角色激辯到一個僵持的局面時，突然有一架飛機撞到這棟屋子，所有角色都衝到花園去看個究竟，他們回來時帶了兩名新角色，飛機上的乘客，這一來把原來的戲劇動作巧妙地轉化到其他方向去了（當然，這是個極端的例子）；
- 一個角色出場，讓留在場上的其他角色把戲劇動作導引到不同方向；
- 一個重要的發現導致戲劇動作朝不同方向發展；
- 某角色達到次要的目標，繼續朝追尋另一個目標前進；
- 從該場的爭鬥看來——至少到目前為止——某角色「擊潰」（或看似擊潰）另一角色獲勝。

在你學習研讀劇本時，要練習界定不同場景的段落，直到那成為你駕輕就熟的能力。分別出段落變動對導演相當重要，在戲劇動作裡已有變異時，假如你無法看出來，你會引導演員的表演在兩個或三個以上段落**彷彿都是在同一個段落**，當戲劇動作發展開來且逐漸被觀眾接收認知時，卻因為導演消除與扁平了這類細緻的改變——想想交響樂團的指揮或是像鋼琴家類的演奏家，我們無法想像音樂家在演奏樂章時也是這樣。當這種情形在劇場發生時，不但讓演員在表演上難以施展，同時也讓觀眾很難跟上逐漸開展的戲劇動作。相反的，若段落變動能被適當且有興味地表現出來，就能激起觀眾的興致並投入更深。好導演必定能高敏感度覺知戲劇動作段落變動，且確定會在搬演上產生種種變化——如節奏之改變、場面調度（移動、物品的運用、構圖和畫面的變化）與表演等等。想要達到戲劇動作能被演員表演出來，並被觀眾理解，你洞察段落的駕馭能力是絕對重要的。

分割動作：臺詞與時刻

戲劇動作的最小單元，當然是發生在單一臺詞或單一時刻（有時可能不是一句臺詞，而是一個眼神或肢體動作）。當我們說「臺詞」（line）時，意思是「說話的時候」，亦即，一個角色會有少至幾個字、多至好幾行的「說話的時候」。有時我們稱此為「論說／言談」（speech）[2]，但通常說到個別角色的說話時刻時都說「我的臺詞」或「她的臺詞」諸此。貫穿全劇，每一個角色說每句話都含有戲劇動作。如果是一段很長的言談，可能包含不只一種正在進行的戲劇動作。

每段言談都包含著針對另一個角色的壓迫力——一個動作：A對B（言談1）；B收到這壓迫力且做出調整；B對A（言談2）；接著A對B（言談3），這流程重複著，直到這一系列突然遭到侵入而被擱置一旁，或是達到高潮像是兩個分開的角色相聚（愛）或角色更加疏遠（恨）。於是，戲劇動作（言談）導向一個段落的高潮然後結束，另一個段落開始，這個流程如此周而復始。

可以說，每個段落都有其目標，該段落的重點必須被達成。這些小段落目標之累積架構出該場的目標，該場的動作需完成以推動故事前進。這些場的目標累積出更大宗——通常是一幕——的戲劇動作。最後，每一幕所堆積出來的必須達到那特別一幕的目標，該幕須能完成戲劇動作的要點。如果你追蹤著《考驗》的各個段落，會發現其戲劇動作結構極清楚，檢視每一幕中的場（第二幕尤佳），你會看到戲劇動作如何不可抗拒地朝最後結果發展過去。

導演的主要工作是**協助演員不僅找出言談與言談中的戲劇動作，同時**

---

[2] 譯註：用於「論說」通常是角色發表長篇議論，也常是劇作家代言人的角色宣講主題，在蕭伯納或皮藍德婁的劇作中這種「論說」時刻特多，這時，戲劇動作的推動反而會暫時看似遲緩下來。所以，這部分談到「動作」，常需是富含潛臺詞的「言談」，較不會是「論說」，導演和演員必須在這種你來我往的明槍暗箭裡尋出說話者真正意圖的「動詞」。

也要拈出貫穿全劇各段落的目標。在這理念基礎上的假設是：所有的動作是交相循環的（A對B然後B對A），導演的功用就是要檢視演員之間合宜的往復運動是否確實發生。表演過程不是僅做出個人的戲劇動作，更重要的是，需回應所有的戲劇動作。除非A對B做了什麼然後B對A做了什麼，否則，對觀眾而言什麼事也沒發生。**唯當相互動作發生**情感自然湧現，觀眾才會被感動，感情是掙扎、戲劇動作的副產品。**感情不是直接演出來的，而是一個角色對另一個角色施壓時自動發生**。這點在稍後談論表演、導演與演員關係時將詳談。於此我們先點出：若導演允許演員做出靠一己之力而非因相互動作的表演，演員則不會產生令人信服的表演情感，因這演員並非因著與其他演員互動表演，像是在夜總會直接對觀眾做個人秀。

一齣戲是在兩個或更多角色之間的對話——動作。即使劇本是以獨白寫成，如尚・考克多（Jean Cocteau）的《人聲》（*The Human Voice*）或柯諾・麥可弗森（Conor McPherson）的《好賊》（*The Good Thief*），劇中仍然有壓力、掙扎與衝突進行著，如考克多的《人聲》裡角色與電話裡說話的愛人，或麥可弗森劇本中相衝的壓力。《哈姆雷特》（*Hamlet*）裡的獨白或內在言談或論說（interior speech），並非全然是獨白，而是同一個角色的兩個對立面——往往是角色外在的自我（因其他人的逼迫而形成的）與角色內在的自我（他知道他必須成為的）——進行爭辯。

發現動作並下標籤

由於劇中每個言談都有著「做」的意圖，每一個言談都可以精簡節約到僅是一個現在式的動詞，因為動詞是象徵著動作的文字。例如，一連串對談的潛臺詞，可以記錄成這樣：

A 羞愧
B 無視
A 請求
B 斥責
A 乞求

B 咆哮

接續著……

注意這些動作都是用現在式表現，而且接續下去的動詞將更加情緒化和戲劇化。在我們真實生活裡也有這樣往復動作的情形。同時要注意，**它必須精準到無其他更適合的動詞可用了**。

使用這方法時，你的問題可能不是你字庫的不足，而是**如何發現**對白與段落裡**正在發生什麼**。導演與演員的語言必須簡單否則無效。這問題與這個觀點有關：**如果你對（戲劇）動作有感覺，動詞就會找上你**。工作時不要過於自覺、過於知性，讓你的感覺和反應告訴你在一系列的言談中發生了什麼，就像優秀演員所做的。一旦你明白了這個遊戲，搬演的技巧就不再是個難題。不過，有些真正的挑戰是永遠存在的：**在這臺詞裡發生了什麼？潛臺詞是什麼？**角色正對另一方做了些什麼？這類問題有時很費神。不管多麼經驗老道的導演和演員，這種挑戰永遠存在。前文提及，導演和演員宜常記得劇本是劇作家的即興創作，有時，企圖理解他們劇本的幽微深處，可能超過演員和導演的個人經驗所及。

不過當你領悟了**尋找潛臺詞**的技術，且能夠將其安置在動詞的形式，你們可以使用相同語言，以**演員能夠表演的動詞與動機**來交談，你就握有了導演與演員溝通最重要的鑰匙。避免讓雙方處於霧朦朦的境地，用講「我（角色）**正在做的事**」代替「我**覺得**應該這樣」——是導演唯一能讓演員接收到正確訊息的途徑。可以的話，其他交給演員去處理，不過要確定演員完成了該動作。

太一般性的動詞，例如屬於對話通性的「告訴」、「回答」，「問」、「說」、「解釋」、「看出」、「反省」諸如此類皆不宜用，因這些動詞僅是對話或活動的符號，不是潛藏的戲劇動作或潛臺詞，**這類動詞是無法表演的**。你要常常自問這類問題：**能演出這個動詞嗎？**扮演的演員能對其他角色表現出這個動詞來嗎？它對其他角色會造成壓力因而去「做」某些行動或從中獲得什麼嗎？這類推敲搜尋要的是特定而不是泛泛的動詞，因為表演永遠都是特定而非泛泛的事。

另一類需要避免的動詞是那些明顯容易喚起特別畫面的：**跑、跳、走路、彈起、笑、微笑**，以此類推。僅很少時刻這類動詞可以用做戲劇動作。這些只是行為和活動的表相，在它們裡面蘊藏著或掩蓋著戲劇動作或壓力，它們不是你要尋找的深層的、有心機的動詞。最清楚的是那些直接且「**正在做**」的動詞，那些包含著被過濾的激情和情感以及基本壓力的動詞。

如果動詞太全面性，如A**愛**B**恨**，這些對激發演員表演的精確度於事無補；這兩個動詞都代表了一個很大的範疇，然而動詞應該可以展現出其層級。動詞描繪是用來提供演員能量，僅有特定的動詞——可以描繪出確切層級的動詞——才能完成目標。

注意，要用動詞。用角色名稱的第一個字母來表示該角色，**不要再用其他修飾的詞彙**。只在及物動詞裡找，在其中你會找到包含動作的字眼[3]。

記錄戲劇動作

在訓練動詞技術的過程裡，導演學生要練習精準地寫下關於戲劇動作的分析。以下是建議的流程：

1. 把一齣戲中的一場或一部分（僅兩個角色，10分鐘）分段（通常分4到8個段落）。
2. 用動詞形式分別寫下這些段落的戲劇動作（如頁43-44）。
3. 寫出每一個段落的摘要：為該段落的每一個角色拈出一個動詞來概括角色在該段落的動作。（例如：A逼使B走投無路，然後B逃避A。）接著，寫出整個段落的大綱；這一來就可看出雙方力量之往復運動。因為使用了連接詞「然後」，可以清楚看出這兩個角色彷彿是在一條繩子的兩端來回運動著。
4. 從你所選之部分劇本內容的所有段落中，記錄下摘要。作為導演的你為了達成段落目標，這些摘要需存在腦中。演員可能過於投入戲劇動

[3] 譯註：作者以英文讀者為對象來做這些指示，如以其英文名字第一個字母表示該角色，選用的動詞別再添加副詞之類來修飾動詞。用及物動詞，因戲劇動作通常是有施壓的對象，必須有受詞。

作的細節而迷失或忽略了目標，要是連你也迷失，全體就迷失了。如果綱要做得很好——動詞選得精確——整齣戲的架構就昭然若現。**這整齣由你和演員共同創作的戲**，只有在你們段落觀點做得很好的情況下，才有希望發展得很好。因為你只能溝通你真正瞭解的事情；如果你無法「看」明白，演員和觀眾也必然看不明白。不過，別用動詞去逼演員，而是盡可能間接地協助他們從中找到行動。

5. 另一個有特定用處的進階設計：用名詞片語（nominative phrase）為每個段落取個標題。這可幫助你理解該場戲且牢記在腦海裡。這些片語必須言簡意賅，例如：**抵達；親密的愛慕；另一項計畫的宣布；正面鬥爭；離棄**；諸如此類。這些片語（如同第三項）對綱要中的往復運動是優質補充，可助你找到動態情境。當你和演員溝通時，這些片語可用來顯現每一個段落的目標。這些片語是幫助溝通的橋樑，卻是無法表演出來的。

戲劇動作的類型

戲劇動作的類型——悲劇的，喜劇的，傳奇劇的，鬧劇的——不在本章的探索範圍，因為導演初學者該把注意力放在劇本分析，這方面相關理論非常複雜只會讓你更混淆。知道還有另外一種層次的分析即可，待你嫻熟了劇本分析的基礎知識再研習不遲。從務實的角度來看，建議你選擇嚴肅的劇本來實習，因為它們通常比較直接坦率。喜劇的戲劇動作不僅比較難掌握，對你和年輕演員經常是問題重重。

全劇的戲劇動作

在進行這一章要描繪出段落的動作時，初學導演的你也許覺得迷失在細節裡見樹不見林了。請記住，一旦你理解了動作的本質且知道如何從劇本中尋出，你就能快速且自然地進展。目前的過程類似學習讀譜並演奏：讀音符，注意小節，練習樂句，最後跟上速度演奏出旋律。你想要工作全長劇本的願望是相當容易理解的，但你必須先學會演奏音符且結合成小節。

往後，當你工作全長劇本時，你需要把這一章所概述的段落之結構觀點擴張到全劇，且以整體來處理劇本中力量的撞擊。有的劇本，像布萊希特的《伽俐略》（*Galileo*），衝突相當明顯，然而像契訶夫的成熟劇本就很微妙隱約。習作1和2提供這種練習機會。於此先嘗試，然後回到劇本，先工作段落繼而全本，你會發現這是深入瞭解全劇最好的途徑。先學會走路再跑步或參加馬拉松。

習作

戲劇動作的工作練習，最好是去研析一齣獨幕劇，或一齣長劇中約10分鐘的部分。除了這些選擇，指導者可使用《考驗》。之後，學生可自選一齣劇本來練習戲劇動作分析。以下的習作請照順序完成：

1. 就下列戲目中的一齣，或指導老師選定，或你自選的劇本也成，回答這個問題：
   什麼是這劇本的整體戲劇動作中正在運作造成衝撞的力量，亦即，總衝突或主要鬥爭？
   ＊亞瑟・米勒：《考驗》
   ＊貝爾托特・布萊希特：《伽俐略》
   ＊田納西・威廉斯：《熱鐵皮屋頂上的貓》
   ＊傑羅姆・勞倫斯（Jerome Lawrence）與羅伯特・李（Robert E. Lee）：《天下父母心》（*Inherit the Wind*）
   ＊愛德華・阿爾比：《誰怕維吉妮亞・伍爾芙？》（*Who's Afraid of Virginia Woolf?*）
2. 你正在工作的文本，整齣戲總戲劇動作最主要的分割處有哪些？請用一到兩句話勾勒出這齣戲最主要的戲劇動作，包括其鬥爭與結果。如果你工作的文本是《考驗》，以你的看法，為何亞瑟・米勒安排這齣戲的結構是四幕？這四幕的共同目標是什麼?
3. 如果你正在工作的文本是《考驗》，列出組構第二幕的場景。每一場有哪些目標在某種程度上是與總戲劇動作有關聯的？這些場中的每一場跟戲劇動作關係如何？可以刪掉任何一場而不會損害這幕戲的發展嗎？

4. 從你正在工作的劇本選出連續10分鐘不間斷的場景，作業如下：
   a.在你正在工作的文本中，畫一條線把段落與段落劃分出來。注意開始點與結束點；找出有特定言談的地方。為每個段落寫出序號。
   b.用名詞片語替每一個段落下標題。
   c.現在，寫下每個言談的戲劇動作，當你做這些記錄時，要小心依照程序。這個練習，如果你沒有至少做過一次，你將很難看出每句臺詞裡涵藏的力量。別把這工作留給演員去做，那是逃避你的責任；你必須搶先一步。你會發現好對白多麼有凝聚力集中度。糟糕的對白會削弱戲劇動作；觀眾什麼也感受不到。請放在心上：設計這分析是為了你的想像力——當你和演員溝通時所需要汲取的資源。深入對白會讓你知道裡頭有什麼，釋放你在溝通中真正的自由。
   d.寫下每一個段落的往復運動和臺詞的摘要。
   e.全班詳細討論這些步驟。
5. 用既定情境和簡要的劇情大綱來設定一個現場的故事即興活動，以此來「逆向」（backwards）闡明戲劇動作。（用「逆向」形容，因為同學即將看到一個戲劇動作的發生，而在這演出前，此動作是不需先經過劇本分析的。）要確定即興者知道為什麼他們發生衝突。使用數字臺詞，這樣，即興者可以更集中在戲劇動作而無需費神去想精確的字眼；因為不需要同時即興動作和語言，對自己的意圖會更清楚。在舞臺區外小聲給即興者建議來協助完成這即興。指導者讓這即興進行數個段落後停止，隨即公開討論以下幾項議題：
   a. 替這些段落命名。
   b. 為什麼這些即興者可以很自動自發地發展出段落？
   c. 為什麼有些段落（指出一個）無法奏效？（即興者知道他們正在「做」什麼嗎？）
   d. 為什麼隱去談話還是可以輕易地描述出戲劇動作？
   e. 為談話背後的動作定出特定的名稱。
   f. 為什麼真正的臺詞可以增強並細緻化談話背後的動作呢？
6. 重複習作5二到三次，直到全班可以很有想法地回答所有問題。
7. 回想在頁37，以威廉斯的《熱鐵皮屋頂上的貓》第一幕為例的描述，戲劇動作或潛臺詞顯現的時刻，是在藉著活動掩藏的層面被掀開，亦即突然間布睿克揮動拐杖用力朝梅姬打下去的時候。現在複習頁35的情況，學生企圖向老師商議那門課他不能拿C的那一「場」。依據觀眾已經看到的經過以及既定情境，試著從學生和老師兩個角度，描述潛臺詞或戲劇動作那一層，衝破表象活動的掩飾層而浮現的時刻。請根據觀眾席中的我們所見的演出與所知的既定情境，賦予戲劇性和可信度。解釋你的回答。

角色：劇本分析第二核心要素

定義

角色，一個在劇本的流程中經由所有的戲劇動作揭示出來的個體。可以說，**角色是某些特定戲劇動作的總結聲明**（summary statement）。（這個詞**角色**〔character〕於此用來形容劇作家所創造的，**角色化**〔characterization〕一詞則保留到此書稍後，用來界定演員為角色所做的工作。）

角色是戲劇動作[4]

在《詩學》（*Poetics*），亞里斯多德（Aristotle）把戲劇動作置於首位，角色其次，而這第二從首位中流出。縱使眾多劇作家並不是按這個順序寫出劇本，因為可以構思發展出劇本的刺激元素有太多種可能性，不過，在劇本最後一稿，如果角色沒獲得這個順位，角色就無法獲得他／她的生命了。角色並不是因說了哪些話而存活，或因別人說他／她是怎樣而存在，雖然這些線索可以幫助我們更瞭解這角色，那終究是很表面很外在的。角色存

---

4 譯注：西方劇場的戲劇歷史長達兩千五百年，習慣以action來表示dramatic action。Action作為戲劇術語，有多種譯法，最常見的是「動作」或「行動」，本書採用「動作」。在本書原著很多地方，「戲劇動作」（dramatic action）與「動作」（action）交替使用，如這單元的標題是Character Is Action。為了減少對華文讀者對一般用語之「動作」與劇場術語「動作」造成混淆，此書譯文盡量保持完整的「戲劇動作」或「戲劇行動」。又，action亦已衍展出"the events in a story, play, etc."「故事、戲劇等的情節和事件」（牛津詞典），是哪種涵義，此書譯文將根據上下文來推測和判斷。

在他／她的戲劇動作裡，特別是那些在被壓迫的情境裡。形成的結果像是角色讓動作給層層包裹著，因此我們說**角色是一種總結聲明**。

僅憑對角色的印象——覺得角色如何——不能替代導演對戲劇動作必須進行的嚴密分析工作。另一方面，演員之發現角色，是經由表演出與角色有關聯的各種事件角色所作所為的過程點點滴滴統合起來。因為這重要理由，在排練期間，導演要鼓勵演員一次又一次排練，每次導演都給予新的建議，而不是花很多時間知性地討論角色們。（請注意：專業導演在這方面通常都小心翼翼，因為那是專業演員工作很重要的一部分。不管導演是如何對待演員，好導演必定看待這事為導戲中極重要的一點。）

簡明和複雜的角色

角色的密度——是簡單還是複雜——由這角色參與這齣戲的戲劇動作之質、量與類型來決定。密度，將主要角色與次要角色或輔助彰顯主角的配角分開來。對次要角色的特色我們知道的很少，遠遠不如主角，因為他們在戲劇動作裡出現的機會有限，在舞臺上的絕大部分時間都集中在主角們的遭遇。第三層級的角色，家僕、助理之類，我們幾乎一無所知；雖然好演員可能會給這些角色增添一些劇作家原未賦予的人格軌跡。第四層級，群體或歌隊，一個有著群體特色的團體，對觀眾而言個人特色很模糊，因為觀眾看到的是群體的思維和群體的感受。

雖然一齣戲的焦點會放在主角們身上，但戲劇動作比較常受其中一個角色所左右。（有些例外，如契訶夫的《三姐妹》〔*Three Sisters*〕或許是一例，不過這是罕見的，因為由一群人完整而戲分平均地去發展戲劇動作，對劇作家是很大的挑戰。）衝突必須由對峙的兩個力量形成，戲劇動作主要是圍繞在主角和對手（可能是複數）身上。在劇本的研析過程，導演要決定誰是主要角色（這齣戲是誰的戲）以及誰是對手。當導演清楚了角色的性質和在這齣戲的作用，就可具體指明主角與對手間的另一個導向（不同於既定情境中討論過的態度導向）。

新手導演有時會讓戲劇學者的論述弄得迷糊，譬如說古希臘戲劇裡某個主角被貧乏地刻畫，或哪個角色被塑造得很簡單。希臘戲劇中的事件比較少，角色被顯現的機率比較低，因此角色趨向簡樸，但不代表沒有感染力。某些文本的簡明角色對觀眾仍擁有巨大的能量。現代戲劇的一個特色，不僅是對既定情境的組成因素描繪詳細，而且是經由大量事件來發展角色的複雜度。因對觀眾顯示了諸多角色軌跡，因此我們可以道出某些角色的「心理情結」，有時因太繁多也會讓觀眾混淆。所以好的導引方向是，對這些複雜情結清楚並有重點的排序，讓觀眾快速地掌握住要點，並把次要部分放到該在的位置。

一旦導演理解戲劇動作如何彰顯角色，他就可以從容地執導簡明角色的劇本和複雜角色的劇本（例如《慾望街車》〔*The Streetcar Named Desire*〕），並且明白兩者發展出的不同價值。若不是有這種理解，導演也許會把複雜情結強加在簡明角色上（或是相反的狀況），然後對戲為何無法運作感到困惑。

角色是揭露：主要角色

延續之前的闡述可知，演員是不可能一次就把角色的所有特質統統表演出來。當然，在排練告一段落之前，演員必須知道他扮演的角色的完整樣貌，就像劇作家必須對他的劇本完全瞭然；不過，若演員想在劇本一開始或中間就要顯現出角色所有的特質，必然會迷失或陷入困惑。**角色是在戲劇動作發展的過程裡漸次揭露並成形**。所以，角色並不是改變了，而是**被顯露了**。角色的主要人格在過去是呈休眠狀態，僅有在自己和他人的衝突之撞擊下，那些埋藏的特質才會顯現出來。

戲劇動作是一個事件引發另一個事件的演進過程，表演因此是一種被情不自禁引領著的自我揭露：「這些一定要說出來，這些一定要表現出來！」成果是造就了一齣由發現和驚喜組成的戲。這些就是高潮；有些是次要的，少數是主要的，有一個特別重要。當角色遇到這些特別時刻，從角色內裡有些性格會冒出來衝撞上環境情境，這些就是角色的特色。

可以說，角色的不同面向需要一系列戲劇性時刻來充分顯露。觀眾會在腦海裡存放這些角色的特色，如果劇作家經營妥當，這些特色必有其邏輯，也會與即將發生的戲劇高潮時刻所顯現的有所關連。於是，對觀眾最實在的進展——在這齣戲裡最吸引觀者的——是主角和對手的角色特色逐漸被揭露的過程，最後在全劇最高潮時刻，這些被揭露的特質終於清晰且有力度地與先前所有的揭露匯聚。最主要的力量撞擊是當主要角色們特質完全被顯露了，觀眾能夠理解主角為什麼而奮鬥。接下來的高潮時刻通常為時很短，因為我們僅需要知道，主角正面碰撞他企圖克服的壓力時的狀況是如何。

不管是主要角色或次要角色，導演若要指導該演員，他必須瞭解是什麼導致角色成長，於是研析戲劇動作便至關重要了。導演需理解**有進程的顯露**這理念。這個理念指引導演明白：一齣戲的高潮有哪些，這些高潮是關於什麼，每個高潮的重要性，要把這齣戲這些高潮場景搬演出來需下什麼功夫。當導演掌握了這理念的要點，導演和演員工作時可以既知性又有觀照力，這對導演個人來說是最重要的。讓角色有進程的顯露是導演與演員溝通的核心。

描繪角色的技法

導演用自己的文字寫下對角色的形容，是你對角色分析的工作百無一失的最佳措施。然你要很確定，如前文所強調，自己對角色的定論是基於對戲劇動作最大功夫的鑽研分析，因你會被劇作家在劇本中插進對角色的描述強力地誘惑了。如果你已經讀了那些描述，請記得，劇作家是為了一般讀者才提出那些建議，而不是為了導演。要記住，角色只有經由他的戲劇動作之後才顯露出來，劇作家提前給予的看法當然會提供一些線索，但整體看來這些形容文字會誤導你，且讓你錯過重要的軌跡。（見這一章結束的習作8。）劇作者的描述，你宜小心對待，或者需要完全避開。

此處建議的方法，乃從你對戲劇動作的洞察出發為基礎的角色分析。用心探討以下每一個範疇，並**寫下你的看法**。

欲求　欲求是角色最希望得到的，他不曾擁有卻渴盼獲得或需要。也許看起來會像是想要擁有某種物質，但這通常是表相的，角色想擁有的多半不是那麼具體的，例如勢力或對他人的控制力。也可能是愛、維持正直、克服恐懼，或其他類似的基本欲求。

意志　意志包含了角色為達成欲求在追尋或奮爭過程中展現的力量和果斷力。這些力量可能是很「明顯」的，如聰慧、足智多謀或堅毅。不過，也有因混合了其他複雜、沒有那麼容易直觀的因素，使我們通常不會把它歸類為一種力量，例如狡詐、能忍受詆毀或侮辱而不被擊倒等等。根本上，全都要歸究於角色內在的堅毅度到底有多強（或多弱）？哪些因素組合成內在的力量？在日常生活中，我們每天依賴意志力來追尋我們的欲求，在映現人類經驗的戲劇裡能很清楚看到這些。為了讓角色有生命力，導演必須確定演員連結於角色的意志力，因此導演在界定角色的意志力這方面必須非常精通熟練。

道德觀　道德立場是由角色的價值觀組成，他經由這些價值觀來建立生活的順序。對自己，對別人，角色重視榮譽與正直嗎？對自己，對團體，對家庭，角色重視責任嗎？角色重視個人誠信嗎？僅列出這幾項，即可發現這部分對瞭解《考驗》裡的約翰（John）與伊莉莎白・普羅克特（Elizabeth Proctor）多麼重要，如果導演未能掌握這些角色他們存在的核心**價值觀**，要協助演員發現角色特質將會是緣木求魚。導演研析劇本時，需思索影響角色內在靈命導致角色做出決定、作為和習性的道德觀是哪些？「邪惡的」角色通常對道德評價甚低，在他們看來，為求達到目的可以不擇手段。「善良的」角色通常具有我們尊敬的人所擁有的價值觀和特質。但是，那些既非明顯「邪惡」也非絕對「善良」的角色呢？在《慾望街車》裡，主角白蘭琪（Blanche）和對手史丹利（Stanley），誰「善良」誰「邪惡」呢？答案顯然是含混的，因這些角色是由於生活本來的困難複雜而導致那樣的。在某種意義上，一個角色的道德觀是他／她願意為之奮戰的整體價值，是他們看待這個世界的方式，他們賴以存活的「光」。

儀表形態　儀表形態（decorum）是形容角色的形體外觀和音聲等——外貌、談吐、儀態、體態、步態、姿勢等。角色這些外在的投射僅是他／她真實本體的一部分，人常常是裡外不一的。無論如何，角色的形態儀表對呈現他／她所生活的社會，以及瞭解他／她如何對這世界展現自己都很有幫助。角色形體上的裝扮很可能與他／她的意識型態和性情、氣質、秉賦有關。某些導演相信在為這戲甄選時，角色形態必定會因演員條件會有些調整，然而，把角色因既定情境的需求之形體特點列出一張清單還是會很有幫助。例如，在這劇本裡不斷變動的情境中，他／她的舉止是——怎麼走路？站相如何？怎麼說話？有腔調嗎？說話文謅謅嗎？喜歡誨人不倦嗎？音質如何？什麼穿著？他／她的儀態談吐受到工作或生活的社會規範影響嗎？諸如此類。（這些都是甄選時很重要的考量，**除非導演認為那演員也能夠傳達出戲劇動作，「看起來像該角色」的助益微乎其微。**）

形容詞　把以上四種範疇僅用形容詞來為角色做一份摘要。不要寫出角色的戲劇動作，**只要角色在動作裡所顯現的特質**。

角色情緒張力　角色情緒張力指在**這戲開頭時以及每一場開始時角色的生理或身體的狀態——他／她的神經狀況**（nervosity）。導演提供演員角色一開始的生理狀況，演員有了明確的出發點去進行接下去所有感情狀態的高低起伏。在扮演角色時，如果演員能夠從適當的張力水平開始，專注力強且全心投入正在進行的戲劇動作，他／她就可以持續且合宜地發展下去。這個溝通設計對導演非常重要，因為任何時候都可以協助演員找到角色適當的生理和神經狀況。

角色情緒張力意味角色的生理狀態：心跳、呼吸、流汗情況、肌肉緊張還是鬆弛、胃的情形（噁心、緊縮、平和等），以此類推。**神經狀況**意味著所有這一切——全身的神經顫動、感官覺醒等等。如果出發點明確，表演確實，整齣戲的輪廓將會清楚明白。

導演亦須提醒自己，在一齣戲開始時，每一個角色的情緒張力都不同，因每個角色都是被界定為獨立的。於是，在同一種情境裡，不同角色會各有不同的神經狀態。導演的工作即是指出在同一個場景裡但不同角色各有其出發點。為演員界定角色情緒張力，就像是幫他準備進入場景：演員先感受到生理的狀態，當開始演出戲劇動作時，就會感受到準確出發點的效果。由於接下來的表演都以這出發點啟動，演員會領會到為每一個場景找到出發點是必要的。這一來，戲劇動作的**基調**就大抵確定了。

請導演記住，演員剛開始面對新的角色時，因角色與自己大不同會覺得角色很陌生怪異。對演員來說，接近新角色很像是試穿別人的外套：不是鬆垮垮就是太緊，不然就是有怪味道；總之就覺得那是「別人」。從這方面來看，角色情緒張力就是幫新外套界定特色，演員得以知道為什麼不合身，他該做些什麼讓自己合身。演員對每一場戲裡所扮演的角色的感覺，導演可以用角色情緒張力來協助演員描繪出來。

習作

1. 比較索福克里斯（Sophocles）的《伊底帕斯王》和易卜生的《海達・蓋伯樂》角色的發展密度。你為每個角色寫下什麼筆記？
2. 以蕭伯納的《康蒂妲》或另一齣現代寫實喜劇和尤涅斯柯的《禿頭女高音》（*The Bald Soprano*）比較角色的發展密度。再與艾爾默・萊斯的《計算機》的前幾場做比較。是不是尤涅斯柯和萊斯在角色的發展上比較相近？為什麼？
3. 從全班共同研習的劇本中，選出一場與主角有關、比較短且前段的戲（如《海達・蓋伯樂》或《群鬼》）。這一場的戲劇動作如何顯現出角色的特質？哪些特質被顯現了？再研讀這齣戲較後段的場景，回答相同的問題。
4. 以同一個角色選擇高潮場景繼續做習作3。在這場，角色的什麼特質被顯現？
5. 研習一齣全長劇（在習作3和4練習過的）的第一幕，筆記下每一個事件。在這一幕，角色哪些特質顯露出來？列出一張清單，寫出在這幕結束時你知道的角色特質。要很小心，別把在先前動作已顯現的特質也列進來。然後研習這齣戲的最後一幕，你又認識了多少？
6. 以建議的方法分析研習劇本裡的主要角色們：欲求、意志、道德觀、儀表形態、形容詞摘要、角色情緒張力。
7. 在習作6已做分析的角色裡，選出兩個角色，於他們一起（或相當接近地）引介了這齣戲正式劃分出段落的地方，比較他們的情緒張力。這兩個角色的情緒張力有什麼不同？該場戲唯因這些差異才可能完成。

8. 以一齣研習的劇本，把作者在文本裡插入的角色特質描述列出一張表，小心地透過戲劇動作評估這些特質，要很精確地從兩者的關聯性來考量。注意，哪些重要的特質是作者沒有提到的？而作者提到的這些特質與這齣戲的核心動作有關聯嗎？這個習作是要說服你：角色特質的首要資源是戲劇動作而不是作者對角色特質的描述。
9. 在班上討論《考驗》裡約翰與伊莉莎白以及《慾望街車》裡白蘭琪和史丹利的道德觀，先討論約翰與伊莉莎白。
10. 在探討意志時曾提到某些角色有一種所謂「反直覺」的力量，那些通常我們不會歸類為力量，但確實是驅動角色去追逐其欲求的。為了要更明確理解這一點，請討論這些角色的意志層面：莎士比亞的《理查三世》（*Richard III*）中的理查（Richard）、《考驗》裡的艾比蓋爾（Abigail）、《誰怕維吉妮亞・伍爾芙？》裡的喬治（George）、《慾望街車》裡的白蘭琪。

5

思想、韻律和氣氛之節拍

現在來到一齣戲心臟跳動的地帶，這裡將要挑戰你所有的敏感度、所有的感覺。你對這齣戲的感受和思考，那些很難具體描述的感情，你都必須**用語言和文字確實表達出來**；內外翻轉，把一個活生生的有機體的內部展現出來。你需用心觀照每個元素的個別性和單獨性。一如前兩章，我們分開檢視思想、韻律和氣氛之節拍，以便更清楚分別其差異性，且瞭解對這齣戲的結構發生什麼作用。

思想[1]

定義

思想，一齣戲想要傳達的核心意義。這是從**戲劇動作中的角色**之觀照衍生出來，也可以說是該戲劇動作的摘要說明。**思想是這劇本的總和**。

有條理的思想，還是富創意的劇本寫作？

所有的戲都有「思想」，但因選擇、質地和表現等，差別甚鉅。差勁的戲，其題旨可能是陳腔濫調或含糊不清。

---

1 譯註：idea涵蓋有關思維範疇之思想、題旨、主題、意念、觀念、想法、中心思想等等，在標題時，且以「思想」統稱，但於內文這些同義詞亦並存。

由於好戲都必看來安排妥當，加上有些劇作似乎傳遞著某些特定的想法，一般讀者可能以為劇作家先設定好中心思想再把它經由事件和角色發展出來。然而，我們認為有創意的劇本寫作是任事情自然發生的。劇作家可能從任何一種方式開始他／她的即興創作——例如：一個想像的角色跟另一個角色有牽連；戲劇動作中一個特定時刻；從一個既定情境；從一段對話……不過，當劇作家開始跟角色工作，讓角色成為他們自己，他們就會決定戲劇動作的動向，最後形成思想。（哈洛德・品特曾論述一齣戲如何在他的腦海中發生並成形，是管窺劇作家即興創作的珍文，值得研讀。）

不管是如何著手整合出一齣戲，劇作家遲早都需決定什麼是角色會**持續**去做或嘗試挖掘的事。換句話說，開始**總體布局戲劇動作**，讓戲劇動作與某一個事件、某一種思想連結。劇作家也許不曾把全劇題旨在劇中以文字開誠布公，因為他相信富創作力的劇作是訴諸潛意識——亦即，觀眾經由**感受**戲劇動作而去體會思想並不是公然地被告知。由是，企圖精準地指出一齣戲的思想相對就困難多了。但題旨確實是存在的，導演必須去找到，因這決定了導演對這文本總體布局的理解深度，從而，他會把統一性帶到作品裡。

找出思想

雖然一齣戲的思想終究是要從戲劇動作和角色的充分發展去推測出來，另兩種資訊常是有用的指引：(1)劇名；(2)劇中某角色對話中的哲學性陳述[2]。

劇名往往是內在意義的象徵性或隱喻式表徵——劇作家欲傳達的意念以詩的意象來陳述。十分明顯的劇名如：《小狐狸》、《長毛猿》（*The Hairy Ape*）、《推銷員之死》、《熱鐵皮屋頂上的貓》。劇本中的核心要素已陳述在劇名中。有些劇名就不這麼清楚明白了，例如《禿頭女高音》、《生日派對》、《快樂時光》（*Happy Days*）。有些透露了一點點：《海達・蓋伯樂》、《雲雀》（*The Lark*）、《歸家》、《我的天才家庭》（*Lost in*

[2] 譯註：這類角色被歸類為「劇作家代言人」。

Yonkers）。當劇名涵藏對戲劇動作的見地，導演就擁有一個隱喻作為指引，得以把劇作家的思想更拉近一些。

由於作家通常是在詩的層次上創作避免直述意義，僅少數劇作家會在劇本中陳述其哲學性觀點。即使以散文寫作的劇作家，從廣義上來說也都是詩人，如易卜生、契訶夫、田納西・威廉斯、亞瑟・米勒、品特，以及理所當然是詩人的貝克特（Samule Beckett），他們企圖從最原生的理解層面來打動觀眾：情感上的理解。知性的陳述往往過於直白，太自覺，令人感到被操縱，以不受歡迎的方式對觀眾說教。不過，也有幾個例外，在大師級劇作家像布萊希特手上，於《亞圖洛・烏義之可阻擋的崛起》（*The Resistible Rise of Arturo Ui*）[3]一劇中，他直接論述的手法，不僅適當，且提升該戲臻至偉大的境界；在戲的收場白裡直接對觀眾論述這齣戲的意義，總結了這齣偉大的戲劇：這則警世故事顯示一個社會蛻變為法西斯主義社會是多麼容易，然而一旦災難發生了，要克服是多麼艱難。

不管怎樣，從劇本**角色**說出來的臺詞裡拈出蛛絲馬跡的哲思，仍不失是個有效的方法。養成習慣，當角色發抒他們對生活或是遭遇的困難奮鬥的感思時，標記出來。當你記下莫里哀《塔圖弗》的奧睿貢（Orgon）或田納西・威廉斯《熱鐵皮屋頂上的貓》裡的梅姬，這些核心角色對生活的省思（特別注意劇終時的奧睿貢）的線索就浮現出來。如果你視各個角色的陳述**為一組表述**，你將發現的不只是一種模式，而是對生活全面性的思維，並且與劇本的中心思想相關。想像一個花瓶墜地破碎了，你進入這房間看到地上滿布花瓶碎片，你仔細觀看這些碎片組合出它原來的樣貌。主要角色所說出的哲思就像是這些花瓶碎片，對深入一齣戲的題旨很有價值。

戲劇動作引向思想

欲理解**題旨**與該劇結構中其他元素的關係，請回顧第2章的製圖，其

[3] 譯註：《亞圖洛・烏義之可阻擋的崛起》是1941年布萊希特與家眷和合作同夥流亡芬蘭時完成的作品，當時他正等待前往美國的簽證。該劇是一齣諷刺希特勒和納粹黨崛起的寓言劇，情境虛構於1930年代的芝加哥，劇中所有角色與地點都可在當時現實世界中尋出相對應的真實人物和地方、類似的行徑。

中，**既定情境**提供了地基，**戲劇動作**從地面經由每一個事件往上爬升同時揭示了角色，直到到達頂端觸及了——題旨。整個結構的表層由對話覆蓋著。由是，**題旨是角色在戲劇動作一系列的事件中奮戰的結果**。一直要等到戲劇動作（必然地，角色亦然）完成了，我們才能推論出思想，因為高潮與結局比劇中其他部分會更精確地告知我們這齣戲的意圖。（一齣執導優異的戲，通常因其對思想之持續追尋而比次等作品顯的更明確。）

把焦點放在劇終，戲劇動作中掙扎鬥爭的結果

儘管掌握一齣戲的中心思想的主要方法是經由追蹤主角或主角們**一路到結束**的戲劇動作，但不能以為該結局或結果是理所當然，或以為一切都很明顯不證自明的。試問自己：他們是如何造成這結果的？這主角、那主角奮鬥的結果如何？根據發生在角色身上的，問問你自己，那些結果是不是因為角色的生活和決定、價值、推測以及心態等等所造成？在這戲中的高潮，是否有一個關鍵轉捩點，角色做出一個無法改變的決定，或**採取一系列行動**，導致該結局？那個決定命運走向的時刻，對這個角色有什麼重要性？那戲劇行動一定還有其他可能走向這角色可以採取，為什麼是這一個？最重要的是，如何導致他們有該結局？對他們產生了什麼影響？這是彰顯題旨最清楚的地方——不過，如果未能把結局成為焦點，未能讓觀眾感受到發生在主要角色身上的遭遇，這將是演出達不到預期效果的主要原因。在你執導一齣戲的整個過程中，你需要確定，在戲劇動作結束時，角色完全發現真相的重要性是充分存在的。注意《考驗》和《橋上一瞥》（*A View from the Bridge*）的最後一頁，約翰與伊莉莎白・普羅克特、艾迪・卡彭（Eddie Carbone）和凱薩琳（Catherine），他們的領悟和最後的結局都是非常清楚的。

在前面這一段所討論的技巧看似容易，但在實踐時其實常是困難重重的，因需要你深度觀察，且為角色的結果做一個選擇——那個結果的意涵如何。不過，你非這麼做不可，因為你要從這裡才能真正掌握這齣戲，理解它將如何繼續前進，什麼是必須要揭示的。就這一點，當你可以駕馭時，你會在最簡單的句子裡擺置了這些理念，那句話就結合了角色、掙扎的要素以及後果。**這個故事是關於一個天真的女人她……**當完成了這個戲劇動作的陳述

時，包括在掙扎的最後**什麼事發生在她身上**，導演開始把角色、戲劇動作和核心思想組成一個序列，在其中可以看到這些因素相互間如何連結、題旨如何由角色的掙扎與其結果浮現出來。

同樣的，在每一幕或每一場中藉由幾句話來記述戲劇動作，你必定可以追蹤或記錄一齣戲裡逐漸揭示的戲劇動作。這樣作業，對於跟緊貫穿整齣戲的戲劇動作的主線很有幫助。這項能力至關重要——這能力讓你得以「通過樹木看到森林」，換句話說，能夠見到大局（逐漸展開之主要戲劇動作的全部輪廓或路線）。當仔細地分解戲劇動作時，導演學子可能會耽溺其中（為每一個瞬間都找出最精確的動詞），但就全劇而言卻迷失了。你必須努力去看到全劇的樣貌。如果能看見戲劇動作全貌和每一個主要角色的結局，不僅掌握了執導的這齣戲要敘述的故事，同時有了一張和演員工作的地圖，可以看出這齣戲是如何「說話」，如何具有意義，題旨如何從我們所熟悉的主角們的遭遇彰顯出來。

習作

1. 就一齣實習的劇目，針對其劇名與戲劇動作的一致性，測試該劇劇名的正確度。劇名和戲劇動作是指同一件事嗎？請舉證支持你的答案。亞瑟・米勒另一齣傑作《橋上一瞥》，很適合檢視關於該戲的戲劇動作、思想和劇名。
2. 從以下幾齣戲的劇名來推測，你認為其戲劇動作會是怎樣？《浮生若夢》（*You Can't Take It With You*）、《誰怕維吉尼亞・伍爾芙？》（*Who's Afraid of Virginia Woolf*）、《與父親的對話》（*Conversation with My Father*）、《升天犬／落水犬》（*Top Dog / Underdog*）、《埋葬的孩子》、《清洗》（*Cleansed*）。把這個練習當作遊戲，找一些曾讀過劇本的人來玩，聽聽看他們會怎麼推測。
3. 以所有成員全都讀過的四或五齣劇本，討論其劇名與戲劇動作的關係。
4. 檢視《海上騎士》裡角色所發敘的哲學論述。你找到了嗎？若有幾句臺詞很明顯，戲劇動作和發生的事件是否支持這些論述？它們造成誤導嗎？請記住《海上騎士》不是僅跟老婦人莫瑞亞（Maurya）有關，也跟年輕的女子諾拉（Nora）和凱瑟琳（Cathleen）有關。

5. 經由分析一齣戲的戲劇動作觸及中心思想——亦即，從主角的戲劇動作和後果或結局找出應有的結論。請以扼要的文句勾勒角色的特質、掙扎奮鬥和結果。自己一人做這練習，然後和別人相互比較。看法有無相通之處？為什麼會有不同的見地？

韻律和氣氛之節拍

定義

韻律和氣氛之節拍組成劇作家在一齣戲裡的「音樂」——其**情緒**和**節奏**。所有戲都含有這些；觀眾想要在戲裡體驗氣氛的變化並隨著韻律節拍振動。這些源自兩方面：(1)在每一個段落中戲劇動作的性質，以及(2)這些戲劇動作的並置。因此，韻律與氣氛之節拍賦與一齣戲情感力量、詩的質感以及其神秘之一部分。**導演一齣戲，即是把一個文本裡的這些節拍釋放出來並賦予生命的過程。**

氣氛[4]

氣氛是從戲劇動作力量撞擊而產生的感覺或感情——既定組合的戲劇動作如何帶給我們感覺。如果把這些累積的效果加起來，這些氣氛決定了一齣戲的**基調**（tone）；因此，它們是一齣戲的**調性感覺**（tonal feelings）。若演出的調性不對了，應是在搬演戲劇動作時出岔，可能是導演的問題。所以，對氣氛保持敏感，氣氛應該怎樣，如何聚集而成為涵蓋全戲的總調性，對導演是非常有價值的能力。

對觀眾的影響

在探討氣氛這一個理念時，可以從一齣戲**對觀眾的感染力**回推到文本本

---

[4] 譯註：mood有情緒、氣氛等多義，需視上下文語境來判斷決定。

身，也就是感染力的產生器，會更容易理解。當然，毫無疑問的，導演在第一次閱讀文本時必意識到氣氛；然而，當氣氛作為一種理念來理解，尤其需要用文字來描述時，一如節奏，是頗難琢磨的。無論如何，一旦你理解氣氛價值的本質、以及氣氛和其他研析劇本之要素的關聯，你將明白導戲時如何運作氣氛價值。

氣氛並不神秘；是因為難以解釋才使其有些捉摸不定。當我們步入一個房間時，我們隨即可以感受到那裡的氣氛而大概知道情形如何。**氣氛是基本感覺；當我們觀戲時那些觸動我們的不安和欣喜**，就如同在生活中所發生的。當你是一名觀眾時，你**體驗**著該齣戲，如果演出很成功，即使你是學導演的人，知道舞臺上那一切效果是怎麼製造出來的，你仍然會忘卻客觀性而沉浸其中——感受著、感動著。你讓氣氛價值感動著。如此激發觀眾感覺，在一齣戲裡可以啟動得很早，隨全劇的張力逐漸累積，在戲劇動作主要高潮處達到巔峰，再隨著劇情結束而慢慢消退。

我們都知道激起這類情緒是看戲的「樂趣」——一種感同身受的經驗。觀眾不僅在觀賞戲時集中注意力經歷著這些氣氛的起伏變動，在演出結束後，我們會筋疲力竭、悲傷、快樂，甚至狂喜。我們清楚一齣戲雖然酷似真實生活但終究是一個作品不是真實的，但看戲時我們是這麼忙於感受戲劇動作中角色所投射出的感情——神入並移情——我們耗費的精力跟在真實生活中真正發生時幾乎是相當的。這類移情和神入的經驗，攏括了我們所有的感覺——全部的神經系統。我們會去看戲就是我們喜歡這類感性的移情經驗，與之所產生的一切，可以盡情感受卻不必負擔若發生在真實生活中所需承受的傷害。

戲劇動作和氣氛

在以印刷的劇本討論導演工作之前，我們可以從氣氛與戲劇動作的關係獲得更清楚的觀念。由於我們是以段落來思考戲劇動作，對氣氛我們亦需用同樣的方式。一齣戲有眾多氣氛的變易，每一個段落的戲劇動作皆有其特定的氣氛。

在第4章，我們討論「角色情緒張力」這個用語，意指在一齣戲某一段落角色上場時，這角色在一定的生理（神經的）強度——該角色在那時刻特定的神經狀態。當角色參與該段落的戲劇動作，他的情緒張力會產生變化；如果他的起調是正確的，他對其他角色所做的以及其他角色施加於他的，都會改變他的情緒強度，隨著劇情開展，會更輕鬆或更緊張。

身為觀眾的一員，我們經驗著這些氛圍的特定變化，因為**一齣戲以其因果關係的進展推動著我們繼續觀賞下去**。一個戲劇動作的段落，如果搬演成功產生了適合該戲劇動作的氣氛——而適合該段落戲劇動作的氛圍，即是作為導演者的「氣氛目標」。諸多此類氣氛目標集合起來就會產生一齣戲的**波浪**，而身為觀眾，我們**隨著波浪浮沉**。由是，戲劇動作是氣氛的根源；而有著情緒張力變化的角色們是工具。（演員如何藉表演技巧創造情緒將於稍後篇章討論。）

基調目標

一個演出的**基調**意謂該演出掌握了該文本**合適的氣氛的達成**。基調是導演要努力追求的，那是劇作家在腦海裡醞釀該齣戲時的覺受。基調是感覺的最高境界，是一齣戲的關鍵目標。除非導演已達成這一境界，否則就是別無所成；除非導演以該劇本所要求的方式來感動觀眾，不然，導演所有的準備、所有為該戲所做的種種設計，都是徒勞無功的。

在製作演出時，找出一齣戲的基調並且實現是導演的目標。請注意，不是一個基調而是**這個**基調，氣氛目標涵蓋一齣戲的終極意義，因為觀者是很主觀地接收意義的（僅有相對少數的觀者是有意識地察覺到意義）。大部分觀眾觀賞戲的經驗，取決於導演對該戲氣氛目標的理念且和演員共同創作達成的效果。

雖然觀眾的觀點可能是主觀的，但這並不意謂導演可以通過主觀的自我來完成氣氛目標。導演不僅需在第一次第二次讀劇時敏銳感受這齣戲的基調，同時也要有能力在排練和製作的細節中「迷失」幾個星期以後，仍然達成這齣戲的基調。

導演對氣氛價值的分析

大多數人在讀劇本時可以感受到氣氛的變化，他們對氣氛的變化有印象或印象深刻。這些反應是自然且預料之中的。但如同對總體基調一樣，導演對氣氛的變化需更加敏感且具有洞見。幾次讀劇，加上製作過程排練時對文本之分解和細節推敲，很可能會讓導演淡化初始讀劇時的最初覺受。**由於導演的主要任務之一是與演員工作，如果導演清楚每一個段落要達成的氣氛目標和總體基調，不但可以協助演員達成這些目標，且可以讓它們在這齣戲裡成為一個整體。**

要如何記錄對一齣戲的最初感覺，剛開始或許真是難以言傳，因為這涉及個人且相當主觀的反應。不過，一旦開始進行這類對你的感受有意識地複製，你會發現，這對準備排練以及跟演員溝通都有極大的助益。

用文字記錄氣氛有兩種方式：(1)以氣氛形容詞；(2)以氣氛隱喻。

氣氛形容詞　由於氣氛是感情或感覺——不是動作，卻是因動作產生出來——可以透過演員的工作方式記錄下來，因為表演的結果便是經由視覺、聽覺讓他人感受角色的感覺。雖然演員的實際過程在於戲劇行動的執行，而在執行過程中流露出感覺——目標。在真實生活裡，一個人可能對某些事情有劇烈的感情反應，但在外表上卻不動聲色。然而在舞臺上，演員必須表現出正在發生的事。這種感情轉移的語言是通過生理感官的：觸覺、味覺、嗅覺、聽覺、視覺——因此，最能描述情緒的詞彙多屬於「感官」範疇的形容詞。舉例如下：

觸覺：粗糙，光滑，堅硬，柔軟，沙沙的，冷，熱

味覺：酸，甜，澀的，冷，熱，醇和的，苦的

嗅覺：刺鼻的，香的，臭的，甜的，酸腐的

聽覺：大聲，輕柔，嘶啞的，刺耳的，尖銳的

視覺：所有關於顏色、大小和形狀的字彙，所有因光亮和陰暗變化的用詞

用幾個這一類的形容詞，可以助你回想段落的氣氛，幫你喚起感覺，例

如：**這一個段落是粗糙的、酸的、尖刻的、紅色、大、響亮。**

氣氛隱喻　**隱喻**是一種修辭手法。運用比喻時，一個物體或思想的字或詞彙被用來指涉另一種物體或思想，以傳達其間的相似性。氣氛形容詞很有效用，但表現力不如隱喻。後者讓你的想像力在劇本裡更自由更富有想像力發揮，因為你企圖尋找類似於你對段落感受的意象。你告訴自己：**這段落的氣氛像是**「　」，然後你填入某種意象。且不要用氣氛形容詞裡所建議的用「感覺」範疇的形容詞來思考，讓你自己自由。舉例如下：

　　這段落的氣氛像是：

　　飛蛾繞著燈不停振翅

　　（這段落的氣氛目標是緊張，慌亂，猶豫不決的，震動，諸此）；

　　一臺空氣壓縮鉚釘機

　　（這段落的氣氛目標是喧鬧的，不斷鎚擊，不規律的，顛簸的，等等）；

　　在地板上的一碗牛奶

　　（這段落的氣氛目標是柔和的，期待的，純淨，營養）。

學習運用隱喻須經由不斷習作；這樣導演才能夠把主觀的感受帶到表面。導演和演員、設計師講話本來就常用隱喻，因為唯有這樣才能把一些僅存在實作中的東西傳遞出來。

氣氛中的韻律　現在已可以確定一齣戲的氣氛結構可以表現出其基本韻律。韻律比單純的節奏運用更廣泛，因為節奏和心跳一樣，與情緒的變化關係緊密。於此繼續討論韻律或許會造成某種困惑，但你需時時記得，一齣戲於氣氛有其韻律結構，一如音樂，隨著劇情發展，其擴張和收縮的強度逐漸加強。

氛圍　一齣戲的氛圍（atmosphere）是指既定情境的氣氛。如果情境能夠很順利地被感知，自然而然讀者的腦海裡就能清楚感受到氛圍。導演必須對氛圍或氣氛有充分的理解和感受，並且能以其特別的方式去喚起它，那導演就能利用這種對劇本變化有喚起共鳴與感官性的覺知去塑造演出的設計。導演必須**能夠聽到且看到文本裡的既定情境**，然後才能夠將這些覺受轉化成舞臺製作裡的具體術語。

習作

1. 在課堂上討論你是如何接收一個劇本的。試著不要讓自覺意識干擾你作為一個觀者對這經驗的誠實檢視。這個習作最好是在全班已看過你執導的戲或其中一個場景之後進行。
2. 檢視移情作用的本質。在觀賞一幅畫或聆聽一曲音樂時是如何起作用？請特別提出有關劇場經驗的移情作用。
3. 試著比較你曾目睹的一段真實經歷與那段經歷變成了一個戲劇段落的樣子，兩者有何差異？一定要確保它是有限和具體的，足以讓你進行比較，也許就是發生在你的室友或家人身上的事。
4. 記錄實習劇本的幾個段落之氣氛形容詞。
5. 記錄實習劇本的幾個段落之氣氛隱喻。

節奏

一齣戲的**節奏**（tempo），一如擊鼓之或快或慢，指戲劇動作的變化速度或節拍。當一系列的節奏組合在一起時——亦即，連續幾個段落不同的節拍被強烈感受時，你就已界定了**韻律**，或者一齣戲的脈動。除非導演洞悉了一齣戲的韻律標記（rhythmic marking），否則很難讓它在舞臺上奏效。**從任何一方面來說，導演都是音樂家。**（往往，劇評家認為導演唯一的責任就是戲劇的步〔pacing〕。導演的「音樂專才」是評量的一個重點。）

段落節拍

由於所有的戲都是戲劇動作的段落（unit）組成，雖然彼此之間互有關聯，但每一段落的內容和目標不盡相同，每一個段落各有其節奏，套用音樂術語，則是有其**節拍**（beat）。一齣戲是由不同的節奏或**段落節拍**組成。導演必須對這種內置的音樂特色保持高度察覺，因為它不僅頗具權威地決定了一齣戲的特性，同時也是**該戲能緊緊吸引觀眾注意力的主要方式**。導戲就是把所有段落的感情節拍串在一起。這是之所以能娛樂觀眾的主因。

導演的音樂感是其才華的標誌之一。如果導演這方面能力薄弱，無法像樂團指揮一樣辨識節拍或有精準的時間感，那麼對劇情的升降起伏也可能不夠敏感。與樂譜不同，節奏是有標記的，在不同段落，有一系列的指示標明出速度的快慢，如**慢板**或**快板**，有時是以精確的節奏來標記，劇本並沒有這類文本上的指示。**導演和演員都是被期許能夠感覺到這些節拍的**。一位劇本讀者如果擁有強烈的戲劇想像力就能自發地注意到這些：他會感受到流動。即使是有才華的導演也必定要尋找劇本中的段落節拍，以便印證他對節奏的理念並使其**意識化**。如果你的節奏感比較弱，你該開始藉由舞蹈或音樂訓練之開發韻律感來加強。其餘的，就交給你的戲劇想像力。

波浪

一齣戲，彷彿海邊的浪潮。小波浪遠遠聚集著，最後匯聚成一個巨浪猛力沖擊到沙灘上，然後分解潰散，失去力量，退回大海。當大風暴（劇中的主要衝突）來臨，波浪變大而形狀變得較不規律。一齣戲就是由這些波浪（surges）、撤退、新波浪等等組成，全部匯聚最後形成一個高潮（大風暴）。於是，導演不能僅看到小段落的節奏，也要看到匯集的大段落節奏。對這些大波浪的原始感知會告訴他，在某種程度上，這齣戲是關於什麼的，因為一齣戲是由這些波浪構築而成；若未能描繪出這些節奏，這齣戲的「音樂」將會模糊不清。

在這裡用「海洋」這隱喻的一個危險是，推測戲劇有規律的波浪，而且僅在大小和強度上增減。這假設是個誤導。雖然有些戲劇有規則性，大部分是不規則的。要感受一齣戲的節奏，其中一個方法是比較節拍。如此把形式並置的好處是，讓你清楚節拍但又不會使你過於知性地覺知它們。在鼓上「敲擊出一齣戲（或一部分戲）」的節拍——亦即，為每個段落找出不同的節拍——也有助於形成對內在節奏的部分意識性覺知。

韻律

韻律（rhythm），就某部分而言，指的是一些段落節拍匯聚的效果，是描述波浪的另一種方式。韋伯字典的定義是個很實用的起始點：「在一齣戲裡的多種元素所造成的效果……與戲劇動作的時間發展有關。」這個定義指出，韻律是匯集的節奏之效果，是形容**眾多節奏**之聚集的一種門道。不過這只是韻律的一部分定義，因為氣氛在一齣戲的韻律裡也舉足輕重，在定義時宜一併思考。由於**韻律**一詞有讓人捉摸不定的意味，且運用於戲劇時有雙重性質，在這討論裡就很少用到。發掘韻律的關鍵重點放在節奏們和氣氛們（請注意兩者皆用了複數）。如果你融會貫通了這些理念且有效率地運作，你必然可以清楚如何在戲裡找到韻律。再次提醒，**韻律感**大多是與生俱來的，然經由音樂和舞蹈的訓練可以發展並加強。

聲音和靜默

還記得在第2章裡尚－路易・巴霍的引言「一齣戲是受干擾的靜默」嗎？注意那定義的理念，巴霍說的並不是：「一齣戲是受靜默侵擾的聲音。」通常我們是這麼想的。巴霍從另一個角度切入——被聲音侵擾的靜默。這個觀點極端，卻是瞭解戲劇的好方法。從某個意義上來說，也可以說戲劇作家是從靜默的空無開始，然後漸漸用聲音——戲劇動作的聲音——填入。然而，好的劇作家不會把這靜默填滿，只是不時打斷。

照巴霍的說法，留下靜默的是停頓（pause）——一種節奏的元素。停頓是一種安靜的空白，先由劇作家創造，再由演員複製，因節奏價值很有影響力，在舞臺上甚具劇場效果。那些沒有說出口的常常與已經說出口的一樣重要。停頓的位置安排和長度透露很多訊息。導演應該研析並在文本上記下停頓之處，如此將揭示出劇本的結構。

於靜默的時刻演員仍持續表演，只是沒有說話。這類重要的靜默時刻——不規則的空白——很容易被疏忽。導演應當運用其想像力仔細檢視劇作家對這類靜默時刻的畫面暗示，尤其是在一幕或一場戲結束時，如果它們被充分表現，所展示給觀眾的將極其豐富。

記錄節奏

不管是整齣戲或是一系列的段落，記錄節奏的方法有兩種：

1. 用文字來顯示，如**快**、**中**、**慢**，以及各種變化。
2. 節奏可用圖表呈現，以水平線來顯示節奏與戲之間的關係。這樣，戲劇動作的起落就可以視覺再現。就像使用描述速率的詞彙一樣，可以照著所想要的分段去描繪其擴展或收縮，無論是一齣三幕的戲、一齣戲裡的幾個主要場景，或是一個特別場景的幾個段落。

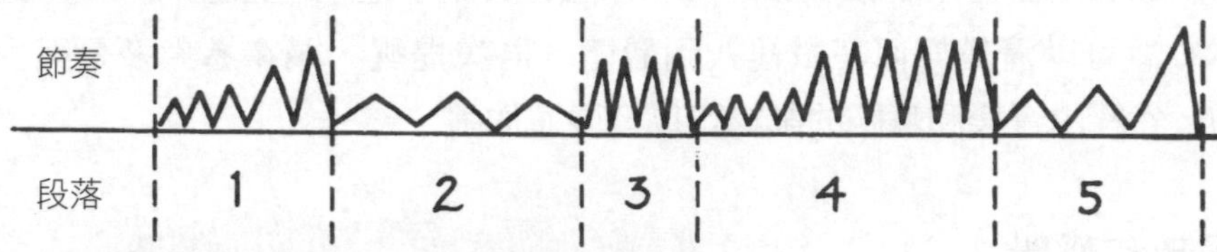

習作

1. 輪到你當領導時，告訴班上你所示範的是以下三個類別的哪一類。請一位同學根據你的指導方向以合適的速度即興擊鼓。班上其他同學從韻律來想像以下所列：
   a. 每一個擊鼓系列裡不同的角色類型；
   b. 每一個擊鼓系列裡不同的角色情緒張力；
   c. 一個即興段落（具交互作用的段落）。
2. 一位同學擊打出代表三個連續段落的三種速度，以這顯示的段落節奏即興創作出一個故事。
3. 一位同學擊出他對某一齣戲中一個段落的速度感覺。同學們描述他們對擊鼓節奏的感受。然後讀該段落的文本，再比較兩種感受。
4. 播放音樂。這音樂的節拍暗示了什麼視覺意象？須注意，不要把節奏跟氣氛搞混了。

5. 每個學生就所研習的劇本找一些音樂來表達對其韻律的感覺。播放這些音樂並比較這些發現。
6. 在一齣研習劇本裡檢視聲音和靜默。分出靜默的時刻。是什麼特別會將它們分出段落？
7. 建議為所研習的劇本的某個部分的開始或結束做即興活動。根據想像，視覺會如何強調這部分的戲劇動作？該視覺活動的節奏是什麼？

6

導演的準備

導演的準備，是對既定情境、對話、戲劇動作、角色、思想、韻律和氣氛之節拍的**書面**分析。必須是記下來成為書面的，這是導演學生能確定涵蓋劇作家創作發想之所有要點、且未被導演自身觀點凌駕之唯一途徑。在你能嫻熟地做好之前，不要省略這個步驟。

準備工作[1]

一個導演無論導演資歷多麼豐富技藝多麼駕輕就熟，做好紮實的準備工作——研析文本——永遠是必不可少的。當你做過好幾次書面分析後，或許你尚未完全記錄下這劇本全部的結構事實，但有些你會記在腦海裡，而有一些是以書面記錄下來，為了保持特定的溝通，以及釐清你的理念，這對你跟演員和設計是必要的。為了確保所有層面都已被涵蓋，新手導演尤其需要勤奮於書面分析工作。

準備工作的基本功能，不僅是協助你瞭解文本，且是把導演放在能夠廣博且敏銳地溝通的最佳位置。**準備工作使你能精準地往對的方向前進**。優秀的導演工作不是冗長的漫談，反而是由在適當時刻經濟且恰當的建議組

---

1 譯註：原文homework一般謂之「作業」、「功課」，於此特指導演與藝術群工作時，自己的準備工作，尤其是邁入設計會議和排練階段之前。這裡強調要有書面筆記，不論是用紙筆或電腦來工作，都是叮嚀導演，要先靜心專注埋首案頭做好劇本分析工作，也可以名之案頭功課。

成。演員的工作是表演、具相化，和學生在以談話為主的研討會要做的完全不同。如果導演透徹地理解了他最重要的工具——文本，演員或設計遇到瓶頸，他可以有好幾打的方式來溝通闡釋，而不至於讓自己陷入語言迷宮，僅拘囿於一兩種溝通方式。導演對演員的建議，必須是簡約、直接、誠實、經濟，且有重點。同時，這些語言是充滿意象的，能夠激發演員經常予以回應的潛意識語言，而非冷漠的基本語意。

指導的方向也是很個人化的，因為他面對的對象是某個特定的演員，而不是泛泛的一般「演員」。演員不是雕塑土，而是有著特別的想像力和感受力的獨立個體，需要以非常具個別性的方式接觸。對劇本通盤瞭解的導演，在洋溢著索取和付出的排練場域，宜好好準備，找出對每一位演員最佳的接觸方式。他要準備好針對獨特的個體給予最合適的建議。排練中的戲劇是建構在一個梯子般的結構，**導演根據演員的貢獻為基礎來建構，而演員根據導演的貢獻來建構**，這樣的交互流程一再重複。有所準備的導演可以運作順利，未準備的導演永遠在他自己的主觀性裡打轉，致使他無法真正回答問題，卻裝模作樣把問題擲給越來越困惑的演員，實際上是一種推卸責任。

所以，導演準備工作的目的，是將導演安置在與演員溝通時的可能最佳位置上。充分準備的導演不僅瞭解一齣戲的表皮，也熟諳其內臟、骨頭、肌肉和心臟。

為什麼要做書面準備？

寫下關於劇本的觀照是有意義的，可以鉅細靡遺詳述之，也可以直擊要點。剛開始，或許你會認為這步驟對戲劇製作的藝術流程是危險的，因那會阻礙（至少是限制）導演展翅飛翔。事實並非如此。在你完成一或兩部劇本的分析且你看到效益後，你會明白分析的作用恰恰相反：**準備工作是助益導演自由的裝置**；它開啟而非關閉了洞悉和想像飛翔的入口。畢竟，劇作家必須以書面劇本來記錄他的即興發想，為何導演不該用書面筆記的方式記錄自己對劇作家作品的理解？假如布景設計師未畫圖記錄下任何細節，只是腦中有一個想法，就直接去商店購置材料並開始建構，這組舞臺布景的運作勢必無效且雜亂。未充分準備的年輕導演，與演員的合作不僅是隨意的，而且所執導的路線將是泛泛一般而非精確的。泛泛的發展沉悶無趣，唯有精準的演繹才能抓緊觀眾的注意力。切勿錯認書面準備是負擔，那是導演能給予自己的最佳工具。不過，書面準備可不是讓你在排練場閱讀的，像讀指導組合物件的一套指引一樣，而是幫助你充分瞭解和拓展所執導的戲的一個方法，協助你得以淋漓盡致回應演員和設計。

劇本分析綱要範本

縱使你可以從任一個點切入進行分析，有系統地研析依然是比較理想的法門。你應該從既定情境開始，然後進展到對話、戲劇動作、角色，以及思想，最後結束於氣氛和節奏。這個流程之能運作順暢，因為分析既定情境會導向對話，而對話會進入戲劇動作，以此類推。當有新的想法出現時，你可以檢視已記下的想法：如果它是合乎邏輯的，那就很容易結合在一起，自由的進展於焉開始。

以下是一份劇本研析建議計畫，對導演學子助益匪淺。雖然這計畫是以一份綱要的形式呈現，但是分析全長劇中的一場戲（約莫10分鐘長度，有3至8個段落）或一齣短的獨幕劇，還是很容易就填滿好幾張紙；換句話說，不要像回答是非題般簡約地完成這份大綱所列的項目，要以詳細的闡釋來發展答案（但也不要小題大作只是要填滿頁數——把你認為能將觀點表達清楚的必要項目寫下來，避免因冗長陳述而模糊了焦點）。

劇本分析工作表

一、既定情境

(一) 環境事實

根據下列編號的標題項目進行討論。**在每一項結束時，務必提出該項目如何影響到該劇的戲劇動作**。

1. 地理位置，包括氣候

2. 日期：年份、季節、時間

3. 經濟環境

4. 政治環境

5. 社會環境

6. 宗教環境

(二) 先前動作

(三) 主要角色在一齣戲的開始和結束時的態度導向，使用每個角色對以下四個問題的回答（**假設他們可以**）作為反映：

1. 我對我的世界感覺如何？

2. 我對我的關係感覺如何？

3. 我對我自己感覺如何？

4. 我對我的前景感覺如何？

二、對話

(一) 字彙的選擇

(二) 片語的選擇

(三) 意象的選擇

(四) 罕見特性的選擇（例如，方言）

(五) 對話的聲音

(六) 臺詞和言談的結構

三、戲劇動作

(一) **段落的標題**　為這戲或這場景的段落定出序號，同時為每一個段落拈出有主詞的短句作為標題。

(二) **詳細的戲劇動作分解**　在做下一項之前先完成這項，動詞可幫助你總結諸段落。把戲劇動作分解成標有數字的段落。用角色的第一個字母之縮寫接著現在式的動詞（例如，N驚訝），表現出每句臺詞（每段言談）的戲劇動作。

(三) **總結戲劇動作**　根據段落的序號，以複合句的方式呈現出其相互作用的行動，例如，A（現在式動詞）B，然後B（現在式動詞）A。這句子必須掌握住該段落所發生的事。

四、角色

根據以下標題探討**每一**個角色。

(一) 欲望

(二) 意志

(三) 道德觀

(四) 儀表形態

(五) 一系列的形容詞摘要

(六) 一場戲開始時角色的情緒張力，如此表示：

1. 心跳：速度
2. 流汗：大量的，輕微的，在哪部位，諸此
3. 胃的狀況
4. 肌肉張力
5. 呼吸：速度，深度

五、思想

(一) 劇名的意義

(二) 對話中的哲學性表述（從整齣戲摘錄出來，不限你執導的場景；從角色的對話中引述之。）當你摘錄8到12句這樣的引句後，把這些引句視為一個**群組**，以兩三句話勾勒出你對這些話的主要觀點——其中有明顯的模式嗎？浮現特定的主題或強烈的觀念嗎？有任何對生活的領悟被直說或暗示嗎？

(三) 思想是如何從主要角色或角色所經歷的**掙扎的結果**顯現出來——在劇終時，她（白蘭琪・杜波依斯Blanche DuBois）或他（約翰・普羅克特John Proctor）或是他們（普羅佐洛夫姐妹the Prozorov sisters）的結局如何？

(四) 你正在工作的這場戲：為何它存在這齣戲裡？這齣戲可以沒有這場戲嗎？為不麼不能？

六、情緒／氣氛

在標示段落的數字後面，以下面兩種範疇寫下該段落的氣氛：

(一) 列舉形容每種感官覺受的氣氛形容詞，各一項。

(二) 氣氛意象。

七、節奏

在標示段落的數字後面，用速率詞（例如，**快、中慢、廣板等**）寫下該段落的速率。同時繪示節奏關係的圖表，在水平圖表上插入連接的垂直線以表示節奏的變化。

八、基調

用字句或短語總結這場戲的分析以掌握整場戲的本質。

習作

1. 在課堂討論時間仔細複習分析綱要。於著手書寫一份完整的分析之前，要確定你對各部門都已經理解了。（指導老師可提供一份有編號的大綱給學生使用。）
2. 指導老師為小組選一齣獨幕劇或從全長劇中選出5至10分鐘的場景。每位學生各做一份分析。小組比較這些事先做好的分析，從而對這齣戲或場景進行詳細的檢視。（注意：如果學習的過程之間你已為每個部門逐一撰寫分析，那麼這個練習便是一個累積的成果。換句話說，一份完整的分析是研習第3、4、5章的過程逐次完成，於是這裡已有一份全面的分析提供討論。）
3. 從一齣全長劇選一場10分鐘的場景（3到8個段落）並分析之。
4. 為習作2的實習劇目辦一場讀劇活動。大家圍桌環坐，班上同學分飾不同角色。讓角色給不同的人讀，不論性別，如此讀過幾遍。每次讀完隨即討論。（實際操作時，許多導演以這個活動作為排練流程的開始，因為如此可將重點放在充分理解我們於第3、4、5章所闡述的元素之動力。）

第二篇

溝通 1

發生在好人身上的一件妙事是他們寡言。事實如此——寥寥數語。

——導演約翰・赫希（John Hirsch）。引自亞瑟・巴托（Arthur Bartow）的《導演的聲音：二十一次訪談》（*The Director's Voice: Twenty-One Interviews*）

7 導演和演員的關係以及舞臺走位

導戲，就是和演員一起工作—1

在前面劇本分析的幾章裡，經由深入研究和解構，你瞭解劇本如何透過戲劇結構裡的特殊「語言」，賦予你多種途徑來接觸演員。現在，你即將開拓一組新的「語言」，協助你與演員進行超越他們自己的創造力的交流。在此同時，於探索角色時，你將鼓勵演員所有權（actor-ownership），尋求各種途徑促成一個整體，如你所理解之一齣戲的群體和諧。

溝通：導演的首要工作

正如先前已指出，**導演的行動場域就是溝通**。無論如何，你必須先弄清楚這重要的區別。雖然導演的最終責任是以戲去觸及並感動觀眾，但他沒辦法自己去做；他所思考以及想要和觀眾溝通的，必須經由演員和設計者——他的合作者來達成。導演企圖產生的一切，完全需要仰仗他跟合作者溝通的天賦和能力。如果導演對他們的創作力充滿信念，且視自己的任務就是鼓勵和激發他們表現極致，這個導演就成功了。

不過有一項很特別的挑戰。由於導演的功能是這麼密切地參與幫助他人，經由合作者的作品，使戲綻放出舞臺生命能量，導演有時也會令人望之生畏、干預或不公地控制他人的工作，**尤其**如果他未能以充分的技巧、適當性和精湛的判斷力來執行他的任務時。然而，在最好的狀態時，導演會被視為探索未知、領導大家的工作邁向成功的朋友、知己和夥伴。一旦導演學生體悟到核心工作是與另一個人**溝通**，他就會專注於發展對每一種技術的專精和完成事情的方法，讓合作夥伴認為他是不可或缺的，他的目標就是確保每個人的工作都盡其美善。因為導演期盼（也需要）在過程中每位合作者都盡心盡意，所以他必須對團隊的每一位成員都盡全心全力。

演員和設計者都是溫和的人，在困惑緊張的氛圍裡，他們的創作力無法充沛繁茂。一個成功的導演溝通時會像個渾然天成的領導者，他會知道如何**與他人共事而不是指使他人工作**。他若眷愛他自己身上的藝術家，他必能眷愛身為藝術家的他者。

作為一個導演，你在這方面能做得多好，取決於你是什麼樣的人，因為，使用劇場性的想法去打動別人是一個非常複雜的過程，大大超出純知性的範疇。如果一個導演認為他與演員需要的交談僅限於邏輯、知性和釋義層面上，他必然無從瞭解跟他合作的、那種有創造力的夥伴。表演的問題不是**靠討論**來解決，而是**實踐**，導演是無拘無束的仲介者，他能找到讓表演的實踐更可能成功的意象或環境。

導演與演員的溝通不僅是對他們表演能力感興趣而已，而是關乎導演對人類的興趣與瞭解。欲達到這個境地，過程並不神秘；那是基於導演對劇本下過一絲不苟的功夫去研析，並確實體認演員不是抽象的概念，而是個別的「人」，必須在人的覺受層面去觸及。如果他理解富創造性的想像力是如何運作的話，且明白表演的流程——運用人作為創作工具來進行交流和溝通——他就能以正確的方法去達到基本目標，鼓勵演員，並激發他們超越他們原本的表演能力。導演和演員有一致的目標——與觀眾交流這齣戲——但只有演員能把戲帶上舞臺，並產生真正的連結。

導演在表演方面的訓練

由於導演的首要功能是「激發」演員，在導演的養成中必須包含對表演流程之密集訓練、對演員所有權以及其全部的延伸有徹底的認識。這方面，某些可與班上表演同學一起切磋，也可以藉由深入閱讀表演領域的訓練書籍來擴充。不管你的表演學識程度怎樣，對演員所思所感、如何工作、驅動他們的創作力的核心是什麼，導演都要保持高度敏感。你也必須瞭解演員在臺上如何使用聲音和談吐。導演這工作非某人以其自我為中心對他人進行操縱；而是，一種成熟的覺照，知道如何很巧妙地與那些提供自己創造力的人合作，期使在舞臺上綻放一個富有生命脈動和呼吸的故事。

意象製造者

所有投身於戲劇創作的人——劇作家、演員、設計師、導演——都是意象製造者。因為一齣戲是「被造」的，是對生活的模擬，並不是生活本身，其詩意力量在於喚起觀賞者暨聆聽者的想像力。如果所有條件都對了，觀賞者對所看所聽將發生**移情作用**——一種自動的反應。相較於日常生活，在演出中所發生的所有層面更具有象徵意味，更具代表性，因為它們是經過細心挑選和精煉、推敲安排且用心統一而成。因為這些處理，戲劇演出具有激發觀眾的意象之固有能力，每位觀眾將依其個人經驗和生活觀與這些意象產生連結。

因此，一齣被製作出來的戲，實際上是，在舞臺上的演員與劇院裡的觀眾之間的空中盤旋，是泡沫般的一群意象，等著被觀眾拯救和吸收。因而，看倌的觀戲經驗並非停留在臺上單單被展現出來的意象，而是依著觀者個人的心靈和感思繼續著。**觀者所看所聽的一切很自動地轉化成他們自己的意象**。這種轉化是觀眾在這齣戲裡的工作，顯而易見的，一齣戲若沒有他們就不算完成。由是，在劇場裡，導演經由演員和設計師創造了**什麼樣**的意象，非常重要。

現在應該很容易明白了，如果一個導演要證實他劇場藝術家的地位，那他就不僅是協助演員加強他們自己創造意象的能力，同時也能夠在劇中某些段落發現**適當的**意象，而且能夠看到它們運行起來的樣子。身為訓練中的導演，你必須高度認知到劇場經驗首重感官經驗，意象創造不只包含聽覺和視覺，而是涵蓋所有的感官——看、聽、觸、聞、嚐。在戲劇演出時，喚起觀眾感官經驗的景象明顯可見，舉凡戲服的質感或顏色、布景的線條，或某種機械聲音，如敲響鈴、飛機引擎，或劇中某場景角色吃喝等，觀眾皆常熱情回應。

觀眾通常沒有那麼意識到的是，演員是以非常特別的方式，讓觀者持續地嚐、聞、觸、看、聽，以持續地喚起他們的感官覺受。由於優秀演員的表演是這麼巧妙細緻，顯得正確且真實，以致觀眾會傾向於認為演員所做的都是理所當然的，很少人會意識到這個過程。然而，這正是表演的過程，**因為表演的核心層面，便是經由感官意象的直接轉換來觸及觀眾的想像力**。演員碰觸了什麼，我們，身為觀眾，在我們的想像裡亦碰觸了；演員聞到了什麼，我們也聞到；以此類推。

年輕的導演，除非完全體會表演之感官喚醒這個面向，否則便無法完全貫徹其溝通的可能向度。唯當他能在演員身上激發出能觸及、喚起並影響觀眾的意象時，才能與觀眾交流。

當然，終極目標是引導觀眾進入**不知不覺**的高度注意力之狀態。導演在這目標能達到什麼程度，取決於他帶給合作者的感官靈感。導演若要成為觀眾的意象製造者，那**他必須先是演員的意象製造者**。

溝通的技術

知性談話

你現在應該已經意識到，導演和演員之間的溝通流程，比對劇本的知性層面交換看法要多得多。當然，有一定數量的有用資訊可以用這個方式傳達，因為演員必須理解劇中的知性辯論，以及他所扮演的角色在這辯論裡的責任。不過一旦涉及戲劇動作和角色的核心時，這種自覺、客觀的方法通常會失敗。年輕的導演常常因無法和演員圓滿溝通感到困惑，因為他們沒有意識到，他們過於依賴大量客觀性的討論了。所以，你必須學習運用不同的方法來工作，要認清**你的意圖是要釋放演員的想像力**，並非綑綁。要記得：思考太多的演員無法表演。一個角色是其思想的體現，他的舉止作為是與之相應的。所以，演員需依其自然反應來移動（一如我們在日常生活中的大多時候所做），依靠他的感覺而不是有意識的思維。

對演員的感性影響不大的事件，你要學會懂得節制知性討論；同時也要提醒自己，導演是要釋放演員的想像力，盡可能運用各種法門讓演員翱翔。客觀談話僅會讓你的演員走捷徑抄小路。意象誘導的走向，應是構成你和演員溝通的主要內容。少說；多做。

即興：由內到外的進程

從你學習表演的經驗裡，開始做即興的時候，你很可能窺見表演是什麼了——那不是從一個人的外在自我所展現、預先安排好的過程，而是從你的內在出發，且密切依靠你和其他演員的關係。剛開始，你所做的即興可能是讓你能放鬆和專注，使你經由你自己而不是自我意識，展現出誠實可信的表現。也許你已做了簡短的感官練習，有時是用想像的物件，有時是真的物件。接下來，你可能做了跟戲劇動作有關的即興，最後，你要做包含其他參與者在內的複雜練習——即興僅在你和其他即興者**不相上下**時才會奏效。你學到在即興時，你需要最高的專注力去注意其他即興者對你所做的，在你知道該做什麼之前，你必須先視對方而做調適。還記得當你和即興夥伴彼此完全同步時的感覺多麼自由嗎？你可以發展出那種自由，讓這個即興創作成形。你感受過那種自由賦予你興奮和力量嗎？

就是這種感覺，當你以即興作為溝通技術時必須誘導演員發生。**目標是盡可能最個人化方式去發現，因為那是從演員的內部往外發出的**。即興成為一種手段，使演員能夠發現他和其他演員在親密層次的（相互）關係；去建立和其他角色的關係；去感受當戲劇動作被傳達出來時的感性；去挖掘戲劇動作；去為戲劇動作發現形象的手法；去感覺既定地點和其氣候的特殊質感；去體會角色在既定情境裡的儀表形態；去開發在特別描述的情況下，移動、身體行為、聲音的可能範圍。

這些只是即興能完成的大量事情中的幾樣，因為它的確是充滿想像力的遊戲扮演，能打開一齣戲的神秘時刻。導演是領導者，他可以利用即興來達到他希望的目的。例如，有些導演在整個排演階段大量利用它，直到排演後期才確實讓演出成形。

不過，若僅利用即興這方法來作為釋放演員的途徑，會存在一些問題。

新手演員將有一段充滿挑戰的時期，因為即興表演需要經驗，這部分他們可能未曾受過訓練。資深演員有些不錯，有些頗善於此道。儘管如此，即興創作的首要問題是，雖然它能導向發掘出極度敏感的時刻，但那些終究是一些時刻，而一齣戲是要由很多時刻串連起來的。在即興創作和製作一齣演出之間發生了什麼，是最需要被觀照的。有些導演試著向觀眾展現他們在排練時做的即興，卻未做任何修改潤飾，然後不解為何這樣不奏效。如果你不想製造這類麻煩，記住：**即興作為發現的工具非常有價值**，但不是用來充當這齣戲的表演代替品。

如果你視即興主要是一種排練技術，它可以成為你非常有價值的工具。用在合適的目的上，它可以幫助你觸及演員相當深沉的原始層面，進而使你執導的戲充滿感性力量。你必須從一開始就認清，除非你是與專門的即興團體合作演出，否則它不是一個演出，而基本上是一個需要經驗與天分來完成的排練技術。當你學習了以下關於**有機走位**（organic blocking）[1]的幾章後，你會更理解如何操作即興。

有機走位：從外到內的流程

有機走位，運用六種視覺工具來激發演員製造意象的流程：(1)舞臺擺置（groundplan），(2)構圖（composition），(3)姿勢（gesture），(4)使用道具的即興（improvisation with properties），(5)圖像化（picturization），(6)移動（movement），從第9章到第13章通盤討論。這些工具的功能，是幫助演員從「感覺」其本有的圖像或形象，去發現戲劇動作。這種由外到內的過程，涵蓋了排練、發現的技巧，以及在演出中使用的技術等。（注意：使用了**走位**這個術語來形容這流程的某些部分，切勿因看似老套而阻礙學習。一旦你融會貫通原來走位可以多麼有機性，在使用這工具的遊戲中，其看似「機械化」那方面會被吸收掉。）

接續先前關於即興的闡述，首先，你必須明白，這六種導演與演員的

[1] 譯注：blocking，臺灣劇場通稱「走位」，亦即法文之mise-en-scène，即場面調度、舞台調度。

溝通工具，**主要目的是直接與演員溝通，進而演員將與觀眾溝通**。因而你需把這些工具看作是**激發演員創作力的方法**。藉由使用這些**外在的建議**手段，導演可以點燃演員內心各種連鎖反應。「**有機**」一詞即意味**這些走位絕非附加在該戲或強迫演員接受**，而是表示這類走位建議乃是從戲自身（有機體）衍生出來的，乃是該戲本身固有的，對演員發掘出該戲的形體化生活很有幫助，而這是他們在演出時要具現的。所以，有機走位，就不「僅是」一種畫面流程，非「只是」把演員安排在好看的位置讓整個舞臺更加爽心悅目，而是**經由一系列能引發演員想像力的實體建議，把一個劇本內在本有激活出來的活動**。

如果你的表演訓練背景是強調由內往外的即興為主軸，一開始，你對這類技術可能頗費解。無論如何，運用得當，這種由外至內的方法對演員確實是如虎添翼，且不會與其他方法發生衝突。事實是，兩種方法可以同時併用。很多演員欣賞由外至內這種技術的確定感，因它是可觸摸且具體：他們的身體知道該往何處去。

在這裡提出的問題是，有些導演認為，同時使用即興和走位會造成很強的衝突性。這些導演爭辯說，走位會凍結演員，即興是釋放演員的唯一通道。對這爭辯的答案是，**釋放演員並非僅有單一途徑**。任一種方法都可以有效使用，雖然看來似乎是矛盾的，且兩者往往可以聯合使用。你會發現，有些場景（特別是少數角色的），適合用即興演進方式來具相該場景，而角色眾多比較複雜的大場景，通常宜先畫下基本構圖和移動，以方便處理。無論如何，若走位和即興運用得當，兩者不但不會打架，且會支持並強化對方。如果你想充分利用所有可運用的導演和演員溝通技巧，你就需學會如何運作這兩種。如果你只做即興技巧，便是把自己關起來，大幅限制了你原本可以和演員發展的部分，尤其當你的演員是受過如身體釋放或其他肢體動作訓練。此外，若你企圖在專業劇院發展，你會發現，演員皆多才多藝，但很少願意投注在即興這種過程。

演員參與第一次讀劇時，往往會感到不舒服，因為一齣戲——一種集體合作——直到被賦予某種外在形式前，可能會令他相當困惑不清。導演可以根據戲劇動作具相出角色之間的特定關係，藉此，能協助演員克服這種不安。這過程不僅讓演員有時間去定位他自己，同時讓他知道在這齣戲裡誰是他的對敵，雖然他可能知性上已經知道但身體層面仍不知道。任何參與過戲劇表演的人，都能明白這裡所描述的這種不舒服感；然而，導演太忙了，忙著環顧其他，很容易忽略演員第一次交會時的陌生感和迷茫。

在排演中後期，具相（移動、構圖、畫面）的潤飾工作開始時，導演透過這種視覺建議來幫助演員的工作可以進行得更充分，永遠要保持與演員交流思想的意圖——關於強調的思維、意向、動機或戲劇動作中的細微變化。如果你記住你所要傳達給觀眾的就是演員的感性意象，你就會開始欣賞這個方向的全盤價值。一個好演員必然會對他自己角色的具相提供很多想法或做法，然這是無窮盡的，必須做出最佳的選擇。導演的職責是透過持續工作潤飾與改進，來協助演員的選擇。演員在其他角色或物件的對應下該站在舞臺的哪裡、他該怎麼移動、為何移動、移動的本質是什麼，以及他該如何操作物件等等，在在都是導演要深度關切的，因為這些考量都會傳達出意象。重要的問題是：**演員是否傳達了導演所想像和選擇的意象？**

在這些視覺工具中，你可能會對其中一些有較高的掌握度，但它們全部都是你可以在工作上運用的。通過尋找合宜的意象，學著用它們講出真相。因為這些工具蘊含巨大的說謊能力，除非用心選擇精確的具相；演員可以**說**一件事同時**做**另一件事。莎士比亞說：「行動（具相）要切合臺詞，臺詞要切合行動。」這個原則是演員要學習去應用的。如果你能充分利用演員自己所受的訓練，你會發現你跟他已有所交流。

演員也是偉大的實驗者。要常常記住，一齣戲排練的過程是要去做，而不是談論。另一件需要學習的是，除非到了排演後期，否則儘量不要「凍結」演員所具相的，你永遠要使用你所發現最好的選項。有些學生認為學習了技巧會使他們的想像力乾涸，他們會變得僵化。事實正好相反。當你還在學習如何「去看」這些工具、如何運用它們時，當然你會覺得不自然，不過再過些時候，它們會變成你的第二天性，而你會懂得如何充分利用它們。場景之發現或戲劇動作之展開，往往會依賴這些視覺工具的實驗。在排練時，把轉變和改變這些工具的價值視為一種賭注，是演員發現過程的一部分。

在接下來的幾章裡，很廣泛地展開對有機走位的探究，不僅是因為對某些細節必須徹底瞭解，才能有效地使其作為導演和演員的溝通技術，同時也因為它在演出裡提供了投射出劇本的過程。當你完成那幾章的學習，你會知道如何利用這些工具清楚有力地表達戲劇動作與角色陳述，這些在排練過程自發地成形，但在潤飾細磨期，則可以被打造的更精銳、更集中。

習作

1. 在一個群組裡討論在你的表演訓練裡所用的方法。試著分別敘述不同的方法。什麼時候你覺得你是真正在演戲，不同於僅是在利用你的外在性格？是什麼樣的經驗？
2. 作為一個演員，何種溝通能觸及你？檢視導演們使用的，引發作為演員的你的不同的方法，哪種最有效？哪種效果最差？
3. 什麼是意象？吟讀幾首短詩並分析其意象。尤其要注意日本五行詩及其意象。詩何以如是精簡？比較詩的精簡與劇本的緊湊性，特別是相較於小說。
4. 與另一位學生用意象「交談」，用字盡可能少。你會很吃驚，原來很少的字句也可以精確地傳達思想和感情。
5. 有機走位與僅是拉一齣戲的走位有什麼不同？你可以看出來前者是深深根植於戲劇動作和演員訓練，後者僅是傾向畫面？討論。
6. 討論運用即興作為導演的溝通工具之優點和潛在缺點。

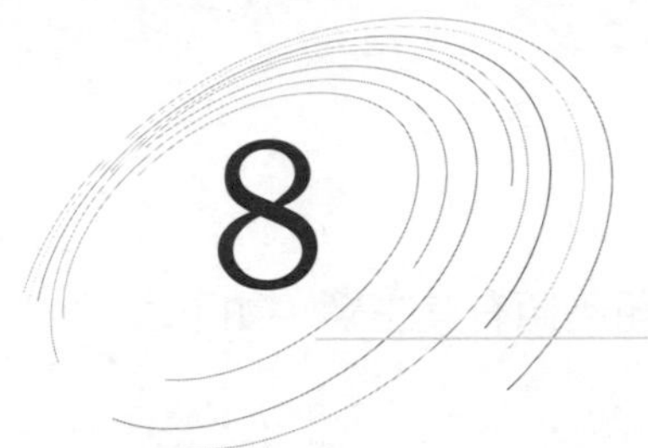

8

學習看

視覺感知的遊戲

在這裡，探索暫停，我們需先細想舞臺導向和導演的能力最重要的維度之一：你有多會看？學習看——學習仔細且敏銳地觀察——是年輕導演必須儘早養成的技藝，才能幫助他製造出激發且感動觀眾的意象。對演員的穿著、他敘事所在之處、在舞臺上他跟其他演員之移動等等，若只有泛泛的關注是遠不足夠的。**訓練中的導演必須具有鉅細靡遺的觀察力，迅速地看過幾秒，他就要清楚記得每個物件、每個移動、特定地方的光線、椅墊的顏色和服裝是一致的，還有更多更多**。以下是一份綱要，讓你意識到「看」的挑戰。

第9章的線條圖將啟動你的「視覺感知遊戲」，你會被要求仔細觀看舞臺空間，先是從上往下看（舞臺擺置平面圖），然後從正面的高角度看。在這本書稍後部分，當你熟悉了看平面圖，且知道如何轉換成舞臺空間，然後劇照添加進來，如此，你就可以用具體的例子來進行「視覺感知遊戲」的練習。

如果你用心地運用線條圖和劇照來玩這遊戲，你將學會如何**仔細審視**他人作品中捕捉到的瞬間，同時，可以增強你對劇本中某些時刻之意圖的即時識別能力，與思考出特定解決方案的效率。

除了於每組劇照建議的問題，請你自問如下：**這位導演做了什麼？我會怎麼處理？我看到什麼？**這些演出或許不盡理想，但那是讓你思考自身作品的跳板。

「視覺感知遊戲」貫穿了這整本教科書，每一組劇照有其主題，如下：

1. 構圖：　1-12
2. 圖像化：　13-24
3. 舞臺選擇：　25-32
4. 布景：　33-38
5. 道具：　39-42
6. 燈光：　43-48
7. 服裝：　49-52
8. 化妝：　53-56
9. 現代戲劇的風格：　57-70
10. 其他時期戲劇的風格：　71-78

本書劇照選用的準則是，在不同層級的導演作品中可作為實際有用的例證：有些是進階的學生導演的作品，其他是老師導演或地方劇團導演，後者涵蓋了學校培訓計畫以外廣大的半專業和專業劇團。在本書前面的「致謝名單」有完整的人員資訊。這些劇照是向導演和設計者借來用於協助釐清視覺感知的要點，其中某些是作為範例的用途，勝過對照片質地的要求。

9

藉由舞臺擺置[1]幫助演員

第7章主要是闡明表演流程的本質以及導演如何和演員工作。從這章起到第13章，將闡述舞臺的價值、如何使用舞臺幫助演員**交流**並傳達給觀眾。這裡討論的某些部分，尤其是關於單一演員時，也許在你的表演課已經教過，然就舞臺的整體價值，當需要協助兩個或更多的演員交流時，就屬於導演的範疇。覺知舞臺的價值是你工作的一部分。

舞臺擺置同時是既定情境的再現，也是可以發現並具相出一齣戲的戲劇動作之充滿張力的工具，**特別就空間與打破空間的必要阻礙而論**。無論你在哪種舞臺工作——鏡框型（proscenium）、環形（arena）、伸展式（thrust）——舞臺擺置仍然是導演和演員溝通的基本工具，因為所有其他的工具都需要倚仗它，功能也自然地從它源源發生。如果你掌握了舞臺擺置是一種溝通工具這個概念，你將能夠看到其他工具如何為你工作。

雖然舞臺擺置常常以建築師的二度空間之平面圖來表現，然理念上是三度空間的，因為圖紙上立體空間（從地面向上）的物件和舞臺平地上的（物

---

1 譯注：原文groundplan，一般譯法是「平面圖」，在劇場裡，於製作過程中尤其在排練場裡，為了使排演盡可能達到最好效果，舞監組除了要用膠布貼出精確的平面圖各大小道具和出入口等位置，尚需將平面圖上的桌椅、家具、大道具或物品等等，擺置形狀和效果接近的代用物品，以發展移動、構圖、畫面等場面調度事宜，所以，在排練時，導演與演員們說「舞台擺置」，是更貼近實際作法的。當導演在案頭書面作業時，groundplan確實是以平面圖形式出現，這時可譯為「舞台擺置圖」。配合這些不同需求，groundplan將視上下文譯為「舞台擺置圖」、「舞台擺置」或「平面圖」。

體）占據了同樣的空間。導演需經常以三度空間的方式思維：舞臺空間是一個立方體，不是舞臺地面上一個扁平的長方形。從這個角度來看，導演要同時看到舞臺設計的垂直和水平兩個角度，這樣，當你跟演員提到既定情境的感覺和事實時，這樣視覺化是比較理想的。

因此，在為鏡框型舞臺構思舞臺擺置時——這類舞臺形式，觀眾直接坐在舞臺或表演空間前面——導演需考量所有具有高度的東西，像是牆、平臺、階梯、家具等等。只有這樣去做，這個立方體才會達成導演和演員的需求，他們將會開發所有這空間所提供的一切，為這演出發掘讓觀眾觀看並感受的實體生活。正如你在看透視圖一般，用你的心靈之眼以稍高於舞臺地板的視線來觀想舞臺擺置圖。

在創作戲劇時，劇作家會為戲劇動作選擇一個富象徵意味的空間，這些地方對戲劇動作能發揮一種特別的力量，亦即，劇作家感受到這地方的壓力和重要性。導演需盡可能重建這種**從戲劇動作感受到的感覺**（非從劇作家插入的實體描述），因為，**對這戲劇動作恰當的障礙路徑**（obstacle course）**必須在這適宜的視覺和空間容器**裡被發現。

在這裡使用**障礙路徑**，因為演員在他們成為相當傑出的表演者之前，若在他和與他對立的另一個角色之間有實質的障礙物，會比場上沒有障礙物更快、更敏銳感受到戲劇動作。在兩個演員之間的桌子、沙發、椅子等，讓他們有了可以爭鬥的東西，一些阻止他們聚合在一起的物體。這個技術是基於這樣的前提：戲劇通常是關於衝突而非和諧。像臺階、平臺，諸此有高度上差別的，也可以有類似的功能，因為角色與這類東西並置時，他可以感受到他對其他角色有掌控力，或是沒有掌控力。藉著在演員們的通道上設置物質障礙，讓他們必須克服才能觸及其他角色，以此讓演員感受到強烈的張力，便是舞臺擺置的目的。

由此看來，顯然的，導演必須為他執導的戲找出一個**合宜的空間**。在完善的搜尋之後所覓得的空間，必是一個特定的地方而非一般所在。這個「特定空間」的有效性相當重要。在莎劇中，這特定的空間可能以非常簡單的手法實現：在文本中描述帶過，一些富象徵意味的裝置，可能是一個幃幔、一頂王冠，或指示出事件發生所在地的幾件家具等等。不過，在寫實主義的戲劇或以寫實規範來製作的演出，這特定的地方要以更多細節來再現。當你觀看一些場景時，學習自問道：這發生在**某一特定場域**嗎？或是**哪裡都不是**（nowhere），抑或**任何地方**？如果場景是發生在「哪裡都不是」或「任何地方」，會造成演員在掌握該戲場景的特殊性上很大的困難。若你學會從這角度來看，當課堂呈現出現「哪裡都不是」或「任何地方」的場景時，你會藉著它們在表演和觀眾的覺知中，很快地認出來那種泛泛的效應。只要進一步思索就可以拈出意義，舞臺擺置是既定情境的再現——我們都很清楚，在一己生活中，事情不會平白無端在無既定因素的環境中發生。你身為導演的責任，是要確定這特定空間的舞臺擺置，能以非常精確且理想的方式影響演員，而不會讓他們失去這個能創造出這齣戲生命最有價值的工具。

既定情境會告訴導演該空間是大是小、常有阻礙物或僅偶爾發生、是否具有強大的垂直可能性（從平臺到陽臺等，每樣東西），或主要是水平可能性（很低幾乎貼地面的天花板），諸此。優秀的設計師亦如是思考，雖然他們可能不總是思考導演與演員的特定溝通之需求。（由是，導演精深地發展對平面圖的設計感思是極其重要的。當他與設計師工作時，必須先確定關於舞臺擺置的核心要點——導演與演員的溝通——已經完成。）擅於增強視覺效果的設計師將能夠完成空間和物件的細節。不過，除非舞臺擺置的建構是基於戲劇動作，否則導演不僅會失去和演員溝通的基本可能性，且所有其他依靠舞臺擺置而產生的導演和演員溝通之視覺工具，效果也將會減弱。

習作

以下練習「感覺和思考」舞臺擺置的即興方法，或許你有興趣試試。這個按部就班的「遊戲」，不但使你更能分別舞臺擺置與日常生活中的房間的差別，也幫助你理解接續的一些觀念。做比說好很多。

為了讓你能徹底瞭解為什麼舞臺擺置是一種藝術裝置，用來表現一種現實的幻覺，然而它本身並非現實，請務必循序漸進來做以下的練習。仔細地、一步步地做，在尚未真正理解正在做的練習之前不要進行下一個練習。記住，整個練習是必須分階段來玩的遊戲。

1. 排列教室裡的椅子，面朝四方，圍成內側長度20英尺寬、14英尺深（一般起居室大小），進行即興。擺好這地方後，現在練習測量排練場的技術，那將是你擺設排演空間時需要一做再做的活兒，以下三種方法可以測量出大約長度：
   (a)如果你知道自己的步幅（行走時腳步的距離，從腳跟到腳跟），你可以通過計算你走過的腳步數目，計算出頗為準確的長度；
   (b)如果你知道你鞋子的長度，你可以把一隻腳放在另一隻腳前，直到走完你需要的距離，根據腳步數目可算出相當準確的長度；
   (c)如果排練室的地板是鋪正方形磁磚，你可藉計算磁磚數目找到你想要的準確尺寸（每塊磁磚一邊通常是8到12英吋）。
2. 當空間已很精準測定後，標示出兩個隔開通往房間的「入口門」（entrance doors），把椅子搬到適當的位置。現在，來擺設起居室的家具（用教室裡現成材料），以你知道的真實生活中的樣子──例如你家裡的起居室。注意，你至少要安排一組可以談話的空間，一把靠牆的沙發，一些位置與它有關的椅子。看起來類似圖1。
3. 在這個房間進行和戲劇動作有關的即興。建議：一位主人接待三或四位訪客，一次接待一位。做完即興後，討論他們所坐之處（可能是最容易就座的地方，且毫無疑問就在談話位置組）。也要注意的是，大多這樣大小的起居室通常只有一組談話座位，為了可以很容易地包括所有在場的人。注意人們

圖1

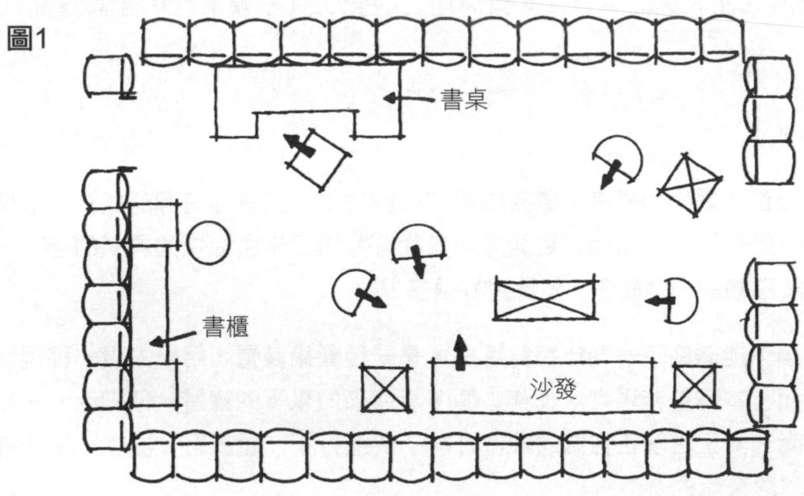

在這空間關係中經營對話有多容易。試著在談話裡放進一些數字對白。做完兩三次其他種即興後再進行到習作4。

4. 現在，通過以下操作，將房間改成以下舞臺擺置：
   a.在相距28英尺的房間兩端各放置一把椅子，以表示鏡框舞臺的鏡框口，並標示出中央點。
   b.移動椅子，把表示房間的牆面和靠著它的家具打斜，與表示鏡框的椅子（習作4a提到的）接連起來。注意，現在這房間看起來會像是圖2所示。打斜的牆面提供良好視線（以便側邊的觀眾可以看到）。現在你應該很明白了，舞臺擺置不是現實，是現實的一個幻象，舞臺擺置是人為的設計。

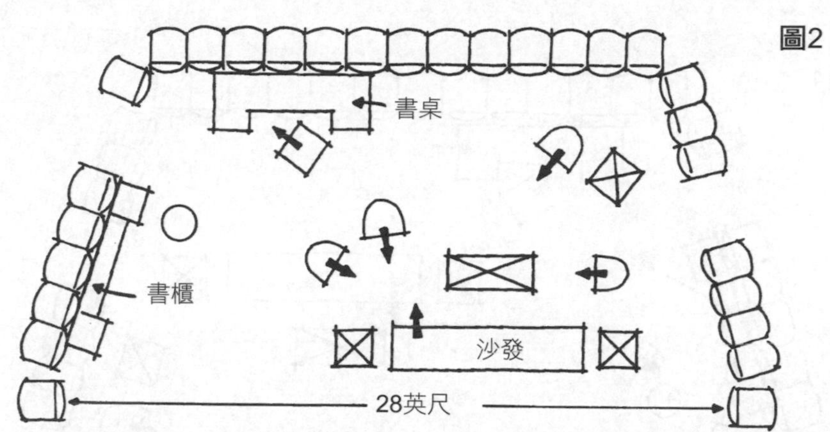

圖2

5. 把沙發和茶几位置對調過來面向觀眾，更進一步離開現實。現在將如圖3所示。這個舞臺擺置稍有改進，不過對一齣長達兩小時的戲仍太簡單，很難提供持續的畫面變化。再進一步重新擺放家具，在下舞臺的房間角落（要鎖定是角落）放幾個家具，且在右舞臺擺設出第二談話組。現在應該如圖4所示。
6. 在左上方的角落擺設出一個外凸（jog）以增強建構的「力度」和趣味性。這一修改，因為把牆面的對稱性明顯減低了，使得房間的結構變得有趣。請類似圖5的作法添加椅子和家具。
7. 請注意以下幾點：
   a.以家具組成的障礙路徑已形成。
   b.兩套會話組，讓人們能坐著交談的地方多了一些變通性。

圖3

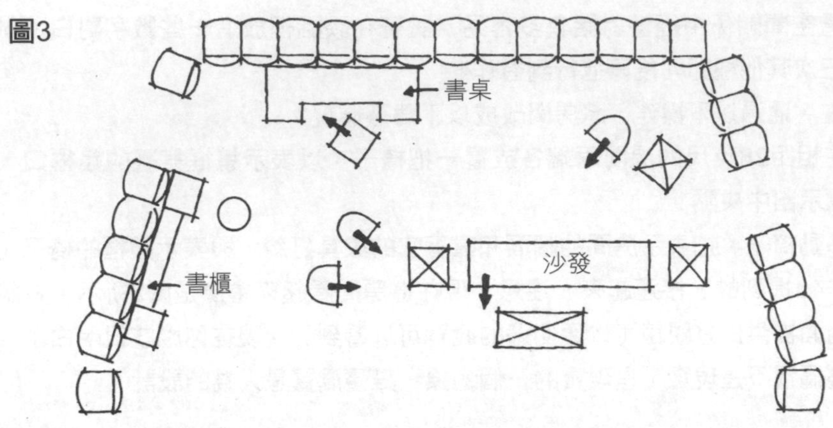

圖4

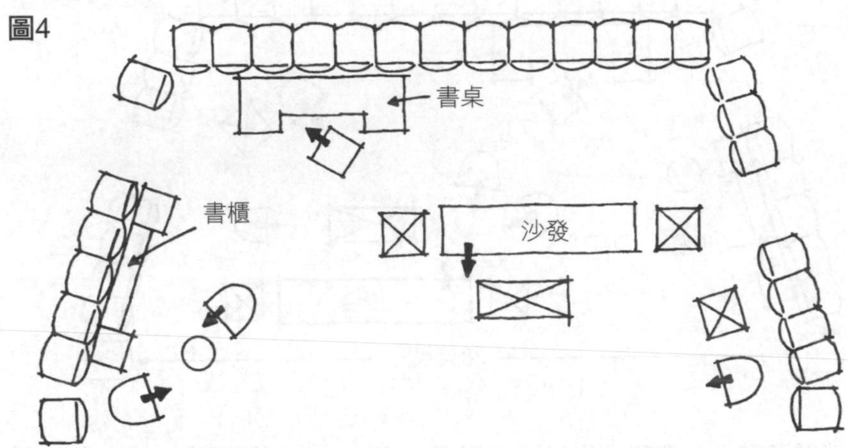

c.「表演」家具占據了大部分的舞臺中間層面（plane）——這與剛開始練習的肖真房間明顯不同了。

d.多元表演區（請見下面部分）已建立，容許舞臺擺置之靈活應用。

e.舞臺擺置的角落與其他部分緊密相連，讓整個舞臺擺置更穩固地支撐舞臺，並把演員框架出來。

圖5

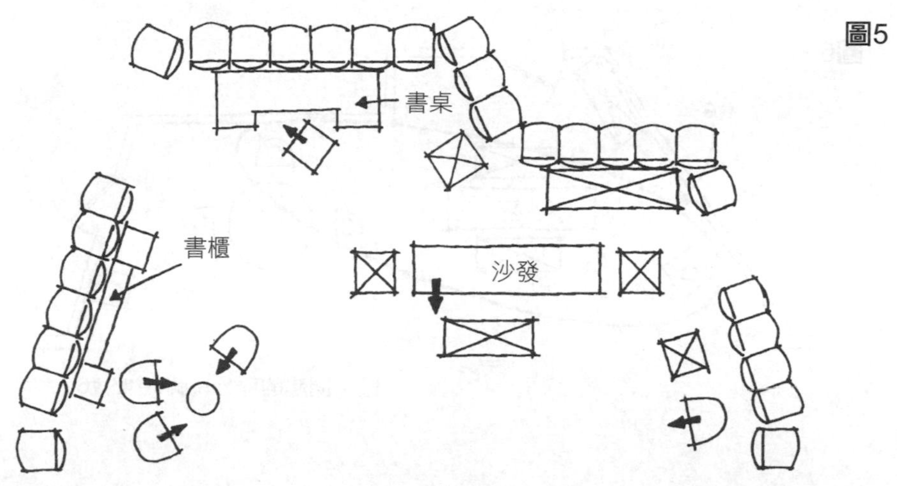

表演區

寫實戲劇的戲劇動作多發生在生活環境——如起居室、臥室、廚房、陽臺、後院和辦公室等——從這方面看來，是「坐／站戲」，跟歷史戲劇以站為主相反。**舞臺擺置潛在的具相能力，可經由界定出所有表演區來衡量**。有一種很簡易的預測法是，（角色的）就座計畫（sitting-down plan），**一個表演區包括相距至少六英尺的兩組入座位置**——亦即在房間的不同區位有兩把椅子，或一套沙發和一把椅子等。**這不僅尚未包括所有站立的姿勢，也不包括坐姿，例如在沙發上，兩個人會靠非常近**。如果一個舞臺擺置照這樣設計出五個表演區，就會十分有功效。這個規則連帶的一個概念是讓角色在搬演的場景裡保持距離，不像電視或電影裡，因為特寫鏡頭的需要，兩人的距離要很近。

注意在圖6中，我們能以圈出兩個距離至少六英尺遠的座位來標示出每個區域，以及在一張圖裡（如圖7）顯示出所有可用空間，來檢視出這整個舞臺擺置的優點。在圖7可以標出六個區域，不過至少還有二或三個區域沒有標示出來，否則會因線條過度重疊而減弱此圖示範的功能。

利用就座計畫去計算表演區的數目和舞臺擺置的靈活度，並不表示站姿通常不是有效的作法。剛好相反。當房裡布下足夠的障礙物，使得角色與

圖6

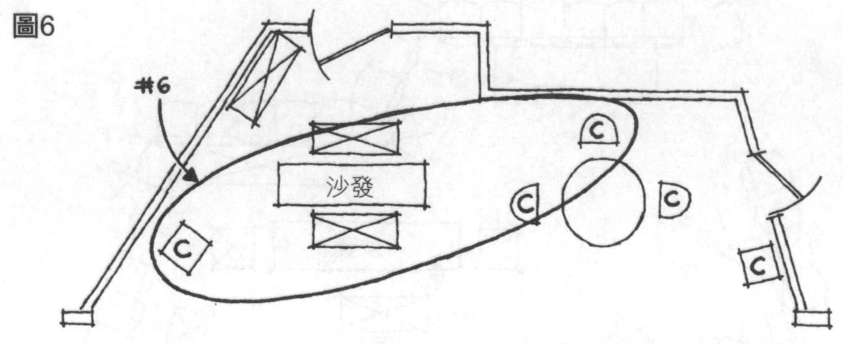

註：圈起的部分為圖7中的#6

圖7

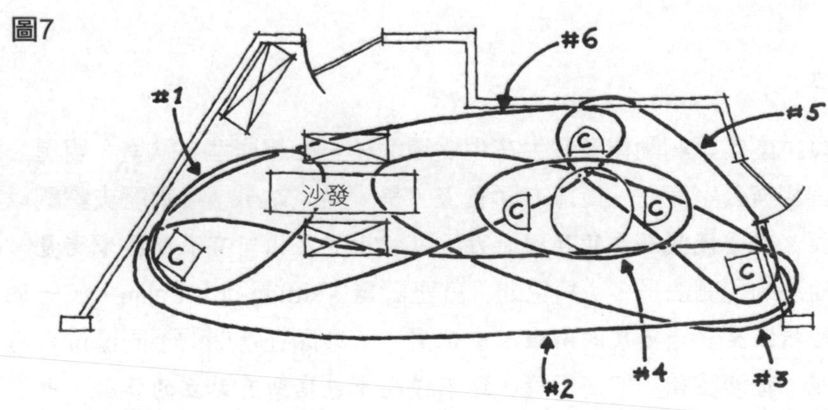

角色保持距離，站姿會更有效力。每一個障礙物對靠近它的角色具有物質支持的功能，可強調演員的體重和身體質感。**任何表演區域少於五個的舞臺擺置，表示阻礙物的數量過少，以致形成張力的可能性受限。**

學習在平面圖上畫出就座區，這是規劃出具有高度張力之舞臺擺置的有效保障。蘊含著這種多元表演區原則的舞臺擺置，因其內置張力，將提供演員各式各樣的形塑可能性，同時你會發現那是一個迅捷有效的溝通工具。

張力安排

因為安排家具的可能性很廣，多元表演區的舞臺擺置具有高度張力價值。當然，你的安排需有一定程度的邏輯，因為房間或多或少要看起來像本來意圖成為的樣子（類似於現實生活）。然而，外觀是次要的。對舞臺擺置更重要的是其創造張力的可能性，若張力有了，外觀可能顯得更有趣，更令人興奮。以下是一些創造張力價值的具體建議：

1.主要的物體不要貼著牆擺置，讓演員有空間繞著移動（見圖8）。**物體貼著牆擺置，僅能製造出沒有障礙路徑的站立空間。**它們可以有相當程度的肖真性（近似真實生活），不過通常無法提供衝突的可能性。

2.盡可能應用斜線原理，因為斜線比與鏡框線平行的物體產生更多張力。（注意圖9中長箭頭的方向。）

3.物體放在相對的位置，可因其對立力產生張力。（注意圖8和圖9中的短箭頭，它們顯示坐姿的面向，以及由此產生的對立力。）

4.注意，當牆面被外凸和斜線打斷時，會產生張力（圖9），因為它們不僅會製造建築性力度和趣味，而且也切入和壓縮了行動空間。

在放家具時，一定要把這些動線放進考量。優良的張力安排會激起演員的強烈覺受，從而激發他們對抗張力，或與之共處。舞臺擺置若具有強大的張力線條，你將會很驚異，演員竟會很自然而然地創造出富有力道的構圖。

圖8

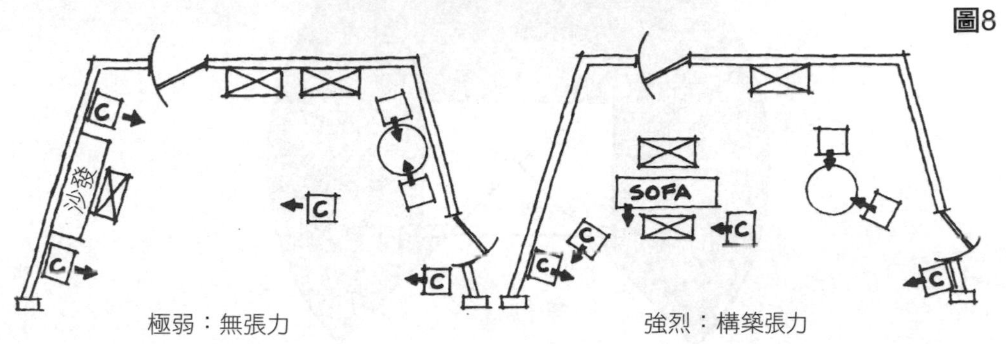

極弱：無張力　　強烈：構築張力

圖9

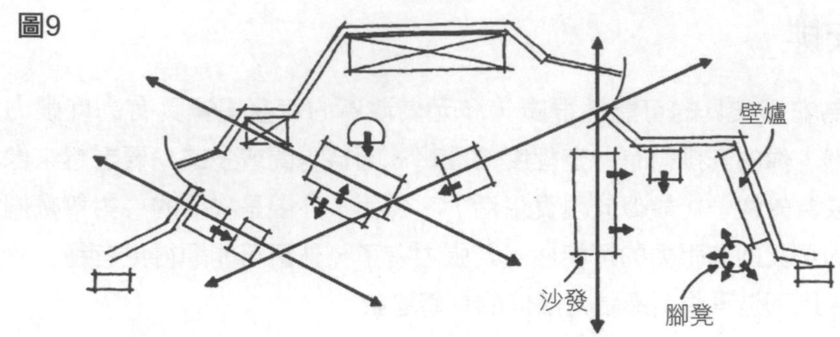

鏡框舞臺的舞臺擺置

雖然創造強力張力值絕對必要，但你還是需要依照鏡框式舞臺（proscenium stage）的常規來安排舞臺擺置——在舞臺前的觀眾需在弧度60到70度之間（見圖10）。這些潛規則被廣泛實施，為的是要讓觀眾看得明白聽得清楚。寫實主義的慣例，通常是假定我們乃在觀看像是真實生活的再製，但由於觀眾的位置與鏡框舞臺的使用，就變得很造作，完全不像是真實生活。我們會在第19章討論關於鏡框舞臺的原理，但在這裡你必須瞭解，克服這種單一面向視線的影響，與試著彌補所失去的三面立體質感，是你必須要進行的。

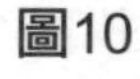
圖10

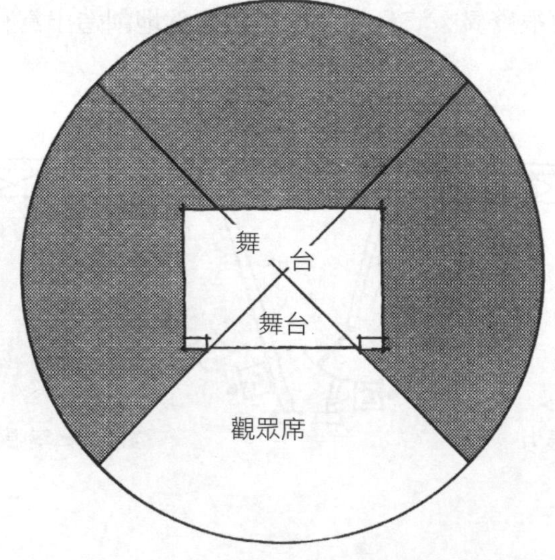

若欲克服鏡框舞臺可能產生的平板質感，遵守以下幾項常規，可以讓你的觀眾在看和聽兩方面都更理想。

• **兩邊牆面向觀眾打開。** 雖然與鏡框線成垂直的牆面，在觀眾與舞臺的座位小於70度，且入口不是放在上舞臺的角落時（見圖11C），尚為可行，不過，兩側牆面通常是從布景的上舞臺角落傾斜開來的（見圖11A和圖11B）。千萬不要把上舞臺的角落當成死角，在舞臺上每一個平方寸你都須構圖富趣味，於戲劇行動需進行二到三小時、單一布景的戲之中，尤其需要。在構想舞臺擺置時，需時時考慮到觀眾的視線（見圖10）。

• **布景道具（家具）向觀眾打開。** 寫實主義問世後直到十九世紀尾聲，演員逐漸轉離觀眾，甚至背對觀眾——這對世紀之交的觀眾是震驚至極、不可思議的作法——為了達到創造出真實生活的假象，取代了總是面對觀眾的固有傳統。雖然這種作法揭示了某種程度的心理真實，然而從觀眾的角度來看，演員的聲音和臉孔都模糊不清了。相對於新式遮蔽美學（the new concealment aesthetic），舊式的「給向觀眾」（give-it-to-audience）仍有許多可談的，如新式的常規在運用的發展上容納了兩方的思維，包含對於朝向觀眾席表演的強調。舞臺擺置的常規也以同樣的方式發展，目標是協助演員以每種可能的方向傳達劇本，然主要是面向正面的觀眾。當家具擺置越發承擔了障礙路徑的功能後，原來演員站立的空間常被占據，於是，通常的補救之道，是把個別家具朝觀眾席打開。**經常使用的家具要放在下舞臺或靠舞臺中央的顯眼位置**。雖然這房間不真實，但現實的幻相因此被保留了。你切勿以為把椅子放在大幕線（the curtain line）面朝上舞臺可以幫助增強真實性，這樣僅會阻礙觀眾看舞臺的可見度，也會逼使坐在椅子上的演員需朝上舞臺說話，降低了對觀眾的可聽度（見圖12）。如此擺放，一點也不會創造更多現實感，僅會困擾觀眾。要避免這些奇怪的劇場效果；相反的，你要學習駕馭鏡框舞臺的常規，因觀眾已相當程度理解，舞臺上這些擺置彷彿真實，但實際上不是。當你掌握了這一點以後，還會有很多機會再來實驗這些常規。

• **從平面圖上標出下舞臺角落。** 由於企圖建立的假相是一間有牆面的封閉房間，所以，如果在下舞臺兩邊的角落擺置幾張家具（椅子或其他可坐

圖11

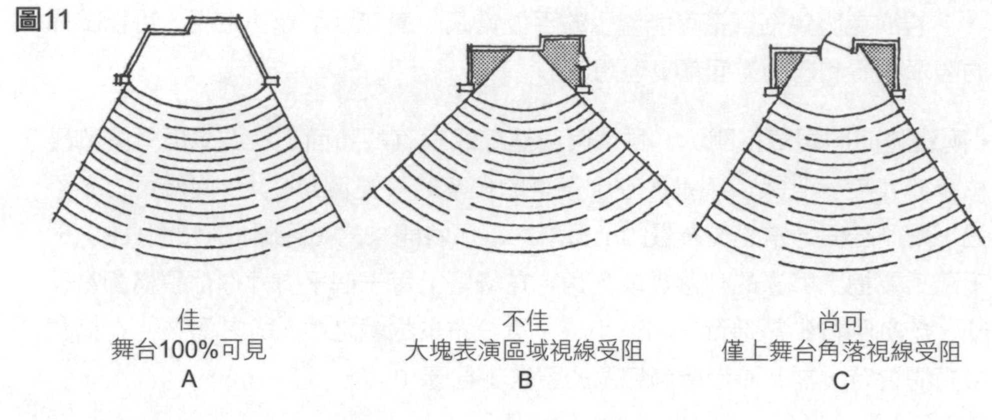

圖12

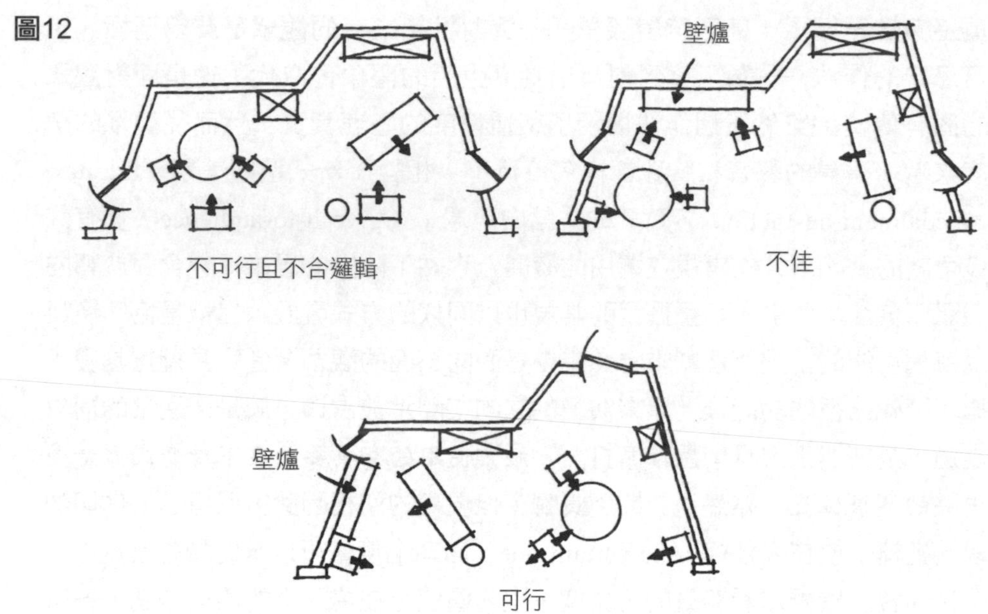

的），不僅協助確定牆面終止的效果，也增加這個房間深度，**鼓勵演員使用它們。這個布局，讓下舞臺的前景與中景和背景形成對比**，因此繫緊了舞臺擺置，強化了場面調度上立體質感。這條準則很重要，因為家具幫助框架出演員在舞臺上所有的位置（見圖13）。此外，下舞臺如果沒有這類座位，演員會避開使用下舞臺角落，造成整個表演區只有部分被用到。

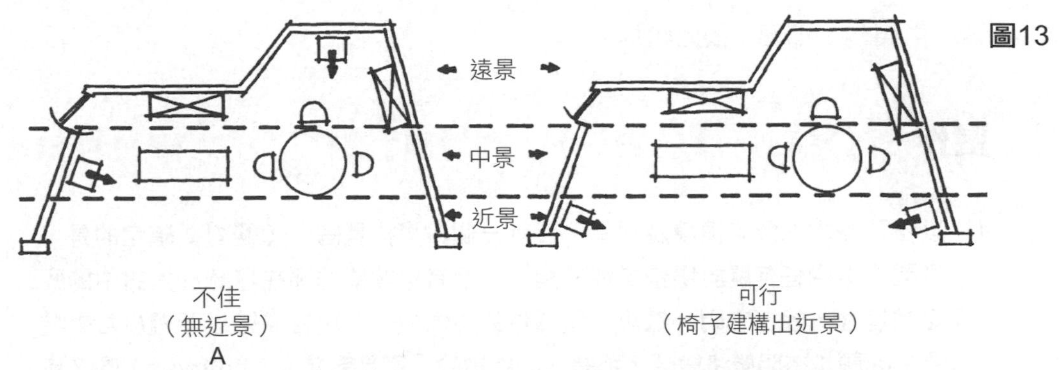

別出心裁的舞臺擺置

你要學會如何把舞臺擺置安排得巧妙。永遠要避免平庸乏味——所謂的「不是房間」（no-room）：那間無有輪廓裝飾的三面牆空房；那間家具和擺置都很刻板的房間；那間在牆上最平衡的位置放上門的房間。如果你對安排舞臺擺置感思鮮活，你和演員必會源源不絕湧現形塑戲劇動作的新想法。

彈性、測試和即興

不能只有一種舞臺擺置圖，要有幾種，然後再從其中再造。由於舞臺擺置是所有其他視覺工具的根基，必須是你所能設計的最好的一種。因此，你個人在這方面的彈性至關重要；隨時要捨棄運作不良的舞臺擺置圖，重新來過，根據你已發現缺陷再重做一個。由於你是從一己的想像開始構思它的用途，因此，製作優秀舞臺擺置包含了即興創作成分。

發展舞臺擺置圖的一個方法是，先在腦海中有一些具體的想法，請演員協同你一起發現最佳的可能安排。他們喜歡這種尋找新鮮的形塑方法的活動，這類活動會幫助他們更瞭解既定情境。記住：**具有潛力的舞臺擺置僅在能喚起演員的想像力並懂得使用時才會是優質的**。他們得學會生活其中，並充分開發利用一切可能性。倘若你要協助他們飛翔，你得協助他們發現讓他們可以起飛的飛行器。重申一次：製作、測試、再製作、即興；製作、測試、再製作、即興；依此類推。

習作

1. 以實習劇本的既定情境為根基，設計一個舞臺擺置圖。（絕對要確定的是，避開文本中任何關於場景描述的指示。所有你需要的都在埋藏於對白中的既定情境裡，找出它們，然後，發揮你的想像力。）現在回答以下關於舞臺擺置的問題：有阻礙路線嗎？那是一間所謂的「不是房間」（no-room）嗎？包含了幾個表演區？在這舞臺擺置圖上創造了什麼張力？很別出心裁嗎？現在比較你的和班上其他同學的舞臺擺置圖。仔細估量差別。誰的平庸誰的具原創性？全班共用了多少種不同的家具？
2. 為二或三齣戲設計舞臺擺置圖，用這一章稍前（頁95-98）的即興練習之相同標準來衡量其效果。
3. 利用教室裡所有現成的家具，在教室地面上弄出一個舞臺擺置（要仔細計算外面的尺寸）。討論其有效性。大家提出建議後，以能產生最大利益為考量來改變這個擺置。重複這個練習幾次，不同的學生設立舞臺擺置，其他人批評其有效性，做出改變。為巧思和鮮活努力。
4. 利用這些舞臺擺置中的一個，運用數字對白來做一個集體即興，三或四個即興者。這個擺置啟發了即興者什麼？身為導演，你能給這些即興者什麼建議，協助他們運用想像力，以不同方式來使用這些擺置？於討論這個擺置，並檢視即興活動中戲劇動作的可能性後，由不同組的參與者重做一次這個即興。

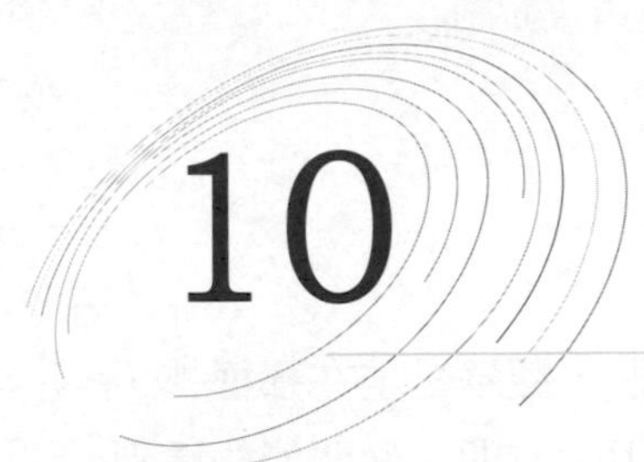

10

構圖

幫助演員發現並投射基本關係

現在你已準備好要使用有機走位來工作了（參照第7章最後一個章節「有機走位」）。在這一章和以下幾章，將討論兩種檢視舞臺上**活動**的方法：(1)從演員的角度；(2)從觀眾的角度。第一種，最根本且絕對最重要的是：演員對他的角色經歷了貫穿全劇的衝突，他瞭解得如何；第二種，是關於如何把這衝突完全且清晰地向觀眾展現的技巧。你的注意力應該集中在第一項目標，當第一項目標起了作用，**第二項目標很可能就同時達成了**。日後，當你與比較有成就的演員合作時，就不需要為他們安排那麼多定位（position），因演員自己懂得如何聯結；一旦他們在舞臺上深深投入和其他角色的關係，很可能會堅持要參與發展走位。現在先學用這兩個些微不同的方法「去觀照」。

定義

構圖（composition）是把在舞臺擺置裡的演員／角色做實體性的安排（the physical arrangement）：用最簡單的可能方式，藉著強調和對比，以發現戲劇動作和形塑為目的。**如果演員能意識到基本的身體關係，他們就能夠更深入地感知戲劇動作，並能把這種強度傳遞給觀眾。**

鏡框舞臺的構圖

鏡框的牆（隔開觀眾席區與舞臺的牆）有一個框，觀眾是坐在那框外，透過那面牆來觀看，所有透視圖的要求在這裡皆適用；亦即，你要能夠看到深度、廣度和高度。導演則要在這立體的方形空間裡面安排演員**一系列的靜止鏡頭**[1]（shot）（一齣全長戲會有數百個這樣的靜止鏡頭），觀眾從而感受到戲劇基本的力量。

嚴格界定上，構圖並不包含移動（演員從舞臺上的一個點運行到另一個點）。相反的，構圖是靜止的。**這是一個被捕捉到的時刻。這是一個原始的形式，在其上將增加其他元素來形塑**——姿勢、畫面、移動（尚未討論）。如果沒有構圖這種原始且架構性的安排，演員們就無法顯示他們的基本關係，連帶他們對戲劇動作的感受也無從展現。

由於一齣戲是被說出來的——這是劇場裡一個極為重要的事實——**演員的身體，縱使不是全部也是在大多時候，相對地比較靜止**；否則，觀眾就無法聽清楚演員在說什麼。動態的繪述（姿勢和移動）是這麼生動有活力，由於它們的展現往往因其鮮活富生命力的本質而領先（眼睛比耳朵快速）；也因為這樣，就不能讓它們主導構圖。雖然你腦海裡必須時時記得構圖是靜態這概念，但你也需要明白，一齣戲的演出，是由演員們在舞臺上不同的地方以移動把這些鏡頭串連起來。就此而言，**一齣戲劇演出是連續交替的構圖和移動**。

在十九世紀，當鏡框式舞臺的規則形成時，這個交替變動的規則是被嚴格遵守的。隨著十九世紀詩劇的消退以及二十世紀劇場越來越強調視覺表現，交替變動的規則被修改了，允許演員在自己或其他演員講臺詞時移動。容易聽的散文臺詞不僅使這老規則比較容易擊破，同時也大大鼓舞了讓演出更全面生動化的渴望。然而，無論修正到何種程度，**當演員發表精湛的說辭時，若有大量的移動依舊是有風險的**。因此，經驗豐富的導演和演員學會了在重要時刻站立不動以**保持構圖**。電影看起來比舞臺劇生動得多，因似乎一

---

[1] 譯註：作者在本書多處將電影和戲劇相互比較，在這裡以鏡頭（shot）比喻舞台畫面。

直在移動；不過，當你觀看傑出電影導演的作品時，你會注意到有大量的靜止鏡頭（大部分是特寫鏡頭）。我們被迫「聽」電影，我們這麼做，是因為導演對鏡頭的選擇，以及演員學會不輕易搖動頭部，他們發現動眼睛或動嘴唇——一種必須的電影技術——效果更大。**表演的一個重要原則是學會保持身體和頭部靜止**，這樣，既使他們移動時，他們也可以「說」得清楚。

因此，舞臺上的構圖是一張富有價值的靜止鏡頭。再一次提醒，重點是：導演必須瞭解，鼓勵演員去發展良好的構圖是很重要的，因為構圖涵蓋原始意義和情緒價值，這是構成所有具相的基礎。

構圖的特色

構圖有基本意涵

從前面的討論裡，你可以看出來，構圖涉及在舞臺上有特定位置的**兩個或更多的演員**。試著以人體為主的組合來看待構圖，沒有移動手臂或腿——形式宛如人體模型般中性——他們站在舞臺地板的標示點上，具有面朝不同方向、屈膝和坐下等姿勢的能力。如果你想要看到僅僅來自構圖所顯示的意義，而不想要受到手勢和移動混淆，這種身體姿態的中性非常重要。

現在觀察圖14中兩個人體的關係。頭頂上的箭頭表示身體的面向。每一張構圖的意思為何？在看下面所列的建議之前，試著去推想其意義：

1. A和B是彼此相悅或是正怒視對方。
2. A扮演高不可攀，B是比較弱勢的。
3. 情勢與第2項相反，B扮演高不可攀。
4. A和B背對背，他們的關係完全破壞了。
5. A和B雖然彼此面對，但兩人是分開的，表示一種冷漠，儘管反對意見仍然存在。

如果你試著把這同樣的練習改成其中一人或兩人坐著，你會看到新的意涵出現了。

圖14

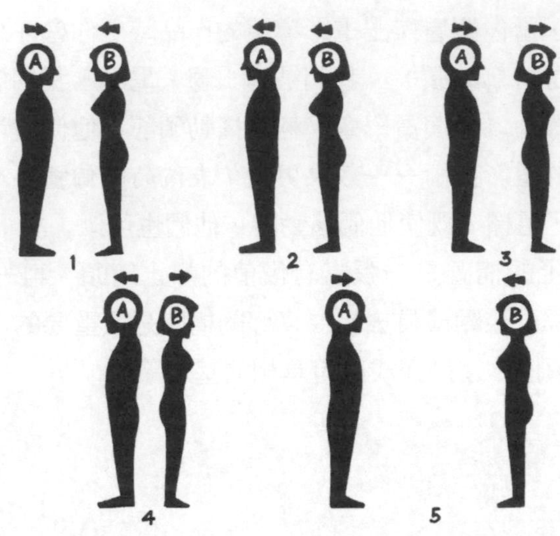

重點是：所有的構圖都是以大致相似的這些並置模式構成。**戲劇中，角色或分，或合，或處於這兩種基本情況間的某種層次**。由是，構圖是以最簡單的方式形塑了戲劇動作——兩個或更多角色之間的衝突。構圖不佳，故事就說不清楚了。

構圖作為導演與演員的溝通

構圖具有的溝通功能現在很清楚了。當導演要建議演員們具相他們的角色關係時，只要在舞臺上如此安排他們的位置：把演員分開，他們會感覺到某種程度的分離；讓演員靠近彼此，他們可以感受到彼此之間衝突的張力（愛也是一種衝突）。演員通常可以很快接受這些暗示且熱中於嘗試。

然而，在即興時，年輕的演員為了更方便發展戲劇動作（維繫即興的對話），常忘掉構圖是具相的一種方法。雖然在即興者的腦海裡，戲劇動作是很激烈的，但因未被具相出來，在觀者看來將會全是蘊藏於內在。換個說法，即興者對戲劇動作或許完全瞭解，然因未能強而有力地運用構圖的價值，他們具相失敗（或具相得很單薄無力）；他們往往一而再、再而三重複使用兩、三種構圖。另一方面，受過良好訓練的演員，視構圖為具相他的戲劇行動最有價值的工具，他會盡可能使自己的具相保持鮮活且富變化。

當排練進行順利時，構圖將會是與演員溝通非常有效率的工具。導演藉由協助演員找到新鮮有意義的構圖來溝通他對戲劇動作最細緻的觀點，尤其在搭配舞臺擺置上的大小道具時。這些道具被演員使用時變得生動，藉此在構圖上有其一席之地。**導演若在排演後期不敢嘗試新的構圖，那是不理解構圖作為溝通的價值了，因為，唯有在不斷實驗時才可能發現戲劇動作更好的具相**。導演要用新構圖來賭博，以激發演員對戲劇動作有新的見解。

因此，構圖不僅僅是用來提供給觀眾畫面價值，它是**一種向演員溝通他們與其他角色關係的看法之基本手法**。雖然構圖在舞臺上的位置是固定的，如果安排得生動有效果，它會打動觀眾。如果舞臺畫面是平衡和諧的，必然會有某些愉悅成分，但這些是次要的。重要的是，如果戲劇動作被具相得誠摯且充滿張力，它的美將湧現在所有的真實裡。

構圖技術

演員和導演都必須學習以下所有的構圖基本技術，因對於使舞臺具相多采多姿的方法，懂得越多越好。要能抓緊觀眾二到三小時專心看戲，尤其是一景到底的戲，在尋找多樣性方面需要很多技巧。

單獨演員

當我們說到構圖時，意味著對舞臺上兩個（或更多）演員的安排。然而，**導演和演員都必須充分意識到每一個個人在舞臺上的構圖力量，然後才進行任何組合安排**（group arrangement），目的是藉此看到被孤立的個體，以便評估他在群體安排中的潛在力量。

身體位置　當演員面對觀眾時，右舞臺和左舞臺是他的左邊和右邊。現在把身體面對圓的幾個主要的點，形成數種身體位置（見圖15）。注意這些位置的名稱：完全面臺（full-front）、四分之一左面臺（onc-quarter left）等等。

在任何構圖裡，身體位置的力量都很大，如圖14所示，背對另一個演員是一種意義，面對他又是另一種。存在這些極端之間的變化，帶給我們必要

圖15

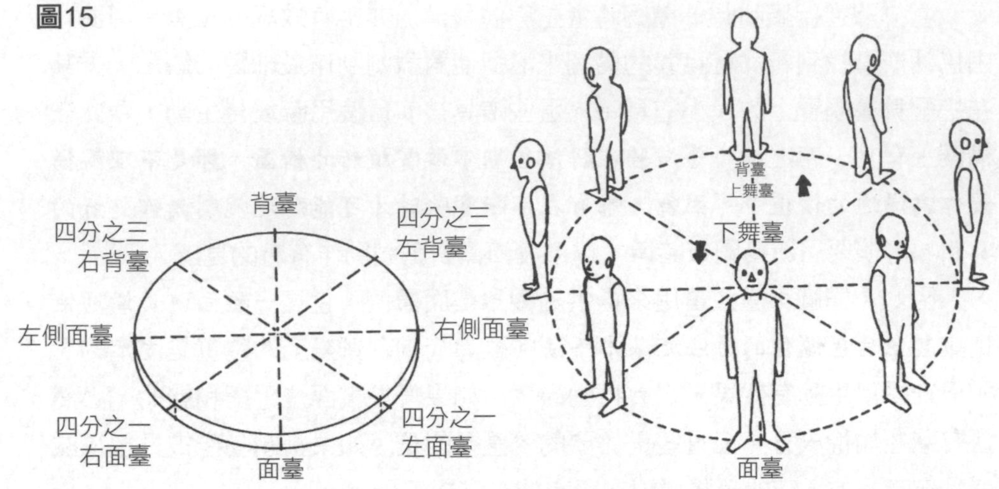

的細微差別。新手演員，因不諳表演中相互交流的理念而常直接面對觀眾，或是因持續地面對其他演員，失去了變換身體姿勢可以產生的鮮活度和新的畫面。

習作

1. 你和五位同學表現出不同的身體位置，讓班上其他同學來一一識別。要完全確定你們每一個人的姿勢都是中性的——意思是，身體不緊張、不僵硬，手臂輕鬆地放在兩側，頭和身體朝相同方向，臉部沒表情。
2. 當指導者發出信號時，你們每個人採取不同的身體位置，班上其他同學識別所有這些不同的位置。重複這個練習多次，直到圖15所有身體位置都被牢牢記住，且能很快地用舞臺術語辨認出來。
3. 完全背臺的基本含義是什麼？完全面臺呢？每一種側面呢？
4. 演員可以運用身體位置來脅迫其他演員（戲劇動作）嗎？

水平高度　水平高度（level）指演員**頭部的確實高度**。當他站立時他的高度是最高的，所有讓他的頭靠近地面的改變，都屬於水平高度的變化（見圖16）。如果演員使用了在舞臺設計中放進的人工水平高度，例如平臺或階梯，他的水平高度變化會更強些（見圖17）。

圖16

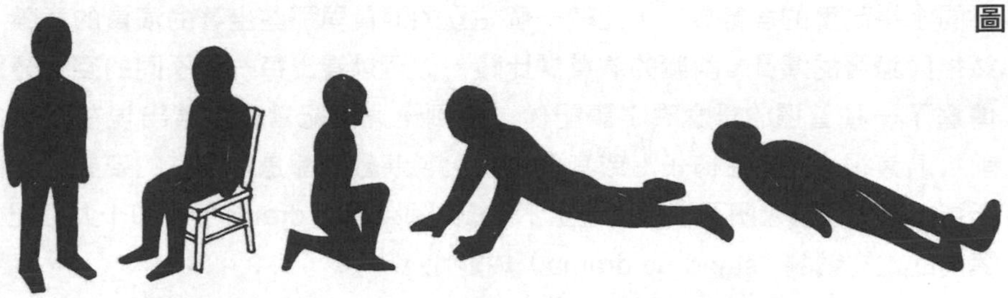

圖17

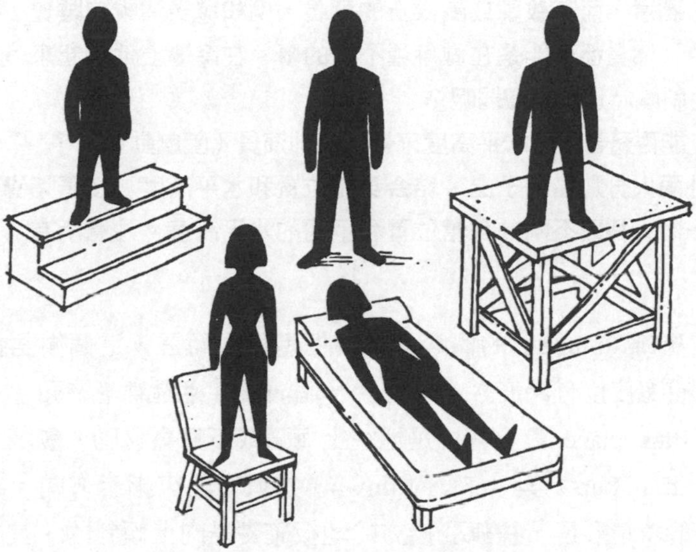

習作

1. 在不使用任何人工水平高度（如平臺或椅子）的情況下，你和兩位同學（注意演員要盡可能中性的規則）採取不同的身體水平高度，務必包含主要的幾種水平高度，如站、蹲、躺在地板上等，以及其他你們能設計出來的變化。識別出這些水平高度。現在，在指導員的信號下，每個人變換新的水平高度。識別並重複做。
2. 將習作1加上人工水平高度（平臺、椅子等），先從身體全然站立開始，然後進展到身體不同水平高度的變化。識別並重複幾次。一定要盡可能遵守中性。

3. 不同水平高度的含義為何？比較一個站立的演員與那些坐著的演員的意義，然後與跪著的演員、斜躺的演員做比較。你可以看出每一種不同的姿勢分別傳達了一種普遍的概念嗎？請記住，直到十九世紀寫實主義出現在舞臺之前，演員很少是坐在椅子上或其他物體上，演戲時都是以站立的姿勢。如前所述，寫實主義戲劇可被想成是坐下戲劇（sit-down drama），和十九世紀中葉前的站立戲劇（stand-up drama）成對比。
4. 比較演員先是站在高臺上然後斜躺在地板上，其展示出的涵意。你必須提出最基本的涵意，而非敘事或圖像上的意義，例如發表演說或睡覺，因為在任一姿勢中，演員都可能是在做各種不同的事。在高臺上他看起來多麼有控制力？當他斜躺時是多麼微弱呢？
5. 一個演員能否藉著運用水平高度來脅迫其他演員（戲劇動作）？
6. 你和另外兩人分別在椅子上，結合身體位置和水平高度。按著指導者給的信號，每一個人採取不同的身體位置和不同的水平高度。注意所有可能的變化和對比。

層面　舞臺**層面**（plane）的概念僅就鏡框型舞臺而言，這個術語指出鏡框型舞臺不僅有寬度也有深度。當我們說一個演員「穿過舞臺層面」（moving through the stage planes），意思是他往上舞臺或下舞臺移動。劇場人用了將近三百年「**上**」（up）與「**下**」（down）這個術語來指示方向。在過去，舞臺是傾斜的；情形是，往舞臺後方的地板確實是向上傾斜的，其中有一些還頗陡峭，在義大利帕瑪（Parma）著名的法爾奈思劇院（Teatro Farnese，建於1619年）還可以看到這種情形，演員真的是「走**上**坡去」或者「走**下**坡來」，端看他在斜坡上往哪邊走。在現代，舞臺地板是平的，這樣在舞臺的任何地方搭建布景且移動都不難了。不過，當談到舞臺深度時仍然沿用舊的舞臺術語，因此舞臺層面的概念還是繼續存在。為了彌補失去傾斜，劇院建築師使觀眾席傾斜，在新建的一些劇院[2]傾斜得很厲害。

雖然層面純屬想像，不過，如果你在間隔兩英尺的吊桿上掛幾片垂幕，然後從頭頂上或從側旁看，你可以很容易從物理的角度看出它們（見圖

[2] 譯註：這本書在1972年發行第一版，這譯本是於2010年首次發行的第七版，有諸多更新與添加，但某些資訊還保留舊版。

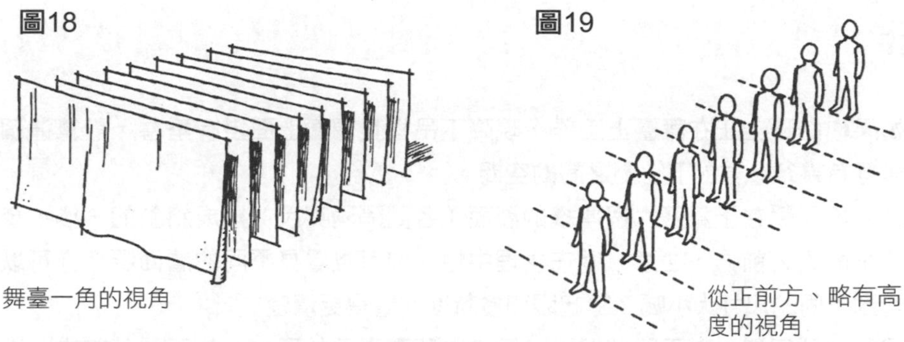

舞臺一角的視角

從正前方、略有高度的視角

18）。每片垂幕代表一個層面。現在移去垂幕，在每個層面放了演員，藉著這個做法，來保持它們所占據的位置的概念（見圖19）。

一個人的厚度約一英尺。由於如果他們站太靠近就無法看清楚層面間的差異，所以我們設想舞臺上每一個層面的深度是兩英尺。更重要的，在鏡框舞臺，觀眾是正面對著舞臺，靠近觀眾的物品看起來會比那些在上舞臺遠處的大很多。因此，我們看到的不是演員或物品所表示的原樣，他們所顯現的模樣會是如圖20所示。

理解層面的概念，對一個演員很有價值，如此他就可以從移離觀眾、或移向觀眾來思考，正如他思考從觀眾前面橫越舞臺一樣。大多數新人演員和導演只會考慮到後者，他們沒有看出，上舞臺和下舞臺各個不同層次的位置，是可以傳達出強烈的戲劇性思維。

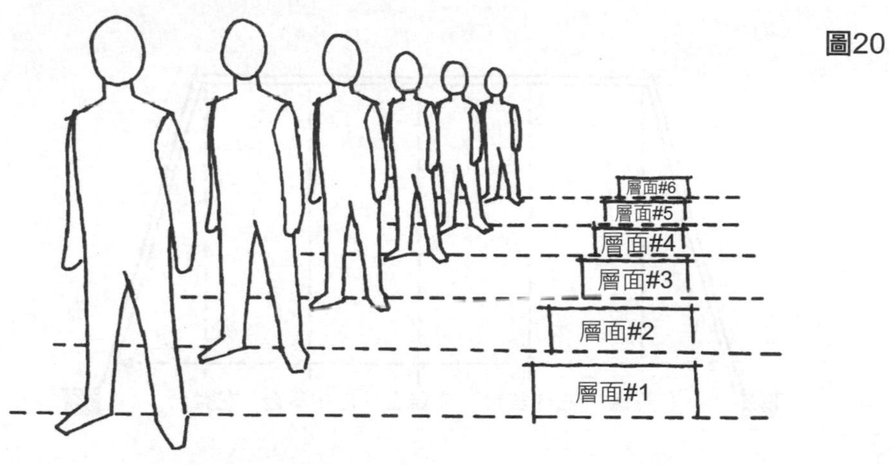

習作

1. 如果你的班上正在舞臺上工作，現降下吊桿且想像上面掛有垂幕，計算這個舞臺有幾行，並記下它們之間的空間。
2. 請六位同學在上舞臺六個連續的層面（各間隔兩英尺）排成斜斜的一排，全部正面對著前方。注意，遵守生理中性。你可以看見不同的層面嗎？你可以看到不同的尺寸大小嗎？瞇起眼睛會幫助你看得更清楚。
3. 現請六位同學，在不同的層面，同時在舞臺不同的區位，都正對著前方。遵守身體之中性。指出各層面。
4. 把一位同學放在最上舞臺的層面，另一位同學在最下舞臺的層面，兩人都是正對前方的位置。每一個位置的意義為何？為什麼靠近你的是比較強的？

地平線位置　正如層面標示了鏡框型舞臺的深度，地平線的位置指出了演員在舞臺寬度上的位置。因此，我們說**右舞臺**（SR）、**左舞臺**（SL）、**舞臺中央**（CS）。通常寬度會劃分得更精細：**左中**（LC）、**右中**（RC），如圖21所示。地平線位置的概念指出舞臺有地平線（寬度）的意義也有深度的意義。實際的位置也會有差別性，僅因為在鏡框型劇院，觀眾是坐在舞臺前面，中央部分可以讓每個觀眾都看得清楚。因此，公認中央的位置是最強的，相較之下，最邊緣兩側的位置被認為比較不那麼強烈，就像在最上舞臺與最下舞臺兩個極端所看到的差別是一樣的。

圖21

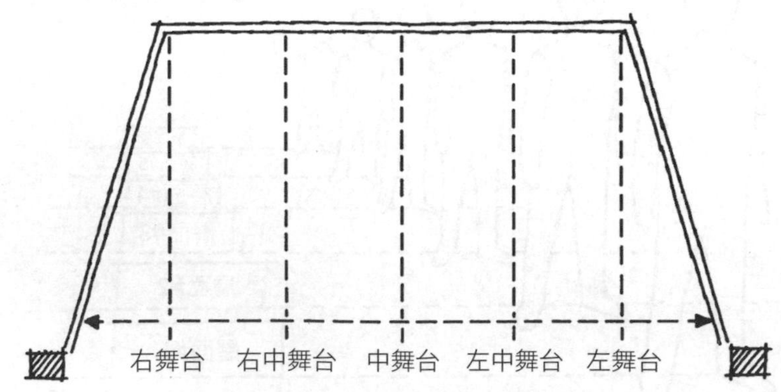

習作

1. 放置五個同學，臉部朝正前方，分別在右舞臺、左舞臺、舞臺中央、左中與右中五個地平線位置。遵守中性。識別每個位置。
2. 演員在中心位置有什麼意義？在極右邊或極左邊的位置時意義如何？

組合：創造強調

由於所有的構圖都是由兩個以上的演員構成，一個隨之而來的問題是：哪位演員（或角色）要被強調？如果導演單純從一名觀眾的角度來看構圖，他馬上會瞭解到，**他必須創造出強調，否則觀眾將無法簡單而不費力地跟隨戲劇動作**，亦即，難以辨識出誰是發言者或誰是行動較強勢的人。不過，如果導演從導演與演員溝通的可能性來看，他知道，想要找到適宜之強調的最大希望，就是跟演員表達該行動中「什麼」是重要的，以及那行動有「多麼」重要。只有從這種建議中才能自然地產生強調。因此，導演鼓勵特定的組合，為的是不僅向演員建議字面上的意義，也為了昇華的意義。若照這原則工作，多變且富敏感度的構圖會在演員之間激起恰當的張力（有機走位），他們將直接且感性地傳達給觀眾。一個被賦予最重要位置的演員，肯定會在對其他角色／演員施加壓力時充分運用這個優勢。

因此，強調是優良構圖的基本要素。在焦點、對角線、三角形、空間與群眾、重複或支撐、高潮構圖、表演區、有家具的構圖等，這些組合安排中，藉由身體位置、水平高度、層面、地平線位置四項構圖的變因之對比，得以創造出「強調」。

焦點　有兩種：(1)**眼睛焦點**，一位演員直視另一位演員（見圖22）；(2)**線條焦點**，一位演員把身體直接轉向另一位演員，而且可以用手臂、腳或身軀，甚至三者同時並用指向他，來進一步強調（見圖23）。眼睛和線條焦點常常同時使用（見圖24）。兩者都是藉著從一位演員到另一位演員的假想線之原理來運作；這條線也許僅有部分指示出來，但這就是想像力的本質，觀者可以用心靈之眼來完成這些引線。（注意圖22、23、24中的虛線。）

圖22

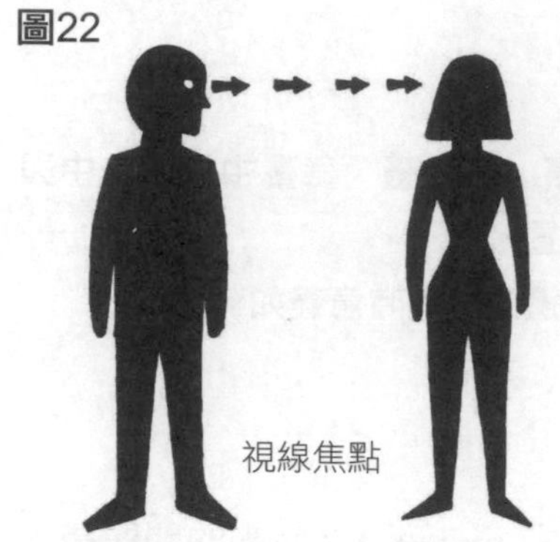

視線焦點

圖23

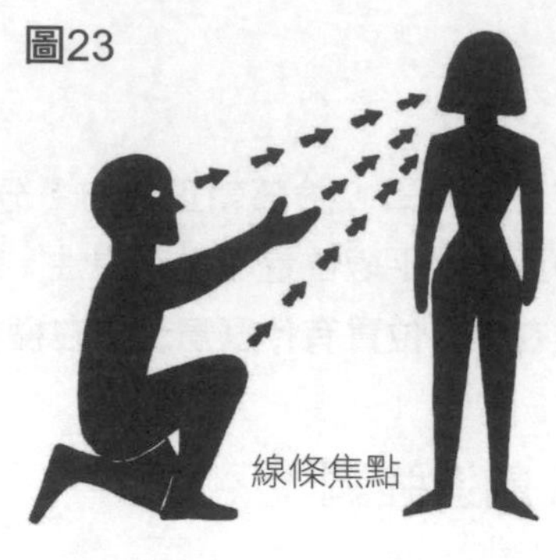

線條焦點

圖24

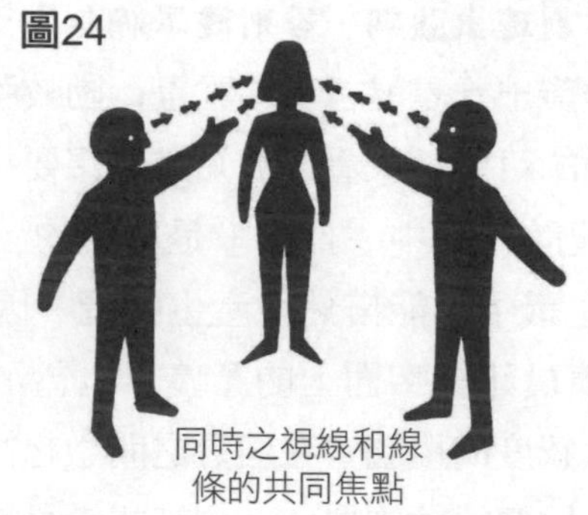

同時之視線和線條的共同焦點

習作

1. 具相眼睛焦點，把兩個同學擺成相對的四分之一的姿勢，他們的兩眼直接看向前方。A不移動頭，他僅把眼睛轉向B。產生什麼效果？現在A轉過頭來，他正視著B的整個臉。這個效果強一些嗎？現在，把他的身體也轉向B。這個效果如何？把這個練習重複做幾次，不同的視線接觸和頭的位置數次。演員們感覺如何？
2. 設置幾個類似圖23和圖24構圖範例，來具相線條焦點。記得要與構圖保持一定的距離，以便能確實看到線條。個體的感覺如何？構圖的意義是什麼？如果你在每個演員身上繫一條繩子，你就可以確實看到字面所指的線條的樣子了。一塊大的橡膠材料如橡皮筋效果更好，因為兩個演員之間的張力可以真正具相出來。

對角線　兩名演員若是都在同一層面，這種構圖將是一種**共享式**（shared）的構圖，因為每一個演員都獲得程度相當的強調（如果水平高度和身體位置相似的話），如圖25。不過，如果他們所在的層面不一樣，可以形成假想的對角線（見圖26），意義就會不同。注意，這裡強調的是上舞臺的人物。**與舞臺前沿平行的構圖相比較，對角線會更有力**，因為在觀眾的想像中，它的移動同時是水平的和垂直的（上舞臺）[3]。導演要學會運用對角線的構圖，因為它們容易創造出張力。

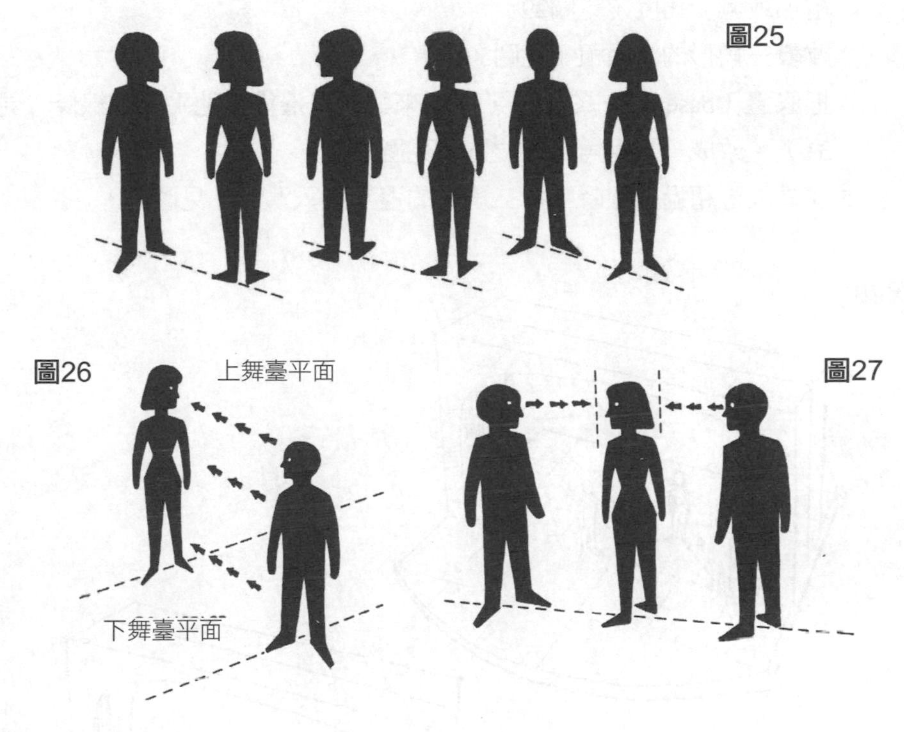

圖25

圖26

圖27

習作

經由展示在舞臺前沿的平行線與對角線之對比，來闡明對角線的強度。個體感覺到了什麼？

---

[3] 譯註：此處提「上舞臺」之意應為提醒讀者並非高度之垂直，而是上下舞臺／舞臺深度之垂直。

三角形　三個或更多的演員會被安排形成三角形的構圖。很明顯的，如果三名演員都站在同一個層面，中間的演員會擋住另外兩位，使他們不易看見對方（見圖27）。此外，三角形運用了對角線，這是舞臺上富有動感的線條。在三角形的點上面，經由變易構圖的四大基本要素（身體位置、水平高度、層面、地平線位置），將會湧現各式各樣的意義。

利用下面幾種方法來改變三角形，可以出現各式有趣的構圖。

1.增長或縮短三角形的邊（見圖28）。
2.增加或減少角度（見圖29）。
3.改變三角形的總面積（見圖30）。
4.把底邊（base leg）的位置，從原來與舞臺邊線呈地平線的線條（見圖31），改成一條對角線的位置（見圖32）。
5.演員人數超過三個時，在三角形的邊上插入演員（見圖33）。

圖28

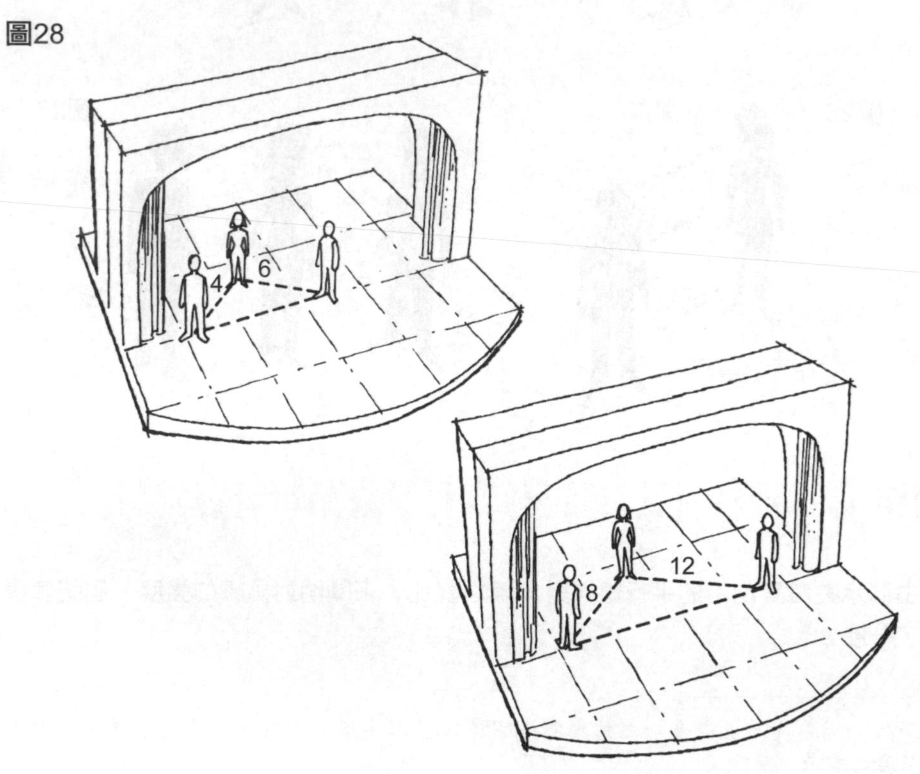

圖29

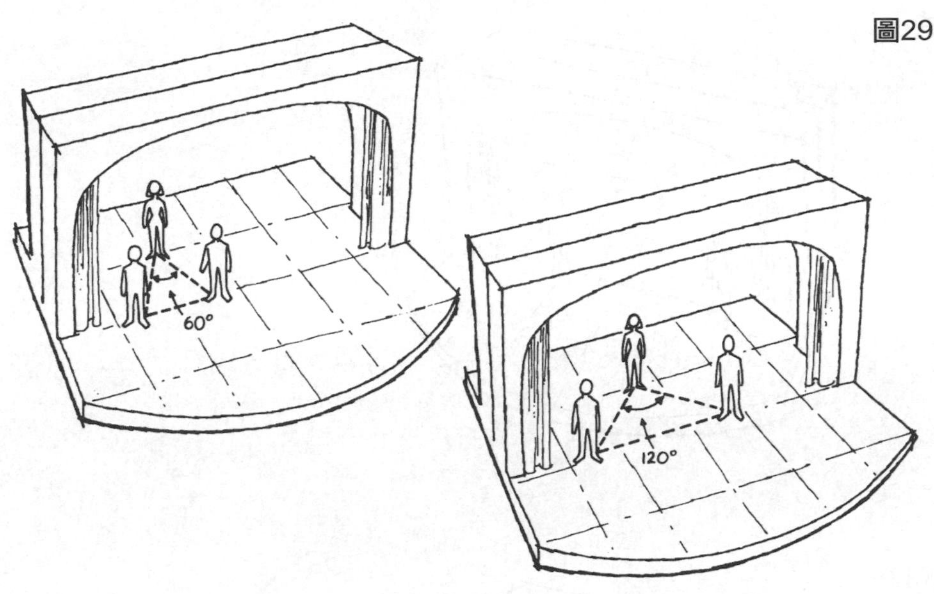

圖30

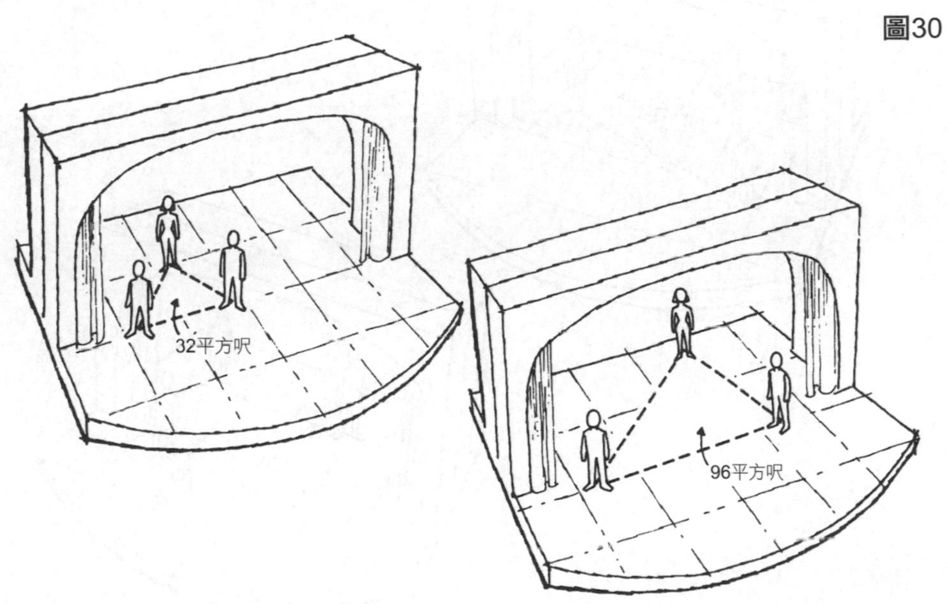

圖31

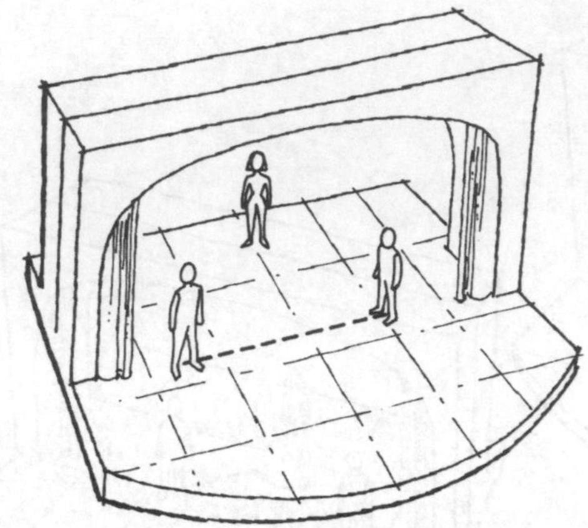

圖32

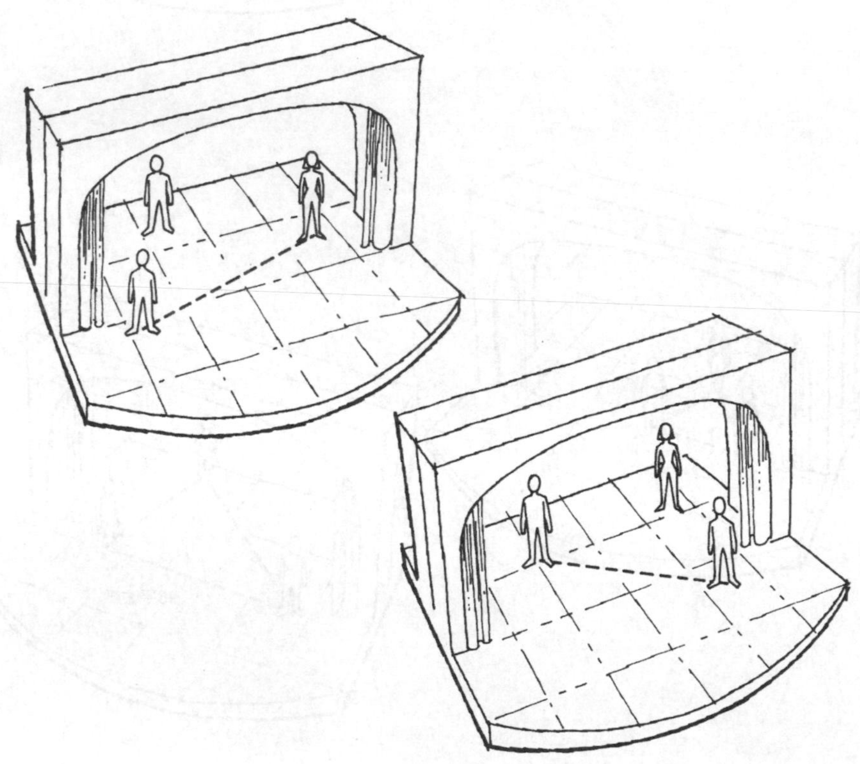

圖33

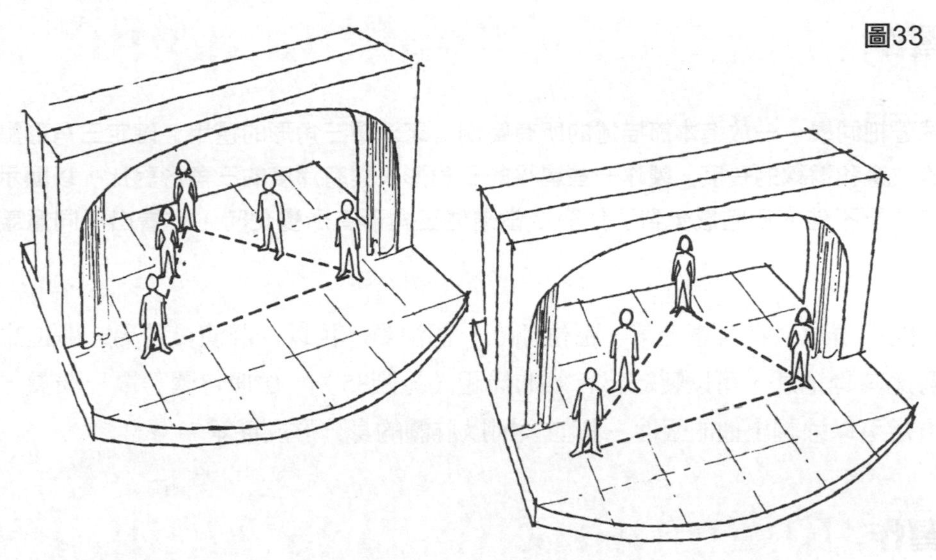

你必須懂得避免扁平的三角形（僅有小深度），因為會造成觀眾看不出來（其扁平度，會引導觀者以為對人物的安排是地平線式，不是由不同層面的線將人物連接起來的三角形），這樣也無法對演員傳達有意義的角色關係。為你自己定一個規則，不允許三角形的深度小於二或三個層面（見圖34）。

圖34

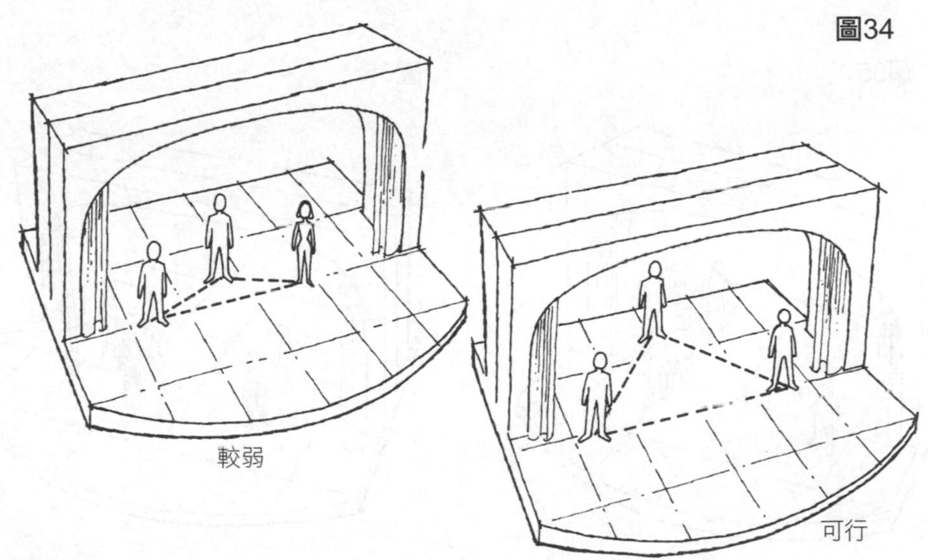

習作

試著把同學一一放進本節描述的所有範例，來演繹三角形的運用。確定三角形點的位置和邊線的長度。製作一些扁平的三角形來與有深度的三角形對比，以顯示其效果不佳。個體感覺到了什麼？當這些三角形有所變化時，你看出不同意義嗎？

空間與群眾　在舞臺上某一區位孤立一個演員，再以一群演員於另一區位來對比其隔絕感，可以製造出有效的構圖（見圖35）。**空間**包圍著單一演員，這樣可以強調出他的個性，其他人則以群體的身分形成**群眾**。

習作

以空間和群眾為強調的重點做幾個畫面。評量每一個構圖。

重複或支持　當所用的演員超過四名時，戲劇動作往往會把他們置放在兩個對立面。配角站在主角身後，表示支持或重複主角，同時也強調了主角（見圖36）。

圖35

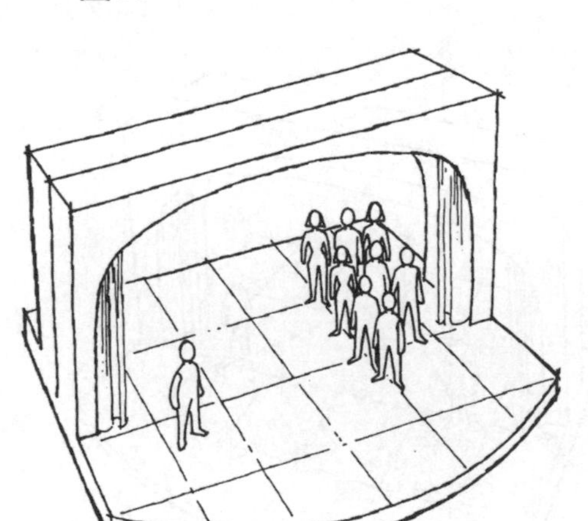

圖36

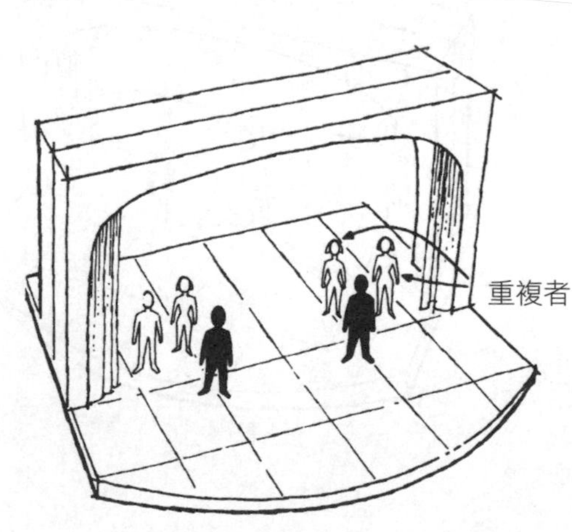

習作

以重複和支持為重點做幾個畫面。評量每一個構圖。

高潮性構圖　在前文提過，貫穿整個演出，舊的構圖讓位給新的構圖，它們是靜止的鏡頭，因為運用了強調（誰在說話），所以觀眾很容易理解。**這些改變由演員之間實際的距離之變化所組成**，根據於演員之間所必須表達的壓力之具相。因此，兩個演員在舞臺上可能是在兩個極端處，或靠得很近，任一個構圖都是有明確含義的。**當他們靠得很近（少於六英尺），他們就是處於高潮性構圖**。

高潮性構圖和其所有的變奏，應該僅用在兩種戲劇動作裡：(1)極度的愛，演員即將相擁；(2)極度的恨，他們要開打了。**因此，高潮性構圖必須保留到一齣戲的高潮時刻**。年輕的導演經常理所當然地過度使用高潮性構圖，因為他們看到電影和電視裡頻繁地使用這種構圖，在影視裡必須讓兩個人很靠近，好讓攝影機拍攝到。但他們忘了，交替使用大量隔離鏡頭（特寫），就能製造出演員被分開的效果。不過這種打破長鏡頭的技術無法在劇院裡使用，在劇院存活的方式是連續的長鏡頭。**高潮性構圖具有特寫的力量，因此必須為了特定目的珍惜使用，否則將毫無意義**。把構圖想成是一系列的鏡頭，顯示出演員建立或打破關係的連續階段（見圖37）。

習作

具相高潮性構圖，先擺置好一個，然後把同學分散到極端的位置。個體感覺如何？

舞臺區域　構圖可能占有(1)全部舞臺，(2)左半或右半舞臺，(3)四分之一舞臺（見圖38）。占據舞臺較少區域的構圖通常是高潮性構圖，可以放置在舞臺任何一個區位。不過，因為高潮性構圖必須珍惜著使用，導演務必學會使用各種較大的構圖，且把它們以對比的方式放置在所有的區域。

圖37

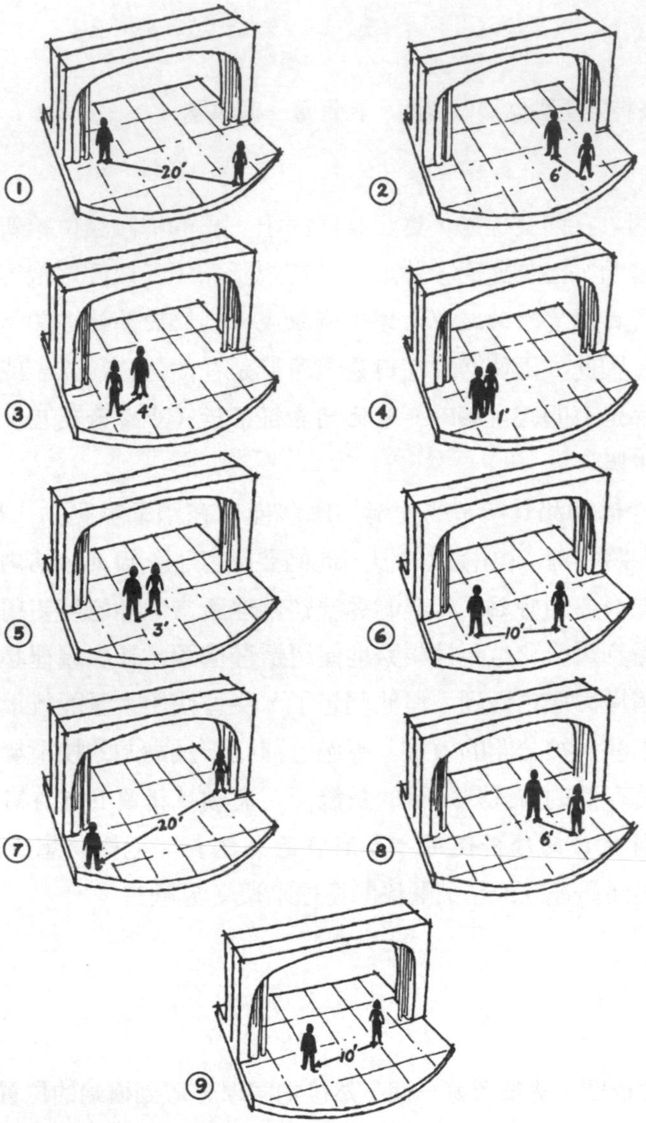

習作

通過建立構圖於(1)整個舞臺，(2)半個舞臺，(3)四分之一舞臺，來具相舞臺區域。當指導者示意時，把構圖移到不同的區域。評量之。

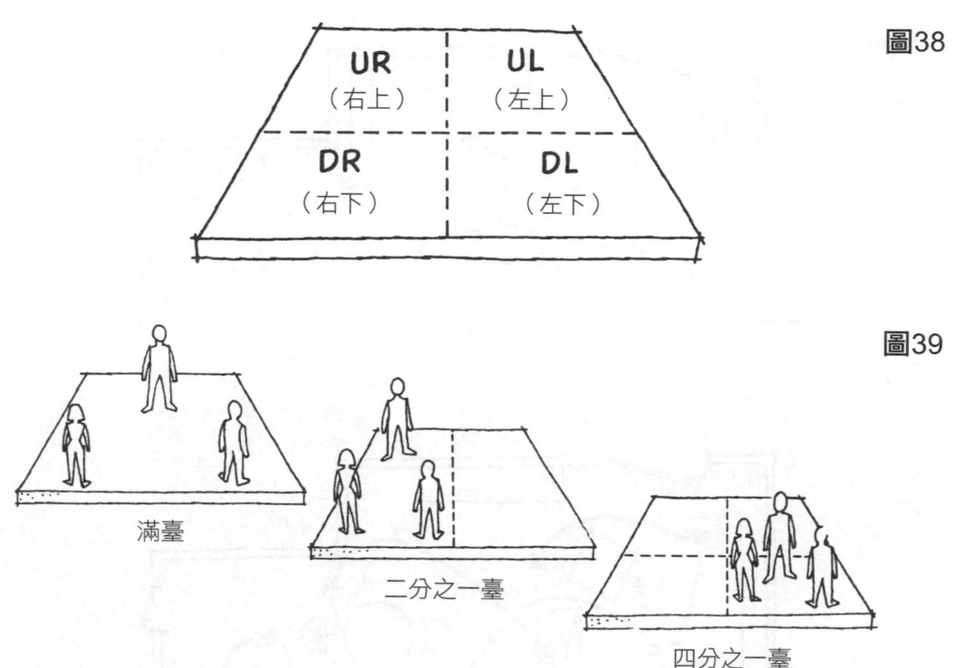

圖38

圖39

有家具的構圖　從圖28到圖39，由於目標是要展現良好的構圖技術，所以顯示的都是空的舞臺，不過，眾所周知，在寫實戲劇裡空舞臺是相當罕見的。最需要處理的便是在擺置家具（道具）中看出構圖。如果已經設計出可行的舞臺擺置圖，構圖就會自然而然地產生了，因為演員根據他們哪裡可站哪裡可坐，就已感受到彼此之間的關係。**所以，在設計舞臺擺置時，經常需優先思考如何讓導演和演員開發構圖。**

一個重要的面向是，如何讓家具和演員共同參與構圖。如果沒有演員，大道具只是呆板沒有生氣的物品，然而當演員在四周走動並使用它們時，它們呈現出一種類似沉默的演員的存在感。三角形，在所有變化中都能夠這樣使用：兩個演員，加上家具作為第三點。再次提醒，如果你和演員們認為舞臺擺置是障礙路徑的話，好的構圖自己會成熟起來。要記住：使用舞臺時能完成構圖，並非意味著需騰出空間讓演員可以在家具前移動，反而是讓物品阻礙空間（障礙路徑的概念），因此，可以妨礙一個演員去接近或碰觸另一個演員的目標（參見圖40）。

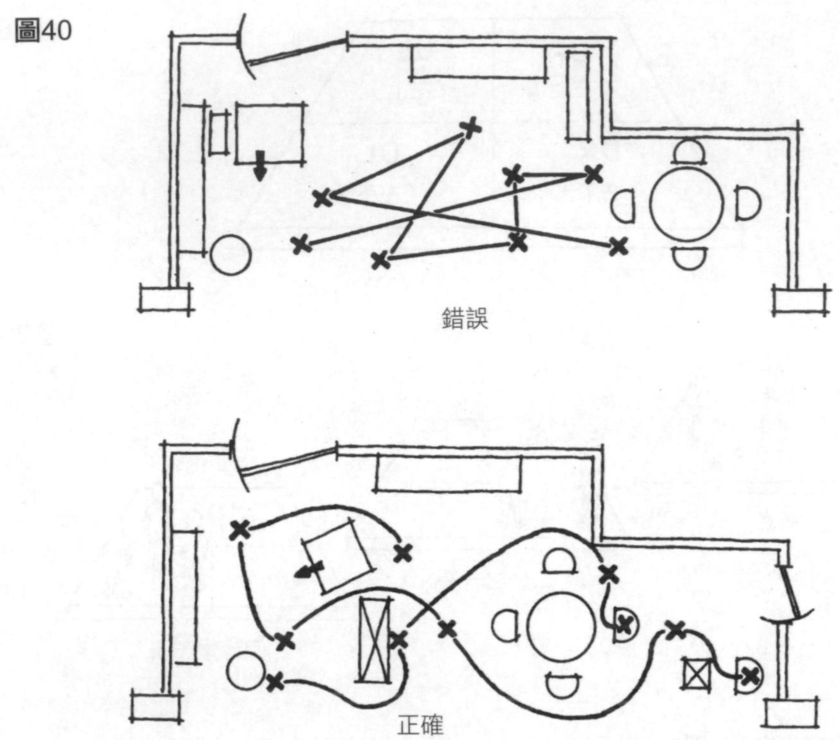

障礙路徑很自然地會擊退演員要達到高潮構圖的企圖，因此，高潮構圖就會被保留到適當的時刻。演員是在舞臺擺置中移動，並非在其前方。其結果是，當舞臺擺置了越多物品時，就會對演員接觸其他演員造成越多困難。如果你的舞臺擺置是精心構思的，就可以建議演員一些阻礙他們的構圖——亦即，可以達到演員不容易觸及彼此的構圖，其結果是，他們在不知不覺中，把戲劇動作之具相給強化了。

構圖作為演員溝通對比圖像溝通

從圖像設計的角度衍生討論構圖並非本書的目標。反而是要從導演和演員溝通的意圖來探討構圖。這個預設是，劇場唯一要緊的就是要經由戲劇動作和角色去感動觀眾；於是，導演工作主要的功能，是激發演員採用最有效的位置，以便用最適當的意象和觀眾溝通。隨著經驗增長，你會發展出自己對圖像的判斷力。就這一點，你必須盡量學習它的功效。對構圖作為演員和觀眾之間的連結線，你懂的越多你就越能溝通。要從各個方面勤勉地練習構圖，因為好的導演執行也會是好的圖像製作。

習作

關於構圖所有方面的總結練習

1. 在教室地板上安排（帶有家具的）舞臺擺置，本章所有構圖的習作將在這裡一同調和進行。當指導員給予指令時，請三個演員改變位置組合出新的構圖。其他學生指出每個構圖中新的元素，繼而評量出在舞臺擺置中該元素的功能性。
2. 每位學生至少要組合出三個不同的舞臺擺置，然後在每個舞臺擺置安排出多種構圖。在這一個習作上的深入練習將會為導演接下來要做的一切做好準備，因為如果對構圖的技巧和做法沒有基本的理解，就沒辦法真實的具相出一齣戲來。

視覺感知遊戲：構圖（請見第8章）

1. 劇照1至8是全舞臺的構圖，基本上是正面的位置。
   a.在每張劇照裡確認出以下幾項：身體位置、層面、區域、眼睛焦點、線條焦點。
   b.除了現在已用的表演區，你可以看出其他可能的表演區嗎？解釋你的答案。
   c.是否提供了障礙路徑？描述它們。
   d.看出三角形的輪廓：大小、邊的長度、上舞臺的頂點、底線（base line，如果看得到的話）與舞臺前線的關係？解釋你的答案。
2. 劇照9到12顯示了組合的構圖，與前線沒有關係。回答習作1中的全部或部分問題，另外加上：在每張劇照裡，誰是焦點，為什麼？你看出演員和大道具如何連結嗎？在每張劇照裡，構圖如何傳達出戲劇動作？

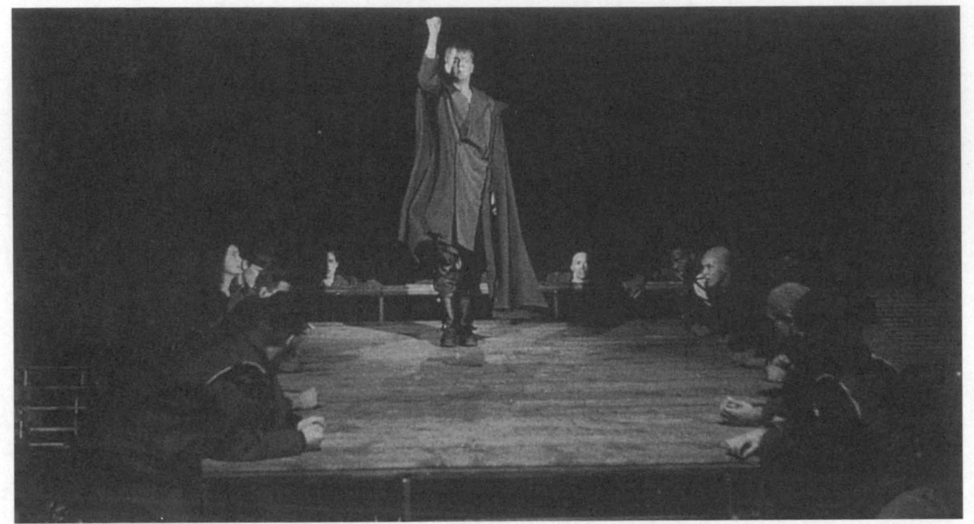

劇照 1　布萊希特，《亞圖洛・烏義之可阻擋的崛起》

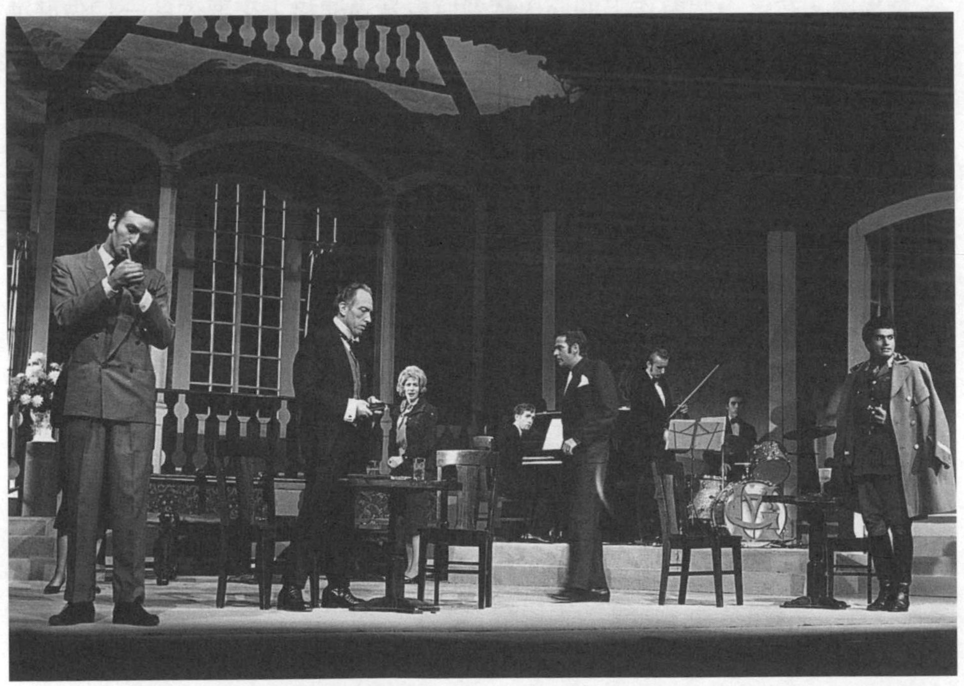

劇照 2　謝悟德，《白痴的喜悅》

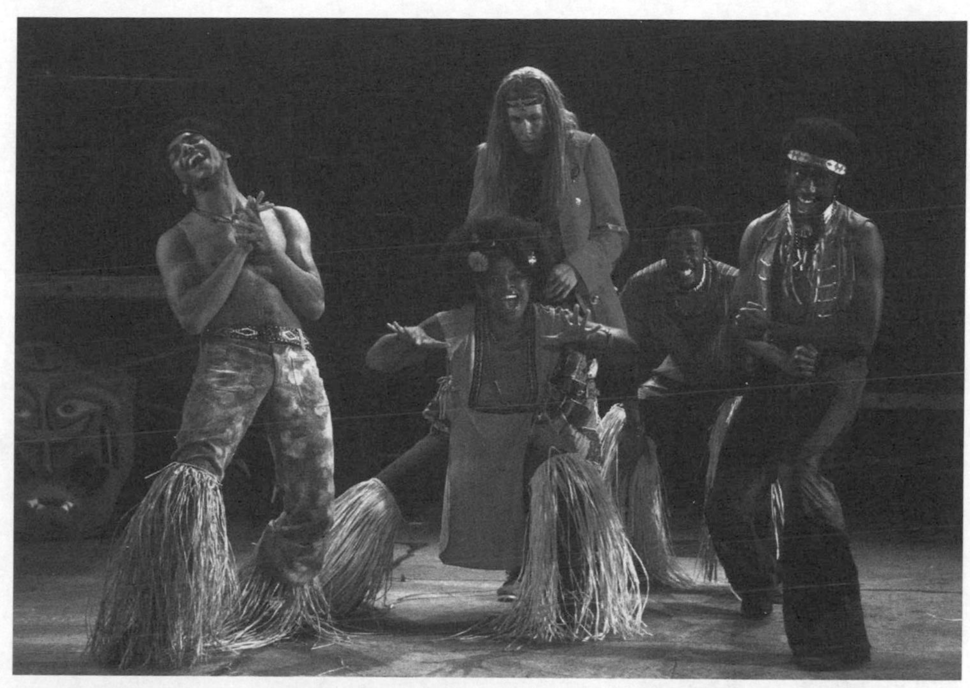

劇照3　睿多、瑞格尼、馬克德蒙特，《髮》

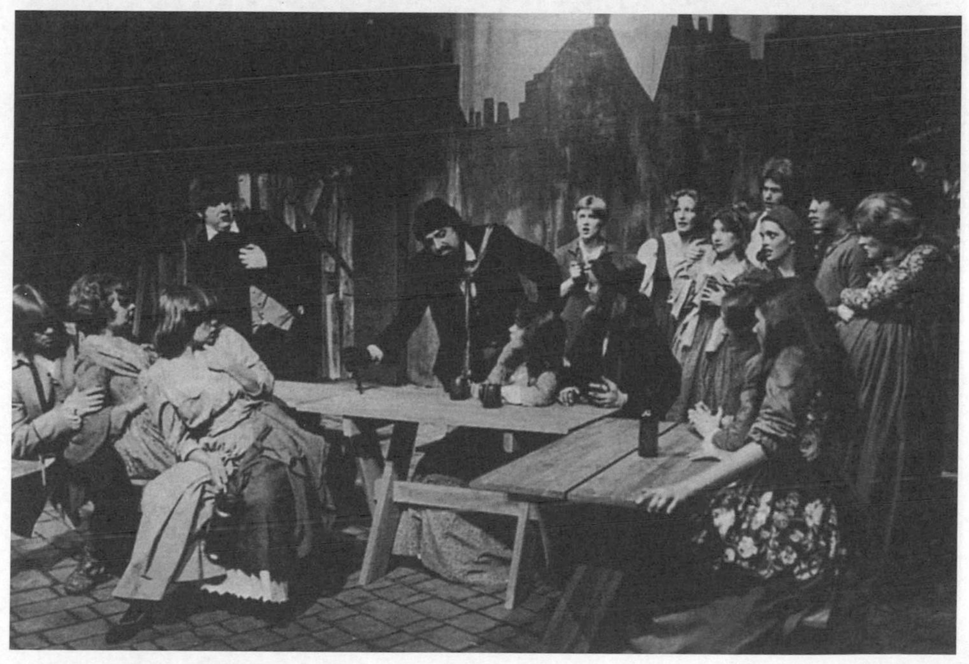

劇照 4　巴特，《孤雛淚》

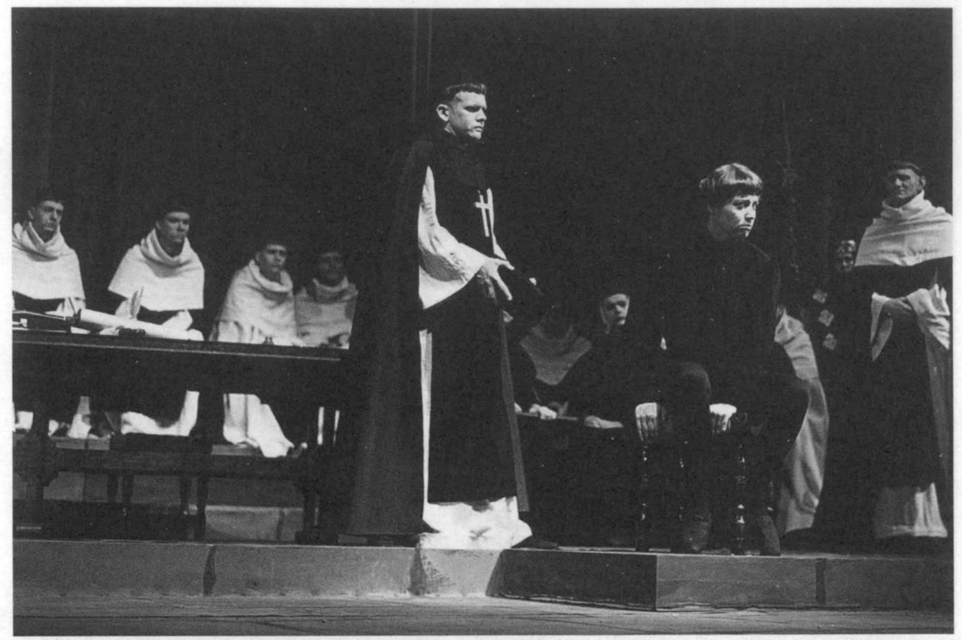

劇照 5　蕭伯納，《聖女貞德》

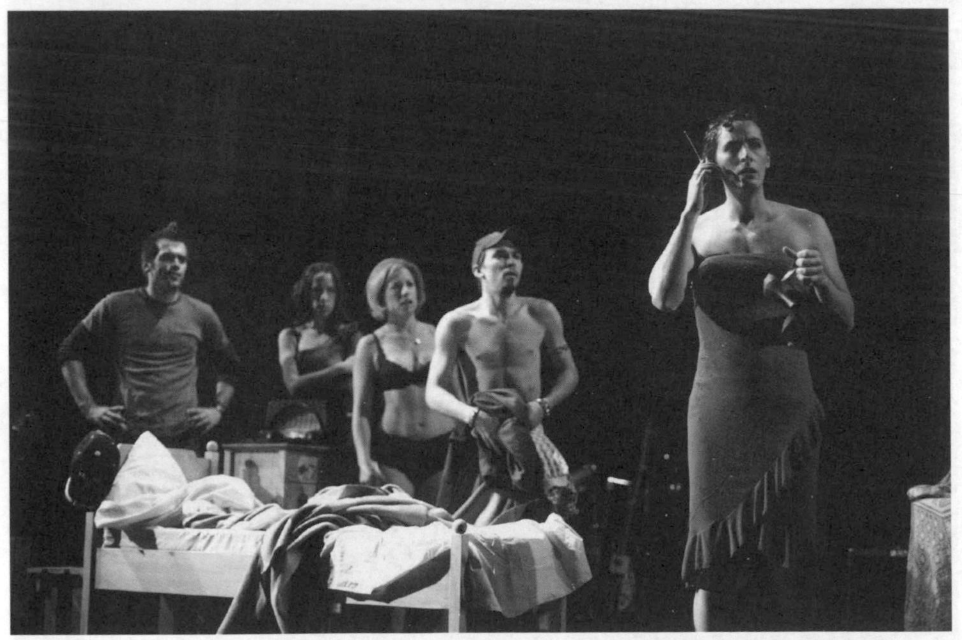

劇照 6　密，《真愛》

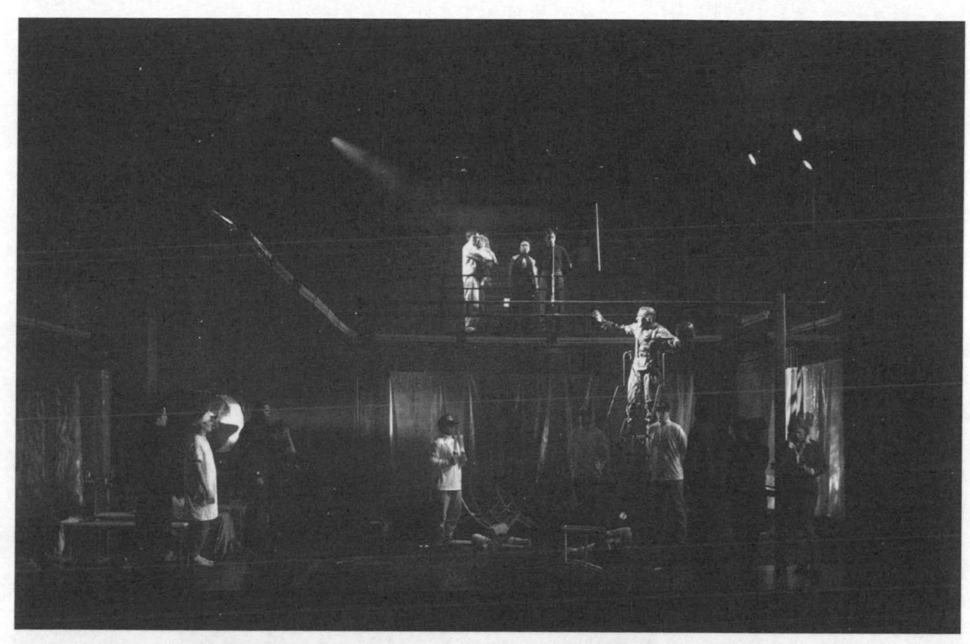

劇照 7　密，《奧瑞斯特斯2.0》

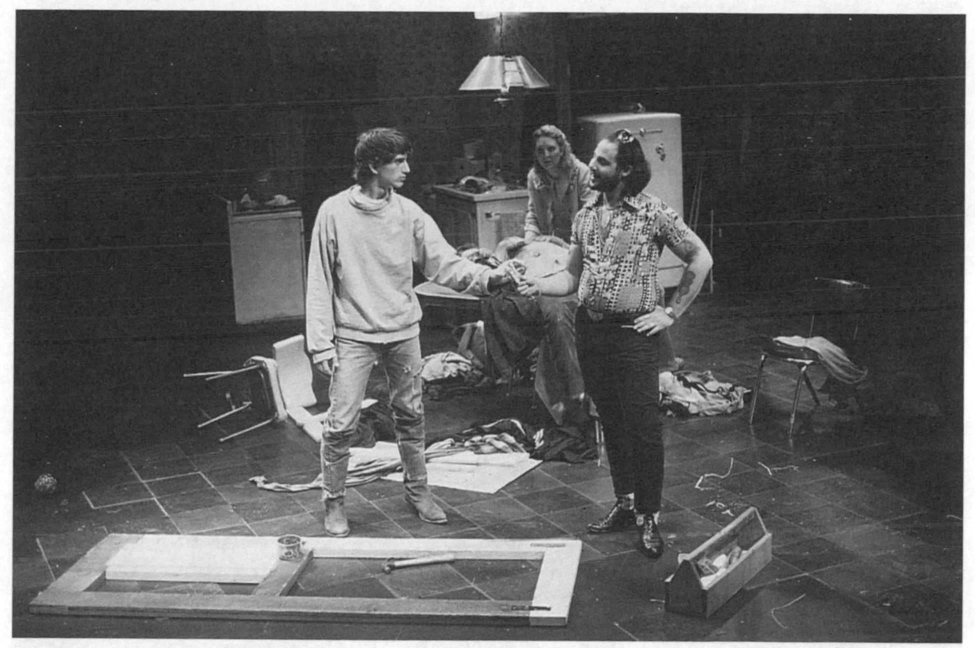

劇照 8　謝普，《烈火家園》

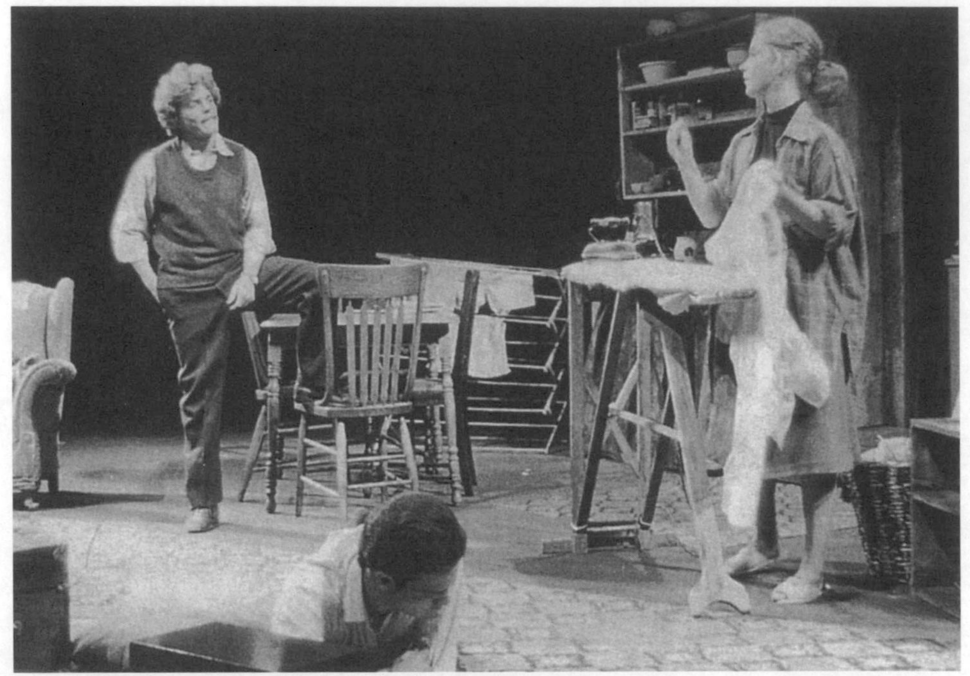

劇照 9　奧斯本，《憤怒回顧》

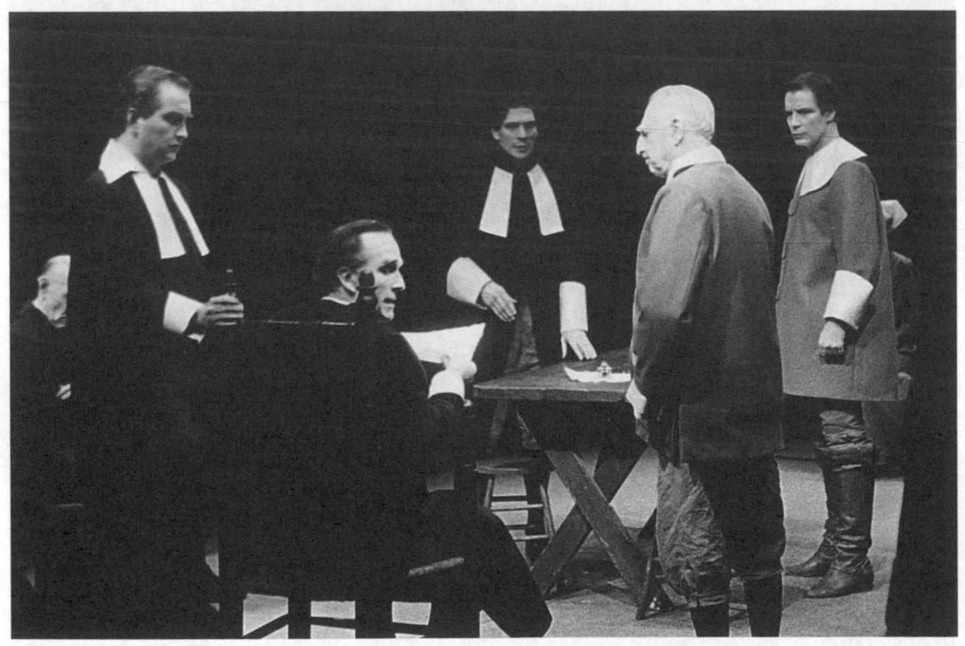

劇照10　亞瑟・米勒，《考驗》

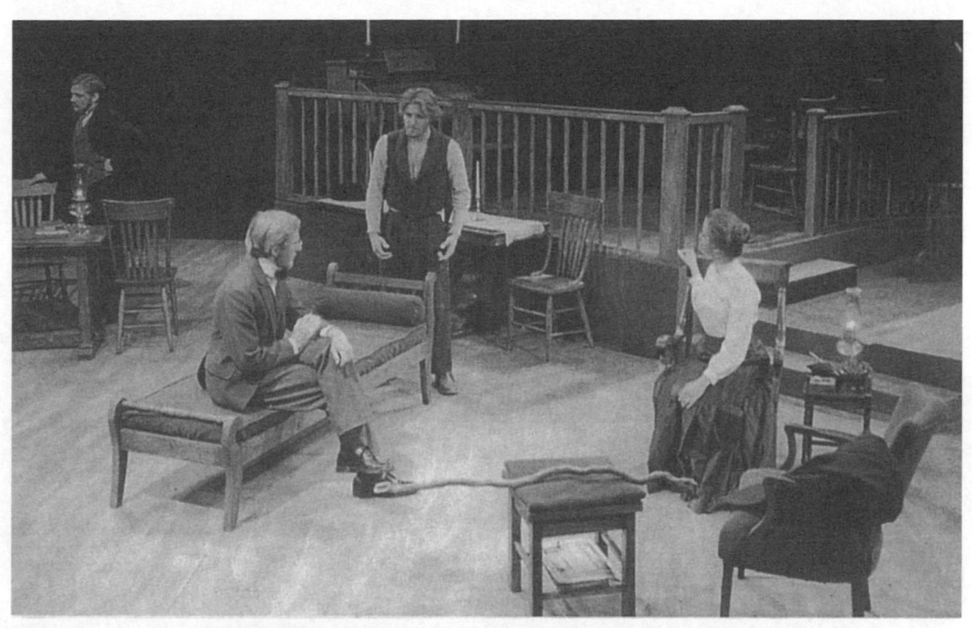

劇照 11　易卜生，《羅斯瑪山莊》

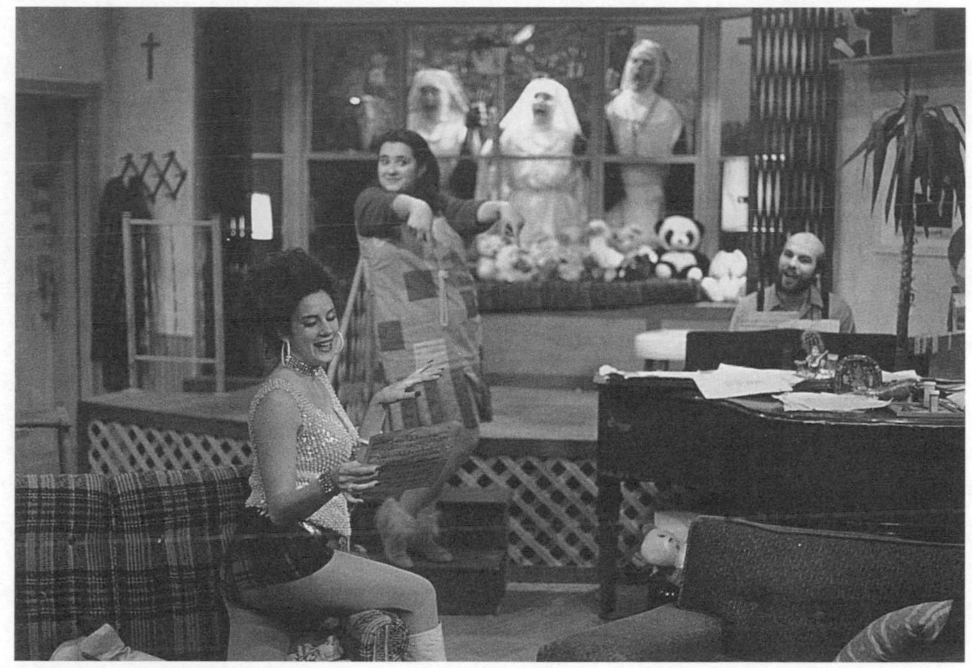

劇照12　圭爾，《藍葉之屋》

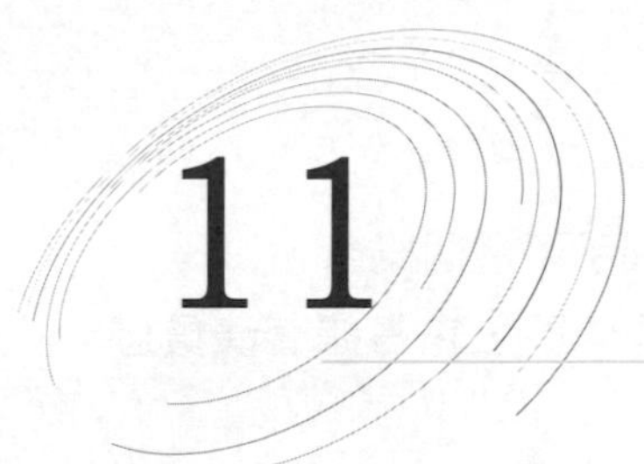

11 協助強化每位演員

姿勢與道具之即興

姿勢和用道具即興是每一位演員的領域，然而導演可以用它們作為工具，來幫助演員發現戲劇動作的細緻處，同時學習以想像力和敏感度來建構角色之具相。前兩章已經闡明舞臺擺置和構圖何以能引導演員去從戲劇動作中發現既定情境和關係，從而達到基本的意象塑造。本章將展示如何引導演員製作高度詳細並精緻的視覺圖像。

姿勢與手勢

在前一章，為了顯現構圖本身的力度，在習作時保持身體中性是必要的。在這一章裡，揚棄中性，身體因姿勢完全生動起來。於此列舉兩則字典對姿勢（gesture）的釋義：

1. 用肢體或身體的動作作為一種表達方式
2. 一種運動，通常是身體或肢體，表達或強調一種想法、感情和態度

注意，這些定義暗示了三件事：(1)身體是定在一個位置——換個說法，姿勢不是移動，不是身體從舞臺上一個點到另一個點的活動；(2)**姿勢是身體所有可移動部分的動態**；(3)姿勢能夠表達想法、感情、態度。現在更近一步超越這些界定，想想這些活動是在身體的球形範圍（sphere）中發生——乃

從腳尖到手臂往所有方向最極致的伸展範圍。圖41展示了這個概念。

且如此設想姿勢：從身體球形範圍的中央向外伸展，它占據著演員想

圖41

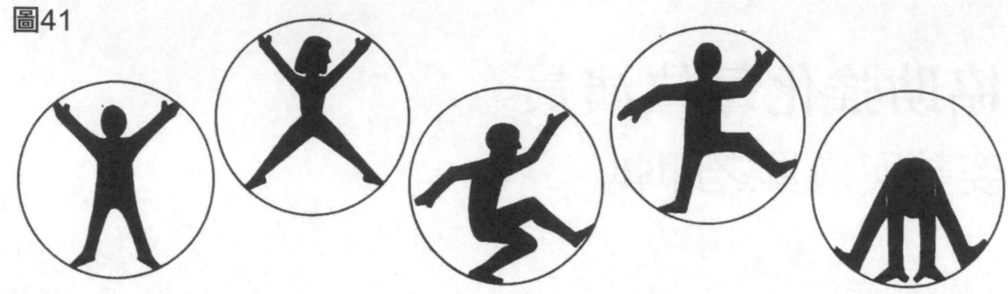

像力所要企及的任何空間。這種球形空間的使用分量只有在為了瞬間的逼真時，才被適宜地使用。姿勢可大可小，可以是自由的，可以是限制的，端看演員希望如何表現角色。

再者，與構圖相反的，通常用中性的身體來表達本質上就是中性的人物之間的關係，姿勢是身體的**存活**（living）特質——身體的**動感**（animation）。莎士比亞的臺詞：「手是嘴巴的工具。」這句話表達了手勢的本質，因我們經常希望用手來加強我們所使用的語言的意涵，或者，用前面引用的定義中的一項來說，「強調一種想法、感情和態度。」**語言是一種象徵性的表達方式，手勢是另一種，每種手勢在傳達想法時有其特定的使用功效。**

因此，手勢成為演員主要的溝通方法。抑制或控制手勢是我們常說的**姿態**（poise），我們常將這類身體行為與優雅和教養相提並論。吾人傾向於用手勢的數量來衡量修養程度，推論是，一個人越是抑制使用手勢，他或她就越趨近被理性控制。所以，在電影和戲劇裡，我們容易看到低階層的角色使用較多手勢，高階層的角色相對少很多；亦即，直到角色對自己失去控制、回轉到潛藏在所有人類身上的動物特性之前，手勢都是少量的。

手勢可以簡單明瞭地傳達想法，就像聾人用他們的手和手指，用手語「交談」，以及整個身體來表達態度。仔細觀察他們，你會發現聾人在他們自己的交談方式中是多麼活躍——比聽力正常的人活躍很多。手勢作為一種

動態的表現工具，可以把構圖初始的意思重新表達並強化，使之成為高度精煉且幽微的。不過演員在早期訓練時就該學會一些重要的課題，主要是：濫用手勢只能傳達很少的意涵，他必須高度選擇，最重要的，他必須從基本構圖的中性位置開始。

手勢用於導演與演員的溝通

手勢是如此主觀，因此，作為溝通工具，它主要是演員的而不是導演的。不過，導演若不清楚手勢的力量，就不知道如何減少或增加它的使用。必須注意的是：**演員若非站著不動或維持頭部靜止，觀眾就無法聽見或聽不清楚**。對你自己重複這句話數次，以及這句俗語也一樣，「眼睛比耳朵還快」。導演也必須知道如何除去演員多餘或不合適的手勢，以及如何協助演員發展出展現他所飾演角色的手勢，而不是僅僅身為演員自身的（我們稱之為**演員的慣性**〔actor mannerism〕）或是屬於其他角色的手勢。導演也可以建議某些手勢，以及它們的大小或控制方式，藉此可成為導演對演員溝通戲劇動作很微妙的方式。演員於學習刻畫角色時，將會發現適當地使用手勢——通常是在他的角色範圍裡且總是經濟地做到——對角色的狀態和感覺提供精細微妙的線索。

儀表形態

正如之前提及，演員可以藉他使用的姿勢與手勢來傳達一個角色的諸多面向——姿勢不僅可以表達角色的內在感受，還可以顯現角色的社會地位。**儀表形態**（decorum）意為**角色的外在表現**——在戲劇中對既定情境的適當反映。一位國王的行為舉止像個國王，因為他過的生活充滿儀式和禮節，他是個人也是個象徵。同樣的，一名挖水溝工人的動作會像是持續用身體勞動的人。儀態是我們對這些職業所期望的簡單符號學，儘管它們只是原型。在真實生活裡，我們常注意到這些關係並期待它出現，不過儀態的規則並非一成不變，這事實鼓勵演員去尋找例外，這些例外可作為新穎的觀察帶到舞臺上來。

由於儀態是角色的外在表現，導演和演員必須為角色尋找合適的儀態。沒做到這一點，外在的表現等於是對角色的既定情境撒了謊，會導致觀眾對即將發生的事情感到困惑。有時候，導演故意利用這種誤導讓觀眾產生混亂，促使他們重新思考一個角色。

在表演訓練裡，許多的壓力放在發展角色的內在核心——亦即，要確定對戲劇動作是完全理解的——至少在美國是這樣，多年來訓練演員們的首位是內在訓練，對角色外表的力量，有時僅是稍微注意一下而已。相反的，優秀的專業演員為了盡快透露既定情境給觀眾，總是會為角色覓得適當的儀態，就像舞臺設計師在舞臺布景所做的。導演對演員關於角色儀態想像上的建議，可以引發演員對內在動作產生嶄新的想法，因為演員可以更清楚地看到角色的外在自我和內在自我的對比和衝突。導演也可以鼓勵演員形塑形體的敏銳度，因而能夠傳達更多明確且合適的意象給觀眾。

習作

1. 使用占據整個球形範圍的不同的肢體位置來演示姿勢的「球形範圍概念」。全班重複此項。感受球形範圍體。比較並對比正式的舞蹈（充分利用球體）和表演，具相出姿勢在這兩種形式之運用，以顯示出兩者的差異。
2. 重複習作1，請幾個同學根據指導員的指示變換肢體位置。試著把這些肢體位置限制在人類日常行為的範圍裡。這些展示將會顯現，演員不僅擁有充分的機會占據球形範圍的極限，同時表現出他是如何從身體的中心點向外延伸。
3. 做一系列縮成一團的姿勢，以顯示頭、手臂和腿如何往身體內縮。
4. 讓一個人坐在全班同學前面椅子上。在指導老師的指示下，他改變他的姿勢來傳達不同的內心感受（戲劇動作）。識別每一個姿勢的意涵。這些姿勢如何幫助他的臉部表情？請三位演員重複這習作，三人之間沒有關連。
5. 把兩個人放到一個舞臺擺置的構圖裡，在其他同學聽不到的情況下，告訴他們兩人的關係（戲劇動作），鼓勵他們增加姿勢。請同學形容這些姿勢和含義。
6. 讓兩個人被秘密告知其不同的職業訊息後，在各自的球形範圍內或坐或站，表現出應有的儀態。不允許他們移動到空間的其他位置，而是鼓勵他們在自己的球形範圍裡採取他們喜歡的任何肢體位置。請全班指認出他們暗示的職業。還有其他儀表模式的面向可以被辨認出來嗎？

7. 以反方向來做習作6，跟一位演員建議某種儀態，讓他經由這儀態即興發展出戲劇動作。和其他演員大量重複這習作。
8. 蕭伯納在他寫於1913的劇作《賣花女》（*Pygmalion*）[1]裡，創造了一個不朽的角色伊莉莎・杜立特（Eliza Doolittle），這角色（甚至故事），依附於這種理念：在某一套既定情境和角色裡，儀表形態被認為是得體的舉止。一個演員若無法在她的身體、談吐和語言發音上表現，在舉止和行為等方面缺乏禮儀的神秘感，她就無法有效地扮演這偉大的角色。觀看1938年的電影《賣花女》和／或1964年音樂劇電影《窈窕淑女》（*My Fair Lady*），寫一份兩頁或更多的報告，關於在這兩部電影中扮演伊莉莎・杜立特的演員溫蒂・希樂（Wendy Hiller）和奧黛莉・赫本（Audrey Hepburn）她們如何運用儀態演活這個角色，且讓我們瞭解伊莉莎的歷程。
9. 觀看1994年上映的電影《藍天》（*Blue Sky*），由潔西卡・蘭芝（Jessica Lange）和湯米・李・瓊斯（Tommy Lee Jones）主演。再次，你將見識到儀態在這故事裡是多麼重要。針對這兩位才華洋溢的演員如何運用儀態創造角色的關鍵要點進行討論。
10. 演員希斯・萊傑（Heath Ledger）在兩個備受讚譽的演出裡，運用儀表形態作為關鍵元素，創造了兩個截然不同的角色。觀看2005年的《斷背山》（*Brokeback Mountain*）和2008年的《黑暗騎士》（*The Dark Knight*），寫一份報告或討論，聚焦於萊傑在這個角色對姿勢與手勢的運用，以及他在創造這兩個角色時融入的儀態。
11. 現在你已掌握了竅門，選擇一段電影表演（因為可與他人分享），你認為演員在其中創造角色時，有印象深刻的手勢和儀態的運用。浮上腦海的如《教父》第一部（*The Godfather*, Part I）裡的馬龍・白蘭度（Marlon Brando）、《長夜漫漫路迢迢》（*Long Day's Journey Into Night*）裡的凱瑟

---

[1] 譯註：Pygmalion（畢馬龍）是古希臘神話中塞浦魯斯的國王，一位雕刻家，他根據自己心目中理想的女性形象創作一座雕像，他深深愛上這個作品。維納斯女神同情他，賦予雕像生命。蕭伯納根據這神話創作了*Pygmalion*，中譯《賣花女》，多次被改編成電影、電視劇等，其中1956年百老匯的音樂劇《窈窕淑女》，於1964年拍攝成同名音樂劇電影，紅遍全球，列名音樂劇電影經典。

琳・赫本（Katharine Hepburn）、《美國天使》（*Angels in America*）裡的艾爾・帕西諾（Al Pacino）——你肯定有你自己的，不過這些建議名單可以幫助你開始。看看這些演出的一些段落，談談你覺得演員如何把手勢和儀態作為關鍵元素，融入角色的表演裡。

道具即興

小道具[2]

定義　小道具——任何可以拿在手裡或容易操作的物品——**是手勢的延伸，因為它們增長了手臂和手，有時甚至頭和腳各種可能性的形塑**。導演就他的設計責任這部分，可以建議使用某些特定小道具和特定的使用方法，導演能讓它們成為導演和演員溝通的特定工具。

概念　雖然隨身道具有其固有含義——例如，雨傘是用來遮雨擋太陽，書是用來閱讀，雪茄是要抽的，杯子可以裝喝的，諸如此類——**大部分在舞臺上使用的小道具，應該具有除了表面功能以外的其他使用原因**。我們只在少數時候會把觀眾的注意力吸引到隨身道具的功能性使用上——也許是切東西的刀子、用來射擊的槍，或任何種類的謀殺武器。隨身道具也不會僅僅用來提供明顯且外在的日常現實。大致說來，**小道具不應該是觀眾最專注的對象，它應該是次要的**，除非情況很不尋常時，讓它吸引觀眾的注意才是合宜的。小道具除其功能性的特質外，還具有形塑角色和戲劇動作等其他價值。

小道具的主要作用是藉著演員的手勢幫助演員「說話」，因為它們擁有以下功能：(1)當手中有具指示功能的道具時能伸長手臂的長度；(2)增加手的大小（如以一本書）；(3)使手和手指更加靈活（如拿一支筆，夾一根菸）；(4)製造聲響（如闔上一本書）；(5)顯示緊張（如用手帕、杯子、碟子），等等。**演員碰觸的任何東西，如果應用得當，就能傳達出感官上的印象，因觀眾確能感受到演員碰觸時的感覺，感同身受。**

---

[2] 譯註：小道具（hand properties）在臺灣劇場界有時亦稱為「隨身道具」。

因而，小道具的首要目的，並非其功能性用處，而是強調出戲劇理念的潛力——在場景中刻畫角色或戲劇動作之細微幽深層面。就另一方面來說，小道具提供了演員另一雙眼睛。由於觀眾與舞臺的實際距離差異很大，大部分觀眾無法看到演員眼睛移動的細節，然而，演員若很技巧地運用隨身道具傳達出他的眼睛正在做的事情，觀眾縱使位於最遠距離，也能確實接收到。如此強化的手勢與內在感受的連結相當密切。電影和電視可以運用特寫，所以不存在這種問題，但舞臺必須依賴像道具這類重要的形塑工具來增強眼睛，特別是寫實的戲劇。

小道具的特性　演員和導演應高度理解隨身道具的性質和特點。這是攸關演員如何使用道具傳達意念，以及在完全理解這道具後才能**如何**充分利用它。作為導演，若想要充分發揮道具的作用，你必須培養自己對道具擁有敏銳的想像力。養成仔細觀察道具的習慣：它有什麼獨具的特性？如果是光滑的，能在臉上磨擦嗎？它在「聲音」方面的特性是什麼？（會折斷或炸開？諸此。）如何使用？它的重量會不會導致拿著它的演員做某些事情？能不能被其他東西拉長或跟其他東西摩擦？可以被撕裂或扯開嗎？所有這類問題，都開啟了對道具富想像力、鮮活的運用。演員對道具的使用若因襲就簡，意味著他並沒有真正**看**和**感覺**該道具；換句話說，演員並未真正知道該道具的性質和可能性。

就你所見，以上所有的問題都在追逐同一個觀點：演員如何以鮮明、活躍並敏感的方式，有效地使用隨身道具，來具相戲劇動作。**其目的是揭示角色的心理狀態，不是展示道具自身**。觀眾的注意力，必須是在角色的感覺，不在物品，除了在極少的情況下，當物品（譬如，一把槍）瞬間地成為戲劇動作本身。

基於這些原因，你可以看出來，一個動作，例如吃東西，並不是要在觀眾眼前表示角色增進健康，或賦予他坐在餐桌前的理由。而是，這給演員一些嘴和手的具相工具。演員手裡拿著一本書，可能是要閱讀，向觀眾表示角色在提高他的智力，或他是有智力的人；但通常，這會用來表現神經緊張、以用力闔上書或擲到桌上來強調一個看法，或是全神貫注，或內在不安等。在現代白話文戲劇，演員若根據結構核心的臺詞，適當地運用小道具，便能揭示細微的心理狀態；**它們具有揭露潛臺詞的獨特能力**。

以小道具即興創作　在這裡用**即興創作**一詞，是要指出，為了發現最佳的具相方式，演員和導演必須做些什麼。唯有在排練過程不斷的實驗，道具才可能被充分地發揮用處，或者為了必要的揭露，用另一個道具取代了。一旦演員不再需要手拿著劇本，兩手自由了，就該盡快用真正的小道具工作，因為，道具會向演員提示隱藏的戲劇動作，同時提醒他如何表達他已經理解的。在長久以來的觀念裡，僅當道具在排練時充分被開發了，才會成為確定的小道具運用[3]。縱使某道具的使用是劇作家所要求的，演員也要結合即興工作，讓其潛力發揮到最大。有一種情況會造成這種重要機會的損失是，直到排練期的最後階段，演員才有機會接觸小道具。就算只是必要道具的代替品或實體模型，也能開始釋放演員的創造性反應。好導演會用心留意並且做到，一旦演員可以不拿劇本、手能靈活操作物品了，正式或代用的道具都已準備妥當。

習作

1. 小道具與大道具（set properties）有什麼差別？如果不清楚，回頭去看這一節開頭的定義。認識兩者的差別很重要。
2. 在桌上放一個堅硬的道具約5到10秒。在這道具被移開以後，寫一份完整的描述：它的大小、形狀、重量、顏色等等。與同學相互比較你們所寫的。重複這個練習。
3. 重複習作2，但不是寫一份描述，而是界定這道具的特性——它的特殊性質是什麼？有何特色？諸如此類。
4. 重複習作3，加上你對如何以它形塑戲劇動作的建議。
5. 將12把椅子平均地擺放在一個15英尺的圓圈裡，背對中心。你和11位同學站

[3] 譯註：原文是a set piece of business。在排練場，business指小道具運用。這句話意謂，在劇場傳統裡，小道具需經過多次排練後才會被確定採用，因這跟其他演員的搭配甚至設計與技術的連接點（cue點）有關，演員不是可以完全自由地以在演出時臨場即興小道具的使用方式。

在椅子圈裡面，面對中心。隨著信號，每個人在身後的椅子上放一個小道具（很私人性的東西），注意，不要看到其他同學放的東西。在指導員的指示下，你和其他人繞著圓圈轉，始終面朝中心。根據指導員的信號，每個人停下，一位同學被指定撿起他背後的道具，向大家描述其特性。重複數次。

6. 現在以自發性即興來重複習作5。拿起物品的同學，檢視它幾秒後，以這物品作為例子，從圓圈裡挑出一位同學與他發展一段戲劇動作。同學們評量對這物品的使用。其使用是很表面呢？還是富想像力？學生真發現該物品獨具的特性嗎？重複數次。
7. 班上每一位同學，皆以一件不同的小道具做一段即興。其目的不是要引起大家對道具的注意，而是利用它來作為揭示戲劇動作的手段。（例如，即興者走進一家商店要買一件衣服。這件衣服變成他和店員或經理激烈衝突的實證。）這個習作在標註並區別出這兩者之差異極為有用：物品因其本身的原因被使用，或是利用其特質來具相某事。因此，要重複練習幾次來加強這個概念。

大道具

定義　**大道具**是指大宗物品，通常是長時間擺在舞臺擺置上的家具。**它們是導演和演員溝通的具體工具，不僅僅是布景的裝飾品，因為它們可以放大並增強演員所賦予生命的物品**。有時，像是被演員移動的椅子，會轉成小道具。

概念　在第10章（於〈有家具的構圖〉一節）涉及這一思想，當演員在戲劇動作之給予和接受中，朝家具移動並產生連結時，大道具如何呈現出比它們本身更大的存在感。這是因為當我們觀賞演員／角色搬演著，從戲劇動作昇華出的鬥爭時，我們很直覺地感受到，隱含在空間中，與大件物品有關的，諸如家具的地域性意涵。雖然一齣戲裡的一間客廳——例如《誰怕維吉尼亞・伍爾芙？》或《海達・蓋伯樂》——「只是一間客廳」，但它的意義遠不只是如此。就在這場域中——喬治和瑪莎，或海達和她故事裡的每一個人——鬥爭進行著。而且，在這樣的戰場上，沙發不僅是一張沙發。例如，那可以是一堵牆，阿爾比的喬治用來尋求保護以防備瑪莎的攻擊，或是一座城堡，易卜生的海達變得讓布拉克法官（Judge Brack）無法接近，或是她邀請泰雅・艾弗斯（Thea Elvsted）跟她推心置腹的歇腳處。所有這些都是這幾齣戲裡戲劇動作的大戰役中的小衝突。導演對如何讓家具超越「僅僅是家具」的意義，將使場景中的動作具體化，並讓這一場的演員和觀眾都可以領會到。以及一再提醒的，在寫實戲劇裡，舞臺擺置表示的是障礙路徑，必須讓演員被引導去具相戲劇動作。你一定要**充分理解**這個用法的敘述戲劇性故事之力度，因為你必須學會以這種方式去開發並運用大道具。

「**跟家具有連結**」，你可能聽過導演這樣告訴演員，如果他們靠近或觸摸家具，他們的構圖會強一些。這樣的建議是有道理的，因為家具不僅因擴張了演員在空間中的視覺重量而增加了演員的質量，而且能協助演員發現戲劇動作中的微妙之處。一個演員坐在椅子或沙發上，很多觀眾會認為理所當然，但這在他們身上所做的遠遠超出他們的想像。如果演員所坐的特定家具選的很好，那會幫助演員感知他要做什麼以及如何去做，跟小道具是一樣的。更重要的是，選擇良好的家具可以激發演員之間敏感的互動。建議一位演員以某種方式使用一把椅子，可能立即引發其他演員去調適的想法——此調適可以啟動一連串圍繞這道具的肢體形塑，這會傳達給觀者強烈的感覺。但仍需提醒一下。在某些時刻，最好是讓演員或角色被空間環繞著，而不是讓演員跟大道具綁在一起。當你培養出對圖像和視覺敘述的敏感度時，你就能夠感覺到這些情況。

創建活動區域　在舞臺擺置上的每一個區域，都應該富有「活動」的可能性，因為它們將鼓勵演員利用這些區域去具相並協助促進「常態的基本結構」（fabric of normalcy），這部分在「戲劇動作與活動」的討論中已提及。演員必須有事可做，你可以藉著提供理由讓他們有動機去通過或使用某些區域。下舞臺的角落（前景層面，foreground plane）除了坐以外，尚有其他的用處，擺電話、工作桌、書櫃等，皆可以啟發活動。重要的是，之所以選擇這些界定下舞臺角落且創造這些地點「現實」的道具，是因為它們強烈地暗示出活動，以及在這房間裡的生活中，這些地方是如何被使用的——不僅僅是裝飾。它們必須合理地吸引移動，這樣，演員朝這些地方的移動，對演員和觀看的觀眾，是有機而不是武斷的。上舞臺區域（背景層面，

background plane）可以如此擺設：櫥櫃、書架、收藏劇中使用的物品的抽屜、工作檯、水槽、儲物區、衣帽間、碗碟架、私人收藏品等等。一如下舞臺的角落，上舞臺的位置應該是合理且有機地吸引著移動朝向它們，這樣，在一個場景中不斷演變的一系列移動裡，演員待在這樣位置或朝它走去的原因，就會有機地融入場景的邏輯中。中舞臺的安排是最為重要的，因為大多數活動都會在這層面發生。在舞臺的所有區域實驗對話群組，藉此達到家具擺置的多樣變化。在擺置上要增加有張力的線條，這樣才能確保充分的開發和利用。

若要具相得鮮明且生氣蓬勃，家具運用之多樣性是不可或缺的。坐在沙發背或是桌上，如果既定情境許可角色有這種行為，當然是有效的；不過，椅子和沙發有幾十種用法，不需要使用特別的手法，那些手法會引起對大道具的注意以及破壞我們對那場景的可信度。正如使用小道具，如果導演期盼開發並運用那些他為演員引介使用的大道具，他必須充分理解那些大道具的屬性。鮮活地使用床、書桌、凳子、衣櫃，諸如此類，一切有賴演員的想像力，然而導演富有洞察力的建議，能讓它們栩栩如生。

習作

1. 你和另外兩位同學在數張椅子上或周圍「遊戲」，但不能移動椅子，在指導老師的指令下，每個人做出一些跟椅子有關的不同事情。
2. 相同練習但改成桌子和椅子。每個人都獨立且持續地做。
3. 你當領導，讓班上即興出一個可用的舞臺擺置。批評且改善這舞臺擺置，盡可能地發揮獨創性。現在讓兩個人使用這擺置，當指導老師給指令時改變位置。請全班來評斷他們使用大道具的新鮮度。
4. 重複數次做習作3，每次都嘗試發現新方式去使用家具。讓同學充當導演，對這兩位建議特定的使用方式。
5. 讓兩個人在一把椅子上或其周圍，即興出戲劇動作。警告他們，他們不能凸顯椅子的功能性用途，但必須使用它來與對方找到關連。讓椅子告訴他們要做什麼。用桌子、沙發和其他物品來重覆這個習作。
6. 在習作5概述的相同即興，結合小道具和大道具的使用。

圖像化

協助一個群體強化

這一章討論到「圖像化」（picturization）——群體戲劇動作的投射。在第11章，你學到姿勢與手勢僅與個人相關，然而，圖像化則跟一群演員有關，在這個群體裡，每個演員都使用適合他的角色的姿勢。

定義

圖像化是經由一群演員之故事述說。圖像化的特定目的是為了使戲劇動作生氣盎然，藉由構圖（對群體的安排）、姿勢與手勢（個體在自己的球形範圍中移動）、與道具之即興（在構圖和姿勢中加進物品）之組合使用而成。故而，圖像化是**一個包含細節描繪的靜止畫面，通過道具和姿勢的使用，令其個別化並個性化，述說在特別的時刻裡，發生在一群角色中的故事。**

概念

圖像化是我們在一齣戲劇演出裡所實際看到，如同我們在現實生活中可觀察到的，兩人或更多人之間實體上的關連。再次提醒，你一定要記住，**一齣戲的搬演場景，是由一連串定格畫面組成，每當基本元素的物理關係有所變異，就會產生新的構圖**。我們使用「**圖像化**」一詞，是為了說明我們在構圖中，加入了**說故事的細節：姿勢與道具的使用**。然而，請記得，構圖是一個抽象的概念——除了在習作裡我們從未確切看過它清楚的樣子，我們也未曾看過姿勢停止不動像在照片一般。在實際的操作之中，當我們安排構圖時，「我們把姿勢從我們的視線中移除」來判定我們是否有創造出好的構圖，然後「我們再將它們放回視線中」來看我們是否創造好的圖像化。你能理解這個順序的邏輯嗎？

圖像化意味在群體中的每一名演員正在用角色的儀表形態來呈現角色的戲劇動作。**目標是要創造不同角色之間合適的心理關係**，因為透過這個關係，觀眾會有反應而浮現強烈的感受。請記得，**只有當一群演員們有張力地把角色的戲劇動作表現出來**，感覺才會浮現。因此，演員們一定要找到合適的角色情緒張力，才能在畫面中投射出所期望的最真實的情感。也要記得，圖像化是**視覺**的具相——不過，是包含語言和移動的完整「具相」中一個瞬間的部分。

技術

好的圖像化包含了專業地使用縝密的舞臺擺置，因為舞臺擺置中的障礙物可以提供演員們各種圖像化的想法。因此，舞臺擺置依舊是溝通中最根本的方法。隨著對戲劇動作的瞭解增加，演員會越來越有強度地加入身體表現，並展現出更多細節。假如基本的構圖是正確的，那麼關於姿勢（在球形範圍之中的個體）的新點子也會出現，隨之而來的，是對道具的即興使用。因此，圖像化也會成長。以下是一些具體的建議：

1. 鼓勵障礙物周圍的圖像化（見圖42）。記住：**障礙物阻止了高潮構圖，從而加劇了衝突**。它們還在構圖中具有賦與動感的特點，藉此來幫助強調演員。
2. 鼓勵區分出角色之間的空間，以及使用不同的層面、水平高度和身體位置（參見圖43和圖44，A、B和C為角色）。
3. 尋找親密的高潮性畫面（見圖45），並鼓勵演員在適合場景以及角色儀態的情況下，觸碰彼此。

4. 為不同角色尋找適當的角色情緒張力。這個流程，經由鼓勵演員發現、並具相他們在該場的神經緊張程度，會在畫面中展現出張力程度。所有圖像都會包含某種角色情緒張力，但更重要的是找到**適當**的張力，來使畫面說出事實。在這裡，姿勢在圖像化的價值中有重要作用。
5. 透過鼓勵演員在他們的球形範圍內去變化他們的具相方法，有時試著將之推到最大限度再將它們拉回到相反的極端，以每一種可能的方式開發姿勢。
6. 鼓勵在構圖時不斷的使用三角形，但要盡可能地多用有趣的方式改變它們。製作圖像時，**沒有什麼比重複使用相同大小和形狀的三角形更加沉悶了**。請記住，好的圖像必定有好的構圖，所以先把你的構圖做好，然後再添加細節。
7. 鼓勵使用小道具，它們可以引導出不同的身體位置、水平高度等等，具有很高的創造圖像之潛能。
8. 當你為了創作優秀的圖像、確保演員理解戲劇動作的每一個細節，而耗盡了所有導演與演員之間溝通的可能管道時，你可以轉向圖像化的次要功能，其中包括：
   a. **平衡舞臺**　請記得你在鏡框式舞臺裏的圖像是在一個框框之中的，如果您遵循一些良好的透視繪畫規則，你可以創造出視覺上美麗的圖像。因此，圖像化具有帶給觀眾愉悅的繪畫價值，無論觀眾是否意識到。去研究文藝復興時期繪畫中畫面的分配方式，看看這些大師如何創造富有表現力的圖像化，像是卡拉瓦喬（Caravaggio）的作品，如此使人興奮並具有令人驚嘆的劇場性（更不用提它極佳的光照方式）。
   b. **利用舞臺的立體空間**　請記住，你正在一個立體的空間中構建圖像，而不僅僅是在舞臺扁平的平面上。因此，你可以透過使用樓梯、陽臺等高低變化，找到許多不尋常的圖像來敘述故事。學會充分利用高低差的對比。
   c. **利用舞臺地面的極限**　這意味著，透過鼓勵演員使用上舞臺和下舞臺的極限，以及堅持演員使用到舞臺極左和極右方向的位置，來充分利用舞臺擺置全部的深度與廣度。只要你善加操作著極限，你將會有更多去處；如果你不這樣做，你的圖像會顯得局促且具相不足。

圖42

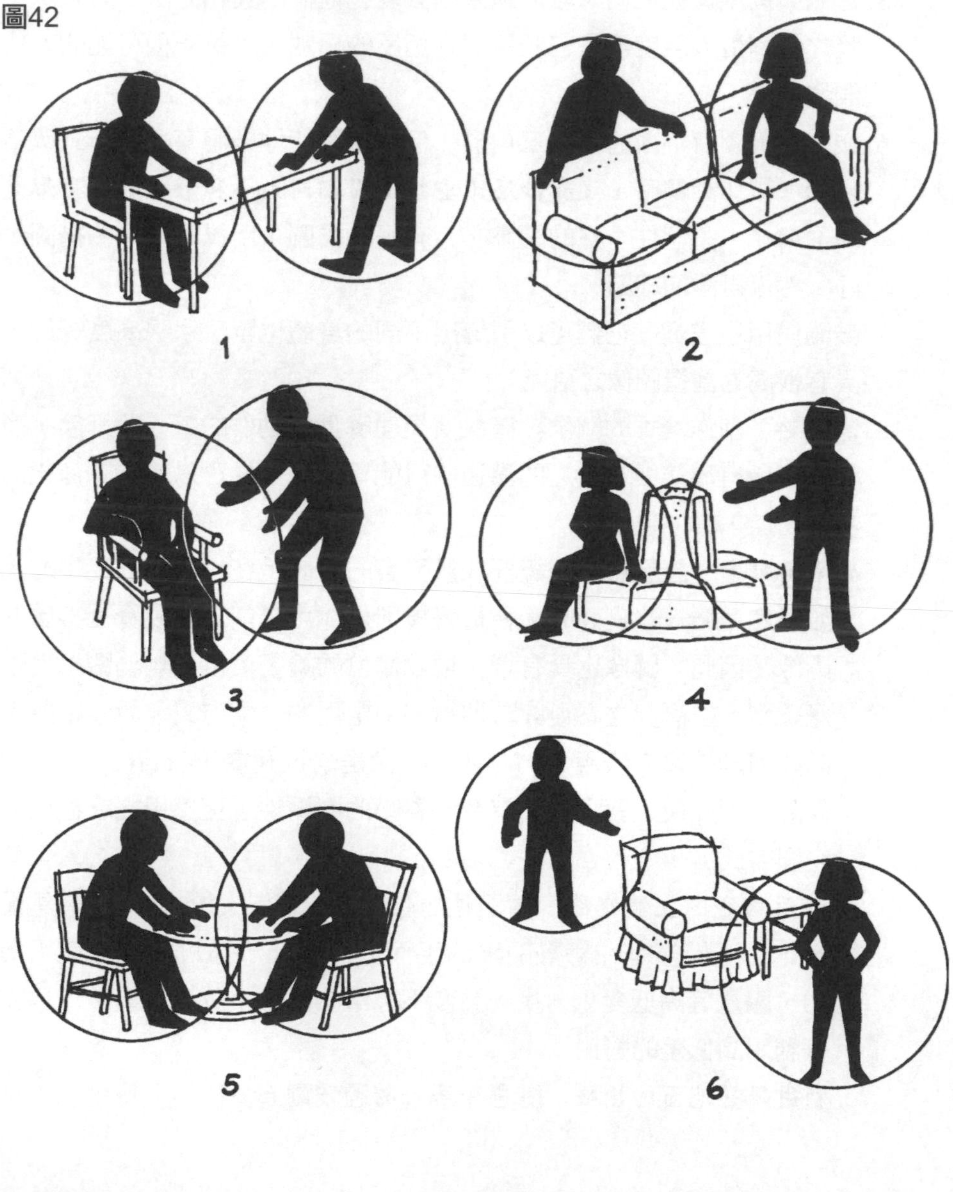

1 2

3 4

5 6

圖43

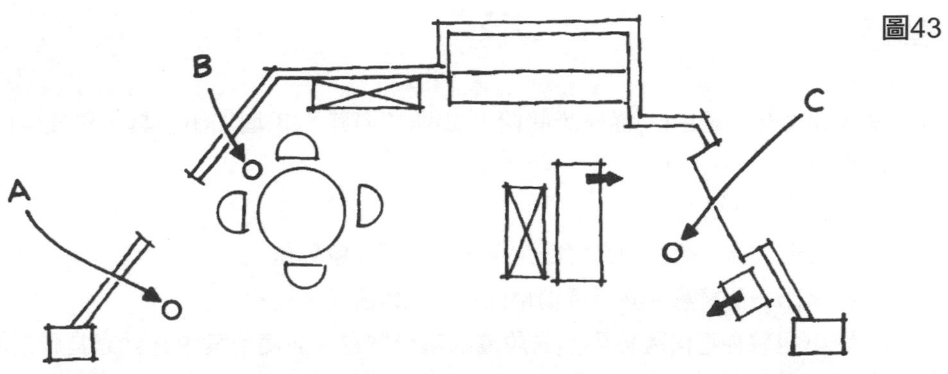

圖44

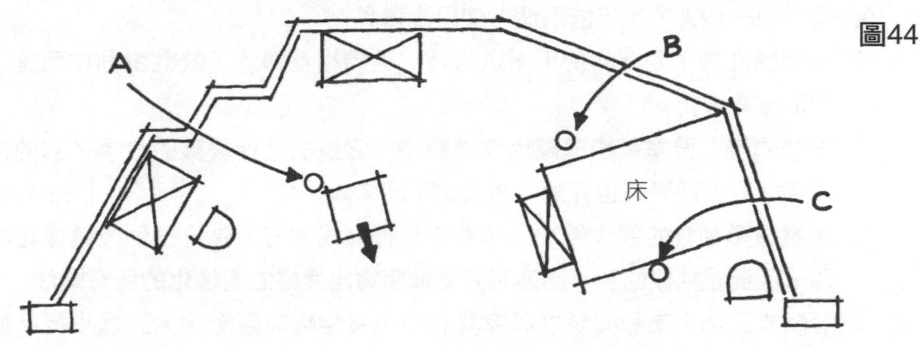

圖45

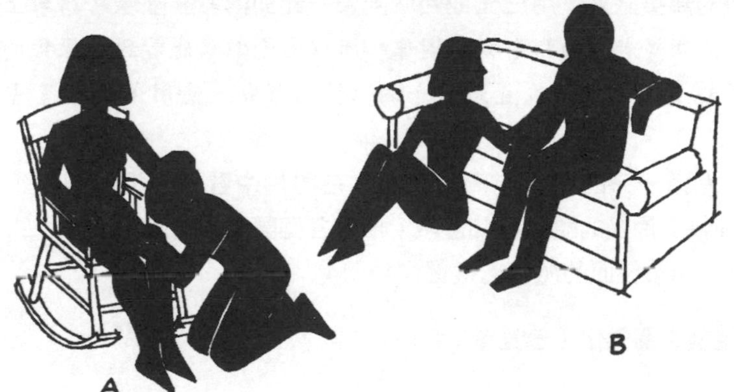

習作

1. 達到圖像化，經由(1)從構圖開始，(2)添加姿勢，(3)增加小道具，然後(4)添加畫面。

   即興發展以下情況：

   a. 以三個人為一組並決定好既定情境和一個戲劇動作。

   b. 建構出一個構圖，必須謹慎地保持這個構圖是中性的。

   c. 該小組現在把構圖移到預先設置的舞臺擺置，並使用其中一件家具作為障礙物。

   d. 循序地，每個人在自己於構圖中的角色，持續實驗各種姿勢，直到找到一個生動的，然後在場面上保持這個姿勢。

   e. 至少有一個人（也可能兩個）使用小道具。

   f. 當個體添加了姿勢和使用小道具時，他們相互調適（就戲劇動作而言），並形成圖像化。

   g. 同學們現在要盡可能準確地識別圖像。它說的是什麼樣的故事？它的情緒水平如何？同學們也評論此練習之不同階段。

   h. 重複這個抽象的習作幾次（因為它以機械式的方法區分出形成圖像化的階段，因此是抽象的），因為它將會顯明導出良好的圖像化的所有階段。

2. 以兩個或三個人來即興發展與家具和小道具相關的圖像化。三個小組將使用相同的家具和小道具，然後根據指導老師的指令變動畫面。請注意每個小組如何做出一些不同的事情。讓每個人都為盡可能新穎的表達而努力。
3. 以目前的舞臺擺置，用三個或四個同學一起即興發展圖像。請班上同學閉上眼睛，依指導老師的指令變動圖像，所以同學們只能看到圖像化的結果，而不是從舞臺上的一個位置到另一個位置的移動。使用舞臺擺置重複這個習作。
4. 在你看過這一節的劇照後，建構出你在照片中看到的相同圖像，進行「現場」（live）層級的視覺感知遊戲。形容各個圖像的價值。
5. 使用第10章最後面的照片重複習作4。

視覺感知遊戲：圖像化（參見第8章）

1. 根據每個被捕捉到的進行中瞬間之圖像化的元素，分析劇照13到24。姿勢以何種特定方式傳達出演員身體，使構圖生動、喚起強烈情感且詳細敘事？評述之。

2. 劇照14到24，請回答以下與每張圖像的基本構圖有關的問題：
   a. 誰是關注的焦點？
   b. 你看到眼睛焦點所增加的力度嗎？
   c. 背景中的角色提供什麼功能？
   d. 這些家具的功能是什麼？
   e. 你能看出三角形嗎？
3. 每張劇照所顯現的心理層面的戲劇（故事）是什麼？
   a. 每張劇照裡有哪些圖像化元素是明顯的，以及這些元素如何用於創造戲劇性時刻？
   b. 在每張劇照中，是如何透過圖像化的元素來強化群體？
   c. 為什麼每張劇照都有圖畫般的效果？

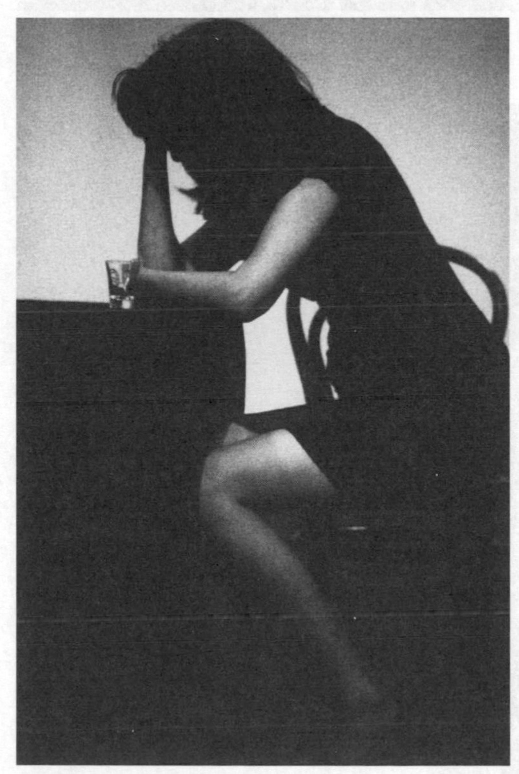

劇照 13　費南德茲，《失智》

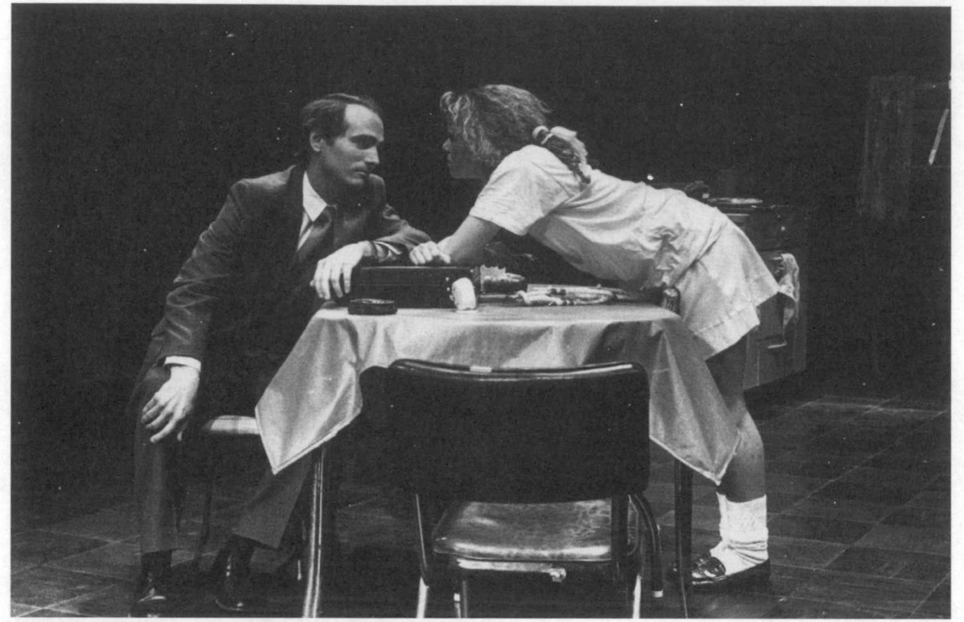

劇照 14　謝普，《烈火家園》

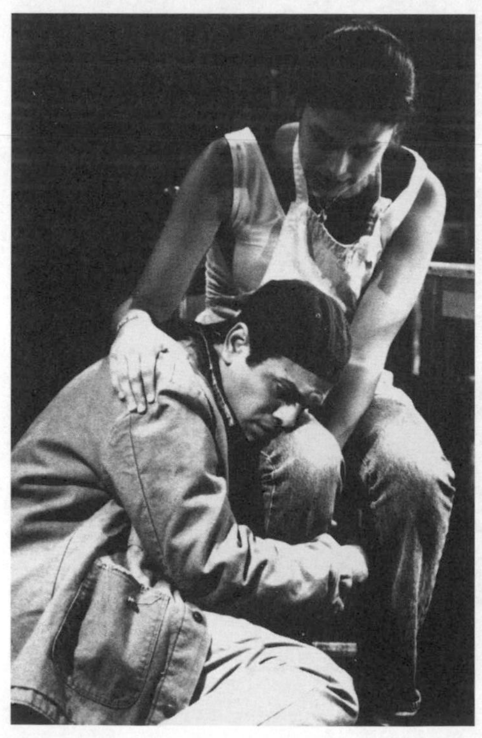

劇照 15　希望劇院，《犧牲者》

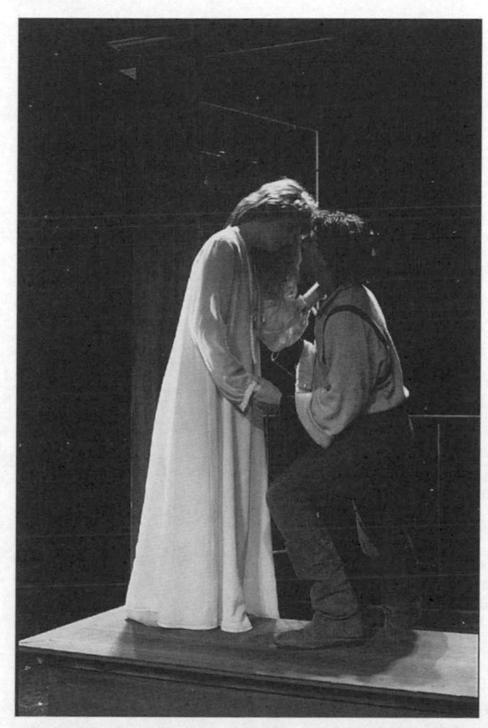

劇照 16　莎士比亞，《羅密歐與茱麗葉》

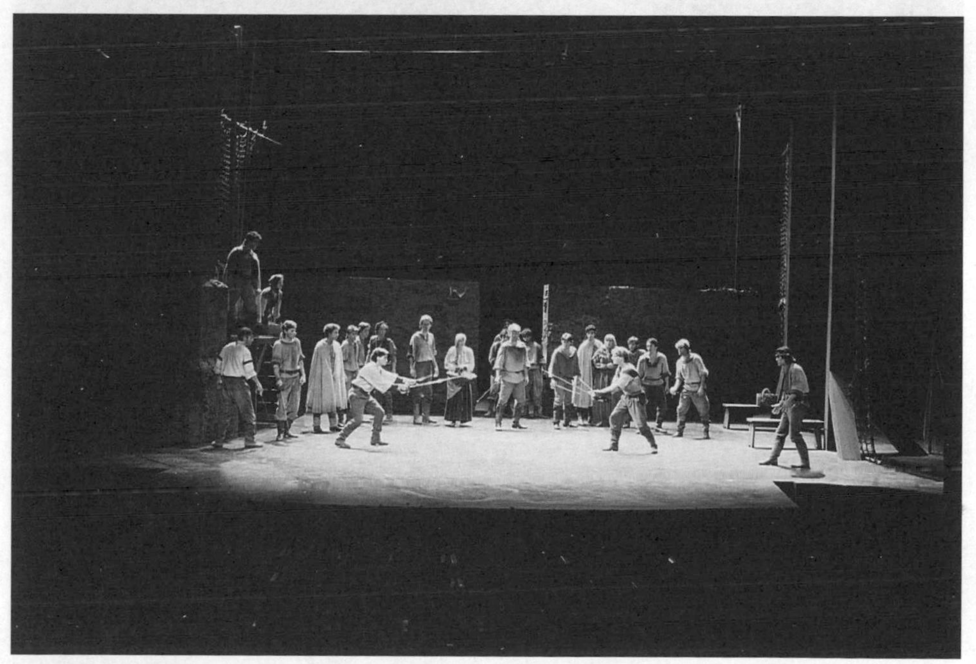

劇照 17　莎士比亞，《羅密歐與茱麗葉》

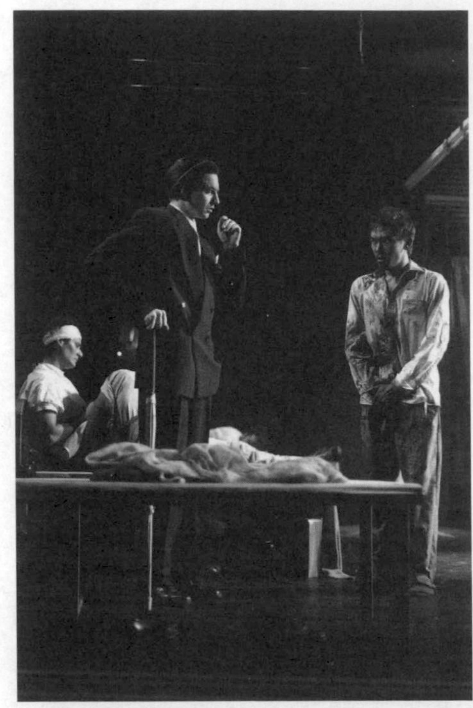

劇照 18　密，《奧瑞斯特斯2.0》

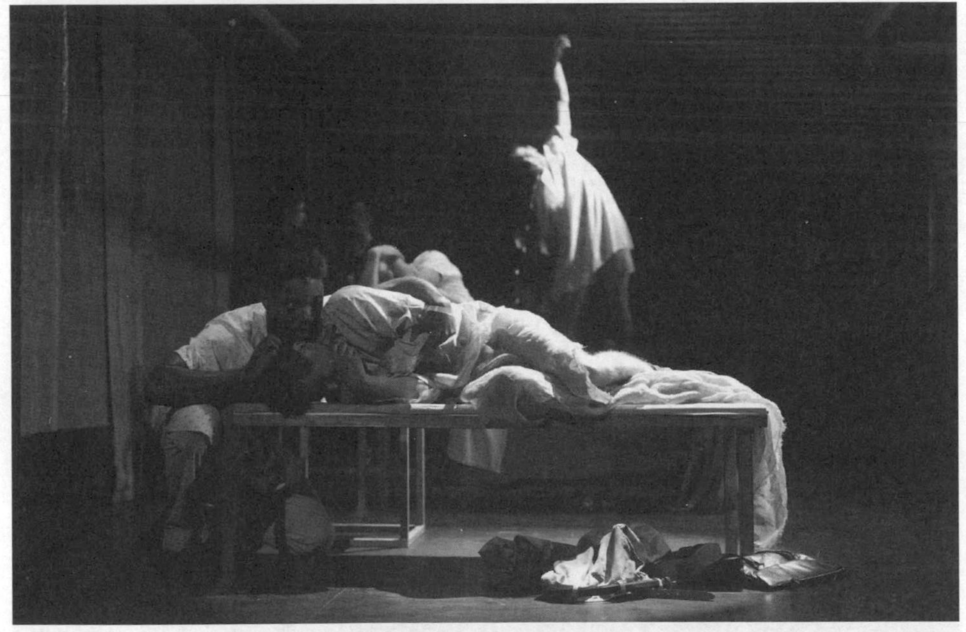

劇照 19　密，《奧瑞斯特斯2.0》

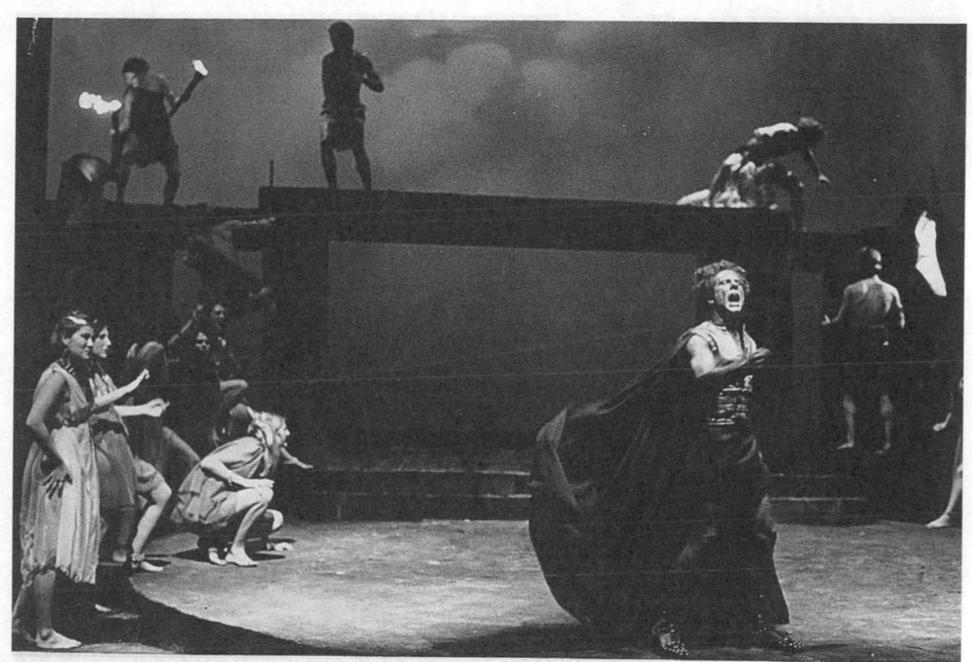

劇照 20　尤瑞皮底斯，《奧瑞斯特斯》

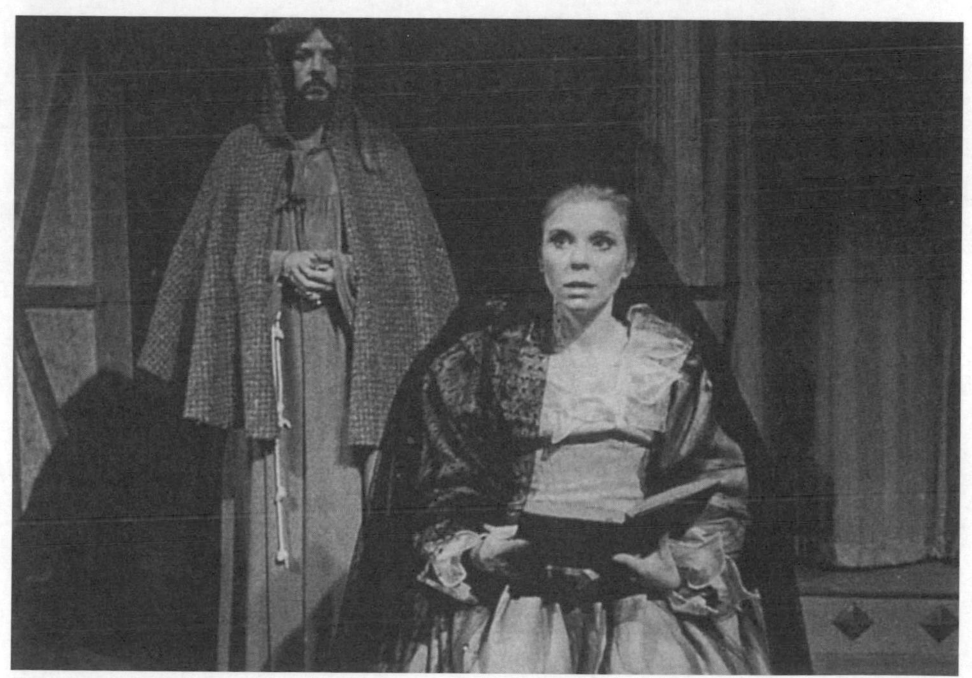

劇照 21　莎士比亞，《一報還一報》

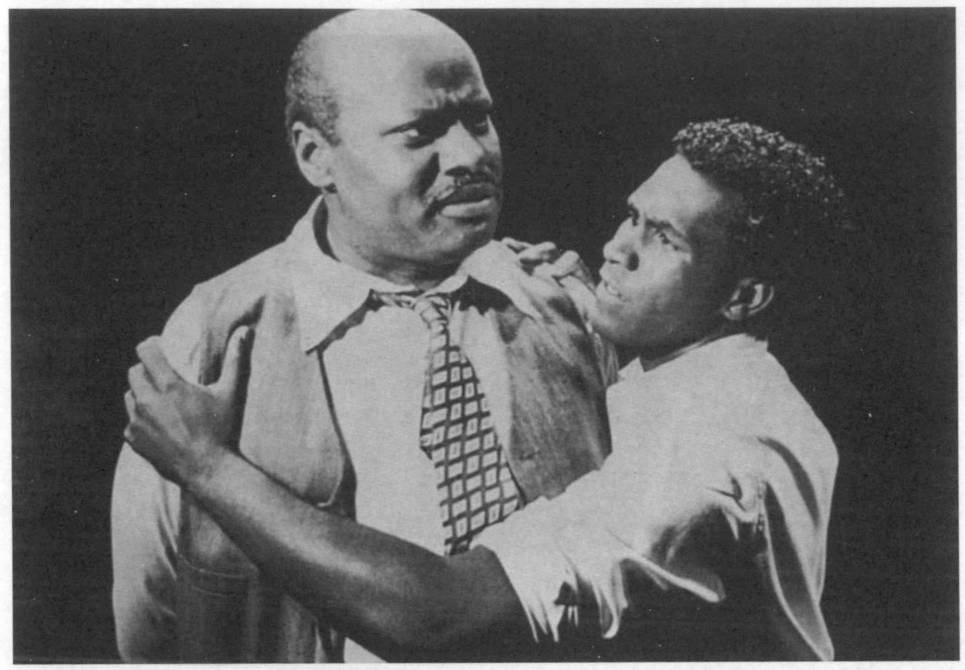

劇照 22　亞瑟・密勒，《推銷員之死》

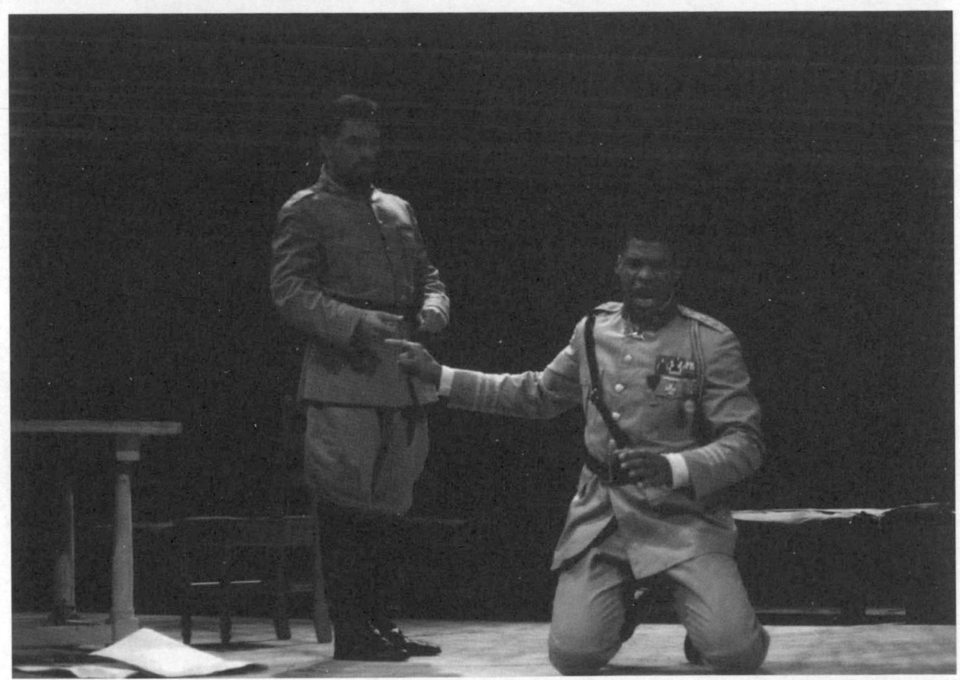

劇照 23　莎士比亞，《奧賽羅》

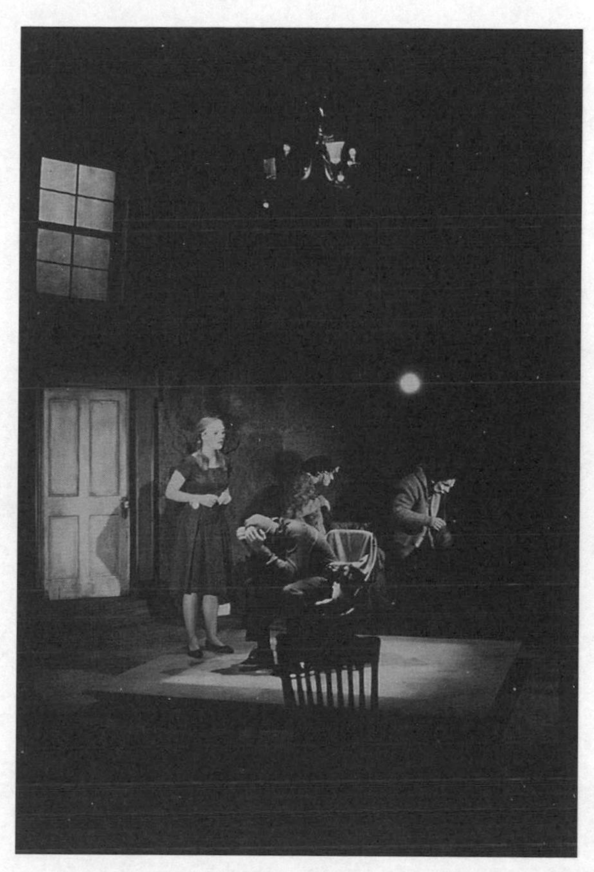

劇照 24　尤涅斯柯，《傑克，或屈從》

13

富動力的工具——移動

到目前為止，在討論導演與演員溝通的視覺工具中，我們一直關注的是作為導演，你如何幫助演員洞察劇本的潛臺詞，這些建議，除了姿勢以外，主要都是靜態的。本章的目的是揭示，所有**有機走位**的工具中，**移動（movement）的動力是最強大的**。

定義

移動是演員從舞臺上的一個點到另一個點的實際轉換。由於在移動過程中，身體範圍始終是動態的，所以它會包括姿勢，然而，移動之實際行進**距離**、行進**路線**和行進**速度**都傳達其特定價值，因此與姿勢並不相同。

概念

將移動想像為舞臺地板上各點相連的連續線（參見圖46）。當達到一個點時，演員靜止不動，我們就有了構圖。因此，移動乃發生在構圖與構圖**之間**。為了看到舞臺上的移動——也就是說，為了看到它的意義——行進距離必須是5英尺以上，否則將會看起來像姿勢（身體的球形範圍）而已。因此，移動是高潮性的，因為所有其他工具——舞臺擺置、構圖、姿勢、圖像化——必須在移動發生之前運作。而且由於移動是具高潮性的，它是導演與演員交流的所有工具中功能最強大的。因為它很巨大，因為它是連續的，並

圖46

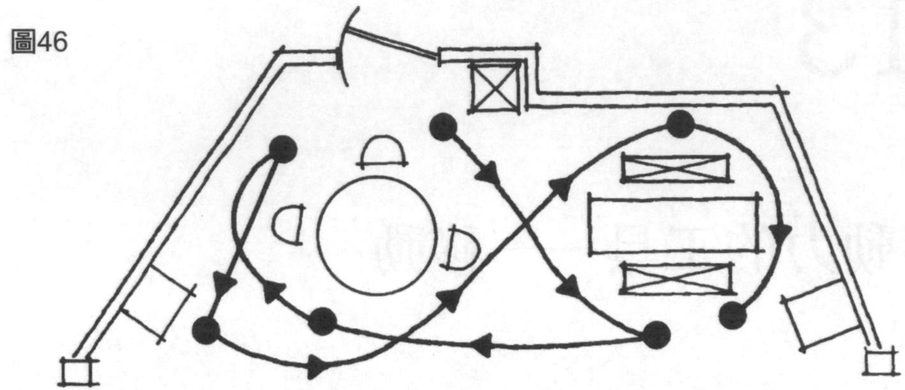

且因為姿勢使它動態化，所以移動可以快速而有力地向觀眾傳達畫面感。演員走路傳達了與跑步或閒逛完全不同的概念，**走向**一個演員與**走離**一個演員的意涵也截然不同。因此，移動具有節奏價值，它在時間中發生。

習作

藉著設置兩個定點，讓某人假裝他把球從一個定點滾到另一個定點來具相出移動。讓兩個或三個人重複，每個人輪流做，並使用三個或四個點作為目的地。第三次重複時，輪流讓每個人維持構圖的時間夠長到可以說出一句數字對白。

導演如同編舞家

在更嚴格的意義上，在舞臺上表演的戲劇宛若舞蹈。正如舞蹈的開始和停止一樣，戲劇也在移動和構圖之間交替，伴隨著持續運作的姿勢。因此，導演試圖找到合適的移動來突出靜止的畫面。如果他和演員找到了，作品將具有適當的動態效果——已存在劇本中的韻律。

在電影中，我們看到許多特寫鏡頭中強調了長鏡頭或中鏡頭——在這些鏡頭中通常含有移動，在此定義的移動，可能是移動中的演員，也可能是攝影機的移動。**但是在舞臺上，構圖像是特寫，移動像是長鏡頭和中鏡頭。**然而，相對而言，劇場觀眾從他的眼睛看這兩者的距離是一樣的，但電影可以在很大程度上改變圖像的大小。從這個比較看來，舞臺和電影非常不同。究竟，舞臺的力量，是源自充滿張力的語言表達和經過高度選擇的移動，這些是富有意義和想法的。因此，由於其動力，所有移動必須直接從戲劇動作中產生，**它不應該「被放置上去」而必須從內部產生**。於是，有些導演更傾向於讓演員即興發展，因為他們可以從他們對戲劇動作的內在理解，自由流動出他們自己的移動。然而，這種方法也有局限性，因為比起移動，演員通常更喜歡用姿勢來形塑。導演必須學會激勵演員透過移動來表達具體的戲劇動作。

移動的類型

雖然所有移動都必須以戲劇動作為動機，但為了認識這富有價值的工具之全貌，注意不同類型的移動仍然是重要的。

劇作家的移動

劇作家的移動由劇作家明文指示——那些他認為是劇本中的基本要求。它包括所有上場與下場，以及劇作家指明到舞臺上某位置之移動，那些因戲劇動作必須完成某些事務而絕對必要的位置。譬如，演員必須爬上臺架去操作上面的機關槍，那是因為劇作家已經在那裡設定戲劇動作，演員正在表現**劇作家的移動**。如果演員需要跳舞、玩需要移動的遊戲、參加閱兵、打一場決鬥，或是用手和膝蓋爬行尋找掉落的珠寶，那是因為角色引導他們這樣做，他們是在表現劇作家的移動。你可能會注意到，這些移動在他們的要求中會非常具體。然而，除了上場和下場，大多數劇作家對這類移動多僅做最低量的要求。對出版劇本的舞臺移動，你宜謹慎檢視，那些可能是世界首演時導演在其特定的舞臺擺置上置入的移動，不一定是劇作家的移動。（請做本章結束時的習作1。）

技術需求

一齣戲的場面調度並不是完全自由的即興創作，部分是技術性，因為要排演出一齣兩小時且常僅在一個地點（一套布景）的戲，在臺上的交通方面衍生很大的問題。如何快速、有效率地讓演員上下場，特別是當角色很多時，如何在舞臺上適當的區域讓劇中的事務發生，這些對導演都是至關重要。因此，劇本中的某些部分必須由導演來做調度，無論是在他們的頭腦中還是在紙上[1]，以確保他們用最具想像力的方式淋漓盡致運用舞臺擺置。

因這個考量，導演有時會專斷地要求演員從一個位置移動到另一個位置，然後才尋找支持這移動的動機——如果演員想像力足夠，他總能找到動機。就角色的揭露而言，進行事務的確切位置可能相當重要，所以導演會為演員專斷地在場景中決定一個位置，然後與演員一起議定，如何到達那裡。因此，演員可能需要(1)在某個特定時間穿越舞臺，(2)站在其他演員後面時，讓自己不要被遮住，(3)因應情況需要，靠近或分散，以及其他這類的移動。當涉及數個演員時，這類操作是必要的。**設法為專斷的安排添加動機，目的是要讓它們看起來像是自發性的即興發展**。在安排群體場景時，導演可能希望以特定方式分配演員以展現平衡或不平衡。他們達到指定位置的移動，儘管有其他動機，可能只是技術性的移動。我們說「**可能**」，是因為演員經常可以透過主要的戲劇動作到達指定的位置。熟練的導演只有在主要的戲劇動作無法解決交通問題時，才會以技術性移動作為最後的手段。（請做本章結束時的習作2和3。）

由戲劇動作衍生的移動

排練一齣戲時，約有百分之九十五的移動**是從戲劇動作衍生出來——那些潛臺詞告訴演員和導演要做什麼**。理解自己行業的演員，會因對戲中戲劇動作的強烈感知，自發且明確地移動。像那種情況，導演的工作將是建議把

---

[1] 這類在排演前的案頭作業多落實在導演的排演本（promptbook），請見第14章「排演本」一節。

移動量增多或減少、對移動加強選擇性、某些移動速度需加快或放慢，以及為了下一個重要的構圖告訴演員某些特定的抵達點。而另一方面，**新手演員常綁手綁腳的**，除非導演要求，否則他們可能不會移動，因為他們還沒有理解移動在具相方面的價值。在處理這些演員時，導演經常要提出最終會出現在演出裡的大部分移動。這方法若使用的很技巧，可以非常務實地幫演員打開通往潛臺詞的通道——由外到內的方法，有機走位。不過，如果設想不完善，可能會阻礙演員的想像力。

這一切的困難之處——不論是演員自己發展的移動，或是導演建議他們的——在於找到直接蘊含在劇本裡的適宜的移動。正如本書所闡明的，每一行臺詞都是一個戲劇動作的文字表述，戲劇動作就是一個角色遭受另一個角色的壓力。由是，移動乃蘊藏在遭受壓力或對這個壓力的反應（調整）之中。因此，我們使用動詞來表達戲劇動作，因為動詞的表述暗示了行動。如果你時時記住動詞蘊含內在移動，你就能看出來何以演員們和導演們能駕輕就熟設計出這些具相。（請做本章結束時的習作4。）

所以，導演必須把劇本研析得透徹，這樣，當演員呈現移動或他建議演員移動時，他可以辨別關於行動的事實是否有被傳達出來。移動可以說大謊，甚至可以完全顛倒原來的意圖。因此，導演和演員雙方都必須確定，那些「走向」的戲劇動作和「後退」的戲劇動作在視覺移動上確實是這樣的，除非是為了非常特別的原因，故意設計出相反方向的移動。

從某種意義上說，舞臺上只有兩個移動的方向：**前進和後退**。亦即，隨著戲劇行動展開，一個角色朝另一個角色前進或後退。到底該使用哪一個，則取決於潛臺詞的含義。移動以貓和老鼠的方式出現，角色根據戲劇行動的意涵來轉換扮演「貓」還是扮演「老鼠」。經常是有個角色是侵略者，另一個是被追逐者，而這兩種角色的更替發生的非常頻繁，也許每隔一兩分鐘就發生一次。（做這章結束時的習作5）

移動的情緒值

移動(1)當演員從一個位置移動到另一個位置時占據空間，(2)必須有一段時間（時間持續），(3)是大的且是動態的，並且(4)它們的速率可以變化很大。他們有許多情緒值，如果他們要持續被表達，需要最謹慎的控制。以下是您必須考慮的一些數值。

移動的長度

長的移動往往比短的移動弱，除非它們被非常謹慎的使用，而當他們在適當的地方使用時，它們可以具有強烈的情緒值。請記得，所有的移動，如果要被看見並被視為移動，**必須達到5英尺或更長的距離**。而連續的短暫移動，除非有特定的意圖，否則會產生不連貫的效應，像是一連串簡單的句子。你要學會根據想要具相的情緒來改變移動的長度。一般而言，沒有經驗的演員傾向於短的移動，與這樣的演員合作時，你需向他們展示，大方的移動多麼能具相出自在與放鬆感。

移動與空間

雖然在技術上，移動僅在執行時占據了空間，但它具有在心理層面上將舞臺區域連結在一起的價值，從而使得移動看起來好像占據了比實際更多的空間。透過每次演員停止時會出現的瞬間構圖來打斷長的模式的移動，來學習利用這個心理層面的價值。**沿著舞臺的對角線行進**，將給人一種占據上舞臺區域和下舞臺角落的感覺。如果移動曲折行進並且被打斷而停止，它會像是占據了舞臺。占據小的空間的情緒值與占據大的空間的情緒值大不相同。兩者你都要學會適當地運用。

大小與動力

移動大小的變化，是根據執行時身體姿勢數量的多寡來決定。如果一個演員恰當地扮演他角色的儀態和角色情緒張力，他將改變他移動的大小和動力。移動時使用身體球形範圍（姿勢）當受鼓勵，以增加或減少移動的大小，從而影響其反映的情緒值。

速率或節奏

在表達情緒值時，移動的速率最為重要，因為觀眾很容易受到速率的影響。演員的主要問題不僅在於幫助他們發現移動的時間和地方，也在於如何根據場景的角色情緒張力來改變移動的節奏。沒有經驗的演員傾向以相同的速度進行所有移動，於是作為具相的移動變得非常無效。**因此，你必須確保演員的移動符合適當的角色情緒張力**，這種情境只有在他們徹底瞭解角色的戲劇動作時才會出現。兩個角色從來沒有相同的速度，而是每個角色都會根據他的神經狀況而移動。唯理解了這個概念，演員才能學會用移動來創造情緒。

一系列的移動

你必須學習如何規劃移動，使它們連成一個系列，每一步都從前一個動作的邏輯開始進行。因此，移動比它們看起來更加相互連結，而情緒則可以從他們的積累中發展開來。如果你學會敏感地玩這種「棋局遊戲」，你將發現，比起任何其他視覺工具，你更能夠通過移動來控制一齣戲的氛圍。

與話語有關的移動

移動是如此充滿活力，如此引人注目，它發揮的影響力超過閱讀臺詞所獲得的理解。因此，執行移動的確切時間點變得非常重要，這是你和演員必須共同決定的事情。要強調一句臺詞時，演員在說出臺詞之前移動。要強調一個移動（也就是說，讓動作實際上說得比臺詞更多），演員在講完臺詞之後移動。出於這些原因，演員傾向於在說臺詞時移動，因為透過在大多數時間進行這樣的移動，他們可以為了特殊時刻保留住強調臺詞或移動的指向。不過，你將會發現，除非你的演員完全瞭解這些指向的價值，否則許多人根本不用移動來具相，而你會因此失去導演裝備中最有價值的工具。故而，你必須要學會混合語言和移動的關係，且要盡各種可能方式運用。（以數字和對話來實際示範。）

移動的數量

你先不用擔心在一個場景裡放了太多移動，實際上，找到足夠的移動並不容易。不過，一旦你深諳移動的價值且掌握了激發演員以此具相的訣竅，你就能學會極其謹慎地選擇過濾所有的移動。**移動過量（即幾乎每一句臺詞都有移動）會扼殺其他表達的工具，然而，移動不足，意謂具相不足**。經驗豐富的演員不像經驗較少的演員需要那麼多移動，因為他們知道如何利用可以具相的所有工具，而不僅僅是其中一兩個。為了幫助缺乏經驗的演員，你必須學會如何建議他們移動，這些建議會給他們特定的事情去做，從而建立起他們的信心，因而也帶到其他形塑工具的使用。**於是乎，移動的數量不僅取決於你正在創作的劇本角色，還取決於你所使用的演員的素質**。你必須懂得謹慎且客觀地判斷兩者。

由於年輕導演傾向忽略以移動作為具相的工具，就這一點，**鼓勵你在場景中盡可能置入移動，然後在排練後期再移除你認為多餘的部分**。移動可以成為幫助演員發現戲劇動作最有力的工具。當他們移動時，他們會從外在感覺到他們內在應有的感受，這種感受會給他們強烈的暗示，讓他們知道應該在戲劇動作中做什麼。這是排練時**有機走位**的例子。（請做習作6。）

習作

1. 檢視一部課堂實習劇本，首先標示出所有指明移動的指示，除了前述的「劇作家的移動」。然後在所有的上場和下場處畫底線，表示出角色下場或上場段落的開始處（如法式場景）。有多少上下場？劇作家在戲劇動作中正式指明了哪些其他移動？（注意哪些物品的使用是劇作家特地置入且納入必須的視覺具相中。）
2. 選擇一齣需要群眾的劇本來實習（如《海上騎士》中，村民跟隨著巴特里〔Bartley〕屍體被移進屋裡），與現場演員一起排出實際的進場情形。誰是第一位上場的？多少人一起進入？他們在舞臺擺置如何移動？主角如何因應這個上場？現在安排下場。這些安排又涉及哪些問題？
3. 即興一場有六至八個角色在客廳／餐廳的場景（建議《啊！荒野！》〔*Ah,*

Wilderness!〕或《三姐妹》）。在客廳進行一個戲劇動作，然後將演員移往餐廳圍著餐桌入座。請注意「為了有效率並有效果地進行這個變動」所需的額外移動。再次即興發展相同的戲劇行動，但這回，使用「把整組人移到餐桌之前、於第一個戲劇行動時所使用的」舞臺擺置。這個流程涉及哪些問題？

4. 將動詞分配給同學。讓他或她即興發展移動來具相每個動詞。
5. 即興發展一個需要兩名演員的戲劇動作。讓他們使用數字對話來搬演這個戲劇動作。他們使用了很多移動嗎？如果是這樣，是有意義的嗎？如果沒有，那是為什麼呢？接著，在指導老師的幫助下進行相同的戲劇動作，必要時，他會從場邊驅動移動，並且用一個信號來要求扮演「貓」的演員開始扮演「老鼠」，另一名演員反之亦然。
6. 每個學生各自工作，去調度實習劇本中的移動。在課堂上，一名學生使用已構思好的移動去執導現場演員兩到三個段落。隨後進行的課堂討論，特別關注在每個段落中，移動和戲劇動作之間的關係。重複數次。

14

協調導演和演員溝通的走位工具

第7章強調，為了在導演與演員的溝通中看到每種工具的價值和力量，必須分別論述每一種工具。儘管將它們隔開可能使它們看起來比實際上更抽象，但你越是能以物理方式細節地理解在舞臺上發生的所有一切，你就越容易明白如何同時使用這些工具。我們清楚一個場景的氛圍強度在很大程度上依賴這些經高度選擇的視覺工具。一個深諳它們的導演會知道如何運用它們。

協調

協調，意味盡可能多樣化且鮮活地使用所有工具，這種技術僅在你時時提醒自己有這麼多工具供你使用時才會發生。最常被忽視的工具是移動；最無聊的通常是舞臺擺置；最常見的是小道具；最少使用的是構圖。只有當你對所有這些工具運用自如時，你才能真正幫助演員尋找戲劇動作並具相。

導演的工作，是經由**適當地具相了戲劇動作的交互作用「激發」演員**而使一個場景成功。一旦你全然明白：「若未能充分運用所有工具形塑出有說服力且可信的視覺圖像，戲劇動作就無法以打動我們的方式傳達」，在這時候，你可以開始認為自己已在成為導演的這條道路上了。戲劇製作是理念的表述，並非發明理念——那是劇作家已經完成的事。

在其他類型的舞臺使用工具

如果你想以漸進的方式學習，一定要在此刻對鏡框式舞臺投注所有的注意力，因為**所有的工具都很容易適應其他舞臺形式**——四面式（arena）[1]、開展式舞臺（open-thrust）[2]、延伸臺口鏡框式舞臺（forestage-proscenium）。（適應各種舞臺的方法將在第19章中詳盡討論。）目前，你宜專注於鏡框舞臺上，透過這些溝通工具的使用來幫助演員。避免把舞臺的類型與這個中心目標混為一談，厲害的導演知道如何讓演員達到最高層次的成就。

書面走位

有些導演對走位採取放手不管的態度，其說法是，他們把大部分的位置和移動交由演員來即興發展。專業演員由於長期的經驗，懂得如何在舞臺上發揮自己最大的優勢——那種尚在學習中的演員很少能有的覺知。不要讓這些說法誤導你，學習如何執導的流程，與在專業製作裡領導熟練的演員（甚至是技術最嫻熟的表演者），不盡相同，大的總體性場景需要技藝熟練的導演來排演。先完成你的功課，培養這重要的技能。你可以根據每種情況決定何時以及如何部署它。

雖然，養成中的導演應逐漸朝向「與演員發展控制中的即興」這目標前進，但在學習溝通所有工具的價值時，練習**書面走位**仍是訓練過程中必要的步驟。書面走位是在排練階段之前的功課。導演學生若在安靜的書房裡[3]書面即興，便不會出現排練情境中的混亂和速效要求，在排練場，導演可能比演員更有自我意識且難集中注意力。**由於導演的工作是幫助演員，在一定意義上，導演必須在理解劇本和該做到什麼這幾方面大步領先他們**。所以，導

[1] 譯註：arena有多種譯名，如四面式舞台、環形舞台、中心式舞台等。

[2] 譯註：也稱伸展式舞台或三面式舞台。

[3] 譯註：作者強烈建議在書房，意圖很清楚，需在一個可以專注不受干擾打斷的空間，所以，圖書館、咖啡廳或任何可以達到這目地的空間都是可以的。

演學子的走位功課是在想像中搬演場景：實驗舞臺上的各種選項可能造成的視覺效果。有了時間和隱私，導演可以嘗試幾種場面調度的方法，直到達到看起來最好的決定。

書面走位不應該是專斷的導演強加給演員的決定，而是導演與演員溝通之可能性的預先檢視。當導演抵達排練場時，對場景之具相不應僅有一種做法，他應該要廣泛地探索可能性，讓他能夠和演員朝許多方向工作，儘管導演個人也許認為某一種可能性是優於其他的。**書面走位若有適當的理解和處理，可以打開導演的想像力而不是關閉它**，諸多可能性總比只有一種更好。再者，排練的目的是讓演員持續工作。如果導演沒有好好利用寶貴的群體時間，反而做著一己作業就能初步構思完成的事，演員必須等待導演思考場面該如何調度，可能會神經緊繃無法集中注意力。排練時，想像力通常要透過適當的速度和場景節奏得以釋放，太多緩慢的進行可能導致演員想像力乾涸。

排演本

排演本（promptbook）是你為一齣現場演出的戲劇所做的原創設計。當研習本書第三篇之後，你的知識將更具全面性，不過到目前為止，排演本必須基於你在第一篇和第二篇所學到的。從而，這將是一個檢視，測試你對劇本分析和六個走位工具概念的理解程度，以及如何使用這些技術的能力。同樣的，這個過程將打開你的想像力，而不會關閉它。

由於需要足夠的空間來寫所有必要的註記，製作工作用的排演本時，只在單面放文本臺詞，這樣，打開排演本時，與文本相對的是一空白頁，在與文本相對的那空白頁，就可以有足夠的空間予你註記有關走位和詮釋觀點的筆記。（你構思想要在排練中嘗試的特定活動，可在對面的文本頁面中編上相應的數字。）把你的排演本放在一個堅固耐用且你感覺舒適、好用的活頁夾裡。和任何工匠一樣，導演的工具——在這裡是排演本——能透露很多關於你的信息。故而，不要草率地製作這個重要且將大量使用的工具。

舞臺擺置圖的設計與測試

一個寫實場景的舞臺擺置圖，可能是有牆壁之布景的平面圖，或至少一部分牆壁，所以這平面圖應該顯示封閉的牆、門、窗、水平高度（平臺），和所有家具的線條。**務必始終以準確的比例製圖**，徒手畫的只會讓你陷入麻煩——你對空間關係的認知不準確，你會讓你以為存有、但並非確實存有的東西誤導你。圖47是一個範例圖，但你**應該遵循您在舞臺設計課程中學到的原則**。

導演對舞臺擺置圖的思慮必須非常縝密，明確地遵循第9章所討論的流程，因為所有其他導演和演員的溝通工具，或是直接地依賴它，或是強烈地

圖47

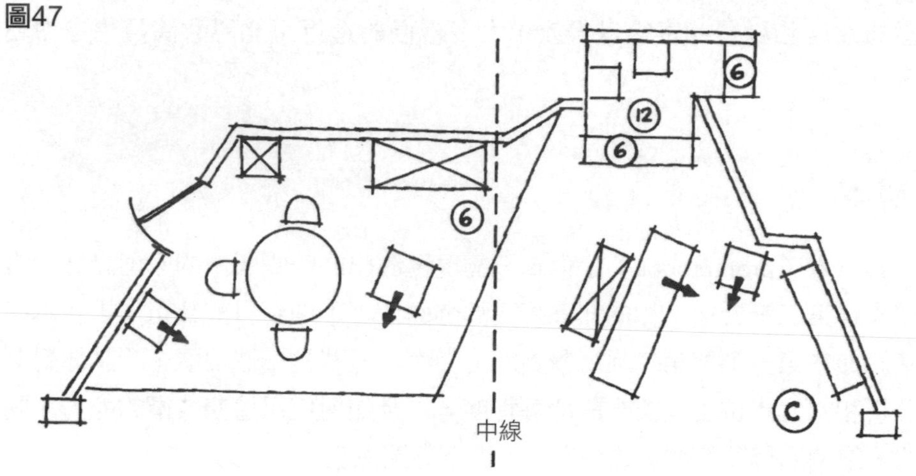

受它影響。記住：試著要找出最佳選擇時，眾多事先在你的案頭測試過的舞臺擺置圖，比起僅有一個會好很多，因為你的想像力和即興的驅動力被釋放了。透過非比尋常地用心選擇家具，所在乎的是，推斷當它們用作「活動區域」時，是否能激發演員鮮活地具相。

透過回答以下問題來**試驗你的舞臺擺置圖**：

1. 它是否至少有五到七個表演區？
2. 它是否具有在上下舞臺方向及左右舞臺方向進行強烈的移動的可能

性？

3. 是否可產生強對角線？
4. 你的家具擺放方式能否製造出張力？
5. 這個擺置能提供障礙路徑嗎？
6. 其強化構圖和畫面的潛力是什麼？
7. 它為這齣戲在適宜空間的創造上有獨創性嗎？

   你是否有計劃要使用代排家具來實現你的（理想的）舞臺擺置，讓你避免你的想像力和巧妙的創造力受到排練場條件的限制，如庫存的家具、牆面等，它們能滿足舞臺擺置的需求嗎？
8. 它能激發演員們新鮮而富有想像力的具相嗎？
9. **你可曾避開「不是房間、不知在哪裡、可能是任何地方」的陷阱？**

透視草圖

這時需要一個**透視草圖**（perspective sketch）了，它比舞臺擺置圖更接近舞臺立方體的樣貌。你的舞臺擺置圖是否利用了水平角度，提供了比例、平衡，諸此的概念？透視草圖將告訴你房間是否像一個房間，以及舞臺區域是否都已被開發。除了色彩處理和細節的認識外，現在的布景已經加上了牆壁，**布景**的氛圍主要將基於家具物件的分布、創建的空間感和布景的大小被創造出來。

構圖和移動的註記法

現在，你已經設計了舞臺擺置圖，排演本也已經準備好了，你可以詳細記錄你的構圖和移動的建議。你已經從舞臺擺置的工作中獲得了很多想法，你現在該進行的是透過特別的方式來評估它：檢視它在整場戲中如何持續工作。如果你設計得很好，你會發現這個講究細節的過程可以進行得很快且令人興奮。**切忌事事費神過度絞盡心思，如果在這類註記上移動過慢，你會喪失場景的韻律**以及你原來要做的；走位有如下棋，你通常要先預走五步棋。請記住，只有當你向搬演該場景的演員建議出你所「看到」的走位時，它才

圖48

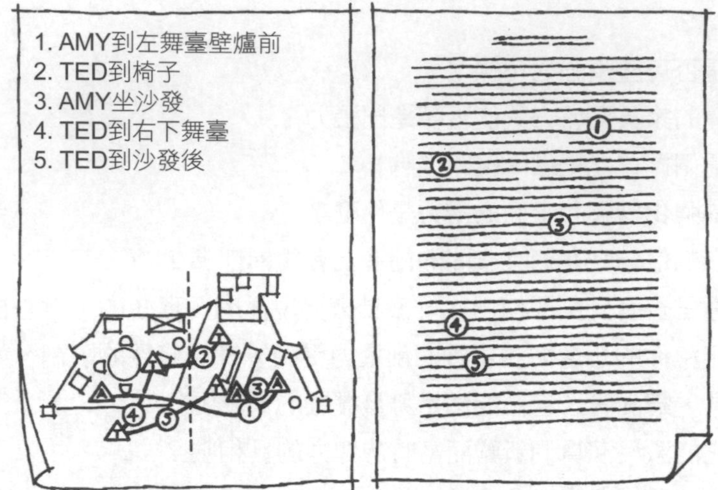

會經歷到關鍵性的測試，提前計畫的目的是讓自己處於盡可能靈活的位置。

在文本對面走位那頁的上半部，寫下所有的移動（見圖48）。將走位頁的每個移動標出連續的編號，然後在文本中放置相同的編號。一旦設定了移動，構圖會自動浮現，以及，至少在你的想像裡，會投射出某些圖像。在每個註記走位頁面的下半部分都放上一份複印的舞臺擺置圖是非常有用的，特別在你學習之時。每一頁，在這個複印的舞臺擺置圖上**畫出所有移動**（movement），用三角形加上每個角色名字第一個字母（三角形符號）來表示角色。用線條上的箭頭來顯示移動的方向，然後，在你寫下的移動和文本上標記相同的數字。每種角色使用不同顏色將有助於區別它們。

雖然姿勢不像移動那樣容易被顯示，但是當想法浮現時，可以在走位的頁面上註記。大小道具的即興亦可用類似方式筆記。

移動總圖

為文本每一頁完成所有詳細的場面調度後，**你應該在單獨一份舞臺擺置圖上放入所有的移動**，這次使用放大的點來顯示主要的構圖位置（參見圖49）且用顏色來表示移動。完成這過程後，整張圖會宛如塗鴉般混亂。然而，它很快可以揭示你對舞臺擺置圖的利用——無論是移動還是構圖，是否

圖49

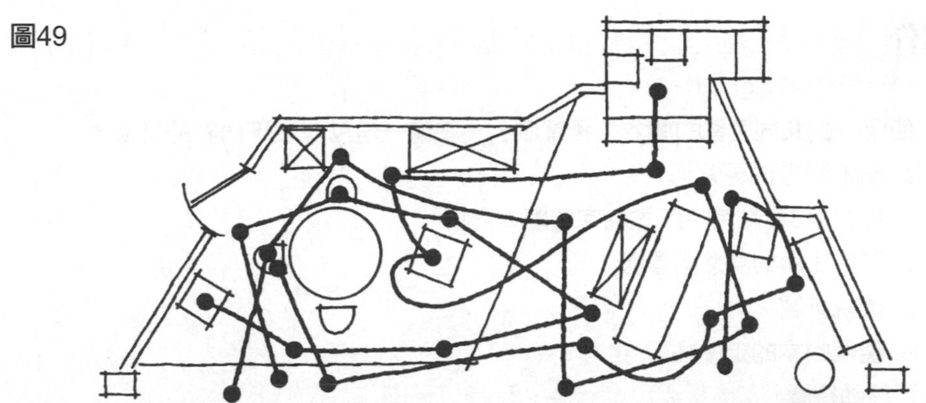

只集中在一兩個區域；中央的層面是否占了主導地位，從而減少了舞臺擺置可利用之深處的使用；整個舞臺擺置中的所有地區是否都使用了等等。這項檢查快速且可靠，它能檢視整個舞臺擺置圖被思考的如何[4]。圖49示範了一個經良好調度的場景之舞臺擺置圖，所有區域和可能性都被開發利用了。

道具清單

在設計舞臺擺置圖時你就已經對大道具做出了決定。在這一點上，你需再三忖度，你所挑選的確實是你能想到的最鮮活的家具，都是特別適合你所要表明的既定情境。**力求新鮮感與獨創性，就導演與演員與舞臺擺置圖有關的溝通而言，窠臼和沉悶肯定是死路一條。**

最後，精心地挑選你認為可以激發演員的小道具。對既定情境，肖真（外觀真實或寫實）當然是需要的，但要記住這點是次要的，小道具最主要的價值是幫助演員運用姿勢。如果道具使用太少，這場景可能會具相不足，但使用太多可能會因強調了道具而分散觀眾的注意力。因此你必須製作一份適當的清單，以便在日後需要時添加其他道具，或撤掉那些被證實不適用的道具。

4 譯註：在第一次整排時，根據排練實況，每一場或每一幕集中紀錄出一張移動總圖，對檢視舞台表演區的運用非常重要，導演可依據這些移動總圖調整被疏忽地區之運用度。

習作

1. 使用一齣共同實習的劇本（獨幕劇），準備一份包含以下內容的排演本：
   a. 劇本和走位頁面
   b. 你在第6章結束時所做的完整劇本分析
   c. 符合比例的舞臺擺置圖
   d. 透視草圖
   e. 整個劇本的走位註記
   f. 移動總圖
   （注意：如果這些練習都已隨著一齣實習劇本一路完成下來，那麼此時需做的就是移動總圖。）
2. 討論各方面的協調。
3. 討論：將有機走位作為與訓練中的演員工作時的主要程序一事。

15

幫助演員「說」一齣戲

如同第8章提醒你留意「看得更仔細」，本章提醒你在導演上同樣重要的一個面向：「聽得更仔細」。你從發聲與說話課中學到了什麼？**你真的學到在舞臺上說話是一件很重要的事了嗎？**

你即將著手處理好劇場作品的核心技藝：強而有力地說一齣戲，讓觀眾都感受到——打動他們、說服他們、緊緊抓住他們的注意力。你能如何盡全力幫助演員面對這個挑戰呢？當你用心下過功夫經營導演的這層面後，回頭再去關注視覺的層面，你會發現它變得更好掌控；然而，由於你此時碰觸到的是表演的真正核心，幫助演員將比之前來得更辛苦。

許多原本有潛力成為導演的人就是在這一關失敗的：他們並不認為幫助演員好好說話是他們的責任，反而只關心舞臺視覺的呈現。但一位好的導演會看待自己的工作等同於一名用心觀看也聆聽的劇評人，如此一來，對演員們把一齣戲呈現在觀眾面前的幫助是很大的。

來聽聽身兼演員、劇作家、導演三重身分的威廉・莎士比亞，如何看待一齣戲中表演的好壞，以及視覺與聽覺該怎麼取得平衡。在《哈姆雷特》中，哈姆雷特王子（無疑是莎士比亞他自己[1]）對著一群演員們說話，他們

---

[1] 譯註：劇作家兼演員的莎士比亞在這場景藉哈姆雷特之口，表達他對表演的理念，哈姆雷特是劇作家代言人。據說哈姆雷特這角色是莎士比亞特為劇團的台柱理查・伯比奇（Richard Burbage）創造，莎士比亞自己扮演國王的鬼魂。

正要演出他所撰寫的劇本。這看起來多麼像是莎士比亞在導戲時[2]（跟你們排戲時一樣）對演員說話的樣子，告誡他們假使不好好演，就會毀了那齣戲。請仔細聽：

> 哈姆雷特：說這段臺詞的時候，拜託你們，如同我剛才唸給你們聽的那樣，在舌頭上輕輕說出；但如果你們像許多演員一樣把話含在嘴裡，我還不如找個街頭傳報消息的人來讀我的臺詞。別把手過分的在空中揮舞，要有風度地使用；因為，在情感的激流、暴風雨，甚至我說，激情的旋風中，你們必須練就節制，好讓情緒能平順地展現……

瞭解為什麼莎士比亞認為「把話含在嘴裡」——也就是，吞字、含糊、吐字不清楚——會毀了他的劇本嗎？還有，狂放的手勢只是用動作來誇大情緒，是很空洞的。他接著說：

> 但也不要做得太溫馴，自己去斟酌該怎麼表現。讓臺詞符合行動，行動符合臺詞；要特別留意這一點，不要逾越了大自然的適需為宜；因為任何做得太過火的，都違背了表演的目的。表演的目的，自古至今，一直都是鏡像般反映自然；顯現美德自己的樣貌，卑鄙的原形，那個時代的形形色色和壓力……

聽見莎士比亞對表演的抱怨了嗎？要活力旺盛，他說，要適度地展現，忠實呈現人的自然反應，因為誇大的肢體表現會模糊你原本想說的關於人的種種。

莎士比亞接著談到演員怎麼羞辱一齣戲與劇作家：

---

2 譯註：導演專業是這百年來才正式成立，不過，自從有戲劇演出，西方劇場兩千年來導演的工作一直都依存在該劇的劇作家、演員或舞台監督身上。當莎士比亞創作《哈姆雷特》時，他已是劇團的老闆之一、靈魂劇作家和資深演員，後人大可想像排練時，他囑咐演員表演的情景。

> 還有，扮演丑角的人不可以講寫給他們的臺詞以外的話；他們有些自己帶頭笑，讓許多蠢頭蠢腦的觀眾也跟著笑；而那時劇本裡原有些嚴肅的議題需要思考，那實在太惡劣了，顯得使用這種手法的傻傢伙狂妄得可憐。

不要自己編臺詞或插進噱頭，他說，務必好好講劇作家寫的臺詞。最重要的，不要跟觀眾「瞎鬧」，這樣會讓他們分心，錯過劇中的主要臺詞。重申一次：「那實在太惡劣了，顯得使用這種手法的傻傢伙狂妄得可憐。」

看出莎士比亞在視覺與口語兩者之間的平衡了嗎？他聽起來像一位疲憊的導演，已經重複同樣的話很多次了。他多麼的現代，又是一位非常熟練的導演。

注意莎士比亞怎麼將觀眾看見的與聽見的做對比。他讓兩者互補。這麼做並非因為他是以詩體編劇才需要如此，我們現在使用散文寫劇本也有同樣問題。莎士比亞只是要告訴我們，精煉、集中的好對話該是什麼樣子。

我們今天已經太習慣視覺的力量，**簡直完全忘了歷史上大部分最厲害的表演都是運用語言的表演**。毫無疑問的，由於攝影機的出現，二十世紀在視覺上的發展遠超過任何一個時代。我們什麼都看得到，甚至過去那麼長時間肉眼無法見到的東西，例如微生物，被放大了數千倍，或者看見那些無法用眼睛見到的現象，像是聲波或心跳，更別提甚至還有距離地球數光年以外的星球或星雲的影像。

劇場因此身負巨大的任務，好與這波視覺的猛攻較勁，畢竟我們無法透過特寫鏡頭來看舞臺上的表演。舞臺化妝一直被運用來放大並簡化臉部五官，面具用來表達某些典型或象徵的意義。即使觀眾坐在距離舞臺很近的位置，比如說，前五排的觀眾的確能看見演員個人更細微的地方，但相較於坐在後面幾排或者樓座的觀眾來說，關於戲劇本身，他並不會因此接收到更多的訊息。的確，劇院確實有大小的限制，但這個大小的限制並不是基於視覺的考量，而是基於聽覺——能立即聽得見的情況。

好的導演，由此可知，為觀眾同時提供聽覺（聽的）以及視覺體驗。**一齣戲不是一部放在舞臺上的電影；而是一場感官的體驗，經由眼睛，同樣**

也經由耳朵讓我們感受到。導演如果對劇場中人聲的音樂性缺乏敏銳度和喜愛，要跟觀眾溝通將有非常大的困難。

因此，劇場製作的技藝並不只在視覺的呈現，還需要與言語——聽覺經驗取得平衡。電影的特寫鏡頭不可能用於劇場，除了演員的身體之外，可仰賴的就是聲音了，因為它來自於表演者的身體深處。是這個聲音在感動我們。這種被聲音感動的經驗也非常珍貴。

今天，表演訓練為了發展對潛臺詞的覺知，放了太多的注意力在內在方法上，以至於年輕演員忽略了：如果缺少聲音和使用聲音的能力，他們想在舞臺上達成什麼都不可能。小聲的、寫實的聲音在電影和電視演出是可行的，但顯然在劇場的巨大空間中行不通。因此，聲音就是演員最有價值的所有物，因為它是最主要的溝通工具。不理解這個事實的導演，根本是繞過了一個跟觀眾溝通的最有力的工具。**從一個非常真實的意義上來說，表演就是充滿能量地說話**。表演指導不能把聲音視為理所當然，必須把聲音開發作為最主要的訓練。

重複一次，口語傳達能力也許正是業餘演員和專業演員之間的最大分別。「天賦」往往取決於此，因為聲音是從人體內部的神經系統所發出；也就是說，它能「掏心掏肺」，在其流露的親密性的基底上，具有強大的力量驅使你去聽。從這個意義上來說，聲音比視覺特寫鏡頭擁有更強的能力，能夠在演員與觀眾之間產生心與心的接觸交流，也因此更能感動人。**角色事實上是住在人的聲音裡，而不是在外表或表面呈現的樣子**。簡而言之，成熟的表演藝術就是說話。

習作

1. 你認為公共電視上播出的英國喜劇演員的說話能力如何？除了英國腔以外，你覺得他們的說話能力比美國情境喜劇（sitcoms）演員來得好嗎？請比較英國電視喜劇節目和美國電視劇裡的情境喜劇。兩組演員使用說話的方式有何不同？為何瑞奇・賈維斯（Ricky Gervais）、薩夏・拜倫・柯恩（Sacha Baron Cohen）、茱蒂・丹契（Judi Dench）、傑佛瑞・帕爾默（Geoffrey

Palmer）會被推崇為優秀的喜劇演員？

2. 喜劇電影中的說話比電視劇的來得好嗎？為什麼？
3. 以對話為主的戲劇裡，為何肥皂劇（soap opera）是容易理解的？

說話：優良劇場作品的心臟與靈魂

愛看戲的人經常抱怨他們聽不清楚年輕且缺乏經驗的演員說話，因為他們總是口齒含糊，沒有大聲地說。但更可能的是，錯不在音量小，而是有許多問題導致聽不清楚，原因不僅出在演員的音量與吐字能力。主要的幾點有：(1)視覺干擾；(2)演員作為一個說話者的重要性未被強調；(3)演員對潛臺詞的表達有缺陷；(4)觀眾自身的聽力問題。

說與聽的過程要在毫無干擾的情況之下才有機會發揮到最好，因為要好好聽一齣戲，必須仰賴演員與觀眾兩者的高度專注。就某種意義來說，如果觀眾聽不見，他有權利責怪演員，即便導演或設計者（在導演的指示下）常常可能也是應該歸咎的對象。導演的工作，就是藉著把可能導致分心的情況減到最少（包括會讓人分心的視覺），來抓住觀眾的注意力。電影導演能透過特寫鏡頭、用心的剪接、近距離收音和提高音量，來遮過所有其他的聲音干擾。特寫鏡頭特別能讓我們清楚看見演員嘴巴和眼睛的細節，因此更容易聽得懂，原因是我們讀唇語的能力比自認為的更好。但是舞臺演員卻是從頭到腳出現在觀眾眼前，沒有電影中的重拍或片段剪接也沒有經過更改。一旦做了，就已做了。

演員對潛臺詞的表達

一個演員可能聲音甚好且吐字頗佳，卻無法讓觀眾聽清楚並且理解他在說什麼。**問題最有可能出在演員對潛臺詞的意義並不瞭解**。演員如果按照著**他或她**的思考和感受來講臺詞，他／她很可能完全不是按照角色被刻劃的思考或感受的方式在說話。找出角色等同於找出潛臺詞，這就是導演之所以在說與聽的過程中扮演極重要角色的原因。畢竟，幫助演員找出潛臺詞正是導演的工作。

散文對話（prose dialogue），由於經過仔細的選擇和精煉，它並非全然是日常生活語言的複製品，但很接近日常語言。由於這種接近度，大家經常認為，假使演員瞭解一段對話背後的戲劇行動，就能把劇作家的臺詞變成自己說的話；也就是說，他一開口就會是角色在說話。如果演員只依賴這一套方法，儘管肯定會掉進陷阱，但它的基本有效性是毫無疑問的，因為戲劇動作就是**角色**。

這也正是導演在密集的劇本分析工作時所使用的核心方法，尤其是用動詞來詳細描述戲劇行動時，如同第4章談到的。在跟演員溝通時，**導演很可能不會完全照著劇本分析階段所設定的動詞來溝通**，因為這些動詞可能太抽象、太正式、太文謅謅，不能立即奏效；然而，由於導演瞭解必須達成什麼，他就有能力形象化或用各種方式去刺激。與特定演員溝通的彈性空間是非常大的，藉著與他們近距離工作，覺察並建立演員所能貢獻的一切，導演就能根據必要情況形塑戲劇行動。

重複第4章討論的重點，**導演最重要的工作就是帶出演員之間的交互作用**（reciprocation）。每個演員都必須理解角色的感受，但也必須對其他角色對他的作為保持高度敏感。敏銳的導演工作即確保每個演員都聽得出其他演員的驅迫力（forcings），這種感知，能讓演員在採取行動回應之前，做出細膩的調整。只有在這種情況下，情感才會在場景中浮現出來。重申很重要的一點：**表演主要可被描述成微妙的調整之過程**。演員以強烈的領悟和發現彼此飆戲。因此，在維持觀眾的注意力方面，調整往往和驅迫力同等重要。

由此可知，「聽出」潛臺詞，是交互作用的核心，導演是外部人員，他可以去確定表演過程中的這部分是被充分開發出來。與觀眾的溝通，不可能僅靠各個演員分開工作就能達成，而是需要兩個以上的演員，如同他們扮演的角色般去執行調整，所產生的高度溝通，才有可能達到。

如果觀眾被剝奪了認知潛臺詞細膩表現的機會，會有什麼反應，最實際的例子就是觀賞外國電影時看螢幕下方打出母語字幕的經驗。我們很怕在看字幕時漏掉了演員的面部和眼睛的表情。看母語電影則沒有這種問題，假設導演確保潛臺詞被表演出來，我們是能同時消化臺詞和潛臺詞的。

講主題[3]

你現在應該瞭解，在寫實戲劇中，所謂「講主題」，意思就是利用很微妙精巧的方式表達出潛臺詞（被「遮蓋住」的題旨）。在第三篇處理古代劇本時，整個過程會翻轉過來。你會發現那些劇本的潛臺詞非常少，臺詞多半很快指向戲劇動作。然而，此處的焦點放在現代戲劇，演員被要求二者兼具。散文對話經常被視為理所當然，因為它與日常語言很相似。不過，唯有導演自己意識到對話中微妙的複雜性和文字技巧，他才有辦法讓觀眾也聽見。觀眾要能聽得既清楚又輕易，演員必定下了大量功夫找出詞彙和臺詞的重點，**文本的重點**；導演則須隨時注意，確定演員有在這麼做。這裡有幾點建議：

1. 應用你在文學朗讀課所學到的技巧，關於強調、對比和重複（某些字詞的重複出現）。
2. 所有專有名詞（人名與地名）都必須特別強調，在專有名詞之前稍微停頓（caesura[4]），好的新聞廣播員經常使用此技巧。對動詞也須如此操作，因為動詞創建了動作。
3. 堅持臺詞的精準度，包括劇作家對標點符號的使用，因為那揭露作家心裡真正想說的是什麼，所有好的文學都是如此。
4. 防止文本遭破壞，不允許更換或增添字彙。好的對話用字很節約，每個字都精挑細選、非如此不可。演員說：「這句臺詞我說起來很拗口不順，我能不能調動一下順序，或者把這些字換成⋯⋯？」這情形很可能是演員還不瞭解潛臺詞，或是把重點放在不對的字或用語上。既然作者聽出來了，**如果你協助演員找出字面下的含義**，演員就可能也聽得見了。如果你學會找出一句臺詞的重點——通常圍繞著動詞——你就能找出潛臺詞，而那句臺詞的意義就會從潛臺詞中浮現，**如果強**

---

[3] 譯註：原文：speaking the text，text的意義，除了一般熟悉的「文本」，亦有（討論等的）題目、主題、題旨等意（新牛津字典上的解釋：a subject or theme for a discussion or exposition）。將視上下文來探知作者是指文本、題旨，還是臺詞。

[4] 譯註：caesura，牛津詞典：休止的；詩行中根據意思的自然停頓。

調了正確的字，意義就能傳達給觀眾。

5. 提醒演員注意對話中的**停頓**，這些停頓與表演過程中所發生的調整有密切的關係。這影響非常大，並不是因為它讓對話變得生動，而是因為它**點出並強調所說的**。你聽見對話中的靜默了嗎？藉著打斷聲音製造出韻律。要觀眾「聽得見」靜默，你和演員必須先聽見。幫助演員找出它們來，你會發現新的意義。只要放對地方，停頓能延續注意力，比聲音更立即，因為沒有人知道接下來會發生什麼事。
6. 如同你在第3章所學的，對話的重點通常都放在句子接近結尾的地方，也就是說，**藉著把重點放在靠近臺詞的結尾處來構成高潮**。縱使演員理解潛臺詞，因未能把力度放在臺詞所意圖的重點，無法達成傳達句子的意義。**當演員在字群或句子結尾處失去了聲音的力度，音調就會往下掉**，從而破壞這句臺詞這部分的可聽度。接受潛臺詞表演訓練的演員，當導演糾正他們某個字或詞講錯的時候，往往變得很不自在。如果只是偶爾掉了一兩個字或詞，也許應該從潛臺詞下手，找出問題所在，可能是因為演員錯失了行動的重點。但如果問題經常出現，則是演員並沒有完全意識到對話的高潮句型結構，就需要在這方面加強認識。有些導演會在磨戲階段運用一種排練的技巧，藉著筆記來修正上述的問題，此時因為演員已瞭解潛臺詞也在表演中體會過了，所以字、詞、句的糾正能立即被演員消化；筆記很有用，因為演員能在安靜的狀態下被提醒自己出現過的問題。

韻文對話會在第三篇討論，該篇談論過往時代劇本的表演。

角色的談吐

在第4章和第11章，將儀表形態（decorum）定義為角色的外在形象——從他人的眼光實際看上去的樣子。這個觀念亦包括角色**聽起來**的感覺。由於環境界定了社會差異，儀表形態一直是既定情境（given circumstances）的某種反映。我們很容易就能從談吐裡識別出儀態，甚至格外容易，因為角色如同真實世界中的人，會修飾身體的動作，卻很少改變被環境強烈形塑成的語言模式。導演必須重視這方面的逼真性（verisimilitude）。

在編劇實務工作中有個並非少見的做法，尤其盛行於二十世紀前半葉，是讓劇作家盡可能將他理想中某些角色的語言確實的發音樣貌準確地紀錄在劇本上。耳力好的劇作家如蕭伯納和辛約翰在謄寫口音這方面十分成功，但許多聽力沒那麼好的作家，只能謄寫出泛泛使用的非標準語言。而晚近許多作家則完全放棄這謄寫的企圖，把聲音的部分交給導演和演員去處理，假定藉由他們對既定情境的理解，會引導出適當的口音。除非導演有能力讓聲音徹底在演出中展現，否則他便失去了一個最重要的溝通工具。如果這個問題被重視，導演便能明白，除了運用字或潛臺詞，重大意義經常可藉由聲音本身傳達。

這裡涉及到的不只是方言（非標準「通用美式英語」〔General American〕），而是所有我們在舞臺上聽到的言語。演員可能完全理解某齣寫實主義戲劇中的潛臺詞，卻無法具說服力地傳達角色的談吐（speech decorum）。我們就是無法相信，一個扮演講究裝扮、注重禮儀的都會紳士卻說著一口明顯的鄉下口音的演員；如果演員扮演粗野的農夫，說話卻像帶著文化氣息的高雅都市人，我們一樣很難接受。寫實劇在這方面對演員和導演有強烈的要求，如果迴避它，等於是避開寫實主義所必需的逼真性。導演可以僅基於演員的言語特質來選角，選擇在口音的「外在形象」已確立的情況下，再回過頭來工作潛臺詞，畢竟並非所有演員都能將高雅談吐和非標準語言處理得很好。演員「聽起來」怎麼樣，似乎比他看起來怎麼樣更重要了。

比起方言的特殊問題，導演更關心的是**良好**言語的水平，因為這是眾多現代戲劇唯一的要求。由於缺乏舞臺口音的標準，**似乎只要聽不出是哪一種方言口音**，就能被判定為是好口音了。好的口音的母音結構接近我們公認的、受過教育者的都市口音——也就是我們經常從最優秀的電視新聞播報員口中聽見的口音。要是更進一步的話，就會排除廣泛可被接受的美國口音。

本節所敘述的談吐，多半是有關選角時的問題，而非在排練階段能否補救的問題。然而導演必須相當留意，除非角色的談吐能被良好地表現，否則演員就無法在不分散觀眾注意力的情況下溝通，並被觀眾聽見。導演所能做的，是在選角時堅持以所要的音聲來挑選演員，儘管，之後還能透過調整母音和其他技巧方法，相當程度地改善演員的口音，創造出更好的聲音。導演和演員溝通的最好方法，或許是將角色的既定情境很專業地向演員傳達明白，刺激他們去調整角色的談吐。但這種談吐，只有在演員的聽覺能力發展得非常好的情況下（這是一種很精密的天賦，演員能敏銳地覺察自己說出來的言語，以及可以如何調整），才有可能表現得出來。告訴演員他講的是錯的，並不能改變言語，除非他曾受過訓練（演員都應該受訓練），他才能聽得出自己的問題。良好的言語，以及方言的優質再現，只能從非常發達的聽覺產生。

聲音的投射

聲音的投射是和年輕演員工作的導演會遇到的一個很現實的問題，大多新手演員還不能理解在聲音的投射技巧上，他們必須達到什麼樣的程度，才能算是個真正的演員。不幸的，相較於英國、法國和德國，太多在美國受訓練的演員，未堅持在聲音的投射上下苦功；而太多教育劇場導演在戲劇製作於這方面採取了寬鬆的立場。根本不應該假定，因為演員理解了戲劇動作，觀眾就能立即聽懂他或她講的話，對觀眾來說，許多散文寫成的對話，跟韻文寫成的對話同樣不容易聽懂。

聲音投射的訓練，是演員訓練的一部分，我們這裡只談論它攸關演出的部分。然而，因為導演必定經常直接面臨這個問題，儘管在排練階段教導演員投射技巧往往作用不彰，導演仍必須承認投射對演出效果的影響是非常大的。投射是溝通的技術問題，導演則提供一雙仔細聆聽的耳朵來督導演員。

對導演來說，真正的問題在於，要將表演高度地投射出去，卻不至於讓演員因對這技術層面過度自覺，而失去在表演潛臺詞時所需要的高度專注力。其中一個方法是，在排戲前，利用臺詞以外的素材來訓練技巧，雖然這麼做會延後排戲的時間。然而一旦演員能意會導演對投射的要求（尤其當大家都熟悉了文本無需依賴聽臺詞），問題就能稍後一些處理，因為說話的位置已經在不用擔心會妨礙潛臺詞的集中度之狀況下建立了。正如本章已經指出，倘若演員瞭解了潛臺詞，他投射的位置便已大大進步了。然而，要掌握並控制這個問題，還有很多功夫要下。

聆聽一流演員的舞臺演出，或是演出錄音，會讓你更尊敬他們的技術能力，包括吐字、母音選擇、語言的地方色彩之使用、發音、放鬆、音質、音量、音高、保持靜止的頭部、能量和自信。而最令你印象深刻的，莫過於一位訓練有素、天賦很高的演員，將動作、情感、意圖和思想滲透到語言中，使話語充滿色彩。

- **吐字**　聲音往前推送到口腔，讓牙齒、舌頭、嘴唇與牙周等發音器官徹底發揮功用。好演員在發音器官的機械操作上十分有活力，靈活地活動下顎、嘴唇和舌頭。此外，將語言推送到前方，能克服聲音被埋在口腔後方損及音質的情況。英國和德國演員，以及法國古典戲劇演員，在這方面表現得最好。導演必須堅持吐字聲音要有活力。同樣的，演員也必須避免聲音連綿不斷，模糊了吐字的清晰度，是嚴重的失敗。
- **母音選擇**　除了方言與不標準口音的情況，**母音選擇**這個術語，是關於母音發音的方式，也就是，該發出何種音才算是最好的標準美國語言（沒有明顯的地域色彩）。這樣的母音不會有鼻音，不會特別緊繃或特別平板。這在美式英語音標表中指的是[æ]這個音要「輕聲」說出，接近新英格蘭口音的[a]與[D]中間，但不是義大利語的[ɑ]，除非是通用美式英語中使用此母音的字。導演必須幫助年輕演員消除顯見的地方語言色彩，比如：講president這個字的時候，將母音唸[ɛ]而非[ɪ]；或者把water這個單字的母音唸成[æ]而非[ɔ]；還有唸calf這個字時，將[æ]唸得格外緊繃。
- **語言的地方色彩之使用**　除非在講方言的時候，好演員並不會使用語言的地方色彩。導演始終要非常警覺有無這類特質出現，例如：南方音發[ŋ]的尾音不見，唸成了[n]；新英格蘭口音將字尾增加了*r*的音；南方言語的母音增加情形（Bill應該是唸[bIl]，不是唸[biIl]），諸如此類。

- **發音** 好導演會在不清楚發音的時候去查字典，幫助糾正發音問題。
- **放鬆** 說話緊張就容易聽不清楚，因為身體的放鬆有助於大幅改善聲音的投射。導演必須鼓勵演員放鬆，在放鬆的狀態下，只要演員吐字正確，就算講話音量很小，也能聽得很清楚。
- **音質** 放鬆與聲音訓練可改善音質，儘管音質基本上是演員與生俱來的天賦。在寫實主義劇場，怪異特殊的音質會讓人感到興奮，尤其是配角。另一方面，主角需要優於平均水準的音質，讓觀眾能夠聆聽一整晚而不覺得疲勞；這點很重要，低沉的音質能使觀眾聽得較清晰。
- **音量** 演員並不是因為音量大，所以觀眾聽懂他說什麼，而是因為臺詞的意義（潛臺詞）和正確的吐字。只有偶爾的情況，才會真正使用音量作為戲劇表達的技巧，此時最重要的，演員必須在吐字的部分格外用心，因為過大的音量很容易破壞臺詞的「能聽度」。一般來說，好演員以正常音量說話，而且聽起來是輕鬆、不牽強的；刻意大聲說話對觀眾來說是極大的干擾，因為觀眾會注意到演員在勉強自己大聲，而不是在扮演角色。演員要學習變化音量，藉以表達各種細膩的戲劇意義；但要小心，不要讓聲音極不穩定地忽大忽小，驟然的大小聲變化會破壞聽覺。
- **音高** 音高（pitch）的使用是讓演員被聽見的一個重要因素。好演員在講話的時候，會把音高局限於一個出乎意料的很小的範圍——範圍之窄，以音階來說，幅度不超過他們的中音區以外上下三個音。這麼想，剛開始你可能會感覺這樣的聲音很單調。但聆聽一位好演員說話，你會聽見聲音的穩定度，以及聲音在傳遞時能被聽見的能力，來自於一個狹窄的音域，而演員的其他音域——可達三個八度——則留到特殊的時刻發揮。因此，在演一場戲的時候，演員的音高主要維持在正常音域範圍，除了高潮點時，在戲劇行動的要求下，演員的音域會隨著角色情緒張力而延伸。演員為了想製造戲劇性，講臺詞時音調忽高忽低，是很難被聽清楚的，因為聽者的耳朵無法調適得這麼快，跟不上言語的變化。這種毛病常發生在沒經驗的演員身上，也是導演必須經常要警覺小心的地方。

- **保持頭部靜止**　好演員說話時，頭部總是儘量保持靜止，但不會僵硬。這條規則是聲音能被聽見的絕對必要條件。不要理會電視藝人，為了讓畫面有趣，做出搖擺頭部的小動作。舞臺演員在沒有電子器材協助傳送聲音的情形下，對著一千名甚至更多的觀眾說話，搖擺頭部也會使聲音「搖擺」；這樣的演員可能還讓音調忽高忽低，因為他或她想要非常戲劇性。好演員的專業忠告會是：讓說話在演戲時發揮功能。等到不說話時再運用視覺畫面。導演必須對戲劇行動有信心，以及，講得好的對話就能傳達戲劇行動，對這一點也要有信心。過度表演總是破壞聽覺，因為它帶來了干擾。
- **能量**　專業演員的標誌是有能力能將涵藏在表演裡的能量始終維持得很高。表演就是將能量傳送給觀眾。無論觀眾們知不知道，他們是為了感受這種能量而走進劇場，為了想在這個觀劇經驗體驗這種能量。欠佳的言語暴露了演員缺乏活力。導演要使演員運用全身的能量來說話，而非只是透過頭部的聲音。對一名好演員來說，演一場戲是十分消耗精力的，整個肌肉系統和神經系統都要配合工作。「說話要發自肺腑」並非比喻而已；它是聲音投射的核心。同時，記住，充分休息的演員，比起疲勞的演員，更有能力給出高的能量，好的聲音仰賴精力充沛的身體和好的健康。在跟年輕演員搬演連續幾場的演出時，導演須堅持讓演員獲得足夠的休息。
- **自信**　演員是否能被清楚聽見，取決於他在舞臺上有無足夠的自信。如果他熱愛表演、清楚自己在演些什麼（潛臺詞）；如果他卯足了勁要做個好演員，他就可能被聽清楚。溝通代表著觸及他人的慾望；自信與控制是息息相關的，好演員能左右觀眾，因為觀眾聽進去他們說的話。

習作

以下練習的目的並不比本章所要做得更多——也就是說，讓你意識到導演對一齣戲的口語表現的責任。導演訓練學程安排了許多個別的課程，包括文學朗讀課、發聲課、語音學、地域語言課（regional speech）等等，受訓中的導演應該廣泛且深入這些領域所傳授的內容，這對導演的工作非常必要。少了對聲音與語言的完整認識，導演便很難期待與演員製作出效果良好的演出。

以下所建議的練習，是為了點出導演在所有非專業演出製作中總是面臨的問題。鼓勵教師們使用自身的各種例子和示範，增強對本章的理解，這些內容非常重要卻經常被輕忽。還記得嗎，觀眾對非專業演出的抱怨，最常聽到的就是：「我聽不清楚演員說的話。」身為一個導演，你得確保這種疏忽不是你自己的過錯。

以下的課堂練習需要一套好的錄音教材：

1. 聆聽由勞倫斯・奧利佛（Laurence Oliver）或約翰・吉爾古德（John Gielgud）領銜主演的莎劇。分析他們的吐字發音和音域。
2. 聆聽一齣現代戲劇。分析其中的吐字發音和音域。
3. 選兩位演員出來讀莫瑞・席斯格（Murray Schisgal）的劇本《嗳》（*Luv*）的第一場，這兩位演員須對本劇沒有先備知識。他們須對角色進行塑造，但最多只有一小時的排演時間。聽過他們的表演後，再播放由第一批紐約演出卡司——伊萊・沃勒克（Eli Wallach）、安妮・傑克遜（Anne Jackson）和亞倫・阿金（Alan Arkin）——所演出的版本。聽起來是不是很讓人驚訝？聲音的表現對這個劇本的演出有什麼意義？演員是否呈現出本戲的既定情境？那麼戲劇動作呢？其他可建議聆聽的錄音如下：
   - 田納西・威廉斯《玻璃動物園》（*The Glass Menagerie*），由潔西卡・坦迪（Jessica Tandy）、朱莉・哈里斯（Julie Harris）、蒙哥馬利・克利夫特（Montgomery Clift）所主演的版本。
   - 夫特（Foote）《來自亞特蘭大的青年》（*The Young Man from Atlanta*），雪莉・奈特（Shirley Knight）主演。
   - 富加德（Fugard）《朝往麥加之路》（*The Road to Mecca*），朱莉・哈里斯（Julie Harris）與艾咪・厄文（Amy Irving）的演出版本。
   - 易卜生《營造大師》（*The Master Builder*），梅姬・史密斯（Maggie Smith）與麥可・雷格烈夫（Michael Redgrave）主演。
4. 播放由伊娃・列・高麗安（Eva Le Gallienne）所演的《海達・蓋伯樂》，或是梅姬・史密斯（Maggie Smith）和麥可・雷格烈夫（Michael Redgrave）所演的《營造大師》的最後一幕錄音。演員如何同時表演臺詞與潛臺詞？

5. 播放一段由美國、英國或愛爾蘭方言所演出的錄音。挑出該方言的全部特色，例如：母音、音高升降、口音不標準的地方、韻律的結構、樂觀或悲觀的語氣所透露的民族性。再播放其他地區的方言。方言中有哪些基本元素是共通的？
6. 玩字詞丟接遊戲，由一個演員說出一個字，另一個演員重複同樣的字，但以不同母音說出（意思是，儘管發音不同，卻必定是某群人仍在使用的發音）。還能再加入第三位演員嗎？第四位？現在，嘗試變化以下句子的主要母音：(1) I have to laugh to see the calf go down the path to take a bath in an hour and a half. (2) The rains in Spain fall mainly on the plains.[5]演員使用同一個主要母音來講其中一句話，這兩句話的母音可能有多少變化？使用不同母音，在同樣的一組既定情境下，可能代表著什麼不同的意義？
7. 以某個常見的句子來表演戲劇行動，演員使用同一句話表達不同的戲劇行動。可嘗試：我喜歡你，或，我要去市中心。讓班上同學辨認出每句話背後的戲劇動作。
8. 設計其他文字遊戲來增加課堂的參與度。遊戲是很有趣的，也幫助訓練你的耳朵變得更敏感。

---

5 譯註：“The rains in Spain fall mainly on the plains.”是改編自蕭伯納的*Pygmalion*的音樂劇《窈窕淑女》（*My Fair Lady*）膾炙人口的主題歌曲之一。在這場景，跟語言教授學習發音的賣花女莉莎，當她掌握了這句台詞母音的準確發音之鑰匙後，醍醐灌頂般，她充滿了自信，打開了通往上流社會優雅談吐和舉止之路。

16

導戲，就是和演員一起工作—2

現在，你已開始理解導演與演員溝通所涉及的幾個面向，其中包括一個基本觀念，即：場面調度並不只是一個機械化的過程，也是和演員（同時也和觀眾）溝通的一種方式。儘管你們有些人可能擁有指導演員的直覺，多數的導演都同意，指導演員的功力，來自大量的、多年與人相互溝通的第一手動態經驗，這種溝通是導演功能最核心的部分。的確，要成為一位熟練的導演是一生的命題，你會在做的過程中學習。甚至可以說，有效的導演工作無法只從指導一場戲或一學期的學習就能夠掌握，導演的技巧會隨著時間逐漸增長。

身為導演必不可少的目標：幫助你的演員

為了以簡潔的格式提供大量的資訊，以下是有關指導表演的幾點概述，身為導演，在工作一場戲或一個製作時必須注意的事情。將這幾點謹記於心，融入你的工作中，它們會成為你的第二天性，和你在指導演員時常態的思考方式。

調整　此指在對戲的角色／演員（意即在這兩個層次上都會發生）彼此之間，從對方接收行動，並相互回給對方時的反應。好的表演，以及能說服我們的表演，大多發生在這些調整（adjustments）中，是這些地方讓我們相信演員確實感受到或聽見對方。這些調整有表演出來嗎？有被指導出來嗎？

發現　演員容易無法表演出一場戲中的發現（discoveries），因為作為一個人（演員）的他已瞭解故事的來龍去脈，把本場戲的發現融入到意識裡了。然而，劇中的角色並不瞭解這個故事（至少不會知道其中的轉折，因為他生活其中尚未被揭露），對角色來說，這些發現是新鮮的。「發現」推動著故事往下進行，是故事的轉接點和變化點。這些發現是由角色的意識（而非已經「知道」太多的演員）根據情境充分表演出來的嗎？有被徹底地導演出來嗎？有依著它的重要性在舞臺上生動地呈現出來嗎？（發現是相當重要的；它可能透過極微妙的方式流露，然而生動的發現來自當下的新鮮感，以及如實的表現，而非反應的大小。）

說話與聆聽　演員在舞臺上真切地跟某人說話、確實彼此聆聽不是容易的事，肇因是演員對自己身處舞臺、正在演出的自覺意識。然而，演員若未能真實地說話與聆聽，角色的意圖、所說的話、所接收的訊息便無法流露展現，對演員自己或觀眾皆然；於是，表演缺乏真實感或現實感，故事線就消失了。好的導演幫助演員說話與聆聽，即：他幫助演員找到溝通的必要，就如同生活中的溝通那般，而不是在舞臺上背誦已經知道而因此是「安全」的東西。生活中，我們會彼此說話與聆聽，因我們的需要迫使我們這麼做，同樣的，這也應該發生在舞臺上。

聽見與看見　這一點和「說話與聆聽」的關係密切。「聽見與看見」是「發現」和「調整」的必要條件，對角色追尋戲劇動作是必要的。對於大多數移動的動機來說，看見是必須的。對多數未受訓練的演員而言，在舞臺上聽見與看見很困難，因為他們高度覺知自己在臺上演出、無法沉浸在「真實」的情境裡，所以他們的專注力遭到破壞。結果他們無法從表演的丟、接中確實聽見或看見正在發生的事；臺上的戲因此變平、變弱，觀眾也會很快感覺到。好的導演幫助演員找到這種專注，讓身為角色的他們能確實聽見與看見舞臺上發生的交互作用。

待在「當下」　幫助演員待在角色即時思考、行動和既定情境的「當下」，對導演來說非常重要。假使演員不是處於永恆的、不斷演進的戲劇性時刻的

「當下」，觀眾很快會察覺到表演只是機械性的重複，而不是人類經驗在舞臺上充滿魔力的再創造。專注力、思考、看見、聽見、聆聽、追求目標、在既定情境中的一切，這些種種對於留在「當下」都不可或缺。幫助演員在表演的再創造過程中找到這種程度的投入，是導演能做的最有價值的事情之一。

交互作用　交互作用是真正的在一起演戲，於不斷的給予和索取、調整和反應的鏈鎖中，在當下進行互動。達成表演中高度的交互作用是導演的一個關鍵性目標。要注意，有些演員常傾向「跟自己」演戲，對於交互作用不夠開放。這類演員的表演有時會很出色，但就最終的整體表現來說，那種令人激賞引人入勝的經驗，唯有當演員們皆全然投入彼此的演出，達到高度的相互作用時才會發生。唯有導演將這一點視為最高價值，它才可能保持一貫地存在。

對表演的基本想法——掩蓋對揭露　演員對表演的基本想法是什麼？通常這是個不自覺的態度，卻會對演員如何處理表演影響很大。這個基本概念，本質上，是關於「穿上」[1]與「掩蓋」（covering up）嗎？還是關於「剝開」（人類心靈和精神）和「揭露」（revealing）？這與選角和你對演員的期待很有關係。這幾種直覺都有可能是必要的。如果演員扮演跟他本人截然不同的角色，他必須裝出某些跟他本人距離很遠的特質或儀表形態。雖然是這樣，演員最終仍必須顯露人心，去點亮另一個靈魂，他所尋求的終極目的，就是創造出讓人信服的角色，不能有任何一點模糊不清的地方。最終目標是揭露。導演最重要的工作之一，是幫助演員展現人性，而不是出於某種錯置的恐懼——害怕在心理層面上被過於私密地「看到」。

角色刻劃　演員必須刻劃角色（characterization）。儘管某些角色可能跟演員的年齡或行為很接近，演員終究不該把角色縮減為他自己，而是盡可能創造出最完整和明確的角色。演員必須為角色究竟是怎樣的人做出選擇，包括角色如何思考，他的行為表現、聲音、走路的樣子、長相等等。演員是不是

---

[1] 譯注：原文put on除了穿戴，還有「裝出」、「假裝」的意思。

不經刻劃就「直接」演出角色？演員是否縮限角色，把角色變成他自己？身為導演的你，能否在時間許可與人力所及的範圍之內，幫助演員投入這個重要的工作中並使其臻於完善？

儀表形態　這一點與角色刻劃的關係密切，儀表形態是角色的外在呈現——角色的穿著、行走、說話、行為等等。儀表形態是否有豐富的細節和趣味性呢？是否在排戲的過程中不斷進化、符合劇中世界與既定情境呢？好導演會幫助演員為他們的角色發展合宜的儀表形態。這是一個微妙的過程；如果演員的表演要令人信服，而且要從演員強大的內在和想像力來源發出，導演可能不能也不應該規定演員儀表形態。但導演能善用一些方法：透過機巧不明顯的提供建議，以及藉由創造一個世界——在那個世界有些特定的行為和容貌、禮儀，對生存那個世界的角色是適合的。好的導演創造出豐富的世界，讓表演變得有機（導演不佳的一個標誌是，該戲似乎發生在「非特定地方」或幾乎可以是任何地方）。

演出既定情境　演員的扮演跟這齣戲的既定情境、故事、先前動作和此戲的特別世界有關嗎？還是，他們基本上是照著某天走進排練場時，我們每個人居住的世界的樣子來表演？假使演員（和導演）並未依照一齣戲設定的既定情境演出，作品就缺乏說服力，演員最後無法建構角色的思考與行動。既定情境的時間、地點、先前動作等等，**形塑了角色在解決他們的問題時的思考和選擇的範疇**。假使易卜生的作品《玩偶之家》的女主角娜拉，腦中未充滿有關她處境的既定情境，角色與戲劇動作就變得不合理。有能力的導演幫助演員找到並「活在」既定情境中。

建構思考　導演能幫助演員在既定情境之下發展出角色適當的思考方式。導演的方法是，藉著溫和地指認出某些表演所流露的思考與行為，是屬於演員自身的情境世界，並非屬於角色，同時協助演員運用想像力進入戲劇的既定情境。這是某種「平衡」，很類似體操選手在走平衡木，導演幫助演員在戲劇的另一個現實世界中找到立足點；同時，他們始終對排練室外每一天的真實世界了然於心。從這個意義來說，導演幫助演員培養留在戲劇現實世界的能力，時間長短則端視演出角色所需。排戲的過程大部分就是在緩慢地建立這另一個現實世界。想像力是關鍵，演員需要獲得跨入這一扇想像力之門的能力，進到另一個世界。

段落（或節次）　你可曾根據動作的基本段落來導演（和舞臺調度）一齣戲呢？如果你不曾這麼做，那麼你是用籠統的方式，而非根據特定的因果關係在講故事，你也無法幫助演員找到戲劇動作。可能的結果是，故事大而化之，戲劇動作粗糙，亦即，戲劇動作僅具有泛泛的「感覺」，而不是一連串迷人且精緻瞬間的「發生」。如此會模糊了故事與戲劇動作，雖不至於讓演員無法表演但確實是很困難。若你瞭解一場戲和一幕戲的段落結構（有時候也稱「節次」或者其他術語），就能避免在導演時掉進「印象主義」的泥沼裡，也就是說，你在導的是自己對這個故事的印象，而不是組成這齣戲的各個片刻。導演能為演員做的最有用的一件事，就是幫助他們找出戲劇動作的段落。再一次重述，細緻度就是一切，跟演員坐下來一起標示出戲劇動作段落鮮有成效，但是，幫助他們找到戲劇動作中的變化——那些能夠定義每個段落的「連接點」——才是最重要的，而且對演員決定如何演一場戲幫助非常大。

事件　你是否幫助演員經歷一個場景裡所發生的重大「事件」（event）？這些事件是開展故事情節的地標（landmark）。還是以較不令人滿意的做法，讓一場戲的內容均質化，變成某種「常態」？多數好劇本中，角色會經歷某種極端的狀態，這並不代表戲劇動作就必須是張揚的或外顯的——契訶夫便讓我們看到，即使最簡單、安靜的片刻也能令人心碎。在《凡尼亞舅舅》中，凡尼亞對教授開槍絕對是戲劇行動中的一個事件，一個外顯的事件，是劇本情節開展的一個地標。然而，當桑妮亞得知阿斯特羅夫醫生並不愛她，這個安靜的時刻也是戲劇動作的一個**事件**，最重要的一個。類似事件最終組成了故事，即角色遭遇並努力搏鬥的經歷。好的導演確保那些事件真的存在，對角色對觀眾，事件真的**發生**了。導演若能幫助演員經歷事件，演員生活在角色的現實處境時會容易些。別讓營造舞臺可信的「常態」這種觀念不當地誤導你去稀釋或抹除角色生命中的重要事件。

實體化　此點囊括早先提出的一系列觀念，包含構圖、圖像化、移動及使用物件（use of objects）——這些觀念是將戲劇動作實體化（physicalized）的方式，也是導演與演員溝通的寶貴工具。此一基本前提很值得在此處重申，因為缺少豐富的實體化（physicalization），舞臺上只是幾個「會說話的腦袋」，對著觀眾講述或唸誦臺詞，該有的體驗變得枯燥無味，一點也不鮮活，沒「發生」。此目標是將各種力量之間的撞擊為觀眾具相（illustrate）（不要讓**具相**這詞彙可能具有的細微負面含義困擾），而這只有當演員處於徹底實體化的環境之中才可能發生。記住，劇場是感官的經驗，涉及聲音、視覺和移動（有時候甚至包括嗅覺）。好導演會創造出只有在劇場才能擁有的體驗。如果閱讀就能體驗，又何必需要劇場？切忌捨棄劇場藝術最富有生命力的感官和實體層面而朝頭腦找避難所。擁抱並且喜愛尋找一齣戲中你和演員可能創造的實體向度。

角色弧線　主要角色在戲劇動作的過程中會有一條弧線（character arc）。從一個極端（polarity）開始（他們對自己、世界、人際關係、未來展望的態度）走到劇終的另一個極端。導演必須幫助演員從開頭的一端走到另一端，而無論在哪一端，角色的思考與感受都要徹底實現。導演與表演一場戲，需要很瞭解這場戲在每個角色的弧線上所在的位置。你對戲劇動作中，各個主角的角色弧線有清楚的瞭解嗎？

太快將結局表演出來或知道太多　與角色弧線、待在「當下」的觀念有關，演員有個常出現的問題，那就是，不同於角色，演員知道故事的結局，會把對結局的認知滲透到意識中——角色不到劇終時不會有這種意識。劇中的角色如同真實人生中的人，我們並不知道人生的故事會如何發展，因此角色也不應該知道。我們的思考與搏鬥，只能存在某個設定的時間內。演員很容易在戲開始時就把故事的結尾演出來（《海達・蓋伯樂》就是這種挑戰的經典例子）。如果發生這種情況，那麼演員腦海裡就會充塞著角色的結局，而非角色在當刻是如何。清楚設定角色態度導向的兩個端點。是戲劇動作產生了變化，讓角色在困境中搏鬥和遭受「打擊」。演員需要自律和自信，才能夠演出當下的時刻與當下的場景，並確信其他事情會繼續發生，戲劇動作會逐步建立，故事會水落石出。年輕演員時常想要一次表達全部：整個角色、整個故事、整個效果。這麼做是行不通的，那些沒有意識到自己正這麼做的演員，結果是產生出籠統模糊既不有趣也不真實的戲劇時刻。

力量平衡　一場戲中，角色彼此之間的力量平衡是否符合該戲的設定？在排練過程裡，由於演員陣容和發展的速率變幻莫測，角色間的力量平衡可能會有所偏斜，甚至反轉。（我們此處談論的是角色間的力量平衡，雖然演員本身的實力也有所影響。）排戲過程中，如果力量始終不平衡，戲劇動作的發展就會受到阻礙。

目標和難題　導演必須掌握表演理論與實踐中的這個主題：角色經由採取某些行動去追求目標，並克服過程中的障礙，解決在戲劇動作和基本處境上遭遇的「難題」。導演越能掌握住這一點，越能對演員有真正的幫助（這是導演工作的最終目的——對演員有所幫助）。透過一場戲中的難題（problem）的視角去思考戲劇動作是很有用的，每個角色都有**敵對角色**，因此都存在難題。角色須透過一系列的行動來「解決」這些難題。不要掉進有時會在演員身上發生的陷阱，如先前所說的，在舞臺上造成一種整體的「常態」。的確，讓觀眾信服的部分原因是可信度和真實的幻覺，但要記得，劇中的角色被捲入了種種衝突。達到可信度最好的方式，就是幫助演員找出困住角色的衝突——不要把他們引導去表演角色無事的「當下」、無阻無礙的狀態。這樣會導致表演無所依憑，與戲劇是背道而馳的，在劇中，角色經常處於困難的處境，無論這困境多麼不引人注意，或者多麼高尚。目標和難題未被清楚地表演出來，故事就無法貫穿，行動將出現「未採取行動」的結果。

戲劇動作中的進攻者　這點與一場戲的表演目標和力量平衡兩個概念關係密切。在一個戲劇動作既定的段落裡，是由適當的角色在「領導」行動嗎？領導，也就是，受戲劇動作指派而擔任著進攻者（aggressor）？否則，該場景中將沒有任何一個演員可以有效地演出戲劇動作，觀眾也無法準確地感知。

選擇　導演最有價值的工作之一就是幫助演員盡可能做出最好的選擇。終究是要由演員來做選擇，因為是演員在經歷、居住、並且讓他的選擇在演出中起作用，但導演可以給極大的幫助，讓演員做出可能的最佳選擇。最終，這些選擇構成了演員的表演，並決定會在戲中達成什麼。但都是些什麼樣的選擇呢？從儀表形態（角色的外在表現）到角色刻劃（演員如何看待角色，做了哪些事讓角色活起來），到詮釋一場戲的戲劇動作（在目標、調整等方面，角色實際上做了什麼）。當演員不做選擇、做出不佳的選擇，或者有時候，儘管演員知道這些選擇是對的，卻沒有全心力投入付諸實現，這時困難就出現了。精彩的表演來自於一連串精彩的選擇。導演應該幫演員找到最可行、最有啟發性的選擇，且在排戲的過程中幫助演員檢驗它們。

戲劇動作的上層與下層　對寫實風格戲劇中尤其重要的是，上層的行動（或者說表層〔façade〕的行動）掩藏了下層「真實」的行動，即戲劇動作之所在。導演須確保這兩層的行動互有關連且同時發生，因為上層含納且隱藏了下層，而下層則賦予上層活力。上層／表層行動指的是（作者所寫的）臺詞文字以及活動（由演員和導演根據作者所寫而創造的）。寫實劇中，角色經常投入在日常生活各種活動的交織網中，在高潮時刻，在日常生活的表層下，在較深的層次，掙扎的力量湧現並把這張網撕裂開。無論上層或下層，任一方體現得不夠完全，另一方就會失焦，表演就不能公正地對待戲劇。

角色的功能　這個主題與導演比較有關，跟演員的意識過程較無關，然而，它對於演出的結果有重大意義，同時也涉及到表演的走向。關於一齣戲的戲劇動作，各角色（role）的功能為何，導演必須有清楚的整體觀，並且在表演中實現。做一齣戲就好比搭蓋一間房屋，倘若作為樑柱的各個角色沒有發揮功能，房屋就會倒塌（或說下陷，以完整延伸此建築結構的象徵）。對導演來說，和缺乏訓練的演員、天賦不高的演員、對創造角色有困難的演員工作時，這一點尤其重要。就算條件不佳的演員在創造角色上無能取得較高的成功，倘若角色的**功能**能鏤刻進對觀眾（或其他演員）表演的過程，這齣戲的故事有時還是能有效地傳達。甚至是跟一群很有天賦、實力相當的演員一起工作，導演仍會發現，將各角色的功能徹底發揮，是一把開啟戲劇全部能量的鑰匙。

演員是共同創作者　很會導戲的導演將演員視為共同創作者，一同經歷讓戲

「活起來」的一場冒險。尤其主角，若無法與導演共同創作，最後就不能獲得令人讚嘆的結果。這有關導演對表演與和演員工作的基本態度。主要的觀念是，演員（也適用於設計者和其他重要的合作者）擁有特殊的想像力和天賦，必須被釋放才能發揮最大潛力。導演的才能是能夠引導大家發揮天賦，讓他們在團體裡協力合作，達到最好。有一點要小心，導演不能以受誤導的平等主義的想法，全盤接受演員給出的「所有東西」。導演的責任是要從團隊每一個成員獲得最精湛的可能性。學會做到這一點需要時間，不過這是當導演最有回報的一件事。請記住，一個有才華肯投入的演員或是有才華肯投入的設計者，能將角色和設計帶到比導演更深遠的境地。目標是釋放其才華，**引導**路徑，並非取代其功能。

創造一個富有產能的排練氛圍　身為導演，你要如何創造出一個富有生產力的排戲氛圍且推動工作的每一天？這是你在排練過程中需要理解和實現至關重要的事情。

建構排練流程　作為導演，你如何將排戲過程做一個最好的結構安排，以符合當天的特殊要求、某一群合作者，或當時的條件，比如：有多少排戲的時間、現場的狀況等等。對任何一種工作來說，聰明地運用時間都具有極高的價值，對排戲來說尤其如此，時間是有限的，而日曆上的首演日期通常是固定的。試著從整體性來看排戲這件事，做出最聰明的決定，哪部分該花多少時間，比如案頭工作和討論、即興、細修、整排等。記得，演員需要時間「整合全部」，在進行技排（technical rehearsal）和彩排（dress rehearsal）**之前**，把所有元素統合到可以演出的合適程度，當其他新的元素添加進來，可能會「破壞演員的步伐」，需要一兩天的時間適應。

膽量　作為一個導演，你該怎麼營造氣氛、建立和演員的工作關係，好讓他們能無畏地擴充自己的極限？若要趨近一齣好戲所探討的人類經驗，這是唯一的方式。無論是《哈姆雷特》、《三姊妹》、《終局》（或你想得到的任何戲）皆蘊藏了人類經驗的極致，除非演員跳出自身經驗的界線，願意冒險（並非身體上去冒險，而是敢去揭示人類的狀況），不然，戲劇中所探索的人類經驗視野是無法獲得成功的。排戲的過程中，需要一點一滴不斷地超越與往深處挖掘。倘若導演和演員都不敢這麼做（需要運用天分、選擇、戲的內容）是不可能有所成就的。有時候你得溫和地提醒演員，當初吸引他們熱愛表演投入表演的初衷是什麼？提醒他們，只有他們才能做唯有演員可以做的事，那就是讓人類的經驗在觀眾面前鮮活過來。有時候你需要幫助他們鼓起勇氣和力量去承受李爾王、白蘭琪或勇氣母親（Mother Courage）的痛苦，讓那種經驗經由演員，使其他人能看到、感受到。葛羅托斯基（Grotowski）和其他大師讓我們見到，演員在這方面是「神聖的」，是一個器皿（vessel），能讓不可見者被我們清楚看見並感受到。唯有演員能做到這件事。但想達到這種表演層次需要膽量——導演，好的導演，是這過程中必不可少的一部分。

整體性　和演員合作的最終目標之一，是達到高階的渾然一體演出。你必須在過程中時時照看演員。他們是否傾向自顧自表演，或他們能與其他人共同表演？達成整體性是劇場這種仰賴合作的藝術形式最令人愉快的目標，你需自問該怎麼做才能幫演員達成這個理想。要達成這個理想，涵蓋的層面包含理解戲劇動作、角色功能，還有創造讓每個人都想做到最好的工作氣氛。這還包括培養對團體的義務和責任感以及專業精神，成為團體真正的價值。而你需要真正的領導能力，能夠向演員宣說願景，幫助他們在達成目標的路上不斷自我超越——並確保每個人對結果都有責任。整體性是我們在劇場中所能獲得的最持久的回報。

說得太多　你可能會很驚訝，有些能力很好的導演，在工作時其實話非常少。說得過多是個陷阱，敏感的導演會避免話太多。這會占去太多寶貴的排戲時間，轉移了注意力，該做的事反而沒有做；會讓演員感到無能為力，無法達成導演所說的所有事情；還會形成一團「語言的雲霧」，讓演員、甚至導演自己都搞不清楚究竟最重要的是哪一件事。年輕或沒有經驗的導演可能傾向說得太多，錯誤地想嘗試顯示自己對這齣戲的每一個細微處都了然於胸，或者，想顯示自己很清楚自己在做什麼。千萬別掉進這個陷阱，該講多少話就講多少話，但是要控制自己不要喋喋不休——記得，說話不是唯一的溝通方式。（好的舞臺擺置是一種溝通，一個絕佳選擇的物件是一種溝通，生動的構圖是一種溝通，帶一張照片、一幅畫到排練場，也許會是卓越的溝通。）最重要的，記住，演員在排戲時必須主動去發現、去做，導演最不該做的就是不斷讓演員處在被動的「接收」狀態，而非主動的「做」，要是你說個沒完，就很容易這樣。你也需要知道何時、何處展開對話才是對的。你會發現，在偶遇時、排練前、排練結束時，或者期間某天喝咖啡時的談話，可能會很有收穫，這樣也不需要占用寶貴的排戲時間——在這方面有問題的導演，經常會忽略這些選項。

所有權　在這集體做劇場的工程裡，創作團隊每一個成員覺得他們有一份所有權（ownership），這點至為重要。雖然導演可能主導發現的過程，但長遠看來，認為作品「屬於」導演而不屬於演員這想法，是於事無益的。理想的目標是，每個演員（設計者也是）都應該覺得，無論過程還是最後的成果，大家因他們的個人貢獻和最終展現的整體表現，都有一份很高的所有權。要達到這個目標，你需要運用人際關係能力與領導能力，因為你的領導和導演工作必須同時進行，但是在執行的時候要讓個人和團體都被授予權力。要達成這一點與你所做的每件事情都有關係，尤其關鍵的是，這必須仰賴你是否能藉著領導，讓其他人超越他所察覺到的限制。這是一個分量逐漸添增的過程。你可以從最簡單的地方開始，比如你的用字遣詞。你會發現，在排戲的時候，把「**我**」這個字從你很多措辭中去掉是有幫助的。舉例來說，原本你會說「我要你去做……」或「我需要你……」，現在試著實驗另一種說法，像是「假設你……會不會……」，或者「妳覺得她（角色）在做這些事的時候，心裡想的可能是……」。如此一來，你不僅避免讓演員覺得他們是在為「**你**」而做（這會增強你對這齣戲的所有權，減弱他們的），也為話語帶入了一種唯妙的口吻，暗示著排戲關乎實驗與發現。記住，當演員自行發現了什麼，他們會更感覺對這齣戲有所有權，心中油然而生的自信感推動他們進一步發現更多更好的東西。你的挑戰是如何激起這個過程，而不要妨礙它發生。

賞識演員　最後一點，體貼演員的導演很享受跟演員工作，也會個別或集體地表達對演員本身的欣賞。你會發現，每個有天分的演員都擁有獨特的特質，這些特質將演員的工作發揮得很好（更別說是對角色的益處，甚至可以大膽地說，對導演的益處更多）。別讓演員堅持達到某種無法實現的夢幻理想，這是錯誤的。誠然，你和演員需要朝著以刻畫角色、朝著呈現劇作家的創作為目標工作，但另一方面也要學習去看見跟你一起工作的對象，從他們身上開發出最好的，並從中得到樂趣。這種樂趣是真實的，而且在尋找的過程中，你會得到劇場工作的真正回報。

習作

1. 從所學的劇本中選出兩個以上的場景，讓全班討論這些場景中角色的發現。《考驗》是個合適的劇本，有很多很好的場景可供練習。不過，你可能會考慮第一幕有普羅克特（Proctor）的那一場、第二幕普羅克特從鎮上回來的那一場、第二幕赫爾牧師（Rev. Hale）拜訪普羅克特與伊莉莎白（Elizabeth）的那一場、第三幕審判的一連串的場景，或第四幕丹佛斯（Danforth）探監的那一場。（必須注意到，「發現」在整齣戲從頭到尾包括前、中、後，都會出現。）把各個角色在場景中的發現列出來。討論這些發現如何影響角色的思維，以及演員可以如何演出戲劇動作。評估一下，假使某個發現在表演中未出現或做得不夠徹底，對角色的思維和表演會有什麼不同。
2. 接下來，全班做類似的討論，從研讀劇本改為欣賞一部表導演皆精湛的電影。這樣的電影可供挑選的非常多，有幾齣很適合可供參考，由丹尼爾・戴路易斯（Daniel Day-Lewis）飾演、尼可拉斯・海納（Nicholas Hytner）執導的《激情年代》（*The Crucible*）[2]；凱薩琳・赫本（Katharine Hepburn）飾演、薛尼・盧梅（Sidney Lumet）執導的《長夜漫漫路迢迢》；或者，費雯麗（Vivien Leigh）與馬龍・白蘭度（Marlon Brando）主演、伊力・卡山

---

[2] 譯註：*The Crucible*，亞瑟・米勒的這部經典作品，取材自北美17世紀麻薩諸塞州薩勒姆鎮發生的迫害「行巫者」的案件。此劇在華語不同地區有諸多譯名；臺灣曾長時間譯為《熔爐》，中國大陸譯為《薩勒姆女巫》或《煉獄》，1996年亞瑟・米勒參與改編之同名電影譯為《激情時代》，胡耀恆教授於2016年出版的著述《西方戲劇史》譯為《考驗》。

（Elia Kazan）執導的《慾望街車》。聚焦在幾個特定場景，分析其中的發現是如何表演的。看得出來某個發現對角色的思維有所影響嗎？注意到這個發現如何強化了戲劇行動和角色的表演嗎？

3. 重複第二個練習，這次把焦點放在所選的場景中演員如何演出調整。在扮演中，哪些情況顯露了演員之間進行了調整？它們如何加深該場戲的可信度？
4. 再重複第二個練習，這次把焦點放在角色刻劃方面的儀表形態。《慾望街車》的經典電影版本對這個練習特別有用。針對白蘭琪和史黛拉（Stella）、史丹利和米契（Mitch）這幾個角色進行討論，他們的儀表形態對角色刻劃有什麼重要性。每個角色各列出四到六個有關儀表形態的關鍵要素，評論各要素對角色刻劃有何影響。
5. 選一齣至少找得到兩個以上電影版本的戲劇。莎士比亞的《哈姆雷特》、《羅密歐與茱麗葉》與《亨利五世》（*Henry V*），還有現代劇《熱鐵皮屋頂上的貓》都是好選擇。選出該劇某幾個場景，比較各版本的演員與導演做了哪些不同的選擇。為何不同的做法但每種都可以成立呢？你是否注意到，在演員和導演所做的基本選擇中，那些特殊與界定性的事物，與他們所選擇要在某既定場景中對角色和戲劇動作所要強調的，這兩者之間的關連？討論：導演在某場景對角色和戲劇動作做出強而有力的選擇，何以是導演在製作中最關鍵的事情之一？
6. 我們已經檢視與演員溝通的方法有多少是涉及實體性、非語言的，例如舞臺擺置和有機走位。不過，這些物理性的溝通是包括語言交流的眾多溝通法門的一部分。導演言行中很重要的一樣，是找到和演員溝通的言談方式，勿仰賴或重複地使用像「我要你去……」或「我需要你去……」這種講話方式，會讓人感到演員本質上是在為導演服務。列出六種身為導演可以給演員建議的方式，卻不會在句中使用到「我」這個字。（提示：想想可使用的詞語，例如：「怎麼樣」、「為何」、「假設」，以及「你認為……」。）

重點專題1A
場景實作

這是你的第一個重點專題！專題分為兩部分：專題1A，由你自己執導一個場景；專題1B，由你對學程中其他導演的作品提出批評，藉以測試你與創作者之間的溝通能力。莫因其他導演很可能是你的朋友而害怕本專題的第二部分，把這活動當成是每個導演與同儕溝通時都會面臨的挑戰。

自第7章至第16章，你已經做過許多相關的練習，或者指導老師自行設計的類似練習。因而，現在你已明白本書的主要方法：應用有機的溝通觀念，這種通過演員進行的交流，主要目的是喚起表演者的即興感，從而引發形塑和活動。你充分瞭解導演使用的溝通暨激發方式，有視覺（或實體）的以及口語的兩種；唯有在**兩種方式皆達成溝通時**，導演才算「完成了」他的工作。身為導演的你，如果只專注在實體的一面（如移動和圖像化），或只專注在口語的一面（如偏重說話的部分而犧牲視覺，或與演員談話過多，致使場景中的實體生活未能充分開發），這會造成表演很不均衡，因為若要最大程度激發出演員內在的即興創作能力，就必須觸及演員這兩方面。在這專題所列出的，來自本書至今研討過的所有內容，將提供你機會，讓你把溝通技巧運用到工作中。

導演面臨最大的問題是如何讓演員理解他。為了順利溝通，必須學會使用所有排演用得到的、可見的與有形的工具，以及口語溝通工具，不只用其中某些而已，還要盡可能以各種方式去運用，因為，在導戲過程中的挫敗，直接來自阻隔導演和演員之間的壁壘。你會發現，由學生執導的戲之所以會失敗，往往不是因為演員陣容太弱或沒效果，而是導演無法突破和演員之間的溝通障礙。這樣的導演也並未用上該有的基本方法，例如：仔細勾勒出潛臺詞、表演的交互作用與調整、將發現與調整之高潮具相，儀表形態、口條清晰的臺詞和舞臺擺置之開發。**導演你，先養成自省何以溝通不良且有所改進的習性**，才有資格去責怪演員的不足。想要學習如何領導別人，必須先學會你自己的責任。

因此，導演與演員溝通，涵蓋六種視覺工具之有機運用：舞臺擺置、構圖、姿勢、道具即興、圖像化和移動；講臺詞和投射屬於口語工具，此外還有高度自我約束、有限量的與演員之間的談話。即興的技巧可用在各個階段，一旦學會這個直接溝通的方法，你會發現知性的方法（如導演和演員之間的討論）相較起來，用於突破溝通障礙是較不有效的。你也會明白，告訴演員該怎麼演，無論你示範得多麼誇大，畢竟是最後的手段，不該是主要方法。終究，**你的工作是引導出演員的創意**，不是把他們束縛在模仿的限制中。

場景實作

雖然你尚未裝備好執導一齣完整的製作（導演於設計方面的功能將在第17章之第一頁討論），但你已準備好與現場演員合作，執導最低限度的舞臺場景。這裡所用到的方法，綜合前面幾章討論的導演工作所發展出來的技巧，包括在排練前的劇本研析、排練期間與演員合作，以及呈現後，客觀的「場景評論」。場景實作是你學習和準備的目標，但是要達成這個目標仍有一些技巧須小心依循。

選擇場景

選擇場景而非**選擇劇本**，原因在於，我們認為在這階段的年輕導演能藉著練習做一齣全長劇（full-length play）中的二至三個約10分鐘的場景，可以得到最大的收穫，等到專題2的時候再挑戰做一齣獨幕劇（one-act play）[1]。道理很簡單。儘管獨幕劇很集中，整齣戲只關於一件事，但它無法提供你深入分析劇本的機會，因為相較於多幕劇的完整性，獨幕劇的結構元素，尤其是戲劇動作和角色，都比較受限。相對來說，大型戲劇（major play）的結構元素，從既定情境到情緒，特別是戲劇行動和角色弧線皆有完整的發展。經由工作全長劇，你會從複雜的結構中學到很多，從而對劇作家——操縱創意的匠師——更加尊敬。最後，當你跟這些較長劇本的某些部分搏鬥過幾回合，取得有關結構的更多知識，你就有能力解決獨幕劇會出現的特定問題，這時再來執導獨幕劇，功力會遠超出先前。一般總以為執導獨幕劇很容易，因為它的篇幅短；你如果深入工作過一齣全長劇再執導獨幕劇，就會發現這種想法根本是謬見。獨幕劇是精心設計的佳作（tour-de-force），仰賴導演的洞察力和才華才能實現成功。

挑選場景的幾點建議

選擇一個有高潮的場景　每齣戲都會有一個最主要的高潮場景，不過每一幕至少也會有一個（也許兩個或三個）次要的高潮片刻；所以，在這個專題裡，任何劇作都能提供你好幾個選項。高潮場景與其他場景最主要的區別就在其中的重大**發現**：重要角色（通常是主角）會在觀眾面前發現某件新事項；也就是說，某個重要的事實會**藉由戲劇動作**向這個角色揭露，因而斷然改變角色的基本行動方向。一個高潮場景在全齣劇中的分量輕重，取決於這個發現的重要性，以及它是如何被角色所感知。因此，劇作家會藉一種「逐步堆疊到發現時刻」的進程來激起觀眾的情緒；無論如何，演員以其接收時的力度、持續時間和調整的質感達到高潮而畫上句點，這是表演過程的一個高點。**這個場景之所以能營造出高潮，是因為戲劇動作在發現與調整的循環中達到巔峰**，讓接收者袒露，亦即，在接收者的調整發生時，在觀眾眼前有數秒的裸露狀態（角色正

[1] 在加州大學洛杉磯分校（UCLA），學生導演在導一齣獨幕劇之前，會利用兩個學期或三個學季（academic quarter）執導六個場景。

決定該怎麼做、如何回應）；觀眾因為不知道角色下一步會怎麼做，他們激昂的情緒懸著，因而感受到高潮。因此，一個高潮場景由以下幾部分所組成：(1)緩慢堆疊的過程，有時非常錯綜複雜，在發現時刻發生前充滿緊張懸疑；(2)發現；(3)調整；(4)接收者採取的新的行動動向。

所以，在這專題中，你必須要很用心挑選具有高潮的場景。其他場景可能不那麼有效，對觀眾會有些模糊，然而高潮場景，由於戲劇行動的各段落之間有強烈的對比，而且人性的利害層面在該情境中格外凸顯，觀眾不僅能夠理解，更能看得興味盎然。

不要選擇劇作家刻意武斷安排的開頭和結尾場景　當你從一幕戲中選出一個片段，你會被迫設法找到導致高潮的本質是什麼、高潮是什麼、是什麼引離高潮，因而瞭解高潮場景的特質。你對段落劃分的認識也會增強，因你發現選擇只有兩個段落的場景是行不通的。你在三個段落中會有更好的機會，甚至四個或五個段落，因為一個段落之可以被清楚看見，是在當它與其他段落呈對比時——在這時候，你需要能駕馭從這一個段落如何轉移到下一個段落，再下一個段落，再下一個段落。

不要選擇兩個角色在談論第三個角色而該角色一整場戲都不會出現的場景　像這樣的場景多半是過渡性質，主角把配角當作密友，儘管以全劇而言，戲劇動作是繼續往前推進的，但對初學的導演來說，這樣的場景不是個有趣的選項，因為通常這種場景缺乏直接對峙的戲劇性，要呈現得好不容易。

作為新手導演，選擇一個只有兩名角色的場景　這樣你可以處理一切。同時，一個10分鐘、只有兩個角色的場景，通常會導向尖銳、戲劇性強的高潮，因為劇作家刻意將戲劇行動限定在（很可能是）主角的身上。這種限定提供你和演員一個緊密的整體可以工作，你們須找到怎麼進去（開頭），運用通常會有的重大發現帶出高潮（中間），再將發現帶入懸宕的狀態（結尾）。

選擇寫實劇中的場景，因為這是從第3章到第16章研習的戲劇風格　其他風格的戲劇將在第三篇解說，然而你要先學會寫實主義的戲劇風格作為基礎，再來嘗試非寫實類型的戲劇。易卜生或契訶夫的戲屬於寫實劇的範圍，但是他們的戲甚複雜，場景設定在十九世紀末的歐洲。我們建議美國的導演學子在第一次專題採用美國本地作家的劇作，這些作品所描繪的既定情境與導演本身的文化背景知識較接近。你必須確實避開表現主義戲劇、象徵主義戲劇和荒謬主義戲劇。舞臺上的寫實主義是觀察的現實，意即，該現實是很容易看到，且容易讓人相信是日常生活表象。你將在下一階段的進展接觸其他風格的戲劇。

能選擇室內場景最好　在早期執導歷練裡，宜先處理室內場景，例如客廳、臥室或廚房，或是可以像室內場景般安排舞臺擺置的後院場景，雖然用的是室外的家具。避開像是在森林、海灘，或其他開放空間、無區別性的場景。在處理複雜的開放空間舞臺擺置之前，你必須先學會怎麼善用被占據的空間（具備障礙路徑的舞臺擺置）。

選擇公認優秀的劇目（standard repertoire）中知名劇作家的作品　蕭伯納曾在他的劇作《芬尼的第一齣戲》（*Fanny's First Play*）中藉一位評論家之口說了句俏皮話：「好作家寫的，就是好戲。」對成功、產量規律的作家，有諸多值得稱道的地方，因這類劇作家對戲劇結構的掌控能力，往往是較不知名或不知名的劇作家所缺乏的。在搜尋劇作時，也別遺漏非白人作家或女性作家的優秀作品。並且把你可能的演員陣容也一併考慮進去。場景執導專題的一個用意是讓你儘量學習有關戲劇結構的一切；傑出劇作家就是你最好的老師，所以，選擇他們的作品吧。無論你選的是田納西・威廉斯的作品，還是奧古斯都・威爾遜（August Wilson）、溫蒂・沃瑟斯坦（Wendy Wasserstein）的作品，還是其他作家，應確保這些劇作是出自一位作品經得起時代考驗且重複在舞臺上搬演的作家之手。

以段落的數量來限制場景的長度　一個10分鐘的場景約包含三至八個段落，如果挑選得當，則麻雀雖小五臟俱全。短於10分鐘，你將會遭遇困難，因為戲劇動作尚未具張力地開展，使想說的話無法圓滿表達。超過10分鐘太多，對現階段的你也沒有好處，你的能力更加強時這麼做才有益處。此外，較長的場景需要更多時間排練，你和你的劇組可能沒有那麼多時間。

選擇場景時記得將觀眾放進考量　即便場景練習的主要功用是為了加強你的劇本分析與演員溝通能力，你要記得，一齣戲必須在有觀眾的接收之下才會完整。別因為考量到觀眾而阻礙你選擇高品質的劇作，這類作品演起來很有效果，因為它們充滿創意且有豐富的戲劇行動。也不要擔心觀眾會覺得你的場景不清楚、因為少了前後文而看不懂。你如果遵循段落數量（四到六個）和高潮行動這兩點基本原則，慎重選出場景並充滿想像力與感受力地呈現，任何一個觀眾都能看得懂。記住：導演工作不是紙上談兵，是透過演員和舞臺與觀眾溝通。

編輯所選場景

一般說來，你不應該編輯你所選擇的場景。（難道你會將貝多芬或艾靈頓爵士寫的樂章的其中幾段刪掉嗎？）要成為外科醫師得有大量的經驗，雖說把一場戲的其中某部分拿掉、跟摘掉韌帶或生理組織是兩碼子事，但兩者並非全然無關。假設你發現場景裡有你和演員與觀眾說不出來、做不下去、無法目睹的地方，你最好改選別的場景，可做的好材料太多太多了。某些作家或作品會採用強烈的語言或令人震驚的行為，因為如此才能適切地表達劇中的世界和角色。地方觀眾可能比作者心中預設的觀眾要更保守，如果他們被嚇到了，戲裡真正重要之處他們就看不見也聽不見。換言之，他們會執著某些字眼，而沒有感受到戲劇動作。無論如何，提出的這一切，如對素材的選擇、任何更動劇作家用字的考量等，你都必須密切地諮詢你的指導老師。在什麼對學習目的是正當的，與那可能是無可挽救且不公平地扭曲作家的意圖，兩者之間只有一線之隔。

如果你編輯一個場景，刪掉了某幾句臺詞或者拿掉一個角色，原因是「他只有兩句臺詞，我其實不需要他」，你就是對作者的意圖做了嚴重的更動。年輕導演常常想編輯場景，認為如此可以用素材做出更棒的戲，或者是因為權宜之計而想便宜行事。你必須壓抑住所有這種衝動。你很可能是因為不懂臺詞或角色所以想刪掉；也就是說，你只是不明白為什麼它們出現在那裡，或者是因為多找一位演員有困難。你要瞭解，作者在寫這齣戲時就考慮過這些事了。要對你的劇作家有信心：劇作家在寫作技藝的經驗比你此刻作為一個導演的經驗多得多。堅持劇本的原貌。除此之外，**不要選用刪節版的劇本作為導戲專題劇本**——那種經過編輯刪掉場景中某些臺詞或角色以縮短長度的版本。為了讓劇本吸引更廣泛的觀眾，他們可能拿掉了重要的戲劇行動。一定要用完整出版的劇本。

排演實習場景

場景可在教室裡或鏡框舞臺上演出，（舞臺最好小一些，不要用大舞臺，你才不會太快就面臨要填滿空間的挑戰。）不要破壞鏡框舞臺的界線越過前方界線演出；要在界線後方演出。如此才能讓鏡框舞臺的空間發揮出它的畫框效果，同時你也藉此學習「觀看」舞臺畫面。你以後有機會打破這個畫框，但現在應該學會怎麼好好運用。如果你用的是教室，擺兩張椅子，相距24至26英尺作為鏡框舞臺的兩端牆面（小於20英尺會造成困難），然後仔細遵守所有鏡框舞臺的規則，就好像你確實在舞臺上演出一樣。（也可用兩折、或類似的景片組合來替換椅子做的牆，擺在舞臺左右兩端。）

排練用家具

如同第9章談論舞臺擺置時所建議，盡可能使用排練室裡所有的器材。學習如何運用椅子或零散的物件來占據空間，以及學習障礙路徑的觀念和建築學中的線條與量體的本質，這些都比嘗試重現它們在日常生活中的樣貌更重要。當然，椅子就當作椅子用，桌子就當作桌子用；不過，若能用得妥當，同樣的椅子和桌子，看起來會是不同的大小、不同形狀、不同質感甚至不同風格。如果必要的話，椅子疊起來可以當作櫥櫃、吧檯、壁爐，甚至是桌子；幾張椅子並排，或許就是張沙發；諸如此類。學習在使用物品較少的情形下也能安排空間，**但別忘了你是在描繪舞臺的空間**，不要讓它空著。

圖50中所建議的物品是設計給導演排戲用的，這些物品能廣泛運用在鏡框舞臺或其他類型的舞臺上。注意，這些物品本身是中性的，不需要按照它們的名稱來決定其用途。

這四種景片組合（screen units）可提供你組合成各種類型的牆面，牆面幫助導演與演員瞭解他們的舞臺擺置有哪些特定限制。（圖51示範這些布景最簡單的使用方式。）牆面組合（注意圖中的景片組合有兩種大小）會幫助你圍出其他所有的空間，也可使障礙路徑更為明確。圓板凳、長凳、石頭提供多樣的座位選擇。一張圓桌配上兩張方桌，可以提供比方桌更多種組合的可能性。實際使用的立柱有三種大小，能啟發各種平面圖配置的類型；注意它們可擺放正面（封板的）或背面（敞開的）兩種方式，分別代表不同意義。平臺與階梯組可激發你運用高低層配置空間。

關於這些材料的顏色：這些排練用的道具必須漆成中性顏色，也許是珍珠灰，如此，不會有其中任何一個道具因為顏色過重而特別明顯。你可能一時覺得灰色太陰沉，很快就會發現這個顏色在嚴肅的戲和喜劇裡都同樣適用。盡可能減少顏色的用意是讓材料只表現出線條和質量，不會有特別細節的干擾。

不論你用的是教室課桌椅或者如圖50所繪的排練用的較精巧的道具，你都必須盡力發揮才能，記住，舞臺擺置是和演員溝通的工具，你越有想像力，演員就越能自由展現。

準備場景

現在你已選擇了場景，知道製作環境裡可能會有的情況，接下來可以開始準備場景了。

照第6章列出的方法分析劇本。**在絕大多數的準備之中你必須要以整個劇本的角度進行分析**。許多學生都是在這一關失敗的；他們以為不需要理解整個劇本就可以把一個場景做好。這種想法太愚蠢了，一個場景是整體的一部分，不瞭解完整的作品，導演如何能讓部分的意義變得明白呢？對你所選擇呈現的場景的戲劇動作一定要很仔細研究，其他所有的想法都是從這個動作衍伸出來的。有鑑於此，你應該採取這種態度——自己是在執導完整的一齣戲（儘管事實不是如此），確保你做的選擇和決定都是基於這整齣戲的需要，不要為了圖方便而「捏造」，告訴自己說：「我不過只是做其中一場，

建議的排練用場景道具

圖50

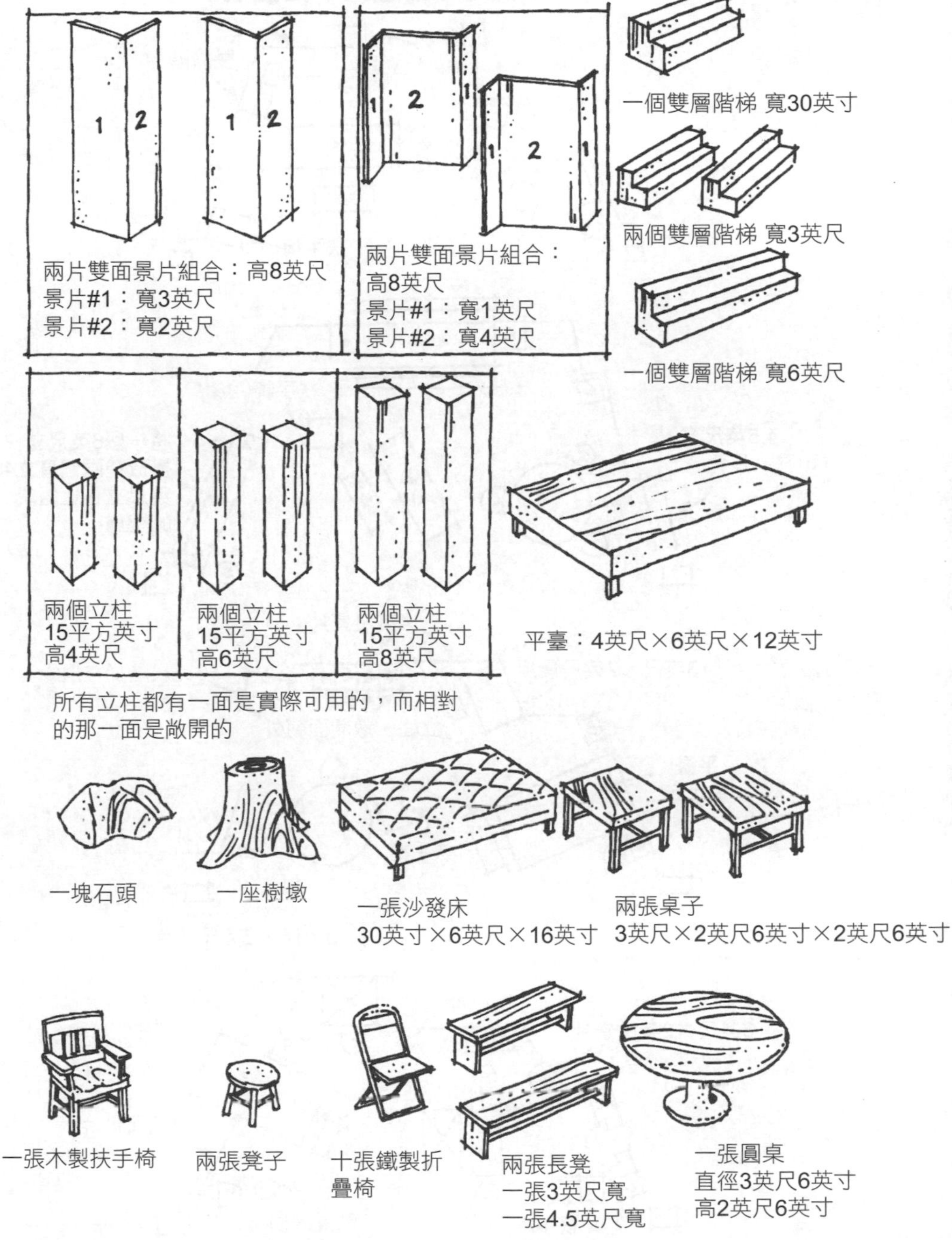

兩片雙面景片組合：高8英尺
景片#1：寬3英尺
景片#2：寬2英尺

兩片雙面景片組合：
高8英尺
景片#1：寬1英尺
景片#2：寬4英尺

一個雙層階梯 寬30英寸

兩個雙層階梯 寬3英尺

一個雙層階梯 寬6英尺

兩個立柱
15平方英寸
高4英尺

兩個立柱
15平方英寸
高6英尺

兩個立柱
15平方英寸
高8英尺

平臺：4英尺×6英尺×12英寸

所有立柱都有一面是實際可用的，而相對的那一面是敞開的

一塊石頭

一座樹墩

一張沙發床
30英寸×6英尺×16英寸

兩張桌子
3英尺×2英尺6英寸×2英尺6英寸

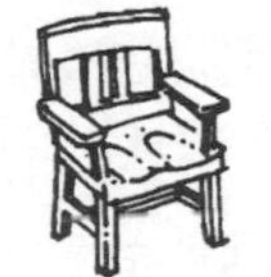
一張木製扶手椅

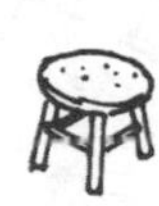
兩張凳子

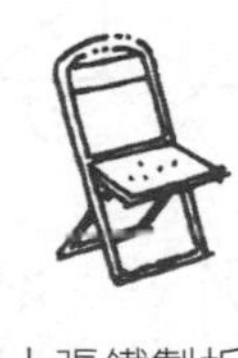
十張鐵製折疊椅

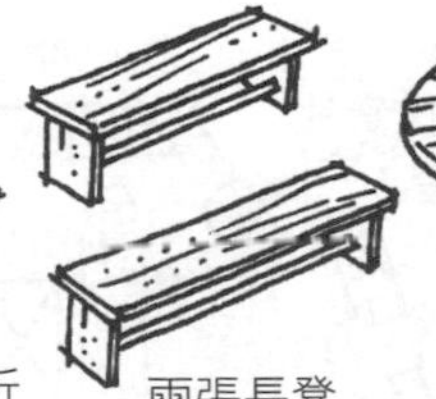
兩張長凳
一張3英尺寬
一張4.5英尺寬

一張圓桌
直徑3英尺6英寸
高2英尺6英寸

圖51　排練用場景道具平面圖例

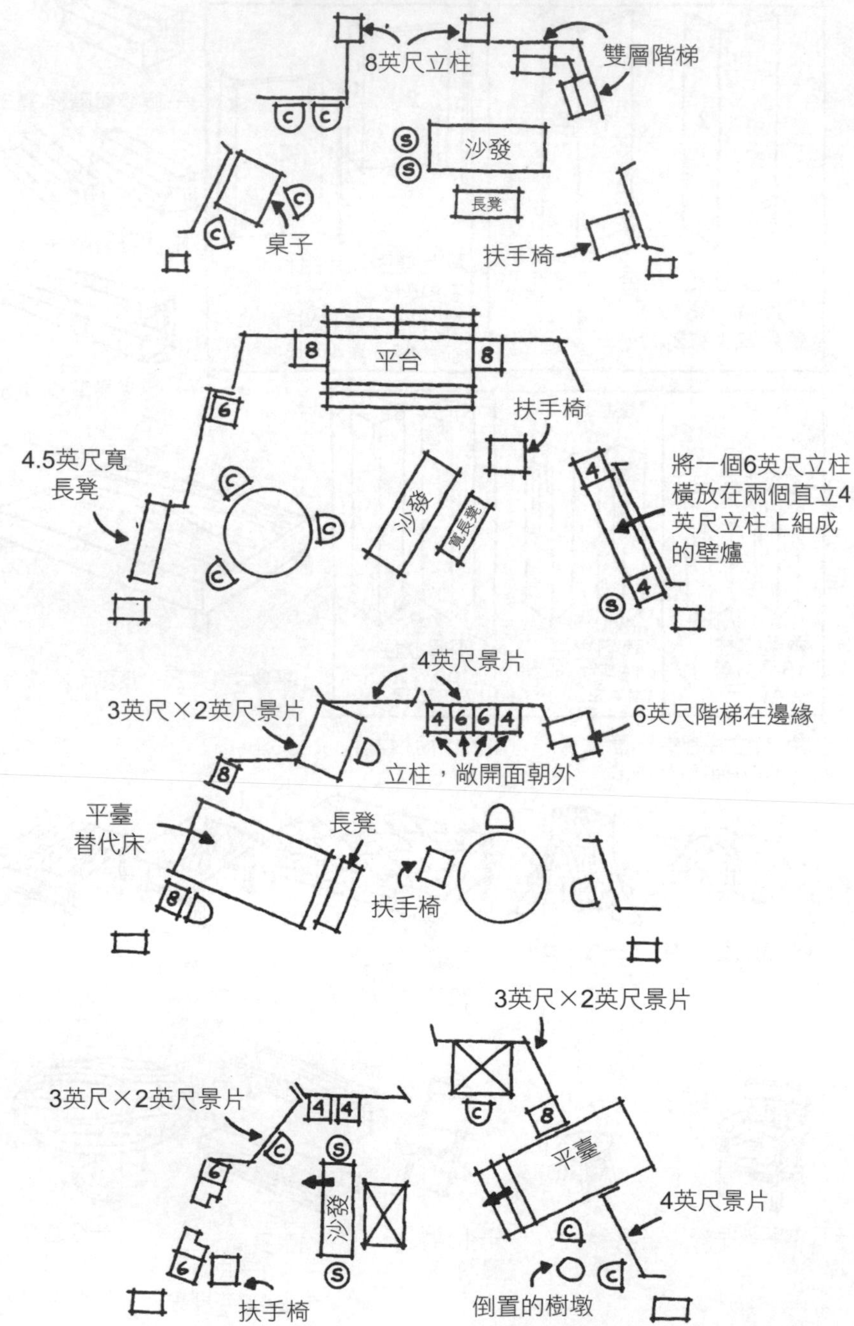

有什麼關係？」**就是有關係**。

依照第14章所陳述的，先製作排演本，其中要包含你對視覺設計的所有建議，正如你目前所瞭解的，包括從舞臺擺置圖，到構圖、圖像化、移動、道具即興等。

選角

表演指導（acting instructor）能協助你選角（casting），也可能獨斷地提供你一組角色人選，因為他們很清楚培訓中的演員能從你的製作獲取哪些經驗。如果你無法得到這樣的幫助，便需安排一個最基本的選角程序，盡可能從演員中選出角色。在第26章中會討論選角，它是劇本詮釋的一部分，但目前階段，你應該挑選有熱情且願意合作的人，因為你的第一個工作是找到如何使戲劇動作充分實現的方法，而非如何達到細緻精巧的詮釋。這個工作足夠你處理了。如果你很幸運找到能夠投射出角色所需具有的儀表形態和質感的演員，你就會在這場比賽中領先。

最重要的是，小心不要選到表演能力比你的導演能力優越太多的演員，你必須感覺自己有能力領導這場戲的工作。你也應自由地實驗各種溝通的工具和方法。如果演員一下子就演出場景所需要的，會剝奪你從這些溝通方法中學習的機會，有些演員甚至會奪走你的場景。在那些能力比你更強的演員之前，你甚至可能變成他們的阻礙，限制了他們的表演，而非釋放了他們。如果你擁有兩個演員，無論他們的質感對不對，只要他們渴望學習、渴望實驗，同時擁有強烈的意志，你就應該要覺得很幸運。**你的工作是學習有創意地領導**，怎麼挖掘且釋放演員的想像力，不是練習做個武斷的權威者。你也會發現，對的質感並不如你以為的那麼重要。演員演出行動，如此來構成角色。只要能夠讓行動被表演出來，你會很訝異演員如何「消失在」角色裡，而角色又如何確實浮現。

排練

排練一齣戲，便是運用截至目前為止在本書討論的所有觀念和技巧。排練是你的行動領域，你必須給出你每一分想像力和能量，演出的成功與否，決定於在排練場上發生的事情，不在你先前做的各種豐富的研究工作上。排練一齣戲本身就是一種技術，你必須體認到這點，且學會非常用心地去進行。你的細心組織，將讓你和你的演員在創作過程中得到釋放，讓排練既有趣又有利益。安排演出一齣戲好比玩遊戲，由你主導，給出指令；也很像一場宴會，你扮演主人。

對排練的建議

製定時間表　從一齣全長劇選出的10分鐘場景，需要至少八小時的排練時間。定出日期、時間非常重要，因為演員需要大量時間來嘗試角色和習慣角色，宛如「試穿」和「弄舒適」角色的奇怪戲服一般。建議每天一小時，持續兩週，這會比某一天練習兩小時、跳過一天，或是第三天練習三小時這樣的工作方式好得多。這一小時以外的其他時間，就由你和演員們的想像力來對劇本下功夫。如此一來，排戲確實成為了一段實驗的時光，檢驗前一天所做的，並且想像之後的走向。如此也會有時間利用空檔給演員一些扼要的建議，刺激演員新的方向或對排練有新的實驗。

排演計劃　在安排每次排演的內容時，應該設法讓每次排練都能將場景盡快地往前推進，然而你也許需要安排排演前的暖身，幫助演員放鬆與專心。讓整組演員在每次正式開始排戲前先暖身，你會發現他們變得更「在當下」、專注，並且更能立即進入狀況。表演指導經常讓演員在上課時做暖身，去請教他們該怎麼做，讓排戲的訓練配合表演訓練。然而也要注意暖身練習不會占去太多有限的排戲時間，認真的初學導演不小心就會犯這個毛病。畢竟你必須在僅擁有的時間內把戲排到最好。

以下是連續排練日每一天的工作計劃建議：

1. 讀過整個場景。協同演員扼要地討論一下整齣戲，以及該場戲的結構。接著表達你認為這場戲該怎麼調度，不是用說的，而是擺好舞臺擺置讓演員在裡面「遊戲」。根據角色基本的移動和位置排出走位，演員能藉此「感覺到」彼此的基本關係。

2. 重複第一天排的走位。接著開始發展角色，幫助演員找出部分戲劇動作。如果演員會即興技巧的話，開始即興。最好只工作一、兩個段落，不要排一整場戲。
3. 專心於具相戲劇動作（透過有機走位），以此展開戲劇動作和角色關係。繼續即興。
4. 「丟本」，除運用構圖、圖像化、移動等溝通工具，可增加使用小道具即興。
5. 整排全場戲，評估戲劇動作和角色發展完成到什麼程度。演員間產生交互作用了嗎？舞臺擺置可行嗎？如果不可行，重做一次，仔細注意表演區域的數量，是良好的障礙路徑嗎？能否刺激演員的想像力？該場戲的首要發現和調整，是否富有力度並用心地顯示出來？
6. 視需要重排走位，同時工作戲劇動作。這場景是否依段落搬演？專心於演員的交互作用和角色發展上。
7. 找出這場戲的氣氛與節奏，清晰勾勒出這場戲段落的結構。專注在文本的傳達上。
8. 走整排，專注在韻律與氣氛之節拍和步調上。

注意，這個排練計劃裡，導演第一次排演時先安排走位，為的是能直接與演員溝通。安排走位，但不該約束演員使用即興的技巧來具相場景中的發現（見本段落後文「排練時的即興」、「即興計劃」兩段落），然而即興技巧則仰賴演員和導演都很熟悉其運用。如果是的話，即興會是達到直接溝通的方法。如果沒有，則使用**有機走位**。目的都是一樣的：讓演員在對劇本內容尚感到新鮮時，快速吸收戲劇動作。此時，對發現的認識非常重要，如此，演員比較能看出整場戲的形狀——高處、低處、不規律處、發現；等到後來演員太投入到細節時，反而不容易看出來。

速度　如果你已準備好給出有關構圖和移動的建議，演員對於該場戲的種種要求將能很快回應。在第一次排練時，你的目標將是透過舞臺擺置、構圖、移動和節奏（音樂失去節奏就不是音樂了）等等，來與演員溝通對這場景的**形塑構想**。

第四次排練時，演員應該背好臺詞，所以可以放下劇本，由此，開始圖像化的實驗，**同時，他們可以全神聆聽彼此**。場景中的發現，是從聽見一個行動並做出調整而產生的。關於這點，研習臺詞可視為理解場景的學習，若放慢這個流程並沒有什麼益處。先找出潛臺詞，這樣你才有能力開始直指文本地工作。建議在排戲的第五天進行的整排是非常關鍵性的，這樣你才能看見和聽見到目前為止完成到哪裡，接下來該往哪裡走。第一次整排不要打斷演員，要仔細聽，好比他們是在觀眾面前演出。在這次整排，用上所有的大小道具。排完後的檢討工作，是你整個排練計劃裡最重要的決策時間。舞臺擺置對演員有效果嗎？表演是否充分形塑出這場景？角色發展（包含既定情境與戲劇動作）進行得好嗎？這場戲是否經由對段落的清晰描繪而堆疊出高潮？

對這場景的最後工作　你無需躊躇是否該為了激發出新的想法，繼續發現新構圖和移動，或鼓勵演員去尋求；演員會立即告訴你這些新建議能否刺激他們。在相同前提下，重新安排舞臺擺置：現在演員會向你展示如何演出這場戲。更具戲劇性和劇場性地表現這場戲的高峰和低谷，把戲的極限再往前推進。假設整場戲的機制能順利地在行動中激發想法，可將專注力放在角色的儀表形態、角色情緒張力、段落劃分，以及最重要的，角色的交互作用。**記住，最後這一項正是你存在的原因：**幫助**兩位**演員／角色找到他們行動間的丟與接，彷彿這是兩個人之間的交換和往復運動。

最後階段的工作，先整理文本，並且強調文本的重點以加強投射。導演有義務讓這場戲的內容被清楚地聽見。應用所有在第15、16章中談論過的要點。在演員表演的時候，記下筆記，在需要強調的臺詞下方畫線，並且不斷地操作某幾句臺詞或者某整段話該有的重點和語氣。磨戲，使這場戲沒有絲毫會讓人分神的地方。現在演員能輕易且快速地接收引導，他們可能對這場戲的內在瞭解得比你更多。堅持高能量及其適當的起點（角色情緒張力）。

精要的導演建議　不要說得過多。這是絕對的規則。排練的目的是讓演員**實驗**表演。如果你排練時長篇大論，演員也有話要說，整個場面就成了漫長的談話。演員應該要忙於表演，而不是談論表演或分析場景。因此你的導演方式必須簡潔且明確，安靜且篤定，有幽默感且活潑。你是在和演員玩一場遊戲，最重要的事是讓排練既自由又舒服。「你何不試試這樣或那樣……」比指令他們做什麼更好。但你也必須對一定要完成的有所堅持。誠實是上策，因為在此基礎之上，同學們彼此合作才會互相尊重。

因人而異的個別引導　要依據個別演員所扮演的角色給予指導，不要用抽象的語彙。所以你應該仔細觀照演員，尤其當你對某個演員認識不深時更是如此，直到你發現何種建議對他們有效。你越理解演員是創作者，你越能明白如何與他們溝通。有些演員需要非常誇大的建議或意象，才能觸動得到他們；有些只要最直白的建議。假設演員的表演已過於誇大，你給他們的意象就要小巧。同樣的，對於表演很「小」的演員，就要修改你的方式。假設你需要讓演員知道你的意思——這是最後的手段——那就以誇張的方式表現出來，他才能瞭解你**真正**要說的是什麼，而不只是字面上的意思：用意是不要讓演員模仿你，而是讓他／她吸收你的想法後用自己的方式來表現。

排演時的即興　排練時使用即興技巧目的是：(1)讓演員的想像力釋放；(2)達到專注；(3)揭示戲劇動作、角色關係，以及使先前動作或者過去變得有血有肉；(4)帶出演員之間的交互作用。過程就像是平常的遊戲玩法，在演員還沒把臺詞背好、甚至對劇本內容不是非常清楚的時候，運用劇本中的素材即興。即興的用意是把演員拉進既定情境和劇本的潛臺詞，靠著讓他們在高度的專注下發展表演，這種狀態讓他們能用「感覺」建立彼此間的連繫。兩名演員因此創造出一個彼此牽連、相互作用的魔力圈；這樣的即興如果能做得非常認真和釋放，演員會確實感受到一條很有彈力的橡皮圈，始終將他們以角色的身分緊緊綁在一起。排練過程中需要用到多少即興技巧，取決於你對即興這項溝通工具的認識和能力有多少，演員的需要也是重要因素，例如：他們的專注、相互作用的能力，以及對正在工作中的劇本的潛臺詞有多麼不解。此處不適合詳細談論即興的技術，但以下建議是發展即興時可做的一些事。

即興計劃　對新手演員的一個主要難題是，在寫實劇戲劇動作發生時，於相當親密的層次向彼此敞開自己。你必須以打破演員之間那道牆為目的來設計即興方案，以獲得親近度。私底下跟他們工作，除去他們的自我意識。調暗排練場的燈光也會有幫助，在較暗的燈光下，演員的自我意識會較低，能拋開個人表面的一面。接著，鼓勵你的演員坐在地板上靠近彼此，握住對方的雙手以相互觸碰，並且凝視對方的雙眼。當彼此達到親近的專注後（可能要幾分鐘），可以運用數字對白（見第2章結尾的習作3）來進行劇本素材的即興，用來代表戲劇動作。參與者應該要「感到」想**脅迫**對方，然後輪到他受逼迫時，他要做出**調整**，並且**僅僅**在他調整的基礎上採取新的行動。隨著潛臺詞發展得越來越強，兩位參與者將拉住對方，或被對方拉住，絕不脫離，始終對來自對方的壓力（即戲劇動作）做出回應。

這類型的即興還可加以變化，比如讓演員背對背坐著，手臂勾在一起。也可以讓演員隔著一張椅子握住對方的手，其中一個演員表現脅迫的時候把另一個演員往自己的方向拉，讓對方失去平衡（幾乎要跌倒）。兩種變化型的目的是相同的：去「感受」交互作用的行動帶來的脅迫力。這種遊戲能導引出專注，參與者會融入肢體，感受到身體力量的密切度。

一旦密切度和交互作用的脅迫感建立起來後，演員可嘗試不握住手或手臂即興潛臺詞。舞臺擺置的障礙物如果加以利用的話也可提供類似的拉力。如果你希望推動演員進入潛臺詞的新領域，你可在場邊提示這類即興。重要的是讓演員盡可能維持住這種親近關係的魔力圈；如果這個圈斷掉了，要想辦法讓他們重新開始。

步調　在進行劇本分析時，你記下的韻律和氣氛之節拍，是否用種種方式予以描繪與強調呢？

觀察交響樂團指揮如何協調與控制60到100名音樂家，能夠讓你大大地學到有關導演戲劇，特別是關於步調（pacing）的事情。注意到指揮家的專業是界定音樂中的不同部分；如何藉樂章之間的變化構築音樂；如何以紀律和權威來管理樂團，不以一名獨裁者的姿態，而是一個知識淵博的領導者。觀察其他導演工作，收穫不如觀察指揮家來得多，因為你通常看不見導演跟演員之間是做了什麼，導致他們達成想要的結果。然而，管弦樂團指揮的工作卻總是清楚擺在眼前。去觀察指揮的排練工作——看看他指導音樂家的方式，以及他重複作品的某些部分，以達到他認為作品必須達到的音聲效果。指揮的工作方法中沒有猜測，因為他做好了該做的功課，清楚他的工作就是領導。

排演階段導演的自我批判

以下是協助你評估你的工作的一些建議：

- **強調「重大時刻」** 每個高潮場景都有其重大時刻（big moment），必須清楚且具高潮地表現出來。你是否在劇本上精準地標出這個時刻的確切起點？你必須看見演員在此刻達到高峰。
- **跟你自己說出那「長篇故事」** 將關於這場景的完整故事很仔細地走過一次，**包括所有事件和活動**。
- **跟你自己說出那「短篇故事」** 將「長篇故事」用三兩句話扼要概括[2]。
- **自己「扮演」角色來「感覺」他們** 當你單獨一人時，**分別**讀出每個角色的臺詞，站著或走動，就像演員表演角色那般。你確實「感受到」每個行動的脅迫力？當你對每個部分都有「感覺」時，讀完全部。你能否「感受」角色間如蹺蹺板的角力作用？
- **評估角色情緒張力** 角色是否將角色情緒張力表演到適當的程度呢？
- **評估該場景的步調** 步調是否與戲劇行動的發展符合一致？嘗試把節奏加快一兩級，你會發現節奏可進行得比你之前所想的更快。
- **評估演員的暴力程度** 所有的高潮場景都包含「暴力」，有時以語言的形式、而經常以肢體形式存在。暴力是否自由地展現？你是否找到是從哪一個字、哪一句臺詞開始，角色做出了高潮性發現，暴力自此展開？

---

[2] 譯註：這種戲劇動作的習作，是訓練導演掌握衍展一齣戲的情節、角色和思想最重要的主軸：戲劇動作。可以分別以三十字、五十字、一百字或兩百字等不同字數精要敘述，然如亞里斯多德在《詩學》第七章所言，需包括開始、中間和結束。參閱姚一葦，《戲劇原理》（台北：書林，1992），頁78。

- **評估交互作用** 能否看見演員在戲劇動作中彼此交互作用？聽得出來嗎？
- **開始與結束** 是否表演得充足有力？

實驗

排練期間，直到產生作用之前，沒有什麼必須被確定是最後做法。你必須很機敏，不斷創新，根據需要，隨時變換並保持彈性。同時你也要將這種創意冒險精神徐徐灌輸給演員，如果你超越自己，他們也會自我超越。你的工作是讓他們變得有創意，不是讓他們覺得你多麼技藝精湛。在具有創意的狀況下，讓想像力能夠釋放，才可能創作藝術。劇本已提供了一個跳板；你必須提供游泳池、陽光、清澈的水，以及享有樂趣的氣氛和笑顏。

演出

你是否成功，觀眾會很快且明顯地讓你知道。你必須**與觀眾一起**觀賞這場景的演出，仔細聆聽演員，也要仔細聆聽觀眾。本章勾勒的場景練習要在為觀眾演出後才算完成，縱使觀眾只是班上其他同學。快速有效地介紹你的場景，為了避免困惑，僅需告訴觀眾他們必須知道的。冗長的前情介紹沒有意義，甚至會分散觀眾的注意力。觀眾看戲時會希望運用自己的想像力、自己的能力和自己的想法（非依賴他人）。如果你暗示（通常因為過度表演或過分強調某些重點）觀眾缺乏能力或不敏銳，會令他們覺得受到侮辱。與觀眾溝通是個困難的過程，但演員若能把故事演得很有張力且靈敏，就能輕而易舉地達成溝通。觀眾不是對演員本人感興趣，而是對他們創造出來的角色感興趣；他們喜愛激發出角色形象和強烈情感的演員。

好演員總是仔細傾聽臺下觀眾。這是何以劇場經驗是親密的：觀眾感知演員，演員感知觀眾。

在進階執導獨幕劇之前，至少再做這類執導場景的練習一次。理想的情況下，你應該多練習這個過程四、五次甚至六次，然後才執導你的第一齣完整的獨幕劇。每一回的練習都會讓你學到更多，擁有更充沛的靈感，更有覺察力，並且更有自信。

重點專題1B
診斷式批評

所謂**診斷式批評**（diagnostic criticism）是針對其他導演所做的場景呈現，先以書寫再以口頭的方式予以批判性分析。這種批評的主要功用並非訓練你成為一名書評家，而是在受控制的情況下，強化你和演員的口才溝通能力，改善你進行自我批評的方法。剛開始時，你可能會對這種面對面、平等交換意見的團體集會感到很不自在，然而，只要你事先把評論寫好，口頭發表就會進行得容易許多。你將會學到怎麼聆聽其他人，就像你期待演員和設計者聆聽你一樣。

概念

診斷式批評是你對其他導演的作品所進行的分析，這也是一個讓你研究其他場景的機會，找出哪裡做對或哪裡做錯，因為面對他人的作品時，比起面對自己的作品，你會看得更客觀。「我喜歡！」和「我不喜歡！」並非站得住腳的批評，這只是感覺，並非有意義的觀點或洞見。一種說法是，診斷式批評就像倒過來製作一場戲，從演出結果往回推溯到源頭，其中穿插的每個步驟都有意義。**你的工作幾近於一名醫師，檢查身體健康的病人，判斷為何他們是健康的；然而對生病的病人也加以檢查，嘗試找出他們生病的原因**。對兩種患者研究診斷都有必要，你要學會敏捷辨識出究竟什麼可行，什麼不可行。

依據這個論點，診斷式批評是一種最正面的評論，無論是批評另一個導演，或者是接受他者的批評。如果你是接受批評的一方，不要害怕個人的敵意，因為批評者必須證明他的論點，不僅是提出來而已（後者即劇評家常在報紙上所做的）。你在診斷式批評中學習到的能力將大幅增進你的導演實作能力，因為導戲就是專業地去看與聽。能夠做他人的眼睛和耳朵，亦即同樣能夠在自己作為導演的時候如此看待自己。

演出計畫中的診斷式批評

診斷式批評，除非是與有組織的演出計畫聯合舉辦，給予評論人時間和機會工作，否則難以產生效果。因此，建議班級定下排練和呈現日期，在呈現的前幾天，先將場景劇本影印給參與的評論人（或許有二至三人）。這樣評論人不僅有時間讀完整個劇本，還能對該場景的諸多細節加以研究。如此一來，評論人來看戲時，對這場戲以及可以如何呈現會有一些想法。雖說評論人可在演出後盡快進行評論寫作，評論的截止日應設於演出後三天以內，如此能保持評論的新鮮度，同時有幾個小時的時間使經驗具有客觀性。

診斷式批評提綱

仔細研讀以下提綱。評論應精確依循此格式。請依據相同的數字編號寫作分析。

一、戲劇行動摘要

觀賞場景呈現**之前**，先仔細研讀該場戲的劇本。將情節的各段落編號並為每一個段落拈出行動，**根據你對劇本的分析**，以精煉的句型勾勒出交互作用的行動：A（動詞）B，B（動詞）A。你對戲劇事件的覺知和看法是你批評的基石，同時也會提供導演關於你如何得此結論的資訊。

二、技術分析

根據下列標題討論該場戲的製作：

(一)**舞臺擺置：**

1.表演區域的數量

2.使用性

3.獨創性

(二)**構圖：**討論區域、舞臺上下層面、水平高度、身體位置、三角形等等的運用，舉幾個明顯的例子詳細討論。

(三)**圖像化：**仔細討論你所注意到的最成功的例子。

(四)**移動：**選出特定幾個移動的例子並評論。

(五)**道具即興：**詳述所使用的物件，以及呈現出來的效果；討論哪些物件應該怎麼使用會有更好的表現。

三、角色刻劃

討論該場戲的表演，詳細描述每位演員做了什麼，並評量導演和演員的溝通達到了何種程度。

(一)角色A

1.將劇本所描繪的角色的理想樣貌與演員所呈現的角色刻劃，兩者做一比較。

(a) 描繪**你在劇本上所見到的**角色。

(b) 比較一下演員透過自身的角色刻畫達成此理想的程度如何。

2.儀表形態

3.臺詞傳達

4.可信度

(二)角色B

1.將劇本所描繪的角色理想樣貌與演員所呈現的角色刻劃，兩者做一比較。

(a) 描繪**你在劇本上所見到的**角色。

(b) 比較一下演員透過自身的角色刻畫達成此理想的程度如何。

2.儀表形態

3.臺詞傳達

4.可信度

(三)如果需要討論其他角色，請重複A和B的段落。

(四)綜合：在此處討論交互作用——演員表演時的彼此互動、彼此間的溝通交流如何？整體表演的強項和弱點等。

四、整體評估

(一)**情緒氣氛的營造**：列出所營造的特定情緒氣氛。

(二)**基調**：僅註記**有**或**沒有**；尚且不必多做評論。

(三)**資格審定**：於此評述B項；從導演、表演兩方面來看，**整體**評估這場戲成立不成立，為什麼？

書寫評論先於口頭評論

書寫評論的用意，在於強迫你將一場戲的感受確實地用文字寫下來，因此給了你一個導演溝通的練習。僅僅是「說出」你的評論，在教室用口語會話的方式表達，等於是鼓勵你用鬆散的方式表達和模糊的思考。（當你寫下評論時，不明確和空洞語言如：「我喜歡！」或「我不喜歡！」就會被排除。）若是條理分明地寫下你的評論，你對自己所寫的內容更有可能已經過了深思熟慮，並且相信自己所說的，還能夠支持自己的論點。斟酌你在評論使用的文字，並仔細校對，當同儕感覺到你細心準備這份評論，他們才會尊重你感受到的和寫下的內容。

書面評論寫好後，這份評論應在團體中**口頭發表**並討論。記住：指導老師將擔任身為導演評論者的你以及該導演之間的仲裁，並堅持要求公平性和禮貌（班上其他同學也會如此）。這個批評技巧，口頭討論是第二要項（寫下你的評價是最重要的事）。**作為導演，口語的表達一定要清晰明確**，如今你已準備進行討論，可以講出想法了。你需練習口語表達的能力。**討論的目**

標是讓另一個導演瞭解你的想法，並在表達的時候不引起對方的不愉快，或讓對方覺得有敵意，以至於溝通失效。導演生涯中，經常需要討論他人的作品。你要學會以有價值的方式來做這件事。經常問自己，我是否把焦點放在有用和重要的地方？寫出一篇你自己期待能收到的那種，經過深思熟慮、有道理支撐論點的評論。在口頭批評時，於遣辭用語上，要以你希望別人如何對你說話的方式來對別人說話。

注意，開始評論時先以你自己的話闡述該戲劇行動。此評論根據的是你於場景呈現的所見所聞，以及你對該場戲的劇本所做的研究。你必須瞭解全劇，對於該場景的內容更須徹底熟悉。依照本章診斷式批評提綱的第一部分所囑咐的方式，仔細記下行動，所有你必須說的，皆可依據你對行動的觀念，明確地予以評價。小心不要讓**所呈現出來的**行動，動搖了你對於所發生的事件的看法。**要做出良好的診斷式評論，秘訣在你對該場戲的行動的洞察**。

對角色刻劃要格外留意。同樣的，在評論某演員對該角色的刻畫之前，你必須先描述**你認為**劇作家對該角色的設定。清楚的分析將會告訴你一些有關導演與演員溝通的情況，例如：導演是否讓演員傳達出他所想要的？評論的其他部分則會讓你很快看出這個導演是否理解戲劇動作。提綱第三、第（四）項「綜合」非常重要，一場戲的效果會在演員表演的交互作用清楚地展現。

基調在提綱第四的第(二)項提及，用以表示一場戲各目標達成的整體狀態。這場戲成不成立？是否達成它在該戲的基本用意？觀眾是否照劇作家所設想的哄堂大笑或心情沉重？這種說法當然只是提供意見，你很明白感覺的力量，你也感知其他觀眾是怎麼回應的。在基調的評論上立場要強烈，只記下「是」或「否」，然後再以提綱第四的第(三)項，你對該場景整體是否成立的審定，來支持你的論點。

導演也是人

寫作這類評論的時候，始終要記得，你是在寫給另一個人看——一位導演——他就跟演員一樣，對自己的創作是很敏感的。練習寫作的技巧，寫出誠實、謹慎的言論，避免顯得殘忍或傲慢。不要一概而論！概括式表達時常會傷人或混淆。保持明確與直接，使用謹慎選擇的例證支持你的論點。**固執己見的人說出的是情緒的**，而非兼容了感受與理智之深思熟慮的評估。記得你是在幫這齣戲做診斷，不要像一個職業評論者一樣，為了取悅隨便的讀者而寫謾罵演出的文章。你應該是位負責且能尊重他人作品的人，你的評論如果做得夠謹慎和精確，便會受到他人的尊重。儘管你一定要保持誠實說出你真正的想法，但殘忍與不厚道是不被允許的。從別人身上發現最好的一面，能讓你發現自己最好的一面。最後提醒。在寫作和口頭發表批評的時候，強迫自己講大項重點。別讓自己列舉太多細節以至於脫離了重點，即便這些細節都是事實。一個場景能不能成功，是與重點有關，而不是細節。如果你能確切評論別人的作品，你就更有能力在處理自己作品時做到這一點——當你需要**真正**感知一個場景是否成功時。

17 經由選擇舞臺之溝通

與設計工作有效率是導演的責任

這是本書關於設計的第一章。（儘管你在舞臺擺置所學終將與設計有重要關聯，但這是專門探究設計的第一章）。這本書共有七章致力於導演與設計，在本書流程中，第17章到第21章以及第30章到第31章在不同的階段出現，讓你思考、吸收，最後綜合成導演在一齣戲的設計層面中各種不同的功能。

本章的重點在於建立導演對設計所需的基礎瞭解。接下來幾章會帶領你理解舞臺的實體功能，本章乃通則式地介紹大綱。成功的導演瞭解自己在設計方面的任務，並能與設計有效溝通，如同與戲中的演員溝通一樣。的確，有效地與設計工作毋庸置疑提升了演出成功的可能性，因為精彩的設計能以無可取代又令你激賞的方式，提升演員的演技。相反地，無法為演出增色的設計會使演出和表演難以達到原先可企及的最高水準，這種不幸的結果經常來自導演對設計的功能和流程的不瞭解。如果一個製作的設計層面沒有發揮應有的潛力，往往是因為導演誤判了演出的設計需求或是製作環境的可能性。這種誤判來自導演缺乏設計領域的訓練與認識，最後不可避免地，導致了在原本至少是可有發展的情況裡，誤導設計的過程，或置設計於不利的方向。

要做一名成功的導演（在任何舞台），你會受作品的設計面向吸引，如同你受文本分析和表演所吸引。然後你會發現和設計工作是演出製作中最有回報並滿足的面向。還有，就像和演員合作一樣，你，有效率又有智慧的導演，不會取代你的設計同仁。也就是說，你身為導演的目標不是親自為演出去設計（儘管你很快就要在習作這麼做），如同你不會親自扮演製作中的每一個角色。一如常態，你的目標是把這個劇本表達到極致，創造重要的演出大事。要達成目的，你得引導一場探索和發現的旅程，藉由為演出設定可行的方向，並激發出合作者最好的作品，以及將所有人的貢獻統合成有效的整體。除非你洞悉了演出中的設計層面，且在設計領域與合作夥伴以有效且令人滿意的方式工作，否則這一切都是不可能的。

二十世紀初，英國布景設計師愛德華・哥登・克雷格（Edward Gordon Craig）在精要簡短的著名散文〈劇場的藝術〉（“The Art of the Theatre”）描繪了兩種導演類型：創作一切，包含劇本的**藝術家導演**（artist-director），以及**總藝師導演**（master-craftman-director），克雷格將他們定義為設計協調者。雖然當代劇場的確有克雷格所謂**藝術家導演**（例如美國劇作家導演理查・福爾門，Richard Foreman），不過，是在電影這個媒體裡，劇作家導演這個傳統才實質上形成了一股重要的勢力。在一般營運中的劇場，主流是克雷格歸類為總藝師導演典型。以克雷格的理解，總藝師導演是劇作家劇本的詮釋者，並有能力好好掌握一切在臺上發生的事，從劇本的發展（如果是原創劇本）到最後的演出。**這就是本書的觀點**。

當你學習當導演，在能以獨具個人特色的方式思考劇本並以極獨特的方式在製作中傳達（那是本書第三篇的主題）之前，你必須完全瞭解舞臺的實體功能，也就是它的機械原理，舞臺這座機器如何變成一座充滿能量的溝通工具。**你如何認知在製作中向你敞開的選項，將決定你是讓觀眾昏昏入睡、或是帶他們進入一件激動人心的事件，那事件照亮人類經驗的某些層面，並使得他們比走進你們的演出空間之前，變得更加富足。**

設計是詩意發想的實體化

導演若不能夠形塑或控制那些構成設計的聽覺和視覺元素，對於演出，他就沒有能力提出具有獨特性的觀點——這種狀況會將我們推回十九世紀的黑暗年代，那時的「舞臺經理／舞臺監督」（stage manager）僅會給舞臺木匠指令，在什麼時候舞臺上要擺置「深色有豪華感」的布景、「廚房」布景或「木製」布景。你已經可以想像到，像那種庫存的布景是為了很普遍性的功能，完全不能彰顯出一個特定劇本的個別性。我們目前的慣例是為每一齣戲製作特定的布景，這看起來極昂貴且浪費，但要求個別性是我們的劇場美學的一部分。因此，導演必須承擔陳述具獨特個性的責任。**如果導演是藝術家，就會述說得很新意盎然，因為藝術總是新鮮、個人化的視野。**

所以，導演工作不僅僅是支配演員和舞臺實體，而是一種**考慮周詳且妥當的運作**，也就是艾瑞克・班特立（Eric Bentley）所說「一首詩的準確呈現」。這個概念是：劇本提供戲劇動作，導演運用所能支配的許多工具來具相這戲劇動作，賦予它實體和實驗性的形式——演員所能使用的視覺和口語工具（你已經學習過這個部分），以及你將在這章學習的，你將和你的設計合作者一同探索的設計選項。每組工具各自有它的技術和價值。導演需要學習的是如何使用所有的工具而不是少數幾個，因為製作的多元性和複雜程度會反映出你對這些工具的瞭解程度和使用能力。學習各個技術背後的概念，然後你會瞭解如何運用。

接下來的第18章到第21章，會大大拓展你身為導演的能力，你將看到導演和舞臺的實體功能以及製作過程的關係：使用的舞臺形式、布景、道具、燈光、服裝、化妝和聲音等。運作這座「舞臺機器」的挑戰正如導演和演員的關係一樣複雜。在小規模的教育劇場裝臺或操作一人社區劇場時，你得一個人做完所有工作，你需要做的是與你自己爭辯出設計，然後執行出物質資源所允許條件下的想像。但導演在那種情況下，一如你想扮演一齣戲裡所有的角色，是受到自身的限制所束縛的。所以，除非你對製作戲劇的所有選項非常熟悉，否則當你必須統合一齣製作時，將不知如何和設計師合作。現在是你開始開發選擇能力的時候了。你不但會在「專題2」裡，為了學習的目的自己設計並執導獨幕劇時，將它們全部派上用場，還需要徹底熟悉這一切，以備來日與設計領域的合作者工作時得心應手。

導演和設計的歷史關係

十九世紀後半葉，因為統合的問題而把導演帶進了劇場。在二十世紀的劇場史裡，成就最斐然的莫過於戲劇的藝術性詮釋，導演在這些過程整合了製作的所有層面而形象卓越。隨著二十一世紀到來，我們看待劇場史不僅是史實，且是對製作非常有用的背景，引領我們活化了早期的劇本，並對演出的發想到達前所未有的規模。

十九世紀後半葉之前，舞臺設計是一般性並不具特定性的，偏重於作為戲劇動作的合適背景（有時甚至不合適）而非**參與其中的因素**。這個觀點直接反映了戲劇是**呈現**的概念。十九世紀科學和技術的發展直接影響了劇場，使布景不僅**看起來**自然，更是要為**特定**的劇本創造特定的環境。這種科學的自然主義對舞臺機器和表演的要求大大提高，在這節骨眼，導演作為「非常被需要」的藝師的角色功能被帶進了劇院，協調並統合在製作裡所有的特殊性。舞臺的**一般性**使用很快就讓位給舞臺的**特定性**使用，從此誕生了二十世紀以降我們所熟知的舞臺製作。

不管怎樣，儘管在十七世紀和十八世紀大部分時間裡，演員並沒有真正在舞臺布景**裡**表演（比較像是在它**前面**），我們知道其中一定有著某種協調——某個人放好布景告訴演員該站在哪裡。當有這麼位協調者出現時，我們通常認為他是舞臺監督或演員經理，但也可能是舞臺設計師。雖然歷史上尚無確切證據，但我們幾乎可以肯定的是，在莎士比亞的時代，於英國宮廷，當伊尼戈·鍾斯（Inigo Jones）為他華麗的面具舞劇（masques）製作精緻的繪製布景時，他同時指導表演者在布景的某特定位置，也可能是在他設計時，腦中已先設置好的表演者的位置。

無論設計師在過去的時代裡全部的功能是什麼，在十九世紀下半葉，他們被統攬所有協調功能的導演取代了，導演為了完整的劇場體驗，整合設計和演員的創意，這一直延續到今天。

本書關於設計的目標

有段時間，當導演開始接受學院訓練時，人們普遍認定訓練應該著重於表演領域，包含聲音和動作等項目。毫無疑問，這種專業化有其內在價值，因為導演**瞭解**表演和演員對他能夠以高水準引導演員是至關重要的。但這種觀點往往先假設了設計師會處理製作上的其他面向，在某種程度上，劇場的視覺設計常常被認為遠不及表演設計重要。這種假設是短視的，因為它忽略了**總體劇場的理念**，這種理念認為導演是劇場藝術家——也是這本書的觀點——需要統整的不僅是表演，還有發想自劇本的視覺、聽覺和動覺表現。

所以導演在所有設計領域的訓練都是重要的，而且應該是密集訓練，不能是鬆散隨意的過程。設計舞臺首先需要一位藝術家，其次是能夠以劇場的獨特藝術形式工作的人。舞臺設計不是替演員製作有藝術氣息的背景，也不只是運作技術機器。相反的，它是高階的有機表述。

身為訓練中的導演，如果你想為整合所有設計元素這事做好準備，下列建議的學程是用來提醒你所該追求的學習領域，不管是全部或部分。一個構思良好的學程應該包含以下大部分：

- 各式各樣在不同歷史時代的文化知識
- 繪畫、雕塑和攝影探索；寫生課程；繪畫課程；藝術史的進階課程
- 音樂和舞蹈史探索；一系列有關動作、舞蹈和編舞的實驗性實作課程；歌劇史的進階課程
- 劇場史：包含劇場建築、舞臺、布景
- 服裝史：服裝以及舞臺穿著的歷史
- 舞臺基本繪圖：透視法和渲染法
- 場景設計和材料
- 服裝設計
- 燈光設計和工程
- 音響設計和工程
- 戲劇文學，盡可能多且持續地吸收

這些訓練對導演新手或許範圍相當廣，但是當你越來越熟悉現代藝術劇場中複雜多元的問題時，你很快會發現，藉由戲劇、劇場和相關藝術的總體知識之脈絡，如此縝密且逐步地架構你的設計能力是必要的。

在這些設計過程的篇章中，習作的目的

由於我們做了這般假設，身為訓練中的導演，你必定同時追求接受某種

設計的訓練，因而必定經常活躍地參與被指派的計畫，所以在接下來關於設計的四章，我們不建議通常有的設計習作。取而代之的是兩種選擇方案：第一種，以一齣**全長的研習劇本**為主體來工作從第17章到21章之導演對設計的選擇；第二種，設計並執導演出一齣獨幕劇，作為對第17章到22章的總結，而且，在你開始與真正的設計師合作之前，讓你至少有一次親手實踐操作各種設計元素的經驗。把這兩個步驟加在一起，能將你帶到戲劇製作中導演之協調和統整的第二個層級。在第三篇我們將闡述第三層級——**風格**，接著，與設計師一起工作第四和第五層級。

在這個階段找到好的研習劇本至關重要，因為在探索導演在設計領域的選擇時，如果你想見識挑戰的全貌，就得選擇一齣有多重可能的劇本。此外，建議選擇全長劇本，不僅因為相對於獨幕劇，你也需要學習這種形式，同時因為其篇幅，使得你將可以見習在大結構中協調與統整的觀點。雖然各班或指導老師絕對可以自主選擇研習劇本，但於此為了便於討論，從第17章到第21章的習作，都將聚焦在亞瑟・米勒的《考驗》。這齣內容未曾過時的戲劇提供眾多益處——儘管是在1950年代初期寫成——其多幕結構中諸多地點的風格，允許相當廣泛的設計選擇；這戲在設計協調和統整方面，也是個挑戰。以這齣戲為實習劇目的習作在這一章結束處即將展開。這些習作並無意讓你筋疲力竭，而是引導你和同窗去思索身為導演必須提出種種的問題。

所以，這些篇章的主要目的，是藉由徹底理解象徵和統合的理念，確保你瞭解導演與設計的關係，尤其是戲中世界、戲劇動作和劇中人物如何透過設計的選擇變成生氣盎然的真實。這不是一個孤立的習作，要有效地達成目標，需要發揮你劇本分析的學識和你指導演員的認知。你不僅在課堂上認真地討論從第17章到第 21章的所有論點，我們也鼓勵你繼續與導演同學和設計同學切磋琢磨這些理念。

此外，你**必須確定你瞭解了這個概念後才繼續進行下一個**。本書的教材是有邏輯順序的，只有藉由一步一步的理解你才能進步。有些觀點可能對你來說顯而易見，但實際處理它們才是困難的開始；到目前為止，你的觀戲體驗可能都不是以設計導向為主，這導向之缺乏會導致你有太多理所當然。到這時候，你需要一雙新鮮的眼睛，帶你超越那些看似顯而易見的，並發現那些事情完全不是表面那樣，因為有人已經設計了你所看到的，亦即有人對它作出決定。要記住，**設計是一種構思計畫，不是偶然**。只有超越自己的盲目你才能看得清楚，沒有人能為你做這件事。

習作

1. 首先，以設計為目標，專注地研析《考驗》（或其他實習劇本）的結構。這種研究工作是導演在為製作選擇劇本時經常做的，也就是說，它早於主要的劇本分析工作，但仍然有助於讓導演掌握劇本，以便做出初步決定。不過你絕不能將它視為完整的劇本分析工作的替代品，因為沒有完整分析，你根本不能引導演員。你的第一個工作是研讀劇本，並以兩個方式把戲劇動作記錄下來：
   a. 藉由記錄先前動作和戲劇動作寫下劇本的**故事**。在頁面的一邊用一種顏色記錄先前動作，然後在另一邊用另一種顏色記錄戲劇動作，用垂直線分開它們。這個練習可以很簡單，只要你在劇本的每一頁都筆記出發生了什麼事，你就可以把筆記移到你的摘要頁上。
   b. 在完成a後，你已準備好進入導演的場景分析了。你得列出劇中少數幾位重要角色演出的所有場景。這些是戲劇動作的重要場景，因為劇作家刻意將這齣戲的力量集中環繞著這些角色。這些場景包含主角的發現和隨後的調整，因為這些是高潮場景。分析它們能讓你迅速掌握戲劇的結構。（如果你選的實習劇本只有二到五個角色，由於全劇皆由二到三個以上角色的場景組成，你要確定你有選到**主要的**高潮場景。）在《考驗》裡，你會找到八到十個這樣的場景。現在寫一篇關於每個場景的看法，注意兩點：場景對表演的要求及場景對舞臺的要求。
2. 《考驗》的第一幕發生了什麼事？第二、三、四幕呢？這將測試你掌握這劇本結構的能力。每一幕所發生的事情之整體性是什麼？你能歸結出重點嗎？你認為亞瑟・米勒為什麼要把這齣戲的戲劇行動分成這四大段落（在交響曲之類的音樂作品裡，這些可能被稱作「樂章」，但在戲劇裡，這種長度的序列一般稱為「幕」。）別迷失於重述瑣碎細節，逼迫自己定義每幕的重大事件，那些觀眾必須看見並經歷才能掌握推動整齣戲前進的事件。
3. 《考驗》主要是一齣關於早期美國歷史某一事件的歷史劇，或是一齣與我們的時代之當代議題有關的戲？

4. 這齣戲有一個主角和一個敵對者嗎？他們是誰？在戲劇動作上丹佛斯（Danforth）這個角色有什麼功能？艾比蓋爾（Abigail）這角色有什麼功能？約翰和伊莉莎白正面衝突的本質是什麼？
5. 形容丹佛斯這個角色。他在哪些方面以及什麼程度上，是位嚴厲的法官？教會代表？政治家？
6. 在這齣戲裡，巫術的本質是什麼？有可能亞瑟・米勒在寫這這齣戲時腦海裡存有不只一種「巫術」嗎？你能提出另一種「巫術」的論點，而不是森林裡這些女孩的那種嗎？觀眾是否應該相信在第一幕鎮民所關切的巫術？觀眾對這一幕的反應會是什麼？觀眾應該要和約翰・普羅克特抱持同樣的觀點嗎？
7. 在戲劇行動上赫爾牧師有何種功能？他的態度導向如何？他在行動的過程中改變了嗎？約翰・普羅克特的態度導向如何？丹佛斯的呢？伊莉莎白的呢？為何導演洞悉這些很重要？哪些設計元素（如果有的話）可能會受到你對這一題的態度導向之觀點所影響？
8. 《考驗》裡有幾個角色發展成主要角色？這情形在30至40分鐘的獨幕劇有可能發生嗎？你認為可能或不可能的理由是什麼？亞瑟・米勒的四幕結構讓戲劇動作如何展開？《考驗》裡有多少情節或是支線（例如艾比蓋爾和女孩們、艾比蓋爾和約翰等等）你可以一一列出來嗎？亞瑟・米勒的四幕結構除了影響戲劇動作發展之外，如何影響角色發展？
9. 這一章論及「設計是詩意發想的實體化」，就《考驗》一劇，這意味著什麼？你能清楚地表達出幾種可以用實體形式表現出這戲劇世界（包括所有的既定情境）的方式嗎？這個世界中哪些本質或特色是你在製作中想實現的？隨著設計發展的過程，有無一個概括整體的「詩意發想」你感到有興趣並希望看到它被具相出來？這裡使用的「詩意發想」跟一般所指詩人寫作的詩意不同，乃指在搬演一個劇本的獨特宇宙裡的戲劇動作後，浮現出來且超越表相的更廣義的意象或意念。你能清楚表達出那個意象或意念對你而言是什麼嗎？——不是一個特定場景的設計解決對策，而是這個劇本留給你的某種人類經驗的意象。
10. 閱讀哥登・克雷格的文章〈劇場的藝術〉並在課堂上討論。在你發展與導演志業有關的設計層面這個時間點上，這篇文章激發你何種思考？

18

導演與舞臺機器

象徵化和統合

本章主要關於劇場美學（theatre aesthetics），也就是劇場內所有實務操作背後的共同假設或對傳統的共識。我們對這時代的科學和技術如此習以為常，變得只用外在的方式看待周遭的事物——什麼是有用的或有效率的——我們發現自己難以重拾孩童時看事情的態度，那些多多少少在我們遵循成人生活的限制和規範時失去了。但是，如果我們想探索藝術是什麼，我們就得把它尋覓回來。華茲華斯[1]認為「孩童是成人的父親」（The child is father of the man），從藝術的角度看有十分特殊的意義，因為它概括了藝術家的本質，藝術家必須重新學習或恢復孩童視野的自由和單純。演員訓練中採用的即興和遊戲之意圖，即是要把個人從僵化的行為模式中解放出來，並釋放想像力，成為生動鮮活的力量。設計師和導演需要同樣的訓練。**在藝術的世界裡，超乎尋常地看待事物，即正常而新鮮地看待它們**。缺乏這種自由想像，一個人將永遠被束縛在普遍可接受卻平凡無奇的現實裡。

---

[1] 譯註：華茲華斯（William Wordsworth, 1770-1850）英國浪漫主義詩人，文藝復興以來最重要的詩人之一，代表作包括《抒情歌謠集》（*Lyrical Ballads*）、《序曲》（*Prelude*）、《漫遊》（*Excursion*）等。

劇場是象徵化或意象創造

象徵化（symbolization）使我們能藉劇場中繪述的事物和經驗的菁華，更清楚有覺察力地觀看人生。這個定義並不排除在舞臺上使用我們所認為的真實物體。而是，它迫使導演和設計用更**適當、互相呼應又富有共鳴**的方式使用物件，物件的價值才能在藝術上充分被發揮，並使觀眾的視野更加深入。當舞臺機器以這些方式使用時，它就會變成有機的。布景、道具、燈光、服裝、聲音不只是因為原來是什麼所以被選擇，而是它們的生命和活力。它們創造意象的能力透過和演員的互動被大幅延展，演員在舞臺意象（stage imagery）能量場中的存在乃替我們這些凡人介入其中，並幫助所有元素顯露它們的菁華。

身為導演，如果你想要有層次地使用舞臺機器，**你必須學習象徵的藝術，或是意象創造的能力**。你會發現藉著象徵，你能以純粹現實表面無法企及的方式，有力且直接地與觀眾連結。**設計不是裝飾，而是深層且有機的象徵主義**。

舞臺傳統

舞臺傳統是具有象徵價值的手法。這種手法持續地被使用，如此堅定確立了它在觀眾心中的地位，以至於觀眾毫無抗拒地接受它作為熟悉舞臺形式的一部分。觀眾感知著它的象徵意義，並視為理所當然，傳統變得根深柢固，以至於通常需要藝術上的反動來推翻它們。架高的平臺就是這樣的傳統，還有鏡框、景片、希臘劇場中的**機械神**（deux ex machina）、向底層觀眾站立的池子（pit）[2]投射的伊莉莎白時代倫敦的莎士比亞舞臺。十九世紀晚期，在對浪漫主義時期舞臺傳統的攻擊中，取而代之的是幻覺的傳統，這成為逼真的、看起來像生活的、「真實事情」（the real thing）的寫實劇場的基礎。隨著寫實主義和自然主義（Naturalism）的突破，舞臺傳統並沒有

---

[2] 譯註：伊莉莎白時代劇院觀眾所在位置的中心區位為站票區，稱「池子」（pit）或「場」（yard）。

停下演進的腳步，那之後的一百多年，是風格迥異的舞臺傳統豐富演進的時期，諸家坦率地強調「明顯可見的劇場性」，為藝術形式做出生動的貢獻，並創造了嶄新的傳統，這些傳統更進一步拓展了劇場象徵的「語言」。現在，你正逢前所未見的、身為導演比以往更需要理解舞臺傳統的力量和潛力的時代。

導演必須掌握舞臺傳統的概念，以及它對觀眾的想像和理解的影響力。導演對這部分的認知亦是理解舞臺設計的重要基礎。

為什麼研習劇場史

導演需要知道的所有事物——劇場建築、演出空間、布景、服裝和化妝、燈光、聲音——本書不可能都深入探討。每一項都是專門的學問，並必須以特定的意圖來追尋。這裡所要指出的是，貫穿劇場史中設計功能之改變的本質，以及導演對它瞭解之必要。**劇場作為一種藝術形式，其本質上的變化，不如在它之中所運作的傳統和象徵意義上的變化之多。**

這些變化明顯體現在傳統的轉換之中，但在所有改變的背後，持續存在的因素是**象徵手法：各個年代找到自己獨具特色「透過舞臺機器投射其理念」之象徵手法**。想像力劇場（imaginative theatre）學者喬治・克諾德（George Kernodle）和理查・索任（Richard Southern）極細節地研究這些改變，他們的著述揭示了這主題的啟發性，值得你鑽研。

所以，接下來是舞臺工具相互關係的摘要。在這裡討論這些項目，以顯示導演為了理解劇場機器、並對所有可能選項有深入的視野，他該如何研讀劇場史。

劇場建築和觀眾　劇場建築的研究處理了演出空間和**觀眾**的關係。這項研究的導向如下：

1.對於表演空間和觀眾空間關係之基本安排的理解：無論觀眾和演出空間是各自被包圍起來（envelop）的空間、被一道有開口的牆分開（鏡框型安排），或是觀眾和演出空間合併在同一個沒有界線的空間（不同形式的四面式舞臺〔arena〕和所謂「黑盒子」〔black box〕舞臺，或稱為「單面式」〔end〕舞臺），或是演出空間從一個被圍起來的空間伸展進入一個觀眾所占有的空間（所謂「伸展式」〔thrust〕舞臺）。每一種安排都建立了那齣製作和觀眾間不同的空間關係——而導演必須用額外的時間學習掌握每一種舞臺的動能、傳統和最佳使用方法。

2.理解戲劇的「規模」，那會和觀眾及演出空間的安排選擇有關。

3.認知演員和觀眾間物理距離的效果。

4.理解傳聲效果的問題，以及演員的投射弧線（最大值的弧線，也就是由一邊到另一邊，演員說話能被聽見的範圍）。

演出空間　這個領域討論通常被稱為「舞臺」部分，但這個術語太常與高起的平臺混淆，這裡我們使用了更廣泛、更概念性的術語。任何演出空間的歷史研究必定顯示演員曾在以下幾種空間表演：

1.於地面水平，與觀眾同一高度。

2.於地面水平，觀眾在一層層高起的階梯上。

3.同時於地面水平和高起的平臺上。

4.於不同高度的高起平臺上，觀眾在下方、或不同高度的上方位置。

5.圓形、正方形、長方形或三角形安排。

布景　在最廣泛的定義上，布景勾勒出演出空間的背面或是空間本身占據的範圍。它包含永久性的建築牆面、可移動的景片、永久性或可移動的物件、平臺和演出空間中的其他設備。劇場史研究顯示出廣泛且多元的運用，從演出空間中有可移動景片的建築牆面，到最新的裝置在演員背後的靜態或動態布景投影。

服裝和化妝　演員總會穿戴一些東西來表示自己與觀眾不同，儘管就寫實戲劇而言，這些差異如此微妙，幾乎難以察覺。但差異確實存在，因為服裝，如同舞臺機器的其他工具，必須有象徵意義。服裝，就我們從劇場歷史的研究看到，能藉由高蹺或戴長頭飾來增加演員頭部高度，讓演員看起來比真人還高大；或者可以用墊肩或加長手臂的服裝，讓演員看來更寬，因此更有氣勢。演員的頭部和面孔可以透過面具、假髮或是面具的後代——彩妝，改變成各種形狀和意義。劇場史上某些時期使用了被認為是最好的宮廷服裝，有的使用考古學和歷史學上的複製品，有些則什麼服裝也不穿，盡力尋求中性的身體。

燈光　燈光在劇場裡的歷史或許沒有像布景或服裝被詳盡研究，但導演得完全認知歷史上完成過什麼，才能完全理解戲劇文學和具歷史性的舞臺劇製作。希臘時期、普羅特斯（Plautus）和特倫斯（Terence）的羅馬時期、中世紀街頭劇場（the medieval street theatre）和伊莉莎白時期公共劇院，觀眾都在白天的自然光下看戲，這個事實透露許多關於戲如何運作的信息。同樣地，在燭光中觀賞文藝復興時期的戲劇——如同莎士比亞時期觀眾在黑修士劇院（Blackfriars Theatre，英國最早的室內劇院之一），奧林匹克劇院（Teatro Olimpico）[3]，賈瑞克（Garrick）時期的德雷巷劇院（Drury Lane）[4]，會幫助我們理解親密性、限制，以及「溫柔」的燈光本身製造的罕見美麗。意識到十九世紀煤氣燈的出現，也是理解劇場燈光轉換成電力，大大增加控制力的巨大變革。只看燈光在現今的使用方式，便會錯失它身為劇場工具以及作為觀眾覺知的操縱者的歷史意義。為什麼十五、十六世紀的街頭劇場要在正午燃燒火炬？要理解任何時代的戲劇，導演必須研究燈光及其他效果在那時代是如何被使用。

聲音　希臘劇場的簧片樂器與弦樂器、莎士比亞在舞臺上方或直接在臺上擔

[3] 譯註：奧林匹克劇院（Teatro Olimpico）位於義大利北方維辰札省，建於1580至1585年，義大利建築大師帕拉底奧（Andre Palladio）生前的最後傑作，是目前僅存的文藝復興時期三大劇院之一。

[4] 譯註：賈瑞克（David Garrick , 1717-1779），英國演員、演員經理、製作人。在十八世紀中葉以後，他與人合夥擁有倫敦西區柯芬園的德雷巷皇家劇院（Theatre Royal, Drury Lane，通稱Drury Lane），劇院面朝凱瑟琳街、背朝德雷巷，是當時倫敦僅有的兩大劇院之一，賈瑞克對演出和劇院經營之恢宏貢獻關鍵性地影響了英國十八世紀劇場。

任演員的現場樂手、皇后島[5]舞臺上方用來製造雷聲的砲彈軌道、十九世紀通俗（音樂）劇的管弦樂背景，這些都是設計的主意，其中有些是這麼深入人心，成為戲劇傳統不可或缺的元素。我們這麼習慣於音樂作為電影原聲的一部分，以致當我們看到刻意沒有音樂的電影，或聽見不符合我們的期望音樂時，如2007年《黑金企業》（*There Will Be Blood*），我們會十分吃驚。在巨大的希臘圓形劇場，你能聽見演員的聲音嗎？在市集背景下的羅馬高臺呢？在街頭搭起支架上的**義大利即興喜劇**呢？在約兩百個座位的喬治亞人劇院（Georgian Theatre）[6]中極親密的前排位置呢？或是十九世紀宏偉的三千座位劇院？在我們自己的時代，你問過你自己現場戲劇演出中，用擴音器放大歌唱、甚至話語的意義嗎？電影大部分是視覺經驗：我們透過特寫觀看角色的臉和眼睛，並藉此相當私密的認識角色。**相反地，劇場大部分是聽覺經驗，我們被現場人類的聲音和其他聲音造成的效果強烈感動**。現在，隨著新興科技和與時俱變的傳統，我們邁入一個時期——複雜多元的聲音景觀開始與燈光並駕齊驅，企求達到透過極盡精密的設計和導演工作所能造就的程度。

所以，若要區分劇場史研究和戲劇文學研究的差異，就是在使用舞臺的概念方面的變革，這變革是相當密集的。未曾對劇場史下功夫鑽研的導演，對營造創造性繪述的主要工具，瞭解必然極有限。當你執導歷史劇時，很容易明白為何這些知識是必須的，但你更須認知，在執導現代戲劇時，這些價值是無可言喻的，道理簡單，因你對劇場可能性的知識被大大擴展開來。

統合

一般設計和特定設計

舞臺設計指的是**有意識地**為舞臺做些什麼，而不是讓效果偶然地發生。

---

[5] 譯註：皇后島皇宮劇院（Drottningholm Palace Theatre）位於瑞典斯德哥爾摩，建於18世紀的巴洛克建築，是歐洲少數僅存仍使用原始舞台機械的劇院。據電影史學家Peter Cowie記述，電影暨劇場雙棲大師英格瑪・柏格曼（Ingmar Bergman）執導的莫札特歌劇《魔笛》即在此劇院拍攝。

[6] 譯註：Georgian Theatre在英國約克鎮，建於十八世紀，僅有214個座位。

這個定義暗示了舞臺設計是一種藝術形式，所以必須有統一、連貫、比例、安排、選擇、經濟、優雅和韻律。導演的視覺，像舞臺或服裝設計一樣，必須高度精確才有能力覺察形式中構成象徵表現的重要元素。

也就是說，設計永遠是**特定的**，儘管有些設計可能簡樸到似乎僅具有普遍性的質地。不過，若放置在舞臺上的物體過於一般性或無趣，如果它缺乏引人入勝的線條和質量等安排，身為觀眾的我們將完全無法對它有所感知。於是，如果一個導演或設計只是簡單地把物體放在舞臺上而不去設想它們的效果，結果將不會是我們可以稱之為設計的表現方法，因為那些物體與戲劇內容的其他面向沒有關聯。

如同前面所述，導演在今日劇場的角色是**找到設計的統合：在一個協調的設計裡，導演在舞臺上放置演員時，不僅考慮他們彼此的關係，也需和其他所有物體都要有關聯**，這不但可使戲劇的含義更清晰，也更精彩。十九世紀後半葉，阿匹亞（Appia）和克雷格（Craig）[7]發展出統合的方法，那就是，一個人完成所有布景、服裝、燈光等設計。但同時變得清楚的是，如果那個人完全掌握製作的元素，演員就也應該被考慮在整體統合裡。從而，導演作為一位總設計師（a master-designer）的概念誕生了。從那時開始，儘管這種一個人統籌所有要素的劇場全才在現實裡甚為罕見，但統合的觀念已被建立起來，因為只有這樣，整體性的特殊設計才能實現。

因此，回顧過去，對於能夠向前看和避免觀點短視（以為今天的劇院是唯一有效的劇院）而言，是很重要的。你得學習看待時下的改變是演進而來的，它們不是嶄新的。在劇場，一如在文學、繪畫和其他藝術形式，傳統的演化是持續發生的。有時候過程突然且具革命性，在其他時候是漸進的。但不論快慢，它在我們劇場的藝術形式裡是經常發生的。想想看，繪製的布景是如何讓位給表面上看起來什麼布景也沒有，或是某些手法的極簡布景；就我們今天所知，舞臺燈光如何從基本上影響了演出的每個層面；近百年來，表演觀念的演化如何造就新的訓練方法；劇場建築如何因應著演出風格的改

---

7 譯註：關於阿匹亞（Adolphe Appia, 1862-1928）和克雷格（Golden Craig, 1872-1966），參見胡耀恆，《西方戲劇史》（下）第15章〈15-8 舞台技術的創新：阿匹亞與克雷格〉。台北：三民，頁566-568。

變；電影又如何影響舞臺。（儘管莎士比亞約寫於1606年的《安東尼和克利歐佩特拉》〔*Antony and Cleopatra*〕，類似電影劇本有很多場景和地點，它始終是給舞臺語言演員的偉大戲劇詩歌。）

統合中的平衡和不平衡

平衡是統合這概念的核心。**把各種元素聚集在一起卻沒有平衡，未小心翼翼地結合劇本、演員、設計等，就不會有統合**。這個論述絕非意謂在一齣製作裡所有的元素都是平均分配的。相對地，一齣戲劇製作應該像演奏會——指揮在適當的時機，用適當的力氣，帶出管弦樂團的不同部分——弦樂器，然後是銅管樂器，接著是木管樂器，所有這些樂器都有打擊樂像標點符號般偶爾出現，所有元素融合成引人入勝的整體。

欲洞察平衡的本質，透過檢視演出中的不平衡是比較容易的。在造成不平衡的諸多因素中，以下幾項經常發生，可視為製作陷阱，值得特地指出：(1)刻意的導演走向（self-conscious directing）；(2)設計不足（underdesign）；(3)過度設計（overdesign）。

刻意的導演走向　當我們觀看一齣戲劇製作，如果我們過度意識到運作方式，**過度意識到達成效果的努力痕跡**，我們就在看一齣導演手法太刻意的作品。觀眾並未被拉進故事的內在主線，也沒有在想像的層面上用不間斷的同理心接受這個演出，而是因導演把一個製作強放到劇本之上，而非從劇本裡**湧現出來**，這使得觀眾焦躁且分心。走位可能是機械性的設計，而不是從深入戲劇動作，有機地產生出來，或是設計過度刻意搶眼，將觀眾的注意力從演員身上拉走。導演這件事，是一種減少觀賞者的想像被分神打岔，好讓這些想像自由地做它們自己工作的藝術。用錯誤的方法過度追求效果，效果便喪失了。觀眾的焦點應該被放置在劇本衍展出來的人本價值，而不是投射這些價值的機關或技術。如果，一個製作看起來更「關於它自己」，或是它自己的手法，而不是一齣演出意圖闡明的那種生活，那麼，我們可能就是置身在這裡所描述的刻意的導演走向的製作了。

設計不足　當導演對視覺設計在製作中扮演的角色沒有透徹的認知時，**這導**

演可能會採取了遠遠不及這齣戲充分被具相所需要的有效繪述。當這種情況發生時，這製作會因為缺乏生命力或因象徵不夠充足，使戲無法投射到觀眾的想像裡。當我們說劇場與戲劇不同時，意思是，一個劇本經由劇場性手法在觀眾眼前現場之呈現；並不僅是為觀眾朗讀一個劇本。兩者的價值非常不同。設計不足與簡樸的設計是不一樣的，而且不該混淆。**簡樸的設計可以高度有機且強烈地勾起想像**。導演的目標是釋放觀眾的想像，而導演必須在每個戲劇製作中找到達到目標的必要象徵。

過度設計　當導演不完全瞭解設計如何在統合的元素中（包含演員和文本）運作時，危機就出現了。這種情況下的導演會造成或允許設計做太多，導致過度設計。每位設計師理所當然地希望他／她的設計越有效越好，而當服裝設計、舞臺設計、燈光設計、音樂設計都參與其中時，整體平衡的問題便會加劇。**主要的危險是當設計壓過演員時**，演員們在對抗合併後充滿動感的設計元素，僅是要維持住他們自己就有困難了。導演，往往是在控制這種狀況時（如同控制表演的平衡）遭遇到了他的主要職責之一。很大的問題是，就像和演員們合作，導演必須經由他者（設計們）的想像來工作；而且是在引導想像，並非指示結果時，導演對設計之協調與整合的首要工作才算完成。**過度設計可以是毀滅性的，由於它剝奪觀眾對戲劇內在價值的關注，從而使觀眾的想像力變得遲鈍**。觀眾太容易被景觀和場面沖昏頭，結果失去的是一齣戲作為完全劇場性、且非常關乎人性的經驗。

設計統合中的對位法

乍看之下，似乎導演將設計師帶到「他認為該製作應該強調之處」，大家觀點一致了，就可以獲得視覺設計領域（舞臺、服裝、燈光等）統合的目標；導演所需要做的，是宣告重點所在。然而，這種流程並未充分發揮設計的可能性，事實上，由於對重點過於明顯強調且超載，會使觀眾分心以致想像力遲緩而失去創造性。

儘管導演和一齣製作的設計們應該在基本的大方向上相互理解，**但視覺效果的完全開發不在於設計的相似之處，而在相異之處**。你會在重點專題3設計過程的討論後更瞭解這個想法。在這時候，你必須充分理解這個事實，**想像的發生時常仰賴於視覺效果的碰撞和衝突，而不是重複或看似和諧的繪述。如同角色們在戲裡碰撞，設計工作的不同元素也會在對位點**（counterpoint）**如此作用，而不只是簡單地重複彼此而已。**

在一齣有歷史背景的戲劇之製作，可見識到對位法可以如何運作，例如蕭伯納的《聖女貞德》（*Saint Joan*）或亞瑟・米勒的《考驗》，其使用極簡或非寫實的布景，而服裝卻是根據對那時期的考證以寫實風格設計，所結合的燈光，在需要的場景提供充分的逼真度，但在其他時候發展出非常強烈的氣氛價值，有相當坦率的劇場感。同樣地，音樂設計也可能混合有時代感的音樂與當代、極簡音樂，如愛沙尼亞作曲家阿沃・帕特（Arvo Pärt）[8]。你能想像，觀眾將被設計中的並存（juxtaposition）或對位點觸動，然後出現嶄新的意象。如果表演也是強烈有生命力的，這會是令人興奮的劇場經驗。**劇場是透過感官與心靈進行運作，倘若缺少喚醒感官的設計，便失去劇場的根本特質。**

對位法作為設計方法並不意味著所有演出都必須高度戲劇性和劇場化；它只是建議，不同領域的設計可以做不同的事情，**這正是導演必須達到的總體效果——這種效果是令人振奮的，有時甚至令人不安而不是安逸的**。此外，從導演的角度來看，掌握設計中的對位，是避免落入過度設計陷阱的一種方法。

習作

1. 閱讀幾章理查・索任（Richard Southern）的《劇場的七個時代》（*The Seven Ages of Theatre*）。此書針對與現今不同的歷史階段和文化之象徵與傳統提出精闢的見解。
2. 將象徵和舞臺傳統列入《考驗》的課堂討論：

[8] 譯註：Arvo Pärt （1935-）是愛沙尼亞古典和宗教音樂的作曲家，自二十世紀70年代後期以來一直採用極簡主義風格。

a.為什麼《考驗》不是日常現實，而是戲劇形式的象徵？

b. 盡可能列出你能在劇中找到的象徵。

c.《考驗》的劇名象徵什麼？

d.有什麼舞臺傳統可以使用在這齣劇？

e.《考驗》若在莎士比亞時代會如何被搬演？這一類的製作仍然是有效的嗎？

3. 《考驗》可能怎樣被過度設計？如果你讀過在紐約第一次製作的劇評，你就知道為什麼亞瑟・米勒要用更簡單的方式重新製作了。你認為他這麼做有什麼成果？這齣戲有可能設計不足嗎？

4. 對於搬演《考驗》，你會建議什麼樣的對位方式？

5. 討論「象徵手法作為劇場的有力工具」這理念，為什麼那是導演應該瞭解並善用的重要理念？

導演的選項

選擇舞臺

從導演的觀點而言，第17章到第21章的目標，是掌握戲劇製作設計層面中的協調與合成的過程。在與設計者接觸之前——無論是你自己擔任設計者，或是你以外的人——身為導演，你都必須敏銳地意識到各種對你敞開的可能性和選擇。許多學生透過專業課程學習設計的不同領域，卻沒有真正瞭解這些領域之間是如何交集的、它們在實行上也許很相似以及會達成類似的概念。但是由於這裡提倡的理念是設計上的對位，因此導演必須盡可能深入探討各種可選方案。範圍如此廣大，所以要在何時使用哪些設計是導演決策的重要部分。

本章詳細介紹了舞臺項目的各種選擇。你將注意到，在此章節發展出來的選項和後面章節中的選項，都與上一章概述的歷史背景密切相關。這裡的目的不僅是向你展示如何將劇場發展史應用於設計流程上，更要提供你活躍積極的想法，關於你如果要有效地成為協調過程的領導者，你的想像力必須如何發揮作用。

在理解本章和隨後的兩章時，有一條規則必須遵守。**不要把任何事情視為理所當然，在眾多向你敞開的每一個選擇中，要與自己和其他人爭論**，直到作為導演的你達到了不被動搖的狀態。

當今的舞臺機關

過往時期的劇院都沒有像今日擁有如此高度發達的舞臺機關。當今許多落成的劇院——無論是專業用途還是教育培訓的劇院，不僅擁有靈活的舞臺，讓舞臺的建築形式可以實際變化，它們也會有兩個或三個不同形狀和規模的劇場，讓不同的美學價值觀有各自主導的空間。不過，今日的課題並不在於機關的靈活性，而是一直以來都具有挑戰性的老問題：要如何激起觀眾的想像力？

當今劇場中，舞臺作為戲劇製作的一環，可能在所有設計領域中歷經了最大的概念上的轉變。在過去的時代，都用固定的舞臺形式去搬演戲劇，但我們時代的特色是舞臺靈活性的概念；也就是說，我們認為沒有一個舞臺形式可以套用在所有已有歷史的戲劇和現代戲劇的製作上。因此，導演在所有開放的選項中的重大決定，就在於為特定的戲劇選擇特定的舞臺形式。這個事實並不代表正在運作的劇院建築中沒有固定的舞臺形式結構，因為大部分的劇院可能都有（通常是鏡框式舞臺）。如果導演要遵循當今的戲劇製作方法，表示他需要改變舞臺的形式來滿足其他的選項所帶出的要求，或者找到一個在實際劇院以外的地方演出。

有四種特色強烈的劇院建築舞臺值得討論：(1)鏡框式舞臺，(2)四面式舞臺，(3)開展式舞臺，和(4)延伸臺口鏡框式舞臺與單面式舞臺（end stage）。討論的順序並不表示任何偏好，而是根據邏輯上的發展。非常規表演空間（found space）[1]這個名稱也加入了行列，由於它至今仍經常被使用，在1960年代美國的發展中，無論是在劇院、教堂、大廳、車庫或其他地點，它描繪了導演決定使用怎麼樣的觀演關係。不過在這裡我們並不會特別討論，因為無論要附加什麼樣的標籤，這種空間的使用仍可能會落在這四個主要類別之一。

---

1 譯註：2019年6月12日查閱《有道詞典》，該詞典說明「基於12個網頁」，在「網絡釋義」一欄中將found space界定如下：非常規表演空間，劇場界將現有之非劇場空間轉化為表演場所，企圖透過空間自身所特有的質感和氛圍，為特定演出提供一般劇場所沒有的空間條件和魅力。

鏡框式舞臺

自二十世紀中期以來，**鏡框式舞臺**作為我們這個時代搬演戲劇的主要慣例，它的主導地位卻已有所減弱，特別是在大學學院的戲劇製作中，儘管如此，它仍與我們相當貼近，在可預見的未來也會是如此。眾多新建劇院仍以此舞臺作為建築形式，因為它所提供的價值是持續受到賞識的。因你在本書先前的研讀中已經熟悉了許多關於鏡框式舞臺的工作原理，所以我們首先討論它。

若你能理解這種舞臺形式背後的理論，你將能更瞭解本章後面討論其他舞臺的功能。不要因為你很熟悉鏡框式舞臺就視為理所當然，仔細閱讀以下資料，針對你目前對這個舞臺的瞭解加以檢視。

幻覺是鏡框式舞臺從古至今基本的慣用手法；也就是說，它擁有透過鏡框來創造「現實」幻覺的本事。無論鏡框內是奇幻的，還是非常貼近我們日常生活中認識到的事物，構建出幻覺是這類舞臺的基礎能力。它不「只是」一個平臺，而是一個在鏡框後面有一個三維立方體空間體積的平臺。我們坐在舞臺面前，透過沿著牆直線切開的洞，我們被期待去相信所看到的一切，是這麼接近生活的模擬，以至於我們可以忘記我們身在劇院。如果我們嚴謹地發揮它的特色，這種幻覺會被加強放大，因為我們可以不看到任何場景的變化，當場景轉變時，由於「牆」隱藏了所有的機關，加上大幕閉起或是舞臺燈光轉暗，我們的幻覺就不會被打破。此外，為了增強幻覺感，演出過程中會關閉觀眾席的燈光，因而我們看不到其他的觀眾，除了當我們坐在他們後方時，會看到他們的後腦勺。從這個意義上講，**這種體驗有點像在閱讀小說，那種我們獨自一人做的事**；不過，因為會聽到其他觀眾的反應並感知他們的存在，我們仍會覺知自己是群體的一部分。

這種在黑暗當中鏡框式劇院的體驗被挪用到電影院，就某方面來說還更勝一籌，因為電影可以使用無限的場景背景，也可以使用特寫鏡頭（使演員在視覺上更接近觀眾），並且可以放大聲響，使聽覺的體驗，即使是巧妙的細微差異，也不再是個問題。透過攝影機的移動、剪輯、瞬間改變場景的技術，電影可以在很高的水準上維持吸引觀眾的注意力。**作為一種提供幻覺的**

設施，鏡框式舞臺現在是比電影弱勢的表親。

不僅與電影這般競爭，鏡框式舞臺（以及與文藝復興時期首次出現這種舞臺以來產生的各種慣用手法）如今尚備受其他舞臺形式的壓力。第一次進化的浪潮伴隨著新的舞臺布景形式的發展，從二十世紀初開始幾乎完全取代了十九世紀廂型設計（box-setting）的慣例，取而代之的是不完整的牆壁、舞臺物件，甚至是投影，或是強調舞臺雕塑型道具（sculptural properties）的設計方式，諸如梅耶荷德（Meyerhold）、布萊希特、布魯克（Brook）和其他創新導演的作品。這種潮流改變了那種需要複製實際場所的美學，把我們帶向基於對這些場所之**暗示**的新美學，也大大增加了對鏡框空間**之內**可利用的雕塑型道具的重視。就某種意義上而言，這種形式的雕塑型道具，如今已與早期幾個世紀的幻覺的、圖像化道具一樣重要，甚至更重要了。所有的一切都是為了激發觀眾的想像力，強迫它能完整建構出那些被刪減的物件。雖然，從十七世紀以來，導演和設計者使用鏡框式舞臺的方式經歷了持續的演變，但時間已證明了這種表演空間與觀眾的安排，其基本功效是歷久不衰的。鏡框式舞臺歷經超過三百多年才趨近完善，且證明了它可以適用於不同的設計方法，雖然其他替代方案不容置疑有其價值，但短期內其他形式的舞臺很難取代鏡框舞臺。

也許「遠離鏡框式舞臺」這現象的其中一種表現就是小劇院之建造，例如只有200到500名觀眾的大專院校的劇院。就算某些建築物可能是以鏡框式舞臺建造，大多數的觀眾實際上能有多意識到這是個鏡框式舞臺，也是一個問題。在這種小劇院裡，即便開口可能是標準的尺寸（32英尺 × 18英尺），然而與觀眾區域相比卻是如此之大，以至於對大多數觀眾來說，那拱門的效果實際上並不存在。百老匯戲劇評論家，一群沒有推展新概念的人，可能很少真正體驗到鏡框式舞臺的封閉框架效果，因為，如果坐在離舞臺很近的地方，雖然不是真正坐在鏡框框架「裡面」，他們還是屬於被包括在框架的範圍內。也可以說，只有在劇院較後方空間或是包廂區的觀眾才有今天所謂的鏡框式體驗，「遠離的」（removed）幻覺感受。觀眾於劇院觀賞伸展式舞臺時，往往仍然喜歡坐在這類舞臺的正前方，而不是側邊，說明了對鏡框式舞臺往昔觀戲慣性之執戀。

走位建議　從第7章到第14章，我們已經廣泛討論了鏡框式舞臺的構圖和移動，其中也假設如果學生導演能理解這些鏡框式舞臺的工作要素，那麼面對其他舞臺形式應該就不會太難以掌握。

就如先前所提到，這種舞臺的構圖在很大程度上是敞開給觀眾的，最高點通常設在上舞臺。當然，演員可以背對觀眾，但這樣的位置必須是短時間的，僅僅是因為觀眾希望看到演員的臉來追蹤他們的反應，同時也因為如果面部朝上舞臺，說出的臺詞觀眾可能會聽不太清楚。就像家具擺放在敞開的位置（open position）一樣，鏡框式舞臺上的演員也必須盡可能地持續向觀眾「打開」，除了一些罕見的、有目的性的時刻。但是這種正面打開的做法也需要淡化，可以運用背對的位置、利用較弱的上舞臺角落，或站在家具後面等等來實現。

請記住，如果你在鏡框式舞臺製作戲劇的目標是利用其製造幻覺的能力，那麼跨越鏡框線可能無法加強幻覺的產生，反而會讓觀眾注意到破壞了原本建立的幻覺。這樣做可能要有充分的理由，但如果你破壞了舞臺的框架，你應該是明知而不是無知。例如，在鏡框舞臺上搬演布萊希特或莎士比亞戲劇，就可能打破鏡框的框架，因這些戲劇有一些明顯利用劇場化傳統的元素。

四面式舞臺

在環形劇場（theatre-in-the-round）或四面式舞臺[2]中，觀眾緊緊地圍繞著表演區域，並透過其近距離的存在對整個表演施予壓力。雖然這種形式並沒有像鏡框式舞臺那樣成為舞臺形式的主流，四面式舞臺仍然成為教育劇場和某些著名的專業環境中公認的一種舞臺。與鏡框式舞臺一樣，它在其早期的歷史的一部分被用以產生幻覺，但近期的使用者已經極大地擴展了四面式舞臺的可能性。

另一種四面式舞臺常見的用法則是傾向於打破其幻覺的元素：觀眾可

---

[2] 譯註：原文：arena stage一如其英文名稱亦有theatre-in-the-round，譯名亦有多種，除四面式舞台、環形舞台、圓形舞台等，亦稱中心式舞台。

以完全看到並觀看觀眾群中的其他人。這就形成了一種矛盾的情景，觀眾觀看著一種非常微妙生動的事務在他們面前發生，同時，他們也正參與著一個顯然是**公共性**和明顯劇場性的體驗。當觀眾群環繞著一場演出，便是展現人類最古老的儀式之一：部落的族群圍成一個圓圈坐著或站著，圍繞著儀式舞者、薩滿，以及在中心的火焰四周移動被召喚而來的英雄們。

因此，**四面式舞臺調度的親密性是其主要的慣用手法之一**，而另一個主要的手法在於它非常強大的公共性層面。關於其親密性，觀眾可以一種非常個人的方式來感知演員：從呼吸、流汗，甚至被滔滔不絕說話的口水濺到。在這種程度的親密中，它有點接近電影的特寫性質，然而是以現場舞臺的形式。不過這種體驗實際上超越了電影，因為沒有毫無生命的投影螢幕這類阻礙，展現了被演員詳細繪述、活生生的劇中人物，在近距離滿足了觀眾本能的偷窺慾望。

但到底有多真實？同樣地，**四面式舞臺只能提供現實的外觀**。在表演區搭建的房間可能看起來像真實的房間，演員吃下的食物可能是真正的食物，所穿的服裝可能是真正的衣服，觀眾聽到的言說也可能極為逼真。然而，所有這一切都不是生活本身，因為演出一定涉及到選擇與誇張（比生活更多或更少）。四面式舞臺的其中一個技巧是讓演員在低階的層次開始表演，盡可能地接近現實，以吸引觀眾進入幻覺，然後逐漸提升表演層次的規模與比例，直到表演的強度更趨近於我們在鏡框式舞臺上看到的。然而，觀眾極度接近舞臺可能會對表演者施加壓力，從而帶來良好的效果。因為觀眾如此接近，很難在表演中表現得不真實。而這種靠近可以減少演員發聲的壓力，這會是某種額外的紅利，不過也僅在劇院相對較小的情況下。在具有數百個或超過一千個座位的四面式舞臺劇院中，演員要產生足夠的音量來填滿空間以及足夠清晰的語言讓觀眾理解，甚至是在不面對部分觀眾的時候，這樣的挑戰確實存在。

導演在使用這種舞臺形式時必須注意的另一個慣例，即是表演區域的具體位置。演員應該站在與第一排觀眾同一水平高度嗎？演員應該至少比觀眾席低六英寸還是更多？舞臺應該比第一排觀眾席的地板高出一英尺還是更高？這樣的決定至關重要，因為舞臺與觀眾的分離（藉由降低或升高來達成）將巧妙地變動戲劇的搬演方式。升高的舞臺可以使演員與觀眾分開，其結果就是一個搭起**平臺的舞臺**，這樣的舞臺可能不再被認為是親密或是幻覺。在這種情況下，演員會在觀眾之上若隱若現，有些觀眾要抬頭看著他。從這個角度來看，此時演員可能不再被視為只是觀眾的另一個成員，正經歷著戲劇性的體驗，而是被視為一個表演者。經由升高的舞臺，四面式劇場可以從製造幻覺的美學轉變為非幻覺的美學，觀眾的體驗會變得非常不同，這種手法可能對於某些類型的戲劇和製作非常具有力量且相當有用。觀眾環繞在舞臺周圍以及其安排規劃上的公共性本質，是中心式舞臺的第一和第二個慣用手法，然而第三個肯定是**舞臺的高度**。在運用表演區域時，導演必須意識到這種不斷變化的美學標準。

此外，觀眾坐在四邊的事實，並不是個將舞臺設計的配置僅限於使用家具的理由。你應該視這個舞臺具有三維空間、甚至是馬戲團的環形舞臺所具有的潛力，垂直方向的發展是其重要的擴展可能性之一。因此，這種舞臺就像鏡框式舞臺一樣，可以成為一個三維空間，以戲劇性或劇場性的方式被占據，不僅藉著演員，也可以透過懸吊在舞臺上方的布景，甚至是使用透視法的布景。在這個舞臺上放置遮蔽的布景肯定會遮擋觀眾的視野，但是當我們巧妙地使用結構式的框架，它們就不會遮擋視覺，甚至可以帶來對真實的潛意識感知，因為實際上，人們在現實生活中看了許多有干擾的景象。你必須學會以各種可能的方式開發這種舞臺，在我們這時代，這種四面式形式中固有的公共性劇場特質，富有相當大的潛力。

走位建議　現在你應該很清楚，在本書前面，為什麼在有機走位（以導演與演員的溝通為目的所使用的具相工具）對構圖、移動等等的討論中一再強調圖像。**如果你瞭解有機的概念，那麼你在四面式舞臺安排舞臺擺置、構圖、移動等等，就不會有什麼困難**。基本原則仍然是相同的：**經由確定演員對既定情境和戲劇動作的理解以及敏感度來喚起演員的想像力，從而激發觀眾的想像力，產生強烈的移情反應**。

四面式舞臺對圖像的要求十分明顯。四面的觀眾要求導演以四面的眼光來觀看。或者更理想的是：**忘記**鏡框式舞臺的單面視角，並指導演員進入強烈的「角色－行動」關係，這樣一來，構圖將會很大程度地自行處理。有兩個建立良好構圖的原則應該牢記在心：(1)在障礙路徑上發揮舞臺的極限，盡可能避免高潮構圖；(2)在構圖和移動進行貓捉老鼠遊戲；此時一個角色追逐而另一個角色撤退，反之亦然。

如果將舞臺的中心點想成是時鐘的中心，則構圖的多樣性是無限的（參見圖52）。一個可以從中心呈扇型向外散開的舞臺擺置圖可以很容易設計出來。或多或少使用能夠從所有方向接近的中心型物件，可避免空臺的死氣沉沉，同時提供一個充滿動能的舞臺擺置非常必要的障礙路徑。此外，如果其中一些障礙物可以放置在中心式舞臺之對角線的軸線上，它會迫使對角線模式的移動，這是一件非常好的事情，因為這可以打開演員的臉部和身體的面向，朝向不只一側。（此外，一個強而有力地穿過空間的對角軸，而非反覆使用沿著舞臺的方形軸線，往往會增強幻覺，因為它在舞臺本身形狀的基礎上，會產生一種反現實的錯覺。）

注意圖52中，有多個區域和家具組合，它為這齣戲裡的諸多場景提供了許多的選項，這些場景可在同一套擺置中發生。透過將這些區域結合使用，偶爾只使用一個區域，將產生舞臺的動態聯鎖，而四面的觀眾都將相等地觀賞到此劇的樣貌。演員背向一部分的觀眾是這種舞臺公認的慣例；但是，演員可以透過頻繁地轉換身體姿態，其中一側觀眾看到演員背部的缺點便可以保持在最低限度。當必須使用背向姿勢時，使用**中性**的角落（沒有觀眾座位的舞臺入口）可以達到良好的使用效果。使用非常大的四面式舞臺（比圖52所示還要更大），快速進出的問題可能具有挑戰性，因為必須穿越觀眾席的距離，但這個問題通常可以透過適當地使用入口走道作為表演區域來解決——一個演員在走道上就開始說話，或者中途停下來講出最後一句出場的臺詞，且要小心地規劃時間節奏。

在四面式舞臺的舞臺調度上要記住幾個額外的要點如下。

從整體空間來構圖　這種舞臺形式中「觀看」的基本原則就像從電影或電視拍攝的「過肩鏡頭」；也就是說，坐在一邊的觀眾會越過（或者就可以說是過肩）一個（也許是最接近他們且背向他們的）演員的身影，來看到舞臺的

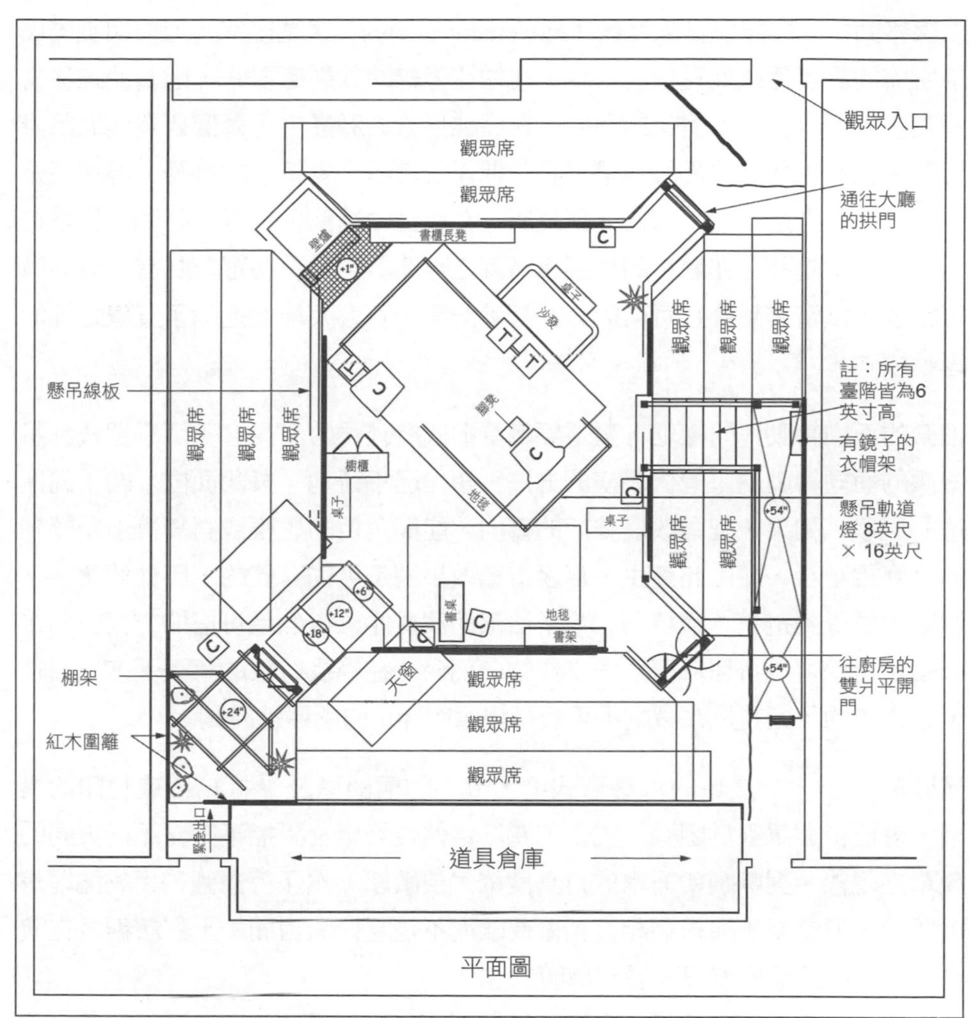

圖52　阿爾比《屋外有花園》環形舞臺平面圖

另一邊，正**面對著**那區（觀看他們的）觀眾席的**另一個或一群演員**。從這個意義上說，在這種形式的舞臺中，空間像是一個雕塑作品，觀眾總是穿越一個組合畫面來看到那些面對著他們的演員的正面。這表示演員直接面對離他最近的那區觀眾這個狀況，是相對罕見的，因為這樣做代表著關閉或展示他的背面給空間中大多數的觀眾。學習如何構思這點，對在舞臺上產生有效的構圖和圖像化至關重要。

弧線移動　以曲線或弧線移動（movement in arcs）穿越空間（但要與戲劇風格所需的真實性或擬真程度一致）往往比直線的效果還要好，因為曲線移動替更多的觀眾打開了演員的面向。在這種形式的舞臺中，每個觀眾與面部表情帶著戲劇動作的演員的連繫，是一種需要持續「更新」的事務，導演總是時時設法做到這一點，即使是在瞬間，在移動中涵藏了飛逝的時間（也許特別因為移動是發生在靜止的構圖與構圖之瞬間）。舞臺擺置若具有有效的障礙路徑，以富有趣味且可信的方式打破空間，將大大地促進除了直線之外的運動模式。

細微的面向轉動　同樣地，對這類舞臺形式有經驗的演員會不斷學習找到將細微的面向轉動納入他們表演的方法，讓自己不斷地「打開面向」給不同區位的觀眾。如果，細微改變姿態的轉向，能與角色的思維或對舞臺上所聽到的反應相結合，並由此產生，那麼這種效果總是更加有機的，因此觀眾不會明顯地感覺到這是一種技巧。想辦法幫助演員能以自然且可信的方式做到這一點，是學習以這種舞臺形式工作的一部分，在尋找有效的舞臺調度方面是十分寶貴的，尤其是在戲劇中可能是靜態或靜止的延展性時刻。

構圖的大小　在這類的舞臺形式中，太小的構圖以及「打結」或封閉的構圖，會使得觀眾觀賞困難，主要因為演員們最終相互阻擋了來自不同方向的觀眾之視線。對戲劇所需求的肖真度依然要敏感，然保持構圖夠大夠開闊是重要的（通常是讓演員們相互稍微偏離而不是直接面對面），好讓觀眾在演員面孔沒有遮擋的情況下看到構圖。

同樣，必須強調的是，有機舞臺調度的目的是**釋放戲劇動作。如果演員們理解他們彼此之間的緊密關係，那麼良好的走位就必然會實現**。這樣的走位可以接著進行修改以滿足畫面要求的必要性和多樣性。

開展式舞臺

開展式舞臺（open-thrust stage）用於描述劇院的一種設置，觀眾坐在一座升高的舞臺的三個側邊，第四邊是舞臺後方的一道牆（見圖53）。這種形式的早期實例以固定的建築立面為特色，舞臺向外伸入觀眾席；而後來更常見的例子，其特徵是將舞臺從一個凹洞（cavity）向外推伸出去，這個凹洞有多種用途，而不是「永久」的固定背景。它是「開放的」，因為對觀眾來說舞臺的任何部分都無法隱藏（其概念類似四面式舞臺）；也就是說，一切都必須**在觀眾的面前**進行；而它「伸展」則是因為它從舞臺後面的凹洞空間裡伸展出來，或者在某些例子，從一道遮蔽的牆伸出**進入**觀眾席區。這個舞臺形式的某些變體還包括在觀眾席高度以下的**出入口**（vomitories）[3]，演員可以不被看見地從中直接進入表演區。

這是一個已知最古老形式的古典舞臺形式。希臘人在公元前五世紀使用了它的其中一種版本，而莎士比亞和中國古典戲曲的舞臺也是使用這類形式。這種舞臺在二十世紀開始復興，一部分是因為人們越來越重視在這種舞臺慣例下寫成的歷史戲劇的製作。但比較可信的理由是，這種舞臺形式近年來更為大眾接受，作為對鏡框式舞臺的相對二維性以及圖像與幻覺性質的一種反動。

使用慣例上，開展式舞臺的動力感表現在於可塑的、雕塑的性質，因為在這種舞臺上，演員存在感（presence）的雕塑性質是最重要的，特別是當舞臺地面是一個平臺的時候。與鏡框式舞臺相比，開展式舞臺給人的劇場體驗也因此大大地提升，**它把現場演出的演員的全部活力帶回舞臺上，演員的能量和光芒是動態的現實，而不是退縮在鏡框之後，也不僅是行為主義的體驗**。當演員和觀眾席被安排在同樣高度的地面水平時，開展式舞臺可能具有與中心式舞臺相同的幻覺美學；但**這個舞臺的基本概念是它升高的舞臺**。因此，**儘管在這些類型的舞臺上，技藝精湛的導演已成功地製作出寫實主義戲劇，但使用這類舞臺的意圖並不放在重現（representational）而在於表現（presentational）**。

表現是一個常用於描述非幻覺式的劇場體驗的詞彙。這種劇場史上最古老的美學，並未企圖愚弄觀眾相信他們正在觀看生活本身。而是表明了：

---

[3] vomitory一詞來自拉丁語vomitorium，為古羅馬競技場的一個建築特徵，它讓成千上萬的觀眾能有效而快速地進出環繞比賽空間的分層露天看台。

「這裡是劇場，這是一個舞臺，這裡有許多演員，而這裡是觀眾席，你看到和聽到的只發生在這個劇院裡；它和生活類似沒錯，但絕對**不是**生活。」因此，這種舞臺與鏡框式舞臺的概念形成了鮮明的對比，鏡框式舞臺中，生活和在劇場所發生的事情至少在感知上會有所重疊，這是其一部分的慣用手法。**表現美學的基礎是，劇場作為一種與生活截然不同的純藝術形式，在劇場傳統中明顯地表現出來**。觀眾可能會捲入一齣戲裡，但不會忘記是在劇院裡——一個觀看戲劇搬演的地方——而不是生活片段的窺視秀。

開展式舞臺的一個重要層面是後方舞臺區域的處理，因為它提供了所觀看的戲劇的背景。在劇院建成時，舞臺後方的區域可以設計為永久性建築，如希臘時期和伊莉莎白時期的劇院；它也可以是部分建築，部分使用彩繪布景，如中國古典戲曲或日本的能劇舞臺；它甚至可能是一道幕牆，就像至今尚存的畫作所顯示早期文藝復興時期搬演西尼卡（Seneca）和普羅特斯（Plautus）[4]的戲劇一樣；或者，它可以是為特定製作，用來放置舞臺布景的凹洞（cavity）。**無論採取何種形式，它或多或少能針對戲劇的搬演，提供一個永久性的外觀牆面**。縱使在這類舞臺形式的例子中，會有特地為特定戲劇搭建的布景，並放置在表演空間後面的凹洞裡，不過，相較於鏡框式舞臺，因其有舞臺上方的懸吊頂棚、廣闊的容納換景的側臺空間，這些例子往往偏向較少的換景。在開展形式的舞臺，無論是固定的建築立面牆還是根據特定演出製作的獨特布景，更強調的是從背牆推出來的表演平臺上大小道具的轉變。

開展式舞臺在傳統手法上對劇本和演員負有很大的責任，並且可以將兩者從確切地點的視覺表達限制裡釋放出來。因此，「舞臺場域」（stageplace）可以是由穿著戲服的演員以及大小道具建立的任何場域。一些二十世紀早期的學者建議，在莎士比亞戲劇的舞臺上，需要有標誌來告訴觀眾場景發生的地方，這樣的論點在今天很輕易地被視為無稽之談。現在我

---

4 譯註：西尼卡（Lucius Annaeus Seneca, ca.254-184 B.C.）羅馬劇作家，劇作風格模仿希臘悲劇。普羅特斯（Titus Maccius Plautus, ca. 4B.C.-A.D.65），羅馬劇作家，劇作風格模仿戲希臘新喜劇，他們的作品皆以拉丁文寫成。（胡耀恆，《西方劇場史》（上），頁44）

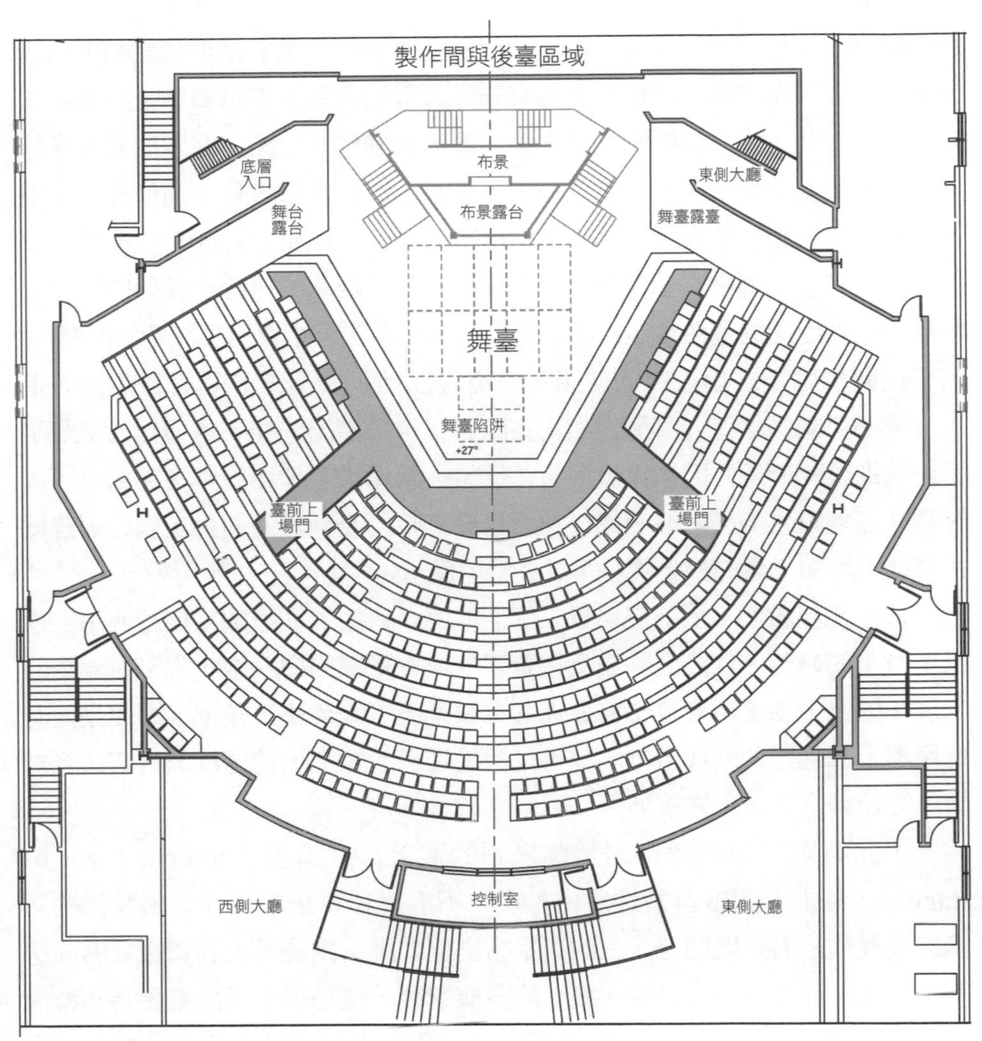

圖53　開展式舞臺劇院

們能透過使用這個舞臺得知，觀眾可以藉由輕微的暗示從一個想像的地方迅速移動到另一個想像的地方——這種暗示若不是開場白，就是軍事旗幟等物件，或是有助於定出場景的服裝——例如穿著莊嚴長袍的皇室或是穿著劣質服裝的農民。現代戲劇對地點的表現不再比歷史劇困難，因此，我們便開始質疑對於**提供確切地點的正確性：觀眾的想像力釋放了？還是更限制了？**

燈光的使用已成為使用這舞臺的一個重要手法，尤其是現代戲劇，因為在使用鏡框式舞臺時，我們尚未捨棄升降大幕的慣例來表示舞臺上戲劇動作的中斷。因此，寫作戲劇時仍然考量到這種戲劇性的中斷。在開展式舞臺以及中心式舞臺中，現在我們會使用燈光控制來取代升降大幕，演員在黑暗中進入舞臺並以相同的方式離開。為此編寫劇本時，以及在1960年代的某些實驗性作品中，可能會給予角色進入場景及在最後離開的原因，就如同在歷史劇裡一樣，而透過這種寫作技巧，燈光的慣用手法可能會出現徹底地改變。

在觀眾席下之出入口的使用手法出現以前，演員或是從舞臺的後方進入，或是穿越觀眾進入舞臺，如同在四面式舞臺演出一樣。這種出入口解決了快速進入的問題，因為大量演員（比如在戰場或宮廷場景中常見的）可以非常快速地進入舞臺區域，然後在場景結束時的幾秒鐘內消失。因此，鏡框式舞臺上場與下場的節奏幾乎可以完整地保留。

莎士比亞戲劇中「上層場景」的老慣例，只透過在後牆結構的使用上進行了微小的修改，就能允許演員在鷹架上或舞臺牆的窗戶中，出現在舞臺的上層。因此，**垂直的表演空間也成為這種舞臺形式的使用慣例**。即使是同時使用樓上和樓下的現代戲劇，也可以採用透過放置在表演區域的骨架透視結構，來達到令人滿意的效果。

（此時應該提到我們經常會遇到的混合形式舞臺〔hybrid form of stage〕，除非我們很清楚地看出差異，不然這種舞臺很可能會對我們的討論造成混淆。有一種四分之三的觀眾席座位安排，圍繞著大約和觀眾席同樣水平高度，而不是在升高的平臺上的表演空間，這種形式最好被視為一種混合體，結合了伸展式舞臺（the thrust stage）以及四面式舞臺形式的各個層面，而不是個真正的「具有特有的升高的表演空間平臺」之伸展式舞臺〔從平臺的存在中湧現的那些審美和感知質感也會隨之消失〕。由於沒有升高的平臺，這種形式在觀眾的感知中往往更接近於四面式舞臺設計的體驗，觀眾座位的其中一側為了布景的目的而被移除。這種形式可能源於二十世紀的四面式舞臺形式實驗，緊接著二十世紀中期出現的新的開展式舞臺。如何稱呼這些混合式舞臺是個問題，它們與擁有升高的表演空間的「純粹的」伸展式舞臺並不完全相同，混合舞臺往往比伸展式舞臺傳統的使用慣例更小、更親密、更少「英雄式」的規模。在考慮空間時，要記住這是一個重要的區別，不同觀演空間的安排會如何對戲劇以及觀眾和表演者的感知產生重大的影響。）

走位建議　這類舞臺的構圖和走位與四面式舞臺有相同的作法，但有一個主要不同：**中性的舞臺後側允許使用與鏡框式舞臺中相似的位置——這對沒有經驗的導演來說是一個陷阱，因為他可能很輕易地帶著在鏡框式舞臺上工作的習慣，讓演員過於頻繁地使用正面面向的位置**。如果導演在調度走位時，一場又一場地像在鏡框式舞臺一樣，橫向地跨越空間的一側到另一側，這種錯誤很容易（且經常）越弄越糟。在這個舞臺上，更勝於鏡框式舞臺，必須是從上舞臺到下舞臺（反之亦然）的走位與構圖才奏效，這樣舞臺才不會橫向「扁平化」，若要考量坐在側邊的觀眾，從上舞臺到下舞臺軸線上的空間必須經常地利用。更進一步來說，在真正的伸展式舞臺上以橫向的舞臺調度為主要使用，將會是場災難，這樣說並不過分，因為這種類型的舞臺其功能是讓觀眾完全參與的儀式，卻以鏡框式舞臺之客觀觀察機能取代，而使其原來功能失效。若看到一個伸展式舞臺的戲劇製作，因使用鏡框式的舞臺調度而缺乏開發伸展式舞臺固有的強大可能性，很少有比這個更令人沮喪的經驗了。你必須學會從三面看到表演，並鼓勵演員向三邊的所有觀眾打開他們的具相，而不是僅僅向「前面」打開。如果你遵循有機走位的原則，如第7章到第14章所述，你可以毫不費力地向環繞著伸展式舞臺180° 的觀眾展示你的演出。

　　在伸展式舞臺上進行舞臺調度時，請記住以下幾點。

使用舞臺周圍的階差　在伸展式舞臺的周圍設置臺階有助於實現舞臺水平的多樣化，特別在採用兩階或三階的時候。較低的臺階可用於弱化次要角色，較高的臺階則可以有力地聚焦強調主要角色。這對如莎劇歷史劇，甚至現代戲劇如蕭伯納的《聖女貞德》等，或布萊希特的史詩劇如《伽利略》等，都特別有用，這些戲劇通常以階級劃分的方式繪述了整個社會，而導演可以充分使用（特別是伸展式舞臺的下舞臺）這些可以讓構圖中的人物頭部高度變化的選項。與使用環繞主表演平臺周圍的臺階密切相關的，是使用圍繞著伸展式舞臺的「護城河」（moat）的可能性。舞臺周圍的臺階可用作表演空間這件事不應該被忽視，特別是當用來表示角色從一個地方到另一個地方之「經過」的舞臺調度解決手法時。然而，對於所有這些外圍位置，需明白這種使用可能給燈光設計者帶來額外的挑戰（要充分照亮這個區塊並最大限度地減少洩漏光線到觀眾席），你和你的燈光設計夥伴將需要討論出妥協和可行的解決方案。

開發上舞臺到下舞臺的移動　在這種形式中，因為「不能複製鏡框式舞臺的橫向移動模式」這件事是如此重要，所以導演在安排上必須用心利用上舞臺到下舞臺之間移動的巨大潛力。請記住，對於坐在「側面」的觀眾來說，這些移動實際上就具有橫向的質地（至少比直接坐在前面和中間的觀眾更多）。這將要求建立一個空間中的移動邏輯，使得移動能從上舞臺流向下舞臺然後再返回。

快速地在下舞臺進退場　如前所述，當在表演平臺的下舞臺末端附近有一個隱藏的入口通道時，這種舞臺形式的效果最佳。觀眾席下的出入口能讓演員快速地、突然地出現或迅速退出表演平臺，而非像其他形式的舞臺，有時需要跨越很長的距離到上舞臺才能離開。這也使得進場與退場的流動結構和型態產生多種樣式。請注意，如果想要具儀式性的、正式的型態（對有國王、教皇、葬禮隊伍等的場景非常有用），可以使用經過上舞臺的較長進場和退場模式，而下舞臺的觀眾席出入口可以是快速或突然出現或退場的理想選擇。這樣的質感，幾乎就像是電影蒙太奇中的快速剪接，在莎士比亞的戲劇，或任何文本中必須快速連續重疊的場景特別有用。

請記住，在這樣的安排下，舞臺的中心會成為最強而有力的地位，因為它與所有區域的觀眾是等距的。你必須學會充分發揮舞臺空間的極限，這樣，最後當角色們共同匯集出高峰時，才能加強高潮性的構圖。

延伸臺口鏡框式舞臺與單面式舞臺

儘管這些舞臺可以用其他的名稱來描述，但是這裡之所以使用的延伸臺口鏡框式舞臺（forestage-proscenium stage）和單面式舞臺，是因為它們說明了這些在二十世紀後期形成，透過將鏡框式舞臺的使用慣例與開展式舞臺的慣例結合的舞臺形式。從名稱來看，延伸臺口鏡框式是一個升起的舞臺，並在前面設置臺口，與十七、十八和十九世紀劇院建造純粹的鏡框式舞臺時使用的舞臺相同。由於這個原因，延伸臺口鏡框式舞臺可以被視為回歸過去，因為經過了近三百年戲劇逐漸退到鏡框線後方的觀賞方式，它再次把主要表演區域移向鏡框線之前。然而，它可能更接近於將其視為純粹的鏡框式舞臺的自然演變。

作為一個改良的鏡框式舞臺，觀眾也是坐在舞臺的前方。延伸臺口鏡框式舞臺是一種適應的舞臺形式，它非驢非馬，而是兩者元素的綜合。毫無疑問地，這種舞臺形式被重新拿來使用，企圖保留鏡框式舞臺的布景樣貌，但使演員可以更接近觀眾。

那麼，在這個舞臺的使用慣例便是：鏡框牆隱藏了用於移動布景的舞臺裝置，同時演員在這個慣例中大量在臺口演出，對觀眾而言更具雕塑感也更加立體。若巧妙地用布景物件遮蔽鏡框，鏡框本身的價值會大大地降低，甚至可能會完全失去作用。因此我們可以完成一個看起來非常深的舞臺，類似於十八世紀末和十九世紀初的那些類型，雖然在規模上不盡相同，例如紐約的鮑立劇院（the Bowery Theatre），其深度達128英尺。巴洛克布景的傳統可因此在這個舞臺繼續全力展現，並且可以在鏡框的裡面以及前面進行表演，讓導演可以根據需要大大地擴展或壓縮舞臺。

如果臺口的深度足夠，因為建築後牆以及帷幕可以關閉上舞臺的區塊，這種舞臺也可以更接近開展式舞臺的美學。唯一的問題是大部分仍是正面的觀眾。在臺口區域使用額外的平臺，將演員更近一步地趨近觀眾來擺置，可以幫助解決這種情況，儘管這樣的舞臺仍永遠無法達到純粹的開展式舞臺能提供的相同感覺。

與延伸臺口鏡框式舞臺有關但仍不一樣的，是一種經常被稱為「單面式舞臺」[5]的安排，或許由於它的特色是以連續空間的一端或一側作為演戲空間。這種舞臺類似於延伸臺口鏡框式舞臺的布局，但沒有牆或拱門。這種

---

[5] 譯註：在臺北的國家兩廳院之實驗劇場便屬於單面式舞台。

布局的特色是表演空間在升高的平臺上，或是在與第一排觀眾席差不多高度的地面。在這種形式中，因為沒有鏡框牆面來分割，觀眾和表演者同處於相同層面的空間中。這種布局方式已被證明是一種流行和實用的安排，特別是對於「非常規表演空間」，也就是在最初不是作為建造劇院的空間中設置的劇場，例如倉庫、舞廳、體育館等。也許是因為非常規表演空間和使用那些空間的族群類型經常連結，這種結構通常被視為前衛戲劇以及舞蹈團體的表演場所。事實上，這種空間一個吸引許多人的性質是其固有的臨時性或即興性，這種粗糙的藝術質感相當適用於某些類型的劇場。然而，就家族的相似性而言，瞭解它和鏡框式舞臺形式的類似之處非常重要，因為觀眾都是在一邊或一端，從一個視角來觀看舞臺（而不是三面或四面）。然而因為沒有鏡框牆造成分隔而創造出開放性和顯著的劇場感，單面式舞臺於是也具有了伸展式舞臺的一些樣貌，這些可能非常適合某些形式的劇場。

走位建議　這種舞臺必須同時採用鏡框式舞臺和伸展式舞臺的調度程序，因為它們結合了正面和環狀的呈現，取決於正在使用舞臺的哪些區域。由於「可聽見度」因素，鏡框式的走位在上舞臺的位置會更好調度，因而必須將廣大的舞臺空間放進考量。音量小的場景可置於最下舞臺的位置，若放在上舞臺可能完全無法奏效。導演可以調整上舞臺或下舞臺的調度以滿足音量需求，而不是藉由提高上舞臺位置的音量和降低下舞臺位置的音量，這樣可以使演員專注於戲劇性的動作，而不必擔心聲音的投射。

若充分利用舞臺空間，場面和戲劇性價值就可以非常完美。所以，導演必須學會把舞臺空間運用到極致，從最上舞臺到最下舞臺，從極右到極左。明智地使用舞臺時，演員之間的實際物理距離便可以具有重要意義。相對地，導演還會學習利用最下舞臺位置的親密感，這些位置可以透過燈光的選擇加以聚集和加強，從而有效地表達激烈的戲劇性想法。

習作

1. 以本書到目前的進度，你應已有機會執導鏡框式舞臺的場景。然而到了第19

章，我們開始考慮到其他的舞臺形式。您應該有機會以四面式舞臺形式導演至少一個場景，並以伸展式舞臺形式導演一個場景（最好有升高的平臺可以使用），這樣，對於使用這類舞臺意味著什麼，你至少有了少量的第一手經驗。即使你的學校沒有這些舞臺形式的固定建築，也可以在大型排練場中以學習為目的在地板上貼出這些舞臺的形狀。莎士比亞或莫里哀的場景可能是你探索伸展式舞臺的好選擇。許多劇本都適用於四面式舞臺，如果你尚未有工作易卜生或契訶夫的劇本的經驗，可以考慮其中之一。或者，工作亞瑟・米勒的《考驗》的其中一景，可以幫助你更容易上手，這將有助於之後的討論和練習。

2. 定義鏡框式舞臺。鏡框牆面有什麼用途？鏡框口有什麼功能？鏡框式舞臺及其鏡框在哪些方面與架上繪畫、透視法則和畫框有關？寫實主義作為一種風格是否需要鏡框式舞臺？在鏡框式舞臺上，觀眾與演員的關係是什麼？你是否知道任何規則或慣例，是演員在鏡框式舞臺上演出時經常遵守的？是否有哪些類型的戲劇或製作可能很難遵守這些慣例？鏡框式舞臺有什麼優點？有什麼限制？

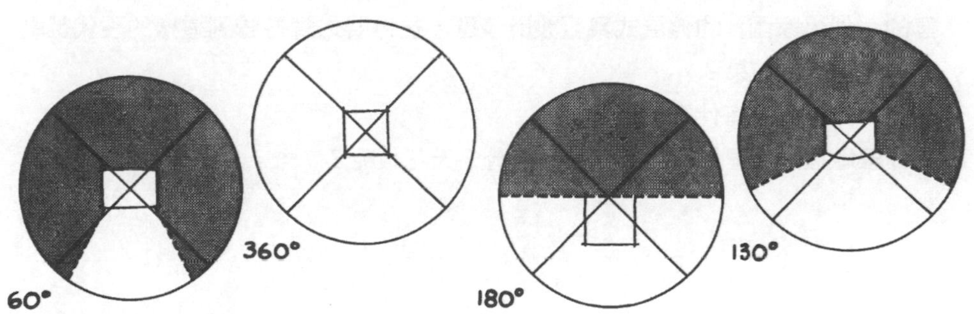

3. 《考驗》已經在幾個不同類型的舞臺上進行了各種的搬演，包括本章討論的每種形式。 討論以下內容：
   a. 為什麼這個劇本似乎在舞臺調度方面是很開放、很有彈性的？你認為亞瑟・米勒是把它構想成一齣鏡框式風格的戲，還是他故意開放其結構給其他可能的舞臺調度？
   b. 在以下三種舞臺搬演《考驗》各有哪些優點和缺點？(1)四面式舞臺，(2)開展式舞臺，(3)延伸前臺口鏡框式舞臺或單面式舞臺。

4. 討論以下四面式舞臺效果的差別：
    a. 舞臺比第一排觀眾席低6英寸。
    b. 舞臺比第一排觀眾席低2英尺。
    c. 舞臺與第一排觀眾席同高。
5. 辨別圖54中表示的舞臺。請注意，每個舞臺都是圓的一部分，其中度數標記表示觀眾區域的大小。

視覺感知遊戲：舞臺的選擇（見第8章）

1. 每張照片的舞臺類型和觀眾的位置是什麼（劇照25到32）？
2. 在鏡框式舞臺上實現的（三維）立體與在伸展式舞臺上實現的（三維）立體有何不同？
3. 在劇照25到32，每種舞臺是如何獲得「親密感」？
4. 劇照29顯示了一齣四面式舞臺的製作。從設計和舞臺調度的角度分析劇照所揭示的內容。
5. 劇照26是使用伸展式舞臺搬演的馬羅的《浮士德博士》。分析觀眾與舞臺的物理關係，特別是觀眾如何看待站在舞臺上的演員。劇照31是現代戲劇山姆・謝普的《烈火家園》的伸展式舞臺設計模型，在伸展式舞臺看到這樣的現代戲劇會有什麼樣的效果？
6. 劇照28中的階梯有什麼功能？
7. 為什麼地板的處理是設計計畫的一部分？天花板呢？

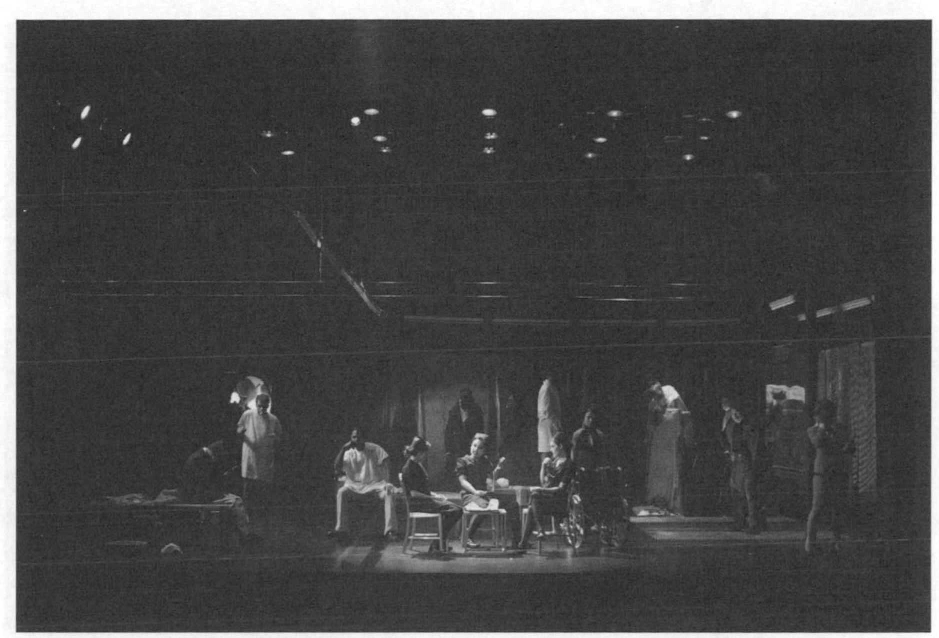

劇照 25　密，《奧瑞斯特斯2.0》

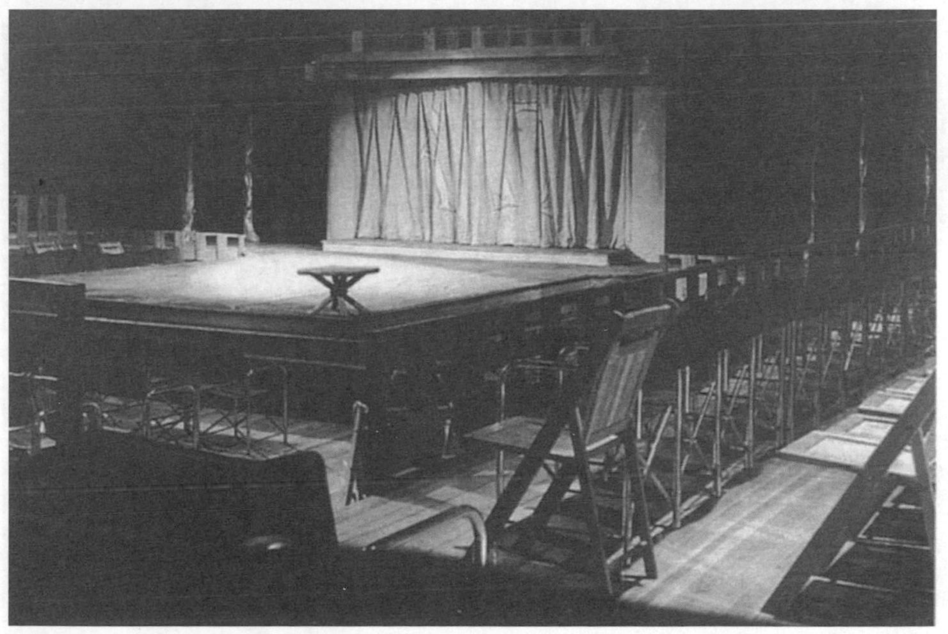

照片 26　馬羅，《浮士德博士》

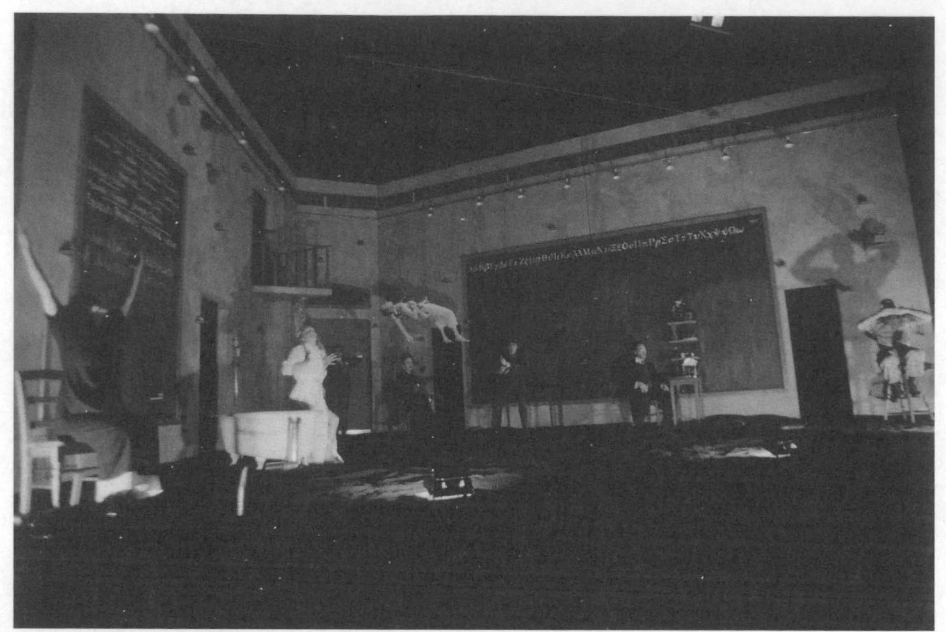

劇照 27　基史東改編，《安蒂岡妮》

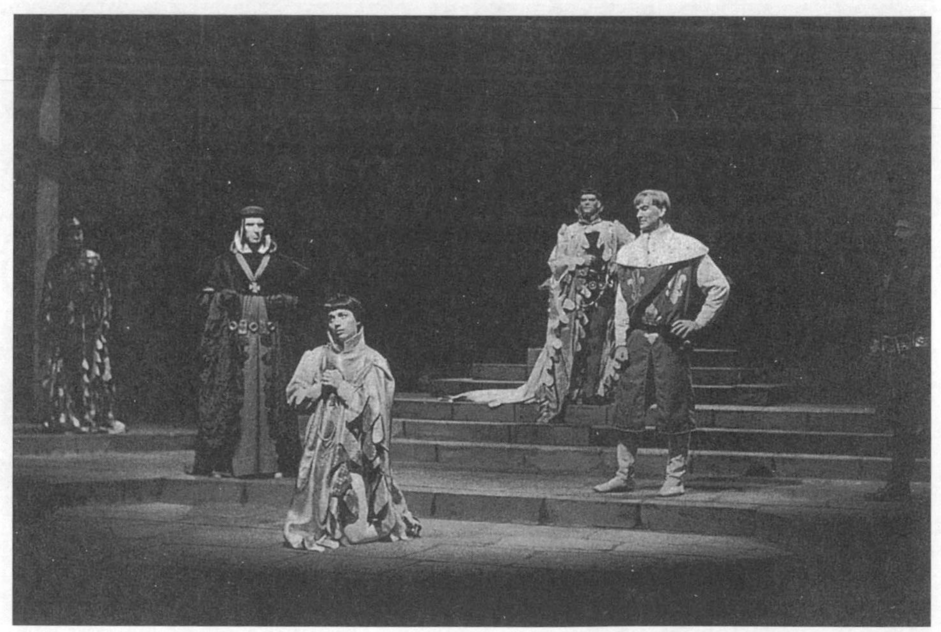

劇照 28　蕭伯納，《聖女貞德》

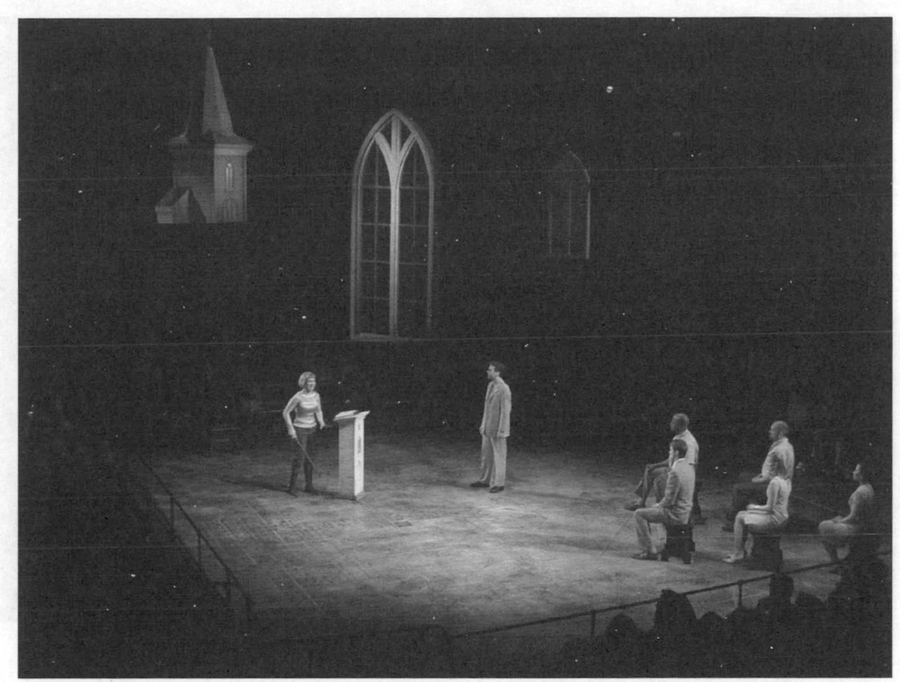

劇照 29　威爾森，《白晝之書》

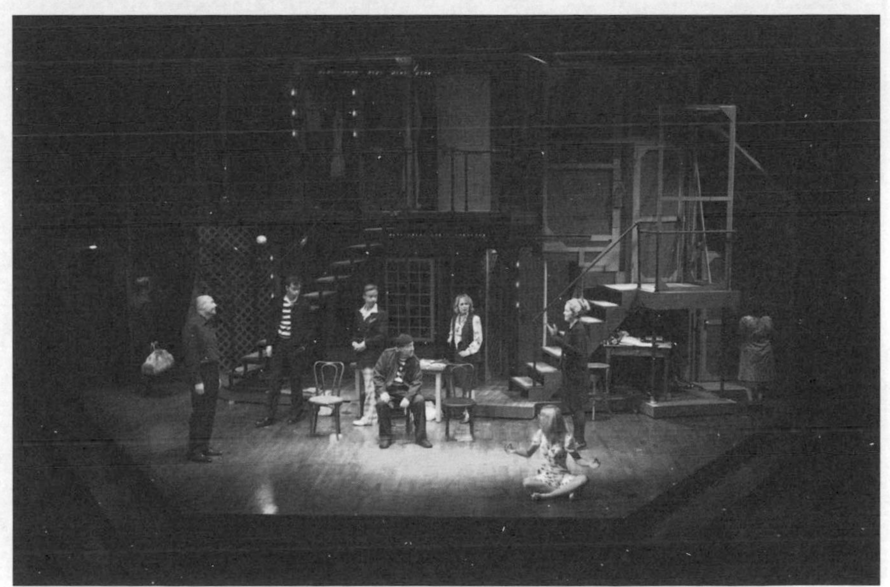

劇照 30　佛萊恩，《大家安靜》

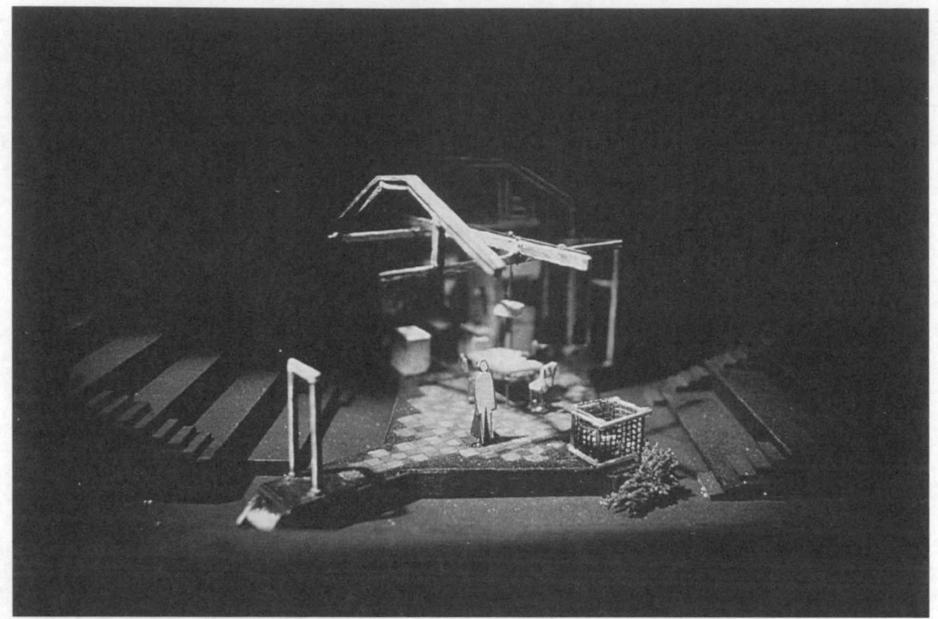

劇照 31　謝普，《烈火家園》

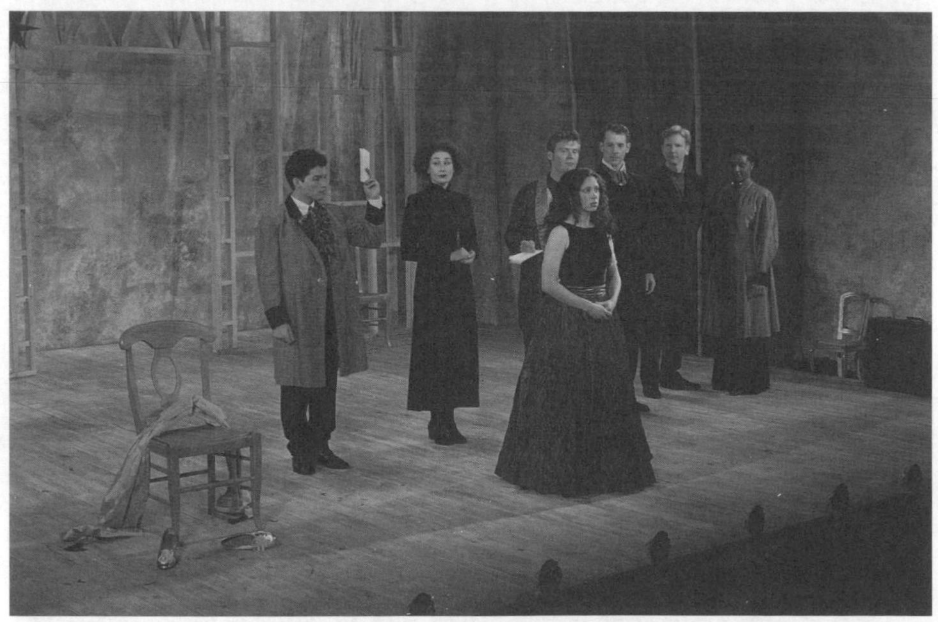

劇照 32　莫里哀，《憤世者》

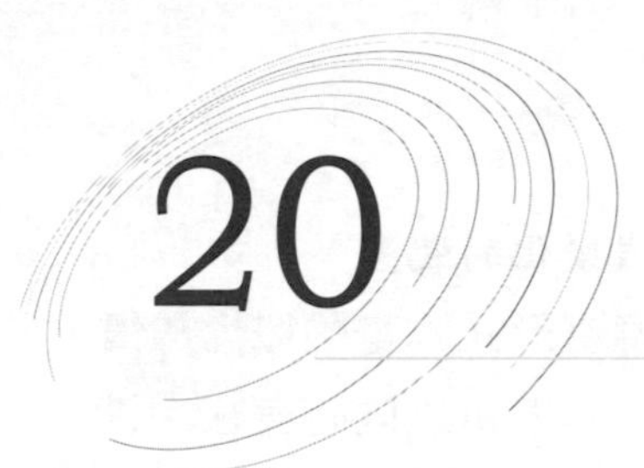

導演的選項
布景、道具和燈光

現在，對於呈現特定的戲劇需要使用什麼樣的舞臺，你已知道導演在他的設計功能方面如何做出至關重要的決定，你準備好觀照這些對你敞開的選項，以便決定什麼樣的布景素材適合放到你所選擇的舞臺上，以及燈光如何照亮這些素材。很清楚的是，在塑造一齣戲的實質製作方向上，導演需發揮重要的領導才能。

再次強調，這些章節的內容不是要取代廣博的設計訓練，而僅是提醒導演在舞臺設計上諸多可行的途徑。在製作戲劇時，你越通曉什麼可行，你就會越有創造力和冒險精神，因為要以嶄新的意象觸動觀眾，取決於你是否徹底瞭解你所使用的工具。

舞臺布景的選項

如果你認為布景就是彩繪的景片和懸吊布幕，那麼這個術語便僅能用在純粹的鏡框式舞臺、延伸臺口鏡框式舞臺、單面式舞臺而已。不過，在今天，這個定義已嫌狹隘，因為開展式舞臺和四面式舞臺都可以使用道具物件來修正表演區位；儘管這些修改可能很簡單，但概念上它們仍然是舞臺布景的一部分。布景（scenery）這個詞源自希臘文skene和羅馬文scaena，這兩個時期的舞臺都有永久性的建築牆面（façades），演員們在立牆前進行表演。

而後，布景則是任何從舞臺地面出發、在舞臺上造成變化的裝置。

從這個觀點來看，導演和設計師顯然會根據舞臺形式本身的概念和慣用手法來處理。因此，**布景設計既是建築和繪畫**，兩者可以同時存在。以下幾頁概述五種不同的布景類型：(1)繪景式（painted scenery）、(2)建築式（architectural scenery）、(3)繪景建築式（painted-architectural scenery）、(4)投影式（projected scenery）、(5)分解式（fractionated scenery）。

繪景式布景

你可能熟悉的彩繪布景，其使用時期可以追溯到十六世紀。它由裝在框上的彩繪布料所組成，我們仍然可以在使用於舞臺上任何地方，如翼幕和布幕布景（wing-and-drop setting）、盒子式布景（box setting）以及如地排景片（ground row）等看到。其最常見的用途是概念上的**幻覺**，企圖讓這類布景看起來像是我們在真實生活所見的事物。因此，它可以是**彩繪的**建築（室內和室外）、**彩繪的**大自然（如森林場景等），或是這些項目的組合。從這意義來說，彩繪布景是二維的，就像畫架畫一樣；但它被切成許多塊並放置在舞臺上，使得觀眾可以看到一個具有深度、高度與寬度的三維幻覺。為了增強這種三維的立體效果，在早期使用時，舞臺地板會由前至後往上傾斜，用以強迫透視。這樣的布景顯然需要舞臺機械（繩索、滑輪等等）來進行懸掛和移動。因此，可變換的布景與鏡框式舞臺相關連，**鏡框牆被用來隱藏所有必要的機械裝置**，使得一個表現現實的場景可以快速且有效果地轉換到另一個場景。

這種常規之所以能在劇院行之有年——至今仍不間斷——並不難理解。戲劇的發展呈現出一種逐漸追求攝影般再現的漸進過程，這種追求在十九世紀後期達到了巔峰，而在這種發展中，更加精準的場所表現方法成了舞臺美學的一部分。新的舞臺調度（即二十世紀後半葉演變的舞臺，儘管某些導演如梅耶荷德等更早已使用這種方法）反抗對於確切場所如攝影般的再現，這種反抗導致了新舞臺和新布景的觀念。

十九世紀和二十世紀的盒子式布景[1]則走向了另一種再現的極端：室內設計上逼真再現。彩繪的牆壁和天花板，在顏色和質地上看起來都像是真實的。而這些實際擺設的大小景片、傾斜的牆壁、傾斜的天花板以及窗戶外和門外的外觀視野等等，都是為了增強整個建築的幻覺，使得人們很難相信自己不是在觀看一個真實的房間。不過，這當然都是基於「製造幻覺的慣例／慣用手法」。在這些繪景景片加上建築材料——例如真正的窗框、門框和門、木材線板和木梁天花板——更增加了現實的幻覺。

如果導演能充分瞭解這傳統的歷史和它所有開發利用的可能性，他可以更容易地理解對這傳統的悖離，而他也將更清楚地知道何時以及如何能在設計製作中使用這類布景。

建築式布景

此處定義的建築式布景不僅包括永久性的建築結構，例如開展式舞臺的固定外牆，同時也包括從舞臺地板平面向上延伸而形成整體的立體結構。正如第19章關於開展式舞臺的討論裡提到的，舞臺的後牆**可能是**永久性建築的一部分，就像許多教堂的祭壇，以及像是伊莉莎白時期劇場的後牆，那樣適用於大量的演出的安排方式。它不見得需要一個平坦的表面，但在舞臺上可以有表現，因為側面是面對著側面觀眾，就像唐霓雅・莫西薇琪（Tanya Moiseiwitch）[2]在安大略省（Ontario）斯特拉福節慶劇院（Stratford Festival

---

[1] 譯註：box setting，「盒子式布景」乃暫譯，臺灣劇場界尚未有正式譯名，借自國立臺北藝術大學劇場設計系房國彥教授稱法：「box setting（通常叫box set）——我自己翻做“盒子式布景”。」（2019.0709.函）。胡耀恆教授在〈法國：1700年至十九世紀末期〉一章詳細描述道：「……在舞臺上設置客廳、臥室等房間，三面有牆，但面對觀眾的第四面牆則從缺，俾便他們『窺看』房內人物的言行動作。在這種求真求實的要求下，最後發展出『箱組』（box set），到了1850年代，逐漸地連室內的傢俱和道具（如扇子、雨傘等）也都使用實物。」胡耀恆，《西方劇場史》（上）頁334。

[2] 譯註：唐霓雅・莫西薇琪（1914-2003），英國舞台設計家，因其對伸展式舞台之推動，成為現代劇場設計之先驅設計家，是加拿大安大略省斯特拉福莎士比亞節（Stratford Festival）暨節慶劇院之創辦設計家之一。

Theatre）的舞臺設計一樣。因此，牆壁不僅包括用於出入的門，還可以包括升高的部分和臺階。不過，這面牆終究是一個永久的建築牆面。雖然某些劇院都用了這種方式建構，這仍然不太可能成為最受歡迎的舞臺裝備。但是，導演學子仍必須充分認識它的概念和各種開發的可能，以便瞭解舞臺的機動性。

同樣重要的概念是，利用平臺和臺階來創立建築結構。巴洛克時期的布景傳統發展出可移動的翼幕和背幕，以及後來的牆壁與天花板等等的概念。二十世紀的「新」舞臺設計，則在舞臺地板上有了新的發展，建立一個**建築的整體**，取代了三百年以來使用彩繪地板或傾斜平面的慣用手法。平臺和臺階都是中空的，但因為它們占據了真實的空間，使得它們形成了建築體。正因如此，這個立體舞臺的概念，是為了讓演員在舞臺區域所在空間的任何高度上都能被觀眾看到。瞭解這些功能的價值，可以極大地延展導演對舞臺的使用。

繪景建築式布景

現今大部分的舞臺設計都是結合繪景式和建築式的布景。這種結合可能是因為現今的劇場沿襲了過去所有的形式，而非只是單一種類而已。因此，這兩種布景形式中有效的東西，我們都會使用，很少使用單純的形式。不過，只有透過理解純粹的形式，導演才能決定如何最有效地開發特定的戲劇。觀眾的想像力通常很容易被新奇動態的刺激給激發出來，但過於刻意使用布景物件會降低觀眾的想像力。創作的程序在藝術裡，永遠是一種選擇。

投影式布景

投影式布景是在二十世紀電燈及其投影技術的發展過程中演變而來的。在思考投影布景時要考量以下幾點：

1.投影可以代替建築式布景以及移動式布景作為背景。
2.當投影的投影幕嵌入或安裝在其他的布景上時，可以同時與移動式布景或建築式布景協調搭配。

3.用放映動態影片作為投影景象，當演員走在影像前方時可以產生不尋常的劇場效果。某些互相搭配演員與動態影片的作法，製造了讓演員走進與走出投影場景的效果。

4.投影式場景可以瞬間改變，能快速更換數個地點，就像在電影裡一樣。

5.投影有助於抽象概念，可以增加背景的象徵性用途。當多個投影同時使用時，可能產生蒙太奇的效果。因此，它可以發揮思緒建構（idea-building）的作用。

投影有個潛在的缺點，特別是使用**移動的**投影布景時，某些方面顯然效仿了電影，這竟使劇場更靠近它原本要逃離的形式。無論如何，效果完全取決於投影式布景如何完成以及如何巧妙地運用，投影式布景確實可以是非常具有效果的。導演必須完全熟識這個新穎的布景選項，且要學習如何使用，以及在哪裡使用才算是適當。

分解式布景

使用「分解式布景」這個詞，是因為缺乏更好的用語來描述這種流行的形式，它在舞臺上配置好幾種類型的景物，某些相關聯而某些互不相關，企圖以最少量的布景物件來暗示一間房間或其他的地方。因此，像這樣的舞臺會使用景片、切割的景片（一面牆壁）、螢幕、平臺、臺階組合、布幕、懸掛的燈具或是窗框、地排景片[3]、擇定的後背牆（selected rear backing）、骨架結構（skeletal framings）和其他各種物件。

比較常被使用的程序是將布景物件放在天空幕（skycloth）之前，傳達

---

3 譯註：ground row在臺灣尚無大家共用的中文翻譯，暫譯為「地排景片」，採用房國彥教授的建議：「ground row——我們現在常用來講『地排燈』，但在這段文字裡，他指的是在整片大背景幕（或天幕）前面擺放的一種橫貫舞台的低矮的景片，同樣的並沒有大家共用的中文翻譯，我會把它叫做『地排景片』。」（2019.07.09函）楊金源教授：「ground row有兩個意思，一個是指舞台上低矮的景片（通常放在最後面）。一個是指地排燈（有些用法剛好會放在那排低矮景片的後方）。」（2019.07.09函）

出更大的空間感，或讓人有同時「看進去」與「看出來」的感受。**分解式布景與盒子式舞臺的再現效果背道而馳，是一種往簡化的舞臺調度發展的方向，這種形式對其所使用的慣用手法是更加開放，或更為明顯直接的。**

這種布景傳達方式的眾多優點是毋庸置疑的，因為分解式布景擁有釋放觀眾想像力的能力，它迫使觀眾透過想像，完補必要卻被省略了的結構線條，或轉譯和運用任何可能存在於這種分解狀態中的象徵意涵。這種簡化的寫實主義，可以透過給予觀眾一個自由飛翔的體驗而非將其限制在平凡的現實中，以展現戲劇作品中的詩意。

因此，分解式舞臺調度可以採用前面提及的所有布景選項：繪景式、建築式、繪景建築式和投影式。如此自由的形式可以解釋其在當代布景設計中為何頻繁地被使用。

極簡主義

極簡主義（minimalism）與分解式布景一樣，在此用來描述一種完全移除繪景以及投影的布景形式。這種形式偏好使用有限的道具，如椅子、桌子等等，置於中性的背景之下。舞臺空間則透過燈光的使用來界定。這樣的舞臺設計能把焦點轉移到演員的表演、演員的身體姿態和服裝上。1920年代以來，這種舞臺形式偶爾會出現，它既是一種節省資金的手段，也是一種象徵概念的表達。因此，表象主義（presentationalism）取代了再現主義（representationalism）。戲劇動作和角色因而成為核心焦點，地點與時間則留給觀眾去想像。

結合布景與舞臺的選項

若未再簡要提及導演在各類舞臺上可以隨機選擇布景的話，這章節就不算完整。所以說，四面式舞臺和開展式舞臺可以運用看透式布景（look-through scenery），也可以使用建築式的樓梯臺階和平臺。彩繪的布幔（懸掛布幕）也可以在這些舞臺的上方伸展開來，達到類似於伊莉莎白時期公共劇院中「天堂」的效果，而它本來是閣樓屋簷底側的彩繪。舞臺布幕或結構物件不僅可以懸空吊在頭頂上，也可以從舞臺地板上拉起來，如此採用巴洛克式的布景，設置在不同於鏡框式舞臺的環境中。陷阱門（trap door）用在這類舞臺、鏡框式舞臺和其他變體的舞臺都很有利，能暗示舞臺下方還有其他「空間」來增加更多的維度和深度。在旋轉舞臺上或平行於大幕線（curtain line）的軌道上，設置移動式的布景，也可以用於鏡框式舞臺和延伸臺口的鏡框式舞臺設置，以創造演員移動了很長的距離，或在運送中轉換地點的幻覺。

這章節的目的並非詳盡列出這些舞臺上可能使用的布景清單，而是建議導演所必須參與之設計活動的範疇。第三篇將在舞臺製作的獨特性討論中，再次考量這些選擇，但你要記住：一旦徹底瞭解舞臺的可能性和局限，且知道如何納入觀眾富有想像力的反應，舞臺就是一臺可以做到你想做的任何事情的機器。布景設計作為一種新穎的表述，僅在你對「所有可用的廣博材料」富有想像力之運用中，才會成長。如果你想成為一名出色的導演，就必須深入研究布景設計和舞臺美學（scenography）[4]的概念。

習作

1. 《考驗》曾經在鏡框式舞臺上使用(a)高度發展、充滿幻覺的盒子型舞臺和(b)布幕和景片組合所組成的分解式布景。討論這兩種製作的效果。你比較喜歡哪一個？為什麼？
2. 你會在《考驗》的繪景式布景使用什麼顏色和質感？
3. 如果你用投影式布景來搬演《考驗》，你會選擇什麼來投影？這樣的製作會產生什麼效果？
4. 如果你要使用幻覺的方式來搬演《考驗》，你需要做什麼樣的研究來找到適

---

[4] 譯註：英國資深導演、舞台設計家潘蜜拉・霍華（Pamela Howard）於其2002年出版的著作《何謂舞台美學？》（*What is Scenography?*）裡，逐一闡述每項元素與創作的關係，為「舞台美學」下了一個定義：「舞台美學是透過空間、文本、研究、美術、演員、導演和觀眾等之貢獻融合而成之原創作品。」（Scenography is the seamless synthesis of space, text, research, art, actors, directors and spectators that contributes to an original creation.）London: Psychology Press, 2002, p.130.

合的大小道具？

5. 你會在四面式舞臺用看透式布景來搬演《考驗》嗎？為什麼會？或為什麼不？
6. 你能在開展式舞臺或四面式舞臺上，用木箱（譬如長寬高皆為兩英尺）組成大道具搬演《考驗》嗎？效果如何？還可以使用哪些幾何形物體，以及它們的尺寸會是多少？

視覺感知遊戲：布景（見第8章）

1. 每張劇照中的布景有哪些功能（劇照33至38）？
2. 為什麼「圖畫式」的布景（pictorial scenery）在當代戲劇中的使用率比較低？
3. 你能分辨以下劇照中的布景形式嗎？是建築式、繪景式還是分解式？闡述你的回答。
4. 你能「看到」布景道具中的（三維）立體性嗎？闡述你的回答。

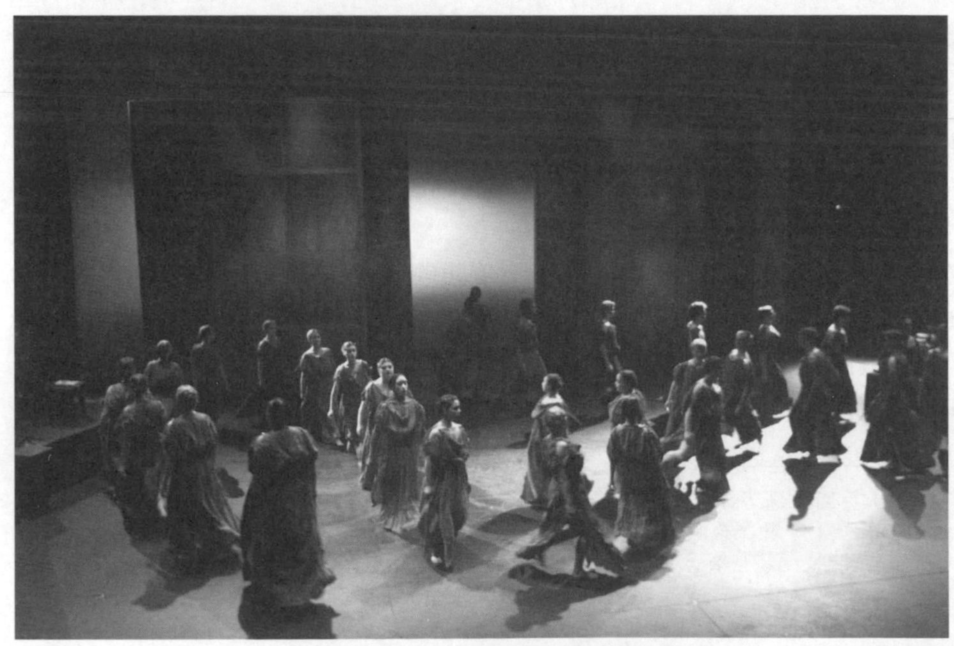

劇照 33　哈克特、克拉喬斯卡－維喬雷克改編，《伊蕾克翠片段》

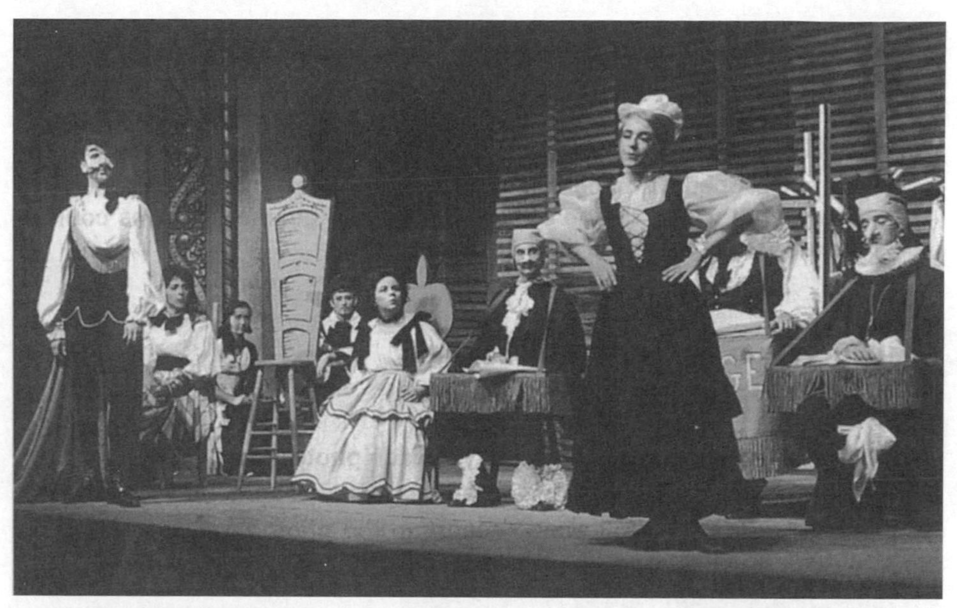

劇照 34　賽萬提斯，《離婚法庭》

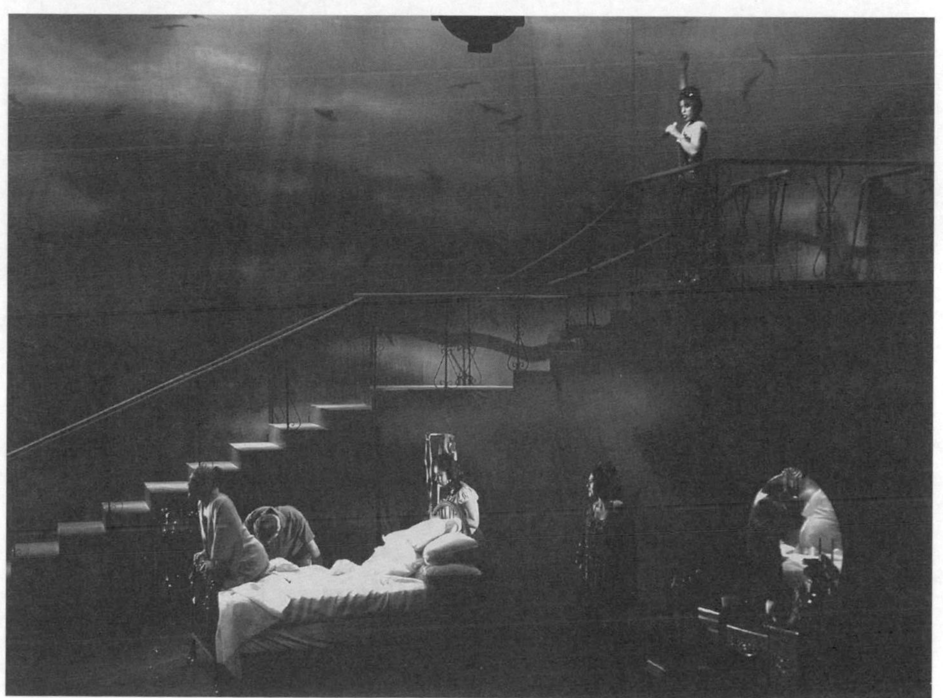

劇照 35　費南德茲，《失智》

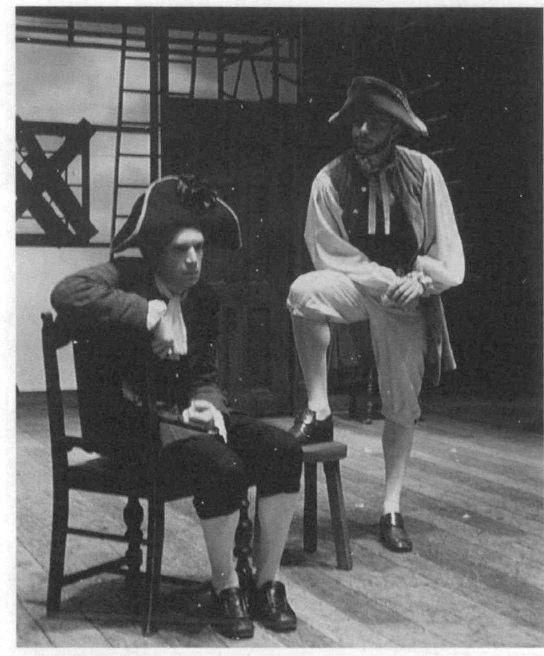

劇照 36　莫里哀，《太太學校》

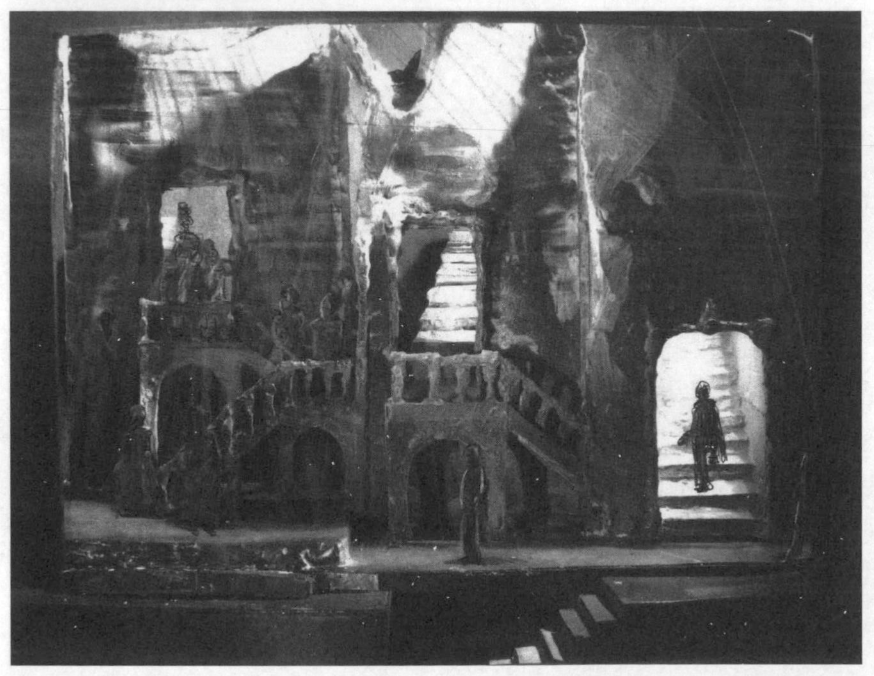

劇照 37　韋伯斯特，《馬爾菲女公爵》

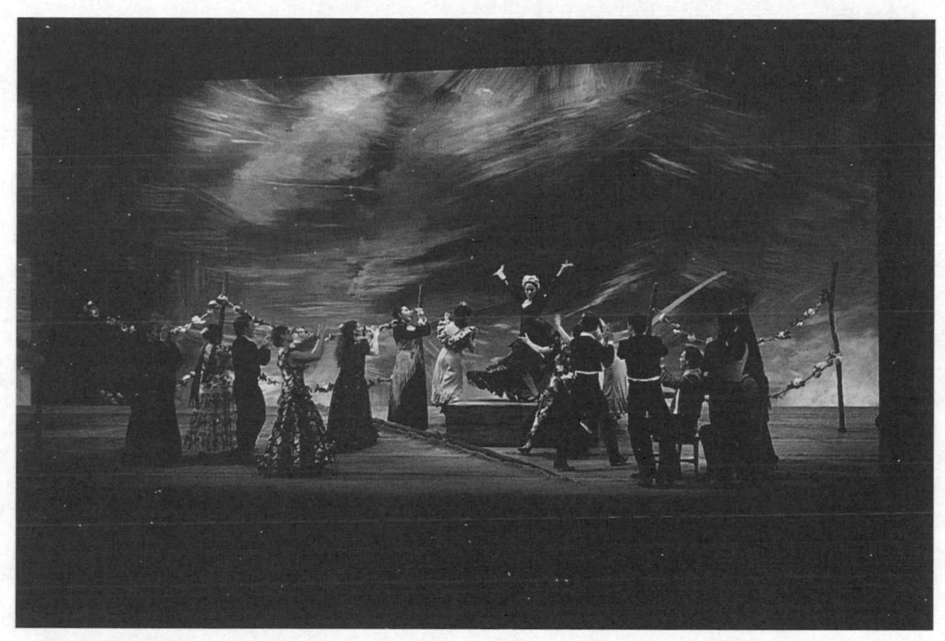

劇照 38　羅卡，《血婚》

舞臺道具的選項

定義

正如第11章已經詳細指出，舞臺上有兩種道具：(1)大道具，與表演空間的界定和布景概念密切相關；(2)小道具（隨身道具），演員手上實際拿著的，或是可以手持的道具。兩者都是導演非常重要的工具，因為這兩者能決定演員如何找到他們具相戲劇動作的主要途徑。重述前提：**富有想像力地使用道具，包括大道具與小道具，讓演員直接把感官意象投射給觀眾，然後觀眾將這些意象置於一己的想像裡運作**。由於大小道具的使用這麼個人化且個別化，導演甚至必須比設計師更加注意他們的選擇。

大道具

在第9章談論舞臺擺置時，曾強調大道具因占據著空間，能決定可見的表演區將會發生什麼。特定大道具的實際選擇可能是由設計師決定，但那會是在導演和設計師共同決定「這樣一個道具將占用多少空間、它的性質和可用性」之後的事。精心挑選大道具將勾勒出障礙路徑的特性，從而影響對構圖和移動之性質與種類的強調。大道具通常會由演員操作使用，演員可坐在上面、扶著或者靠著、繞著走動或者有時會實際移動它們。在某些構圖，大道具顯得栩栩如生，通常其質量和形狀是這種生動力的要素。重讀第9章舞臺擺置部分，此時你會更有所領悟，為什麼導演必須把大道具作為設計決定的主要部分。

簡言之，大道具描繪既定情境和提供日常用途的功能是很明顯的。在寫實戲劇中，它們在顯示環境細微的層次上是無價的，在其他大多數戲劇裡，儘管未達如此精確的規模，亦提供類似的信息。大道具擺設提供日常的用途，如椅子、桌子、床、書桌、長椅、凳子、櫥櫃等等，然而最重要的是，它們在空間中造成障礙，使得角色分開，讓他們更難接觸到彼此，因而創造了角色行為並具相。精心選擇的大道具相當能激發演員對具相的想法。

那麼，可供導演決定的選項，便包括了數量（實際上有多少大道具可以有效地使用）、大小、形狀和流動性（在舞臺上可以讓演員移動嗎？或因其本身具有移動的功能？）導演也可以選擇是真實的（考古上準確的）物體或是幾何形狀般抽象的物體。無論導演決定做什麼，大道具的選擇會在為特定戲劇選擇的布景協調時產生，因為其中一個設計都會影響到另一方。

小道具／隨身道具

手持道具作為設計的元素已在第11章廣泛論述。在此重申：**小道具是演員手臂和手的延伸**；因此，它們是具相時的微妙工具，因為它們具有具相感官知覺的功能，單單空手是無法提供這功能的。任何導演不注重小道具的選擇等同忽視演員具相的主要工具之一。

出於這個原因，**最後的選擇不會是設計師的決定，而是導演的決定，通**

常是和演員協商後做出的。小道具可以被更動，常在演員排練使用時改變。因此，不應該排練開始前就確定了。此外，應該根據使用它們的特定演員來選擇小道具。請記住：沒有一般的（general）道具，只有特定的（specific）道具。設計師可能不會像導演一樣意識到這個重要事實，導演應該把這些道具的選擇視為重要的導演職責，並以最小心的態度看待實際選擇。務必要精挑細選！除了那位演員之外，就是你要做到這件事了。

總而言之，小道具的基本用途是在特定場合產生作用，它們能具體反映戲劇中的既定情境，在特定機會使用時，比起僅用雙手，可作為鮮活的具相工具來強化演員，能夠製造亮光（如蠟燭、手電筒）和聲響（如用力闔上書），具有物件原有的可動性（可見的液體、眼鏡、電話、自動武器、書籍、旗幟、扇子等等）。小道具開放給導演的選項包括形式（大小、重量和形狀）、可動性、歷史的準確度和抽象性的使用（拿棍子當作槍、把手杖當作劍使用等等）。

習作

列出《考驗》第二幕的小道具清單。除了明確要求的那些道具之外，你在清單裡面添加了哪些，例如娃娃、捆綁普羅克特（Proctor）的鍊條、鞭子等等？如何處理與壁爐相關的小道具？

視覺感知遊戲：道具（見第8章）

1. 劇照39至42裡，哪些道具是戲劇裡確實需要的？
2. 搬演每齣戲時，如何運用小道具來具相戲劇動作？
3. 環境道具如何營造氛圍？
4. 道具能「幫助」演員傳達戲劇動作嗎？請闡釋你的回答。
5. 哪樣道具是地點的象徵？哪樣道具是人物的象徵？有無哪樣道具似乎造成入侵或是被「安排」？

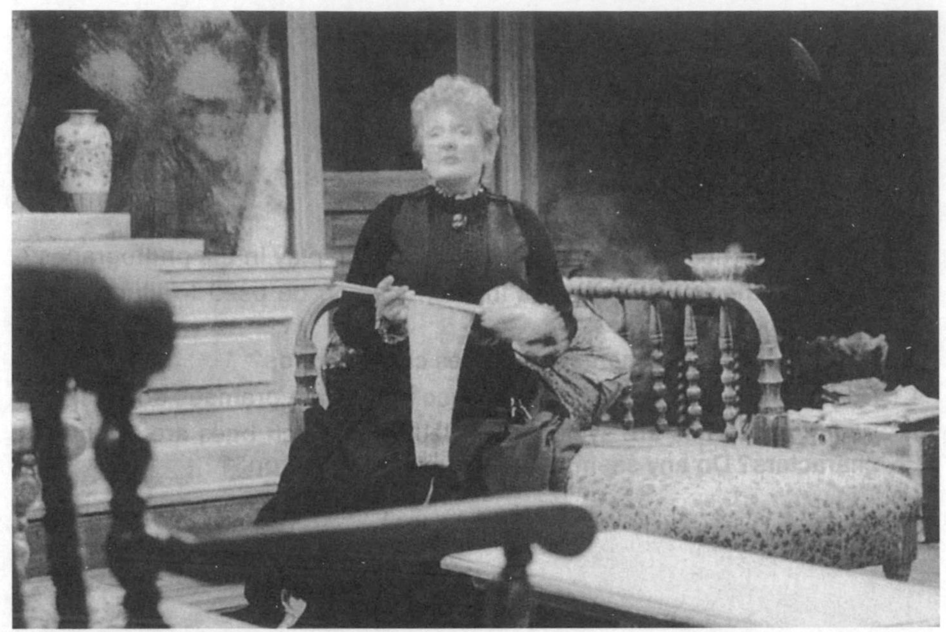

劇照 39　易卜生，《群鬼》

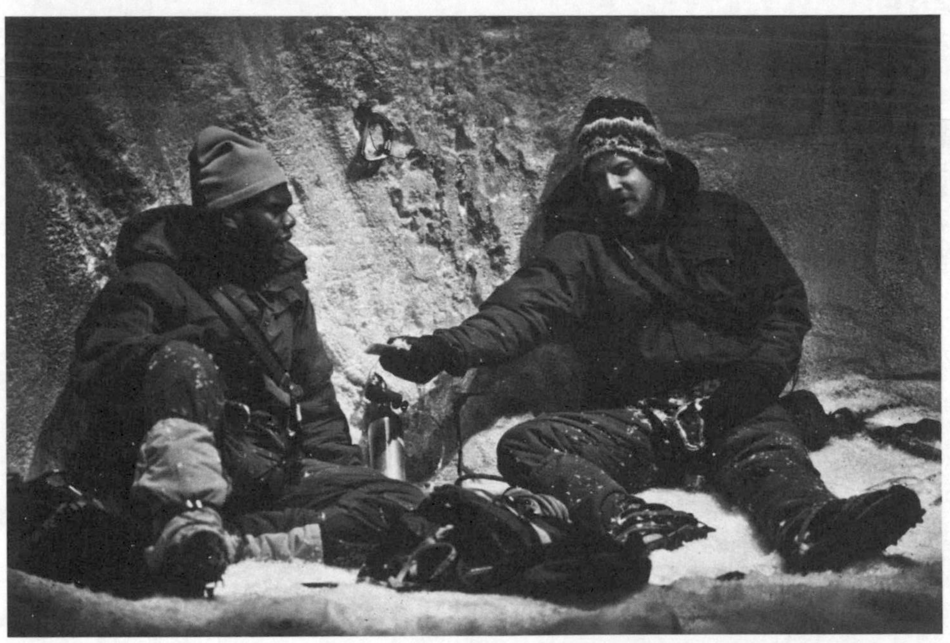

劇照 40　梅爾斯，《K2》

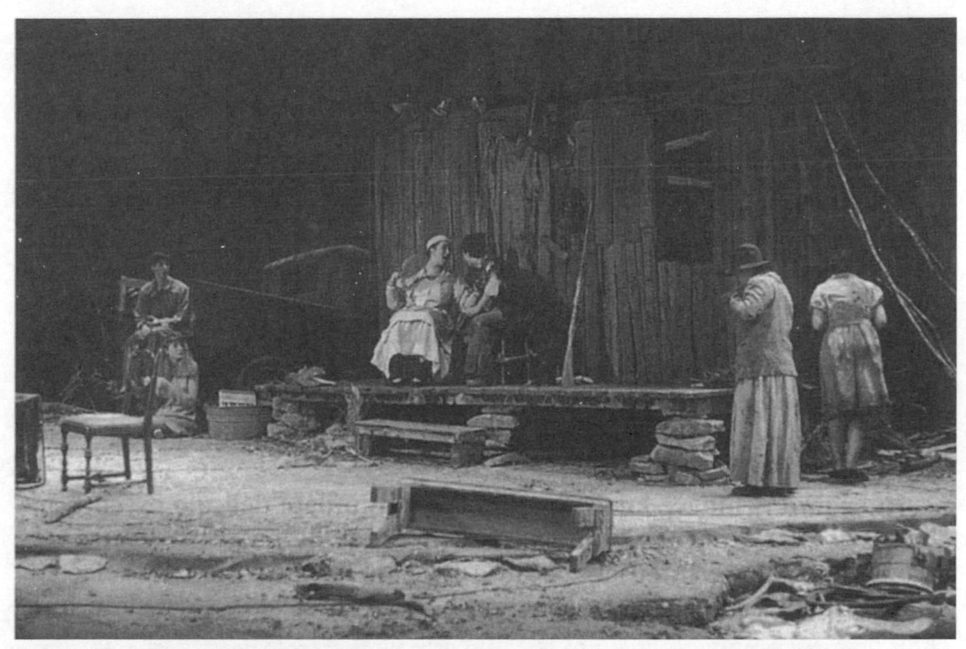

劇照 41　柯克嵐改編，《菸草路》

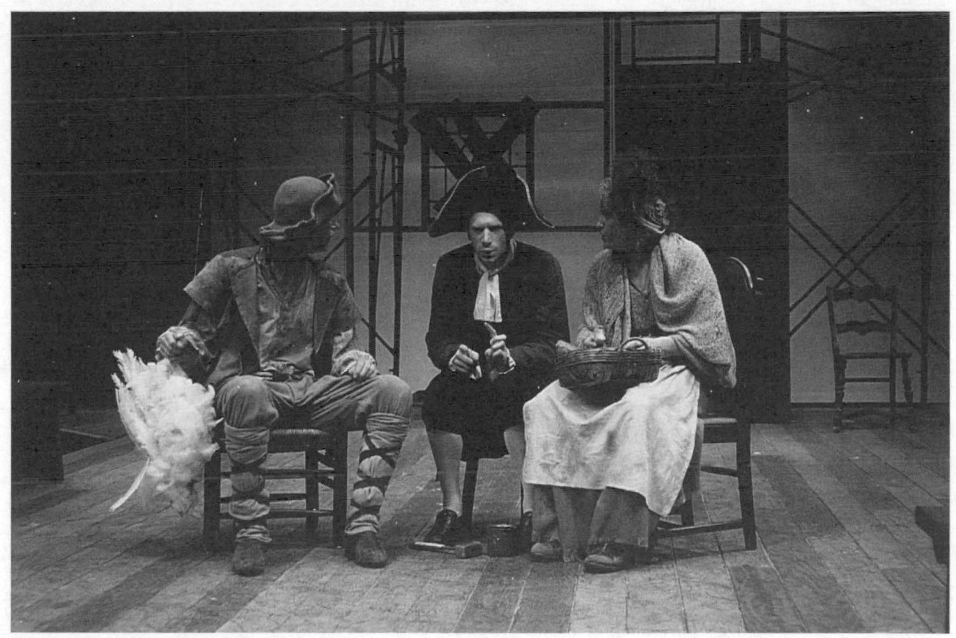

劇照 42　莫里哀，《太太學校》

舞臺燈光的選項

導演與設計師的關係

在一個戲劇作品中，燈光在實現整體的設計效果上，與舞臺布景同等重要。與道具的設計一樣，燈光之發生也是導演主要關注的項目，因為**燈光不僅僅是照明，而是一種非常微妙的特定展現，它可以比演員更快更潛意識地觸及觀眾的想像力。**

在日常生活中，我們知道光可以刺激微妙的心理覺受，對我們影響強烈；因此，劇場中的燈光會更加激烈地影響我們，因為它是被有目的地選擇過的。導演與設計師的關係必須非常貼近，因為**燈光設計是導演和設計師最敏感且最個人的視野的實際延伸。**

導演在舞臺燈光方面應該接受廣泛的訓練，因為不僅需要使照明範圍視覺化，還要能掌握如何實現需求的紮實技術知識。誠然，燈光設計師可以為任何一種情況下增強更多的可能性，但是除非導演直接理解這項工具，否則無法與設計師充分溝通設計企圖達成的內容，特別是涉及到感受以及進展的過程。

設計問題中的可變因素

無論一個導演接受怎麼樣的舞臺燈光培訓，下列項目的內容務必要學到。

照明　舞臺燈光的基本功能當然是讓觀眾可以看得見演員。一開始，這句話在你看來可能是一個簡單的陳述，然而事實並非如此，今日所說的良好的舞臺照明代表不只擁有必要的照明設備，還要專業地使用該設備來提升演員在**移動**中的效果。

這個問題跟歷史有關。在十七世紀初，當英國的劇場演出移到室內時，演員和觀眾都是由頭頂和側壁燭臺提供的相同光線照明。隨著舞臺使用的後續發展，以及舞臺畫面中對幻覺的日益重視，不僅使舞臺與觀眾區逐漸分開，分別提供各自的照明，也終究產生了黑暗的觀眾席（darken house）的劇場傳統。燈光的控制開始變得越來越重要，從燭光被油燈所取代，接著，油燈在十九世紀被拋棄而轉向了天然氣，而後讓位給白熾電燈。由電力提供的控制極細微變化之可能性，徹底改變了舞臺燈光實踐，並且提供了今天我們所擁有的能力。不過，基本的目的始終是相同的——讓觀眾容易看到演員。

然而，更強力地控制舞臺上的燈光並不一定代表更好的劇場體驗。例如，「能聽度」（觀眾聽到演員臺詞的能力）相當程度上受能見度的影響。我們已瞭解到，當使用低照明度來達到某種氣氛效果時，**聽覺的能力會降低**。這並非意味觀眾能夠讀唇，更有可能的是，這種光線所產生的感覺，**往往弱化觀眾的聽力**（一種心理現象）。從另一個角度來看，我們知道過量的光——完全有可能的，因為現今燈光儀器和定量控制系統的改良——會降低能見度；演員臉部輪廓消失了，因此聽覺以及臉部的投射也減低了。色光用於舞臺照明是長期以來的慣例，但我們已經發現，使用不當也可能降低聽覺和視覺。從這一切來看，應該清楚的是，良好的照明不僅僅是把燈打開，而是對戲劇的適當情境進行精心設計的結果。**選擇性的可見度**（selective visibility）[5]是一個很好的說法。

理性的光源　在劇場的發展中有一個值得注意的巧合，白熾燈的發明幾乎與劇本創作轉向到自然主義這個新形式同時發生。**自然主義**意謂對自然的嚴格逼真，在劇場中代表著如攝影般再現。只有電燈才能實現這一個目標。貌似真實的日落和黎明在舞臺上變得可以實現，藉由精準的窗影效果、陰影的角落與天花板、燈具的效果和出入口的光線，室內空間得以產生光影。當牆壁開關打開時，房間可以立即被光線充滿。吊燈、壁燈、桌燈、在壁爐中閃爍的火焰、陽光與月光等等，都是有（合理）動機的光源，觀眾觀看現實的表象，接受了自己視野中所有光源的邏輯。任何違反邏輯的光都可能被迅速地察覺，也可能因此分散注意力。如果燈光照明的設計合乎邏輯，觀眾便會接受這些**經理性考量的光源**，並認為其理所當然。因此，在寫實主義的劇場中，燈光出現的樣態必須具有可以接受的動機，因為我們對所看到的很熟

---

[5] 譯註：國立臺北藝術大學劇設系曹安徽教授：「selective visibility這個英文詞是設計者有主動的選擇性，『選擇性的能（可）見度』」。（2019.07.09函）

悉，且我們相信的光的真實性。

非理性的光源　自然主義的浪潮暫時**把最古老的光照理論從非理性燈光轉離出來**。同樣地，起初你可能會認為這個理念僅僅代表著除了燈泡和陽光，不以特定動機製造光亮，但它可能表示更多的意涵。與理性光源的寫實燈光相反，**非理性光源是心理寫意的燈光，或是只存在於劇場的燈光**。從觀眾席後方發出來的聚光燈是最淺顯易懂的例子，但在一般用法中，它代表著光源的動機並不重要，因而無需鑽研推敲（其理性邏輯）。

藉由隱蔽不讓觀眾看見的燈具，這種光可以來自演員的上方，並有目的地提供虛幻的效果；但是因為這些光不是被任何邏輯來源所驅動，所以它變成純粹是劇場的習慣用法。**演員們只是聚集在光線中**。作為一個觀眾，我們不用擔心光源來自哪裡——它就是產生了，而我們會發現其他值得關注的價值。

在舞臺畫面方面，由於使用**非理性光源**，對某些特定場景，可以從整體可能的畫面中選出部分舞臺畫面，藉由光區從一個位置變到另一個位置來達成。因此，大舞臺區域可以切割成小舞臺區域，大調度的場景和親密場景便可以輪番上演。觀眾接受這樣的慣例並將注意力集中在戲劇行動上，而不是現實的外觀上[6]。

燈光構圖　因為現代理論和實踐中的舞臺照明是由特定的燈具提供的，而不是來自大量光源的一般照明，所以導演和設計師必須充分認識燈光控制的立體空間能力。演員和物體可以藉由加強深度來塑造強而有力的形體。你會從燈光課程的實驗中記得，從前面打出的光往往會使臉部變平，而側面的光線和背光能將其顯現出立體的質量。通過操縱亮度、方向和顏色，只需要強調輪廓，就可以使舞臺上的群眾更具動能和生命力。因此，設計良好的燈光可

---

6 譯註：「理性的光源」與「非理性的光源」，原文分別為source considered與source not considered。關於source considered和source not considered，請教曹安徽教授並請問Dr. Charles Cook與洪祖瑛女士，這兩個詞應不是劇場術語，而是作者用來描述他的概念，前者尤指寫實劇場中講究光源當有劇情環境現實邏輯根據，後者是依舞台演出表現之需要靈活運用，且暫譯為「理性的光源」和「非理性的光源」。

以產生碩大的雕塑價值。

顏色或無色　儘管從白熾燈或其他光源發出的電光中，總是存在一定量的顏色，但這裡討論的是光透過彩色介質（吉利丁或其他濾材）投射，或是保持其原始狀態。與歐洲劇院相比，美國劇場傾向於更廣泛地使用彩色媒介。然而，美國定目劇（repertory programming）的日益發展（相對於與一個特定製作的固定舞臺）也引入了無色紙的設計，這有可能是出於必要，如同在歐洲定目劇院中的發展一樣。因為本章的目的只是為了指出可能的利用範圍，你往哪個方向發展並不重要，只要你理解這兩種舞臺上燈光設計方法的價值，因此有效並恰當地在製作中進行設計。

色彩媒介的使用　你在燈光課程已學到白光是由紅光、綠光和藍光組成，因此，透過打出這些色光的組合，可以做出自然光線的樣貌，這些顏色通常會在演員身上有著相當程度的修飾。通常的做法是打出亮光和陰影來創造「活生生」的質感——一側使用暖色，另一側用冷色。你可能也知道，相同顏色組成的混合光也會經常被拿來使用，通常會從正面來柔化強烈的側光，但絕不會破壞它的效果。

由於暖色和冷色的範圍可能差異很大，此時導演必須直接進入決策，因為燈光可以強烈地影響服裝和布景的顏色。當然，優秀的燈光設計師會思考「不同顏色的選擇會產生何種改變」。色光帶來了挑戰和機遇，如果要做出最好的決定，導演就必須對燈光廣泛地瞭解。

燈光中的色彩也關係著品味，如同布景設計和服裝設計中的顏色選擇一樣，它蘊含高度的感官價值。在電影和電視中，當我們比較彩色影片與黑白傳統影片產生的效果時，我們可以很明顯地觀察到這一點。色彩可以極大地激發觀眾的興趣，因為它對我們的影響就像任何感官的刺激——使我們在心理反應中顫動。

提及百老匯劇場的風格，燈光也許比其他任何設計元素都發揮了更大的作用，為了營造色情和官能性的氛圍，大量使用了金色、棕色、橙色和琥珀色光，並和濃郁的藍光和紫光形成強烈的對比。不管是什麼可能造成這樣的用法，很明顯的，僅僅使用燈光就可以創造濃烈的氛圍效果，情緒就在顏色裡。導演若要控制好燈光的價值、布景顏色和服裝的價值，就必須徹底瞭解色彩媒介的潛在能力。

無色光（noncolor）的使用　與使用色光的整體設計相比，無色光的使用似乎更容易控制。儘管它能夠呈現出接近真實的服裝色彩和繪景布景，未經色片過濾的光線裡的某種亮度、某種冷冽，在某些種類的演出或製作中，可能會減少演員與觀眾的心理接觸。可能的折衷做法是謹慎地使用柔性色紙——霧面色紙或是帶有淺色調的粉紅色或琥珀色色紙——或是用柔化的無色光的條形燈和背光。如果擺放燈具適當而製造出良好的組合，燈光便可以藉由這些柔性色紙增加或減少光線，整個設計也能達到協調一致。

動態　場景轉換意味著透過景片、布幕、沿幕（border）、側翼幕（wing）、臺車（wagon），以及其他元素的移動來製造出新的場所，有時會直接在觀眾的眼前換景。**燈光轉換**是類似的，因為燈光和音聲是戲劇製作所有設計元素中最靈活的，都具有和我們在電影中體驗到的瞬間變化相同的能力。隨著預編程序電腦（燈光控臺）著實地改變了燈具發展的重心，舞臺燈光的動態觀念與日俱增。因此可以說，動態是燈光固有的特徵之一，類似於音樂有它固有的節奏和順序。

動態燈光的明顯例子是那些包含日落或黎明的設計：我們在轉變的形態中實際看到燈光的動態，而我們意識到我們所看到的不僅僅是對自然的擬真，而且是對自然現象藝術性的呈現。比較不太明顯的動態則是我們對於燈光轉換來「開始」或「結束」場景的感受。**控制下的燈光具有可以創建無限空間關係的空間屬性**。因此，在同一場景中，可以透過使用燈光從舞臺上的一個點移動到另一個點、從一個強度到另一個強度、從一種主要色光到另一種，來強調不同的重點。

燈光的淡出和淡入也提供了與大幕相同的功能，若轉變的速度更戲劇性地調整，可比大幕的安排有更多變化。燈光也可以交叉淡入淡出，從一種燈光轉變模式轉換到另一種轉變模式，類似於電影的劃接（wipe）。燈光可以藉由追蹤燈（follow spot）跟著演員，於是彷彿跟著角色移動現實或場景，也可以將演員完全與其他人隔離，然後再讓他像是回到了群體。

燈光固有的動態特性可以提供許多劇場性時刻，但是當使用不當時，它可能變得刻意或是分散注意力。好的舞臺燈光必須非常精準地發生在任何特定的時刻。

情緒　從前面的討論可以明顯看出，光具有很強的喚起情緒（強烈的感受）的能力。燈光中的情緒是**光的成果**，是導演和設計師的目標。光可以創造喜劇明亮、愉快的情緒，或是嚴肅和苦難的戲劇中冷冽、陰暗、紛亂的情緒等等。燈光可以把我們帶入再現世界的幻覺中，可以喚起夢幻世界的意象，或者可以讓我們清醒地接受我們只是在劇院、而我們所看到的只會在此發生。我們可能陷入感到奇怪的黑暗，或沉醉於大量的光。我們可以感受到色光所象徵的巨大衝擊——紅色是血、黃色是陽光、藍色是夜晚、棕橙色是熱能等等。經由投射，我們能強烈地感受到地點，雖然未看到其真正的立體現實。光不只是看到；它是感覺。**隨著光的流逝，我們的感受也會消逝。導演是氣氛的製造者，而燈光是氣氛製造最強大的盟友之一。**

習作

1. 搬演《考驗》，如果運用兩種燈光：(a)有色光和(b)無色光其中之一，會產生什麼樣的效果？
2. 理性的光源是否為搬演《考驗》的必要概念？如果你使用分區燈光，在不同區域成為主要表演區域時提升亮度，並降低其他區域的亮度，對於戲劇的流動會有什麼樣的變化？

視覺感知遊戲：燈光（見第8章）

1. 每張劇照（劇照43至48）中，相對於低度光線照射的角色，光線充足的角色的戲劇性力量如何？除了強調，還有什麼？
2. 每張劇照中的燈光是如何產生氣氛的？如何產生圖像化呢？
3. 你能在本書中其他處找到一張劇照來說明喜劇和嚴肅戲劇之間燈光的差異嗎？
4. 你能看出每張劇照中燈光究竟是如何操縱空間的嗎？設計師照亮了「這個地方」還是「這個空間」？

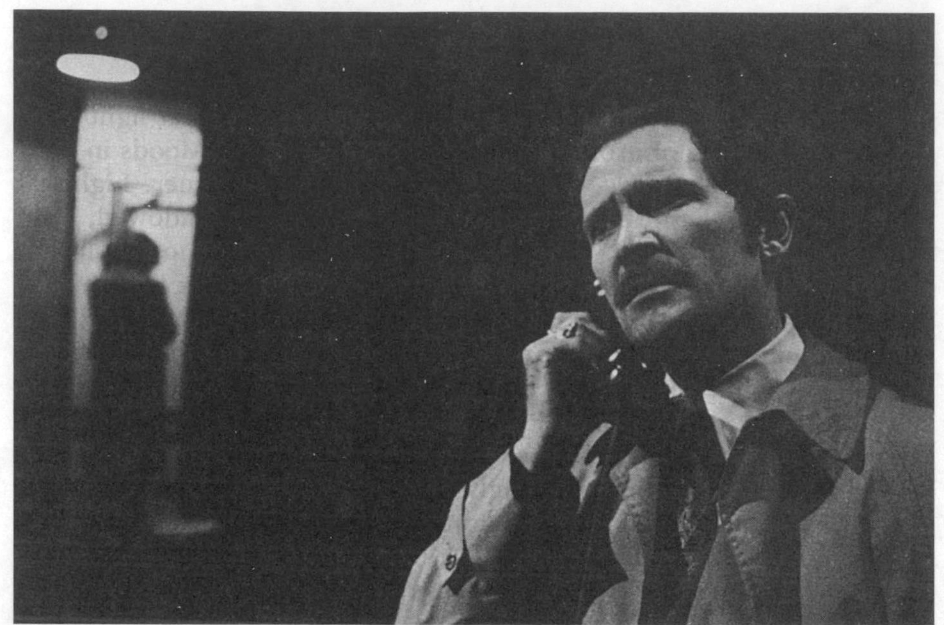

劇照 43　品特，《集錦》

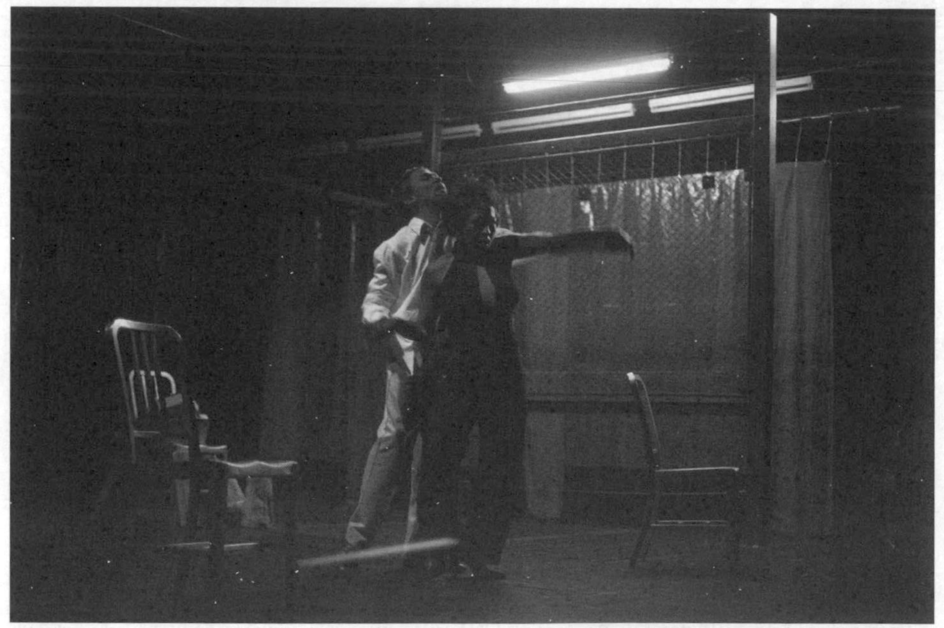

劇照 44　密，《奧瑞斯特斯2.0》

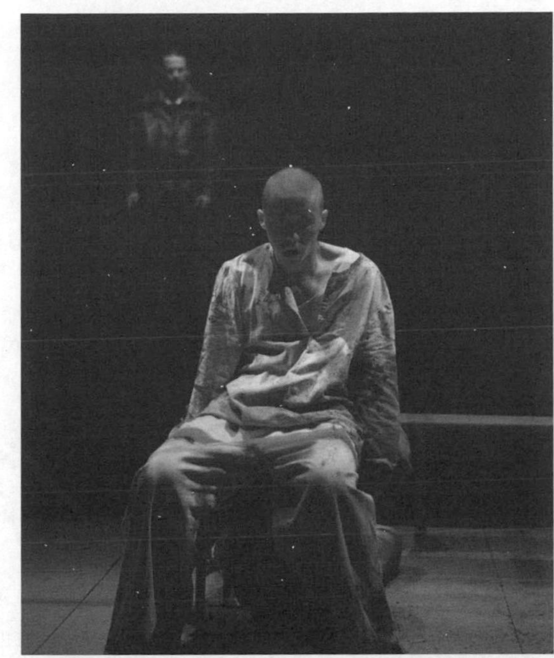

劇照 45　肯恩，《清洗》

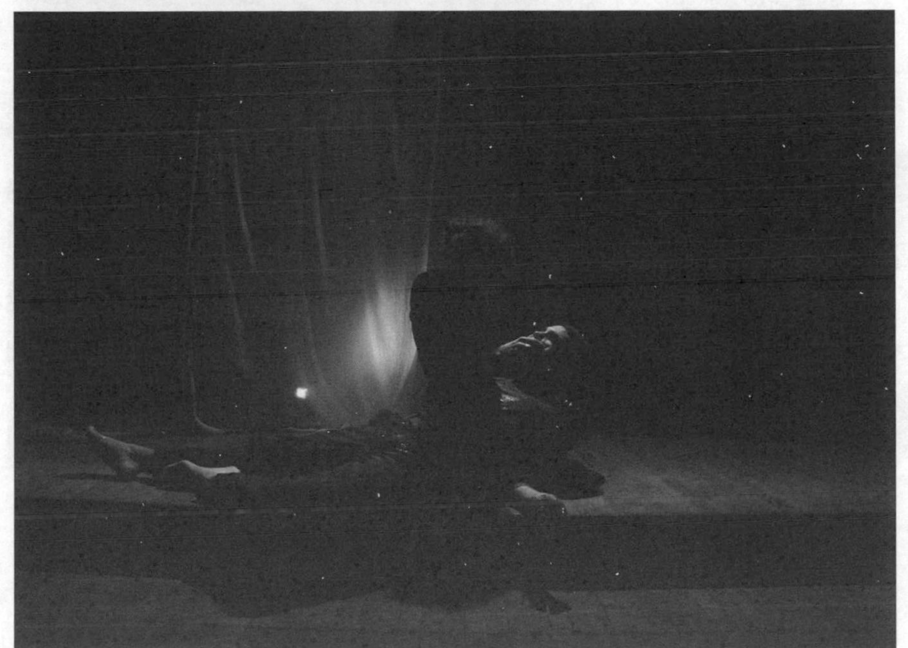

劇照 46　梅諾悌，《靈媒》

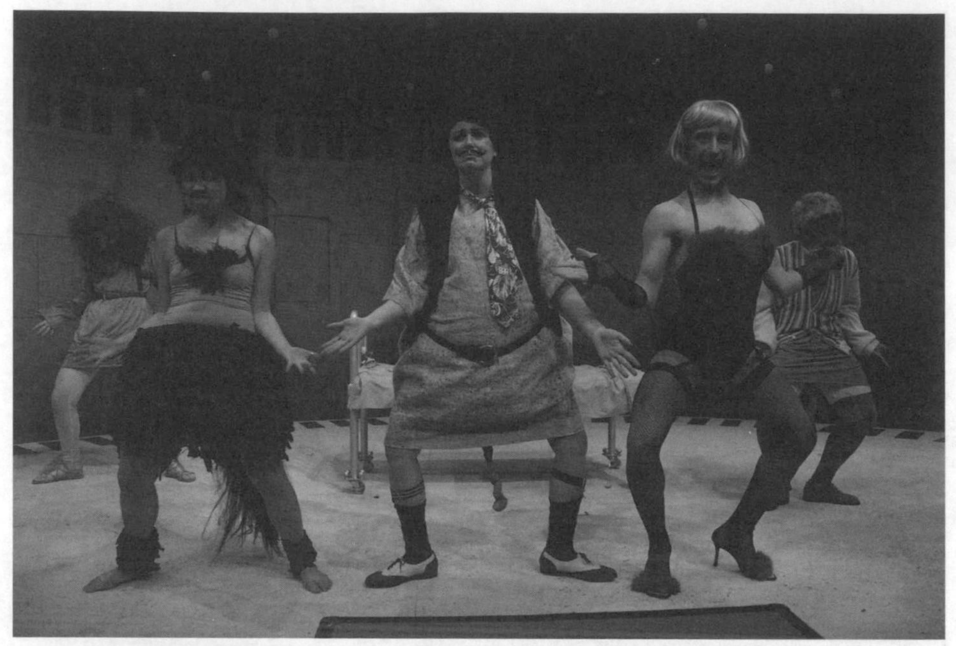

劇照 47　亞里斯陶芬尼斯，《莉希絲翠妲》

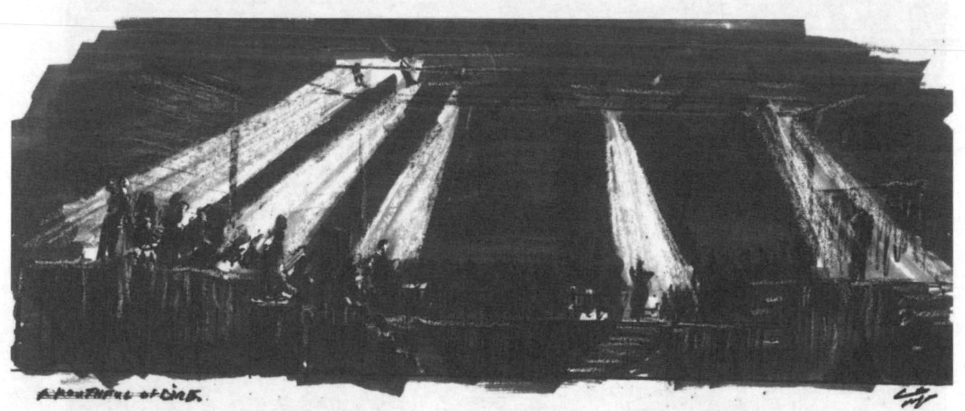

照片 48　丘吉爾，《滿口鳥隻》

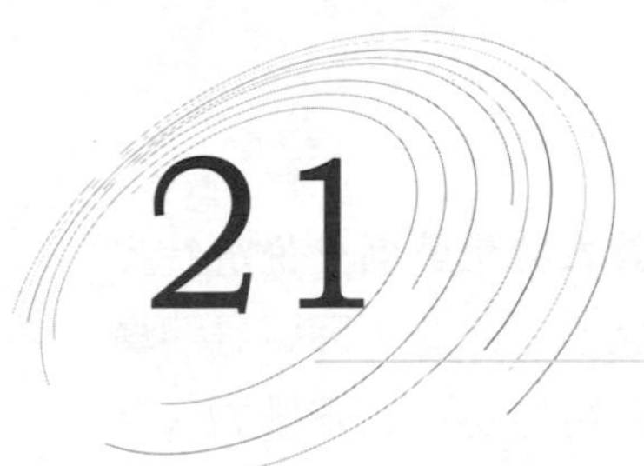

導演的選項
服裝、化妝與聲音

由於服裝關係到演員的移動，它在視覺設計中具有動態和「活著的」（living）層面。根據這一點，導演可以更加確定，透過先前在第19章和第20章中列出的方法，來做出對應於總體設計的選擇。導演需要瞭解服裝接近觀眾的程度，將使用什麼樣的布景，用於擺設的大道具以及燈光的設計是什麼。接著導演才對所有設計或某一項設計做出伸展或收縮的重大決定，尤其是服裝。當然，**化妝設計**必須等到服裝決定後再進行，因為它本質上是服裝的一部分，應該與它緊密配合。以下將依序討論導演關於這兩個領域之選擇。

在設計協作中必須做出的最後決定是如何使用**聲音**，包括使用音樂。由於誘發情感是聲音非常重要的特別功能，必須先等導演知道透過視覺層面所可以實現的是什麼。因此，本章的最後一部分將專門介紹導演在聲音使用方面的選擇。

服裝的選項

定義

我們已經習慣於把服裝視為具有時代性的衣著——演員穿著與我們時代相去甚遠的衣服——這使我們容易誤解服裝的基本概念。儘管可以通過多種方式進行定義，但最好的方法之一是**將服裝視為演員在特定戲劇中扮演特定角色所穿著的活布景**。表演是扮演，不是現實；服裝也是如此，因這是演員對他所扮演的角色的外在映現。正如劇本是一種涉及特定選擇和安排的人為設計，服裝也是：設計師（在其他時代或許是演員）必須為特定的環境選擇特別且合適的裝扮。因此，服裝是設計部門中不可或缺的部分，導演需要非常關注這一環。

當你試穿別人衣服時，你會感到有些奇怪——尤其當這件衣服越是具有個人特色時，你越是會意識到這方面，因為它可能帶著原擁有者的氣息。你所感受到的是服裝原擁有者的力量和個別性。從這個意義上說，服裝**屬於**他者，而演員在扮演過程中的工作就是讓「服裝」屬於正在創造的角色。

和演出製作的其他工具一樣，這裡的目的是討論服裝，並非要做深度訓練，僅提醒服裝作為導演在製作中的可能性——導演如何看待服裝以及將其應用於製作的各種選擇。必須假設你的整體訓練涉及對服裝、服裝設計和結構提供深入研習，因為只有在這樣的訓練下你才能真正理解這種複雜技藝的範疇。如果沒有這方面的知識，你將被迫完全依賴他人的工作，這種做法對製作理念和整合而言可能是災難性的。

服裝的功能

導演不僅應充分瞭解服裝的本質，還應充分瞭解其作為製作工具的功能。

以下概述服裝直接影響製作的主要方式。

既定情境　因為服裝是「移動中的布景」，它本質上具有以一定的準確度以定位戲劇的時間和地點。因此，服裝有能力反映經濟情形以及特定的環境，包含社會、政治、宗教與氣候等方面。特別是，它能把既定情境中所有的儀式帶到舞臺上：猶太教會堂、教堂、軍隊或外交使團的晚禮服、宮廷儀式的盛況和景象或一個鄉間婚禮的裝飾。服裝可以立即點出我們當下的位置，並提供影響特定環境的大部分細節。

角色和戲劇動作　服裝由於隨著演員塑造的角色移動，因而能特殊化並個性化。因為服裝關乎個人的選擇，需要合適地反映穿戴者的獨特之處，導演和設計師必須持續尋找特別性，而非只是一般性。服裝設計涉及的範疇遠超過從服裝租賃公司訂購衣服，在那些地方，所收集的服裝為了要以不同方式一再利用，所以需具普遍性，極少能顧及獨特性。相反的，服裝是角色具體化的結果，通常在設計師腦海中已有一位特定演員扮演這個角色。在條件拮据的情況下，使用服裝店一般設計的衣服可能是快速解決之道，但通常的結果是失去導演和設計師所認知的角色個別性。如果衣服是從庫存的衣櫃裡取出來的，通常也會導致設計失敗，除非導演和服裝租賃公司業者能夠進行設計中至關重要且耗時的議題——尋找出新穎且獨立的陳述。

衣著說了些什麼？在劇本中，戲劇動作曾以特定的語彙來表述穿著嗎？當角色處於脅迫力最強的時刻，他的外在樣貌與他採取的行動有何關聯？這個角色外表看起來的樣子與內在真實的樣子是否不同？這些關於戲劇動作和角色的問題都是導演必須關注的。在現實生活中，我們發現許多隱藏與掩蓋的情況；所以，在戲劇中找到相同類型的隱藏是十分合理的。一個殘暴的國王可能穿著十分典雅，也可能不修邊幅。在當代角色裡，十九世紀惡棍穿著深色服裝的慣例可能變成明亮多彩的服飾。**由於戲劇動作往往涉及真相與表相的對立，服裝設計的意圖通常就是要給觀眾帶來意想不到的揭露**。例如，在愛德華．阿爾比（Edward Albee）的《屋外有花園》（*Everything in the Garden*）中，一群郊區居民穿著品味極高的休閒運動裝，但當他們的生活隱私遭到威脅時，他們也是會殺人的。**服裝即是角色和個性**，因此具有揭露甚至震驚觀眾的能力。

形式、顏色和質感　服裝的形式意味著輪廓或形狀。形式即是服裝線條的總體；因此，它是設計最基本的層面。線條會跟隨著身體的輪廓；或者，它們可能會創造出與身體相關、但與身體線條不同的人造線條；也可能兩者同時並行。因此，我們有時尚方面的變化——「身體的生理輪廓」與「用以改變外部線條的材料」的關係。因為形式是基本的，它比顏色或質感更有普遍性；不過，如果沒有基本的架構，就沒有任何構建特定細節的基礎。服裝設計從形式開始。

在場景和燈光的討論中已經指出，色彩具有強烈的感性，甚至是官能性的價值：我們發現它令人興奮，經常是關乎性慾的，且在某種程度上是劇場化的。在現實生活中我們帶著顏色移動，在舞臺上的角色亦然。如果導演錯過了在服裝中使用顏色的選擇，那麼他就錯過了重要的設計重點。

材料的質感也是如此，沒有材質和顏色，我們看不到對比或發現重點。質感通過必要的誇張來提供大膽和清晰的陳述，從而可以從舞臺上投射想法。布料具有變動的彈性和可塑性：它可以拉伸或保持僵硬的樣式；它可以展現柔軟的褶皺，也可以被壓得看起來很堅實而不屈服；它可以有很大的體積或者什麼都沒有。我們看到並感受到質感，就像我們看到並感受到顏色一樣。

動態　前文述及，服裝不是靜止的；相反，通過它們披覆在人類身上的性質，它們是動態可移動的。只有少數幾樣似乎是被牢牢固定而違反這個屬性，例如緊身衣、緊身胸衣、金屬盔甲等。由於服裝是可活動的，它們向觀者傳達了靈活度本有的諸多意象，範圍從僵硬到完全的自由和流暢等。從這個意義上看，**如果穿著服裝的演員充分意識到服裝應該如何運作活動，那麼那服裝就活起來了。**

因此，鞋類搭配服裝風格是非常重要的。身體隨著腳的移動而移動，因為整個身體結構取決於從地面開始發生的事情。雖然服裝具有動感的特質，但除非演員正確地穿著它行走，才可能發揮其固有邏輯。導演必須充分瞭解服裝（包括假髮和帽子）的功能，以便在演員身上創造出合乎邏輯的生活服裝。**導演的一部分工作是向演員展示如何以適當的方式穿著他們的衣服。**

構圖　因為服裝在舞臺上很少被單獨看到，服裝設計的藝術，是能夠預見到在場面調度裡出現的所有可能構圖（演員群組）。這個命題比安排布景還要複雜得多，因為服裝經常是動態的——它會隨著演員移動到舞臺上的任何位置，然而，不論它到哪裡，都必須發揮出最大的功效。對服裝設計師而言，**整體效果與個人服裝一樣重要**。這也應是導演的首要考量，**因為如果服裝的總體設計不合宜，會破壞揭示基本戲劇動作的構圖，或是至少嚴重削弱**。這是為什麼導演和服裝設計師必須緊密合作。

構圖，其最簡單的形式，意味著將強烈的服裝——那些在色彩、質量、線條、質感等引人注目的——放在主要角色身上，次要角色服飾設計構想宜與首要角色有明顯差別，重要性第三和第四的角色會擺在設計的邊緣。由於顏色在構圖上具有強大的中心力，所以它通常在設計中成為出發點，其他設計元素緊隨其後。調色板——按顏色的層次安排整體的服裝——成為服裝設計技術中的重要原則。

諸種原因，導演須絕對肯定，該劇的視覺和表達方式與服裝設計師有密切的關聯，正如與燈光設計師一樣，這種合作所產生的內容將直接對觀眾說話，如同兩位主要演員的工作。沒有這種平行觀看，導演無法控制角色動作的微妙具相，由於觀眾實際上都是經由服裝看到大部分的姿勢和移動，由是，服裝不應該是阻礙，而是有用的闡明。導演與服裝設計師的關係必須是自由且充滿創意的。

情緒　因為服裝是要被活動的演員穿著，而我們觀眾對在我們眼前「生活著」的演員／角色（actor-characters）產生移情作用，服裝對我們的情緒扮演著強力的傳達者和喚起者。儘管我們沒有意識到這種效果是如何產生的（也不應該），但作為觀眾，我們的感覺確實是讓服裝引發出來了。再次，我們可以看到服裝**即是**角色，因為優秀服裝設計在某些特定層面的引導，我們離開演員而邁向角色；最後，是角色感動了我們。然而，如果服裝強過演員，會顯得刻意且分散注意力，這情形必然會減低情緒的可能性。服裝必須是情感的輔助而非抑制者。**服裝設計的每個方面都可以喚起情緒：形式、顏色、線條、質量、質感和動態等。**

關於選擇服裝的建議

穿著過度與穿著不足　現在應該清楚了，過度穿著和穿得不足之間的界限是隱約而微妙的。如果一套服裝是「正確的」，它可以對演員創作角色幫助很大；但變化若過於極端，可能會導致演員神經緊張，甚而對抗衣服了。找到合適的平衡全靠導演和設計師之間的成功溝通。

中性服裝　**中性服裝**意味著根本沒有服裝效果或非常小——這在設計裡要發

生是很困難的，因為演員穿的任何服裝都具有某些意義。也許最接近中性的服裝是緊身衣——包覆演員身體的薄外衣。它可以被稱為中性，因為它本身不具有質量動態——僅有演員本身的動態。如果全體演員都穿著相同的顏色緊身衣，那麼顏色將不會成為構圖中的個性化因素。因此，演員可以在沒有服裝放大和幻覺效果的幫助下自由地表達他的「身體意念」。

歷史考據服裝　**考據型服裝**指的是在舞臺上再現任何一個時期的、相當接近真實的衣著。在最拮据和缺乏溝通時，這些服裝是確實的再製品；**最佳狀況是，儘管仍是與基本的歷史設計密切相關，卻是經過潤飾和藝術的構思。**

在現代寫實戲劇中的服裝通常是有考據的，因為複製或使用真實服裝是趨近逼真的一種方式。然而，導演和設計師很快就會發現，像照片般的複製，是無法刺激觀眾的想像力的，除非那服裝經過精心挑選，考量了弦外之音或象徵意義價值。相較於其他時期的服裝，現代服飾似是更敏感的，是最難達成的服裝設計。當衣服（clothing）經過妥善挑選和安排後成為服裝（costume），它對現代角色的功能，就能如同歷史性服裝對其他時期戲劇中的角色一樣了。僅因一齣戲的時空是當代且風格寫實，並不意謂精心選擇和良好設計之必要性是可以減少的。

祭典和儀式　許多戲劇都包含著正式儀式或與處理這些儀式密切相關的角色行為，例如：神祇、僧侶、劊子手、律師、戰士等等。因為這些角色是日常生活中的象徵，在舞臺上也必須相同對待。正如導演在複製宗教儀式時會非常小心一樣，於具相或伴隨這類儀式的服裝設計時，要運用專家的判斷並謹慎執行。在一般觀眾的想像中，服裝本身即是儀式。

奇幻服裝　這是指服裝需特別發明的戲劇。《浮士德博士》裡的魔鬼應該是什麼形象？人們在二十二世紀會穿什麼？《仲夏夜之夢》裡的精靈如何穿著？在山姆・謝普《牛仔的嘴巴》裡，龍蝦人的可能服裝是什麼？許多含括幻想角色的成人戲劇與兒童劇充滿了這種服裝要求。要是缺乏對這種服裝的生動想像，導演就無法傳達出這些角色在整齣戲裡的重要性。

服裝選項摘要　從前面的討論看出，導演可以在設計決策時採取多元走向。

不過，經由發現、再製歷史服裝中的要素，導演可能遵循改編歷史服裝的常規路線，而不是表面上歷史的準確性；或是選擇以**現當代**（這是現代服飾的另一種說法）服飾搬演該戲；抑或是使用與該劇時代非常不同的另一個時期的時尚。如果這些選項都不符合要求，導演可能會轉向使用中性服飾。無論如何，意圖總是相同的：通過外在表現來揭示戲劇的內在意義。

排練技術

接近服裝　排練期是演員進行實驗的時期，演員開始尋找並希望發現（劇作家創造的）角色，發展出令人信服的（演員創造的）角色塑造。對演員想像力的最佳輔助之一，是角色服裝的「感覺」，因為它可以引導演員的角色如何移動，角色的姿勢如何等等，引導出角色的感知和行為的許多細節。演員能夠察覺出這些，因演員的日常穿著與角色服飾的特質差別很大，**服裝是角色的外殼，演員必須理解這些外殼的品質和性質。**

讓演員著裝排練很有幫助，那是導演與演員之間非常真實的溝通。如果你是導演，但不確知該服裝可以做些什麼，謀求服裝設計師的協助，以幫助你指導演員。

鞋　腳極有影響力地決定了角色的移動（角色如何站立和移動），排練時穿著合宜的鞋子對演員設計角色形象有一定的幫助。在威廉·魏徹利（Wycherley）[1]或莫里哀喜劇中的男演員應穿著高跟的鞋子演出；或者，若演員需要穿靴子或厚鞋，那麼應儘早在排練中穿上。如果服裝最終會要求女演員穿高跟鞋或涼鞋，亦復如是。演員感受著鞋子的效果，讓鞋子在想像中發揮作用，對他正在塑造的角色有更多感知。開始時，對鞋子可能不適應、不習慣，但這就是為什麼這是最佳時刻，讓演員去發現新事物，那些因為鞋子而賦予的「角色塑造發展之可能」。如果演員創造出富有想像力的發現，

1　譯註：威廉・魏徹利（William Wycherley ca. 1640-1716），英國復辟時期在劇作中將色情遊戲臻至巔峰的時尚喜劇作家，作品在情節與人物造型上受莫里哀喜劇影響。

那麼與演員的日常穿著的差異將被遺忘——因為這些新的發現和感受將很快融入角色塑造的進程裡。因著這些理由，排練時應該禁止穿運動鞋（以及一般的橡膠鞋底），除非是因為角色需要。**身體隨著鞋子走**。

其他服裝　排練歷史劇時應該儘快有基本服裝配合排練，這可能只是長裙、夾克、飄逸的襯衫或頭飾。諸如緊身胸衣之類的襯墊非常重要，因為服裝的運作基本上是根據在裡頭穿了什麼。任何類型的限制——墊腹（amplified stomach）[2]、盔甲、緊身胸衣、緊身背心、僵硬的外套等等——會讓演員知道如何行動，以及該時代的儀表形態。導演若未在排練早期堅持這類協助，在彩排和演出時，就要面對演員未曾吸收關於服裝應有知識的後果：演員動了，但服裝沒有，反之亦然。溝通是一個微妙的過程，導演必須利用一切手段幫助演員找到他們的角色。服裝就是這樣一種強大的手段。

習作

1. 如果你打算在搬演《考驗》時採用歷史考據服裝，這齣戲的象徵意義會是什麼？如果你使用高度簡化的服裝——亦即，如果你遵循歷史服裝的線條，但將所有裝飾減少到最低限度——那會是什麼情形？在四面式舞臺，你會選擇哪種服裝？開展型舞臺呢？會因為與觀眾距離不同產生改變嗎？
2. 為什麼低調的色調是《考驗》的設計理念？你會決定朝這個方向前進嗎？做這選擇時，會考慮鏡框式或四面式舞臺製作的不同嗎？
3. 你將如何打扮丹佛斯？他的服裝與其他神職人員有何不同？他會更溫文爾雅、更精緻、更虛榮嗎？你能透過他穿的衣服告訴我們什麼？
4. 你會讓第四幕的普羅克特穿什麼？伊莉莎白和提圖巴（Tituba）呢？除了身體折磨和遭剝奪的具體形象之外，你還能表現什麼？
5. 如果你讓《考驗》人物穿著接近歷史考據服裝，這戲的男人會不會需要戴假髮？如果你決定衣著更簡單，丹佛斯還會戴假髮嗎？髮型的基本款式是什麼？

---

[2] 譯註：墊腹（amplified stomach），戲劇服裝設計家沈琬說：「白話一點就是假肚子。」（2019.07.16函）

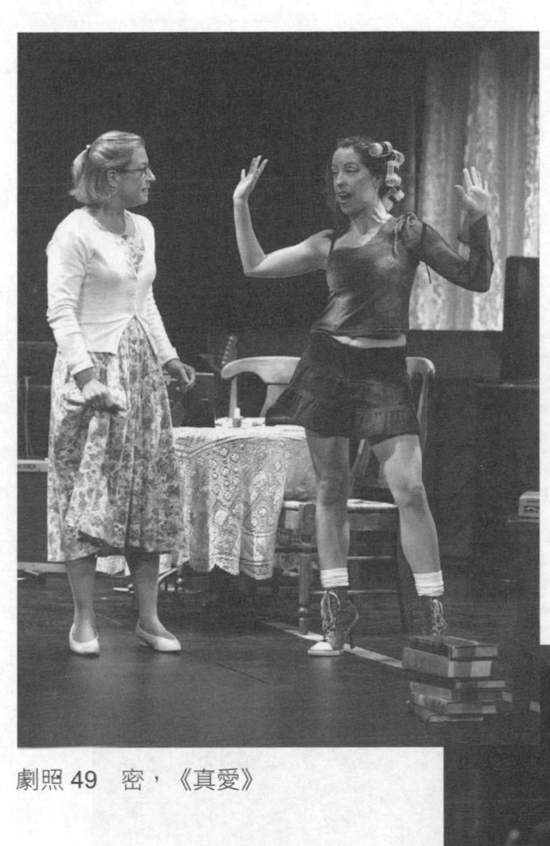

劇照 49　密，《真愛》

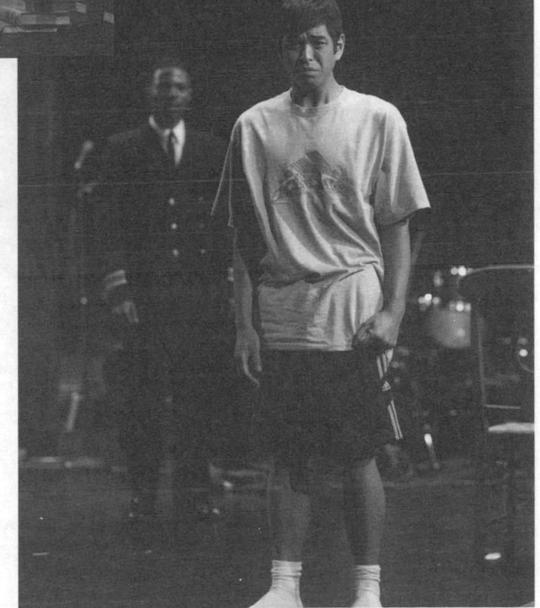

劇照 50　密，《真愛》

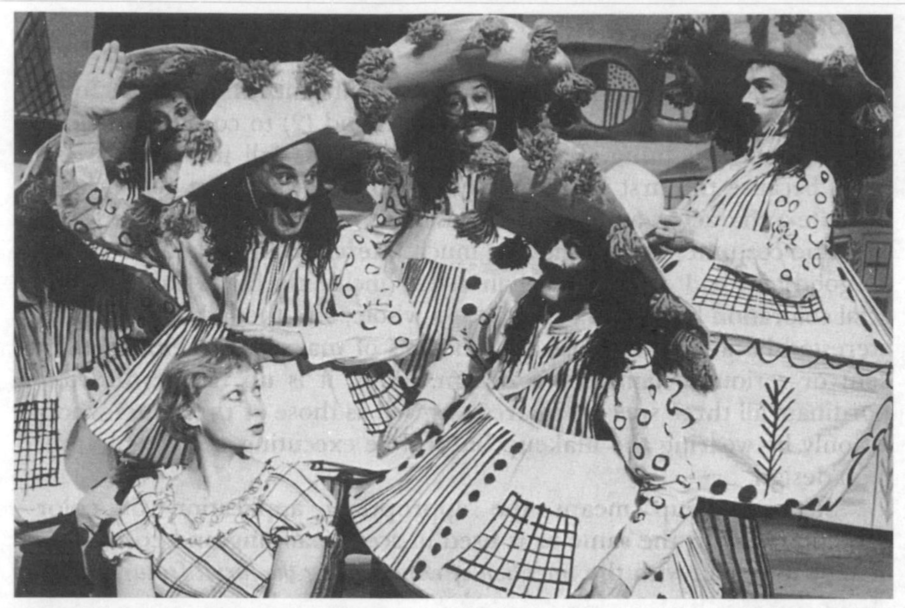

劇照 51　史郭特尼基，《綠野仙蹤》

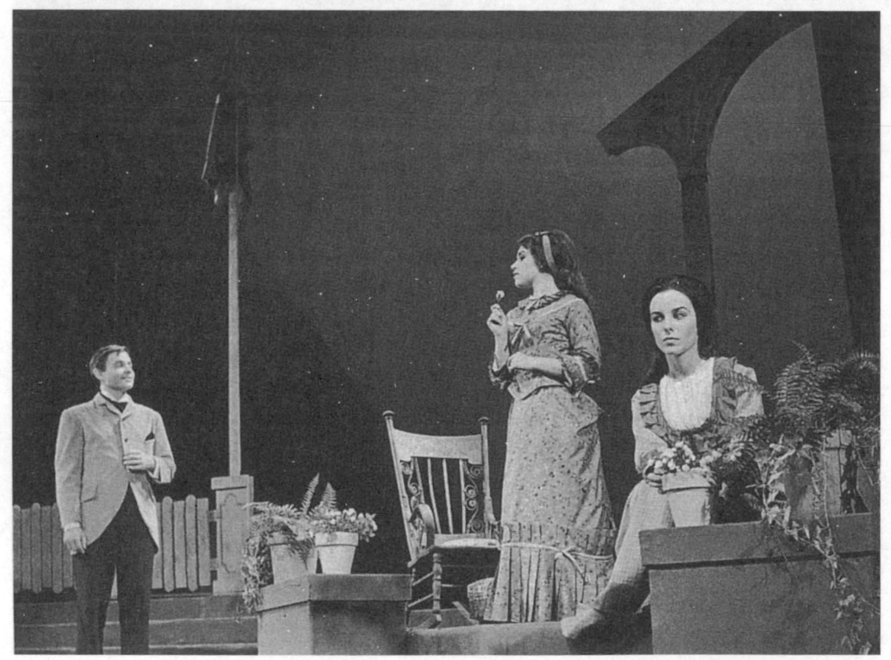

劇照 52　易卜生，《海上婦人》

視覺感知遊戲：服裝（見第8章）

1. 劇照中（劇照49至52）所顯示的每件服裝，你能看到每件服裝的線條（輪廓）嗎？所採用的材料質感？服裝動態的可能性？
2. 你能從每套服裝看出其角色形象嗎？
3. 挑一套服裝並描述其增強戲劇性時刻的固有能力。
4. 你能分辨嚴肅與喜感的衣服之間的區別嗎？

化妝的選項

在現今的舞臺實踐，化妝有兩個重要的功能：(1)協助演員角色刻劃的陳述；(2)抵消舞臺燈光的影響。這兩個功能都屬於導演的職責範圍，因為第一個功能與演員具相角色的方式密切相關，第二個與燈光設計密切相關。服裝設計師也會關注化妝方面，因為髮型（包括面部毛髮）以及面部用色的好壞效果都影響整個服裝。亦關乎燈光設計部門，因為化妝的顏色和質感可以補助亦可能嚴重妨礙設計。於是，這取決於導演協調所有三個設計部門的利益，以及演員的利益，因演員不僅是化了妝，同時必須執行實際議定的共識設計。

舞臺化妝是色彩的適當應用——顏色，與運用在舞臺繪景和服裝相同——用在演員的皮膚上，**意圖誇大臉部輪廓，使他們看起來具體並突出**。化妝的實際設計取決於定向光源的使用——主要光源的方向、顏色和亮度。好的妝容不該讓觀眾察覺出來（除非是在設計明顯風格化的戲劇裡），因為它是演員臉部的一部分，因此是角色現實的一部分。化妝不能成為只是塗抹上去的舞臺工具，必須是有機的，因在舞臺燈光的語境裡它表達了演員的角色塑造。在服裝和燈光的技術層面協調化妝是導演的工作，通常的流程是為每個角色先在紙上畫出臉部的化妝設計（facial mask）——角色看起來的樣子——以便有系統地考量問題。這通常由化妝設計師與服裝設計師和導演一起工作，並與燈光設計師協商後完成。然後，演員執行自己的妝容工作，且能對自己在特定設計中的調整抱有信心。

好的化妝必然會開發既定情境（時間、地點、社會階級等），因為它們是一個角色的外在視覺展現。演員問道：「我看起來像什麼？」這也是導演的問題，因為**化妝——特別是透過髮型——可以告訴觀眾角色性格一致性或不一致性的程度、關於虛榮心、對他人的察覺以及個人風格感**。化妝為觀眾提供了「對角色的原初視覺概念」，戲劇動作可以由此參考框架而產生。在這個意義上，**化妝彌補了角色的服裝與演員身體上的角色生理之間的差距**。

導演在化妝設計方面的選擇主要取決於燈光和服裝設計。導演對燈光的瞭解越多，特別是關於光的顏色對不同膚色的特定影響，導演就越容易實現適當的協調。在燈光實驗室中，有燈光模擬情況下進行化妝練習，將會獲益很多。同樣，導演對髮型和造型的瞭解越多，服裝與角色表現的協調就越好：因此，你需要研究服裝與髮型的關係，包含對假髮的結構與穿戴方式的基本認識。

良好的舞臺化妝關係到導演明確的觀察，一些年輕導演把化妝視為一般工具而不是特別工具，會失去許多可能的效果。學會精心策劃設計，並著眼於劇場多元的可能性。若未指派專人設計這一項表現領域，這工作往往會交給看不見臺上的自己的演員，或是不把化妝視為主要協調責任的導演。

簡言之，化妝表達角色，補述燈光，誇大、強調或扭曲面部結構（透過油灰或其他結構添加劑）。導演可以要求頭髮時尚歷史的準確性，使用具有符號的顏色或設計，完全不化妝，或使用面具。面具在現今的劇場使用程度如同在過往任何時期一樣多，不僅在古典希臘戲劇（它們被專門使用），因為我們發現面具在表達象徵性思想方面非常有用。

習作

1. 對於在鏡框式舞臺上搬演《考驗》第四幕，你會用什麼樣的化妝來協助你在頁310習作4中的服裝設計？在四面式舞臺上又是如何？
2. 在第三幕和第四幕之間，如何以化妝變化來協助演員揭露普羅柯特和伊莉莎白的情事？
3. 如何設計第一幕裡鄉村姑娘們的髮型？

視覺感知遊戲：化妝（見第8章）

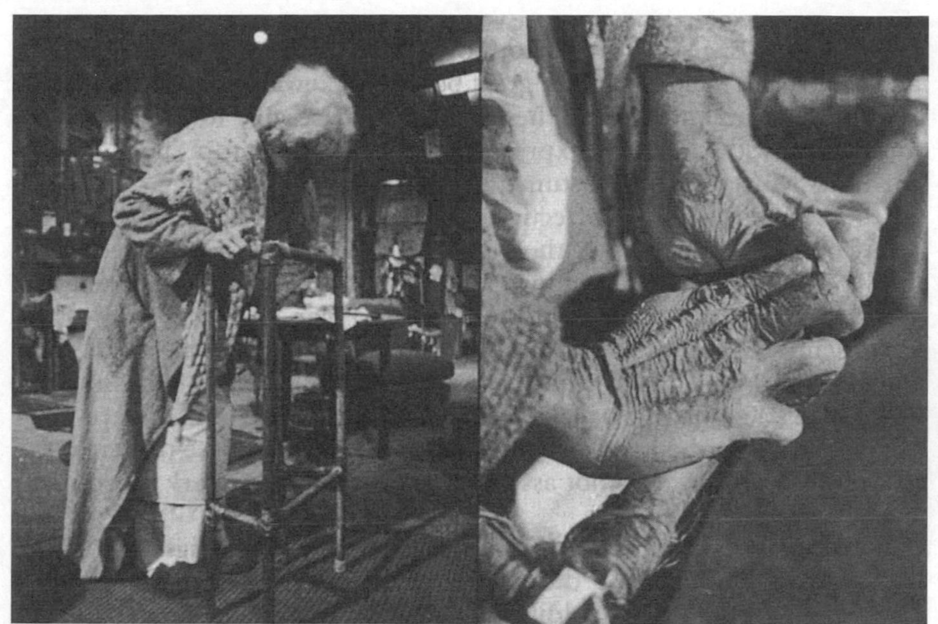

劇照 53　金代爾，《伽瑪射線效應》

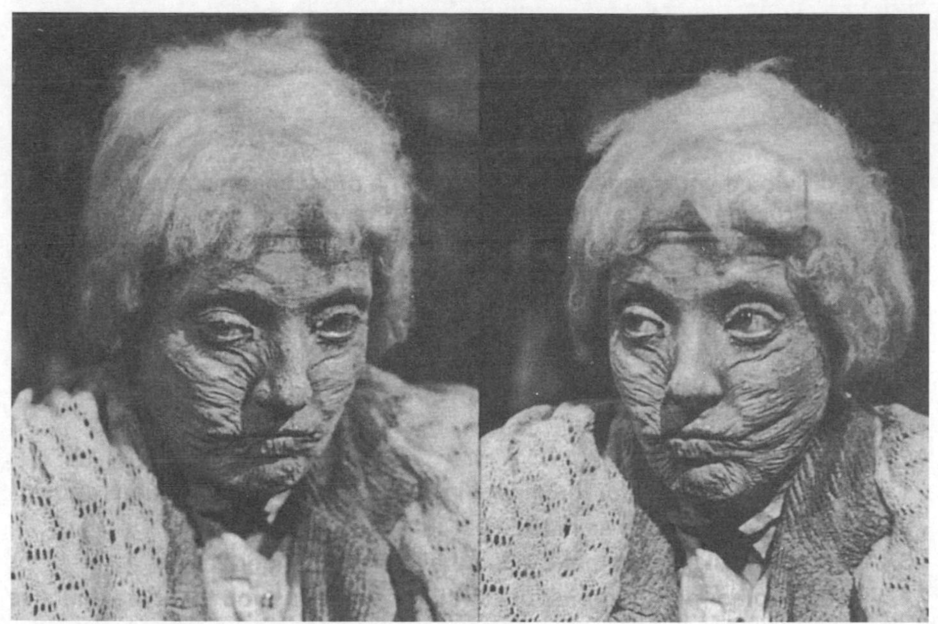

劇照 54　金代爾，《伽瑪射線效應》

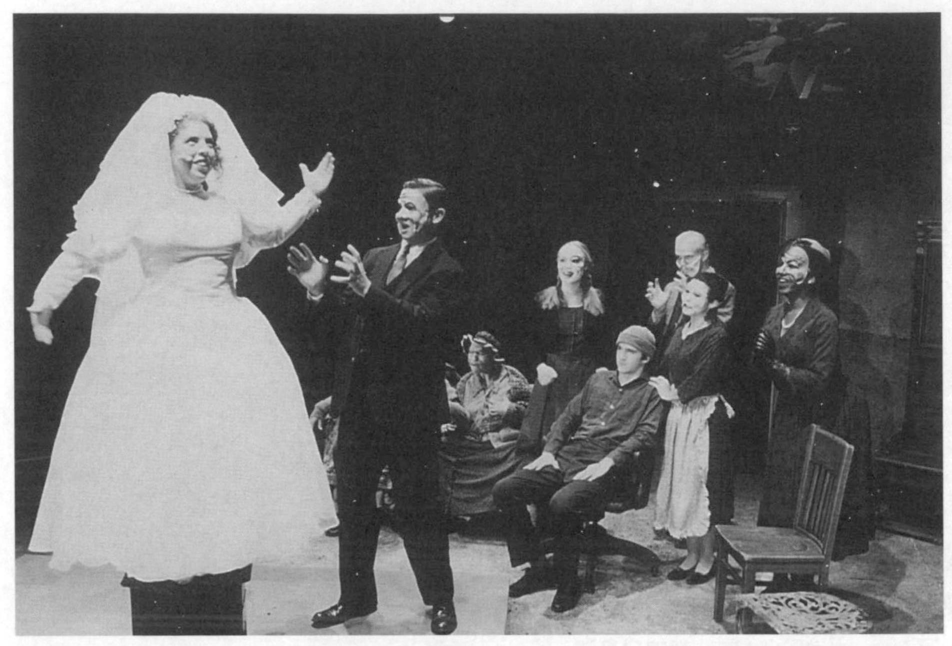

劇照 55　尤涅斯柯，《傑克，或屈從》

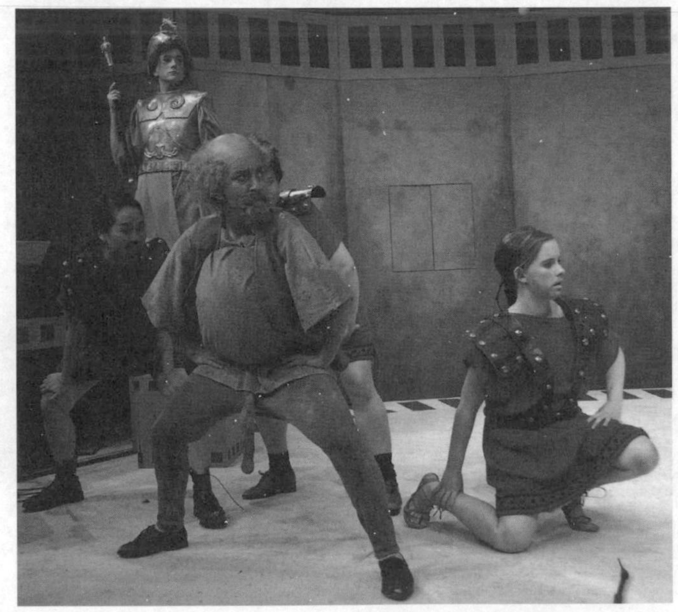

劇照 56　亞里斯陶芬尼斯，《莉希絲翠妲》

1. 劇照55中面具的功能是什麼？
2. 在哪些方面你認為化妝像面具？
3. 為什麼面具會如此戲劇化？它們能「創造」情緒嗎？它們如何在演出中標示出風格？
4. 看看其他「直接」化妝的劇照，你覺得哪些有效果？你認為劇照56中化妝的要求是什麼？

聲音的選項

在本書裡數次提及劇場在聽覺上至少和視覺是不分軒輊的一種體驗，因聲音是演員從身體和心靈迸發出來，最終將打動我們。當然，我們很容易被視覺刺激，特別是因為它的感性與感官刺激；但我們不容易從視覺獲得特別深刻的感動，除非演員自發地使用姿勢和動作並有人聲支持。

所以，發現在整個劇場史裡，輔助的聲音一直被使用著一點也不令人驚訝。音樂一直扮演著一種角色，有時伴隨著演員的聲音，無論是直接在歌曲演唱當中還是間接地作為臺詞的背景——早在電影使用配樂作為主要手法之前，在舞臺上已經運用了兩千五百年。聲音效果的另一種用途——音效——在寫實劇場中有廣泛且重要的發展，然而，許多音效從伊莉莎白時代甚至以前就開始使用了，例如雷聲或大砲射擊等。最近，我們開發了數位技術，透過錄製、控制和合成實現全面而複雜的「聲音景觀」（soundscapes）。超越傳統上使用的背景音樂或音效，這些音景為演出提供更多聽覺環境，在這些新科技被開發之前，這些情境只能用想像的。儘管如此，目標仍是相同：增強戲劇和表演在製作中的表現潛力。**導演若徹底理解如何駕馭聲音，必然能邁向總體劇場**。

音樂

許多劇院在編制上並未包括音樂家作為固定的設計同仁，導演學子可能需要涉獵聲音製造或至少音樂設計。倘若包括了這類專業人士，導演也必須像和燈光設計合作一樣與音樂家密切工作，因為**音樂就像燈光一樣，其激發**

想像力的能力，具有私密性和微妙的敏感性。然而，音樂經常造成干擾，而非它應有的強化功能。因此，如果要當作工具，處理時需小心翼翼。

導演必須盡可能通曉所有類型的音樂，對可能運用於劇場的不同音樂的潛力，始終需非常注意。對不同類型的音樂（古典音樂、世界音樂、爵士樂、流行音樂）的瞭解是導演最有價值的資產之一。拓寬和深化這些知識，不僅僅為導演提供了有用的知識，經過長期（實際上是終其一生）確切沉思聆聽，將帶來額外的利益；讓這種傾聽成為你日常的一部分，可以幫助發展各種聲音細微差別的聽覺敏銳度，包括節奏，並幫助導演以豐富想像力的方式體驗幻想之旅。對音樂的思考應該成為劇場導演的一種生活方式。

戲劇中的音樂　許多劇本在寫作時已有特定的音樂要求——歌、舞蹈、樂器等——且是必須在觀眾的面前演出。這連帶有雙重問題：找到音樂本身，若沒有特定的資源提供，就得找出執行出這個音樂的辦法，許是舞臺上的表演者或是不在臺上的人員代為演奏。尋找合適的音樂常是困難的，這常只能通過專門為演出而創作的音樂來解決。**這種做法具有導演自由創作的優點，因為有可能與作曲家刺激地緊密合作**，與燈光設計合作一樣，能接受正確或拒絕不恰當的。不過，縱使這種做法未造成干擾，也存在其固有的問題。

一部戲劇中的音樂，必須以某種方式掌握它運用於特定時刻之節拍，因為好劇作家不會把其劇中的音樂作為裝飾，而是一種有機物，意圖提高、強化或填補言語無法發揮作用的間隙。通常，一首歌的歌詞即是劇作家聽到的音樂線條（musical line）的關鍵。或者劇作家可能會建議特定歌曲的歌名，像這種情形，唯有搜尋出那首歌，才能聽到歌詞意念和旋律（儘管因為諸多原因——包括演員的能力——導演可能決定重譜類似的音樂）。無論是使用音樂庫中的作品還是創作新曲，**導演都必須時刻注意一個事實：戲劇中的這種插入，本身就是戲劇動作，必定會產生與劇本對話裡的動作相同的效果。音樂和文字一樣有潛臺詞**。

在舞臺上「現場」演奏音樂的表演者，往往是能達到什麼效果的關鍵，因為決定音樂可以成就到什麼程度的，是表演者的才華。演員經常擁有音樂天賦；不過，有時某演員的演技特別適合某一特定角色，但他的音樂才能卻離必須的要求甚遠。解決這類情況的通常做法是，在舞臺外，安排專人現場演奏鋼琴或其他樂器幫臺上演員配音；或是演員說出歌詞，或半唱半吟誦。但這些權宜之道是下下策了，除非舞臺上現場演出的樂手是真正的演員才能提供美好光景；但若不是，可能會造成分心或干擾。在劇本中置入音樂很難使演出成功，除非導演解決了所有伴隨而來的問題。

背景音樂　**背景音樂**是作為表演背景的情緒音樂，這在影視裡非常普遍。在這些媒體裡，它已矗立成牢固的慣用手法。不過，在劇場，自從十九世紀早期通俗劇（melodrama，帶有音樂的戲劇）式微以後，背景音樂並未被廣泛使用。或許是當電影成為大眾主要娛樂時，它失去了力量。不過更有可能的原因是，它曾在另一個時代的劇場發揮過作用，然當另一種營造氛圍的手法，如燈光，被發展出來時，它被棄置了。現今背景音樂偶爾被使用，通常伴有讓它在臺外發生合乎邏輯的動因。這種情況像是，音樂來自舞臺外的樂隊或管弦樂隊，因某種因素與戲劇動作有關（如契訶夫《櫻桃園》的第三幕），或是戲劇中某一角色演奏單一樂器。**好的對話就是好的聲音，不需要音樂協力來加強其情緒質地**，而在電影劇本寫作中，比起視覺效果，對話常是次要的，作品之完成，部分由說話，部分由音樂，絕大部分交由視覺來說故事。**劇場是一個聽聲音的地方，然正統的戲劇並非音樂劇；它本身固有的聲音價值必須謹慎地發現並保存。**

場景間的音樂　這個劇場傳統至少是從莎士比亞時代開始沿襲下來的，因為它能充作從一個主要行動到另一個主要行動的氛圍橋段（mood-bridge）。**這些過門（bridge）[3]可以把劇中不同部分連繫在一起，尤其涉及空間變動時。**觀眾等待場景變換，雖然是幾秒鐘的時間，但在劇場會是冗長的，音樂能協助度過這種時段，在觀眾的想像裡，橋接了一個場景的結束氛圍和下一個場景的開始氛圍。另一種技術是重疊：在一個場景結束前幾秒鐘開始過門音樂，並在下一個場景開始後繼續播放幾秒鐘。這種用法，音樂不僅幫助轉接過渡，就口語演出的戲劇來說，亦提供觀眾稍事休息的時刻。此外，它給人一種時間快速流逝的感覺。劇場在十七、十八世紀甚至十九世紀的大部分

---

3 譯註：bridge，根據劇場音樂作曲家許哲綸表示：「在劇場，我們通常會說『過門』，或是『過渡樂句』，流行音樂會說『橋段』。」（2019.07.25函）

時間，當場景需在觀眾眼前變換時，就是靠過門音樂來覆蓋包裝。不過，當劇場使用降落大幕來結束一幕或暗場來分隔場景時，過門音樂的傳統仍因要吸引觀眾的注意力而持續著。不管怎樣，是否使用這個手法，關係著導演的興趣和品味，有些導演更喜歡「清淨」的戲——獨立於其自身有機聲音的演出。支持過門音樂的最有力論據是，劇場是聲音的體驗，比起僅是演員的聲音，過門音樂對人耳更具複雜度且深具吸引力。

在一齣戲裡，獲得合宜的過門音樂與為歌曲覓得適當的音樂編制一樣有挑戰性，因為過門音樂必須映現出戲劇的節拍。這項需求並非意味過門音樂的節拍必須是相同的，因為**有效的過門往往是一個完整的場景甚至整齣戲的對位**。在古典戲劇演出中引用爵士樂、流行音樂或其他當代音樂作為過門，乃受了探索對位風潮的鼓舞。對位是目標，導演希望將觀眾的情緒從一個重點迅速轉移到另一個重點；導演甚至可能希望觀眾以當代的方式思考和感受，即使劇本的素材可能屬於另一個時代和時間。如果一位導演在馬羅的《浮士德博士》中使用爵士樂，或者在蕭伯納的《聖女貞德》中使用爵士風格的巴哈合唱，觀眾可以在一定程度上感受到每一齣戲的現代品質和意涵，從而擺脫之前的任何先入之見，因為音樂已用來把觀眾從預期的反應喚醒，並賦予該戲現代語境。

過門音樂造成分岔的可能性很大　因此，導演必須盡一切努力，確保在整個製作的意義上找到合適的過門音樂。聲音像光一樣微妙，很容易帶領觀眾走上錯誤的方向。

音效

舞臺外音效的使用，除了雷聲和槍砲聲，在相當程度上是現代寫實劇演出的慣用手法。這種效果是舞臺幻覺的延伸，因為它們賦予對舞臺外的空間重量和質量，雖然這些地方僅存在觀眾的想像中。二十世紀的20年代和30年代無線電廣播的發展，無疑與舞臺上的聲音效果有很大關係，因為理論是相同的：通過使用相似的聲音來激發想像力。寫實戲的製作通常需要諸多音效：車輛、馬匹、汽車的到達或發動駛去；下雨和打雷的效果；夜晚蟋蟀和蟲鳴聲；警報器、飛機引擎、炸彈、槍、爆破、雞啼、鐘、鈴，諸如此類，不勝枚舉。與舞臺外的聲音密切相關的使用，是舞臺上收音機和電視機的聲音來自其他地方，以及在舞臺上使用電話，當觀眾看見演員講著與人溝通的臺詞時，引導了觀眾想像電話另一端的人說了些什麼。

這些慣用技法至今使用效果仍很彰顯，這類戲劇如尤涅斯柯的《犀牛》，令人毛骨悚然的犀牛聲從舞臺外頻頻傳來。對劇場聲音的可能效果保有高度敏感力的導演，在他的掌控中，觀眾的想像是無可限量的。

雖然一般說來，音效對觀眾的影響不如音樂那麼強烈，然為了喚起清晰且精確的意象，必須仔細地選擇音效。例如，不同音高、不同音量的鐘，對觀眾會有不同的聯想和象徵意義；汽車的年份和類型，可以經由選擇適當的聲音來形繪；暴風雨和微雨的氛圍效果是截然不同的。關鍵是如何適宜地選擇。細心的導演增強製作，粗心的導演僅會分散觀眾注意力。再次提醒，戲劇製作是一種聲音和視覺體驗。

「音景」[4]環境

由於數位科技在音聲方面的進展，聲音、音樂、音效等等，擴拓出過往在劇場所不敢奢望難以想像的表達方式和範疇。這包括聲音突變或轉變的處理。例如，隨著演出進行，混響著謀殺武器開火和牢門關上的聲音，進行合成處理，由一個聲音轉變成另一種聲音。再如，音樂和電子音效融合成音聲環境（sound environment），這和光之無所不在性之表現潛力是類似的。表現策略包括使用數位處理演員的聲音。比方，操作演員說話聲音，包括音色和速度之實際時間的持續變更。在尤涅斯柯的《馬克白特》（*Macbett*）製作中，女巫說話經由無線麥克風和聲音數位處理，達到人聲若非經特別運作不可能達到的境地；由於這些造物的聲音，戲劇真正企及了另一個種次元的現實。在查爾斯·密的《奧瑞斯特斯2.0》製作中，演員扮演在醫院病房中受傷

4 譯註：據《環境科學大辭典》，soundscape是聲音（sound）加上景觀（landscape）的合成字，可稱之為「聲音景觀」或「聲音風景」，簡稱「音景」，是由加拿大作曲家Murrar Schafer於1970年代初期開始發展。

士兵，他們在現場的話語經過處理，創造出超現實的音景，傳達出他們的創傷、震驚、混亂和遺棄感——就如在同一齣戲的角色奧瑞斯特斯，在某些場景，他的話語中有些特定的順序在演出現場處理過，以傳達出這角色已被扭曲的看法和瘋狂擊倒。在莎拉・肯恩的《清洗》的製作中，可以創建一個聲音場景，通過集中營中的戲劇事件，傳達核心人物旅程中內在心理方面的體驗；就意義來說，觀眾聽到的聲音即是角色的情感正在經歷的，包括恐怖、痛苦、扭曲等等。在某種程度上，觀眾聽見靈魂在其恐怖的旅程中；這種親密感和生動性可以在劇場裡產生毀滅性、壓倒性的力量，特別是當它與表演、舞臺和燈光相結合時，同樣具有想像力、表現力和適當性。導演應該瞭解這個領域在科技方面持續的發展，並思考它們可能在劇場中使用的方式。而且，正如設計的所有方面一樣，它們本身不應該被當作目的，而是用於擴展製作的表達潛力。

音響設備

導演必須盡可能熟知使用各種音響設備。根據既有環境可獲得的設計及技術支援，導演實際上可以建立自己的音樂檔案庫以用於排練或製作。導演應該熟悉將音樂和音效傳輸到錄音帶或光碟的方法，包括在排練或演出中即時操作音效點的做法。這涉及剪接錄音帶，或為特定製作「燒錄」光碟，萬一在該製作中，這重要領域並未有專業合作者，導演需具備知識和經驗，以便提供必要的聲音。導演還應熟悉音響（喇叭）的功能及場地內外放置的位置，以達到最佳效果。最後，導演必須始終參與訂定音量，以使電子聲音與演員的聲音保持平衡。在我們這個時代，先進的科技和精良的設備垂手可得，聲音的逼真度和表現力相當重要。

習作

1. 每個班級成員準備自己用於戲劇製作的音樂。討論每個人的選擇。
2. 過門音樂的使用是否會增加戲劇的效果？如果是這樣，你會選擇什麼音樂？
3. 《考驗》需要什麼樣的聲音效果？你會使用現場還是預錄的聲音？

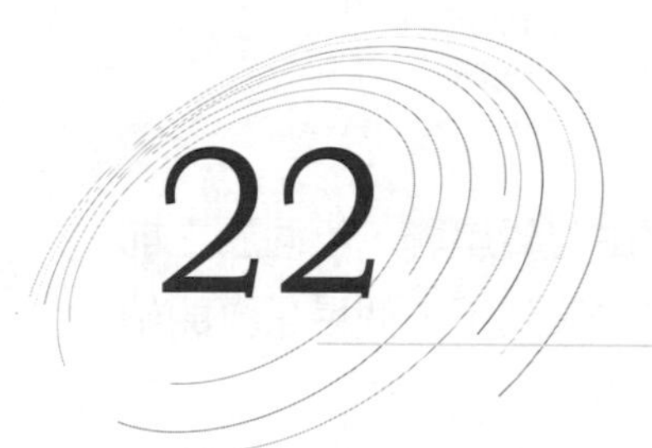

22 協助觀眾接收一齣戲

對觀眾的責任

觀眾的確是重要的，不僅是你在舞臺上所創造出來的。觀眾不是一群坐在那裡等著被娛樂的笨人，而是一個積極、活躍、充滿想像力且準備接收的群體。現在你應該很清楚了，**導演在行動中的主要範疇是多元溝通**，首先是跟演員和設計師，然後，藉由他們創造出你所協助選擇的意象，去和觀眾溝通。演員和設計師是你的媒介，只有透過他們，你對戲劇的願景才能成形，才能觸及他人。唯當觀眾對你和你的合作夥伴所成就的有所回應時，演出才算完成。

你瞭解觀眾是什麼，以及觀眾是如何在演出中運作的嗎？大多數人選擇去看戲，並非因為這製作所囊括的才華，而是因為他們喜愛現場演員的能量和活力，他們享受在群體裡與演員之間交互影響、無所阻礙的體驗。正如傑出演員麗芙・烏曼（Liv Ullman）出於演員觀點的感思：「在觀眾的笑聲和沉默中，有一種自由感。」合作團隊同心協力完成各自的工作，從而產生了某種活生生的、呼吸的、不斷變化的經驗，觀眾可能終生難忘。不要欺騙他們。決定在你。

電影經常透過不斷改變環境、遠景、特寫鏡頭和多元場景變化等手法，來維繫觀眾的注意力。詳細研析一部電影時，不但要從整體來看，且需精確地計算其眾多場景變化和鏡頭運用。早期電影製作的巨擘大衛・格里菲斯（D. W. Griffith），在他1915年的內戰史詩片《一個國家的誕生》（*Birth of a Nation*）[1]中，他把一千五百多個各種變化鏡頭經由剪輯串聯，不同於之前劇情片的一般作法，停止、擺置攝影機、一個場景之後到下一個場景再開始同樣作業手法[2]。

在默片時代，**每家戲院**都備有一組樂團或鋼琴師為電影提供背景音樂，就像自十八世紀以來他們為舞臺演出演奏一樣。但是當聲音出現之後，一部電影就可以把視覺和聽覺與連續的音軌同時結合，不僅僅是演員對話的背景音，而是複雜的音樂和音效。因此，電影觀眾可以被這種持續的刺激所吸引，在觀賞電影的過程中，他們幾乎不用做什麼。

然而劇場觀眾被要求做的多很多，因為在這群體裡的每一個個體，都必須運用一己的想像力填滿由演員和場面調度所暗示的所有空間。這就是這個遊戲：釋放觀眾的想像力。

導演宜培養這個思考習慣，**他不是為某一位觀眾或這戲的觀眾著想，而是與觀眾合作**，因為觀眾是眾多個體的集合，每位個體接收這齣戲且從他／她自己的觀點、意識、心靈與之「合作」。觀眾的素質，讓一齣戲可能在不同層面上被接受。再聽聽哈姆雷特的「給演員的話」，注意莎士比亞對破壞他戲劇的演員的觀感。說這些話的是隱身在角色裡的劇作家自己。這段話是針對演員，但也包含諸多對導演的警告信息。

啊，聽到中氣太足、頭戴假髮的傢伙把感情裂成碎片，震破那些多半只能欣賞莫名奇妙啞劇和噪音的站票觀眾的耳朵，真是會把我氣炸。這種過分喧鬧的大聲公，我要叫他吃鞭子。……無論是過或是不及，雖然能逗得外行人發笑，卻無法不叫內行人痛心。而一位行家的意見，你們一定要比整個戲院其他人的更加重視。[3]

---

[1] 譯註：《一個國家的誕生》的意識型態頗受爭議，電影播放時間長達三小時，成為有史以來，世上首部具有巨大社會影響的電影作品，因大量電影技術的成功嘗試和運用，被認為是電影史上的里程碑，格里菲斯也因此被譽為「現代電影之父」。

[2] 譯註：Bruce F. Kawin:「電影製作發展的初期普遍認為，表現完整的動作是絕對必要的，就像當時從頭到腳呈現演員是一條規則一樣。格里菲斯改變了所有的規則，他證明動作和身體的部分也可以構成一個整體，每個部分都有它自己特有的意義和重點。」Bruce F. Kawin著，李顯立等譯；《解讀電影》（台北：遠流，1996），頁73。

[3] 譯註：譯文引自彭鏡禧譯本《哈姆雷》（台北：聯經，2001），頁95-96。

要把觀眾視為戲劇製作裡具有動力的一部分，導演須對整個過程保持警覺：**劇作家想像了一個即興，經由既定情境、對話、戲劇動作、角色、旨趣、情緒和節奏等賦予形式；導演再度想像並再度掌握這即興，然後以他所看到和感受到的方式，去協助演員和設計師去發現他所看到和感受到的這個即興，讓他們自己去再創造出來，因此賦予它精深的個人生命。如果他們共同創造的意象足夠強烈並足夠合適，這即興會經由這個戲劇製作投射出去，以至於觀者能夠接收，並用他們自己的方式（間接獲得的經驗）以「再即興」表達他們所看到和聽到的。**[4]

因此，一齣戲並不是以直接的方式傳遞，而是通過一系列能夠產生意象、與後續的強烈感受的即興。從這個意義上說，**戲劇盤旋於舞臺**（劇作家、導演、演員、設計師）和**觀眾之間**，其釋放的方式，觀眾唯有在能夠體會的情況下，才接收的到（參見圖55）。

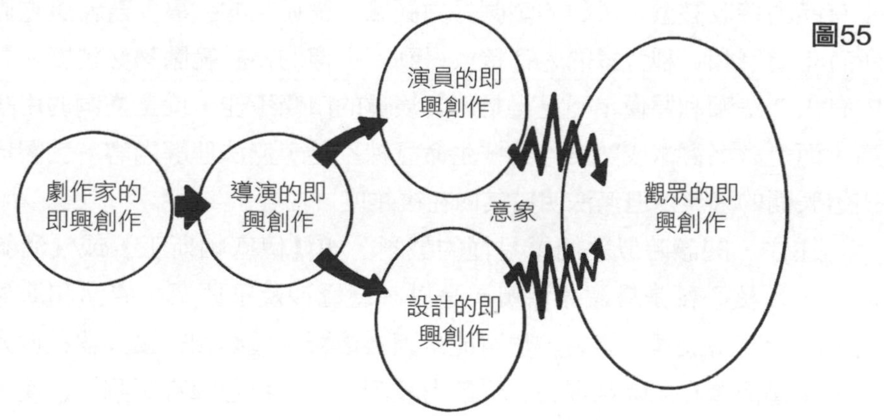

圖55

4 譯註：「即興」（improvisation）在本書是作者霍吉相當獨特的一個用法。此書開宗明義表示是「縱貫全書內文的根本核心是如何與劇本工作」（第1章），於第2章闡述劇作家寫作劇本，作者即用「即興」（improvisation）來描述：「劇作家的創作有一個特質與其他寫作很不同，在劇作家的『夢之飛行』（dream-flight）裡，在劇作家腦海裡逐漸成形的即興，不僅同時需考量到（演員）聲音和視覺方法，同時必須兼顧聚集觀眾聽和看這故事的場地——劇場或舞台。」此後章節接續談及劇場諸多環節的創作，從劇作家到導演、設計、演員以至觀眾，作者幾都用「即興」來繪述他心目中的創作是：針對核心目標，洋溢著有機、直覺、深入潛意識的鮮活且自由的聯想和意象。

觀眾空間和能力

正如在前面的章節中你所瞭解的，導演在製作時對舞臺有許多種選擇，每種類型的舞臺都有特定的特徵。但你必須意識到，觀眾的位置可能嚴重阻礙之前描述的那種溝通。比如，若舞臺口寬大，樂池或劇院非常大，會按比例降低所有的相互溝通——實際距離越大，在形成觀眾與演員間往復作用鏈的最後一環就越困難。坐在包廂區的觀眾，不會像坐在靠近舞臺的觀眾對演出有相同強度的體驗。這個事實反映在劇院不同區位的各種票價中：每個人各自體驗他所付出票價的演出。具有民主精神的劇院，理想情況下應該是較小的劇場，有足夠的演出場次來滿足需求，而不是興建更大的劇院來容納所有想看戲的觀眾。

有一種情形是，儘管一齣戲或已完美地呈現，但觀眾裡的一員可以不公平地抨擊該演出和製作團隊，因這名特別的觀者並未意識到是他／她自己沒有能力接收該戲。成熟的戲劇是向觀眾「講述」的故事，若預設它們能使所有年齡層和各種背景的人都接收得到，這樣的預設範圍勢必過廣。若觀眾中有人無法順利聽懂，不見得是因為演員的口條不佳，或是臺詞的用語難度高，而是該名觀眾成熟度不夠，生命歷練不足，無法理解內容。該觀眾可能知道表面的因素，但無法明白其內在複雜度。

往往，閱讀時似乎簡單易懂的戲劇，如《伊底帕斯王》或《酒神女信徒》，其核心卻是最複雜深奧。是以，聽覺涉及了觀眾、導演和演員的能耐。不過若不論理解能力，也可能是因為電視、電影和經擴大器被放大的聲音，使得觀眾在劇院現場失去「聽力技巧」。在百老匯音樂劇，因使用電子擴音器，讓我們看到人聲在劇院現場演出中如何地喪失了。

導演作為觀眾

雖然導演的主要工作是和演員進行溝通，但現在你已經理解導演進一步的工作：成為觀眾的眼睛和耳朵。導演的第二個重要功能現在才被提及，不是因為它沒有那麼重要，而是擔心你會把這工作視為導演的主要任務，如果你尚未理解演員是主要的媒介，你是根本無法接觸到觀眾的。在演員群體裡激發起適當的戲劇動作，是相當具有挑戰性的過程，你必須先徹底瞭解這個過程是如何運作的，然後，才能夠評量「釋放給觀眾即興感知的作品」其品質是否理想。現在，你才準備好考量導演的第二個主要功能：**判斷轉移的有效性**。

轉移點確實是導演為觀眾履行首要關鍵功能的時候，因為現在導演關心的不僅是如何跨過地燈諸如此類的事，而是**被轉移的作品是否合適並有效**。這是正確的表述嗎？夠密集嗎？完全可信麼？角色之間的往返互動是希冀的方式嗎？它在移動嗎？如果是一齣喜劇，會不會引人發笑？觀眾被迫做了什麼？是否已經失去平衡？觀眾的好奇心和注意力能否保持在某種高度？觀眾能收到所呈現的想法和意象嗎？這些只是導演必須提出的眾多問題中的一小部分，總的來說是：**這行得通嗎？**換個說法是，導演在很大程度上是觀眾的眼睛和耳朵，他／她的反應應該能預測觀眾的實際反應。導演有反應的，將來觀眾也會這樣——理當如此，除非導演想要在演出裡投射出來的東西實際上並不存在，僅是一種一廂情願的臆想。導演需修習平衡之道，一方面是對正在製作的演出具強烈的專注度、能量和投入意願，同時，在另一方面，冷靜且客觀地觀照實際在臺上發生的事情，這是導演必須能駕馭最睿智的挑戰之一。

監督一群富創作才華的人成功是多麼駭人的責任，每一位都想做好工作，且被看到白己最佳並有利的狀況。在經歷了幾個星期、日復一日沉浸於專注大量細節的排練後，導演必須找到一個「站開」的地方——亦即，客觀地看待這個，這麼多意圖良善的人的主觀創作，以檢視每個相關成員做了什麼。

於是，選擇的關鍵功能開始了。一些專業導演會說，這是他們的主要工作，因為專業演員知道如何表演以及如何做好功課（帶來可以觀賞的表演），導演的工作主要是選擇最好的、提供或建議搬演場景的方法、去改善這些選項等。然而，這樣的程序不適用於還在學習的演員，因通常他們必須接受更多訓練累積更多經驗才能使表演有效。同樣令人懷疑的是，有才具的專業演員，若未曾和導演進行大量關於劇本內容的溝通和導演想要賦予的強調，是否能發現適合的行動。無論導演和哪個層級的演員合作，一個場景若失敗了，最終的問題總是一樣的：為什麼行不通？

這裡開始的診斷流程，每個導演都必須以高標準來冶煉養成：診斷出為何該場景行不通，然後像醫生一樣，開出處方。貫穿整個排演期，這個流程都要持續進行著，尤其是在結束的日子裡：這個流程著重於判斷成品，以及從失敗的部分挑選出可以使用的部分，所有這些，都取決於作為觀眾的眼睛和耳朵的導演是否積極且適當地感受並反應。看整排時，對這齣戲要求的精神，導演要能被感動到發笑或激動；如果導演沒有反應得這麼積極，未來的觀眾可能也不會這樣。這是為什麼診斷式批評對導演學子這麼重要。

對自己的作品（你在舞臺上看到和聽到的總成品）你能多客觀，是一種心靈和感覺的境況。存在你自身的講評者或許需要相當一段時間去培養，許多年輕的導演無法一蹴而就從內觀跳躍到外觀。不過，你必須跳躍，如果你想成為導演，去評量你所做的。就此而言，你是病患之同時你也是醫生。

重點專題2

設計和導演你自己的獨幕劇製作

現在，你準備要進行困難的統合流程了——**一種新的事務**。它是「新」的，因不僅是單純地與各部門的協調，更涉及你個人對各部門項目**分量之適當選擇**。

工作這個計畫時，**所有的設計完全都由你自己完成，因為，每一個導演學子在不同的領域都必須親身經歷，並發現面對設計師們時的複雜挑戰**。之後，第三篇結束時，你將學習如何與設計師合作。在這階段，你必須盡可能地直接親身瞭解設計過程。還有，在你做這計畫時，你會和自己辯論，而這個過程是當你與設計師合作時將會用到的。你必須學會如何解放你自己身上的設計才能，本質上那會是很主觀的，所以，進行統合時，你的看法必須客觀。**在解放別人之前你必須先解放你自己！**

練習完全設計戲劇製作

如果你已經在所有的設計領域接受了該具備的足夠正規訓練，你的導演指令中一直有這些訓練的影響，且在第二篇曾做了許多《考驗》和其他研習劇本的習作，那現在你應該是在「承擔你自己的導演暨設計計畫」的理想位置。正如之前的建議，儘管遲早會和設計師合作，**訓練中的導演自己必須做過幾次完整過程的設計；亦即，為了瞭解統合的概念，他必須做過所有的設計**。這簡短的一章將致力於逐步建構出你自己的獨幕劇的製作過程。

專題A：設計過程中的自我評估

一、在開始工作一個現場演出製作之前，你們要針對與所有設計元素的協調和合成之實習來進行一個特定的計畫。本課堂宜選擇一齣獨幕劇（許是第一篇研習過的），且遵循以下的規則：

（一）每位學生應獨自完成所有工作，不得互相提出任何建議或諮詢。請記住，這個計畫是對你的想像力和技能的考驗。

（二）按照前面章節中關於協調的步驟，參見第14、17、18章。

（三）準備設計時，在腦海中先設定一個鏡框舞臺（或許是從教室改裝的），這是你們在第二篇研習時最瞭解的舞臺類型。

（四）只做寫實的設計——亦即，設計是直接從你每天生活所見提取出來，雖然或許你較喜歡用分解式布景而不是盒子式布景。

（五）製作六個領域的設計圖：(1)布景，包括舞臺擺置平面圖和上色的立面草圖；(2)道具，包含大小道具；(3)燈光；(4)化妝；(5)服裝；(6)聲音。所有舞臺相關的圖皆需按比例縮放，並進行服裝、化妝等項目的彩色繪製。列出清單明確記下所需的所有材料。

（六）要精確、整潔且詳盡。

二、完成習作一後，你們就可以針對所完成的舉行課堂評量。比較每一位同學的計畫，並標記明顯的差異之處。開始時，要分別看待每一個領域的設計，但仍時時留心它與其他領域的關係。討論的焦點主要放在兩方面：所呈現的設計是否有新穎的設計理念和協調上的問題。讓每個人都用相同的劇本進行設計有個明顯的好處，可以顯示出在發展設計的能力上，你們所在的位置。因此，這門課的每位成員都應評估以下內容：

（一）在每一個設計領域中，作為設計者，我目前的能力如何？

（二）對我比較弱的領域，如何加強技藝？

（三）我對協調和綜合的準則有什麼樣的理解？

三、現在，班上應盡可能詳細地檢視整體製作流程，包括本書到目前所羅列的所有理念和方法。你們應該特別強調戲劇分析的功能，以及導演和演員之間的關係。在這時候，對表演的密集討論最有價值，尤其當重點放在溝通方法時。如果能鼓勵班上專修設計的同學談論他們工作的方式，以及他們所能理解的溝通類型，設計方面的問題可以被強調出來。

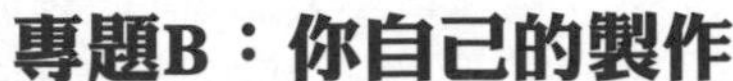

專題B：你自己的製作

一、你現在已準備好進行重點專題：設計和場面調度（在演員的合作下）所要做的寫實獨幕劇演出。建議用獨幕劇作為練習，是因為它會為你提供了極大的可能性而不會陷入全長劇的困境中。而因你尚未研究第三篇將要討論的非寫實主義種種問題，寫實主義仍應是你實習作品選擇的風格。也許你希望使用某位同學寫的原創劇本。從這些合作中可以學到很多，這些合作將為你在第三篇結束時的大專題做準備。

二、你所做的作品應該證明你已能掌握、或在很大程度上接受了寫實風格的挑戰，儘管你現在可能希望在開展式舞臺或四面式舞臺進行實驗。小型演出提供了一齣完整統一的戲裡充分處理演員的機會，但無需涉及繁複的布景和服裝。如果可能的話，使用少量的燈光和音響設備，從而讓你有機會投入燈光、聲音和化妝設計的工作。如果你可以為你的演員提供小道具或適當的替代品，這將能夠實踐你的小道具設計理念。服裝應是演員在與你密切討論後，他們可以準備的。小型演出無需建構複雜布景、道具和服裝，且能擁有良好的基本製作經驗。

三、詳細的準備工作，包括劇本分析和所有設計，以及所需要的材料清單，應在排練之前提交給你的指導老師，進行諮詢和核准。如果可以，你要為你的戲舉行甄試選出演員，然後繼續製作工作。

評量

完成專題Ｂ後，對彼此的作品進行全面且徹底的評量，你們或是參加群組討論或是以書面評估。評量工作應思考以下項目：

一、文本

（一）對戲劇動作的理解（在場面調度和表演上，戲劇動作明顯嗎？）

（二）對劇本中顯示的段落劃分之理解（劇本中的段落劃分是否明顯？段落的充分發揮是否有助於演員和觀眾對故事的瞭解？）

（三）對氛圍和節奏的敏感度（導演是否能顯示出對這些氛圍的敏感性？提供例子。）

二、設計領域

（一）設計理念的有效性，分別檢視每一個設計項目（整體設計中的每個元素做了這齣戲所需要溝通嗎？設計的每個部分，無論是和諧或是對位的，工作順利嗎？）

（二）設計獨具匠心（對於在舞臺上給演員建構一個世界、提供有效率的舞臺擺置來工作，在解決計畫上是否有巧思？排練用或工作坊用的家具，使用的是好還是巧妙？）

（三）執行技巧〔工廠經驗中的技術技能〕(僅在你的演出製作規模涉及這計畫的工作坊時間或庫存物件的構建與操作時，才需討論這一項。)

（四）帶領工作人員的領導能力。

三、場面調度與表演

（一）令人興奮的戲劇演出之完成度（構圖、圖像化、移動和小道具的使用是否使戲劇動作更明顯？）

（二）溝通技巧（演員之間有持續的相互交流嗎？導演是否成功地幫助演員發現並淋漓盡致演出戲劇動作？）

（三）角色塑造的發展（演員創造出有效的角色特色嗎？角色塑造的水準足以圓滿完成劇本的角色和戲劇動作嗎？）

（四）達成「暴力水平」和高潮（戲裡的衝突和掙扎水平成功嗎？劇中的心理暴力程度明顯嗎？戲劇動作的高潮場景清楚嗎？還是整個戲劇動作之演出都趨向同一種水平？）

（五）文本的表現，「口語的」「戲劇」（這戲的口語表現，導演和演員的傳達足以令人信服嗎？）

四、定調

（一）氛圍目標的完成度（總體來說，這製作是否營造了可信且引人入勝的氛圍並讓觀眾參與其中？解釋為什麼你認為做到或沒做到。）

第三篇

詮釋

關於風格

我告訴過你，我對文藝復興時期劇場藝術的信念，是基於我對文藝復興時期舞臺導演的信念，當導演通曉如何正確地運使演員、布景、服裝、燈光和舞蹈，透過掌握這些詮釋的技藝，他才能逐漸掌控戲劇動作、臺詞、色彩、節奏和語彙，這最後的力量是從其他所有力量發展而來的。

然後，我才會說，劇場的藝術將能贏回它的權利，它的作品將可矗立為自主的創作藝術，不再作為詮釋的技藝。

——哥登・克雷格，〈劇場的藝術〉

23

風格是獨特的表現

現在，你準備妥當要鑽研本書的第二大部分，戲劇導演的非常核心：劇本中風格的本質，以及你如何在舞臺上使一齣戲獨特化。從第1章到第22章業已傳授你導戲的基本工具，現在，你裝備好要更深入探究更多層面的運作，且以你自己的個別方式形塑它，賦予生命。

紐約的戲劇協會劇團（Theatre Guild），美國劇場史上最重要的團體之一，約在百年前於1920年代成立，創始團員們預見了他們的首要任務是：扭轉「有影響力的戲劇」，使其成為第一流的娛樂。換言之，他們看到劇場的弔詭性：劇場是要娛樂大眾的，然而同時也企圖感動人們的心靈和覺受。他們看到那些渴盼優質劇場的人們「就在那裡」。一年一年過去，他們一次又一次證明了他們的立論，不僅改變了那個時代百老匯的劇場風貌，還為整個美國的地方專業劇團、大學與學院中的教育劇場確立了典範。

「有影響力的劇場」（“Theatre that matters.”）是這本書的前提。要能感動觀眾，一部分經由精彩的戲劇，引領他們進入前所未曾體驗過，或是久未經歷的旅程和境界。劇場能帶來歡笑、驚奇、同情、愕然、惋惜、覺明——所有這些，是多麼深刻地滿足了觀眾，這樣的體驗永難忘懷，卻又像是夢境般留存在記憶深處，永不褪色。本書的這一篇，就是關於如何達成這個目的，關於製作有影響力的作品以及**如何讓它成為「你的作品」**。

形式與內容

截至目前為止，劇本分析與舞臺調度的討論，都集中在兩項所有藝術的基本元素：形式與內容。為了符合本書的宗旨，**形式**被定義為某個事物的形狀和結構，而**內容**則是被形塑的材料。經過第一篇和第二篇的實作練習，你現在已經有足夠的背景知識去辨別這些字彙的意義，以及去觀察它們是怎麼被應用在導演創作上。在定義風格這個概念時，理解這些字彙十分重要。

在第3章到第6章中，對劇本結構的研究，審視了劇本的**形式**，我們把劇本分析解構為六個部分：既定情境、對話、戲劇動作、角色、思想、韻律和氣氛之節拍（節奏與氣氛）。透過這種方式，可以著手檢視整部劇本的**戲劇內容**。經由形式的分析，內容因而浮現。同樣的，在研究舞臺製作的過程時，你透過六項視覺元素檢視了舞臺調度的形式：舞臺擺置、構圖、姿勢、與物件的即興、圖像化和移動；口語的工具：說出潛臺詞、說出臺詞、談吐、投射；以及舞臺、布景、道具、燈光、服裝、化妝、聲音等選項。當所有這些舞臺上屬於形式的元素被正確地運用了，就有了**劇場內容**。形式與內容存在於演出中，一如存在於書寫的劇本裡。關於形式的一個要點是，雖然沒有形式就不能揭示內容，形式仍屬於**一般性**，而非內容的特定陳述。

風格

風格使形式具有獨特性和特殊性。第三篇的目標，是協助你在意識中明確定位風格，你才能以截然不同的嶄新層次，看見劇本與其製作的種種可能性。或許你還記得中學時的演出，雖然表演是平常單調的，但出於忠誠度和歸屬感，你可能像在場的家長一樣反應積極，偶爾，某些東西乍現並吸引你的注意力，那效果就很可能是經由風格而發生的。大專院校的製作之能持續吸引你的注意力，是由於那層級眾多導演和設計師深諳如何使一齣戲富有風格，且他們有演員和舞臺資源使其成為可能。成功的專業製作都標記著獨特性——它們的風格——唯有風格才會引起眾人討論，包括劇評，他們討論這樣的製作，不管他們是否知道什麼是風格。

觀眾往往對獨特性有反應，因幽微之處打動了他們，而一般陳述則不會。所以，主要的問題是，如何將形式的普遍性提升到風格的個別性。第三篇試著回應這項挑戰，告訴你如何**辨識出劇本風格**、如何**進行風格分析**。接著討論製作，目標是告訴你導演如何成為風格創造者、如何在一齣戲劇製作樹立風格。某些章節包含了習作，有些是根據新創劇本，有些則是其他年代的戲劇作品，這一切都是為了重點專題3：和設計師們合作，完成全長劇的導演工作。

你會注意到，第三篇有很多例子取材自過往經典或現代劇本，這是假設你具有良好的戲劇文學背景了。第三篇應視為導演的進階學習，因為你累積了在第一篇和第二篇的工作和導演實作經驗，你才能夠理解這部分的內容。

於此，困難的工作開始了。眾多年輕導演的表現並未超越第二篇的水準，因為他們急著進入戲劇製作，並未察覺還有許多準備工作要做。你會注意到第三篇所涵蓋的比本書前面的部分更廣，需要大量的思考與討論。**如果你想要成為一名優秀的導演而不僅是一名合格的導演**，你需要用心研讀以下章節列出的特別課題，因為，**成功的導演必定是一位能使作品獨樹一格的風格創造者**。

什麼是風格？

形式很容易辨認，但描述風格卻困難得多，因為我們原本沒有意識到我們真正看到了什麼，是以感性的層次去感受它，直到我們**覺知它**。此外，我們對風格的認知常常是來自對比——亦即在同一種類裡，對許多不同的對象的體驗。當我們看見一輛汽車的時候，我們都知道那是汽車，因為那是形式；我們可以很輕易辨別出汽車、火車、飛機和船的不同，因我們知道它們在形式上和功能上差異顯著。連擁有這類玩具的幼童都能夠依照不同的運輸方式來分類，甚至能指出它們在形式上的明顯差異。當範圍縮小到機動車輛時，對大多數人，要他們指出小客車、越野車、小貨車、拖車和摩托車有何不同，基本上問題也不大。但當我們再更縮小範圍，大多數人在區分上就會開始有些困難。如果你是一個對車子特別有興趣的人，你會仔細觀察研究，不過，如果略去引擎表現的差異時，你能描述以下各組轎車車款之不同嗎？(1)寶馬（BMW）、賓士（Benz）、捷豹（Jaguar）；(2)本田（Honda）和豐田（Toyota）；或是 (3)福特（Ford）和雪佛蘭（Chevrolet）。如果你能辨別每一組車款的差異，你就是深諳其不同的風格了，或如汽車製造商所說的「**造型**」。

不過，這個例子對藝術作品並不管用。商業設計，不管是牙膏盒還是麥片盒，都會講究風格，因為廠商要你在壅塞的貨架上一眼認出其單一商品，而那風格是供成千或上百萬相同產品複製的。然而，略去複製出來的龐大數量不談，每一件商品都有它獨特的樣貌，能夠輕易地與其他同類商品區分出來。

在藝術領域，我們關注的是相當狹窄的範疇，通常只有少數作品擁有類似的獨特樣貌。所以，我們會說塞尚（Cézanne）的風格和梵谷（Van Gogh）不同；布拉姆斯（Brahms）的交響曲與柴可夫斯基（Tchaikovsky）的不同；易卜生的劇作和史特林堡（Strindberg）不同；亞瑟・米勒的劇作也和田納西・威廉斯的不同；卡里爾・丘吉爾的劇作與莎拉・肯恩的不同。同樣的，導演茱莉・泰摩（Julie Taymor）的舞臺劇作品和安・柏卡（Anne Bogart）的作品不同，電影導演珍・康萍（Jane Campion）與法蘭西斯・柯波拉（Francis Ford Coppola）的影片風格不一樣。

從前面的幾對藝術家中，可以觀察到四件事：第一，每一對都是同一種藝術形式，這對於我們要去理解風格十分重要，因聚焦在同樣的類別裡有助於我們理解這個概念。

第二，注意每一組的兩位藝術家都是同一時代的人物——他們在差不多同個時期完成、或進行他們的創作。標記藝術品的日期之所以重要，因為每一個時代（一個時代從二十年到五十年不等）會在形式上建立其變化和改良，會建構出可被認出是**那個時期的風格**、那時代的獨特性。於是，我們會說伊莉莎白時代風格、法國古典主義風格、浪漫主義風格、寫實主義風格等等。談到戲劇，我們注意到，每一個時期，都有些總體性的變革或改良，是那時期的所有的劇作家共同使用的；藉著註記出這些特點，可以繪述出該時期的風格。相同的作法也能用在演出製作方面，我們可以標誌出伊莉莎白時期的舞臺演出風格、十七世紀義大利（文藝復興）舞臺風格、十九世紀浪漫主義舞臺風格、二十世紀寫實主義舞臺風格等等。通過這些命名，我們可以從不同角度來看待每一個作品，無論是誰的個人作品我們都可以檢視。

第三，列出來的每一對，用的是人的名字，因這是我們可以描繪風格最細緻層面的唯一途徑。每一位富有創造力的藝術家，會在當代的總體風格中做出個人的改變，對仔細觀察藝術的人們，該藝術家的獨特性是獨一無二的，是藝術家**對自己作品的簽名**。風格，在指明特定歷史時期時可能有廣泛的意義，但在指個人的獨特作品時可以有非常具體特定的意涵。其最為精妙的意義是，因其獨特性與高度個別色彩，風格是定義藝術時意味最深長的面向。

最後，請留意，這幾位成對的藝術家的安排，根據的是他們如何與觀眾或觀者接觸。塞尚和梵谷透過在美術館展出作品直接接觸觀者。但是，布拉姆斯和柴可夫斯基、易卜生和史特林堡、亞瑟・米勒和田納西・威廉斯需要仰賴詮釋者將其作品演繹，因為他們作品的形式一旦**少了表演者和觀眾**，所呈現出來的便不完整。康萍和柯波拉是創作者暨詮釋者，通常，他們創作了電影腳本的形式和內容，接著以電影場面調度形式將其詮釋出來。雖然他們的作品是電影，但康萍和柯波拉兩人都是哥登・克雷格所說的藝術家導演；而舞臺劇導演泰摩和柏卡，則歸類於克雷格所標籤的總藝師導演——亦即，為他人作品擔任詮釋者的導演。無論如何，不管創作者和詮釋者之間的關係為何，所有在這裡提到的人士，皆發展出他們自己獨樹一幟的風格。為了闡明這一點，我們提供了不同藝術形式的範例、同時每一對藝術家在風格上有明顯差異，這意謂了每一位藝術家都會做出個人且獨有的表述。**所以，風格，既是藝術形式的獨特化，同時也是打動觀者**（那些只用看的）**和觀眾**（那些既聽又看的）**的法門**。

詮釋即批評

詮釋是導演的目標，身為總藝師導演，他**詮釋**劇作家的作品而非自行創作劇本。要落實這項功能，導演必須成為劇場中首要批評者。為了更深入理解導演是劇場中首要批評者這個理念，最有效的方式，就是去比較導演和其他擔任劇場相關工作的「詮釋者」——報紙評論人和劇評家。這三者在蓬勃發展、欣欣向榮的劇場環境裡都是重要的，但各自的工作有其明確的範疇。

報紙評論人

我們在報紙和期刊上讀到的大部分劇場評論，嚴格說來並不算是劇評，而應該稱之為**觀後感**（reviewing），因為其主要功用是檢視一齣作品在原生地——也就是劇場——最後完成的樣貌，然後品評它的優缺點。在一齣嶄新製作的戲劇首演後，我們在報紙[1]讀到，很快出爐的五百到八百字一篇評介，是出自一位訓練有素且觀戲經驗豐富的觀看者的感思，他／她向正在等待的大眾報告對該戲的反思、表演和導演手法等等，這些視評論人為娛樂作家的群眾，往往仰賴他們的意見來決定是否要花費金錢和時間在某一部特定作品上。

這種簡短且個人觀點的新聞報導，以傳播一齣已製作的戲劇作品的消息為劇場服務。不過，當評論人以他個人認為作品應該如何的主觀看法，代替了如實的報導時——把自己設定成主要的詮釋者，這種評論亦會傷害劇場。評論人可能會提出他／她認為應該放在劇中的內容或形式，而不是引導讀者聚焦在演出已經存有的部分上。這樣作為的評論人僭越了導演的詮釋領域，

1 譯註：此書以美國專業劇場之作業為範例，紐約專業劇場如百老匯和外百老匯或各都市之地方劇院，演出至少兩週以上，因演出時間長，很多觀眾採觀望態度，在首演後出現的劇評，對票房影響至深。在現今數位科技網路時代，不僅報紙、期刊，個人亦方便設立部落格抒發一家之言，各機關、媒體、社團或學術團體亦紛紛設立網站以方便提出觀點。臺灣方面，在2011年9月開台的「表演藝術評論台」（https://pareviews.ncafroc.org.tw/），評論範疇包括戲劇、舞蹈、戲曲、音樂和其他，該網站採取「駐站評論員」、「特約評論人」、「專欄作者」三種身分，分別分擔不同的評論視角與工作：「『駐站評論員』採輪值方式，原則上，各項表演領域每季邀請二至三位評論人，負責當週即時評論工作。『特約評論人』為彌補駐站評論員無法顧及的演出活動。『專欄作家』邀請資深評論人就演出活動、生態觀察面向撰稿。三種身分，希望能兼顧評論工作的廣度與深度；三種身分也可以彼此輪換，轉換工作角色與評論視角。」（摘錄自「表演藝術評論台」台長紀慧玲於「編輯報告」所撰之〈站長的話〉）

宛如一個紙上談兵的導演。

劇評家

另一階層的批評家的功能比較接近導演。雖然戲劇批評貫穿整個劇場史，劇評或多或少經常出現，卻很少像今天這麼蔚為風尚。戲劇批評，與你在報紙或雜誌上看到的評論不同，是對一齣戲、一部戲劇文學作品或演出的議題深入的鑽研探究。除了引用戲劇文本本身來佐證外，這一層級的批評家通常使用理論方法，探索戲劇運作或演出現象的新洞見，這些新知卓見往往發表成內容詳實的論文或專書。儘管報紙評論人多為老練的觀眾，有廣泛的觀戲經驗可以借鑑，但他們的教育背景與劇評家可能相當不同，後者通常是學者，不但精通浩瀚戲劇文學、劇場歷史和搬演傳統，同時涉獵系列批評理論，包括符號學（semiotics）、女性主義理論（feminist theory）、後殖民主義與跨國研究（postcolonial and transnational studies）、跨文化研究（intercultural studies）等等。

戲劇是被創造出來、有意義的結構。戲劇學者運用各種策略，鑽研挖掘出促使劇作家寫出劇本的題旨、趣味、願景等等。有時，一部戲劇的意義和運作十分明確，有時則否，看起來難以捉摸，儘管其力量仍然可以被感受到。從這個意義來說，戲劇是一種詩，雖是以散文形式寫成，而劇作家是詩人，他用超越對話表層意義的隱喻、象徵和其他策略來溝通。就這個定義來看，戲劇詩涵蓋無窮、包羅萬象。不管是以韻文還是抒情散文寫成的田納西・威廉斯的戲劇，不管是否運用了情結、暗示性意象的莎拉・肯恩或海納・穆勒（Heiner Müller）的劇本，或是政治觀點犀利的愛德華・邦德（Edward Bond）或卡里爾・丘吉爾戲劇，劇本仍是戲劇詩。如詩，通常需要詮釋者持續參與與投入，來親炙其內容和戲劇性手段。在尋求理解意義與形式的過程中，戲劇批評能夠給予導演很多幫助，雖然他永遠無法取代導演詮釋作品的責任。

導演學子需養成閱讀戲劇批評的習慣，這是培養出「該尋找什麼」以及「該如何發現」的一條途徑。然而，導演閱讀劇評是有其限制的。因為它主要的意圖是闡明戲劇的奧秘，可能會成為另一種詮釋。劇評家鉅細靡遺地研析劇本來支持自己對結構和意旨的想法，提出文本的例證來驗證觀點。不過，劇評家也會因為太過強調他／她所引援的例證導致方向出岔。揭開詩意體驗的神秘面紗確實需要非凡的視野，具有這樣視野的人才相當稀有，傑出的劇評家亦如是。

作為首要劇評家的導演

儘管有評論人和劇評家存在著，**導演依然是劇場中首要的劇評家**。劇評的功能是詮釋和闡明作品——這是對導演工作的絕佳繪述。相較而言，戲劇批評家僅著力於劇本，而劇本本身尚是不完整的，在本質上尚需演員和製作來賦予生命；評論人評述完成的製作，對導演的詮釋提出批評之同時亦試圖肩負起大眾所期待的，檢視劇本的戲劇批評責任。不過，**唯有導演是同時第一線致力於劇本和製作的人**。

對導演的這項功能，沒有比艾略特[2]的論述〈批評的作用〉（“ The Function of Criticism” ）更好的闡明了。在這篇文章裡，這位成就斐然的詩人／劇作家／批評家談的是文學批評，但同樣能適用於導演創作。文章中，他清楚區分了兩種主要的批評方式。第一種是直覺法，他命名為「自由主義」（whiggery）[3]，不被原則限制，發自「內心的呼喚」：

---

2 譯註：托馬斯・斯特恩斯・艾略特（Thomas Stearns Eliot, 1888-1965），美國英國詩人、劇作家、評論家，1948年諾貝爾文學獎得主，其作品對二十世紀至今文學影響極為深遠。主要劇作有《大教堂謀殺案》（*Murder in the Cathedral*，1935）、《家庭聚會》（*The Family Reunion*，1939）、《雞尾酒會》（*The Cocktail Party*，1949）等，1922年出版的詩作《荒原》（*The Waste Land*）是英美現代詩作重要里程碑。劇場史上最成功的音樂劇之一《貓》（*Cats*），由作曲家安德魯・洛伊・韋伯（Andrew Lloyd Webber）作曲，是根據T. S.艾略特1939年的詩集《老負鼠的貓經》（*Old Possum's Book of Practical Cats*）以及其他詩歌改編，自1981年在倫敦首演以來，被翻譯成二十多種文字在全世界各個角落演出不輟。

3 譯註：根據牛津詞典，「Whig，英國維新黨黨員，十七、十八世紀時維護國會權力以對抗君主之政黨，其地位在十九世紀時由自由黨取代之。」Whiggery是衍生詞，原意為維新黨主義、維新黨原則；Dictionary. Com: “Whiggery, in short, was nothing but Liberalism qualified by interest.”於此暫譯為自由主義。

「假如我喜歡一個作品，這對我來說就夠了。」所以這爭論發展成，「如果我們都喜歡，大家異口同聲喝采，這對所有你們（不喜歡這作品的人）來說也該足夠了。藝術法則全都是判例法（The law of art is all case law.）[4]。我們不能只喜歡我們喜歡的事物，但我們可以選擇任何理由來喜歡。」

艾略特堅持以為，這一類批評者並未關注文學的完美性，只在意一時的、個人的價值。第二種方法（對艾略特來說是唯一有效的方法）**是更著重分析、更有意識的批評**，這是一位卓越的作家在他自己的作品中必須運作的法門，因為批評活動在一種「藝術家的創作與勞力的結合」中能找到最高最真實的實現。

艾略特一度認為：唯一值得閱讀的批評是那些「對他們自己評論的藝術體裁有實作經驗、而且是操作很好的」。後來，因為要尋求一個更有包容性的框架，他修正了這個觀點，之後，他得到一個結論，對批評家，最重要的資格是「高度發達的事實感」。就這樣，艾略特接受了那些專事批評他人作品的批評家；但他指出優秀的批評家簡直是鳳毛麟角：「在這種寫作類型的成功案例裡，存有太多騙局。你得到的不是真知洞見，而是虛構的作品。」**精湛的批評家，是能夠平靜穩實地看待一件藝術作品，並把它視為一個整體的那種人。**

對導演，這兩種不同的批評方式，自由主義似乎對執導演出和對批評學一樣，是不適用的。誠然，導演對一部戲劇的感受，的確會影響他如何對待這齣戲，因處理的是藝術而不是科學，運用的是直覺，而不是科學上必須精準又能完全合理解釋的事實，以劇作家設定的人類行為而不是木偶。然而，**用主導性的主觀方法來導戲**，與導演在劇本、表演、設計等方面尋求統一性和秩序的功能是不相容的，因為導演必須持續運用客觀的、分析性的、批評性的觀點，去掌握總是充滿變數的表達媒介。作為想法的激發者，導演的參

---

[4] 譯註：判例法，依據過往的案例法官所做的決定而立的法。在這段引文意思近乎：「藝術法則全都是個案」。

與在於：從劇作家獲得最強大的戲劇——如果這是一齣原創的新劇且導演能對其發展有所貢獻、提升演員有最精湛的表演、使設計者的創意達到最高層級。企圖獲得成功的導演同樣也必須通過舞臺的實體物件考驗。在眾多藝術家中，導演和建築師有一些面向可以比較，建築師也一樣關切材料的性質和限制，仰賴執行他的想法的師傅們的能力。

總而言之，總藝師導演是這討論的主題，你必須假設**導演的功能在很大程度上是詮釋**，他主要關注的是他人已經創造出來的作品（劇本），或者就演員和設計者而言，是他人即將創造出來的作品。

有話要說

由於導演的首要工作是**詮釋**劇本中已然設定的內容，如何在不違背劇本完整度的情況下，塑造出可以被歸類為風格自出機杼的陳述？尤其當「**不說實情」的誘惑一直存在時？**

答案相對簡單，然而風格之造就並不容易。假設是，導演在選擇和形塑用來構築一齣製作的所有元素時，非常精挑細選，而且完全理解劇本的**形式**和**風格**。**導演的風格，會經由製作的種種元素，亦即在導演賦予劇本的形式、內容、個人風格等之與眾不同的質地和強調上，彰顯出來**。導演對風格的表述隨著製作方向的決定而發展。以下是一些必須回答的問題，從答案中，風格就會顯現出來。

這齣戲的核心理念是什麼？
這是誰的（哪個角色的）戲？（**這是關於角色強調非常重要的決定。**）
哪些戲劇動作應該被給予最有力的強調？
這齣戲強調的是文本還是潛臺詞？兩者之間如何平衡？
既定情境如何別具匠心？
能出現哪些主要氛圍？
需要什麼樣的演員？（質感和平衡）
採用何種設計計畫？採用的設計計畫怎麼樣能夠更切合寫實主義或偏

離寫實？

終究說來，一齣戲最菁華的部分，並無絕對的詮釋。它的思想會落在一個狹窄的範圍裡，然而，就是這個狹窄的範圍是留給導演的，從中將出現別樹一幟的表述——導演的風格。**風格超越形式和內容；它是屬於自出胸臆的表述。**

風格是今日的表述

要完全重現一齣歷史劇當初搬演的樣貌是不可能的。即使能取得所有的資訊，我們也不會想要這樣的演出，很基本的原因是，觀眾會很難看懂那種演出。如果你看過一百多年前的影片（例如，莎拉・柏恩哈特〔Sarah Bernhardt〕飾演的伊莉莎白女王一世），你會記得，對演員看似怪異過度講究的舉止，以及服裝和擺設濃郁的異國風情，觀眾覺得多麼可笑。**你們正在觀賞另一個年代的表演和設計風格**，觀眾對那種風格，無法與自己長久以來高度被灌輸、所謂條件良好的風格概念協調。

風格是即時溝通的主要手段

攝影使得我們可以比以往更清楚看見風格的快速轉變。十多年前，進入了新的世紀，我們回顧1960和1970年代風格的相片，發現它們已然過時，就像1960年代的人覺得1940跟1950年代過時了，依此類推。風格能夠很迅速且簡單的傳達給我們一些訊息。這個特性，以服裝為例可以很容易地說明清楚。在服裝設計持續不斷變遷、由商業驅動產業設計的世界，新的風格很快會成為過時的風格。某位設計師設計出新樣式的服裝，其他設計師或多或少仿效這樣的創意而形成了時尚，當跟隨者眾，風格就此誕生。一種風格會持續引領潮流，直到被更新的風格以更普遍的共識取代為止。

前衛派先驅們是新風格的樹立者，因為他們總是在找尋新穎的溝通手段，一種嶄新的表述方式。現今電子通訊的迅速便捷，縮短了每種風格流行的時間。不久前，風格可以持續風行約莫十到二十年；如今所謂的「新」面臨快速流通的現實，風格的生命週期明顯縮短了。去年音樂界的潮流先驅（最新的音樂效果、節奏和歌詞）會被今年另一種風格取代，新的風格很快就會成為一股狂熱一種流行，而歌詞，對你，竟可能是頗過時的。

覺察風格的即時性——也就是風格在當代的質感——對導演來說是最重要的。**導演的職責是讓觀眾理解演出，無論演出的劇本是在哪個年代完成。**問題常在於如何透過風格進行溝通。導演在他自己時代的語境裡對那事件觀照鮮明，他不但是有話要說，更甚者，如果他要跟觀眾溝通，**他必須用觀眾最能立即理解的當代語彙來表達。**

風格富有生命力、鮮活的即時性，使它成為導演用來溝通的主要工具之一。雖然古昔風格的調適會在之後的章節討論，但在這裡有必要先提醒，無論調適的手法為何，**若是風格對觀眾太過陌生，那麼，會很難有效，因劇場需要集體認同。**因為人們傾向於保守行事不去尋求新意，而這現象對藝術家真是何其困難的要求。不過，如果導演懷抱著「別出心裁的搬演有助於傳達想法給觀眾」的推測去設置新意，新意也可能會成為與觀眾溝通真正的障礙。結果是，導演對那劇本本身失去信心，他可能用自己的重新創作來代替，而不是展現原劇作的內涵和存有。記住：「閃光的不一定都是金子。」

因此，對導演來說，風格的範圍是有些狹窄的，因需**在達到觀眾能夠理解的水平之同時，試圖尋找新穎且令人興奮的溝通方式**，這兩者是自相矛盾的。劇場演出作為一種流行的藝術形式，在過往，比起其他形式，劇場有時會落後長達一代人之久，因它是在等待一般觀眾趕上來。如今，這種情形已不復存在，因為隨著城市文化和數位科技電子通訊在我們周遭普及，新穎的事物快速被吸收，尋求新鮮溝通方式持續不斷且無所不在。

24

劇本寫作與劇作家的風格

這一章的目的，是把你在戲劇文學課程裡獲得的一些觀念和信息整合起來。或許你會覺得很熟悉，以致會以為是多餘的。不過，如果你仔細研讀，你會發現，這是關於導演看待戲劇和劇本寫作的特別方式，為了使它們發揮作用。這會挑戰你原有的批評觀點。

在西方文明裡，戲劇**形式**與劇場製作有明顯的差別，戲劇形式從西元前五世紀開始，即一直具有相同的基本元素：既定情境、對話、戲劇動作、角色、理念、節奏，和氛圍。在超過兩千五百年的歷史裡，讓戲劇產生不同的，是這些基本結構元素的價值和安排的重新定位。例如，從易卜生到約莫1960年代的一個時代，把既定情境放在最顯要的地位，且加上強調先前動作的細節；而另一個時代如伊莉莎白女王時代，卻幾乎完全忽略這個面向。戲劇動作在某些時期（如希臘時期）相對簡單，但在其他年代（如英國詹姆斯一世時期）卻複雜且廣泛。角色在某些時期（如希臘時期）大多是原型，但在別的年代（如易卜生式、契訶夫式、史特林堡式的寫實主義時期）卻極複雜細緻。對白在某些年代是以詩的形式呈現，強調的是音韻的多變（如古典西班牙），其他時期用散文，有些時期如英國復辟時期世態喜劇（English Restoration Comedy），用字遣詞相當雕琢。

這些戲劇形式基本元素的變化是分辨不同時期作品的依據，但請謹記在心，這樣的分類，只是大致區分了數千本我們想要更加瞭解的劇作，導演若要徹底明白手上正在進行的，唯一的途徑就是透過劇本分析詳細檢視特定的劇作。我們常以為劇作家如同其他藝術家一樣，是自由的即興創作者，僅在有些特定時候，如新古典主義時期，他們才被期待去遵守在某些壓力下已建立的既有規則。在現代，我們習慣認為劇作家是自由的靈魂，以至於很少意識到，在他們的時代，形式和風格實際上對他們有多麼大的限制。如同對抗頑強的政府，為了推翻已成窠臼的形式，劇作家或劇場工作者發動革命——有時是實物方面——是必要的。維克多·雨果（Victor Hugo）用《歐那尼》（*Hernani*）對抗法國古典戲劇，辛約翰和艾比劇院（Abbey Theatre）以《西方世界的花花公子》（*Playboy of the Western World*）做出類似的反動，易卜生和史特林堡在他們震撼人心的性與婚姻寫實戲劇中，推翻十九世紀的浪漫戲劇，以及皮藍德婁推翻寫實主義等，這些都是明顯的例子。

劇作家與內容的選擇

界定戲劇內容差異最古老方式之一，就是分門別類。從古典希臘時期，就開始根據作品的目的和相似的結構，戲劇被分進不同的類別[1]。悲劇和喜劇（兩種主要類型）在古希臘的源起並不相同，各自擁有儀式與神話傳統，在西元前五世紀以前，它們以相同的**一般形式**聚集在一起，同樣都運用了戲劇動作、角色、理念、對白、歌隊、音樂和特別效果。兩種類型都在相同的宗教戲劇神殿演出——酒神劇場。

這兩種主要類型的差異在於他們如何運用戲劇形式的基本元素，以及各個元素強調程度的不同。這種描述戲劇的方法是這麼有用，以至於今天的劇評家仍是與亞里斯多德面臨的同樣難題搏鬥：(1)是什麼讓不同的類型都能奏效？以及(2)在兩種不同的架構中，各個元素要施以何種程度的強調，才能達到個別架構所要達到的綜合效果？因此，大量的文獻圍繞著戲劇理論發展起來，每個時代都試圖定義這些「複合類型」。批評家們知道這些類型在戲劇裡起作用，理論的探究是為了穿透其詩的奧秘。

---

1 譯註：偉大的希臘哲學家亞里斯多德（384-322 BC）是藝術肯定論第一位建立者，也是藝術的理性論的創始者，姚一葦：「非僅肯定了純藝術的價值與地位，更為純藝術確立了科學的批評觀念與方法。」其分析戲劇之經典著作《詩學》，對悲劇、喜劇等提出分類與批評的規範。詳見姚一葦，《詩學箋註》（台北：中華書局）。

導演學子若對複合類型未深入理解，就很難進階到風格領域。**是什麼使觀眾發笑？是什麼能深深打動人心？**這是每個導演都必須能夠回答的最重要問題。擁有複合類型的廣泛知識，不僅為你直接打開過往戲劇的門扉，也給你打開現代戲劇的鑰匙。當你對類型具有雄厚的認知學養，你就可以邁向揭示每個劇作家奮力處理的這個問題——這位劇作家的風格是關於什麼。

這一章的目的不是提供複合類型的理論研究，僅是用一般的方式描述這些類型，以便提醒你注意一些基本的差異。你的戲劇文學課程可以幫助你深入理解，持續不斷練習劇本分析能夠大幅增強你的認識。

同樣，要記得，每個年代對複合類型都做出其自己的描述，甚至是**規定**。有些年代甚至有強烈的例外，因此，若未涵蓋任何重點而簡單帶過幾乎是不可能的。無論如何，還是有一些普遍性的概念。

正劇[2]

在所有複合類型當中，**悲劇**所使用的手法張力最強。一般來說，所有年代與文化似乎都同意它自始至終是嚴肅的；它處理著人類與超越凡塵世界的力量的關係，這些力量也許是秘密的，在絕非一般平庸之輩的某人物之內運

2 譯註：原文：serious drama，直譯是「嚴肅戲劇」，華人劇場譯為「正劇」。李恕基：「正劇（serious play），戲劇主要體裁之一。又稱悲喜劇，是在悲劇與喜劇之後形成的第三種戲劇體裁。關於正劇的形成，從古希臘到17世紀古典主義時期，一般只承認悲劇和喜劇兩種體裁，其界限十分嚴格，彼此不能混淆。實際上莎士比亞的很多劇作往往兼有悲劇和喜劇的成分，有些劇目甚至很難歸入這兩種體裁。到18世紀，法國有些劇作家曾對戲劇體裁進行突破與交叉實驗，並創作了一些流淚喜劇。1757年狄德羅寫了《私生子》，並在《和多華爾的三次談話》（即《關於〈私生子〉的談話》）中，第一次闡明了建立嚴肅劇（又譯為嚴肅喜劇即後世的正劇）這一特殊體裁的主張。他認為：『嚴肅劇處在其他兩個戲劇種類之間，左右逢源，可上可下，這就是它優越的地方。』他在談到嚴肅劇與悲劇、喜劇的界限時說：『決定一齣戲是喜劇、嚴肅劇還是悲劇的因素，往往並不在於主題而在於戲的格調、人物的感情、性格和戲劇的宗旨。』他還認為，由於嚴肅劇處於『兩個極端類型的戲劇種類之間，沒有它們那種強烈的色彩，我們就絕對不應該忽略能給予嚴肅劇以力量的那些因素。』這些因素包括：『題材必須是重要的；劇情要簡單和帶有家庭性質，而且一定要和現實生活很接近。』」李恕基：〈正劇〉，收於《中國大百科全書——戲劇》（北京・上海：中國大百科全書出版社，1989年）。頁507-508。

作著，此人通常有很高的社會地位，做了一個劇烈改變他個人生活的發現，往往招致死亡。此外，此人**通常**（但不會總是）由於外在力量而去面對自我認知；這個發現的結果影響他生活中所有最親近的角色，但僅有這個人有極大的勇氣去面對命運。很重要的是，這種刻劃方式會很強烈地感動觀眾，使得觀眾同情她或他所受到的苦難折磨，同時懼怕同樣的事情會降臨在自己身上。再者，這些劇作使用的語言超越日常生活用語，經常是韻文。

悲劇是關於暴力和苦難。是這些面向使悲劇在劇場中引人入勝，因為它能帶領我們到達生命經驗的懸崖最邊緣。我們在一生之中都會經歷或多或少的苦難，甚至可能有過觸及暴力的經驗，但絕少有人體驗過像悲劇英雄那樣的遭遇。然而，我們認同那是有可能發生的，就是這樣的可能性讓悲劇具有全然的可信度。

把暴力獨立出來，是我們瞭解這類戲劇的關鍵，我們可以從情節高潮處往前推，更容易發現究竟為何導致這些境地。**凸顯暴力是導演的目標，由於透過其展示的非常力量，觀眾得以體驗事件後果的強烈情緒。偉大的戲劇總是關於生活中的劇烈激情——維護正直的慾望凌駕在其他慾望之上**。所以，縱使你已洞悉暴力是什麼、瞭解它的前因後果，在舞臺上營造悲劇感依舊相當困難。

今天，由於強調的重點與古典形式不同，要把當代的戲劇標籤為悲劇，問題重重。**正劇**，或者**一齣戲劇**似乎是比較適切的描述，因為它的內容並不造作，或許還帶有些許幽默。今天的戲劇，主角與他自己，或與其他人或與社會中的群體發生衝突，但並非希臘人所寫的超乎人類存在的力量。雖然劇情可能不是結束在主角終於認清了自己的弱點，它仍舊包含了與傳統悲劇相同的元素：英雄崇高的氣節，使他處於一個若不有所作為就會斃命（do-or-die）的處境，在主角揭開重大發現的過程中，同時也正經歷著暴力。**只有當你對正劇進行鉅細靡遺的劇本分析，你才能明白為何它是如此嚴肅，對觀看它的觀眾有何影響**。你對正劇的感知能力，以及將其在舞臺上搬演所表現的張力，將在你的導演技藝留下印記，因為，試圖製作正劇，對任何導演必定是智力和情感的挑戰。

習作

1. 易卜生的《群鬼》是悲劇嗎？請闡明。
2. 悲劇英雄是什麼？
3. 討論正劇非常具有啟發性，在課堂中，盡可能投入時間將它的複雜性推敲出來。可能的話，每個人應該要選擇一部正劇劇本進行分析，並聚焦在是什麼使它嚴肅。
4. 亞瑟・米勒的《我的兒子們》（*All My Sons*）、《推銷員之死》、《橋上一瞥》以及《考驗》，當中的主要角色都死了，這些劇本也都是悲劇嗎？是或者不是的原因為何？

通俗劇

至今約莫兩個世紀，**通俗劇**（melodrama）一詞，用來指稱那些劇場性的「活動」主宰了戲劇動作的戲劇。這些活動使得戲劇動作更淺顯易懂，卻也減少了角色的發展。這類戲劇很大程度上仰賴外在刺激，因其危險程度既高又明顯，很能夠抓住觀眾。從最早開始使用這個名稱起，**通俗劇**的意思就是「由激動人心的音樂來支持和增強的戲劇」。古典悲劇同樣也有音樂，但悲劇中的音樂是對劇情有重大意義的歌隊合唱曲，而不僅僅是激起與舞臺活動相呼應的情緒。

且從十九世紀簡稱「情節劇」（mellers）中的滑稽表演來看待通俗劇；惡棍操作著圓鋸，女主角在原木輸送帶上正朝著鋸子的方向前進，如果因此以為這是複合類型戲劇，那將是嚴重謬誤。因此，**角色通俗劇**（character melodrama）這個術語常被使用，一來意味著它是具有水準的佳作，同時也界定出一個不屬於正劇或悲劇的範疇，縱使劇中的氛圍相當嚴肅。它們不足以被稱之為悲劇，因為戲劇動作總是關於個人對個人的日常生活事務：與悲劇一樣，主角必須戰勝反面角色，卻是為了淺薄的利益或認同，金錢、財產、捍衛法律等。雖然這類戲劇涉及角色的心理層面，但沒有深入到足夠成為對生活的深刻理解，反之，他們操弄人們個人的安全感、成見（人們會去摧毀那些我們不瞭解的事物）、病態的好奇心、道德標準，以及我們為了打發每天了無新意的生活所尋求的刺激。在電視上看到的很多戲劇節目，都是屬於通俗劇。

導演若要在正劇中指導激烈的活動、有時煽情誇張的情景，必須學會精密的通俗劇搬演技藝。因而，導演要養成把所有戲劇看成通俗劇的習慣，就是要看看當中的刺激是如何被建立、達到了何種程度。沒有這種傳遞外在危機的技巧，導演永遠不會知道如何深刻的投射靜謐的內在危機，並且巧妙的嵌入正劇。通俗劇的節奏和調性是瞭解在劇場中何謂**劇場性**——高度的個人（觀眾）危機——最佳途徑。所以，在嘗試執導極其嚴肅的作品前，先獲取執導通俗劇的經驗，對你來說不是一件壞事。

習作

1. 有時候《海達・蓋伯樂》會被歸類為通俗劇，原因為何？請小心，不要貶低劇本已經刻劃的角色。
2. 為什麼《馬克白》被貼上通俗劇式的悲劇之標籤？
3. 山姆・謝普的《烈火家園》（*Curse of the Starving Class*）的通俗劇特性為何？田納西・威廉斯《青春浪子》（*Sweet Bird of Youth*）或《奧菲斯的沉淪》（*Orpheus Descending*）呢？
4. 自選一部通俗劇作品進行書面分析，證明它是一齣通俗劇，或者分析它是如何妥善運用這個形式。以下是一些適合的作品推薦：《退休女士》（*Ladies in Retirement*）、《貓和金絲雀》（*The Cat and the Canary*）、《犀牛》（*Rhinoceros*）、《動物園故事》（*The Zoo Story*）。

喜劇

對年輕導演來說，所有複合形式當中，最難以理解的就是喜劇（comedy）。正劇比較在於感覺而多過於用腦，雖然深刻的體悟需要深刻的經驗來營造，年輕的導演和年輕的演員仍比較能夠根據他們在生活中的感性經驗去理解這種形式。**相反的，喜劇比較用腦而不是靠感覺**。要發現笑話有趣，必須先意會出這個笑話中所表現出來的不協調：它之所以好笑是因為A

和B不一致；但是，我們必須密切地瞭解A和B，才能注意到他們之間的不一致。

導演不時需要面對的一個事實是，**為了讓觀眾發笑，演員和導演自己必須先懂得這些笑話**。從這個意義上來講，即使演員具有高度投射喜劇思想的能力，從而使觀眾更容易理解，但喜劇不僅需要導演和演員在這方面更為成熟，也需要觀眾在這方面相對的成熟度；在劇本上看來朦朧隱晦的，到了能用技藝彰顯其不協調的演員手中，才能顯得清楚明白且滑稽可笑。

雖然喜劇有不同的層次，從幽默（觀眾**喜歡**那些陷入困境的角色且和他或她一同笑） 到譏諷 （觀眾客觀地密切觀看陷入困境的角色，通常是不喜歡且取笑他或她），喜劇作為一種複合類型，在戲劇形式的基本要素中具有特定的、可識別的重點。一齣好喜劇把重點放在一個角色身上，這個角色被簡化了，因此我們很輕易可以看出來這角色在其他角色眼裡，看來像個傻瓜的扭曲之處。我們可以領會他們，亦即，如果我們瞭解這喜劇中反映的、所謂被社會公認是正常的行為。所以，規範、常態，對於理解喜劇非常重要。在喜劇裡，戲劇動作是由一系列事件組成，這些接踵而至的事件，揭示了這愚昧的角色總是表現一再重複的扭曲，在公認的正常行為上之一貫的變調。因此，喜劇的趣味，通常是由其他角色對主角「持續的愚蠢行為」的反應組成，直到他終於發現自己有多麼扭曲；或是更常見的，其他角色一致認為，要他面對現實是冷酷無情的一件事。從這個角度來說，喜劇是一種社會水平測量儀，因它顯現了合乎常態或低於常態的人們被自己的愚昧所困。它基於這樣一個原則：沒有人知道他或她真正是什麼，人們看不到自己真正的鏡像，而只是看到他們想看到的。

因此，喜劇製造笑料的基礎是角色的扭曲行為——角色對自己行為的盲點。如果引導觀眾去同情角色的作為，喜劇可以很溫和，但當他得不到同情被嘲笑時，喜劇會很殘酷。

這類型劇作背後的理念，都是關於一個人如何調整以適應他或她所生活的社會模式。既定情境對於喜劇的建立是很重要的一部分，因為在一個社會群體限制下很有趣的內容，在另一個環境裡可能一點都不有趣。從莎士比亞的《無事生非》（*Much Ado About Nothing*）到莫里哀、謝雷登

（Sheridan）、蕭伯納、諾維・考沃（Noel Coward）和愛德華・阿爾比的《誰怕維吉尼亞伍爾芙？》，婚姻內外諷刺意味濃厚的兩性衝突是支撐喜劇的主要力量。在美國，1960年代以後，對話和思想的喜劇日漸稀少，僅在尼爾・賽門（Neil Simon）、伍迪・艾倫（Woody Allen）、A. R. 葛尼（A. R. Gurney）、約翰・圭爾（John Guare）和少數其他劇作家作品中還能看到。過往的手法在電影中還是奏效，像是《安妮霍爾》（*Annie Hall*），或是更後來的《愛・從心開始》（*Last Chance Harvey*）[3]。然而，在劇場，也許是因為婚姻的概念已經不同於以往，加上劇作家不再依此模式寫作，喜劇少見了。不過，某些喜劇概念仍占有一席之地：女人是有常識的造物，男人則是在泰半由他們自己製造出來的世界裡扭曲的生物；在他們看起來無比合乎邏輯且相當正確的，實際上是扭曲的根源。

對話在喜劇裡被賦予重要的強調。在高喜劇（high comedy）[4]裡，有最聰明最機智的對話。語言不僅是戲劇行動的傳遞者，它本身就是一種欣喜，一種娛樂。人們喜愛玩文字遊戲，因為我們都使用語言，但我們沒有能耐把它用很有趣的方式組合起來。導演學子理解喜劇文本是必要的，對潛臺詞之仔細關注尤其至關重要，因為真正有趣的是在那裡面。如同其他形式，喜劇仍是關乎戲劇動作的。

對導演，從理論的觀點獲取的喜劇知識非常有價值，因你遲早都會面對這種複合型戲劇。在眾多寶貴的原則裡，其中有一項若不知道會帶來麻煩，就是：**喜劇裡的角色，對一己觀點都是極度嚴肅的，而主要的傻瓜就是當中最認真的一個**。人們笑話喜劇中的角色，因為他們是這麼的執著。年輕的導演將會明白，喜劇演員並不假裝可笑，而是他們已這麼捲入他們所扮演的扭曲，這些扭曲的每一個面向都讓人信服。**因此，優秀的喜劇演員不嘲笑他們所扮演的角色而是成為這些角色，這樣，觀眾得以笑的更開懷**。演員扮演喜

[3] 譯註：《愛・從心開始》，2008年英美喜劇電影，由喬爾・霍普金斯（Joel Hopkins）編導，達斯汀・霍夫曼（Dustin Hoffman）和艾瑪・湯普遜（Emma Thompson）主演。

[4] 譯註：高喜劇是一種以詼諧機智的對話諷刺或批評文化、政治、社會、生活等為特色的喜劇。

劇角色時，若是故意展示他或她發現這個角色有多可笑，通常觀眾是不會感到可笑的。

所以，執導喜劇，弄清楚到底什麼可笑，然後張力十足地演出戲劇動作。在生活中，當我們覺察到不協調時，就是喜劇時刻了，在舞臺上亦然。

習作

1. 以下的各部劇作是喜劇嗎？請解釋是或不是的原因。
   a. 莫里哀：《塔圖弗》
   b. 蕭伯納：《人與超人》
   c. 丘吉爾：《九重天》（*Cloud 9*）
   d. 沃瑟斯坦（Wasserstein）：《海蒂紀事》（*The Heidi Chronicles*）
   e. 尼爾・賽門（Neil Simon）：《天生冤家》（*The Odd Couple*）
2. 分析一個你最近聽過的笑話，探究好笑的原因是什麼。
3. 以同樣的方式分析一齣電視情境喜劇。
4. 選擇一齣喜劇進行詳細的分析，引介出所有可證明那是一齣喜劇之處。

鬧劇

就像通俗劇是淡化的正劇，鬧劇（farce）是淡化的喜劇。和通俗劇一樣，主導這類型劇作的基本元素已被簡化，且強調的重點轉移到外顯面向。一如悲劇當中某些情境會被通俗劇採用，來增強實體之具相興味（莎士比亞的《馬克白》就是個很好的例子），喜劇當中的情境也會被鬧劇用來強化具相。

鬧劇通常塞滿搞笑的情境和事務，因強調的是簡單化的角色、機巧涉入、肢體演示。在電視圈，這樣的戲劇被稱作**情境喜劇**（situation comedies, sitcoms）。雖然角色因在生活中顯得扭曲而接近喜劇的領域，他們趨向低於常態，更膚淺，更像個被操縱的傀儡。確實如此，他們是如此認真看待生活，而且只管自己眼前的道路看不到其他的，所以人們覺得他們很可笑。鬧劇中絕妙的例子，是膠卷電影裡的勞萊與哈臺（Laurel and Hardy）兩個角色，他們智力低於一般人，兩人都笨手笨腳，都持重嚴肅，都勤奮工作，但每一步都以失敗告終。人們從他們的滑稽行為裡看到自己，因為我們在日常生活中或多或少都有相同問題；然而同時，我們能夠笑著同情那些角色，不僅因為他們是低於常態的個體而這點會帶給我們優越感，也因為我們是有距離地觀看，且是在非常特定的方式下被引導僅去看到某些事物。

鬧劇因簡化了結構性元素而呈現出誇張的樣態，不過我們還是很容易看見且辨認出角色和行動裡的不協調，因為演員用非常清楚的方式向我們展現它。閱讀書面的悲劇和喜劇能獲得相當程度的回饋，但鬧劇需仰賴表演賦予它特有的生命力，因為最趣味盎然的時刻，可能是和舞臺機關、道具互動或是和其他角色肢體碰觸時。偶爾，鬧劇會把語言作為主要強調的重點之一，在這種情況，趣味仍是在表演裡，由於演員對「說出臺詞的時間點」之敏感度製造了笑料。

在今天，舞臺上精彩的鬧劇已不多見，電影和電視更能呈現出鬧劇的巧妙設計（想想看《哈啦瑪莉》〔*Something about Mary*〕和《忘掉負心女》〔*Forgetting Sarah Marshall*〕）。但無論你是從鬧劇的哪個部分汲取戲劇的寶貴知識，只要能好好理解這種複合類型，**就能增強執導更高的形式——喜劇——的具相能力**。工作喜劇時，傻瓜是傻瓜，一齣精彩的鬧劇時刻依然是在品味以及角色的臺詞裡，那些能引領觀眾清楚理解角色對這世界的認知障礙的時刻。鬧劇許是較次要的喜劇形式，但它能帶領觀眾進入圍繞著滑稽時刻的詭異幻想境域中，從而激起觀眾直率明確的笑聲。儘管只是片刻，觀眾就是從現實世界脫離出來了，且被引導去相信那些滑稽角色存活的稀有世界。

習作

1. 闡述以下劇作的滑稽之處：
   a.王爾德：《不可兒戲》（*The Importance of Being Earnest*）；這部劇作是喜劇還是鬧劇？
   b.佛萊恩（Frayn）：《大家安靜》；這部劇作是喜劇還是鬧劇？
   c.費多－大衛・艾夫士（Feydeau-David Ives）：《耳朵裡的跳蚤》。

d.尤涅斯柯：《禿頭女高音》。

e.圭爾：《藍葉之屋》。

f. 你最近看的一部情境喜劇。

2. 為什麼《仲夏夜之夢》中，「皮樂默思與席絲比」（Pyramus and Thisbe）的劇情屬於鬧劇？
3. 貝克特的《快樂時光》是鬧劇嗎？是或者不是的原因為何？
4. 針對一部你認為是鬧劇的劇作進行書面分析，試著從結構去證明它是鬧劇。

其他複合型戲劇

儘管有著各式各樣的名稱用來描述其他的複合型戲劇，例如**悲喜劇**（tragicomedy）、**荒誕喜劇**（absurdist comedy）、**黑色喜劇**（black comedy）等等，但它們的意圖是跨越前面所描述的主要類型，在重新安排強調重點後，用來形容新的複合形式。充其量，這些標籤僅是用來描述而已。一旦你理解了複合型戲劇的本質，以及主要幾個類型是如何構築出來的，你就會明白要精確地分辨它們是哪個類型，是一項永無止境的工作，因為複合形式的組合有太多可能性了。比如，正劇當中也可能包含了喜劇性時刻，而同樣的，喜劇之中也可能有嚴肅的時刻（像是《哈姆雷特》的第二幕第二場，波洛尼厄斯〔Polonius〕的談話）。**僅有少數劇本會符合單純形式的嚴格界定，所有的標籤都包含一定程度對重點混合的重新調整**。導演經常要處理特定的劇本，而且分門別類只是抽象的概念，如果你能夠將這點謹記在心，就不會認為「唯有將它們正確的歸類」才算是理解它們，從而導致陷入給劇作類型貼標籤的危險陷阱。你還必須記住，當劇作家突破複合形式狹隘的窠臼時，戲劇就產生了變化。

習作

1. 從以下劇作中（或是指導老師提供的劇作），選出一部來闡述它符合哪些複合形式的要素：

a. 莎士比亞：《無事生非》

b. 莫里哀：《憤世者》
c. 契訶夫：《櫻桃園》
d. 辛・奧凱西（Sean O' Casey）：《朱諾和孔雀》（*Juno and the Paycock*）
e. 尤涅斯柯：《犀牛》
f. 蘇珊－羅莉・帕克絲（Susan-Lori Parks）：《升天犬／落水犬》
g. 馬丁・麥多納（Martin McDonagh）：《誰殺了少尉的貓》（*The Lieutenant of Inishmore*）
h. 史蒂芬・艾德利・古里吉斯（Stephen Adly Guirgis）：《猶大最後的日子》
i. 崔西・雷慈（Tracy Letts）：《八月心風暴》（*August: Osage County*）

2. 列出你能夠想到的，同時橫跨了兩種純粹形式的現代劇目，越多越好。為何現代該種劇目如此的多？

瞭解劇作家和他們的背景

於企圖理解眾多有關歷史的戲劇時，若僅仰賴史料，將會是危險的，因為劇作家並非要書寫歷史，而是用它作為背景。然而，歷史知識——包括我們自己的時代——是導演非常必要的工具。

美國一位知名的劇評家曾經指出，自1920 年代以降，如果不具備對馬克思主義哲學（Marxist philosophy）和從其而發生的所有勢力之鮮明理解，他無法理解導演們如何導戲、戲劇批評家們如何寫劇評。雖然他本人不是馬克思主義者，但他認為相關的政治思想，無論是認同還是否定馬克思主義，已於現代戲劇中無所不在，導演或批評家很容易忽略這點，除非他是相當政治導向的。在這個表述裡，劇評家意謂，一個導演如果未能充分瞭解該劇本寫作年代的歷史背景，就無法將歷史性的戲劇修改或改編到現代。瞭解一個作家對所採用的歷史事實之偏見或不具偏見，能告訴我們諸多他在這齣戲劇會採取的個人導向。

所以，一個導演在某方面必須是個學者。姑且不管怎樣稱謂，導演對他執導的戲劇的背景，肯定是要下大功夫深入鑽研獲得理解。倘若劇作家健在且願意協助，背景問題很容易在相互討論中解決；不然，導演就要進行大量調查工作。瞭解一位作者以及他對歷史的認知、以及劇作的歷史背景，就是去理解塑造作者風格成形的環境。**因此，傳記和歷史就成了導演不可或缺的利器。**

以傳記作為資料來源

因為劇作家通常會書寫感覺最強烈的事物，所以研究生平有時能發掘出劇作家人生當中與劇作相關的信息。要認識劇作家尚・惹內（Jean Genet），就必須知道惹內是一個竊賊、一個被定罪和判刑的罪犯、一個被追捕且焦慮的人以及是個同性戀。當你有興趣想要執導尤金・奧尼爾、山姆・謝普、富加德、奧古斯都・威爾遜、莎拉・肯恩以及其他諸多劇作家的作品時，藉其傳記來理解，一樣是必要的。

當然，我們也可能會被傳記誤導，因為從根本上來說，那是對某個人一生的一種詮釋，或是傳記作家所認為的。同樣的，自傳要成為可靠的資訊來源也有一定的風險。你應該留意，傳記可能對主體採用了某種文學精神分析的方法，用來凸顯傳記主人翁的人生與其作品的關聯性。這種做法能否提供精闢的洞察力，端看傳記作者寫作手法和學識的高低。無論如何，你需仔細閱讀所有背景資料，同時運用你一己邏輯判斷，去阻絕在任何研究裡都會出現的神話製造或形象塑造，如此，才能挖掘出對身為導演的你有幫助的資料。

傳記最直接的功用也許是關於某位劇作家創作的背景。如果一位傳記作家的工作做得很好，不僅揭示了該位作家生活與作品所處的社會、經濟、政治和宗教世界，也讓我們知道劇作家如何直接參與劇場以外的事物。劇作家是公眾人物，因而，他們的人際關係和投身的事務，都會顯現他們獨特的作為。於是乎，他們所寫的劇場作品也許會和他們的社會參與有很密切的連結。這種交互作用在二十世紀的戲劇家身上最為明顯；不過，隨著認識越來越多的歷史人物——莫里哀或羅培・德・維加——我們看到他們寫作的動力也是來自他們生活的個人和公眾情境。

當導演就是要對人類懷有高度好奇心。導演不僅是對即將從劇本搬上舞臺的想像角色有興趣，同時也對他／她工作最緊密的夥伴——劇作家——生命中透露真情的時刻極為敏感。

作為資料來源的歷史

有必要再次指出，導演尋求劇本所寫的歷史背景有時會誤導觀眾，但只要謹慎運用，對導演瞭解劇本幫助是很大的。在回顧歷史時，有兩個面向導演必須要斟酌和釐清。一個是**今時今日**導演所認定的史實是什麼？另一個則是**寫作劇本當時**劇作家認定的史實又是什麼？這兩種觀點可能產生分歧相互矛盾，無論如何，導演必須清楚的分辨兩者的差異。

考據歷史背景最安全的方法就是閱讀同年代（劇作家生活的年代）或是劇本中所涉及的事件之早些時候的敘述——劇作家可能參考的資料。這樣，導演能夠更容易看見是什麼影響劇作家對於歷史事件的解讀，他先入為主的成見也能夠被看見。舉例來說，如果導演瞭解葛史密斯（Goldsmith）對歷史最直接的觀感、也瞭解他對於筆下十八世紀末葉社會所發生的變革的感受——一個階級社會對抗著起源於逐漸萌芽的民主思潮、具革命性思想的人文主義，他的《屈身求愛》，就更能鮮明地解讀了。這劇中有許多臺詞，如果想要以力量、清晰和幽默打動今天的觀眾，必須根據十八世紀的思想和感覺去詮釋。同樣的，如果你試著去找出為何羅培・德・維加的《羊泉村》充滿了我們所謂的民主情懷，關於這個作品你就會瞭解得更多。或是如果你自問：「關於馬羅的《浮士德博士》，為何他如此憤怒？為何他對羅馬教會如此憤慨？」或是有關蕭伯納的《人與超人》，你提問：「傑克・坦納（Jack Tanner）和史崔克（Straker）的政治哲學有何差異？」或是布萊希特的《勇氣母親和她的孩子》，你問道：「為了使劇本契合1940年代慘遭戰火蹂躪的歐洲，他扭曲了史實嗎？」[5]或是約翰・奧斯本的《憤怒回顧》，你問：

---

[5] 譯註：《勇氣母親和她的孩子》是1949年東德柏林劇團上演的第一個劇目，胡耀恆：「希特勒攻擊波蘭那年（1939），布萊希特義憤填膺，立即編寫本劇，以一個多月時間完成，抨擊納粹主義和法西斯主義。他依循史詩劇場『歷史化』的原則，將劇情放置在三十年戰爭（1618-48）期間。」見胡耀恆：《西方戲劇史》（下）（台北：三民），頁641。

「當奧斯本在1950年代中葉寫這劇本時，是什麼讓他這麼怒不可遏？」或是莎士比亞的《亨利六世》（*Henry VI*），你問：「除了傳聞之外，他對聖女貞德（Joan of Arc）還知道些什麼？」或者是東尼・庫許納（Tony Kushner）的《美國天使》，如果你問道：「在美國1980年代雷根執政時期，是什麼對這位劇作家產生這麼大的影響？」

無論這些探究會把導演你帶到何處，務必謹記在心的是，你的意圖不是把你自己對歷史的詮釋注入一齣戲中，而是更清楚作者對他所使用的背景的感思。**目的不是去揭發作者在歷史事實中的錯誤**，儘管這可能讓人很想揭露，**而是要充分去理解，作者在他講述這個故事的歷史背景中，發現了何種戲劇性且令人興奮的人性願景**。戲劇大部分是關於歷史事件的周遭情境，要更清楚地看見邊緣，就需先理解核心。**導演不是實質上的歷史學家或考古學家，但須對歷史以及它在劇作裡的作用具有敏銳生動的體察**。

劇作家的其他作品作為原始資源

當你正在執導某齣戲而進行研究時，若你額外研讀了三或四齣該劇作家在大約相同時期寫的劇本，通常能發現該劇作家風格的大部分主要特色。這並非意味該劇作家在內容上有所重複（雖然這種情形有時會發生），但因為風格是非常個人的，它確實可以成為劇作家全體作品的內在固有特徵。

因此，我們會說這是「易卜生的劇本」、「契訶夫的劇本」、「蕭伯納的劇本」、「田納西・威廉斯的劇本」、「謝普的劇本」、「丘吉爾的劇本」、「莎拉・肯恩的劇本」，我們用這樣的稱呼來描述每位作家相對應的獨特風格，就像以下這些例子：

- 每位劇作家多半是從某些特定的範疇內選擇主題。
- 設計出來的戲劇動作大致上不是嚴肅就是滑稽，又或者兩者兼具。
- 所描繪的既定情境多半是與某個階級的人有關，且他們抱持著那階級的某種固有態度，並有著大量或極少的先前動作，端看劇作家對於環境影響的強調程度。

- 角色描繪的細緻程度是按戲劇動作來衡量決定。
- 所使用的對話有某種特定的、個人的印記，因為就算是有意識的用某種技巧布局，對話始終是劇作家自我潛意識的展現。
- 從所有這些特定手法所產生的氛圍和節奏會烙印別具一格的標記，就像作曲家的作品具有的特色和辨識度一樣。

藉由更仔細地觀察這些個人特質中的樣貌，檢視一位作家約莫同一時期寫作的幾部劇本，能夠建立起這位作者作品之概括性風格；從這樣概括的描述，導演能夠將特定的元素運用在正在製作的劇目上。**對比分析是用來定義風格最可靠的方式。如果兩部劇作寫作的時間相當接近**，適用於一部劇本的元素也可能適用於另一部。

因為有些作家的作品橫跨數十年，作者的風格在這當中會有所轉變，因此，寫作時期是非常重要的考量。要瞭解劇作家風格的變化，**必須比較作家不同時期的作品**。以易卜生的劇作為例，他的寫作時間橫跨了半個世紀。想要瞭解他整體作品以及任何一部劇作的定位，必須知道他最早期的劇作可以概括為浪漫歷史劇（romantic-historical dramas）；接著是寓言戲劇詩（allegorical dramatic poems）《布蘭德》（*Brand*）和《皮爾・金特》（*Peer Gynt*）；接著是寫實戲劇，涉及他所熟知的當時社會。到了1880年代末期，這中期風格讓位給了新的富戲劇性的角色——象徵主義，而最後的幾個劇本的風格，有些劇評家稱為「表現主義式」，或「原始－表現主義式的」（proto-expressionistic）。因此，只用《玩偶之家》（*A Doll's House*）或《國民公敵》（*An Enemy of the People*）來定義易卜生的寫作風格是不對的。或許我們能將契訶夫的所有劇作歸類為同一種風格，因為它們是在極為相近的時期寫作完成的，雖然觀察力敏銳的學者於研究他的作品時，仍可分別他早期和後期作品的差異。

劇作家是有意識地尋求新方法，因而產生了新風格來表現他們自己嗎？就像我們所有人一樣，劇作家深受真實世界影響，如果他們不隨時代變動才真是怪事。**從這個意義上，這是藝術的真諦：在我們存活的時代背景裡，對人類經驗的新鮮揭示**。當我們說某位作家的戲劇反映了社會現實時，我們的意思是，這位作家找到一個獨特的方式——他或她的風格——告訴觀眾關於他們自己的事，這樣，他們可以清楚看見自己非出於自願地被迫去看和去聽的。經由研究，我們也可以看清楚這個社會。

導演越熟悉劇作家其他體裁的作品——像是詩歌或小說——就越容易辨識劇作家的風格。劇作家的戲劇理論和編劇的習作也具有特別的價值。與大多數工作中的藝術家一樣，劇作家通常拒絕告訴我們他們是如何創作劇本的，因為他們認識到創造性藝術是主觀的，而揭示自己的創作過程即使不是不可能，也是極其困難的。不過，當他們撰寫評論時，像班・強生（Ben Jonson）、羅培・德・維加、莫里哀、雨果、蕭伯納、契訶夫、亞瑟・米勒、田納西・威廉斯等等，當你打算製作他們的戲時，必須非常用心聆聽，因為那些他們非說不可的，對劇本都很重要。

譯文和改編的風格

譯文是一部戲劇文本從一種語言轉移到另一種語言的成品，譯者在翻譯譯文[6]時挹注心力在所**譯成的**語言中精確挑字選詞。譯文是由同時精通**原文語言**和**所譯成的語言**這兩種語言的專家來完成。**改編**，從另一方面來看，可能是較不嚴密地將文本從一種語言轉嫁到另一種語言，也可能是由某人士（有時是劇本工作者）執筆，此人懂得劇本原文或稍微懂一點——不懂原文而完全仰賴譯本的比例比較少。「改編」的概念，比起把作品帶進入第二種語言，是一種「更為確實」的轉化行動，改編者把劇本當作**劇場**作品而非**文學**作品來看待。把作品從一種語言轉換成另一種，其中一部分的挑戰，是它涉入眾多其他因素，而不「僅是」語言本身。它包含對劇本寫作當時的社會和文化（也許還有時代背景）的敏銳瞭解。顯而易見的，這兩種處理流程會因為意圖的差異，最後完成的文本也會不同。但是，絕對不要認為，某種被需要的方法就永遠比其他方法高超。每一種方法都有傑出的例證，對你存疑

6 「譯文」（translation）一詞指的是這類文學活動，而「口譯」（interpretation）一詞在語境裏指的是口語的轉換傳遞，例如高峰會議中各方代表使用不同的語言，現場為總統或外國首相所做的翻譯；相同的區別也適用於「譯者」和「口譯員」。

的版本，在尚未最仔細小心的檢視之前，不該先入為主的設定孰優孰劣。**導演的挑戰就是能夠辨別轉化的品質，無論使用的是哪種轉化方法。**

無論你是在處理翻譯或是改編，感知風格都是最重要的考量，如果你不熟知第一手原著，你會完全受轉換劇本語言者的擺布。由於風格是內含於作品裡的獨特性，那麼，作為一個導演，除非你對劇本所使用的語言有第一手的掌握，或者對譯者或改編者的能力有非常大的信心，否則，怎麼可能知道其獨特性是什麼呢？這些年來，演出製作的這一個層面受到越來越多關注。尤其要緊的是，你不會認為使用一個你自己發想的、東拼西湊的譯本是可行的——從諸多種譯本挑出字彙和句子組成一部你用於製作的「表演版本」。這不僅是對許多作者不公平的侵害，也沒有顧及「風格與基調的一致性」這個重要議題。翻譯和改編是非常複雜的高階文學工程，絕對不能讓你的不熟練或認知不足導致你做出**看似**無害的作為，但實際上是相當有害的，尤其這會對演員、觀眾有巨大的影響，甚至可能會觸犯法律。相反的，你最好集中心力於研究該劇所有可用的譯本和改編，投入其中，就像你為領銜角色尋找飾演人選，或是採用一套服裝或布景的設計。如果在徹底的搜索和研究之後，你仍然不滿意，就該考慮委託專人翻譯，或者另選劇本，直到有一天有合乎你心意可用的譯本出現。

世界變得越來越緊密，我們發現其他語言的劇作也有極高的價值和意趣，**劇場工作者意識到，外語劇本搬上舞臺，不僅需透過語言之轉換，如果要捕捉到劇作家的特色性風格，就必須對作品進行更強力的揭示**。美國劇場的趨勢是偏離譯本，趨向自由改編，不只是當代作品，也包括希臘戲劇和法國古典戲劇。然而，可能有糟糕的改編者，一如有糟糕的翻譯者。實際情形是，有些改編者的工作態度相當隨便，對原作造成很大的傷害。

改編過程十足困難。當麗蓮・海爾曼（Lillian Hellman）為美國舞臺以*The Lark*（《雲雀》）之劇名改編了尚・阿努依（Jean Anouilh）的*L'Alouette*（《雲雀》）後，她說她再也不要涉足改編了，這是她做過最棘手的戲劇構成，毫無自由創作的報償。若想瞭解她所說的那種工作，你必須比較她的改編版和克里斯多福・弗來（Christopher Fry）為倫敦製作的《雲雀》翻譯版。紐約的製作成功了，倫敦的製作卻失敗了。你看出來原因嗎？

尋求外語戲劇的風格，相當程度仰仗特定的翻譯者或改編者對原劇作風格的領悟和辨識。如果兩者之中任一人，都是具有洞察力的劇作家、又是觀照鉅細靡遺且「據實以告」的劇評家，導演就很有可能得到接近原文的風格；如果兩者之中任一位不諳如何轉換劇本，導演用了這樣的譯本或改編本，結果就會像艾略特輕蔑的用詞：「利用原創劇本來『製造虛構』。」

為了貼近外語劇本的原貌，導演應該詳細檢視所有現成的翻譯版本和改編本，就像研讀原文的文本一樣。不同的譯本通常是有幫助的，雖然某些譯本尚不能在舞臺上「搬演」，但它們對改編者遺漏或者更動了什麼提供了線索。在某些製作，導演應該與語言顧問或戲劇顧問一起工作，他們可以建議、幫忙蒐集可靠的不同譯本來比較、解釋譯者或改編者為何選用這樣的詞彙等等。某些新改編作品之能成功，是因為導演在一個文本裡看到了其他翻譯或改編完全錯失的戲劇可能性。至少，從比較與檢視的過程，導演認識了該劇本的力量，更能夠直指其風格特色。**導演於處理外國語言的劇本時，其接近文本的過程，比起自己的母語劇本，需要更多追尋探究**。

這裡應該討論一個很多人感到奇怪的現象，即有些為倫敦舞臺創作的英文劇本，對美國觀眾卻不成功，反之亦然。交流同樣語言的戲劇所遭遇的困難非常清楚地表明了，把戲劇從一種語境轉移到另一種語境製作上演，存在著非常現實的問題。轉移會失敗，只能從「劇本是深深的嵌入且是映照出當地文化的鏡像」這個觀點來看。要全然理解，觀眾必須對該劇本寫作的文化背景有敏銳的認知。

特別是，因為當代戲劇在揭露心理及社會問題時，極其密切地觀照文化環境，除非觀眾能透過在自己的環境有類似情境可以引發共鳴，否則對這齣戲的戲劇動作還是無法敏感對應，僅會停留在表象的層次。這種對情境感受的失敗，同樣也發生在一些政治導向的戲劇上，像是布萊希特的作品，頗讓一部分美國觀眾困惑，因為他們無法體會產生出這些劇本的環境之晦暗程度。同樣的，英國社會的變遷，包括如階級結構的瓦解，對美國觀眾也是非常陌生無法理解的。英國觀眾不時觀賞美國戲劇時，也會遇到類似難以明白的時候，所以這種特定的挑戰是雙向的。

習作

1. 請比較以下的譯本和／或改編：
   a. 索福克里斯的《菲洛帖》（*Philoctetes*）——包含像葛林（Grene）和拉第摩（Lattimore）的標準譯本，以及謝默斯・希尼（Seamus Heaney）改編的《特洛伊的治癒：索福克里斯《菲洛帖》的一種版本》（*The Cure at Troy: A Version of Sophocles' Philoctetes*）。或者你也可以選擇索福克里斯的《安蒂岡妮》，一樣包含各種標準譯本，以及謝默斯・希尼的《底比斯的葬禮》（*The Burial at Thebes*）：索福克里斯《安蒂岡妮》的一種版本，以及布萊希特的《安蒂岡妮》。
   b. 莫里哀的《塔圖弗》——包括理查・威爾博（Richard Wilbur）的韻文譯本，或者是其他以韻文方式翻譯的版本，像是藍吉特・波爾特（Ranjit Bolt）的譯本，以及至少一個散文的翻譯版本。當中的差別是什麼？在表演上和製作上的意義又是什麼？
   c. 易卜生的《玩偶之家》或《群鬼》或《國民公敵》或《海達・蓋伯樂》或《海上婦人》——或是寫實主義中期的任一劇作。若你選擇《國民公敵》，亞瑟・米勒的改編本也能作為對照。若你選擇《海上婦人》，你所面對的就是一個過渡時期的文本，呈現出的氣氛和意象，雖然是劇作家中期的作品，卻能預見接下來劇本的走向。選擇時，務必納入至少一個英國版本（麥可・邁爾〔Michael Mayer〕的版本會是好選擇），以及至少一個美國版本（羅爾夫・菲爾德〔Rolf Fjelde〕的版本會是好選擇）。
   d. 契訶夫的《櫻桃園》，選擇的範圍非常廣，英國與美國的劇作家都有譯本與改編。在四種類型裡，你都可以找到樣本。美國譯本如：邁克・亨利・海姆（Michael Henry Heim）、保羅・施密特（Paul Schmidt）、勞倫斯・塞內利克（Laurence Senelick），這幾位譯者是傑出美國學者與翻譯家，他們的俄國語言和文化學養都很深厚；譯文出自著名劇作家的如大衛・馬密（David Mamet）、尚－克勞德・梵・伊塔利（Jean-Claude van Itallie）。英國方面的譯本，其中之一是康斯坦斯・噶內特（Constance Garnett）二十世紀初期所譯的版本，這點出一個關鍵問題——譯本的年代有關係嗎？你應該考察英國著名劇作家邁可・佛萊恩（他出身於俄國家族）、湯姆・史塔普（Tom Stoppard）和崔佛・葛理菲斯（Trevor

Griffiths）的版本——這些出自戲劇名家的改編作品，有喜劇性的也有政治性的，你從這些改編裡察覺出這些傾向嗎？

（近年加州大學洛杉磯分校做了一個很有價值的實驗，他們把一整個學期全部投入導演《櫻桃園》。每個導演負責劇本裡不同場景，整個班級在他們之間分成25到30個翻譯或改編，每位學員負責表達對其中三或四個版本提出支持或反對的「理由」。在這次第一手（並且實際操作）的經驗後，在這計畫中沒有任何一組的導演或演員會再用同樣的方式來思考關於翻譯的議題。）

e. 阿努依關於聖女貞德的劇本《雲雀》，劇作家克里斯多福・弗來的譯本和麗蓮・海爾曼的改編本《雲雀》。

f. 阿爾比《屋外有花園》和英國劇作家賈爾斯・庫柏（Giles Cooper）的原作，兩者該視為同一部劇作還是兩部不同的劇作？兩者所強調的重點和敘事有何不同？

g. 羅卡（Lorca）和皮藍德婁的劇作似乎在英語世界提出了特別的挑戰。檢視這兩位裡任何一位所有可找到的版本，準備一段口頭報告或書面報告，其中，從導演的觀點敘述與每個版本都有關的議題。

h. 亞倫・艾克鵬（Alan Ayckbourn）早期的劇作《另一半怎個愛法》（*How the Other Half Loves*）同時有原作英文版本和美國版本，雅絲曼娜・雷莎（Yasmina Reza）的《殺戮之神》（*The God of Carnage*）有法國原文版本和美國紐約演出版本。檢視這些劇本並討論其各自的價值。其中一個版本比另一個版本更具說服力嗎？雅絲曼娜・雷莎的說法曾被提出來引用，她說，她通常不願意因為她的某一齣戲劇之製作演出、為了適應該地的文化而改動她的戲劇之地點，但她為《殺戮之神》破了例。 你覺得美國的版本更有說服力嗎？以艾克鵬為例，像他這麼產量豐富又受歡迎的劇作家，如《另一半怎個愛法》這種做法，為什麼在他後期作品未再出現呢？

i. 杜倫瑪特的劇作《拜訪》有派萃克・鮑爾斯（Patrick Bowles）的譯本和墨里斯・瓦倫希（Maurice Valency）的改編本，後者是為二十世紀中葉兩位美國舞臺巨星阿爾佛瑞德・倫特（Alfred Lunt）和琳・方亭（Lynne Fontanne）這對演員夫婦製作的改編版本。用德文撰寫的原著和這兩個版本的差異為何？

導演對劇本風格的分析

這一章涉及我們探討風格的關鍵：如何從導演的觀點對劇本進行風格分析。一旦學會用這方法運作，你再也不會人云亦云地看待劇本，而能洞見其個別性的幽微之處。你將學會從一部劇本與劇作家所有的作品中辨識出特殊的風格元素。你會明白，**導演恆是執導一部獨特的劇本，從來不會是一部普通且一般性的劇本。**

風格分析注意事項

風格分析建立在劇本分析的基石上；這意謂，在你對一部劇本的內容以尋常的方式完成了緊密的分析——劇本分析——之前，你不宜先進行風格分析。你可能會忍不住試著同時進行劇本分析和風格分析，若你那麼做，你會遺漏劇本重要的資訊。如果你把第一項分析（在本書第一篇所陳述的）視為**對內容的研究調查**，而把現在新介紹的分析視為**風格分析**，你就更能明白為何進行第二項分析前，必須先完成第一項。

在此會列出一些進行風格分析時建議注意的項目。當中有很多在前面的章節已經詳細探討過了，所以可以把它視為回顧和總結。有一些新的建議，乍看，似乎還是在劇本分析的範疇，但其實是往劇本的個別性更深的鑽研。如果你想要弄清楚目前進行的工作的層次，對這其間的差異度分別必須很敏銳。

在本章最後的風格分析工作表，請加到第六章結束處「劇本分析工作表」，一併使用，這兩份綱要涵蓋了劇本的形式、內容與風格的所有重點。

劇本之外：創作源起與時代背景

1. 把你所列入考量的某位作者，其劇作的年代以及同時期的其他相關作品與他所有作品的關連標記出來。
2. 透過傳記資料研究作家背景。把劇作家和他／她的時代連結起來，觀照這位作家在一般性的文化和美學模式裡，身為獨立個體的工作樣態。檢視作家的個人生活，試著理解為何在他／她的作品中總是展現某種特色。
3. 研讀同一位作家其他至少三到四部劇作，這些劇本跟主要研究的劇本之創作時間須是接近的。如果該劇作家的創作生涯很長，檢視的作品至少須是主要研究劇本的前後十年之內的。還要研究劇作家的其他文學作品，像是詩、小說、短篇故事、散文，以及，如果可能，該劇作家對自己或他人作品所撰寫的劇評。這種評論很珍貴，因為它們揭示了劇作家書寫劇本的特定意圖，以及這些意圖是否有被實踐。有時劇本的序文會包含這種內視觀點。
4. 仔細檢視所有的版本，或者，如果劇本原始語言是外語，則要研究所有譯本和／或改編版本。詳讀所有對它們的評論，為的是理解編輯、譯者或改編者掌握到什麼。這些介紹文章對劇本結構的各個層面常常含有珍貴的見解，但在你研讀之後，你可以選擇認同它或是忽略它。

譯本和／或改編本**應當就其轉換的劇本寫作技藝是否具有可搬演性來研究**。比較臺詞和言論在文字使用的經濟度、意象和詩意價值、純屬技藝的技術細節如建構臺詞或言論的收尾。用比較的方式檢視現成的譯本或改編本之情緒價值、劇場性，以及所有你認為與劇本相輔相成的戲劇價值。

若你考慮製作英語的歷史劇，你應該要看過所有發行的版本，如果可能，未發行的手稿也值得參考。不是只有劇作家會在發行前修改他們自己的作品，出版社編輯也經常根據他們在何處取得文本而做大幅度的修改。許多劇本——無論歷史劇或現代劇——發行的都是演出版本；亦即，是表演團體實際搬上舞臺演出所使用的版本，因此這些版本必然顯示了要把某部劇本搬上舞臺所做的增加或刪減。從馬羅的《浮士德博士》到法奎的《求婚者的計謀》，再到田納西・威廉斯的《玻璃動物園》，這樣的演出版本遍及許多英語戲劇。唯有透過仔細檢視所有可取得的版本，你才能真正清楚你所研究的是何種文本。這也許會讓你有些困惑到底該怎麼做，但至少能協助你自行判斷、確立風格，而不容易受到外界誤導。

5. 研讀劇本中的歷史脈絡。是什麼促使作者採用這項素材？這些史料能像亞瑟・米勒的《考驗》一樣取得嗎？如果可以，閱讀的同時試著釐清為何史料中的某部分會被劇作家選用，以及為何要這樣運用這些素材。蕭伯納的《聖女貞德》和尚・阿努依的《雲雀》兩者都是講述聖女貞德，大部分也都是從同樣的史料中汲取元素，然而兩者卻截然不同。根據蕭伯納的自述，他的這部劇本是直接演繹歷史。阿努依對歷史則沒有太大興趣，他傾力關注的是，在二戰後混亂困惑的法國背景裡，再現出圍繞著貞德和她的精神、作為法國象徵的神話的詩意本質。麗蓮・海爾曼改編自阿努依的劇本則是第三種版本，一齣通俗劇，告訴了我們作者對1930年代西班牙內戰觀感，多過於對阿努依的劇作或十五世紀歷史脈絡中的貞德。在讀過這些歷史背景之後，你會選擇上述哪種作法呢？

切記，不是要將你個人對歷史的見解寫進劇本。這項研究唯一的目的是盡可能地去瞭解：對於可能會運用到的歷史背景素材，作家的想法與感受是什麼。你的研究方向是去揭開劇作家察覺到的歷史，以及如何運用這些素材構成劇本。

歷史和社會方面的研究在處理各種戲劇時，包括最近的劇本，可能具有重大的價值。人們怎麼生活？作者所反映的現實生活之道德規範是什麼？它們是如何引導人們的行動和舉止？作者把戲劇動作放在何種情境之中？請注意，**許多劇本的戲劇動作是關於對社會加諸行為之既定要求的反抗**。如果身為導演的你對道德、宗教和社會模式有更充滿活力的理解，你就更能洞見必須被推翻的僵化規條。就喜劇而言，除非導演瞭解「使角色在他同時代的人眼中如此荒謬滑稽」的樣板規律是什麼，否則導演如何知道可笑的是什麼呢？

6. 最後，當你完成其他研究，你宜研讀關於此劇本的戲劇評論，其他人的說法如何？這個研習應該在你完成你自己劇本分析之後進行，這樣其他評論才不會干擾你自己的批評觀點。不過遲早，你必須進行比較，即使只是把你自己的結論和他人的詮釋相比。導戲是以力度和決定來陳述一己的詮釋。若在「關鍵性的戰鬥」中把軟弱模糊的看法拋開，而賦予強健的目的與方向，就能在堅實的基礎上前進。一個強韌的導演——這工作的本質擺明投身這志業的人必須是強人——也必須是厲害的批評者，因為導演有必要對相關的詮釋和批評意見有信心並做出決定。

審視劇本內部：內在風格分析

再次提醒，以下列出的建議，是幫助你在分析劇本時發掘劇作家採用基本元素所要**強調的重點。劇本的風格，是從劇作家對最能表達作者思想的元素之特殊運用來決定的**。所有劇本都具有全部的元素，但獨特性來自於對這些元素的特定用法。劇作家會強調其中的某一種元素，因此這部劇作的關鍵層面會是「環境的」、「一部強調角色的作品」、「氛圍為主」、「動作通俗劇」，這些方面的任何組合都有可能。導演可以選擇凸顯劇作家的價值觀，或用其他方式選擇所要強調的。無論你選擇什麼，觀眾必有正面或負面的迴響，所以，這部戲的重點是什麼或導演的詮釋如何，這是至關重要的問題。

既定情境

1. **環境事實**　作家描寫的是社會哪一個階層，底層、中層還是上層？作家很關心當時的政治或宗教背景嗎？大環境形塑出怎麼樣的風俗民情？作者讓這些社會風俗影響角色多深？外在環境是作者假設出來的（如《哈姆雷特》的宮廷），還是作者具體探究且用心的描繪大量細節（如易卜生《群鬼》中的小鎮生活，或是古里吉斯《在阿拉伯我們都能當國王》〔*In*

Arabia We'd All Be Kings〕裡的都會風情）？

2.**先前動作**　作家用了最少的先前動作來呈現故事嗎（《馬克白》、《微妙的平衡》〔*A Delicate Balance*〕、《歸家》）？還是必須大量地使用先前動作（《海達・蓋伯樂》）？劇作家設計的故事開端是哪裡？是劇情開始前不久，好讓所有事件清楚呈現（《哈姆雷特》），還是就在最終重大發現之前不久，已走向尾聲（《伊底帕斯王》、《誰怕維吉尼亞・伍爾芙》、《熱鐵皮屋頂上的貓》）？與二十世紀上半葉易卜生和其他寫實主義作家處理的方式比較，大概從1960年代開始，劇本裡的先前動作被減到最低度。非寫實主義傾向行動的開展而不是心理發展，故認為先前動作是瑣碎的。（《計算機》、《我們的小鎮》〔*Our Town*〕）。

3.**態度導向**　這是風格當中最重要的元素，因為**劇作家筆下的角色對於周遭環境所抱持的觀點，反而會告訴我們在作品當中，這位作者反映了「什麼是他認為社會中重要的現實」，從中發展出整部劇本的戲劇動作**。所有的戲劇皆是某種反抗，都是關於一個角色要推翻、還是屈服束縛他／她的壓制。因此，就如在第3章所論述的，劇本開端對情境的態度，設定了主要角色的起始點（或可考慮是兩個主要角色），這個初始態度會隨著戲劇動作的推展而產生變化，產生新的態度，於是在劇終時有了一個新的觀點。劇情就在兩個端點之間發生。**風格也許會被作者所設定的起迄點揭示出來，**從這些設定如何被賦予特色不落俗套，因而具有感動觀眾的潛力。劇作家希望觀眾體驗的會在導向架構中展露無遺。因為起始點會引發行動，作者選擇什麼樣的起始點，會顯現出對風格的觀點。

對白

作家處理對白的方式揭示了風格的外在形象；因為對白同樣包含了戲劇動作，用最嚴謹的態度審視這項基本要素絕對是必要的。與第一篇中概述的一般研究同時進行的，是**那些承載作家個人感觸的臺詞發展的特質**，導演應當特別觀照：

1.尋找特定選用的字眼，注意重複出現的詞彙，它們可能蘊含強烈的情緒或者象徵性的意義。
2.尋找慣用語的選擇，尤其當劇本是寫實風格，並且所講的話是要複製出某種方言時。劇作家有使用關鍵的語句來呈現出特定角色慣用的語言方式嗎？
3.尋找字裡行間作家運用意象所寫下含有詩意的弦外之音。意象的編排有多細緻？出現的頻率如何？
4.作為戲劇動作載體的對白夠精煉嗎？它提供給表演多大的空間？還是它更偏向文學？
5.劇作家傾向於文本主導，還是劇本更著重在潛臺詞的強力闡釋（蕭伯納和品特的對比）？
6.如果臺詞是詩的形式，韻律是以何種方式呈現？以詩的形式寫作的希臘悲劇和莎士比亞的劇本、英國詹姆斯一世時期的劇作、莫里哀，甚至是一些現代作家的劇本，由於是詩的形式，都需要特別處理。你對這種風格的感知能力夠敏銳嗎？
7.重讀並再度研究第3章〈對話：劇本的基礎和表面〉，以確定著實理解對白的本質了。

戲劇動作

在繼續往下進行之前，你必須要先確定你已經明白了第4章中所探討的戲劇動作基本特性，然後詳閱以下事項：

1.戲劇動作有多複雜？（在亞里斯多德的定義中）它是屬於單純的還是複雜的？（《哈姆雷特》對比《勇氣母親和她的孩子》）劇作家寫作劇本時，是圍繞一系列極為單純的動作發展，還是受多重事件影響的兩方人馬（雙線情節布局〔double plot〕）？他們偶有關連，但在劇情最後的合成時一定會被聚集（《亨利四世》上集）？
2.劇作家如何處理時間和地點？
3.這是誰的戲？當一齣戲裡有兩個到三個戲份很重的角色時，唯在深度鑽研後，你才可能確定這個問題的答案。**必須有一個角色居主導地位**。決定哪一個角色是主角是重要的，作者的風格將因這些角色被細心處理並用心刻畫而彰顯出來。

4.戲劇動作是什麼**類型**？這是風格的基準點。作者撰寫的是哪種正劇或是喜劇？如果是喜劇，作家特別處理了對白嗎？在情境方面呢？在諷刺方面呢？對白是洋溢年輕人的任性還是充滿成年人的愚昧？劇作家是一位諷刺作家嗎？若是你用戲劇的類型來區分作家，就更能夠精確的釐清風格，因為你能夠去比較這位劇作家與其他劇作家手法之異同。

5.風格的主要樣貌取決於劇作家選擇在舞臺上表現出的戲劇動作。我們說戲劇是在展現那些奇特的、不尋常的、超乎常理的，但我們用這些詞彙所表達的意涵可能是相當不同的。我們會把那些在真實生活中不會參與到的事件，視為超乎尋常，譬如謀殺或暴力、凌遲、殘酷的虐待、家庭分崩離析等等，這之中任何一種或者所有情境，雖然在歷史上某些時期是被禁止的，但要搬上舞臺是有可能的。不過，它們真的都不合乎常理嗎？

眾多現代戲劇把邊緣事件轉化成超乎尋常——不是那些我們全都會觀察到的明顯事情，而是我們在龐大的壓力下很少注意到的、幽微的邊緣行徑。某些作家對這一類事件是最感到興味的。所以，我們不需要常常在舞臺上見到暴力發生，因為扣人心弦的時刻，也在暴力行動的邊緣，而就是這種處在臨界點的行動，在劇院中牢牢抓住我們的目光。重點是，作者藉由他們所選擇而寫下的戲劇動作種類，用獨有的風格展現他們自己。

6.劇作家如何在戲劇動作中安排角色的發現？是什麼讓戲劇高潮與眾不同？劇作家確實賦予它劇場性了嗎？

7.試著找出戲劇動作的韻律。這是對內存於作者作品裡的風格一種細微的描繪，能夠揭示作者的獨特性。若找到這個韻律，你對這位作者的瞭解就更豐富。

角色

一位劇作家的風格經常是藉由作者在劇本中描繪的角色類型而被認定。有關蕭伯納眾所皆知的其中一項就是，他所有角色的談吐聽起來都非常相似——各個說起話來就像是蕭伯納本人在說話一般。這是一個對蕭伯納風格的概括描述，蕭伯納劇本中的角色，無論來自社會哪一個階層，都是用充滿活力、口齒清晰的方式說話，絕少有例外；沒有愚鈍之人，沒有口才不便給的人，也沒有無精打采的人物類型。關於風格的一個重點是，導演不僅要意識到且要學習充分利用。相反的，雖然田納西．威廉斯筆下的幾位女子都被歸類為神經質的角色——這也是一種風格——而區分她們各自不同的神經質特色，就是風格分析的課題。和易卜生一樣，田納西．威廉斯以描繪女性角色著稱，但每一齣戲的生命都建立在他賦予角色的細緻陰影面。（易卜生和田納西．威廉斯都敏銳地意識到社會加諸於女性的壓力，在他們所描繪的社會中，生存的難題是因性別角色[1]構築成的。）很多易卜生筆下的女性角色都是在反抗由男性建立的壓抑的、因循守舊的世界，但是，一旦深入研究，你會發現她們各個差別很大。易卜生對劇本創作的探究手法經常導引他刻畫出相對的角色：一旦他在一部劇作中從某一個觀點發展出一個女性角色，他會在另一部作品從相反的角度發展出另一個角色，就像海達．蓋伯樂和希爾妲．汪格爾（Hilda Wangel）（《營造大師》），雖然她們都致使男人走向自我毀滅之途，但她們每一位都非常不同。

角色中的風格，存在於劇作家「感興趣且想為他們發聲」的那類人物裡。劇作家並不是隨機或偶然地選擇劇本中的角色們，而是從他／她探究過的人生百態中他能透徹理解的人物裡挑選出來。在這方面，威廉．康格列弗和亞倫．艾克鵬這兩位撰寫英國社會世態喜劇的作家之間沒有不同，他們都寫下曾經留意的人物。要吸引我們的注意力，劇本必須揭示人性；正是一個劇作家所擁有的獨特觀點決定了是否為我們打開生活的大門。我們這裡討論

[1] 譯註：性別角色（gender role）相當於性別規範，是一種社會角色，是社會學中根據性別而規定的行為和思維模式。其形成主要是因為與種屬以及兩性的生理特徵有關。

的不是照片般的複製，而是感受和理解。**風格是透徹感知的成果**，先是劇作家然後是導演，**因為具有清晰感思的表達，能從泛泛的、缺乏觀察的作品中脫穎而出**。

以下是角色刻畫需要注意的風格相關問題：

1.風格是否存在於角色的欲求——**他們想要什麼？**

2.劇作家是否有處理讓觀眾大為著迷的古怪或罕見的角色（如尚・惹內的《陽臺》〔*The Balcony*〕、《黑人》〔*The Blacks*〕、《女僕》〔*The Maids*〕；哲隆・瑞格尼〔Jerome Ragni〕和詹姆斯・睿多〔James Rado〕的《髮》當中的嬉皮；山姆・謝普或崔西・雷慈筆下《埋葬的嬰兒》、《八月心風暴》中偏離正軌的家庭）？

3.有無可能在違反亞里斯多德的《詩學》和麥克斯威爾・安德森（Maxwell Anderson）[2]的《悲劇的本質》（*The Essence of Tragedy*）的情況下，寫出以惡人為主的成功悲劇？誰來決定什麼是邪惡？當我們在獲得解釋的情況下觀照「惡人」——是什麼造成他們如此思考和作為——我們能否從其他角度來看待他們，而不只是把他們看成可能不認同大多數人想法和感受的人？吾人對邪惡的傳統定義似乎已經改變了，因為在近代，善與惡的界限彷彿沒有以前那麼涇渭分明。人性可以有各種樣貌，絕對的善變成了一種僅在絕大多數人於任何一種時刻所認定時才存在的價值觀。

所以，**人類的價值這問題可以成為與風格有關的事項**。劇作家若要顛覆，需賦予他們的角色必要的價值觀，以達到目的。我們這個時代的劇場之所以能夠吸引我們的注意力，是因為人們長久以來深信不疑的古老價值觀在這裡被辯證，甚至被揚棄。**我們最具活力的現當代劇場，關注的是在這場價值判斷革命中，陷入困境的角色們**。

---

2 譯註：麥克斯威爾・安德森（Maxwell Anderson 1888-1959, US），由記者轉為劇作家、作家、詩人和作詞家。1939年，他連同相關劇場文章出版了《悲劇的本質與其他註釋和論述》（*The Essence of Tragedy and Other Footnotes and Papers*）。

思想

關於戲劇風格的一個關鍵問題是，劇本中的理念會**隨著時間的推移而褪色消杳**。當我們不是身處在那個時代背景的時候，若要重新建立起那個時代的環境讓戲劇的理念得以成立，是非常困難的事情。直到不久之前，往昔戲劇的製作被當作敘事戲劇來處理，除了表現人物的動機和行為，沒有其他目的。從這個意義上來說，那是死的戲劇，因為它們距離我們這個時代的熾熱和衝突很遠——這是當今戲劇最能吸引我們注意力的品質。如今，許多導演對待古老戲劇的態度大不相同，因為他們已經開始相信，如果能以某種方式把思想拉拔出來，那麼這種戲劇也可以在理念層面上有所發揮。這類導演認為這些戲劇與現代戲劇沒有什麼不同，只是因為它們的理念不容易被「感受」到。這種方法是建立在這個基礎概念上：劇本是在觀眾認為理所當然的假定背景下寫成，而劇本都具有潛在且隱含的思想。由此看來，並非歷史戲劇缺乏理念，而是**它們被書寫下來的語境已經消失**；如果導演能找出環境背景，就能發現是什麼讓它們在那個年代的觀眾面前成為生動的生活經驗，進而在現今觀眾的眼前重新賦予它們生命。

因此，風格的重點——無論被認定是現代戲劇或往昔戲劇的劇本——是劇作家選擇寫了些什麼。**劇本當中什麼樣的理念能使得一位作者的劇作有別於其他劇作家的作品呢？**

這意味著，不管劇本是什麼時候寫的，**導演都必須尋找劇本的核心思想，以充分理解這部劇作**。在當今的戲劇製作中，引起導演興趣的不是如何讓劇本與時俱進，最重要的是，劇作家為什麼要寫？發掘出劇本背後的理念，等同是尋出製作它的必要性。製作如果缺乏這個目的，就會散漫模糊。

許多劇本主要是由理念整合的，尤其是當代戲劇，這是事實。史蒂芬・艾德利・古里吉斯與信仰、自由意志和救贖有關的劇本《猶大最後的日子》，與其說是以故事為主體，不如說是故事中關於理念的辯證是主體。通常，這樣的劇本沒有一般認知的角色；也就是說，演員不會裝扮成別人，他們是劇本和理念的代理人。

習作

1. 三位美國劇作家——奧古斯都・威爾遜、克里斯多福・杜朗（Christopher Durang）和史蒂芬・艾德利・古里吉斯——在他們的劇作中一再探索和我們有關聯的獨特世界和角色，劇作中每一次的探索是什麼樣的世界？角色的類型是什麼？
2. 研讀品特的《生日派對》或《歸家》，並且比較品特對先前動作的處理，相對於田納西・威廉斯在《慾望街車》或《熱鐵皮屋頂上的貓》中對先前動作的處理，兩者有何區別呢？這種差異對劇本在戲劇動作方面的影響很明顯嗎？對氛圍呢？這幾位劇作家之中，誰處理先前動作的方式較接近易卜生？
3. 請複習關於作者選擇要在舞臺上呈現何種戲劇動作的討論（本章前面的「戲劇動作」段落）。就這一點來比較契訶夫的《凡尼亞舅舅》和莎拉・肯恩的《清洗》。兩位劇作家各自選擇在舞臺上呈現什麼樣的戲劇動作？契訶夫的作品中是否有像肯恩的劇本中那樣表現暴力的地方？再加進愛德華・阿爾比的《誰怕維吉尼亞・伍爾芙？》來討論。阿爾比的劇作把暴力行為搬上了舞臺嗎？如果有，暴力的本質是什麼？這種探索是如何大量鋪陳了這些作家的風格，以及他們的劇本在劇場中所傳遞了什麼樣的體驗？
4. 兩部當代劇作——卡里爾・丘吉爾的《滿口鳥隻》和查爾斯・密二世的《酒神女信徒》——承襲了尤瑞皮底斯在西元前五世紀的經典劇作《酒神女信徒》中率先探究的理念，該劇是西方文明基礎劇作之一。《酒神女信徒》的核心理念是什麼？每位劇作家對這些核心理念的處理，如何讓我們更瞭解作者的風格？可不可能說，《酒神女信徒》中的思想與當代社會有很大的關聯？
5. 四位美國劇作家——田納西・威廉斯、愛德華・阿爾比、山姆・謝普和大衛・馬密——皆以精湛對白著稱。在他們最出色的劇本中，每一位劇作家的對話都能立刻被人辨識出來，這其中的關鍵是什麼？你如何將這個關鍵點與該劇作家的整體風格接連起來？
6. 薩繆爾・貝克特（Samuel Beckett）和尤金・尤涅斯柯都是後來被稱為「荒謬劇場」（Theatre of the Absurd）中的主要人物。然而，他們的劇作在劇場中帶給人的體驗卻大不相同。〔貝克特作品建議：《等待果陀》、《終局》、《卡拉普最後錄音帶》（*Krapp's Last Tape*）、《遊戲》（*Play*）、

《非我》（*Not I*）；尤涅斯柯作品建議：《犀牛》、《禿頭女高音》，《課堂驚魂》（*The Lesson*），《傑克，或屈從》，《王者退位》（*Exit the King*）〕他們在風格上有什麼相似和不同？特別注意各劇的戲劇動作和理念。

7. 《玩偶之家》、《群鬼》、《海上婦人》和《海達・蓋伯樂》裡的戲劇動作和人物揭露了諸多易卜生的種種。從這四齣戲的戲劇動作和人物中，我們對易卜生有什麼瞭解？
8. 思考布萊希特《勇氣母親和她的孩子》和《四川好人》中的思想。這些思維如何樹立起布萊希特的戲劇風格？把亞瑟・米勒的《我的兒子們》中的相關理念加入思考。亞瑟・米勒在這部戲劇中探究的理念與布萊希特的理念有何關聯？現在把布萊希特的《伽利略》和亞瑟・米勒的《考驗》加入討論。雖然就整體而言，亞瑟・米勒和布萊希特是風格迥異的作家，但他們探討的一些理念在兩人之間建立起連結。兩位作家在哪些方面相似？哪些方面又有所不同？（這個問題和有些其他問題會是期中或學期報告的好題材。）

氛圍與節奏

雖然氛圍和節奏來自戲劇動作和角色的基本元素，但它們可以明確的標示風格。營造氛圍是劇作家的目標，也是導演的目標。有些劇作家——例如契訶夫和田納西・威廉斯——擁有如此抒情的才華，他們所創造的氛圍往往主導他們的劇本，使我們傾向於認為他們是氛圍劇作家。這意味著也許最顯著的風格標記就在他們營造的**氛圍性質**之中。但所有的戲劇都透過他們所能喚起的氛圍力量來觸及並吸引觀眾；第一次詳讀劇本時，應該能讓你知道它的氛圍。就在這時候便需注意，氛圍是否不同凡響且生動有力、足以形成風格。若是在研析劇本之後才注意這層面，你會發覺做決定的困難度更高了。

節奏可以用同樣的方法處理——及早探尋。某些劇作家以其韻律感為特色，其中道理一如我們如何分辨作曲家。你能辨識出目前正在考慮的劇本中有什麼獨特之處嗎？你能感受到節奏的強烈變化嗎？你的劇作家有音樂頭腦嗎？劇中哪些部分必須表演得非常快速或緩慢？貫穿全劇，有明顯強烈對比的地方嗎？作者對停頓有明顯的覺知能力嗎？

如果你能察覺到同一位作者多部戲劇的氛圍和節奏，你可能就找到了該

劇作家的基本韻律。有些導演受吸引而多次搬演同一位作者的劇本，只因他們覺得與這位作者的韻律非常契合。但是找到這樣的韻律並不容易。因為氛圍和節奏比其他元素更加主觀，身為導演，往往很難知道你是抓住了作者的風格節奏，或僅是顯示了自己的風格節奏。如果導演犧牲劇作家來表現自己的個人特色，就會像演員塑造角色時一樣，問題重重。

風格統合

很明顯的，透過總結這進階階段的劇本分析中蒐集到的所有風格要點，你不僅可以針對某一部劇本進行風格分析，還可以對劇作家的作品進行整體的風格分析。有一點非常重要：在工作這個總結分析時，**必須用風格術語**而不宜用基礎的劇本分析術語。換句話說，風格分析假設分析者已具有形式和內容的知識；如果你先進行了形式與內容描述（基礎的劇本分析），那麼風格分析就相對容易了。因此，在進行風格分析之前，一定要先從形式與內容分析的角度對劇本進行研究。**如果你未按照這個順序工作，你會錯過風格的重要面向，因為對內容無法完善理解，也就無以蒐集所有的元素**。

不過，在對劇本的形式和內容有了堅實的知識基礎之後，你就會進階到檢視劇本的風格，你將發現劇本的獨特性。

以下是進行風格分析的建議步驟。這是本章內容的總結。這張工作表單的目的，是透過辨認出其與眾不同的特點，幫助你發現一部劇本的風格。在這裡遇到的棘手問題，等到有了深入風格分析的經驗之後，就會迅速地迎刃而解。不過現在該是讓自己學會用有效率的步驟，來仔細檢查發現風格所需要的。

風格分析工作表

導論

(一) 在劇本分析（第6章所列）完成之前，不應該進行風格分析，因為第二次分析的內容必須以第一次分析所積累的內容為基礎。如果你詳細且深入地進行劇本分析，你就會具備回答此處問題必備的知識。

(二) 當你在尋找風格問題的答案時，你的劇本分析千萬不能躁進。**如果你的證據並非現成有效，它可能不在劇本的字裡行間**。對待自己和劇本都要誠實。請記住，劇本的風格明確地建立在劇本已具有的，而不是因你想像而存有的，儘管你可能需要廣泛地運用你的想像力來判定其明確性。

(三) 風格分析的發展順序與劇本分析相同。依照這個順序，更能理解劇本中基本結構要素之間的關係。

(四) 進行風格分析的目的是**尋找劇本中的獨特性**。但請記住，你研究的劇作家在風格的某些面向與他／她同時代的劇作家會有所雷同。這些面向都是風格呈現的一部分，也應該記錄下來。這種方法在定義寫實主義時尤其重要，在寫實主義中，你很容易認為許多風格策略是理所當然的，因為它們似乎是常見的手法，但實際上每位劇作家的風格都是獨樹一幟的。因此，一定要仔細觀察這些手法的變化。

(五) 風格分析工作表的編排涵蓋了劇本結構的七種基本要素。每個部分的提問之用意都是建議和提示什麼是該留意的。若要踏實完成這份工作表，就應該以申論方式來回答，但必須簡短、清楚、準確。不要只把回答問題當作最終目的，而要將它視為引導你整理出想法的跳板。

一、既定情境

(一)環境事實

是否特別強調環境事實中的任何一個範疇？（這個問題的答案可能會讓你知道，劇作家和你正在工作的劇本之特殊社會或政治傾向。）

(二)先前動作

運用了多少先前動作？是否特別強調了某種先前動作？它是如何被安插到劇本中的：全部都在第一篇還是貫串了全劇？作者「藉由當下的戲劇動作來表現先前動作」的技巧嫻熟嗎？相對於先前動作，戲劇動作是從哪裡開始的？是接近先前事件開始處、僅有少量的先前動作，還是已有大量的先前動作而那事件已近乎結束？哪類事項會被一再回顧：情境、角色刻畫、心理狀態的變化？如果只有很少的先前動作被揭露，這對劇本會有什麼影響？

(三)態度導向

劇作家建立了什麼樣的態度標竿？是新穎的嗎？很明確嗎？透過你對態度導向的分析，主要角色是否明確可辨識？有多少角色劇作家賦予兩極性位置（有改變的潛力）？

二、對白

特色是什麼？劇作家擁有「善於傾聽」的耳朵嗎？是以個人獨有的方式用字遣詞嗎？除了基本的戲劇動作，還有什麼能彰顯語言？劇作家有沒有使用別具特色的語句並且一再重複它們？有使用獨白嗎？（契訶夫、奧尼爾、謝普）？是什麼標記了話語的長度？對白是否機智？是什麼構成機智？若非散文，那麼是什麼賦予詩或其他形式特色？劇作家擁有運用詩詞形式的真才實學嗎？或僅是徒具形式？如果引用某句臺詞，最能被辨識或者立即凸顯特色的是什麼？在對白中有詩的質感、神秘感嗎？臺詞清楚明白嗎？

三、戲劇動作

(一)統一性

作者遵守還是違反時間的統一性？地點呢？戲劇動作呢？戲劇動作緊湊嗎？是什麼致使它如此？遵守這些統一性使這部戲顯得匠氣還是自然？這個戲劇動作的範圍多廣？有很多的次要情節還是只有少部分？次要情節與主要情節的聯繫多緊密？次要情節之間的聯繫如何？

(二)類型

戲劇動作的類型是什麼？從詳細的戲劇動作中，要如何烘托這個重點？如果是一齣悲劇，究竟是什麼讓它成為悲劇？如果是喜劇，是什麼讓它成為喜劇？如果所強調的重點是被分開的，分開的部分如何完成？是戲劇動作使這齣戲成為通俗劇，還是戲劇動作本身就是通俗的？為什麼？這個戲劇動作本身就是笑鬧的，還是有笑鬧成分的喜劇性？為什麼？如果戲劇動作是悲劇性的，在抵觸亞里斯多德《詩學》中定義的情況下，它如何成立？如果它是喜劇，它如何在抵觸亨利・柏格森（Henri Bergson）[3]定義的情況下依然成立？違反喬治・梅瑞狄斯（George Meredith）[4]的理論嗎？若你認為這是一齣正劇，為什麼？

(三)結尾

戲劇動作的結尾是如何處理的？角色們有自我發現嗎？有使用到**機械神**（deus ex machina）[5]嗎？

(四)技術開發

高潮是如何處理的？劇中真相大白的處理手法是合乎邏輯且令人興奮

---

3 譯註：亨利・柏格森（Henri Bergson, 1859-1941），思想高超文華精湛的猶太裔法籍哲學家，1927年諾貝爾文學獎得主。「1900年，法國哲學家亨利・柏格森制定了他關於喜劇目的和原則的想法。……作為一位哲學家，柏格森用生命活力論和生命衝力的有力論點來對抗機械論和唯物論，他那關於原始生命衝動的想法，跳脫科學和邏輯，只能通過直覺理解。十八世紀，隨著工業革命高潮的到來，柏格森的論文，不僅提出了他自己的喜劇理論，還有一個根本的目的：使人們認識到機械化社會的非人性化後果。……在題為〈形式的喜劇元素〉中，柏格森提出了支撐他喜劇理論的關鍵假設（既是字面上，也是詩意的，視覺上的概念）：「附着於生命之上的機械化事物」。每一个人身上的想像力（與理智相對）是一個自由、轉瞬即逝的靈魂構成物。靈魂將一些活力傳遞給身体，使它充滿生機，通過物體承載的這種不可見品質被稱作優雅。而物質本身，沒有生命力，就像機械一樣，是不能將這種優雅帶給身體的，最終只是機械化，無生機的外殼（身體）。柏格森有著無生機的物體之下有著充滿活力的心靈這種形而上學的想法，並從姿態、動作和形式等角度來進行推斷。」〔摘錄自Donato Totaro著、barrowa譯，〈柏格森的喜劇理論和《於洛先生的假期》〉（*Bergson's Comic Theory and Jacques Tati's Les vacances du Mr. Hulot*）。Cinephilia迷影網站，網址：Cinephilia.net/32948。擷取日期：2020年2月11日。〕

4 譯註：喬治・梅瑞狄斯（George Meredith, 1828-1909）英國詩人、小說家，對喜劇的見解至今仍發揮影響力。1877年，他發表關於喜劇的講座，並將講稿匯總成散文《喜劇的創意和喜劇精神的作用》發表。在這篇散文裡，梅瑞狄斯探究英國文學作品中雖有諸多的喜劇因素，但真正喜劇的數量卻很少這一現象。他認為這是劇作家過於在意觀眾的情緒反應，缺乏對智慧的關注造成的。他認為喜劇精神應該是消除無知與糾正頑固，激勵人們去建設更好的社會的，而不是只讓觀眾享受快樂或者以諷刺為快的，這一個觀點，至今仍被研究喜劇的人奉為圭臬。（取材自維基百科）

5 譯註：在古希臘劇場常有神靈出現的場景，這類角色或從天而降或從地面升天，要達到這種效果就必須使用類似起重機的機關（machina），劇情仰仗神靈降臨解決難題這種手法產生了「機械神」（deus ex machina）這術語，用來指稱任何牽強突兀的結尾。參見Brockett, Oscar G.（布羅凱特）著、胡耀恆譯，《世界戲劇藝術欣賞》。（台北：志文，2001），頁103。

嗎？第一個行動多快開始？你如何描述這齣戲中的高潮迭起？

四、角色

(一)選擇

作者寫的是什麼樣的人？為什麼作者對這些人感興趣？這些角色恪守常規嗎？他們是因循保守的還是相對自由的？有奇幻或寓言的角色嗎？為什麼要使用它們？

(二)發展

角色刻畫得多好？它們是類型化的還是具有個別特色的？為什麼？

(三)價值

是什麼驅使作者描繪出這個劇本裡的角色？他們是正向積極的還是消極負面的？為什麼這麼安排？如果一齣戲裡出現一位英雄（悲劇），是什麼使得這個角色成為英雄？如果劇中有一個傻子（喜劇），是什麼讓這個角色如此愚蠢？

五、理念

(一)選擇

在比較同一作者的其他劇本時，什麼樣的理念被反覆處理？這齣戲的理念是新穎的還是陳舊的？原因為何？

(二)有效性

從任一方面來看，作者都是具原創性的思想家嗎？這些想法今天還是有效嗎？為什麼？作者在傳達該理念時站在道德的角度還是純然的客觀？

(三)動機

作者在劇本當中對理念是否展現強烈的關懷？

(四)質地

理念是詩意的嗎？實用的？這些想法能存留下去的潛力是什麼？

六、氛圍

這部劇本是一齣「氛圍」劇嗎？亦即，其氛圍主導性是否很明顯？氛圍有主導邏輯的傾向嗎？這位作者所使用的營造氛圍技巧與其他作者有何不同？詞藻字彙的選擇與氛圍營造有多大的關係？作者營造氛圍的手法是運用其劇場性還是利用事件？或是直接從戲劇動作的衝突產生？氛圍是怪異的還是比較平常的？

七、節奏

作者有音樂感嗎？你如何從劇本中找出證據支持你的回答？節奏的變化有多明快？作者傾向採用沒有規律的節奏、快的節奏、還是緩慢而莊重的節奏？你覺得這劇本屬於什麼類型的音樂？作者的音樂感覺很有個人特色、非常具有原創性嗎？這部劇本的韻律在作者的作品中是很典型的嗎？你能描述這種韻律嗎？

八、風格總結

留意在劇本中你認為劇作家最強調的風格要點，總結劇本的風格。如果你能綜合這些項目的主要觀察得出結論，以約兩段的文字陳述出導演對一部劇本的獨特性風格最該要掌握的項目。這些就是這個劇本的製作必須要達成的，如此才可能對觀眾產生最大的影響力。

你必須大量地練習風格分析，直到你很清楚你必須做什麼以及為什麼要這樣做。一開始的走向是回歸到劇本分析，因為處理現成且可感知的內容比處理概觀的風格容易些。不過練習時，要分開這兩種分析不同的層級，較高的層級務必是更加精確的。

希冀以下的習作能豐富你的風格分析經驗，引導你進入劇本結構的不同領域，從你比較熟悉的劇本開始，進階到困難度更高或較不熟悉的劇本。請切記：雖然習作從風格分析的階段開始，但是在開始第二階段之前，你應該先完成劇本分析。

習作

1. 進行《海上騎士》風格分析。你能把它看作是一部關於三個女人而不僅是莫瑞亞一人的戲嗎？這是一齣悲劇嗎？如果是，辛約翰如何達到他的悲劇效果？

2. 對《群鬼》進行風格分析。這是一個關於父親的罪惡的浪漫故事，還是抨擊由困惑軟弱的神職人員所維護的盲目的中產階級道德？曼德爾斯牧師（Pastor Manders）是惡人還是可笑的傻子？
3. 進行契訶夫的《凡尼亞舅舅》的風格分析。這是一齣喜劇還是悲劇？它的每一頁似乎都充滿了戲劇動作，但為何有很多劇評家說劇中的戲劇動作非常少？契訶夫如何處理對白？如何掌控氛圍價值？
4. 進行蕭伯納的《人與超人》的風格分析。蕭伯納如何掌控戲劇動作？為何戲劇動作相對較少？對白蘊含強大的能量嗎？如果是的話，為什麼？蕭伯納在這裡處理的是哪種類型的角色？原因為何？這部劇作充滿了「蕭伯納式的談話」嗎？還是有發展出與眾不同的角色？為何這部劇作是喜劇？
5. 進行皮藍德婁的《六個尋找作者的劇中人》的風格分析。皮藍德婁如何拆解心理寫實劇背後的前提？這個劇本在統一性和結局方面的運用，是結構上的經典作品嗎？
6. 進行蘇菲・崔德威（Sophie Treadwell）的《機械時代》（*Machinal*）或是艾爾默・萊斯的《計算機》的風格分析。為何這兩部劇作的風格被歸類為表現主義？兩部劇作的意圖是什麼？對白與角色是如何處理的？
7. 進行布萊希特《勇氣母親和她的孩子》的風格分析。為何戲劇動作看似沒有高潮但首尾相連？歌曲的作用是什麼？布萊希特如何運用既定情境使得他的劇本到今天仍是有意義的？
8. 進行尤涅斯柯的《禿頭女高音》的風格分析。可以把它看成一齣發展完整、戲劇動作合乎邏輯、角色類型常見、有高潮有結尾的傳統喜劇嗎？對白如何輕而易舉地誤導你呢？
9. 進行史蒂芬・艾德利・古里吉斯的《猶大最後的日子》的風格分析。這齣戲可以看作是從大量的風格元素萃取，來為整齣戲的最大段落「法庭場景」塑造整體風格。「法庭場景」構成了這個作品的前百分之九十五，其後緊接著最後的兩個場景。列出所有你能識別出在法庭場景中使用的形塑風格手法，然後總結作者在統合法庭場景整體風格方面所做的工作，接著，鑑別該劇最後兩個場景的風格。你覺得這兩個場景在風格上有別於法庭場景嗎？為什麼作者會選擇要這樣做來為他的劇本收尾呢？

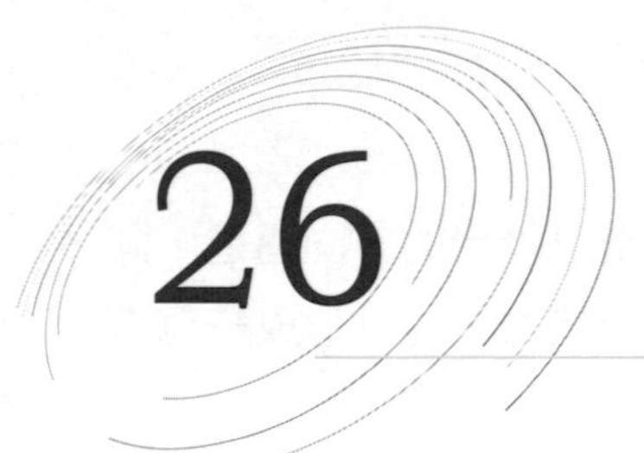

演出風格

制定決策

你對劇本的風格有了更多的瞭解，且能夠辨別出劇作家的個人特色，你已準備好挑戰自己去製作有風格的演出。**目標是在維持劇本和劇作家的完整性之同時，創造出你可以稱為是你自己的作品**。

當訴諸戲劇製作時，**形式**指搬演的**一般的**形狀，不是**特定的**形狀。形式意味著劇本在可用的舞臺上被實體化了，被賦予某種景觀的授權，亦即穿上服裝和有了照明（也許僅是日光），至少以最簡樸的方式表演。所有上演的戲劇，包括歷史劇，都有其形式，因為它們遵循著劇場的一個基本前提，這使戲劇成為一種現場的儀式，並與其他藝術殊異——那就是，一齣戲是設計給演員在舞臺上搬演給觀眾看的故事。如前所述，從西元前五世紀以來，戲劇演出的基本形式一直保持不變；是戲劇演出的**風格**改變了。

演出的風格，就像劇本一樣，意味著**獨樹一幟的特色**，是超越形式的關鍵。之前提過，可從兩方面來界定風格，**一是在任何特別時期演出的普遍特色，以及某一個別演出之獨具的特性**。普遍的特色是每一個時代發展出來並且持續運用了一段時間的舞臺搬演常規（伊莉莎白時期風格、英國復辟時期風格、寫實風格等）。獨具的特色是導演在執導一齣特定戲劇時所運用的手法。

於是，當今的導演不僅是戲劇製作中的協調者，他們還是風格樹立者和個人特色塑造者。不過，於此同時，由於劇場一直以來都是、也永遠會是團隊合作的藝術，導演必須懂得帶領共事的夥伴往縝密思量過的方向邁進，同時做出決策，激發出每一位工作夥伴更上一層樓的創造力，並且形成一個有效率的總體團隊。

演出風格和選擇戲劇重點

形塑風格的關鍵點在非常初期的時候，當導演對「演出要呈現這劇本的何種陳述」做出基本決定時。在這個複雜的「棋局」中，每一步棋的移動都將取決於這個決定。導演的準備功課一定要做得徹底，才不會之後在排演期間發現走到了錯誤的軌道，若需要重新設計可能已經太晚了。正如在第25章所指出的，徹底的劇本分析以及隨後的風格分析，能夠引導你做出靈敏的決策，因為你的戲劇性想像和其他人看到的可能截然不同。**你的個人感知永遠是你的風格的根基。**

有兩個基本決策必須進行：(1)這是誰的戲——也就是說，哪個角色是主導者？——以及(2)戲劇動作的脊椎是什麼？

在我們覺知風格之前，我們傾向於認為戲劇的基本意涵是有限的，且主要人物總是顯而易見的。因此，《安蒂岡妮》是關於安蒂岡妮的，《馬克白》是關於馬克白的，《塔圖弗》是關於塔圖弗的，《群鬼》是關於艾爾文太太（Mrs. Alving）的。這些假設在某種程度上可能是正確的，但除此之外，導演以他／她所見來製作這齣戲時，個人觀點就會產生影響。倘若企圖產生一齣新戲，所有導演必須要做的，是讓原來看來是次要的角色由非常強的演員扮演。譬如，為何莎士比亞的《凱撒大帝》（*Julius Caesar*）不能由凱西歐斯（Cassius）而不是布魯特斯（Brutus）主導？或者是馬克・安東尼（Mark Antony）呢？難道克里昂（Creon）不能成為《安蒂岡妮》的主角嗎？《馬克白》中的馬克白夫人呢？《塔圖弗》中的奧睿貢（Orgon）？《群鬼》中的奧斯華・艾爾文（Oswald Alving）和曼德爾斯牧師？阿努依的《貝克特還是上帝的榮耀》（*Becket or the Honor of God*）是關於貝克特還是亨利國王？（值得注意的是，勞倫斯・奧利佛在經過了多場飾演主角的演出之後，從扮演貝克特換成了亨利國王。）

你可以辯說，戲劇既關乎主角，也關乎對手，兩者必須被賦予同等地位。然而，確實做到這點可能會弱化劇本的結構。最好是先確定哪個角色，然後使他或她在各方面都顯得突出。這樣可避免引起爭議且提出清晰的觀點。你可能對自己的選擇有所偏頗，但觀眾可以對你的觀點提出異議，也可以從中打開新視野。

當然，角色是劇中戲劇動作的結果，我們對他們的認識主要是基於他們的所做所為。角色和戲劇行動以如此彼此映照的方式交織著。角色一旦建立，就不能被人為操控；也就是說，在沒有突破我們的邏輯極限的情況下，他就不能做違背他的性格[1]的事情。不過，經由建立某些面向的線索，讓戲劇動作來引導我們的想像也是可行的。

奧利佛在拍攝《哈姆雷特》這部電影時，他對角色佛洛伊德式層面的大力強調震驚了劇評家和觀眾。哈姆雷特愛上他的母親嗎？在一連串的場景中，攝影機探索哈姆雷特的主觀自我，奧利佛主要的重點就是這個。

就和《哈姆雷特》一樣，《海達・蓋伯樂》也可以做到這點，導演和主要演員的工作就是需要對戲劇動作、角色有清楚的詮釋，以及他們在製作這齣戲時想說的是什麼。詮釋海達的方法只有一種還是有很多種可能？請思考以下幾種：

- 海達被塑造成一個主導慾極強的人，她醉心於控制他人，為了復仇，她毀滅了那些人。
- 海達是一個在性方面得不到滿足而帶來對他人毀滅的女人，社會告訴她性活動唯有在婚姻裡被允許去做，但她的婚姻是不可能滿足她的。
- 海達被演成憎恨且鄙視男人的女人——可能是個同性戀，她認為男人是比較低等且不值得較勁的，直到她遇到堪稱對手的布拉克法官（Judge Brack）。

---

1 譯註：在戲劇裡，character可能是雙關語，既是角色也是性格；這句話原文是：Once a character has been established, he cannot be artificially manipulated; that is, he cannot be made to do things in violation of his character without stretching our sense of logic to the breaking point.

- 海達被演成受虐狂、有自殺傾向的偏執狂，她毀掉與她有關的一切，可能包括尚未出生的孩子。
- 海達被演成一個自私、自我中心的處女，她無法忍受任何可能的方式去違背她自己。
- 海達被演成一個對抗社會性別歧視和壓迫的好人，這是她唯一能做的。

所有上面所提及，當然還有一些其他的，都可以是導演和演員在決定他們如何詮釋角色、戲劇動作和故事時的選擇。個人的決策將決定作品的風格，因為在更深層的意涵上，風格不僅僅在於視覺表現。

到目前為止，一直被討論的是正劇，但你必須意識到，要做出關於喜劇和鬧劇的決策可能更困難，因為導演必須決定劇本中什麼是真正可笑的，以及這個笑料如何傳達給觀眾。只有當導演和演員理解到其中的乖訛之處，喜劇才在劇場中成立；只有這樣，他們才會知道如何用戲劇的樂趣來打動觀眾。

一齣喜劇若要取得風格統一，決定是誰的劇本絕對必要，進而據此進行分級。費多的《耳朵裡的跳蚤》不可能只以第二幕的追逐場景單獨存在，它必須在第一和第三幕被用心構建起世態喜劇（comedy of manners）[2]和角色喜劇（comedy of character）。《屈身求愛》不僅是關於東尼・蘭普金（Tony Lumpkin）的欺騙，也是關於哈德卡索太太（Mrs. Hardcastle）的自命不凡、哈德卡索先生（Mr. Hardcastle）的清教徒主義，以及馬洛（Marlow）對名媛淑女之手足無措。如果年輕馬洛被演成耿直的——亦即，僅是個害羞的年輕男子——這戲最主要的喜劇趣味就遠不如他被演成老練的倫敦紈袴子弟，游刃有餘地周旋於女侍和風塵女子之間，然面對中產階級的「美德」時，卻拙於應對。

如果導演還沒有發掘出如何讓《不可兒戲》「侃侃而談」的方法，那最好還是把製作延遲到找到方法的時候，因為這齣戲很大程度上依賴於語言的

---

[2] 譯註：comedy of manners，有多種譯法，世態喜劇、時尚喜劇、儀態喜劇、諷世喜劇等。

機智。謝雷登（Sheridan）的《造謠學校》（*School for Scandal*）是關於約瑟夫・瑟費斯（Joseph Surface）的嗎？如果他以一種滑頭、虛偽虔誠的方式被塑造成最主要的傻子，他不僅可以像塔圖弗那樣滑稽可笑，還可以讓其他傻瓜更加顯眼。沒有奠基於角色決策的、堅實的角色塑造，喜劇永遠不會成功，因為觀眾主要是被人類行為中的乖訛逗樂，而不是因角色陷入的處境。

那麼，這是誰的戲呢？這是一個非常重要的決定，只有透過對劇本中的戲劇動作和劇中人物進行屬於個人、最深入的審視，才能做出這個決定。一旦明白了誰將會主導戲劇以及為什麼，你就可以確定你想要強調的具體戲劇動作線，並以此宣告你的演出的**脊椎**。每個角色都會與這個戲劇動作的脊椎有關，正如你希望他與主要角色有關一樣。現在，你可以有一個獨特且很個人的方式，照你所看到的樣子，來講述這個在舞臺上搬演的故事。

雖然史坦尼斯拉夫斯基流派運用動詞的不定式來揭示戲劇動作脊椎的技術相當費心耗神[3]，但你會發現，當你要把對戲劇行動的決策濃縮為高度扼要的總結時，這技術很有用。不管你用的是什麼方法，**目的都是要把你對戲劇動作的見解明確化**，如此一來你就可以很容易的抓住這個中樞驅動力，以此為基礎，它將會宣告你的製作風格。

製作風格與選角

一部製作的風格很大程度上取決於這齣戲的演員陣容。適當選角的強大演員能表明你腦海中的重點，然而非適當選角的演員可能會將其扭曲。選角是詮釋的基礎，也是塑造風格的根本。無論是誰扮演角色，都會賦予特定的個性，不管被選中的演員在戲劇動作的範圍內如何小心翼翼地工作。演員與生俱有的特質將會充溢在戲劇動作裡。導演擇用的人選比任何其他因素更能決定整體風格。

---

3 參見托比・柯爾（Toby Cole）和海倫・克里奇・奇諾伊（Helen Krich Chinoy）編輯的《導戲中的導演》（*Directors on Directing*）中伊力・卡山（Elia Kazan）的文章〈《慾望街車》筆記〉（*"Notebook for A Streetcar Named Desire."* Allyn & Bacon, 1993）。

在專業的戲劇製作中的選角，與在業餘演員裏選角有很大的差別；前者的決定取決於知名度和製作人的想法，也可能有專業選角行家參與。你需自己做出所有這些決定，認清選角是一個需要小心處理的過程，既要兼顧主客觀，又要兼顧分量和質量。**選角預測了一齣製作的未來**，在這宛如賭博的過程，導演試著透過平衡某些演員和其他演員的不同質感，來預測會發生什麼，一切都是權衡和計算。

如果導演對劇本做了足夠的功課，並且演員的選擇是理想的，那麼導演所設想的風格就有絕佳的機會能實現。唯有導演對作品的需求有一個明確的理念，才能讓作品取得成功；隨意的選角只會導致混亂。

以下是對選角過程的一些建議，所有這些建議都會以某種方式影響風格。

編排音聲

演員陣容擁有不同音調不僅可以提高戲劇的「能聽度」，而且還可以使角色的質感更加明顯。我們理所當然地認為，歌劇中的角色是為男高音、女高音、男中音等特定聲調而創作的，但我們很可能忘記，戲劇中的角色也需要有一位對聲調有聽覺敏銳度的導演來選角，如此，演出中的聲調是多樣的，對文本和你想要的詮釋都是有意義的。如果你想知道這齣戲在開演時聽起來是什麼樣子，在選角的最後集合大家，聽全體演員們「合讀」劇本，**不僅要凝視演員且要聆聽他們**。

類型化選角與反類型化選角

製作風格經常是出乎意表的因素決定的。就某些角色，類型化（type）的視覺形象或許是必要的，尤其是那些對戲劇行動不起特別作用、充作主要行動的工具之角色。然而，為主要角色選角時，獨特性可能讓一個陳舊的劇本或老朽的理念轉化成新鮮有活力的經驗。**反類型化**（antitype）選角即反對用既定印象選角。從現代心理劇，我們學到了一條適用於所有戲劇的重要原則：人往往不是表裡如一的。所以，比起過往，現今導演在選角時越來越趨向反類型化了。

真相在哪裡？當布萊希特描述《勇氣母親和她的孩子》以及他的其他劇作的女角他所希冀的演員時，特別指定了「馬鈴薯臉型」。他表示，不可能用傳統的類型來刻畫這些劇作中大量出現的農民，真實存在於演員們為這齣戲帶來的粗獷特質，而不是他們表相上的吸引力。朱利安・貝克（Julian Beck）在他生活劇團（Living Theatre）的戲劇作品中也抱持同樣的觀點：因為真實，所以美麗，真實在於一個人所擁有的精神價值，而不是有形的物質現實；因此，我們認為外表醜陋的，可能具有內在的美。更甚者，很有可能的，唯當被看來不受歡迎的外貌轉變了方向後，我們才能夠開始看見隱藏在這類外表之下的美。無論你是否贊同布萊希特或貝克的觀點，你會發現反類型化的選角具有甚高的製作風格潛力，正如你會發現某些劇本（例如費多或王爾德的）如果沒有傳統的俊男美女，就要徒呼負負了。

特別的質地展現戲劇行動

前面的討論強調了導演以這樣的方式為一齣戲選角的必要性，以這種方式，可以增強導演所確信的重點戲劇動作。唯有如此才能確定風格的要點得以被保留。眾多不同演員都能夠演出令人信服的戲劇行動，然而僅有少數幾位具有賦予戲劇動作意韻無窮的出色才情。專業劇場的頂尖演員知道這個事實，對那些他們有自信、可以勝任的角色，他們會去追求，但會避開那些他們覺得無法以此特別方式勝任的角色。在非專業劇場，導演有很大的控制權，通常可以選擇最能闡明導演心中要強調的重點的演員。因此，尋找特別的質地是選角過程的主要目標。實際的選擇可能取決於一個角色應該由「冷」還是「暖」的演員來扮演，這些質感無法被表演出來，是內在的投射。有些演員能比其他人顯得睿智；有些顯得很純粹的動物性。某些演員丰姿綽約珠圓玉潤，能勝任上流階層的角色，有些演員就是無法表現這種優雅的風采。在風格上能獲得什麼樣的成果，要看導演在選角方面如何透過演員投射出她／他的戲劇行動之重點。

想要瞭解選角所造成的差異，不妨看看2008年的電影《慾望莊園》（*Brideshead Revisited*）（改編自艾弗林・渥夫的同名小說）[4]，再看看相同素材，1980-81年的英美電視劇（由年輕的傑瑞米・艾朗〔Jeremy Irons〕主演）[5]。對比兩種版本（各有其優點）和兩組不同的演員，提供了一個有興味且最有啟發性的視角，讓我們見識不同導演透過演員的選擇，把重點擺放在相當不同的地方。

克服阻礙

存在於導演和具有冒險精神、更出色的選角以及風格的清楚展現之間，有這些阻礙：(1)保守的演出策略；(2)對某些演員的成見；(3)在選角過程中看了聽了太多的演員，會導致某種程度的盲與聾；(4)在最終決定前未能做出客觀評量。

為了幫助你克服這些障礙，你需要發展某些特定的技術，引領你從主觀的看法轉向客觀的評估。使用甄試劇本以外的選角素材，可以協助流程客觀化。務必養成記筆記的習慣，記錄每一個演員聲調質地和語言模式、演員的戲劇和劇場感、即興能力、外表最主要的質感，和作為演員的一般個人能力。在初步甄選後，試著把每一個演員放到幾種角色裡，包括你認為有可能但機會不大的，然後在你的筆記中寫下具體的評論。舉辦不公開的測試（一次僅一位演員），這樣可避免甄試同一個角色的演員複製他人的表演，同時讓他們充分放鬆，好讓他們展現本來的個別特質。在初步評估完成後，你可以舉行群體讀劇或即興活動。其實，就選角計畫而言，導演必須盡早觀察個別演員的特質，如此，日後在群體裡聽到與看到他們時，你就可以覺察到每位演員對團隊平衡的影響力——不管是哪個人的貢獻都是獨一無二的，而且必會在某種程度上決定了整體的風格。

有一個非常實用的演員分類技巧是選角工作表，在上面你可以列出編號

---

4 譯註：*Brideshead Revisited*，坊間有麥倩宜的譯本《夢斷白莊》（臺北：皇冠，1981）和趙隆勷的譯本《舊地重遊》（上海：譯林，2009）。

5 譯註：兩種版本都發行了DVD。

(1)劇本中的角色（男性和女性分別列出）；(2)扼要描述每個角色的外貌以及任何角色必須具備的特殊質感；(3)列出演員可能扮演的每一個角色的名字；(4)第一次暫定名單；(5)第二次暫定名單；(6)第三次暫定名單；(7)最後決定人選。你應該在兩到三張紙上整合這些資訊，這樣你就可以很容易看清楚整個情況，並且進行比較。第四到第六項可以顯示出你在選角過程中，每一次所更新的評估。在你做出一個暫時的決定之前，先花一些時間仔細看看你的選擇：他們在質感和理念上是否鮮活？你能在腦海中聽到他們的聲音嗎？他們是你要的人選嗎？你願冒險帶領年輕演員擺脫表演窠臼邁向具有個別特色的表述嗎？主角和對手有強烈的對比嗎？在排練期間，每個演員都有可能發展成真正演員嗎？

所有這些問題的目的，是讓你意識到未來即將遇到什麼情況，觀眾最終會看到和聽到什麼。最重要的是，如果想要在你的作品中彰顯個人的獨特性（也就是塑造風格），必須在情況的許可中盡可能大膽地選擇他們，因為鮮明的表述總是最容易傳達給觀眾。

演出風格和指標性的戲劇性時刻

你已經為這齣戲選好了演員，進入了排練階段，你面臨著因你的看法而做的許多新決定，這些決定將影響這齣戲的動能活力，以及終究將出現的風格。

暴力、能量和幅度

戲劇演出風格的顯著標誌是**暴力強度**（violence level），一些年輕導演害怕打開這些光圈快門，因為擔心這樣的做法會導致過火的表演，從而顯得做作。你應該抱持完全相左的觀點，同時明白，打開這些快門光圈不必意味著表演火爆，情況往往是正好相反。**好演員能打動觀眾，是因為他們在暴力時刻精準地具相了張力程度——一齣戲的高潮巔峰**。在這種高潮時刻，他們運用自己的身體作為強大的交流工具，施展巨大的能量。若仔細觀察他們，可注意到他們姿勢明顯地增多或減少，因具相暴力需要表演幅度之改變。

你在舞臺上呈現暴力的方式會顯現出你的風格品味。永遠不要擔心演得過火；只有當演員不相信他們的戲劇動作，或者表演沒有相互交流時，這種情況才會發生。反之，表演不足絕對無法打動觀眾，也不可能引領他們超越自身而進入生命充滿激情的驚人奧秘裡。你也不能認為暴力、能量和幅度只適用於偉大的戲劇。這些元素必須用在所有的戲劇中，無論是正劇還是喜劇。**觀眾們來到劇場是來設身處地的感受能量**；這種認同感讓他們感到興奮，因為這讓他們意識到這種能量也可能存在於自己的生命裡。如果你忽略了這項對表演隱性且內在本有的需求，你就永遠無法觸動觀眾。

去創造「劇場性的時刻」，用大膽、顯眼的筆觸來表現（高音量或低音量、大幅度的動作或幾乎沒有動作）。在研究劇本的過程中，把重要的時刻分為三個階段：(1)如何鋪陳，(2)確切的高潮點，以及(3)人物如何脫離這些狀態。之後，在排練過程中，你能幫助演員看到它們的重要性，並找到所需要的暴力程度。某些專業導演把這種力量作為他們與演員合作的核心，因為它通過對比，「傳達」了一個計畫，並「走向」它。

品味與判斷：輕觸

風格也透過輕觸的手法顯現出來。你能用輕觸手法把暴力完全投射出來嗎？這是矛盾所在。輕觸有部分取決於導演的技巧，但更多地取決於導演天生的**品味**。這並不意味著放棄張力高亢的戲劇性時刻，亦絕無意放棄劇場是一個充滿活力和喧鬧的行業這個事實。它真正的意思是，如果表演太沉重、太呆板或太老套，觀眾在劇院裡既不會被深深打動也不會被逗樂。戲劇是一種載歌載舞、充滿驚喜的藝術形式；它不是一場疲軟的戰鬥，而是拳擊手之間的對決。**輕觸意味著似乎是未盡全力，讓觀眾在戲中得以放鬆舒解**。不佳的演出因似乎總是處於發生動亂的險境，絕不允許觀眾放鬆。

讓觀眾的想像力和同理心得以參與，需靠導演的品味，這是一種值得你一探究竟並養成的質地。優秀的劇場經常取決於導演創作的品味，因為演出和所有的決策，包括設計方面的選擇，都是沿著感動和刺激觀眾這一條細細的線發展。倘若導演犯了一個嚴重錯誤，比如對某一選角的錯估、一項設計決策誤判、一個強調重點失焦等，觀眾的投入程度就會被嚴重削弱，因他們原可自由發揮的想像力和信念受到損害，他們退縮了。不過，導演統籌一個製作，他運用選擇與強調來處理所有的元素和所有的決定，從演出中，觀眾是可以感知這齣戲是由一位優秀、能幹且富理解力的人掌控，循著演出的流程交予了製作。導演的品味和判斷力是找到這種平衡的要素。這結合了敏銳的智慧、直覺、深度準備，以及對最終成品呈現樣貌的敏銳感覺。由此可知，品味和判斷是導演的稟賦裡能否使演出臻於圓滿的關鍵。品味和判斷能經由學習而得嗎？也許無法，至少不是一蹴可幾的。但如果一個人擁有這種與生俱來的素質，它們可以隨著不斷的嘗試和修正錯誤，以及透過對他人作品中顯露出的品味和判斷，逐漸培養和開發。終究而言，對於成為一位成功的導演，你的判斷力和品味，與你理解劇本、有效率地與演員和其他合作者工作、使得演出順利的能力等，有相等重要的地位。

節奏

為演出找到適當的節奏（參見重點專題1A中的「步調」）是從內在去發現風格的一種途徑。節奏永遠是一種感覺，深深根植於個人天生的風格。演出如何推動劇情將決定它的風格，因為節奏是理解的基礎；如果我們跟上韻律，就會產生共鳴，唯有如此，我們才會相信一個戲劇動作是正確和真實的。這就像是以適當的速度來唱一首歌。演員通常是優秀的音樂家，但是決定節奏的主要工作屬於導演，因為只有導演才能掌控整體演員多樣的情況。如同在第5章對節奏的初步討論中提到，一齣戲戲劇動作的結構具有浪潮般作用，像浪潮一波波捲向海岸，波濤越來越洶湧，直到它們終於達到最高點，然後瓦解，隨之而來的是相對的平靜，直到下次浪潮開始。導演的工作是發現這些浪潮，並清楚地看見它們的開始和結束。

風格的出現仰賴導演是否能夠通過節奏、停頓和高潮的變化來堆疊起伏，這樣一來，表演就會變成一個具有韻律感的整體。每次表演都必須達到這個效果，否則就會喪失風格。這就是為什麼演出多時的戲必須重新導向或

「調音」，實際上這就是重新找回失去的韻律的流程。舉例來說，頂尖棒球選手的擊球節奏會隨著時間下滑，有時會持續數週或數月，從而陷入低迷。他們的復甦依賴於再次找到揮棒時間點（內在節奏），這個揮棒時間點，就是樹立他們在棒球界頂尖地位的首要因素。演員在演出中也是如此：一旦失去節奏，就必須重新找回，否則就會失去觀眾的專注力。

演員具相的量

如果你在巴黎的法蘭西喜劇劇院（Comédie-Française）觀看拉辛（Racine）或高乃怡（Corneille）的戲劇演出，你會被演員們表演角色時的平靜所衝擊。這種平靜是一種風格，因為它延續了了法國古典戲劇的傳統，要獲得最佳效果是通過臺詞的傳遞而非視覺景觀。有些戲劇，例如《熙德》（*Le Cid*），可能是用安靜、近乎耳語的語調說話，演員們很少有移動或手勢。這種風格反而形成了一種具有動力和令人興奮的戲劇體驗，因為語言的傳遞在最少的視覺畫面的語境中，是如此不同凡響，只有在法蘭西喜劇劇院裡才會聽到這樣的表演，而你會被它獨特的風格所打動。

導演賦予演員多少空間，或鼓勵他／她去發展，會是影響風格的重要因素。美國的導演傾向於使用大量的視覺畫面，讓舞臺上保持熱絡。英國導演做得少一些，他們偏好經濟和簡約。法國導演做得最少，無論是在喜劇還是正劇、現代戲劇或歷史戲劇，他們更喜歡傳統上對口語戲劇的重視。你會使用多少視覺畫面與你的內在韻律感很有關連，以及你認為你的特定觀眾群需要什麼來維繫高度注意力和專注力。具相過多可能會使一齣戲顯得眼花撩亂、無所適從，具相過少則可能會使戲模糊不清，失去焦點。擺脫這種兩難困境的唯一方法是**適量**具相。因為每一齣戲都有自己的畫面節奏，導演必須找到這種特質並加以發展。通常，導演學子會具相不足，或傾向捨棄較大幅度更具動能的浪潮而去強調細小的移動細節。當然，你會發現處理畫面只能透過經驗來學習，但此時你必須認知到，唯當你適量具相，風格才會出現。

風格取決於你的演出所包含的畫面類型、質量和數量，你必須學會編排一齣戲的畫面，這樣才能一直都擁有更豐富更精彩的正向發展空間。靜謐的開頭可以導向豐富多彩的結尾，反之則可能導致無聊乏味。要學會建構高潮；控制觀眾的祕訣就在於這種能力。

演出風格和設計的選擇

演出風格在很大程度上取決於實體物件的製作——它看起來是什麼樣子以及它是如何運作的。一齣戲常被視為一種流動的過程，若欲塑造出風格，在舞臺、布景、道具、燈光、服裝、音效和化妝的選擇上，有意義的相互關係絕對是必要的。導演必須提出一個可行的製作計畫，用以強化演員作為敘事主體的作用。導演的職責是決定哪個設計部門應該在製作計畫中占主要地位，然後去協調與這個主導部門相關的其他設計。

我們在此討論的意義，不僅是為了強調在設計中看到相互關係的必要性，以及一個導演如何從既有的劇場元素中創造出新意。它的意義也在於開始連接截至目前為止我們討論的所有風格，和能支持並延展風格的設計解決方法。在第31章中，對導演和設計師的合作將有確切的論述，在這裏，在導演的腦海裡，從所有已被探索的重點到即將討論的設計流程間，試著搭起一座橋樑是重要的。二十一世紀的觀眾在劇場裡可能較難被「窺探」人性的美學滿足，而這種美學是盒子式布景的寫實主義之掌控規範。隨著時間的推移，寫實主義的啟示力量逐漸被吸收，劇場中許多藝術的探索都與劇場的實現有關；亦即，尋求做劇場的方法，認知劇場之為劇場以及其意象塑造的潛能，成為演出的出發點。從整個二十世紀到今天，不斷創新的劇場導演和設計等方面，皆與劇場的意象創造潛能有關。觀眾吸收了寫實主義的特殊視角之調教，通常對劇場這種高度意象塑造的做法反應良好，因這讓他們更直接參與戲劇事件，他們的想像力由不同於所謂寫實主義的設計手法激發。這將是決定你作品風格的一個關鍵因素：你的演出手法多寫實？如果是選擇性地使用寫實元素，那麼我們看到的哪些元素是寫實的？哪些不是？寫實和非寫實的元素是如何構成一個整體的？尤其，非寫實的元素要如何與表演相連結？

製作計畫制定裡的對位法

在這一點上仔細重讀第18章討論的**對位原則**一節是必要的，看看對位法在風格發展裡是多麼重要。從單一出發點推動的設計缺乏對比，也缺乏必要的衝突。導演必須確保每一種設計在演出中都能實現其獨特的價值，並發揮其自身的個別性和對風格的貢獻。

制定良好製作計畫的結果

製作必須進展　這是劇場的根本事實，任何導演都不能忽視。**運作一齣戲也意味發展一個製作計畫**，因為風格將是整體的韻律。在多場景並陳的舞臺上，會使用好幾套布景，快換是絕對必要的，也許就發生在觀眾面前。從這點來看，我們又回到了十七世紀面具舞劇的傳統，以及它對活動布景的影響：我們希望換景成為劇場體驗的一部分。在強調以快速節奏進行事情的劇場裡，為了換景而降下大幕並中場休息（執行劇場的幻覺）已不再可行。**風格需依賴可行的製作計畫**。

節奏　所有的設計都能依必要的速度進行且傳達出風格的適宜節奏嗎？導演必須決定整體的節奏，然後確保設計與它達成一致。在製作計畫中就有明確訂定節奏的演出，能給予觀眾安全感和整體的節奏感。等待換景會降低觀眾的注意力和專注度，因為一旦演出開始，戲就需要韻律性地進展著。如果更動是在漆黑的舞臺上進行，它們必須在幾秒鐘內完成，因為在黑暗中等待會把觀眾帶回自己的現實，讓他們意識到自我。主要問題通常是換景；不過若要製作計畫奏效，換裝、燈光轉換和音效同樣也需要精心設計。

製作能駕輕就熟的製作計畫　優雅的換景，如果觀眾看得到的話，就像不用力的表演，對演出非常重要。無論做什麼，包括可見的演員或舞臺組員做出的更動，都必須看起來是正確且必然的，因為**讓觀眾過度的覺察到舞臺效果是危險的**，這種情況會降低他們對戲劇動作和角色的注意力和專注力。具韻律感的換景可加強風格感，因為它們是這齣戲整體韻律的一部分，且與之緊密相連。

變化的劇場性　在沒有特地強調的情況下，設計的變化本身有趣嗎？該變化能否提供突然出現的新場景、新服裝或燈光轉變的戲劇性效果？場景變化的目的是提供新的地點和新的時間點，從而產生新的戲劇動作。究竟，該變化是否包含了驚奇的成分？你執導的演出風格很可能就取決於它。場景變化中的氛圍對比是什麼樣貌？這樣的動態效果能不能清晰地點出戲劇性的差異？也許能在這當中發現演出風格的關鍵要素。從這裡的討論應該能清楚得知，在你繼續進展到富有意義、具有成效的設計合作流程之前，所有本章探討的重點、決定作品重心和風格的關鍵因子，皆需要徹底的思考，且必須依據製作的時間軸來做出決策，如此一來，在設計過程中，藝術群和製作群就能充分理解你的導演理念，某些情況下，你在所有這些方面的決策對演出的進化息息相關。

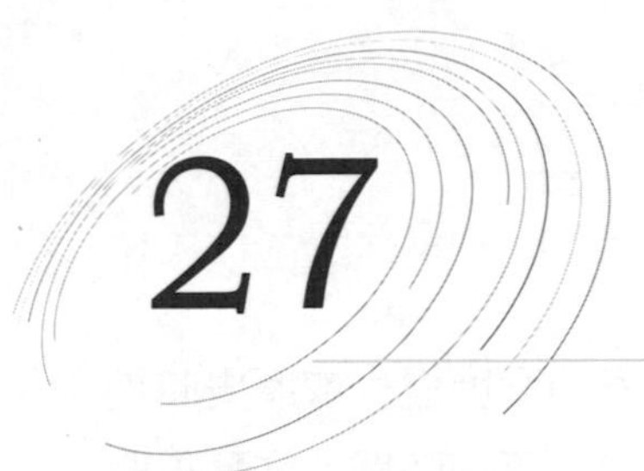

演出風格

現代戲劇

你是個藝術賭徒嗎？除非你願意在劇場裡冒險，成為一個「發想者」，一個「願景實踐者」，否則你永遠無法形塑出自己的風格，也因此永遠無法百分之百發揮導演的職能。到目前為止，你應該已經很清楚，在劇場中冒險不僅僅是因為想要冒險，而是要以強烈的整體意識和高度的敬意，去探索劇場這個藝術形式的可能性。你能藉此以獨特之姿嶄露頭角，並創造出所謂的風格。

導演藉由闡述風格來使一齣戲實體化，並讓觀眾得以用一種新穎且令人興奮的觀點去認識它。演出風格因訴求情感交流而振奮人心；它是非常個人、非常私密的宣言，因此絕不可能無聊。

如果你想尋求如何用新近的劇本（可能是你最有興趣的）有效地塑造演出風格的速成答案，本章節概括式的論述可能會讓你大失所望。然而，你現在必須清楚意識到，找尋風格完全靠你自己，而且它只能出自你自己的敏感度、想像力和大量辛勤的努力。本章節只能幫你點出問題，並提供一些可能的解決方案。剩下的事你必須獨力完成。如果你做得好，你會觀察到戲劇中風格轉變的軌跡，以及與其相配的演出風格必須如何隨之轉移。

現代風格的命名

雖然，在傳統上，戲劇史學家和劇評家都以國家的發展歷程或歷史時期來劃分劇場歷史（譬如希臘時期、羅馬時期、中世紀、英國時期、文藝復興時期、英國詹姆斯一世時期、英國復辟時期、法國新古典主義時期等等），在為現代的演出風格命名時，他們卻傾向於採取和其他現代藝術形式共享的標籤——自然主義、寫實主義、超現實主義、象徵主義、表現主義等等。令人困惑的是，這些名稱也被套用在劇本、舞臺布景設計、燈光、服裝和妝容上，有時也包含表演——雖然除非出於刻意或是把表演中的人性特質剝除，表演很難被強行定位於形式的框架中。

然而，為了所有實際應用的需求，現代戲劇和製作有兩樣主要的風格名稱與導演有關：(1)寫實主義和(2)非寫實主義。這樣的劃分法將寫實主義假定為其他現代風格所偏離或仍在偏離中的基礎。一旦掌握了這個觀念，你就能輕鬆應對自十九世紀晚期迄今、所有伴隨現代風格的論述所出現的標籤和名稱。在這個學程裏，你不必為了學習的目的而加入為風格貼標籤的行列，但你必須將精力投注於你所聽、所聞、所理解的基礎上，並以自己的語彙進行論述。

以標籤來劃分出差別固然有效，但標籤只能提供一個大致的概念，精確的命名則必須奠基於分析上。將現代戲劇和演出分為寫實主義和非寫實主義兩大類別後，你可以接著藉由實際的導戲過程、多元的看戲體驗和觀賞演出劇照，來累積經驗和知識，以便進行更精確的標籤劃分。至少是在目前這個階段，不要讓自己迷失在標籤或分類上；先將這個工作留給別人，專注於學習如何自己去分析風格。非寫實主義中有大量的特定用語和風格運動的名稱，容易混淆正在學習中的導演，但經過自己的摸索，你終究會熟稔的。

本章的目的是引領你入門並認識現代風格的差異，以便往後你能以自己的速度吸收知識並成長。

寫實主義

寫實主義在歷史上橫跨了幾乎一個半世紀之久，所涵蓋的範疇極廣，因而無法輕易地被歸類為一個風格。但簡單地說，從完全複製生活（自然主義，或完全複製出被觀察到的本來樣貌），到許多面向只由暗示手法呈現的極簡形式，都可包含於其中。不論程度如何，寫實主義的目標是呈現生活真實的樣貌。**因此，寫實主義的風格是表相之肖真**。寫實主義假定，由於人們的生活是被表象包圍，如果我們能在他們特定的、可見的環境中看到他們，我們就可以理解他們作為個體的存在。大部分的寫實主義戲劇都和家庭與共同生活的問題有關，包含分離、暴力、世代差異，以及其他在既定情境下出現的抗力。

當寫實主義在1890年代剛發展成形，其尚待商榷的美學觀點隨即遭新風格家撻伐：不富詩意，無法溝通，缺乏藝術性，在舞臺上複製的表相，在更深層的意涵上反而不忠於生活的本質。從那時起，「非寫實主義」便成為一股穩定的力量，然而，寫實主義雖一再修正，卻仍然屹立著，儘管反對它、悖離它，甚或破壞它的主張始終層出不窮。

早期寫實主義（1870-1915）

我們在討論寫實主義的風格時，大部分關注於較為早期且已是經典的形式，亦即先於二十世紀後半葉出現的各種變化——像是品特、謝普等人的劇作。但請注意，即使在此早期、經典的時期中，易卜生、蕭伯納和契訶夫的寫實主義劇作仍存在許多差異，等待你去探索。要意識到這些差異的唯一途徑，就是仔細閱讀並分析以寫實主義風格寫成的戲劇文學。你讀了幾齣易卜生的劇本？蕭伯納在1925年以前的劇本呢？契訶夫和史特林堡的全部劇作？他們都是早期寫實主義的劇作家；只有瞭解他們，你才能洞悉在這些劇作之後的作品，包含直到今日的劇本，產生了什麼樣的變化。

談到演出層面，你有許多選項可以考慮。或許最大的問題是，現代戲劇的製作幾乎沒有什麼限制，因我們處在一個演出比過往任何時期更加多樣化的時代。關鍵在於找到最好的呈現方式。而在我們試圖賦予約1920年以前的寫實劇作更清楚的觀點給現代觀眾時，這需求日益明顯，因其編劇手法在今日看來已顯過時。我們當然可以像一些導演一樣，以這些劇作首次演出時的風格搬演，但我們也可能更樂意以歷史戲劇的角度來欣賞並看待。

在搬演這些早期寫實主義的劇作時，一個關鍵的挑戰是：找到角色必須表現出的儀態。這些定居於劇中的角色——不論他們是挪威人、俄國人還是英國人——都生活在社會禮節和我們現在相當不同的時代。**導演和演員在「觀察式寫實主義」的風格下，都必須找到能讓這樣的劇作可行的外層表相**。你絕對不能忘記，在「觀察式寫實主義」的風格中，用來掩藏內在真實的外層表象是非常重要的，這些戲劇的力量，**很高程度是在於表面行為禮儀和內在壓力兩者之間的拉鋸**。因此，你必須學會如何建立作為表層的行為儀態，就像對待十七或十八世紀的世態喜劇一樣，因為如果這些表層不存在，你就無法戲劇性地突破它們。演員如何走路、坐下、站起、說話、大笑、問候他人、穿著（戲服不僅是因為演出需要，對角色而言更是生活的真實感）、打理頭髮、操作物品等等，都成為重要的環節。這些劇作的重點在於其環境以及它如何驅動戲劇動作。因此在演出這類型劇作時，你必須投注極大的心力，去研究如何盡其所能地展現其中的既定情境。

非寫實主義

非寫實主義包含所有偏離人事物表面現象的戲劇和演出。這些風格的基本目的，乃意圖透過本質而非表相來溝通。觀眾被賦予某些感覺，因此能夠直接接收到所溝通的內容。這種美學觀點認為，能被觀察到的現實無法溝通良好，因為大多數人對它們太熟悉，以至於無法觀照並感受。因而，現實被賦予高度的象徵甚至抽象。在舞臺上，設計者創造線條和塊狀來承載真實事物的本質；我們得以直接感受它們，而不會因為熟悉感和日常性而被分散注意力。作為觀賞者，這讓我們感到興奮並得到啟發，不僅因為直接的交流方式，也因為我們確實有可能這輩子第一次「覺察」到那些對象，而非只是「看見」它們。藝術成為一種情感而非理智的經驗。

用非寫實主義來為演出貼標籤需要注意的一點是，它很容易和劇本創作上的非寫實主義相提並論。這兩者從1890年代起便並排前行。但這並未意謂非寫實的劇本在演出製作時要求每一個層面都要非寫實。這裡提出一個關於風格的關鍵問題：在製作裡，何時非寫實能被最有效地運用？

經過數十年後，認為劇本應該以相同的風格來製作演出——亦即寫實劇應該搭配寫實的舞臺布景，非寫實劇就該搭配非寫實的舞臺布景——這個看來已被廣泛接受的想法，在1950和1960年代，讓一個嶄新的風格取而代之。在今天，只要對觀眾有效，怎麼做都可以，風格從此沒有任何限制與規則。這種靈活性也意味寫實主義的劇本可以用非寫實的手法有效地表現。就風格而言，戲劇寫作和演出風格被視為兩個各自獨立的劇場領域。

1915年起的劇本創作

年輕導演所遇到的問題，永遠都是如何為所執導的每一齣劇找到全新的切入視角。在二十世紀最後三分之一時期所寫成的劇本，很容易因為看起來像早期寫實主義，就被我們理所當然地歸類進此熟悉的類別。你必須找到「外在」寫實主義和「內在」寫實主義的差別。再次提醒，導演永遠必須為每一齣被認真考慮製作的劇作進行仔細的風格分析，唯有通過這個過程，他才能掌握一齣劇作的潛力，並找到得以賦予其舞臺生命的風格。

對1915年以後寫成、範圍廣泛的非寫實主義戲劇，你也必須進行你一己的密集結構審視。研究賈力（Jarry）、韋德金德（Wedekind）、托勒（Toller）、安德列耶夫（Andreyev）、凱塞（Kaiser）、格德侯（de Ghelderode）、安斯基（Ansky）、考克多（Cocteau）、恰佩克（Capek），以及特別是皮藍德婁的風格。你也必須認識塑造出歐尼爾的非寫實主義風格的劇作，像是《瓊斯皇帝》（*The Emperor Jones*）、《長毛猿》、《偉大的布朗神》（*The Great God Brown*）和《奇異的插曲》（*Strange Interlude*），以及他更偏向寫實主義風格的劇作，像是《榆樹下的慾望》（*Desire under the Elms*）、《傷悼適宜於伊萊克特拉》、《啊，荒野！》、《送冰人來了》（*The Iceman Comes*）、《長夜漫漫路迢迢》和《鄙賤者之月》（*A Moon for the Misbegotten*）。你必須瞭解美國劇作家：崔德威（Treadwell）、葛楚・史坦（Gertrude Stein）、奧德茨（Odets）、海爾曼

（Hellman）、懷爾德（Wilder）、田納西‧威廉斯、亞瑟‧米勒、阿爾比、謝普、馬密、圭爾、奧古斯都‧威爾遜、庫許納、帕克絲、密；愛爾蘭和英國的劇作家：辛約翰、奧凱西、畢漢（Behan）、弗雷爾（Friel）、奧斯本、品特、歐頓（Orton）；當然還有更近代的劇作家：斯托里（Storey）、海爾（Hare）、卡里爾‧丘吉爾、史塔普、沃騰貝克、麥多納、莎拉‧肯恩等等。布萊希特的劇作將會吸引你，但你必須仔細觀察才能洞悉他們如何發揮作用，同屬此風格的劇作家還有霍爾瓦特（von Horvath）、魏斯（Weiss）和邦德。你需要研讀沙特（Sartre）、尤涅斯柯、惹內、貝克特和阿拉巴爾；其他歐洲劇作家像是弗里施、杜倫瑪特、漢德克、哈維爾（Havel）、姆羅澤克（Mrozek）、魯熱維奇（Roszewicz）和穆勒；歐洲以外的劇作家像是索因卡（Soyinka）、富加德、三島由紀夫，以及其他亞洲和拉丁美洲的戲劇家。除此之外，還有高水準的音樂劇場，譬如喬治‧蓋希文（George Gershwin）、庫爾特‧懷爾（Kurt Weil）、羅傑斯與哈姆斯特恩（Rodgers and Hammerstein）、法蘭克‧洛瑟（Frank Loesser）、李奧納多‧伯恩斯坦（Leonard Bernstein）、史蒂芬‧桑坦（Stephen Sondheim）等等。換句話說，**你必須研讀現代戲劇的所有翹楚。為了要看到他們的相似之處，你必須瞭解他們的差異**。但最重要的是，你必須清楚意識到個人風格的本質、劇本創作風格的本質，如此掌握非寫實的立足點，你才能在製作中塑造出風格。

然而，你最大的問題或許會是如何控制製作而非開發。想像力的奔放固然重要，但對年輕導演，在製作中過度的想像力遨翔，意謂著讓觀眾自覺地意識到舞臺上巧妙的設計，一種會抹去文本和所有從這裡產生的一切的作法。

舞臺限制和其他選擇

本書在第19章到第21章中討論的各種搬演的可能性，所針對的是製作的基礎。儘管這些選項的自由度很高，導演可能仍會發現鏡框式劇院必然的局限。不過，在一些教育和非營利劇場，為了具有多元表現形式，這種單一的形式被擴充或汰換；導演尋求新方式解決問題，以滿足現代的溝通需求。由於我們不斷地克服劇場建築的限制，讓以前從未出現過的各種演出手法成為可能，並投注更多心力，去思考舞臺和觀眾的關係以及這種關係能做些什麼。當緊密的溝通——延伸出去和觸碰——成為焦點，演出就成了一門空間掌控的課題。這樣的自由也賦予導演比以往任何時期更大的發展空間，去創造生氣蓬勃且多變的劇場體驗。

正如第20章裡所提到的，脫離鏡框式舞臺同時也賦予燈光設計新的思維，使如何戲劇性地定義空間成為挑戰。儘管服裝設計還未出現類似的改變，事實是，在許多舞臺上，戲服要能夠像雕塑一樣從各個角度觀看，已經比起以往更頻繁地被要求。這種壓力，將促使戲服擺脫自十九世紀以降大量限囿它的再現主義（representationalism）。

近期戲劇的表演風格

本書的主要設定是，受康斯坦丁・史丹尼斯拉夫斯基啟發且盛行於美國的表演風格，首要強調潛臺詞、真實性、可信度，以極詳盡的具相繪述來向觀眾表達。但相較於1930及1940年代的「行為主義式」（behavioristic）表演，對人物描摹的範圍和慎重度有成長的趨勢。如何「傳達」文本在近幾年愈來愈受到重視，此壓力無疑是來自於英國的傳統，以及演員必須搬演對文本的專注有相當需求的歷史戲劇。由是，如何強烈地表現潛臺詞和專業地傳達文意，成為表演發展的重點，並在歷時三百年的擺盪和變動之後，將我們帶往更貼近歷史的表演路線。

近期戲劇的表演風格因此可被定義為：高度描摹潛臺詞和文本中心理邏輯的投射。此風格將首要的注意力集中在角色情緒張力上，以期在適當的節奏下帶出「暴力強度」。對導演，最佳的表演學習機會，除了親身當演員積極試驗外，便是觀賞當代普遍盛行的表演風格中最傑出的表演，唯有如此，你才開始能分辨出那些特別的演員如何與眾不同。最終，導演必須能夠解答，為什麼最好的演員能深刻感染觀眾——亦即，是什麼造就了他們的表演風格。

導演風格

到目前為止，探討的重點一直放在如何引導並激發其他人作品中的獨特性。一個導演的風格即出於如是開發而達成的個人成就。你現在應該很清楚，作為導演，你只能做你自己：你的藝術洞察力和品味、你的領導者才幹、你的劇場技術才能，以及最重要的——你安定、謙遜的溝通能力。你想提煉出的個人特色——你的演出風格——只能從這些特質中顯現出來。那麼，一個導演的才華，意味著天生就多多少少擁有這些不同特質；然後，你必須經由努力工作和想像力，廣闊地建立你的才華。

習作

1. 集中注意力在早期寫實主義上，對你會有很大的幫助，幫助你從風格的角度看到寫實主義的各種變化，瞭解為什麼會產生非寫實主義。你應該執導一場戲，取自易卜生、契訶夫、史特林堡（其寫實主義劇作），或早期蕭伯納的劇作——與大師們一起是學習最多的。研讀這些劇本的結構並區分出他們各自的獨特性。執導這些戲並在鏡框舞臺呈現，不僅能讓你更加認識這些劇作，也會給予你轉換到更晚近的作品其他舞臺類型的動力。
2. 同樣的，集中探索非寫實主義的劇作能讓你理解他們的風格。執導一場出自韋德金德、皮藍德婁、德國或美國表現主義者，或布萊希特的劇作。在你完成鑽研這些早期劇作家之前，且先不探究「荒謬主義者」。等你理解了其他大家之後再來接觸品特、阿爾比、謝普。
3. 導完習作1和習作2的功課後，你應該試著執導一場戲，須是寫於1960年代中期以後「看起來像是寫實主義」卻不全然是的劇本。要注意其未再使用大量先前動作的手法，以及戲劇動作中增強的寓意價值。這些非寫實的劇作仍然是易卜生式的嗎？還是更為抽象？你導的戲所強調的是思想嗎？什麼是「黑色喜劇」？

視覺感知遊戲：現代戲劇的風格（見第8章）

1. 劇照57至70的「劇場性」為何？是什麼吸引了觀眾的注意力？

2. 比較《菸草路》（劇照60）、《阿郝瑪托娃計畫》（劇照62）和《頌西公爵》（劇照63）的演出風格。在設計的語彙上有什麼差別？在這些演出裡，明顯且互異的風格走向，對表演和場面調度各有什麼要求？
3. 近年來的「新」劇作（譬如蘇珊—羅莉・帕克絲、提姆布萊克・沃騰貝克〔Timberlake Wertenbaker〕、查爾斯・密和卡里爾・丘吉爾的作品）和早期的劇作有什麼差異？對於導演和設計者而言，要有力地將他們的風格體現於演出中時，這些差異意味著什麼？
4. 選一齣帕克絲、沃騰貝克、密或丘吉爾（或其他以顯著的「現在」風格寫作的當代戲劇家）的劇本，並提出你的切入角度與演出手法，包括經過縝密思考的舞臺構想。

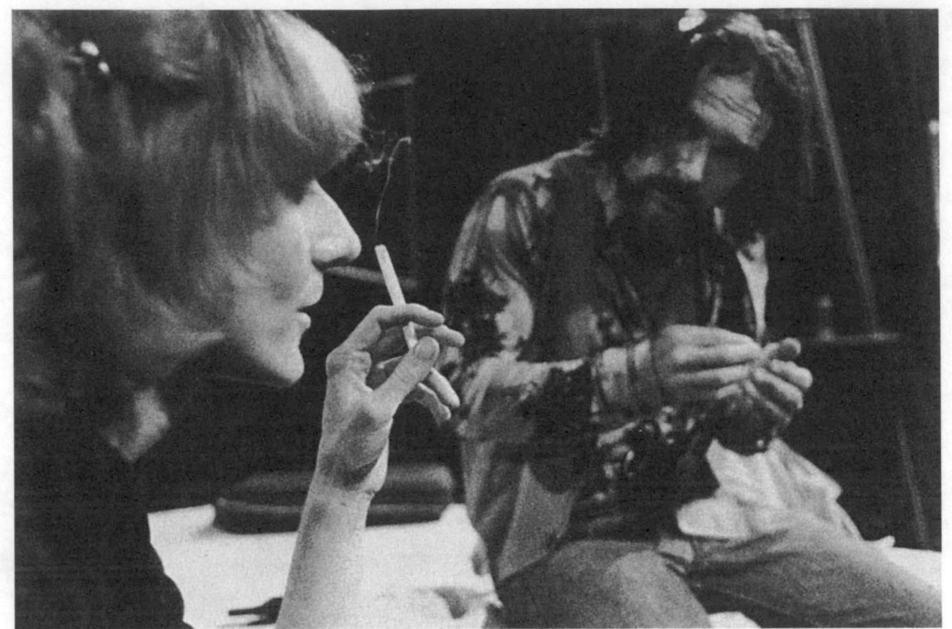

劇照 57　謝普，《牛仔的嘴巴》

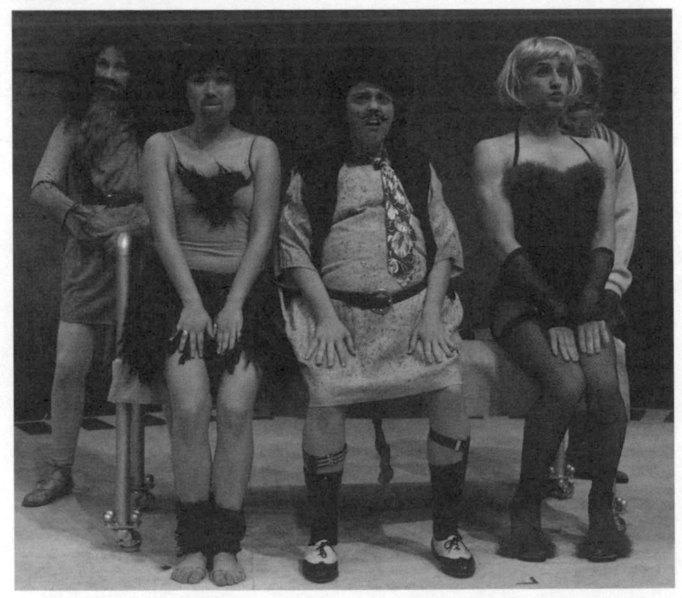

劇照 58　亞里斯陶芬尼斯，《莉希絲翠妲》

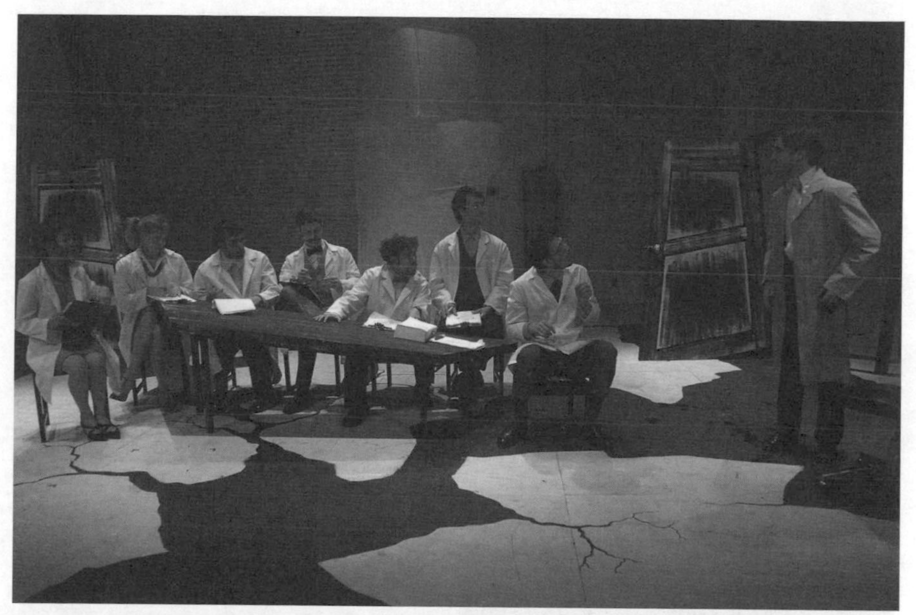

劇照 59　提芬尼．安東，《珍寶公司》

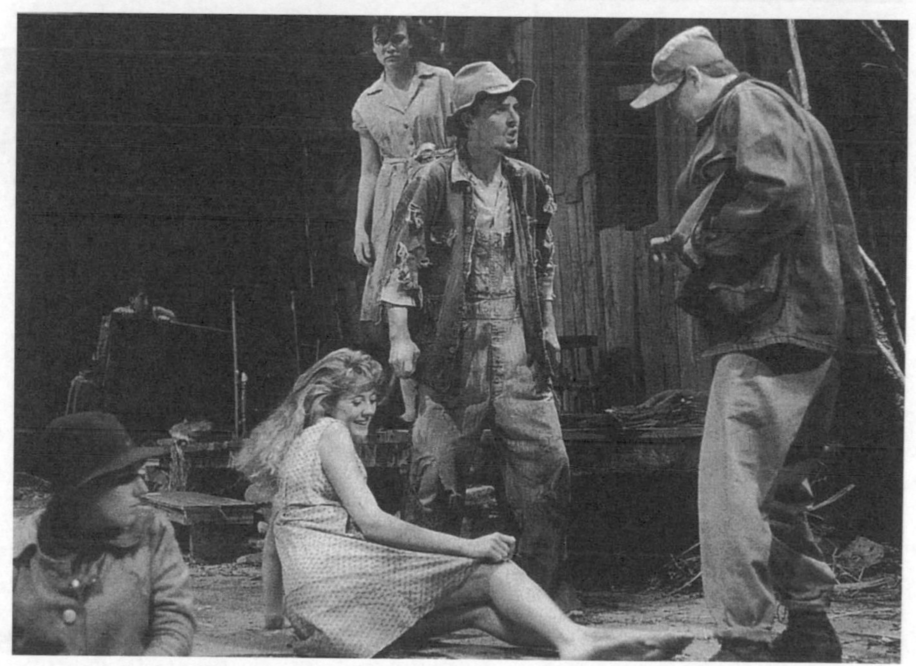

劇照 60　柯克嵐改編，《菸草路》

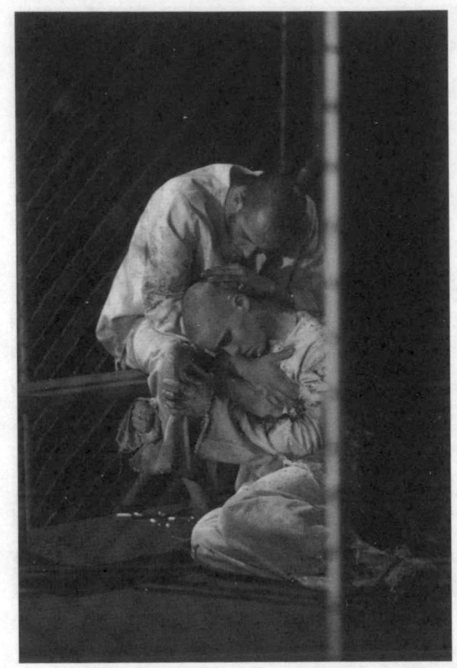

劇照 61　肯恩，《清洗》

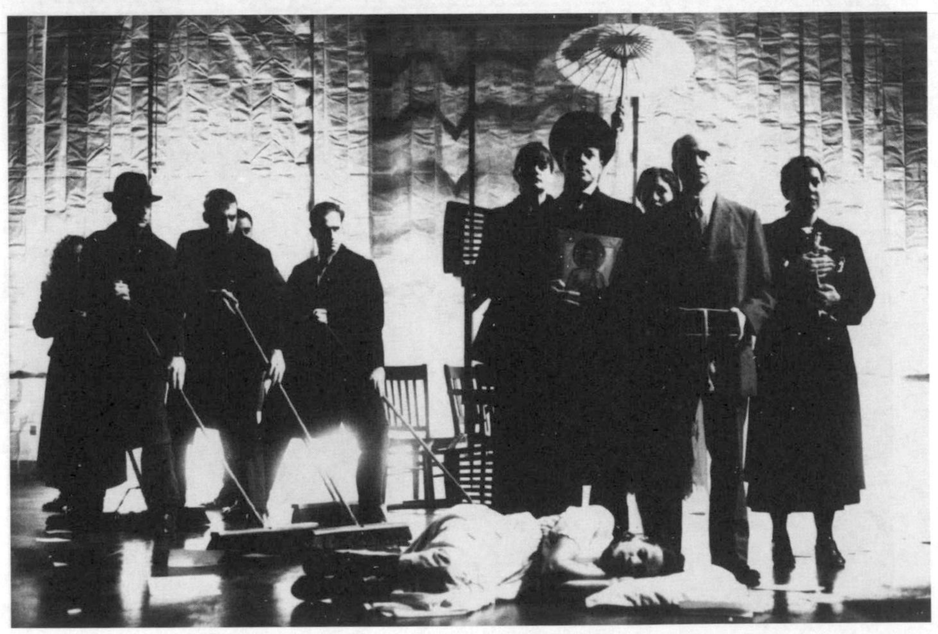

劇照 62　基史東和臨界群眾表演團隊，《阿郝瑪托娃計畫》

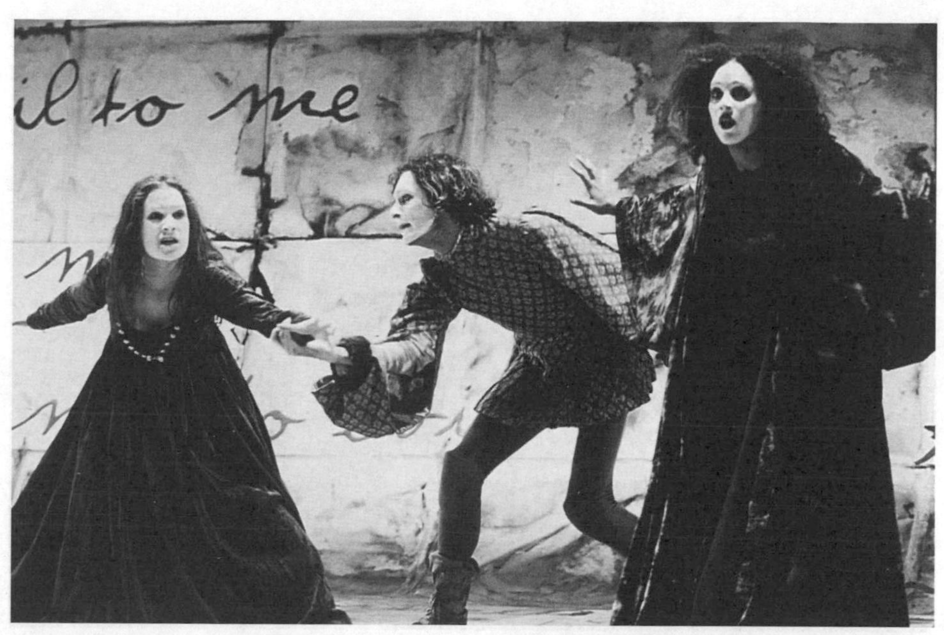

劇照 63　阿鐸，《頌西公爵》

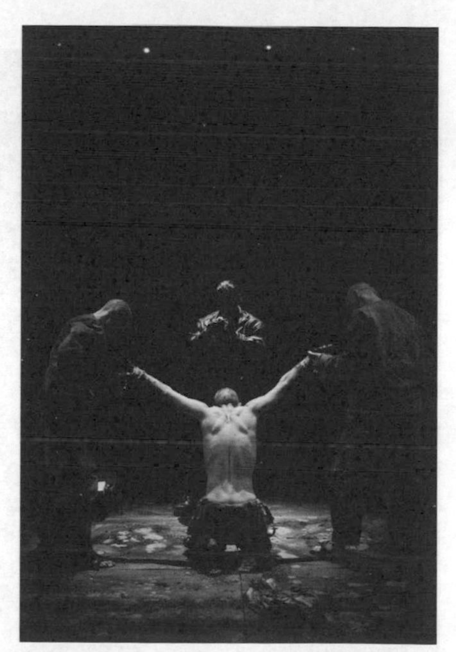

劇照 64　肯恩，《清洗》

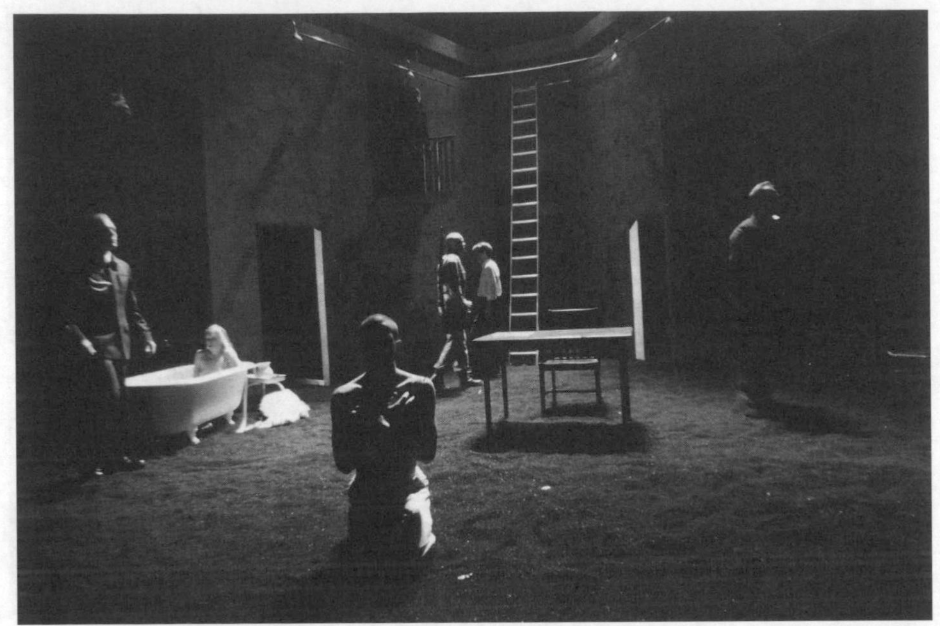

劇照 65　基史東改編，《安蒂岡妮》

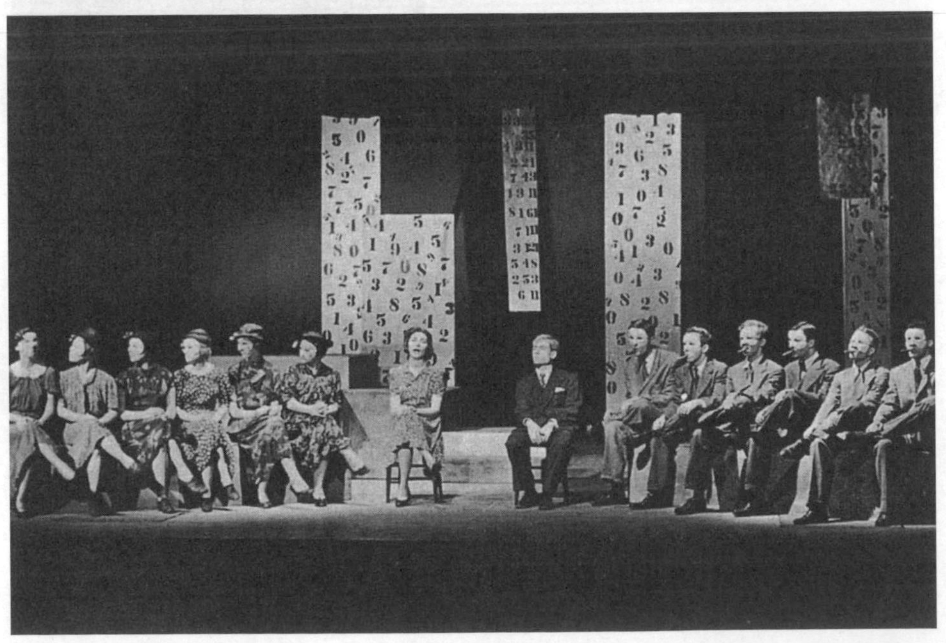

劇照 66　萊斯，《計算機》

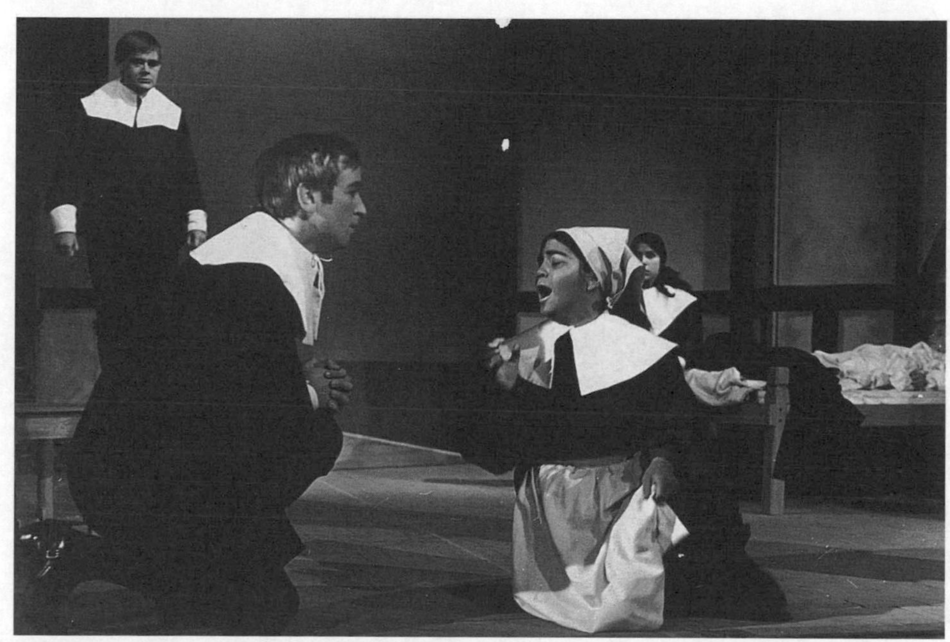

劇照 67　米勒，《考驗》

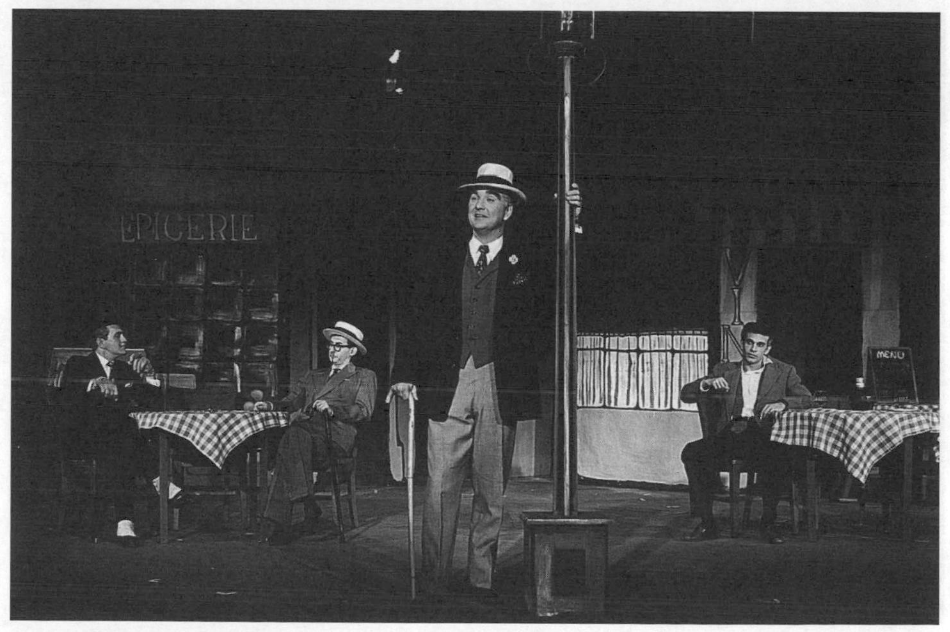

劇照 68　尤涅斯柯，《犀牛》

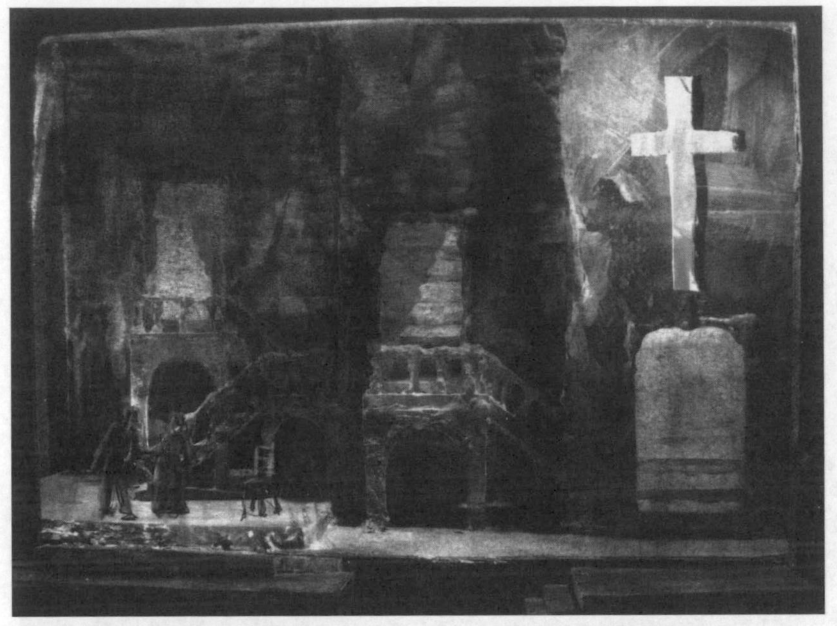

劇照 69　韋伯斯特，《馬爾菲女公爵》，〈羅馬：紅衣主教和茱莉亞〉

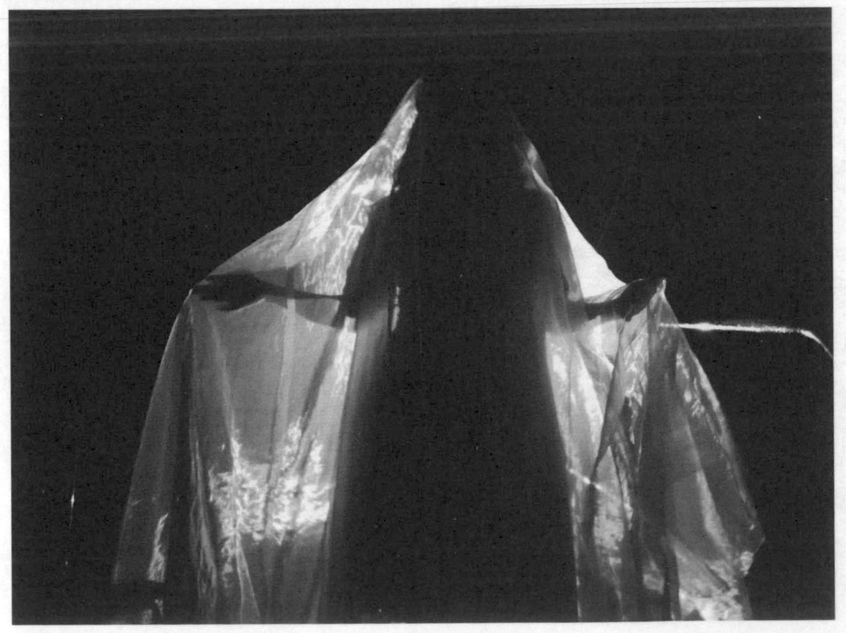

劇照 70　梅諾悌，《靈媒》

演出風格

新劇作

本書抱持著這樣的觀點：如果身為導演的你，缺乏對古往今來所有戲劇類型的認識，那麼你對新撰劇本中個人風格和潛力的敏感度，也會大大降低。在此，本書再次重申於第1章討論過的概念：導演不是劇作家，然他作為劇場中首要藝術家，幫助劇作家闡明他們的劇作；他也以同樣的方式，幫助演員和設計者找尋更強而有力的表現手法。身為他人作品的總溝通者暨詮釋者，導演把舞臺意識和歷史知識匯入演出的各個層面。導演致力服務該齣戲，但不編寫劇本，不表演，不設計。正因為導演瞭解戲劇從古至今是如何被建構的，他的導演視野得以全面性地擴展開來。

新劇作的演進

1960年代以前，全美的劇院大多都選用已經在百老匯上演的戲碼來編排演出劇目，最新的賣座劇本往往一釋出給業餘劇團使用就供不應求。頂尖的大學戲劇院校通常會安排一齣莎士比亞或契訶夫的戲來豐富劇目，但其他大部分的劇目則多是百老匯炒熱過的。新完成的劇本被束之高閣，只有一些培訓中的劇作者的作品偶爾會被拿來搬演。

這情景在1960年代發生了劇烈轉變，肇因是全美國主要都市地方性非營利劇院茁長、百老匯的主導勢力分散了，但最強勁的變動力量來自那時期的反叛劇場，其充滿創意並力圖革新的力量，為劇作家和他們的劇本帶來新銳的觀點。對正在尋找嶄新表達方式的劇場改革者而言，當時的百老匯劇院是個遙遠的存在。在這些運動中，一股劇本創作的革新風潮陡然而起，並銳利地轉離百老匯固有的限制和軌道。在領取補助資金的壓力下，地方性劇院每一季都必須至少做一齣新戲，而反叛劇場——訴諸種族、本土、對抗現存秩序——把製作所有新劇作視為使命。大學院校很快地跟進這股風潮，開始搬演新的歐洲戲劇。在這樣的態勢下，於教授劇本創作課程的高等學府裡，新劇作紛紛問世，其他機構也開始使用這些新撰劇本。這般全國對新劇本前所未有的熱忱簇擁，劇作家得以去實驗劇作的創新風格和搬演的各種可能，改變了戲劇演出的風貌。

搬演新劇作的熱情把其他時期戲劇的製作推到一邊，除非它們經過改編、符合時代新的思維和覺受。演出莎劇遠不如製作一個剛出茅廬的新劇作家的作品重要，因為新劇作更富有激起年輕觀眾熱情的潛力。年輕的美國在劇場裡行進著；空氣中瀰漫著各式各樣的改變。在標榜和「此時、這裏」相關連的戲劇追求下，舊劇本顯得過時且久遠。然而，不再上演這些舊劇本，意味著——特別是對導演來說——劇場演出中各種技藝的遺失；狂熱地追求新劇本且把舊劇本連同它蘊涵的其他時代的文化遺產推至一旁，亦即可以選擇的範疇大大縮限了。於是，導演的作品也隨之改變。但是，導演要是不具備執導舊劇本和新劇作兩者的能力，他之作為有創作力的藝術家就要左支右絀寅吃卯糧了，連帶的，觀眾的視野也遭到局限了。

這一章是奠基於前面所有篇章的論述，若你融會貫通前述，你就具有根基理解劇作家如何運用新結構、他／她對表演的期待、他／她怎樣提出觀點等等。今天觀眾以為是創新的戲劇形式，可能是其他時代的重現。譬如在1960年後，戲劇為了和電影相抗衡，出現了一波走向多元地點、多元時間點和多元行動的戲劇潮流。若是具有劇場歷史背景的導演，便能夠帶入伊莉莎白時期的人們或甚至是古希臘人的思維，並以這層戲劇意識來回應新編劇本的挑戰。1980年代著名的百老匯劇作家——A. R. 葛尼（A. R. Gurney）的劇本以三幕的形式寫成，包含單一的場景和緊密統一的戲劇行動；對今日的年輕劇評家可能顯得過時，但這個起源於1930年代的形式，卻讓演員有空間詮釋角色，而不僅僅成為填充劇本理念的工具。藉由回到盛行於1920至1960年代的寫實主義風格，葛尼所創造以中產階級生活為主軸的諷刺劇，才得以兼具洞察力和凝聚力。再如，你知道為什麼易卜生以五幕劇的形式來說故事，或為什麼田納西・威廉斯只用兩幕嗎？把一個戲劇動作分成幾個部分、再打散至幾個不同的地點，對於講述故事有幫助嗎？還是這只是一個不讓觀眾覺得無聊的方法，就像電視電影中一系列不同的場景一樣？三一律被奉為經典是有道理的，你知道為什麼嗎？否則，為什麼普立茲戲劇獎（Pulitzer Prize for Drama）會頒給羅伯特・申坎（Robert Schenkkan）的《肯塔基週期》（*Kentucky Cycle*）——一齣還沒進過百老匯、但在西雅圖和洛杉磯的地方性劇院上演的戲？亦或者，為什麼地方性劇院——像是芝加哥的荒原狼劇院（Steppenwolf Theatre）——能夠把這麼多優秀戲劇送進百老匯？

和新手劇作者[1]工作

一個新手劇作者其實和一個新手導演沒有什麼差別：靜心想想，你的劇作者夥伴也和你一樣在為同樣的目標努力奮鬥——以戲劇性的事件牢牢抓住觀眾的注意力，並激起他們的歡笑和淚水。當你的劇作者同僚寫出一段原創的即興作品（一個場景）並請你過目，你所檢視和批評的是他／她所展示的能力。身為導演，你能敏感地察覺到他／她的不安嗎——你對這作品會有什麼看法？又或者，你會怎麼對待這個精心設計的創作？你會進行切割嗎？你會刪去某些片段，然後重新安排其餘的部分嗎？還是你會為這個作品注入生命，協助它振翅飛翔？或至少幫助你的作者朋友去做到這點？

所以，你面對新手劇作者和他的劇本的任務，其實和你已經學過的如何面對演員、以及即將學到的如何面對設計者是一樣的：和你的創作夥伴一起增強、而非減損努力的成果。你必須以客觀的局外人的角度問自己：劇作者能在我的幫助下修訂這部即興作品，使它的劇場價值發揮到最大值嗎？我理

1 譯註：playwright，中文可譯為「編劇」、「劇作」或「劇作家」等。在中文裡，稱之為「家」的，有時是指其專業已有一些成績，在這一章裡，由於作者特地指明是作者在劇本創作專業尚未有成就的新人，且皆譯為「劇作者」。

應知道這些價值如何在劇場中運作，但我果真比劇作者更懂嗎？在我對別人寫成的詩篇下斷語之前，我確切仔細檢視了他的視野嗎？還是我只是想把別人的劇本變成自己想要的樣子？我是在侵犯還是幫忙？

這些都是作為導演的人在接觸劇作者之前要先問自己的。唯有這麼做，你才有可能在一對一的層面上使這齣戲更好。你必須非常善解人意才能經營這種敏感的關係；要是缺乏親密度或不夠敏感，你原本想協助變成困擾，結果變成「導演的戲」而不是劇作者的。須先思而後行，且避免傷害。

雖然除了結構以外，還有非常多能成就一齣戲的要素——譬如意象、情緒價值、情節高潮、對生命的體悟等——結構仍不失為一個檢驗劇本的出發點。大部分的新手劇作者可能尚未領會戲劇動作的內部運作邏輯，以及戲劇動作如何影響角色的發展，而通常傾向於將一部戲視為透過對話進行的文學展現。對必須繼續工作的結構，你可以用一般的劇本分析方式去提出必要的問題來聚焦你的評論觀點。諸如：每一場景都發揮了清楚的功能嗎？它們具備足夠的篇幅和動力來講述故事嗎？有從開頭、中段、到結尾逐步鋪向高潮嗎？有沒有使主要角色發生改變——也就是，角色有沒有得到任何新的認知或發現？

一旦你洞悉了結構的弱點和**強處**（這點非常重要），接下來，你可以著手進行一般的風格分析，來探索可讓這齣戲成功的獨特性究竟是什麼。

遵循這些客觀的程序，不僅能讓你直接並深入地瞭解這個劇本，在和劇作者討論時，你也會有明確的觀點。在開始討論以前，有一點你絕對要注意：**你不是這劇本的作者**，而是一個瞭解戲劇在劇場中如何運作的明智評論者。聆聽！聆聽！ 聆聽劇作者。試著理解他／她心裡的想法，它們向你展現的，可能是你遺忘許久的特質，也可能帶給你一個進入討論的切入點。你的首要任務是去溝通而不是支配，目標是要幫助劇作者精進他／她正嘗試要寫的劇本，而不是將它形塑成你想要的樣貌。

劇本不只是被寫出來，更是被重寫的。如果你懷著與「面對演員和設計者的創造性工作」時同樣的謹慎和細心，去做好劇本評論者的工作，你就能協助這個過程。但是，不論劇場人在公眾場合中看起來有多麼強韌，他們其實都非常要面子。做一個「思維敏捷的導演」，而不要擺出什麼都懂的樣子。一齣戲會因為你的鍥而不捨而展現原創的獨特風貌，因此你必須確保在前面章節中談到所有關於風格的要點都有被照顧到。仔細地用這些技巧檢視一個劇本，你就能找到與劇作者談論劇本的立足之地。

與劇作家討論時，以下建議的步驟可能會對你有幫助。

第一次討論

不要從劇本的不足之處談起，相反的，指出那些你觀察到的強處。這能表明你對於這個劇本的看法，並讓劇作者更願意接受你指出的缺點。但是，把缺點留到下一次再討論；第一次會面時儘量讓劇作者發言，試著去完整地瞭解**他／她**對於劇本的理念——戲劇行動、角色、情緒，以及它和其他劇本的不同之處等等。藉著詳盡地詢問劇作者來確保你理解他／她正嘗試撰寫的這齣戲（不論它是否已經完整成形）。不要掌控這個劇本，讓劇作者去做，因為你可能發現很多你在研讀這作品時沒有看到的。

第二次討論

在你們再次討論以前，你必須先做好功課：從第一次討論的結果出發，比對劇作者提供的概念和你做的風格分析。等你評估了這齣戲的走向、有了如何賦予它劇場性的想法後，你就能再次和劇作者討論。每一場景在全劇裡有其特定的目的嗎？這齣戲的開頭、中段和結尾劃分清楚嗎？在每一部分裡，所有場景都讓它發揮作用嗎？

這會引導我們重新審視角色。主要角色的行動是否有被明確地建構？角色有沒有在逐步投入行動的過程中發展完成？次要角色是支持還是阻撓主要角色呢？

幾項提醒。要記得這是劇作者的劇本不是你的，所以不要成為工作劇本的第二位劇作者，而要做一位有見識的導演，帶著對戲劇運作原理的敏感度來精進它。不要把非必要的意見塞進劇作者的腦袋裡，因為針對核心部分的改善很有可能連帶解決次要的問題。你的工作是引導劇作者寫出一個更好的劇本，不是動手幫別人寫，因為最終你無法為他們做個人陳述。戲劇的緊湊意味著經濟節約並精準地將情節堆疊至高潮，使重要的段落充滿意義和動力。記住：要是缺少了較安靜段落的承先或墊後，在文本中最重要亦是最令人激昂的時刻也可能無法成就一個精彩的觀戲經驗。單單要刺激觀眾不是難事，然而要打動觀眾，或使觀眾出自內心地認同並發笑卻很困難。

在這個階段讀劇，請演員圍坐在桌旁，讀出角色，會很有幫助。讀劇結束後，引導大家討論並聚焦在劇本的主要觀點上，在諸多提問裡，詢問以下幾點：劇本能讓他們好好發揮嗎？劇中有堆疊的張力嗎？找出對別人而言哪些是清楚的、哪些是無法感受到的。這時候可能會有演員想要更動臺詞，但在這階段相對而言這點並不重要。劇本目前聽起來如何？若引導得當，受惠於現場讀劇演員激發的不只劇作家，還有你的想像力。

第三次討論

等到劇作者已經工作了劇本，有了足夠的自信去回應你和其他人的批評並捍衛作品，或準備好呈現根據上次建議而改動的成品後，再召開這次討論。讓劇作者帶領你。此刻你如何提出意見至關重要；你不是在為報紙寫評介，而是在仔細地打磨這個演出中重要的藝術家的創作成品。不要試圖去支配劇作者，而要從各種可能的方式去溝通。你批評的觀點可能合情合理，但你必須向劇作家**推銷**這些更動的想法，而不是去強迫他／她接受。

第四次討論

請劇作家讀根據你的評論修正後的劇本給你聽。要像在第一次討論時那樣聆聽，不要中途打斷，把意見留待讀完後的討論再提出。如果你確實遵循本章架構出的步驟，你就能暢所欲言，且不必擔心這些評論和意見不被採納。再次提醒，**你的目標是嘗試去精進劇作者的劇本，而不是自行介入去寫一齣新的。**

演出風格

過去時代的劇本

一個年輕的導演，在積累足夠的現代戲劇演出經驗以前，最好不要挑戰歷史戲劇（historical drama）做公開演出；除非對劇本創作和演出風格都有鮮明的想法，否則不要貿然進入這塊最困難的演出領域。歷史戲劇不適合新手導演但適合經驗豐富的導演，道理很簡單，前面章節已指出，深諳劇本分析並確知如何建構獨特的表現（風格），在在是基本要求。

不過，弔詭的是，瞭解現代劇場最佳途徑之一便是大膽嘗試製作過去年代的戲劇，因為歷史觀點可以讓我們更清楚看到劇本寫作和製作中現代風格的改變。本書的立場是，雖然時代劇（period play）的公開演出應該等到導演累積一些現代劇的演出經驗之後，**不過導演訓練必須有完整的歷史戲劇實驗才完整**。因此，建議實驗製作練習與批評討論結合舉行，有太多需要經由個人發現去學習的。就像其他藝術，戲劇演出是要在實踐中發現，不是談出來的。

然而，所有的演出經驗都必須遵循本書在第三篇所建議的流程：首先，對劇本進行風格分析，接著（這時才可以）著手處理演出。在這樣的實驗性實習中，通常無法完整地運用舞臺布景、燈光和全套的戲服；不過，你依然可以在這些限制下完成許多事，像是決定一個適合的舞臺、實驗簡約的燈光、設計舞臺擺置圖，以及最重要的——**和演員工作**。

在加入其他風格上的決定因素前，你須學習處理戲劇的核心要素，譬如用這樣的資源和演員工作。時代劇所激起的各種想法就夠你忙的了——各版翻譯或改編的選擇、詩文體的挑戰、各式各樣的表演難題（包含必須大量工作的重點：傳達文本）、舞臺的選擇、必要的韻律動作設計。視覺上的設計可以先暫緩，可以等到你有更好的想法去運用它們時。

選擇的範疇

這裡定義的過往年代之歷史戲劇大約是西元1875年以前的劇本。這個年份當然很武斷，但在此用來標誌易卜生寫實主義（Ibsenite Realism）的開始，它設置了戲劇模式，一直延伸到最近的時代。

儘管，從1875年往前推算約兩千四百多年，西方劇場傳統裡的戲劇範疇極為龐大，但在美國和大多數其他國家，時代劇被積極搬演的數量當然是少得多。至於哪一份手稿得以倖存、哪一齣戲能成為經典並留傳到後代，一直是個令人迷惑的現象，且帶有無可避免的機運因素。然而，超越具體因素如諸多戲劇文本在世代運轉中流失，那些能繼續存活至今的戲劇，基本上都擁有闡明人類處境以及在劇院娛樂觀眾的功能。以《哈姆雷特》、《塔圖弗》和《莉希絲翠妲》作為這類型戲劇的代表，它們不僅能提供觀眾喜愛的劇場經驗，同時也非常真實並具有意義，後世因而無法任其讓時代沖刷而消逝。從某種意義上來說，我們承載著我們無法承受失去的作品前行——因為它們闡明了關於人類一些深刻的東西，並幫助我們瞭解自己是誰。

身為導演，要去熟悉早期的劇作，永遠去尋找與你和你的時代對話的作品，它們有能力成為**當今**有意義的劇場基石。如果你認真嚴肅地看待導演這志業，你就會在生活中騰出時間，日積月累，讓自己除了當代也熟悉過往的劇本。劇本研讀應該成為你生活中規律且習以為常的一部分，不是為了盡義務（如果是的話，你無法持久），而是出自於興趣和好奇。導演永遠都在找尋能和他／她以及當今對話的劇本。你應該知道《哈姆雷特》和《馬克白》，但你熟悉《一報還一報》嗎？你很可能已經讀過索福克里斯的《伊底帕斯王》和《安蒂岡妮》，但三部曲中的第三部劇《伊底帕斯在柯隆納斯》（*Oedipus at Colonnus*）呢？或其他索福克里斯的劇本，例如直到不久前幾乎從未被演出過的《艾阿斯》（*Ajax*）或《菲洛帖》（*Philoctetes*），反而被像你一樣的年輕導演視為「新的」作品；他們不僅以全新的眼光審視這兩個劇本，還在其中都各自發掘了對今日的觀眾而言別具意義的價值。並在最近為其推出了重要的製作[1]。

導演若是你的志業，你就該整理出自己的劇本清單；唯當你成為積極的劇本閱讀者且求知若渴地探求嶄新的見解——即使這個見解存於一個有兩千五百年歷史的作品中——從嚴肅意義上來說，你才是個真正的導演。

要如何開始呢？若你修過劇場史或戲劇文學的課程，對過往指標性作品便已有涉獵，若尚未，幫自己找一份好的劇場歷史教材來研讀。配合網路上的百科全書和資料庫，搜尋的過程不僅比起以往任何年代都要容易得多且可能在短時間內完成。如果有任何劇作家或劇目引起你的注意，就繼續鑽研，可能別有洞天。特別去留意那些你或許認識較淺的人物，像是克里斯多福・馬羅（他對年輕讀者來說有些被掩蓋在莎士比亞的陰影下），或是西班牙的羅培・德・維加、法國的馬里沃（Marivaux）；他們都是傑出的劇作家，有些國家的文學與以英語為母語的我們因距離而較為陌生。作為一個不斷在探求創作素材的導演，應該把認識這些劇作家的偉大作品視為己任，譬如羅培・德・維加的《羊泉村》、馬里沃的《愛的勝利》（*The Triumph of Love*）以及他們其他的劇作。而像莎士比亞、莫里哀和索福克里斯這樣頂尖大師，不要僅止步於他們的標誌性作品如《哈姆雷特》、《塔圖弗》和《伊底帕斯王》，要更進一步地把自己推向這些偉大作家較不為人知的作品——只要想像一下，要是茱莉・泰摩不曾在《仲夏夜之夢》和《暴風雨》（*The Tempest*）後繼續前行直到遇見《泰特斯・安特洛尼克斯》（*Titus*

---

1 《伊底帕斯在柯隆納斯》是在導演李・布魯爾（Lee Breuer）和馬布礦場劇團（Mabou Mines theatre company）的新見解下轉化成為《柯隆納斯的福音》（*The Gospel at Colonnus*）。

譯註：音樂劇《柯隆納斯的福音》於1983年在布魯克林音樂學院（BAM）的下一波藝術節（Next Wave Festival）首演而後進駐百老匯演出，1984年獲Obie Award最佳音樂劇獎，1985年獲普立茲最佳戲劇獎等，巡演復演經年不輟。

Andronicus）[2]就明白了。因為茱莉・泰摩有了和這齣戲的相遇，才產生了後來的舞臺劇製作和電影作品；它們擄獲了無數看戲和觀影觀眾的心，且兩部作品在茱莉・泰摩成為我們今日認識並景仰的藝術家之歷程中，都是關鍵性的。你握有是否去探尋這類相遇的決定權；如果你真有心，你就會去做。和眾多要成為藝術家（或是運動員、科學家或任何要求個人積極發展的志業）的關鍵層面一樣，除了你自己以外，沒有人能幫你做這份重活。你的老師和課程或許能為你指明方向，如果你幸運的話，可能還會提供一些已被證明為實用的工具，讓你在路程中調整成適合你自己的用法；但真正去看地圖、決定踏上旅程付諸實現的人是你。要走多遠由你決定。

導演必須有話要說

要是沒有特別要傳達的訊息，製作出的歷史劇就會變得含糊並缺乏意義。觀眾不會接近這種演出，因為它們看起來像博物館裡死氣沉沉的物件，被困在戲服中於舞臺上展示。要讓一齣歷史戲劇對觀眾有意義，導演**必須先確認並探索出一個對他而言有意義的核心概念**。

然而，「有話要說」不代表導演要用自己的理念覆蓋整齣戲，因為你的目的不是要成為一個共同創作的劇作家，而是作為一個詮釋者，把文本上感動或逗樂你的文字具相並活化為一齣戲的內容。因此，**導演的目的是要呈現一個現代觀眾可以回應具有趣味價值的演出**，並將其以觀眾能夠感受和思考到導演所感思的方式搬上舞臺。

這是一個困難的挑戰，因為過往的劇本常常因各種不同的原因而顯得遙遠；它使用的語法可能很古老、在許多行動中還可能模糊不清，必須等到有人帶著敏感的觀點和創作風格的才情出現，才能將新生命注入其中。在這層

---

[2] 譯註：茱莉・泰摩（Julie Taymor, 1952-），才氣縱橫劇場、電影、歌劇、音樂劇的導演暨設計家，1997年起以音樂劇《獅子王》享譽國際至今。在1984年，她以約六十分鐘的《仲夏夜之夢》震撼紐約劇場，往後數年她繼續執導多部莎劇如《暴風雨》、《馴悍記》，而1994年的舞台劇《泰特斯・安特洛尼克斯》是她導演生涯的里程碑，1999年改編此劇拍成電影*Titus*（臺灣譯為《戰士終結者》），由安東尼・霍普金斯與潔西卡・蘭芝領銜主演。

意義上，「有話要說」成為可以達到清晰與統一的個人信念。

一旦你對一部劇本有了強烈的感覺，你就必須接受下一項個人的挑戰：我的想法，對一般沒有仔細研讀這劇本的劇場觀眾有任何意義嗎？這是一個嚴厲並直指核心的問題，因為在研讀了劇本後，作為導演的你很容易被困在劇本的歷史脈絡與寫作氛圍裡。**這個挑戰就是要你把這部劇本放到當代的環境來檢視，並製作出一齣別人能在其中體會到你所領會的演出。**

這個挑戰可能只會揭露我們如今看待事物的盲點，但如果導演對一個劇本探尋得夠深，很有可能會得到某個想法，並足以刺激我們以新的模式去思考這個我們生活於其中的世界。偉大的劇本具有一再被搬演的能量，因為它們都能以某種方式成功地講出關於人性亙古不變的真相。綜觀歷史，劇作家書寫的主題一直是人類，因為觀眾對他人的困境，以及他人如何被困於其中或從中逃脫，始終有著高度的興趣。

戲劇呈現的恆是人寰浮世繪，但發生戲劇行動當下的環境會在時代的推進中改變。因此，導演針對一齣特定歷史戲劇的研究，必須是在既定情境的脈絡下，對戲劇行動進行最仔細的檢視。一旦你理解了這層緊密的關係，你便更容易明白劇中蘊含的價值。

這也意味著，這類劇本的戲劇動作，對你和你的觀眾在主觀和情感的層面上，必須能夠辨別且富有意義。

然而，不論一齣戲在當代的意義下如何被重新詮釋，**作為導演的你都必須堅定地相信這個意義，就像你會堅定地相信近期以你所熟悉的背景為基礎所寫的劇本一樣**。尋找風格的第一點就是去找到要說的話，再以此衡量其他的演出考量。

以藝術和考古學作為搬演的背景研究

一齣戲的風格有很大一部分是透過視覺、甚至音樂的方式來表達的，導演理當具備對過去的時代既敏感又詳盡的知識。當物件和服裝是新造的，製造的人因為明白它們的需求且認為它們具有功能性是理所當然的，會將它們製作得使用起來自然自在。但當歷史性的物件或服裝被使用時，如果要避免它們「去使用」演員（在這種情況裡，觀眾的注意力不在戲劇動作而是被物件或服裝吸引開來），**你必須瞭解這些物件原始的概念以及正確使用方式**。這個想法明確適用於舞臺布景和服裝設計——你無法用猜測來取代正確的認知。這樣的手法當歷史性的地方被提出時尤其重要。呈現的風格可能只會暗示出地點，然而設計必須從真實出發，因為所有真正的抽象概念都牢牢地紮根在現實生活的用法中。

服裝和舞臺具有相同的重要性。**瞭解服裝的歷史是必備的知識**，不僅為了服裝的設計，也因為演員表演時是穿戴著不同的服飾，真實的服裝會以特定的方式擺動並影響演員的動作和移動。在大都會市中心的百科全書式博物館[3]都會有服裝收藏區，那裡應該成為你拜訪博物館時的固定去處。另外，你也應該特別留意繪畫中的衣著，並善用每個機會去熟稔書中捕捉各個年代人們服飾的插圖。這些關於服裝的知識會告訴你許多當時的行為儀態；因為儀表形態就是風格，如果導演對服裝的發展有很深的涉獵，必然能夠把風格帶上舞臺。以喬治・費多（Georges Feydeau）或奧斯卡・王爾德的喜劇為例，若少了這層意識就會變得非常遜色，更不用說莎士比亞或英國復辟時期的戲劇了。沒有什麼比看見演員不是穿戲服而是「被戲服穿」更糟的了。

形塑風格的背景知識便是對考古學、繪畫、裝飾藝術（家具、餐具等）、衣著，以及絕對不能遺漏的音樂和建築之研究。**一個當導演的人應該經常拜訪博物館，因為你的工作時常要求你去映現過往的時代**。你也必須成為一個對社會、經濟和文化歷史狂熱的讀者，因你必須理解那些另一個時代的劇作家在劇中不必明確提及，然而當時觀眾理所當然會明白的。實際的演出風格很有可能會和精確的複製相差甚遠，但這類型的搬演皆是從對真實地點和衣著外貌的敏銳覺察開始。

以製作歷史作為背景知識

歷史戲劇製作意味著，這些戲的發生，是對其初始環境有所覺察並在可

---

[3] 譯註：百科全書式博物館（encyclopedic museum）亦稱環球博物館，收藏品包括世界各地的藝術、科學、歷史和文化等各層面。

被確認的範圍內把背景帶進製作。對劇院建築和戲劇製作過程的關注是無價的，因為劇作家總是把要上演他們作品的舞臺機械視為理所當然——他們只架構出骨架，其餘的血肉和衣著必須由演出來完成。對劇場歷史中手工製品的研究，可以告訴我們許多關於建築物本身和其中過往演出的事蹟。

要查明具有歷史性的舞臺戲服是更困難了，因為直到近期，仍只存有非常少量的紀錄能精確地顯示當時穿了什麼。直到進入十九世紀，之前，演員皆從他們自己的衣櫃裡挑選他們認為合適的服裝穿上臺。那時除了宮廷假面舞劇（court masque），設計協調尚未發展成像現今演出被認為是基本前提，但也是因為這類視覺歷史紀錄的稀有，才使得關於它的研究特別迷人。你在導演的路途上將會學到要在各處尋求線索——描摹演員的繪畫（不是非常可靠）、線條描繪和蝕刻版畫、一些觀者認為值得記錄下來的簡短敘述等等。**你需要仔細地練習對這種細節觀察的眼光。有太多學生把劇場歷史視為次要的而非一門在他們工作中重要的研究——你如果想成為導演，就不能抱持這種觀點**。當你開始把劇場史看作是記錄與你相差無幾的人們（除了他們活在另一個時空背景下）的活動、掙扎和想法時，那麼這門研究對你來說就很有可能變得更為生動並有價值。

觸及觀眾

搬演風格

一旦你為一齣正在考慮要演出的歷史戲劇找到現代意義，接下來就要決定如何將其具體成形了。這個難題和「導演必須找到關於這齣戲他要說的話」的難題一樣：如果這齣戲要在今日的舞臺上活過來，**它的具相搬演必定得藉著某種方法傳達現代感**。按照考古學來複製通常是死路一條，因此找尋其他出路是必要的。接著就來討論幾個可能性。

改造歷史性舞臺　要處理一齣歷史戲劇的設計問題，有一種方法是，去設計一個現代演出，其中使用了該齣戲編寫時的歷史性舞台裏的基本元素。在這個方法下，該戲可以從原初構思時對空間的歷史性調度出發，因此導演便有可能找到這齣戲內在的物質性節奏。雖然劇作家總是為某種特定的舞臺寫作，但這完全不表示他們對此有所自覺，因為他們很可能理所當然便採用當時流行的舞臺形式。然而，**正是由於潛意識這種對舞臺空間不自覺的設定，才讓這齣戲的模式充滿生機與活力**。藉由直接融合現代感來改造舞臺，導演可以達到戲劇對其原始空間假定的固有要求，同時也能直接觸及觀眾，因為此戲會潛意識地把舞臺「感知」為自己世界中的一部分。

這樣的演出會運用質量、線條和色彩來讓戲保持現代的韻律。因此，雖然劇本實際上並非如此，但演出看起來會非常現代。現代化的燈光使用當然也會幫這樣的演出大大加分。戲服的選擇範圍（包含可能與其他方面的設計形成對比的選擇）也是一個能使演出奏效極其重要的方式。

重新安置歷史戲劇於一個完全不同的歷史脈絡中　另外一個試圖觸及現代觀眾的方法，就是以一個完全不同時代的舞臺背景和戲服來上演一齣戲——既不是它首次演出時的時代、也不是我們現在的時代。在1960年代，美國莎士比亞戲劇節（American Shakespeare Festival）演出《特洛伊羅斯與克芮希達》（*Troilus and Cressida*），戲服是南北內戰時期的服裝，不以劇本原定的特洛伊戰爭後期為背景，而是美國過去的歷史，目的即是要把戲放置在美國觀眾可以理解的脈絡裡。紐約莎士比亞戲劇節在1970年代的製作《無事生非》中也採取了相似的手法，將戲置於1900年的美國背景中；類似的作法還可以在肯尼斯・布萊納（Kenneth Branagh）的《無事生非》和《哈姆雷特》電影版本中看到。這樣的重新安置具有絕對的優勢，因為它可以讓觀眾透過他們對過去歷史聯想的個人感受來想像並看戲。「要說的話」因此帶有歷史性，但是因為圍繞在此歷史旁的象徵意義和神話，部分觀眾反而可能會產生情感上的反應。（注意布萊希特如何帶著現代性的弦外之音，在他的戲劇重述中使用非常近似的手法，以《三便士歌劇》〔*The Three Penny Opera*〕之名演繹十八世紀約翰・蓋伊〔John Gay〕的《乞丐的歌劇》〔*The Beggar's Opera*〕，以及以《鼓角之聲》〔*Trumpets and Drums*〕之名演繹法奎（Farquhar）的《徵兵官》〔*The Recruiting Officer*〕。）

儘管使用重置時期的戲服和布景道具等，燈光設計依然可以賦予演出當代時空之感。這種象徵性轉換的挑戰，在於找到一個能夠顯現這齣戲意涵的合適歷史時期，但導演必須銘記在心，如果是勉強放置了不同的環境，反而可能會令人分心且困惑。

使用中性舞臺　約一個世紀前，賈克・科波（Jacques Copeau）在巴黎的老鴿舍劇院（the Vieux-Colombier），引介了另一種風格化的手法。他的想法基本上與建築有關，因為它要求以一個單一、可以透過連鎖平臺和臺階系統調度的設置，來成為各個場景的地點，而不以寫實的方式去「再現」場景。所有近期的建築舞臺皆遵循同樣的原則：一個可以輕易轉換於各場景間使用的舞臺機器。

中性舞臺具有許多優勢，因為它釋放了觀眾的想像力去創造他們心目中的地點；也因為這種舞臺是功能性的，在動作和場景地點的多樣性上便提供了廣泛的可能性。時代劇的戲服在這種舞臺上非常有效果，因為它們以現代且動態的方式提供了「風景」。這種舞臺上的燈光在定義立體空間維度和誘發情感上，也能起到非常大的功效。

使用現代服裝的製作　這個風格對於一些特定的（但絕對不是全部的）歷史戲劇非常有效，其目的當然就是**藉由賦予一齣戲當代生活的樣貌，來使它歸屬於今日的時空**。所以，會選擇現代的舞臺和設計手法（或許是開放式舞臺調度），道具和戲服皆為近期的流行，燈光和聲音也是我們在當代劇場裡可預期的。在美國，這樣的演出並不容易成功，因為很難找到現成具階級差異的服裝讓觀眾可以輕易辨識——特別是王公貴族。但是，即使能找到服裝的類比層次，勉力把戲推往這種風格也不能保證交流確實會發生。這類作法，在《伊勒克特拉》（*Electra*）、《凱撒大帝》、《哈姆雷特》、《科利奧蘭納斯》（*Coriolanus*）和《仲夏夜之夢》中的確特別有效，但對於你所斟酌的戲是不是正確的選擇，則是在製作過程中你需要仔細思量的重大判斷之一。

表演風格

為時代劇的演員導戲，很有可能會是你在劇場裡碰過最吃力、也最有收穫的工作之一。你需要在如實驗室般的情境中，慢慢地去看，去讀，去實驗到足夠的程度，才能瞭解要面對的挑戰是什麼；然後開啟一段為期終生的過程，為這些來自不同時代、不同文化以及不同劇場傳統和慣例的戲劇，找尋出有效搬演的法門。不像現代戲劇——要解鎖它們的「鑰匙」在某種程度上是已知的——這些戲的解鎖鑰匙仍然未知，並且必須經過時間的推移，在你獲得經驗和理解後才鑄造而成。這點不會讓你打退堂鼓，但你會需要找到適當風格，以期能夠公平對待並如實呈現（不管它要如何被定義）這些戲劇的內容和形式，俾使能達到以在我們自己的時代中創造生動劇場經驗為目標的風格。

要如何達成此目標的範圍是無限大且多變的。或許你熟悉波蘭導演耶日・葛羅托斯基（Jerzy Grotowski）的實驗性作品，他對新的劇場經驗解答之搜尋反映在《邁向貧窮劇場》（*Towards a Poor Theatre*）一書裡——二十世紀後半葉劇場界最具影響力的論著之一。葛羅托斯基演出西班牙黃金時代劇作家卡爾德隆（Calderon）的劇本《忠貞王子》（*The Constant Prince*）就是本章所描述的藝術追求之例——一個導演找到了一齣文藝復興時期的戲劇，其中包含了戲劇性的材料，並能夠和當下的時空產生對話。在葛羅托斯基這齣卡爾德隆作品的照片和其他相關的記述中，我們看到了一種表演（還有設計以及對空間的運用）的風格，深刻地表達導演的種種探索：對於重新定義表演、劇場空間、劇場事件本身——甚至「進劇場看戲」意味著什麼。（閱讀葛羅托斯基的同鄉批評家楊・科特〔Jan Kott〕所寫的《莎士比亞，我們的同代人》〔*Shakespeare Our Contemporary*〕，作者進行如書名所標示之刺激且鼓舞人心的探索——把莎士比亞視為我們的同代人〔即使以非英文的語言搬演，以其戲劇內容而言仍既強而有力且必要〕，而不是一個被鎖在文藝復興時期的英國、一個不可思議又令人崇敬的人物——一個我們或許包裹了太多層敬畏、蕭伯納稱之為「偉大恫嚇者」的莎士比亞。）

有數不盡的例子可以解釋「為這類型戲劇找到於當代發聲的方法」的表演風格是什麼意思。法國當代的偉大導演亞莉安・莫努虛金（Ariane Mnouchkine）在她以巴黎為基地的陽光劇團（Theatre du Soleil）中，從一系列莎士比亞的作品著手去探索這類型戲劇——她希望從中瞭解當代劇場要如何以舞臺上的戲劇與演出來論述大型事件，譬如，國族命運，在莎士比亞的戲劇中似乎可行。她在1980年代中期的作品《亨利四世（上）》（*Henry IV,*

Part I）、《理查二世》（*Richard II*）和《第十二夜》（*Twelfth Night*），這些實驗都為後期作品立下基石；她與她的團隊深切地關注當代議題，譬如移民問題以及跨國經驗。莫努虛金的莎士比亞系列中，有兩齣歷史劇（history plays）運用了法國古典劇場的論說傳統，但為了讓觀眾在無預警的情況下直面封建社會的現實，又融合了許多日本歌舞伎（Kabuki）劇場的元素（特別是動作和容止儀表）；在封建社會中，親密關係可以非常脆弱，而作為競爭對手的掮客之鬥爭則野蠻且不可饒恕——就像我們在黑澤明（Akira Kurosawa）的武士電影中所看見的，黑澤明是影響莫努虛金很深的偉大日本電影導演。《第十二夜》的表演風格，從兩齣歷史劇所使用的歌舞伎的武術轉換到印度南部的卡達卡利（Kathakali）表演傳統，這個表演風格的選擇，幫助了展現莎士比亞劇作中伊利里亞（Illyria）這片土地神奇轉換的可能性，把觀眾送到了另一個地方。不太可能？甚至覺得古怪嗎？是，**似乎**是這樣的。但在一位精湛的導演以及由演員和設計者組成之團隊的掌握下，精心工作劇場的殊勝本質——演出、事件、空間和設計——結果令人驚艷，甚至難以置信。即便母語是英語的觀眾無法完整地掌握以法語演出的莎士比亞劇作，這種表演風格從故事和角色中釋放出的本質是如此地強烈，使這些戲仍宛若新作品般打動觀眾，並以它們的立即性和力量使觀眾震驚。這可能有點極端，但仍不失為一個好例子，顯現導演在找尋一種不愧對於這些劇中深刻內容——有些人認為也包含形式——的表演風格時，可以怎麼做。

但是要小心，不要落入認為目標就是要找出「**我能對它做什麼**」的陷阱——不論是對莎士比亞或任何來自其他年代的劇作家的劇本。目標不是要表現新穎或聰明的程度，而是要透過和你同時代人劇場性的相遇，來釋放出作品中的力量。如果某一種表演風格或演出手法是以「如果這樣做應該會很有趣吧？」的想法作為思考基礎，或認為只要把戲放入一個新的脈絡就是解答——仔細再想想。在這種膚淺或權宜的導演思維之下，結果，幾乎無可避免地，整場演出將是絞盡腦汁、費勁且不自然。儘管你可能不太相信，但在亞洲的影響下，莫努虛金於陽光劇團執導的莎士比亞製作（同樣是**法語演出**），既不是在緊繃的狀態下生成，也並非只關注自身——像那些致命的自我意識方式的製作，那種折磨許多時代劇的創作手法。莫努虛金為這些作品鑄造了鑰匙，她把鎖轉動得如此徹底，劇中內在的世界和角色衝出、跳躍、飄浮著進入觀眾和表演者共享的宇宙，創造出如同被施了魔法的劇場經驗。

一味地追求異國風情或極致地奢華鋪張也不是解答。若要一探在製作手法光譜另一頭的可能，不同於莫努虛金充滿高度動能且壯觀的莎劇製作，你可以參考伊恩・霍姆（Ian Holm）主演、英國導演李察・艾爾（Richard Eyre）執導的《李爾王》，或崔弗・納恩（Trevor Nunn）[4]執導的《馬克白》，這齣戲由風華正茂的伊恩・麥克連（Ian McKellen）和茱蒂・丹契（Judi Dench）主演[5]。雖然不盡相同，但這兩部戲都採取極簡抽象派藝術家（minimalist）的手法，刪去了大量原可以出現的視覺效果，聚焦於揭示角色和戲劇行動；演員深刻地鑽研角色的心理並玩味他們的意圖，與臺詞結合後清楚地表述——角色的欲望和思維便令人震驚並清晰地展現了出來[6]。

艾斯奇勒斯、索福克里斯和尤瑞皮底斯的希臘悲劇、以及亞里斯陶芬尼斯的喜劇，這些戲劇若是你導演生涯裡的計畫，尤其是在執導這些戲的過程中企圖發展出表演風格時，那將是另一個會要求你不斷地學習、研究與實驗的特殊領域。對西元前五世紀在雅典看戲的希臘觀眾來說，文本只是構成演出的一部分；除了表演劇情，音樂、舞蹈與合唱都構成演出的不同層面。在這個意義下，文本宜被視為完整演出的架構，除此之外，還必須包含原創音樂、編舞、（對我們而言）特別的樂器，還有具備歌唱以及聲音訓練的表演者。至於莎士比亞，其可能的表演風格不僅範圍非常大，同時也取決於參與製作的所有人懷抱的信念與訓練。

---

4 譯註：崔弗・羅伯特・紐恩爵士（Sir Trevor Robert Nunn）是英國戲劇導演，成就斐然，入圍和獲獎無數。紐恩曾擔任皇家莎士比亞劇團、皇家國家大劇院的藝術總監，目前擔任乾草市場皇家劇院（Theatre Royal, Haymarket）的藝術總監。除了執導舞台劇例如本文所提1976年的舞台劇和1978年同名電視《馬克白》等，亦以執導歌劇和音樂劇著稱，其中《貓》和《悲慘世界》（*Les Misérables*）分別獲得1983年和1987年東尼獎最佳音樂劇導演獎。（取材自https://en.wikipedia.org/wiki/Trevor_Nunn，上網日期：2020年2月19日。）

5 兩部戲皆發行了DVD。

6 要看史丹尼體系（Stanislavsky tradition）在莎士比亞的作品中可以達到什麼程度，1971年由導演格里高利・柯靜采夫（Grigori Kozinstev）執導的俄國電影版《李爾王》會讓你永難忘懷，不容錯過。

這些劇本在現當代令人讚賞的成果，包括黛博拉・華納（Deborah Warner）執導、費歐娜・蕭（Fiona Shaw）主演的《米蒂亞》（*Medea*），以及大衛・萊瓦（David Leveaux）執導佐伊・沃納梅克（Zoe Wanamaker）主演的索福克里斯《伊勒克特拉》，兩劇都在大受讚揚的英國巡迴結束後於百老匯上演。羅馬尼亞導演希爾維烏・普卡雷特（Silviu Purcarete）於紐約林肯中心（Lincoln Center）的製作《達那伊得斯》（*Danaides*），以原四部劇系列中現存的殘篇和唯一留存至今的《乞援女》（*The Suppliants*）為基礎，試圖重新建構出艾斯奇勒斯失傳的四部劇系列。《米蒂亞》和《伊勒克特拉》皆利用英國古典表演體系傳統，在尤瑞皮底斯和索福克里斯的戲劇中，激情和癡迷被打磨並雕琢得淋漓盡致。這些都是由角色來主宰的經驗，利用領銜演員在聲音、專注度和心理刻劃上的驚人才華，把觀眾拉進主要角色在情境強迫下必須採取行動的現實。這部艾斯奇勒斯劇作的演員陣容，在主要角色之外，還有超過百名的演員擔任男女歌隊，更深刻地挖掘歌隊的述說、歌曲和舞蹈編排，在部族層次的衝突裡創作視覺、聽覺和運動知覺上的動人意象。這些製作都以自己獨特的方式「奏效」，因為在特定導演的願景中，這些表演風格令人信服地達到這齣戲的需求，也因為這些演員懷抱著聲音、動作和表演技巧全身心地投入，以他們最高層次的表演專長去達成導演選定的風格。

你要如何在這個領域中開始發展呢？在執導時代劇有成績的導演手下實習，或在戲劇節中投入這類戲劇，是一條可行的路。另一條路是找尋機會向專精於這類型戲劇中某些面向的專家學習——不論是到英國進行密集的課程進修，抑或是第三條路：跟隨某領域少見的專家學習，像是任職於加州大學洛杉磯分校（UCLA）的邁可・哈克特（Michael Hackett），其專長是希臘歌隊。你必須把握每個機會進戲院看戲，這樣才能在文字以外和這些作品相遇，並開始認知這些素材在演出上的挑戰。你必須意識到戲劇行動的幅度、結局的巨大力量、十六至十八世紀英文劇本中語言的複雜性，以及相反地，希臘戲劇中露骨地描繪人類處境的簡樸語言。

不要騙自己這些都能被一個厲害的演出手法克服——在所有那些傑出的例子中，對聲音演出和臺詞講述的得力工作，和視覺以及動能或編舞上的工作是缺一不可的——要幫助演員在這方面達到要求，既沒有捷徑，也沒有替代方案。在歌劇演出中，你會立即知道歌手是否能唱這個角色；而在劇場中，我們太常讓自己忽視這個必要性——但這是一廂情願的想法，我們冒著風險作出讓步。如果你想將這類工作變成你導演生活中的一部分，那麼你要開始去吸收必要的知識、技巧和經驗，才能在這類型戲劇對語言和動作的要求上指導演員（亦即，能幫助他們）。

表達劇本

不論你選擇哪種表演風格，千萬不能忘記找出劇中的暴力強度。過去時代的戲劇大多以詩文體書寫，以便直接並強烈地表達情感。角色情緒強度因此變得非常重要，因為**以詩文體寫作的戲劇，它們歌唱、在情感中澎湃奔騰，並得以觸及我們很難在散文體寫作的劇本中達到的高峰**。你必須要學習開發這些詩文體的形式，而不是拒絕它們。

雖然你可能相當容易就學會了如何從演員身上挖出潛臺詞，要**帶出文本**是另外一回事，因為現代演員的訓練大多著重在「理解」潛臺詞。因此，年輕的演員傾向於抗拒詩體韻文，而不會認知到其實它才是能夠和觀眾產生連結最好的工具。

身為導演，你可能需要重新調整自己和演員，強調這類戲劇的動作是直接地、確切地存在臺詞裡，而不是像現代心理劇那樣存在潛臺詞裡。一開始，這可能會像背叛了現代表演方法，但你很快就會看到，僅僅是字句說出來的力量就能有效地讓觀眾全神貫注。如果你自己真的這樣相信並以此來引導演員，那就是觀眾會有的經歷。

導演要想讓演員發揮到最大功效，那麼對於詩文體結構的仔細研讀便非常重要。忽略了這項技術上的步驟，就會導致一個粗糙的製作，因為在詩文體戲劇中，僅僅傳達潛臺詞是遠遠不夠的；是劇本被講述的方式——**說話的風格**——讓這類型戲劇有所不同。

因此，導演的訓練必須包含聚焦於詩文體對話的研究，以及如何和演員一起將其發揮到淋漓盡致。這樣的學習會使作為導演的你意識到，你對於觀眾的第一個責任，就是要**讓他們能夠輕鬆地接收這樣的對話而不被分心**。如果你不這樣做，對話的功效以及連帶影響到的大量戲劇行動，都會在劇中完全流失。

這個順序對詩文體臺詞是很重要的，如莎劇，古老的詞彙、久遠陌生的典故、倒裝的語句以及頻繁出現的詩化意象，每每遮蔽了我們的聽覺，臺詞在前述問題被解決以前都無法被我們接收。導演不該試圖以刪去劇本中難懂的臺詞來規避這些問題；最好是仔細鑽研詩文結構的運作方式來面對它，像是標點符號的運用、被加強語氣的字詞以及它們在一行臺詞中的位置、停頓的布置、如何藉由適當的呼吸和刪除錯誤的停頓來使單行或多行語句通順，以及最重要的：韻律。

最後一點很重要，因為要讓觀眾發覺一行臺詞的含義，比起它外顯的文字意義，更大一部分反而可能要靠這些臺詞**在被正確地傳達時**所表現出的內在節奏。

要將詩文韻律的感覺傳達給年輕的演員，常常會像是在教音痴者如何唱歌。但少了這層觀念，演員便無法賦予詩文體對話的意義和興奮感。你能感知到音樂劇形式中的這類詩文體對話嗎？如果你能「聽到」，你就有可能教其他人如何做到同樣的事。

要好好傳達詩文體也意味著演員對身體必須有仔細的掌握。導演必須堅持要演員在說話時：儘量讓頭部穩定不動、嘴裡的吐字要盡可能地清晰、在講臺詞時不要試圖穿越舞臺、不要以過大的音量炸裂臺詞導致音量忽大忽小、保持音調的變動在相當小的範圍、放鬆身體和聲音使臺詞的投射更為輕鬆、非常小心地吐字、使用令人愉悅的母音結構、以及在台詞合適的地方停頓並避免錯誤的頓點。因為詩文體戲劇包含了高度的激情，會誘使演員過度煽情。**你也會學到：堅持在其他所有潛臺詞和視覺效果之前，以傳達文本為第一優先**。因為如果一段臺詞沒有被聽見，表示觀眾認為此段落無聊之味，也會進而影響到他們對整齣戲的理解。

在歷史戲劇的製作中要找尋什麼

不同時代的戲劇會強調不同的形式，針對任何一個時代的研究因此必然不脫所有製作形式的基礎：(1)舞臺形狀和觀眾位置、(2)舞臺布景手法、(3)道具、(4)服裝、(5)燈光、(6)聲音、(7)化妝、(8)表演傳統。以下的清單為你列出了該要檢查的項目，所指出的便是你必須進行的研究範圍，這些問題都能讓你套用到劇場歷史中的任一時代。此清單鼓勵你本著對發覺演出風格本質的興趣，盡可能詳盡地去搜尋劇場歷史。若你持續進行仔細的歷史研究，一定會為這份清單加上其他的問題。

習作：給歷史戲劇製作的清單

本書建議將這份清單套用於至少兩個不同的劇場歷史時代，以便在各自的演出風格中看出對比。可以細分整體工作，把各個主要的領域分派給幾個不同的學生，讓他們進行更細節的研究並在課堂上報告發現的成果，之後再將大家討論時所提出的新問題製成列表。

1. 舞臺
   - 觀眾的位置和舞臺的關係為何？有多近？
   - 舞臺是高於還是低於觀眾席呢？
   - 舞臺有傾斜嗎？傾斜角度多大？觀眾席的座位呢？它傾斜的角度又有多大？
   - 舞臺的確切形狀為何？有臺裙（apron）[7]嗎？有鏡框牆（proscenium wall）嗎？
   - 舞臺地板有設陷阱嗎？為什麼？
2. 布景
   - 布景是永久性的建築立面嗎？如果是，為什麼？這樣的立面能起到什麼樣的功效？它對舞臺布景的線條和質量會產生什麼作用？
   - 演員要如何走上舞臺？入口通道會如何影響上場的速度，以及和場上正在發生的事情的關係？
   - 布景是可更換的嗎？如果可以，它的活動功能為何？它的線條、質量和顏色有什麼效用？這樣的布景有多真實？它會占據多少舞臺空間？

---

7 譯註：「鏡框到舞臺邊緣之間的區域，英文稱為『apron』，中文並沒有適當的稱呼，勉強稱之為『臺裙』」。」見劉達倫，《舞台技術》（臺北：臺灣戲曲學院，2007），頁10。

- 舞臺上的空間有大於通常會使用到的表演區域嗎？
- 表演區域有哪些？它們能起到多大的功效？

3. 道具
   - 大道具的數量和大小為何？如果完全沒有使用，為什麼？
   - 道具有多真實？
   - 它們是被演員帶上場還是演出前便先預置好的？
   - 演員在表演時使用小道具的頻率為何？（儘量將你的答案限縮至你理解的歷史性用途，而不是你作為導演的選擇）他們使用哪種道具？
4. 戲服
   - 戲服在演出中的效用為何？
   - 被穿上臺的是戲服還是衣服？
   - 輪廓、視覺重量和顏色如何被運用？
   - 這些戲服在動作上有什麼可能性？
   - 男人和女人穿上戲服後的舞臺剪影為何？
5. 燈光
   - 使用天然日光還是人造光源？天然日光能達到什麼功效？人造光源有什麼使用的方法？它們能達到什麼效果？
   - 光源設在哪裡？
   - 觀眾和演員一起被同樣的光所照明嗎？為什麼？
6. 聲音
   - 使用了什麼樣的聲音？
   - 聲音效果是如何做成的？
   - 它們是現場音效還是以機器再製的？
   - 有使用音樂嗎？如何使用？
7. 化妝
   - 化妝起了什麼作用？
   - 使用了什麼樣的技巧？它們變化的範圍有多大？
8. 表演
   - 移動是如何被使用的？
   - 姿勢的大小和範圍為何？
   - 使用了什麼樣的構圖？是整個舞臺還是只有其中一部分被使用到？

- 演員有被好好聽見嗎？演員如何投射聲音？
- 說話是構成劇場性的主要因素嗎？為什麼？
- 使用到什麼程度的寫實主義？

習作

正如前面所建議的，導演學子執導歷史戲劇場景是訓練中必要的一個部分，因為有了此重要的基底，便能大大提升對現代戲劇的感知，並擴大對現代製作的眼界。因此，你現在應該開始從歷史戲劇優秀劇目中，挑選數個10到15分鐘的場景策劃製作；其準備和演出的過程都應該符合本書於第一篇的結尾、第二篇還有第25章中所給的指示（導演對劇本中風格的分析）。

你可以由希臘劇本中的一場作為出發點，因為它會提供你一個絕佳的基礎，讓你能夠依照年代的先後排列順序去比較其他的特定時期。但如果你可以導幾齣時代劇中的場景，從後面往前來做也可以學到很多：首先做易卜生的一個場景，然後移到十八、十七、十六世紀，接著是中世紀、羅馬時期，最後進入希臘時期。由此，你將會看到現代戲劇和其他所有戲劇的關係。

有智慧地做選擇。記得歷史戲劇要求必須聚焦於文本，這意味著對演員聲音最極致的運用。盡你所能地去學習音量挾帶的力量、表演背後的能量以及對演員身體的要求。

你對如何搬演一齣歷史戲劇中一個場景的設計，會讓你更清楚瞭解如何確保演員做出最好的表演。用想像力和創意去做。記得一定要研究原始的演出形式，這樣你才能完整理解劇本，也別忘了你是要對今日的觀眾負責。你該擺在心中第一位的問題是：對這個來自另一個時空背景裝載生命的包裹，我該怎麼做，才能釋放出對當代人有意義且有興味的能量和境遇？

視覺感知的遊戲：其他年代戲劇中的風格（見第8章）

1. 你能從劇照71至78中，分辨出每張照片裡構成風格的元素嗎？哪個元素最受重視？
2. 每個演出如何以風格消弭其歷史時代和現代觀眾之間的鴻溝？
3. 你會如何搬演本段落中舉出的每一齣戲？你能為每一齣戲賦予各自的獨特性嗎？

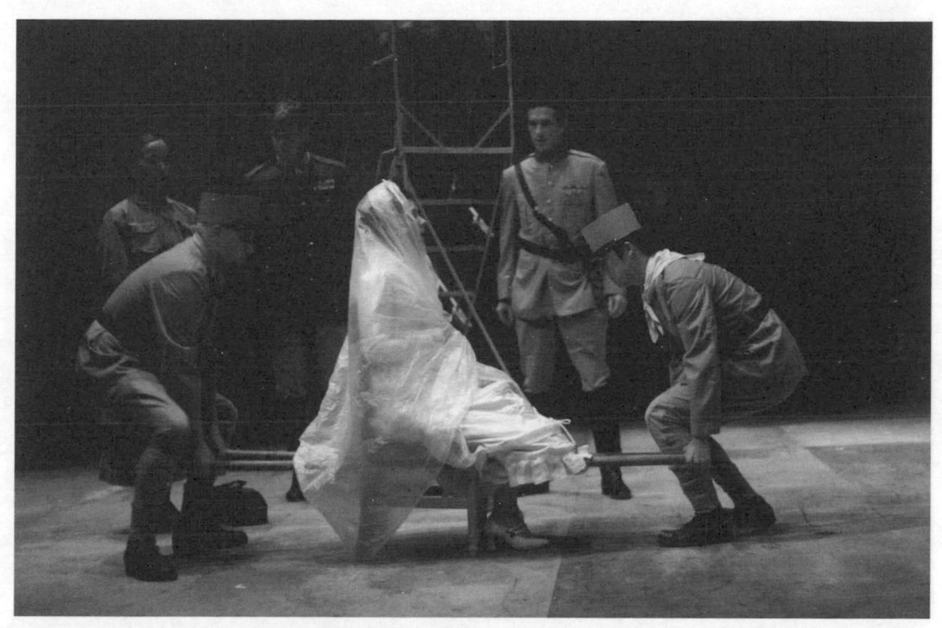

劇照 71　莎士比亞，《奧賽羅》

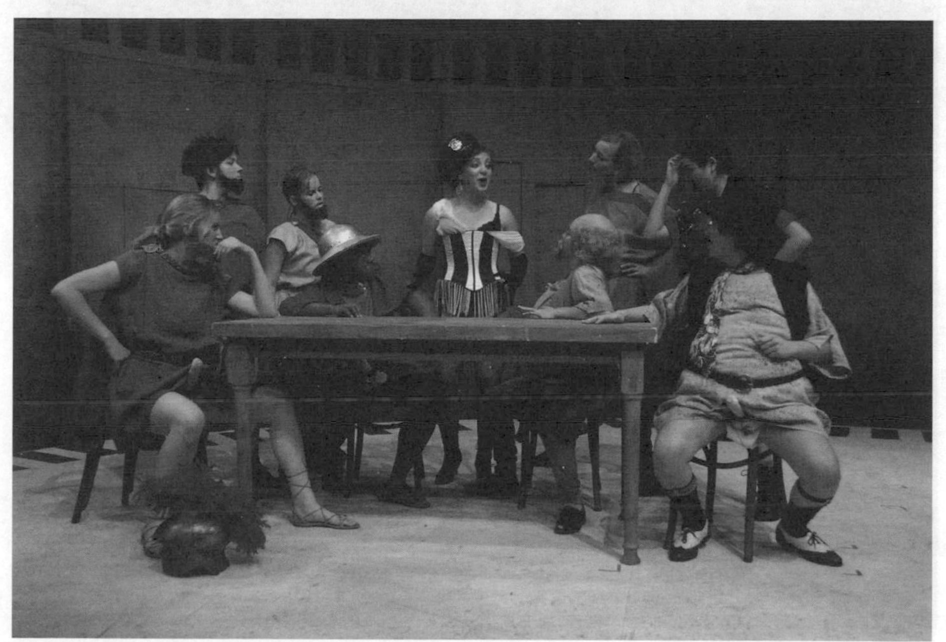

劇照 72　亞里斯陶芬尼斯，《莉希絲翠妲》

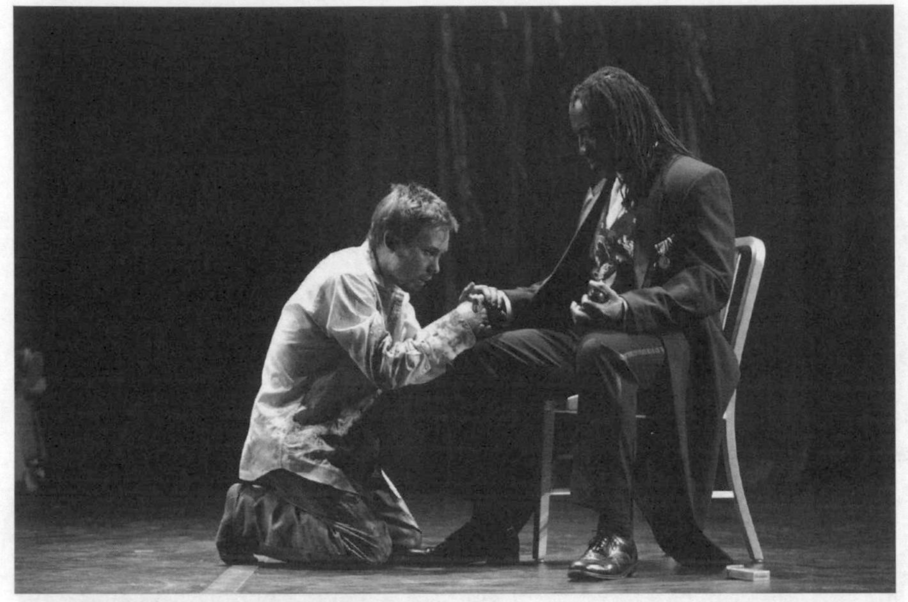

劇照 73　密，《奧瑞斯特斯2.0》

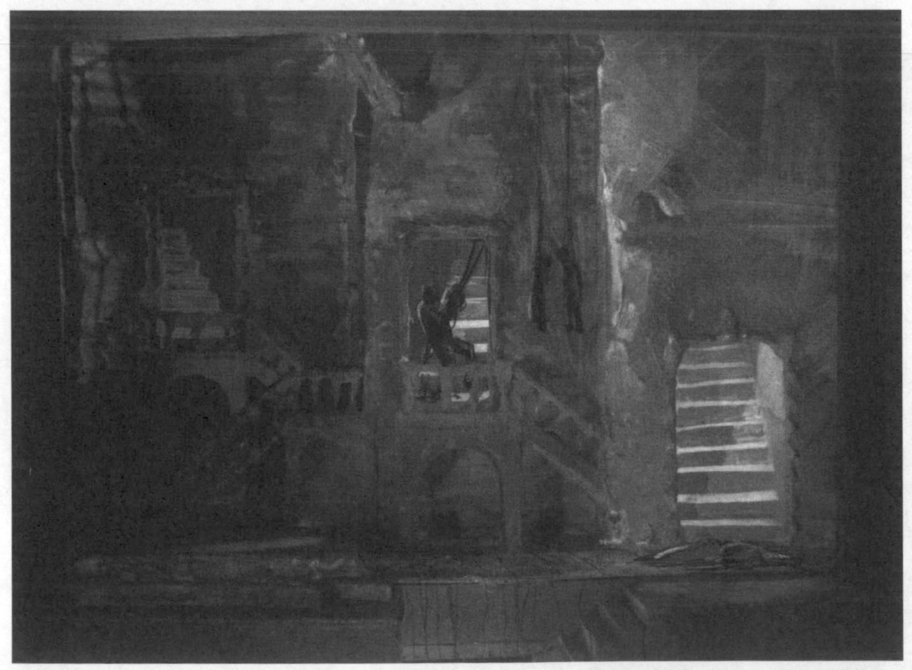

劇照 74　韋伯斯特，《馬爾菲女公爵》（第四幕：〈女公爵孩子之死〉）

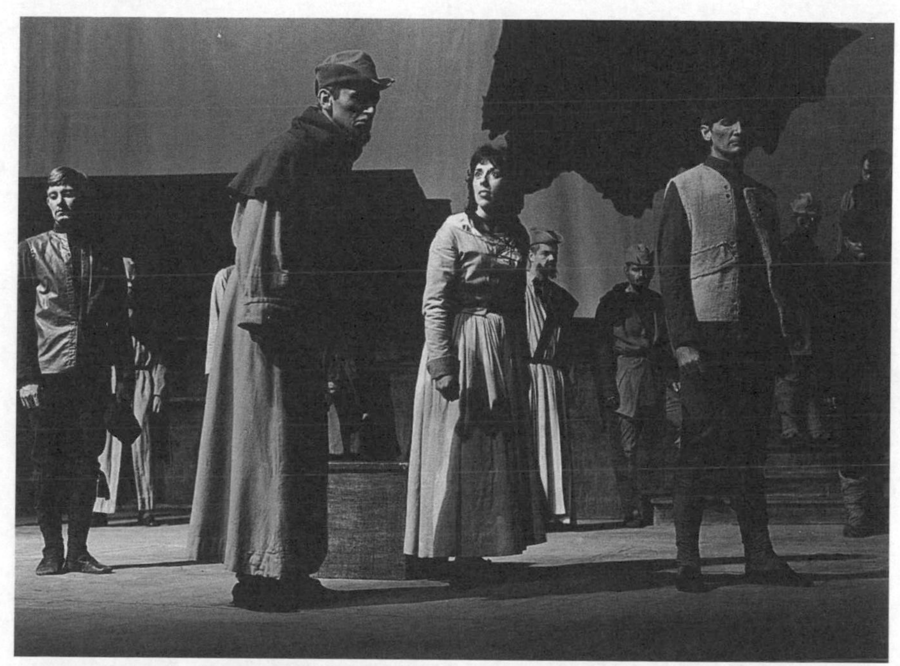

劇照 75　德・維加，《羊泉村》

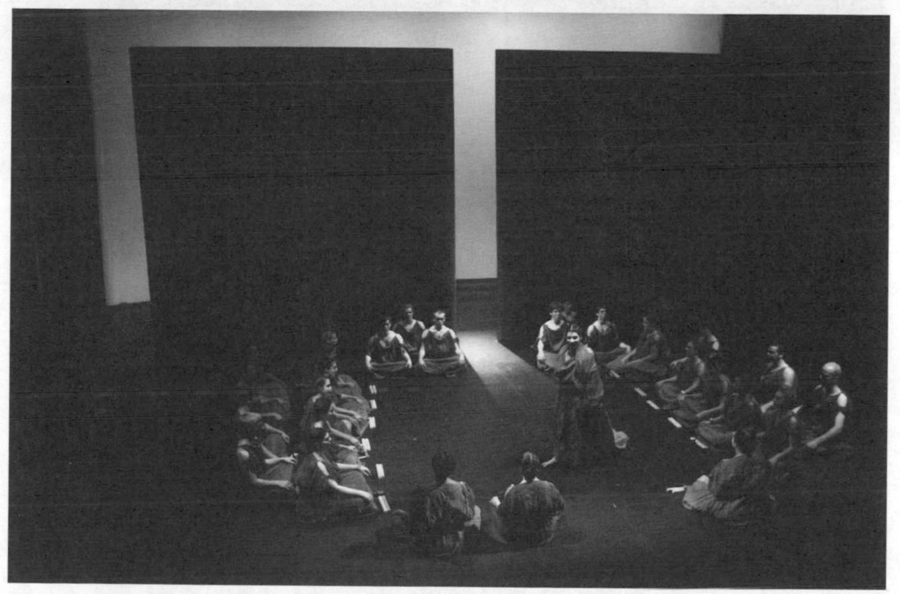

劇照 76　哈克特、克拉喬斯卡－維喬雷克改編，《伊蕾克翠片段》

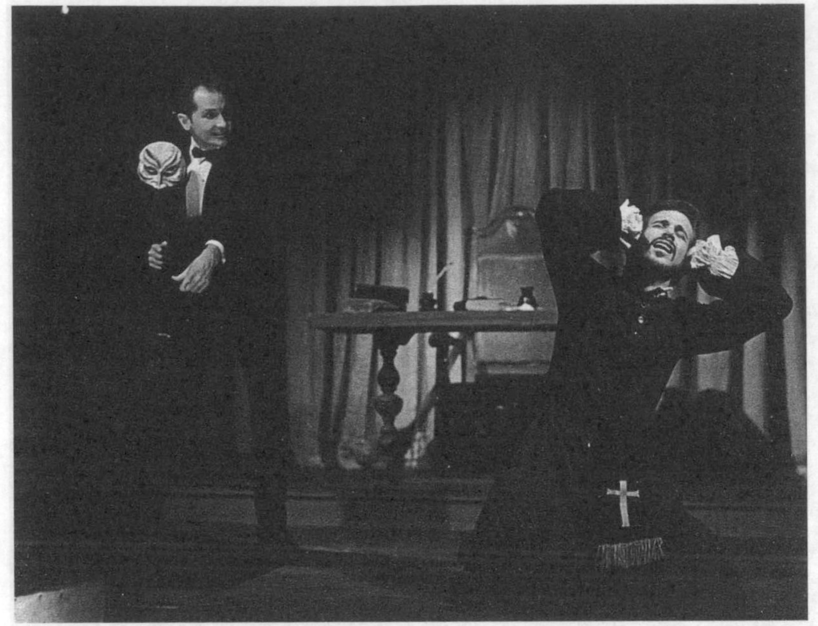

劇照 77　馬羅，《浮士德博士》

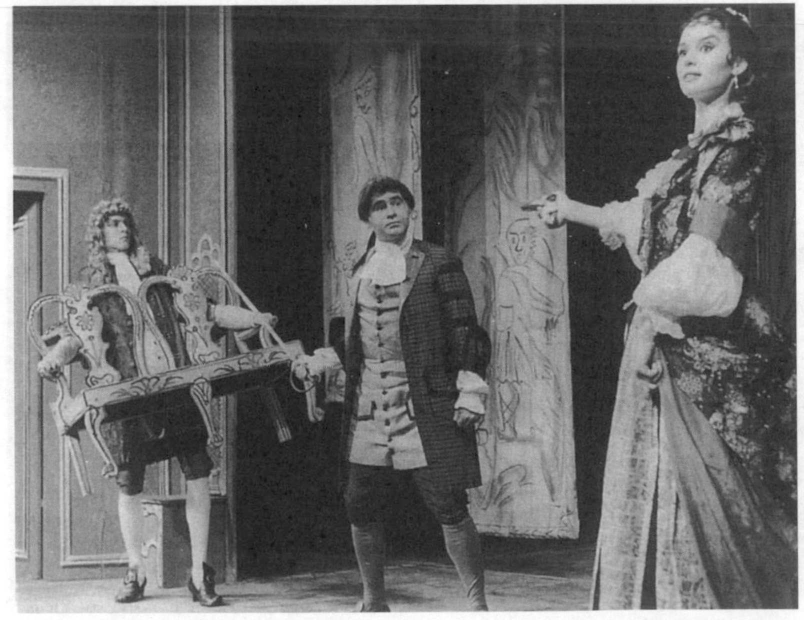

劇照 78　法奎，《求婚者的計謀》

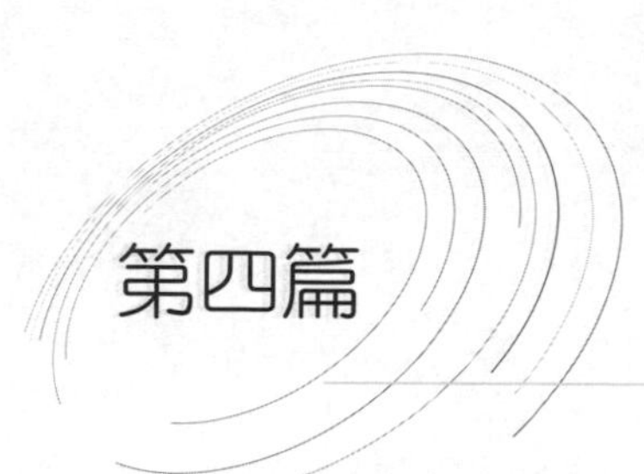

第四篇

溝通2

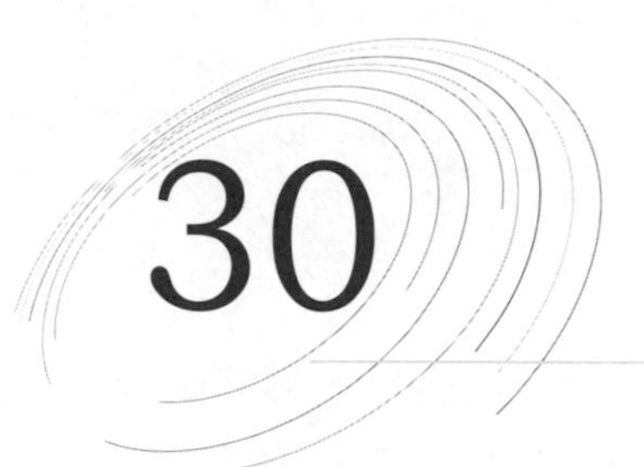

30 導演與設計的關係

在設計過程中成為共事者的準備功夫

我們發現，比起對設計師以及與之合作過程，導演學子更加熟悉演員以及和演員合作的過程。或許是因為我們當中許多人是被表演所吸引而走入劇場，我們累積的表演經驗以及對表演的思考遠遠多過對設計。無論你是像很多人一樣，對設計過程沒有太多接觸，還是你是少數接觸過設計過程的人之一，此時在我們的學習流程裡，你來到了導演工作最有趣、最富挑戰性和回報最豐盈的層面之一：與設計夥伴的合作關係。

在第17章到第21章裡，你為這階段做準備，開始思考許多參與設計工作時必須考慮的選項——像是哪種舞臺形式最適合你所選擇的劇本（反之亦然，如果你已經有了舞臺作為起始點）、不同種類的布景、如何運用聲音讓戲劇體驗鮮活等等。經由你曾實際設計過自己執導的獨幕劇，體驗了設計的組成部分——這是熟悉每個設計元素、直接學習這些層面如何在一齣製作中運作、它們的必要條件是什麼、將會面臨什麼挑戰等等的關鍵步驟。然後在第三篇《詮釋：關於風格》，我們接著檢視許多風格的議題，包括劇本和製作，那些導演在建構「完全實現的劇場事件」之旅程中所思考的議題。相當考驗人！但如果你想要成為統合他人的作品並領導分工合作過程（即戲劇製作）的人，所有這些步驟都是必要的。

合作：獲益的夥伴關係

如果你到現在仍深深被導戲志業吸引，那麼你應該已發現，導演是天生對人性以及對是什麼造就他們這般——使他們這麼作為的「真正原因」，懷有高度興趣。一齣好戲（且不必提經典劇作如《哈姆雷特》、《海達・蓋伯樂》、《玻璃動物園》、《推銷員之死》）最吸引人的地方是，我們對這些角色以及他們與生活的搏鬥感到著迷。或許你曾反思過，與演員合作過程中，這種迷戀帶給你多大好處；這對你瞭解每個演員（不少於劇中角色）都是有感情、有需求、有工作方式的個體等等，皆有密切關係。導戲的迷人之處有部分是在「找到關鍵」，不僅對劇本，也對你所合作的每個演員。如果你很幸運與富有才能的演員合作且進展順遂，你會發現演員想像力之殊勝，演員經營一個角色，可以達到常人無法到達的境地，這正是演員天賦的核心。一旦親炙了才華卓絕的表演，必永誌不忘。學習導演工作的很大比重是在理解劇本，人們希望導演以對劇本的理解為基礎，幫助演員達到只有他們才能觸及的地方，那個唯有演員的想像力被打開且僅演員自己才有能力飛行時才能達到的地方。

等一下，你可能會說，我以為這一章是談設計，怎都在說表演呢？的確，怎盡講表演呢？簡要的回答是：如果你已學會與演員有效合作，使他們能在角色裡淋漓盡致發揮潛力，那麼，你就會被期待夠敏感、夠精明，能轉移你所學到的到下一組合作者，你的設計者。相較於其他能力，導演是幫助其他人達到極致的專家，甚至是超越那些人原先以為的極限，以及，如果你真有興趣想知道是什麼原因使某人那麼做——不論那人是海達・蓋伯樂還是威利・羅曼（Willy Loman），不論那人是一個演員要以角色實現什麼，或舞臺設計師、服裝設計師、燈光設計師、音效設計師想要以他們的設計實現什麼——如果你已經迷上理解人類、他們的想像力，以及如何與他們交流，那麼你就會明白，你和設計同事工作一如與表演同事工作，其人性化的過程相去並不遠。這一切都是劇場壯麗冒險的一部分——與他人分工合作，共同舉辦一個活動，向最後到場的觀眾述說。戲劇在各方面都是一門社會藝術；它是與人們一起完成，也是為人們而做。你越是好奇演員和設計者非常特別的想像力能做些什麼、他們的強烈衝動如何造就他們的作品，你越珍惜演員和設計者的價值，你就越能發展你在合作過程共同做戲的引導能力。毫無疑問，服裝設計師、舞臺設計師、音效音樂設計師、燈光設計師的想像力，和演員或劇作家，或甚至與導演的想像力一樣，都是獨特的。這些不同的才華，如果你是一個真正的導演，你會對挑戰和多種殊異的想像力合作感到興奮，你的長才就是統合來自各有專精的藝術家的不同貢獻，幫助他們在不同部門和各種環境中使作品獲得最高水準，同時以對大家有益處的方式領導合作的流程。

視覺素養與聽覺素養

現在，你得明白導演必須是世上最好奇的族群了，這倒不是說他們是異類，而是說他們對世界、人性、林林總總，從時事（由此推斷到政治、社會、歷史）到經濟，再到流行文化……幾乎是構成世界的一切，都充滿好奇[1]。當然，其中最重要的是美術（繪畫、雕塑、攝影和各種形式與表現手法的當代藝術）、各種類型的設計（建築、時尚、家具和裝飾藝術）以及音樂、音樂、音樂——各式各樣、各種地區、各種文化和時代的，我們甚至還沒談到電影、歌劇和舞蹈呢！如果你接受這個觀點（指名參考資料！），你的任務就是盡所能的成為富有視覺素養和聽覺素養的人。這樣，在與設計師合作的過程中，你就能成為一個可貴的合作夥伴（更不用說在過程中擁有更完整、豐富、有趣的生活，同時，使你在各個方面，包括與演員合作，都成為一個更好的導演）。

這意味你當以充實視覺和聽覺素養這個目標作為生活的核心價值。除了在電腦、筆記本和箱子收藏的傑出意象，在腦海中也要建立一個心理圖像庫。這也表示要學習分辨一幅畫是愛德華・孟克（Edvard Munch）、埃貢・席勒（Egon Schiele），還是愛德華・霍普（Edward Hopper）的，或者

1 伊力・卡山在原是演講稿的精彩文章〈談導演之養成〉（“On What Makes a Director”），他充滿說服力且詼諧地展現了導演必須具備的思維、訓練和好奇心。

能一眼立即辨認出凱特・珂勒維茨（Kathe Kollwitz）的作品。要能在很短的時間內找出貝多芬（Beethoven）或布拉姆斯（Brahms）不同交響曲間的差異，要能透過別具一格的管絃樂編曲辨別出馬勒（Mahler）、柴可夫斯基（Tchaikovsky）或德布西（Debussy）的作品，或者，至少要對於理解其中的差異有興趣。這意味在人生中盡你所能的對於人類在藝術中創造的知識或感受充滿好奇，並積極地吸收[2]。

劇場設計的素養

同理，劇場設計的學識也要充實。不僅是劇場設計巨擘的思想菁華應該鑽研，如阿匹亞（Appia）、克雷格（Craig）、羅伯特・艾德蒙・瓊斯（Robert Edmond Jones）等，過去一百三十年劇場設計的成就，也要觀照明白，大致是從寫實主義創作者的出現，安端（Antoine）與其同代人，到顛覆寫實主義美學的反動者，如梅耶荷德（Meyerhold）、皮斯卡托（Piscator）和布萊希特， 再到現代戲劇大師如葛羅托斯基、布魯克（Brook）和亞莉安・莫努虛金（Ariane Mnouchkine）等人的設計手法。如果你對畢卡索或馬諦斯如何拓展繪畫「詞彙」一無所知，你不太可能會自認是個畫家。那麼，像你這種將會與舞臺設計合作的人，何以對舞臺設計就有所不同呢？沒有不同的。學習過往的經驗，不是為了模仿，而是豐富你對各種可能性的理解，並且激發你的想像力。藝術不是存在真空裡，而是一條不斷發展的鏈結，從過去延展到現在，延展到未來——到你現在正在從事的。你最好意識到演化的連續體，而不是在運作時把它當成不存在，而你是置身於時間之外的真空裡。參與劇場、是傳統的一部分、反思曾經發生和現在存有的，這些都令人感到欣慰喜悅。

---

2 如果你想要立足於劇場導戲、與藝術家合作，你尚無蒐集那些對你有特別意義的藝術家意象或專書的習慣，現在是開始的時候了。試想，如果你每個月去認識你有興趣的一位畫家或雕塑家或攝影師的作品，一年後你的腦海圖像庫會有十二個重要的藝術家作為參考點，兩年後就有二十四個。現在開始不會太早，而且對好奇的人而言，非常有趣。

導演的劇本分析和風格分析

由於統合的主要問題是找到有效的方法來處理設計的各個面向，這些方法也會與演員的創作協調，所以導演必須全面且詳盡地洞悉劇本。對涉及演出的每一個元素，導演在他／她所想像的設計方法中持續進展，包括設計元素、表演（適合劇本和演出的表演性質和風格）、舞臺調度，甚至劇場空間的使用。然而，一如在下一個段落即將討論的，**如果導演企圖把特定意象強加於設計者的想法和感覺中**，就像導演示範演員每一句臺詞的說法，且要求演員模仿一樣，後果是他們的創作力受到抑制。因此，導演必須學會如何傾聽，在與設計師實際合作的過程中，如何或多或少調整與妥協。

導演對劇本之徹底瞭解是與設計師合作準備充分之必須，在本書前面之導演的劇本分析和風格分析已詳述。就像導演與演員的合作，目的不是用詳盡而細微的學問來使設計團隊就範，而是要確定你，導演，對劇本的結構、風格等面向已深入思索。假以時日，當你是經驗豐富的導演時，你可能無需寫下這些面向的分析，而是記下戲劇動作的關鍵順序和主要思想，不過在目前這個階段，整理出這些分析，幫助你充分探究劇本，幫助你發掘出真正想要表達的東西，價值無法估算。

導演一旦掌握了劇本的戲劇動作，同時明白劇作家的思想如何從行動和結果中彰顯出來，這時，導演對這劇本的看法會有一個新進展，將引出一個非常重要的觀點：為什麼要做這齣戲？這是每一位參與製作的成員——演員、設計、技術人員等——都想要知道的，為什麼我們要做這部戲而不是另一部？幹練的導演能夠用很有說服力、深具啟發性又激勵人心的方式回答這些問題。在第一次製作會議裡，若導演對為什麼做這齣戲說不出所以然，沒有什麼比這更令人氣餒了。在一個房間裡，通常是在一張桌子旁，聚集著身為導演的你即將領導的人們。你在那裡，面對一張張臉孔（也許尚未形成一個富連結力的團隊），你的夥伴們準備投入他們**好幾個月的生命**，付出巨大的努力將這齣戲在舞臺上活起來。而作為這些有志一同的夥伴的領導者，千里之行始於足下第一步的功效，將取決於你能否清晰的表達這齣戲的願景，包括了為什麼要做這齣戲[3]。

用設計的語彙表達你對劇本的看法

在學習與演員合作的過程中，你熟悉了演員的思維方式，也能自在處理和表演過程相關的諸多事情，諸如放鬆、專注、目標、相互作用、戲劇動作的直通線或弧線、慾望、儀表形態或角色塑造等，所有這些你都知悉了。你必須以同樣的方式去熟悉設計師的思維，還有他們以布景、服裝、燈光和音效、音樂詮釋劇本的過程中所思考的面向。

同樣的，你需發展出設計在一齣戲劇的製作中可以做什麼或應該做什麼的觀點，這包括了設計應該要做到什麼程度的一些概念（記得我們之前討論的過度設計和設計不足嗎？），因此，從字面上看，設計元素的**數量、複雜度和比重**，是精確判斷的統合中的一部分。用設計的術語和設計師溝通很有意義且有助益。這表示你有能力將劇本分析所獲得的知識和風格轉化成合作者的語彙；除了知性、深度的探討劇本，你有能力參與設計者的專業層面。

在這個發展階段，導演的重要習作之一，就是用**視覺語彙**來表達對劇本的理解和感受。是的，以**視覺語彙**，把你對劇本內容和風格分析所獲得的知性理解，轉換成另一種語言來表達——意象、形式、線條、色彩、形狀和圖案的語言。你必須能夠用知性和語言以外的方式來表達你自己，才能完成轉換。

目前為止，鮮少特別討論「感覺」，為的是要提醒導演學子，千萬不要企圖單靠感覺去導戲，而是學習掌握從導演的角度詳實地去探究劇本的結構、內容和風格。但是，當然，劇場沒有了感覺就不是劇場。想想伊勒克特拉（Electra）和她的家人，或者奧賽羅和德詩狄夢娜（Desdemona）和伊亞哥（Iago），或者約翰和伊莉莎白・普羅克特——偉大的劇場就是要體驗人類非比尋常的覺受經驗，這是我們對劇場的主要期待之一。經由你對演員的

---

[3] 任何人都不應該隨意的導一齣戲劇，除非她或他想要表達理念，而且在一個更大的框架中，任何人都不應該導戲，除非她或他需要用導戲（和劇場）作為探索人類景況的途徑。

指導表演工作，你對感情能以更加複雜的方式來理解，包括心理、行為和各種身體表現。

現在這個階段是恰當的時機來探索感覺，這次是與設計元素有關。導演必須做到的一件事就是感知各種設計元素所喚起的情感，無論是對演員還是觀眾。

一如導演擁有表演經驗很有益處，導演能擁有用視覺語彙來表達的經驗也很可貴，尤其在學習開始階段。在你設計自己執導的獨幕劇時已有這樣的經驗了，現在，重點轉變成你能夠用視覺語彙和他人交流，但不是你自己執行這個設計。

請參考下面的圖示範例。每位導演同學和設計同學，都需為課堂專題所研讀的劇本製作這個拼貼作業，要顯示出演出企圖與觀眾溝通的強烈體驗，也要傳達出導演希望劇本在演出時產生的諸多感覺。學生於製作拼貼時要指

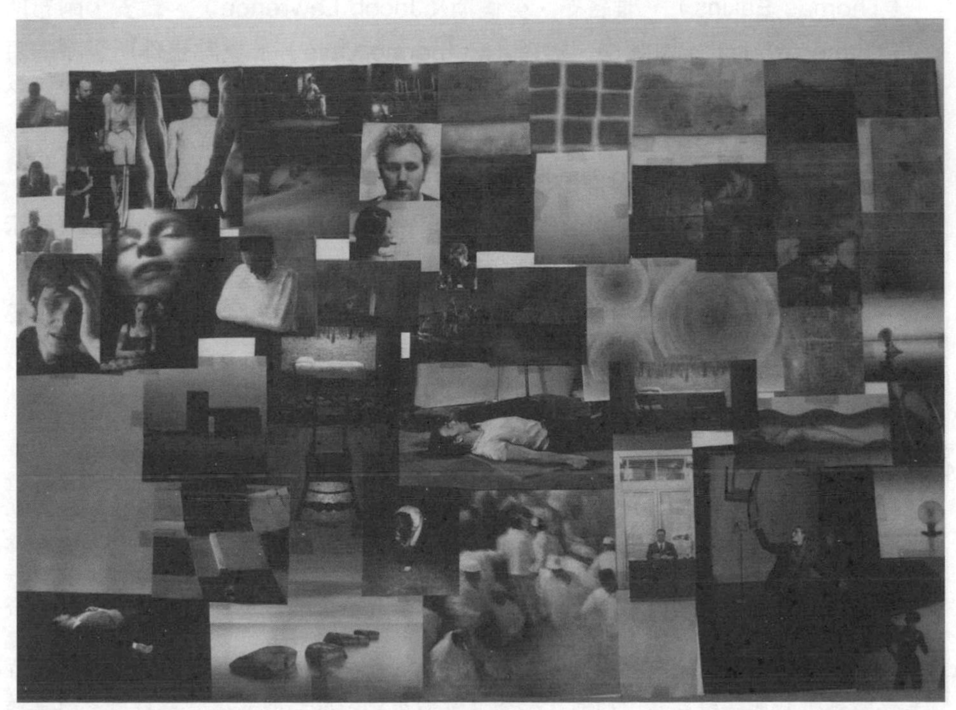

圖片 79

示出演出可能呈現的基調。

很顯然，這個專題的性質是要製作拼貼的人大量顯示他對劇本的感覺和看法。敏感且投入的導演學生在不斷篩選圖片的過程，必定能把對這齣戲的理解和感受轉化為視覺語彙。這是一扇能夠窺見拼貼作者心智和想像力的窗戶[4]。

習作

1. 選擇一位你感興趣，並認為他的作品能夠成為你在劇場設計的出發點的畫家或攝影師。建議下列幾位精湛的研究對象，如：愛德華・霍普（Edward Hopper）、愛德華・孟克、凱特・珂勒維茨、雷內・馬格利特（René Magritte）、愛德華・馬內（Edouard Manet）、埃貢・席勒、喬治・格羅茲（Georg Grosz）、喬吉歐・基里訶（Giorgio DiChirico）、湯馬士・艾金斯（Thomas Eakins）、雅各布・勞倫斯（Jacob Lawrence）、黛安・阿布斯（Diane Arbus）、凱薩琳・歐碚（Catherine Opie）。重點是你所選擇的每個圖像，至少必須有一個人物在其中，這個人物要讓人感覺得到他是存在於某個世界（world）中。這個世界可以是清晰明確的，也可以是相對朦朧、幾乎只是一種的氛圍的，但你要能夠感受到圖像中的人物與環境的相對關係。

   利用10到15分鐘的時間，從你所選的藝術家作品中挑出一系列的圖像展示給全班同學，介紹這位畫家或攝影師。小心不要變成對藝術家生涯的講述，重點是引導你的夥伴仔細觀察這位藝術家的這15到20幅圖像。當你帶著同學們進行觀察時，引導他們注意圖像的以下這些部分，例如：

---

[4] 在加州大學洛杉磯分校（UCLA），我們讓導演和設計師在平等的立場上共同進行這個方案——每個人用拼貼畫呈現出對指定劇本初步的看法。這不僅消除了一些擔心誰才有資格發表意見的緊張情緒（這類地盤性是阻礙成果富饒、無拘無束合作的禍根），給予每個人廣闊的感受和想像空間。我們還要求小組裡的每個人提出一份概略指示，一個簡單的場地平面圖，說明這個作品需要什麼樣的場地，才能符合劇中五或六個不同場景的需求。這門課進行的時候，最好有導演和設計的老師一起在教室授課，讓每個人的呈現收到面向較廣的回饋，也使導演學生和設計學生，在呈現過程中都能感到自在，同時是一場寶貴的示範：成熟的導演和設計師以視覺語彙，針對一齣戲該如何詮釋及表達，進行一場交流。

a. 這位藝術家專注於什麼樣的主題？

b. 他們所處的環境有哪些元素？

c. 藝術家如何描繪畫面的各個元素——這些線條是精準的、追求一種寫實感，還是充滿了活力和顯而易見的「繪畫」感？

d. 這位藝術家用了些什麼顏色？

e. 這位藝術家作品中的光是什麼樣子的？

f. 人物是如何描繪的？（也許在有人介紹了馬內之後，接著有人介紹席勒或珂勒維茨，如此一來就能充分感受這一點。）

g. 這些圖片給你什麼樣的感覺？它們讓你想到什麼？

h. 從藝術家這些畫面中浮現的意境與氛圍，能夠很適當的搭配哪部劇作，或者哪一類的戲劇？

i. 作品中有哪些元素是這位藝術家獨樹一格的特色？也就是說，是什麼讓人能認出一幅畫是愛德華・霍普的畫作（或是席勒的，或阿布斯的攝影作品）？

2. 學期進行一段時間後再做一次這個練習，但是這次要以你正在工作的劇本或其中一個場景為出發點，找到最有助於激起你對劇中世界想法的畫家或攝影師。

3. 選擇兩齣每個人都熟悉的戲劇（或由老師指定）。（這兩齣可能是易卜生的《海上婦人》和蘇菲・崔德威的《機械時代》）課堂上每位成員都要選擇一部劇本，並且為該劇本的製作創造出整體的音效，每個成員用15分鐘的時間與全班分享，至少要列出六個音效的項目，也許包括音樂、環境音／聲音景觀（soundscapes）、經過處理的聲音（processed sound）、音效等等。討論你選擇採用的原因，並描述你創造出的聲音環境產生的效果。

4. 從下列創作者中選出一位，介紹他或她的幾個主要舞臺作品：梅耶荷德、布萊希特、皮斯卡托、葛羅托斯基、彼得・布魯克、莫努虛金、斯策勒（Giorgio Strehler）、塔德烏什・康托（Tadeusz Kantor）、羅伯・威爾森或茱莉・泰摩。介紹時，要描述他／她如何利用舞臺空間，布景和服裝是如何搭配的，以及我們可以從照片中推斷出表演和舞臺的特質。

5. 選擇一位二十或二十一世紀重要的舞臺設計師，用大量的視覺資料進行簡報，從這些視覺資料當中你是可以辨認出該設計師所特有的劇場語言元素。以下是一些人選：約瑟夫・斯沃博達（Josef Svoboda）、特奧・奧托（Teo Otto）、卡爾・馮・阿彭（Karl von Appen）、喬・麥吉那（Jo Mielziner）、喬斯林・赫伯特（Jocelyn Herbert）、李名覺（Ming Cho Lee）。

6. 在製作會議或設計會議上，導演需要發表重要的第一次談話，實習導演需要為這類談話進行演練。請記住，你說話的對象是一群由藝術家所組成的團隊，他們希望你已經認知這層重要關係，以建立連繫。多多為這類談話做練習會有所助益。
   a. 和你的組員進行5到7分鐘的談話，在談話中你要評論即將製作的劇本。（講完後將內容整理成簡明扼要的大綱交給老師；這份大綱應該會對你有幫助，它可以作為你講述的提要或筆記）討論是什麼吸引你研究這部劇作，確定你有多麼想要導演它，解釋為何要在此時、此地導演這齣戲。用幾句話釐清你所看到劇中發生的事情、根本的力量衝突或鬥爭、基本的戲劇動作線。從這些基本的想法推斷，你就能看到整體的戲劇動作浮現。在講述的最後一部分，闡述你希望觀眾有什麼樣的體驗、想讓他們感受到什麼、想讓他們親眼見證什麼，還是想讓他們從體驗中獲得什麼。
   b. 當你完成這個講述後，回答組員的問題。他們也應該給你一些回饋，告訴你什麼是清晰和有說服力的，什麼不是。詢問是否有什麼地方讓他們疑惑，或者你可以或多或少談些細節。
   c. 一週後再和大家講述一次。在此期間，重新思考、重新建構並且練習你的講述，包括能夠以一種自信、放鬆的方式表達你的想法（即使你需用表演的方式來練習）。如果老師在第一次會議沒有講評，你可以請他提出意見。
   d. 如果這學期時間允許的話，在開始實際製作之前，你可以用另一齣戲再次重複這些步驟，從中你能夠獲益良多。
7. 照本章結束時第457頁到458頁所講述的方案，為一齣戲製作一幅拼貼畫和一齣戲的基本舞臺示意圖。
   當每個人都發表完後，課堂討論的焦點，集中在根據拼貼畫作品看起來會給觀眾帶來什麼樣的體驗，以及拼貼畫呈現了什麼價值（比例又是如何）還有原因。同時，討論每位發表人的基本舞臺示意圖，它可能有什麼樣的舞臺優勢，以及有什麼樣明顯的困難點。
8. 要發展你在導演設計流程相關關鍵領域的才能，你宜閱讀那本精要簡短的書《什麼是透視法？》[5]。

---

[5] *What Is Scenography?* 作者帕梅拉・霍華德（Pamela Howard），是一位英國設計師、導演和經驗豐富的教師。霍華德提供了許多精闢的見解，她的書是在學期間的休假時、在夏天，或作為導演課程延伸閱讀的好選擇。

31

導戲就是與設計者工作

探索設計解決辦法

進行到現階段，我們的設定是：經由導演的劇本分析和風格分析，你已掌握一部戲的結構、內容和風格，對這齣戲你有令人信服的觀點，對企圖提供給觀眾何種經驗有了很清楚的想法，觀眾能從這齣戲獲得什麼，你也有了清晰的理念。我們同時假設，從設計獨幕劇、檢視第17到21章各種設計的可能性、準備第30章的設計流程，你已開始用視覺和聽覺的設計語言思考，與你的設計夥伴對話越來越感到自在。現在的問題是，在設計方面，身為導演，你如何能與設計同事最完善地工作來具相劇本、選擇該劇的目標，以及你期望觀眾將獲得何種特別經驗[1]。

導演與設計者搭檔

你可能已經注意到，有成就的導演經常在不同的製作中與相同的設計者

[1] 在加州大學洛杉磯分校，導演學生和設計學生於進行為現場觀眾製作布景、服裝、燈光、音效等皆完備的演出之前，需先通過一項實務習作。該習作專注於演練導演和設計的合作過程，模擬一齣即將演出的多景且全長的戲劇或歌劇，不過是以草圖、設計圖和模型來進行，在每一個階段，導演和設計老師都持續給予迴響。這是為了確保導演和設計第一次在他們各自崗位上有機會一起發展工作，不用承擔與演員排練、財務與工廠資源消耗或現場演出的壓力。

合作，這是因為，在共事的過程中，他們建立了有效的工作關係，締造良好業績，他們甚而可能是互相尊重，享受共事過程。你會發現與設計者的關係會帶來豐富的回報，和一種最令人滿足的「嚴肅的樂趣」——它所包含的喜悅和享受，來自所謂專業或藝術夥伴字義上真正的意涵：相互尊重且有意義的同事。經驗豐富的人會告訴你，忘記某個理念或解決方案是從何而來的並不罕見，在合作時彼此的施與受是這麼熱切且共享，以至於雙方有時會忘記是誰提出了什麼建議。如果你幸運地有了與設計者良好的合作經驗，當未來有機會時，你會希望再續這種喜樂的經驗。

設計過程

第一次討論：理解劇本和風格

第一次設計會議要盡可能邀請四位設計者出席。缺席者當盡快安排碰面時間，且宜由助理導演或舞監詳記筆記，以便後續會議不致遺漏重點。第一次設計會議導演宜與設計團隊所有人碰面，以避免發展成「多頭」製作——因若未適當統籌，每一個部門各朝不同方向發展將形成耗損。如果一開始所有設計都出席，這種情況就會大大降低。在這第一次會議，很重要的是導演要傳達對這齣戲的願景，包括許多先前提到的，導演你為什麼被這部劇本吸引？是什麼促使你提出製作計畫？為什麼你認為應該現在就做——為你們所在的社區、社會和潛在觀眾，在這個時間點？很重要的，導演說的這些話不應該像（事實上**也不是**）**演說**，而是一場最後每位設計都會加入討論的開場白。會議的基調幾乎和會議的內容一樣重要，因為這樣的基調，會釋出許多訊號，這些訊號會讓人接收到：你有無與他人合作的能力、能否成為對各種想法和可能性坦誠的協調者、你能否成為一個領導者。另有細微的評量，像是：你對自己的言談是否有自省能力？是否言不及義浪費大家時間？設計夥伴也許不會用語言表達，但他們會觀察你是否有能力掌控設計流程、領導、統整並綜合大家所有貢獻的跡象。可以肯定的是，他們希望在會議結束時會獲得比開會前更多的資訊和見解，以及，使他們更加熱衷投入，縱使他們本來就懷著主動積極的心態前來。能夠明確的描繪出極具說服力的願景，意義重大——不是提出一套設計製作方案，當然也不是對設計應該做什麼的指示——在會議中，你要清楚說明**為什麼**需要這樣做，以增強和擴大每位參與者的興趣和熱情。誠摯地溝通而非操作或做作，這將是邁向合作長途一個好的開始。

避免連篇累牘強聒不捨，把討論主軸集中在故事線，**集中在劇本裡發生的事件**，集中在主要角色掙扎對抗的結果。在這初期階段，適合討論哪些戲劇事件的輕重順序是觀眾**必須體驗**的？無論如何都要確定戲劇動作的本質和關乎人性的內容必然都會體現。需要做到這一點，這會成為設計團隊每個成員的燈塔，協助引導他們的創作旅程。

在你談論這齣戲的戲劇動作和角色時，試著將由既定情境和先前動作組成的戲劇性世界（dramtic universe）納為其中一部分。在這戲劇性世界，角色生活其中，與它對他們的影響抗爭，戲劇動作在這之中完成，戲劇動作的某些層面甚至是因這戲劇性世界才可能發生。這戲劇性世界很可能需要在舞臺上呈現出來，無論這齣戲是《哈姆雷特》、《玩偶之家》、《終局》、還是《升天犬／落水犬》，戲劇性世界會影響角色的思維、選擇的品味，如果不是戲劇動作的結果也會是它的情況。對這齣眾多生命生存的戲劇性世界，當會議結束時，藝術群會有什麼想法呢？對角色和觀眾，這戲劇性世界是否應該是可感知的、有力的、富體驗性的？

這帶出你將一齣戲從書面搬上舞臺時常要思考的問題：設計能為這齣特別的戲做些什麼？你籌謀著如何把戲確實傳達給觀眾時，這是你必須自問的關鍵問題。正如偉大的導演彼得・布魯克在他開創性的劇場宣言《空的空間》（*The Empty Space*）中告訴我們的，導演必須謹記並發展的原則之一就是歸零，歸零之後從完全空白的一頁開始，也就是布魯克書名所意味的空的空間。這是一種全新的藝術挑戰，沒有什麼是理所當然的。

在設計過程中，最重要的事情之一就是不要遺漏演員。在設計課程中，通常在草圖和比例模型裡都會有一個代表演員的人形[2]。對年輕的設計者和導演，探索設計的魅力、想像有趣的設計解決方案，很容易讓他們沖昏頭，

---

2 美國導演約瑟夫・查金（Joseph Chaikin）的著作《演員的存在》（*The Presence of the Actor*），就用了這些詞當書名。

所製作的草圖和模型卻沒有納入這項最重要的元素——人類，無論空間是如何被想像和建構出來，終究要靠演員／角色使其生動。從美學角度來說，這是一個嚴重的錯誤，也是一個危險的疏忽，很容易造成比例大小的問題，在該環境完全沒有考慮到與人的比例關係。演員是劇場體驗的核心，演員的存在具相了戲劇動作以及與觀眾產生關連的人生體驗。

從這裡，引出一個超越大小比例問題的字義表面意義——幾英尺、幾英寸、幾公尺幾公分高——之相關想法，在沒有更貼切的術語之前，暫且稱它為演員的「心靈印記」（psychic imprint），意思是演員必須能夠用他／她的聲音以及存在感「填滿」空間，而演員的心理或心靈必須透過聲音和動作——也就是透過演員的聲音和肢體——讓觀眾感受到。被推崇為二十世紀最偉大的古典戲劇演員的勞倫斯・奧利佛爵士，當他在一個他不熟悉的劇院裡朗誦莎士比亞的幾句臺詞後，被問及他的感覺時，這位偉大的藝術家搖了搖頭說不，他不喜歡這個舞臺和觀眾席，因為空間的體積和大廳的幾何形反射聲音的方式（不理想），讓他無法聽到他的聲音「回來」。導演知道，演員的存在以及他們在空間留下心靈印記的能力是珍貴的禮物，在劇場，這就是生命本身（the very stuff of life itself in the theatre）。在整個設計過程與參與決策時，沒有什麼比你在腦中緊緊記住「所有的決定都要繞著演員」更重要了，這甚至包括接觸他們皮膚的東西是什麼、他們手裡拿著什麼物品等等。精湛的設計利用了演員的存在、演員創造畫面的能力（包括動作），以及對聲音維度的重要性之察覺——演員的聲音使劇場空間生氣洋溢的能力。當你適應了協調這些考量，你會開始警覺到設計與演員競爭的可能或事實，有些設計甚至讓演員的存在完全不可能活化空間。這種情況會發生，通常是設計的規模非常龐大，人的形體在這樣的空間裡顯得微小，以至於形塑意象的潛力喪失或嚴重減弱。這情形也會發生在與顏色有關的東西（例如演員因服裝的顏色像舞臺上的顏色而消失在這空間）或圖案等。有時，穿在演員上半身的服裝若有非常搶眼的顏色、圖案或形狀，會發生與演員的臉「競爭」焦點的狀況，有時嚴重到觀者的視線必定落在圖案、形狀或顏色而非演員表情的地步。任何這類情況發生時，演員就會面臨他／她無法克服的挑戰。一個敏感的導演能意識到這種潛在的危機，並在整個設計過程中始終把讓演員的存在放在心上。與設計者的第一次討論，是很好的時機來檢視演員最終在舞臺上與整體元素融合後的存在感。

第一次會議的一個重點是討論風格——正如你在劇本和製作所思忖的議題。劇本哪些方面的風格你認為應該被強調——戲劇動作、角色、思想、氛圍，還是對話？哪項是風格重點？如果考慮的劇本像是品特的《歸家》，莫里哀的《塔圖弗》，山姆・謝普的《心靈謊言》（*A Lie of the Mind*），蘇珊—洛麗・帕克斯（Suzan-Lori Parks）的《美國劇》（*The America Play*），光是提到劇名，這一類問題就開始滲入思考了！就製作的角度而言，與劇本不同的是，在這樣的會議中，關於風格有哪些要點須提出？小心不要躁進跳到宣告結果，那些是你應該與設計個別會談所發展出來的。不過，如果你能解釋一下，例如，為什麼你選擇在環形空間（arena space）而不是在鏡框舞臺演出這齣戲？你對這個選擇期盼能獲得什麼效果？這些應該是很有益處的。（事實上，第一次討論，就必須包含你要如何運用你所選擇或被指派的場地來達成你期望的效果。重要的是，在製作的設計過程裡，不能把空間視為理所當然，也不能忽略它。這點對每一個設計部門都很重要，但對布景和燈光尤其重要。）

唯當設計者理解你對劇本、製作環境和目標的個人觀點時，他們才能開始循著你所思考的臺詞詮釋前進。必須強調，**團隊中任何人（或是你）對這些觀點過度討論，將會使個別的設計者沈滯難行。首要的強調點，必須放在很技巧地處理劇本中的故事線和人性價值。**

最後，第一次設計會議必須成功地為劇本和演出深思熟慮，設定出一個大概的方向，這要列入工作項目裡。不是一套特定的解決方案，而是從天馬行空的各種可能性中，聚焦到一個較小的範圍，在這範圍裡探索，為這特定的演出尋得精確的設計之道。古諺語有云，完全的自由可能不是任何自由。如果這戲是《哈姆雷特》，甚至是一齣寫實劇，都可以有種種完全不同的方向有效地去追尋去發展。你的責任是，讓第一次會議對即將製作的演出有個清晰可見的整體方向，唯有如此，設計團隊的想像力才會很有效率地參與這個特別製作的挑戰。

第二次討論：個別化設計

在第一次大致的討論後，導演應該與每位設計者個別工作，以避免重點重複，並可在設計裡產生對位的效果。這個流程可辨識出每位設計者的個性，每一位都有自己的方式處理設計過程以及獨特性之表達。

在第二次討論，鼓勵並且回應設計者提出的任何問題或想法是很重要的，設計者可能想從你對劇本的想法中（戲劇動作、角色或理念）獲得更多的創作基底，或者對第一次討論時提到的風格重點有更多解釋。與設計者交談時，當你確定他對你關於劇本所說的整體詮釋和願景以可行的方式理解了，你的意圖應該是讓他盡可能自由地形成他的視覺（或聽覺）意象。一旦獲得這種理解，你和設計者就可以討論實際的意象，或至少討論這些意象可能採取的方向。你也可以展現你自己的某些意象，由於你的目的是傳達腦海中對某些事情很廣泛的想法，並不是要設計者鎖定某些特定意象，而且你的意象可能顯得有些誇張或概括性。

談到不把設計者束縛住的問題，最好再想一想你從與演員的合作中所學到的。如果你對演員是一位敏感且有效率的導演，你應該知道指使演員去執行你的指令做這做那，「我要XYZ或ZP」、「我需要XYZ或ZP」諸如此類，並不是讓演員自行發現進而塑造角色、將這齣戲成為**他們自己的戲**之最佳途徑。這是在學習如何導戲時最玄妙的事情之一——如何無需這麼明確地壓縮與你合作夥伴的空氣（以及樂趣、新發現和生活），而能獲得成果。一般來說，「我」這個詞，或者至少「我想要」和「我需要」這個詞應該從你的用語中刪除。事實是，這一切都不是為了你，而是為了角色或這齣戲。是關於這齣戲需要什麼，是關於這個作品——這個作品需要什麼。如果你能調整自己的思維，你就會走在許多想要學習導演的人前面。你所表達的思維，如果是循著這些臺詞——這齣戲可能需要什麼、某一特定場景或時刻可能需要什麼，而不是「我要」或「我需要」，結果應該是更鮮活，更自由地給予，最終的成果將是由你和你的藝術家夥伴所「共有共享」的。記住，你的工作是為演出設定一個方向，或者為特定場景或設計去尋找解決方案，如果你有幸與才華洋溢的演員和設計者一起工作，那就不要自己想解決辦法。雖然你為創作過程建立了方向且最後演出成果你的貢獻良多，但在舞臺上扮演角色的人不會是你，你也不會真的去設計布景。在導演這門技藝中有一項相當難以形容卻非常重要的才能——**導演能夠創造一種環境，在這種環境裡，與你合作的藝術家們，對這齣戲的表演和設計挑戰，想出絕佳的對應解決之道，可以創作出最好的作品**。這是導演藝術裡很大一門學問，那些能夠掌握這層面的人，於藝術創作過程中，在導演的貢獻上騰達。

有些舞臺設計者是這樣被訓練的，他們經由尋找一個涵蓋整體的意象去接近一個特定劇本的設計；一個有包容性的視覺意象，能彰顯出意涵或隱含的意義，由此來發現演出的統一性。在現在這階段，是你與設計者討論他們所想的這類隱喻的時候，且要徹底理解它對演出的影響。這種理解可以成為討論的基本試金石，因為它是對該劇核心意涵廣泛且富想像力的陳述。由於隱喻提供了與平常不同的機會能把視覺理念投射到形式，你和設計者可以進行更深度的溝通。

其他設計者不從這種營造統一性的方法開始工作，而是從質量、線條、顏色和材料等更直接地看待設計。這並不表示這類設計者是從限定的範圍內工作，而是他們企圖在腦海中想像對這齣戲的想法之表達的可能範圍。導演若對設計語言表達流暢，對線條、顏色、質量和材料可能的影響很敏銳，對設計者用這種方法來表達關於劇本的想法，他是準備好回應的。有些設計者，也許尤其是服裝設計者，可能會展示特定種類或風格的服裝或「外觀」的圖像。同樣，只要你意識到設計者正在你的回應裡尋找可以指向更明確方向或方法的線索，這些對推動討論都是很有幫助。實際上，為了進行清晰的溝通，也為了避免在設計過程無意中偏離了預期的方向，在所有這一切裡，有一些事情需要特別注意。需要**小心的是，在這時候，在你的回應裡，不要做出具體或特定的承諾，同樣重要的，避免給人家一個印象你對某些事項或某一個特定方向有所承諾**。在第二次會議，目標不是給出具體細節，而是幫助設計者找到大致的具相範圍或可能的解決方法。

第三次討論：具體的設計想法

隨著你和設計者之間對劇本有了共識，設計者開始提出具體的想法——不是一個完整的設計作法，而是某些設計面向的幾個具體看法。在這次的討論中特別重要的是考量舞臺擺置圖。在第二次討論時，你可能已經和舞臺設計討論過舞臺擺置圖，但無論是在第二次或第三次討論，舞臺擺置圖是設計發展的重要基礎，以及，你現在已瞭解，舞臺擺置是導演與演員工作時，找尋戲劇動作的身體表現的根基。一個好導演知道設計不僅**外觀**是重要的，在舞臺擺置方面的**運作功能**至少是一樣重要，因為導演和演員為這齣戲所發展出之具有說服力的實體生活（physical life）的一切，包括在舞臺上塑造意象，完全取決於舞臺擺置的能力和工作。有才華且訓練紮實的舞臺設計者很清楚這一點，他會與導演密切合作，特別是在設計發展的走向這方面。然而，明智的導演不會把這至關重要的層面留給偶然，對可以工作的舞臺擺置，他會留心發展過程中的每一個步驟；舞臺擺置肇始上千上百個實體化——構圖、圖像化、移動、意象等等，是這些承載了這一齣戲。

第三次討論好比你在排練時與一名演員會談，這演員展示了他正在思考的一個特定選擇，關於他正在發展的角色塑造的某個場景、某個時刻或某個面向。你必然會很有興趣，演員極可能期待你對你的選擇給予觀感和指示。這情形若發生在設計者，你對這些會很有興趣，一如你對演員的選擇，毫無疑問，你的反應，會受到這個設計是否有能力對這個劇本精確、富想像力、並具**劇場性地**反映這類感受影響。如果所呈現的設計理念以一種適宜、富有想像力、劇場化等有活力的方式發揮作用，那麼，同意朝這方向更進一步發展就容易了。然而，如果設計理念不是用這些方式工作，或僅是部分如此，則需要進一步的討論。（如果你現在正在排練，不要忽視邀請設計者或團隊其他成員看排的可能性——有時這對你和設計者是無價的，因為某些事情很快就變得非常清楚。）而且，就像你不會花費整個排練時段「只」與演員談話，所以到目前為止，在設計會議上，你很可能不希望這會議「只是」談話，而是集中在以具體形式呈現的視覺想法。在這時候，若只是粗略的草圖或初步的模型也沒有關係，重要的是，這個流程已從談話階段行進到設計者的想法具體化的階段。此流程從這裡開始你與設計者密切工作，接下來進行的是與設計者的視覺（或聽覺）設計理念和意象的合作。

這一點在討論時相當重要，因為導演和設計者都必須包容對方的創意投入。如果導演沒有在他自己的想像中充分映現出設計者的想法，以及，對這些想法如何工作並未真感到興趣，（甚至，**或者尤其是**，它們可能與他先有的視覺概念不同時），這導演很可能因為一己的盲目遺棄了可行甚至可能是精彩的設計發想。從另一方面來看，倘若一位設計者無法很自在地因他的工作獲得回應，無法獲得期待中對進一步發展或改變應有的建議，那雙方是不可能有所交集的。**合作，建立在有創造力且有責任感的人之相互尊重和平等交換**（give-and-take）[3]。沒有這種合作的共識，劇場富有創造力的過程是不可能發生的。

你現在可以從它會如何「運作」這方面，測試所提議的設計。在舞臺設計的案例裡，你要就其所據的場景或時刻在腦海中測試。若是為整齣戲設計的方案，劇中的每一場戲你都需要測試，當然，你知道必須存在的關鍵時刻、對故事敘述很必要的移動形式、關鍵的構圖（例如，在爾文・蕭〔Irwin Shaw〕《埋葬死者》〔*Bury the Dead*〕裡，有一個場景必須容納三十人，在中間有一個開啟的陷阱通往墳墓）。如果呈現的是舞臺擺置圖，你必須根據劇本或場景的需要，包括關鍵時刻激發構圖的潛力，在腦海中對其進行測試。一些至關重要的事情，例如舞臺擺置圖這麼重要的項目，切忌急促草率地做出判斷，考慮一個晚上，讓自己有足夠的時間在想像中演出所提議方案之中的每一個場景。

要確定舞台設計的發展進度會一直通知給服裝設計和燈光設計，這是你的責任（儘管一個好的舞臺監督一定會提醒你）。事實上，這種認知並不是一條從舞臺到服裝和燈光的單行道。當服裝和燈光設計者發展他們的設計時，舞臺設計也要清楚這些領域的進展，這是重要的。為什麼？一個實際發生在劇場的經典例子是，設計們與導演溝通不良，第一次彩排時，發現布

---

[3] 譯註：give-and-take，有給予和獲得、平等交換、交換意見、互相遷就等意思，強調不是由某一方強權主導或決定、擁有等之關係地位。

景、服裝和燈光所選用的顏色是這麼接近，以至於演員們彷彿在一片顏色相同的湯水裡「消失」了。當發生了需要重新油漆布景顏色好讓服裝顏色顯出來時，雖然參與者都是有識之士，但仍是會感到恐慌。千萬別讓這種事發生在你們的製作裡。在發展的過程中，讓設計團隊的所有成員都在「訊息圈」內。每週的製作會議，所有主要設計者、技術人員、舞監全都在場，是運作良好的製作過程所不可或缺的。不過，縱使每星期都有這種例行性的製作會議，尤其是正在發想設計的階段，身為導演的你有責任，確保團隊的所有成員接收到他們所需要知道的整體設計協調資訊。

對服裝、燈光和音效的設計理念進行類似的測試，也須在導演腦中進行（有時甚至是在實體模型或在表演空間中測試）。在這個過程，導演深入思考如何在製作中運用這些想法。對劇中之主要高潮，與服裝、燈光和音效設計者討論想像的構圖或事件，這麼做，可以確定各設計元素所需有的強調類型，當配合不同重點且相互作用時，在設計效果上，是「提高」還是「降低」了。（例如光度減弱、聲量加大且失真、服裝在黑暗中隱去只剩一張臉龐，或是服裝在黑暗中開始發光，像《心靈謊言》[4]演出中獵鹿的兒子那樣，當他的獵人安全背心呈現出一種非世俗的、超自然的「外觀」，這些設計有效地顯現了這角色想像自己是復仇代理人。）

你可以根據第18章中討論的對比原則發揮最大的影響力，依據設計元素的整體對位計畫所需要的，可以強調或不強調設計的各方面，否則，在稍後當元素完成構建時，更改就變得困難或不可能。這包括保持活躍的思考，要完成的設計**有多少以及要多複雜**等。過多設計可能會導致一齣戲窒息或阻塞——演員的存在當然是會受影響，若失控，整個演出也會失敗的。通常，預算限制會處理部分或大部分這類情況，不過，即便如此，導演還是需保持覺知，控制這類整體發展之規模、複雜度、視覺元素相對的重要性之衡量等，以及，前面所闡述的，在如是複雜的整體中，演員之存在的至關重要地位。

相對於舞臺和服裝設計來說，唯有燈光設計，以及少部分的音效設計，

---

[4] 譯註：*A Lie of the Mind*《心靈的謊言》是山姆・謝普的劇作，於1985年12月5日在外百老匯Promenade Theater世界首演，由謝普執導。（資料來源：Wikipedia）

在排練的最後階段或多或少能有變動的靈活性。不過，縱使是燈光和音效，在這階段是時候應該討論規劃樂器和音響的位置，以及如何讓有些「外觀」或音聲圖像常用的模式成為可能，因為，在後期要更換這些組件將會是困難或不太可能，如果可行也會很耗費有限的時間。（各種因素例如，座位配置、要在空中接管線、其下方有障礙物、揚聲器建置在移動平臺等等。）

第四次討論：做決定

實際上，第三次會議後可能有一系列這類性質的額外會議，除了在最有效率或簡化的情況下，幾乎可以肯定都會是如此。在這些會議中，導演需要回應一長串的設計想法，這在任何製作中都是最有趣、最欣慰、最喜悅的時刻之一——同心協力尋找最佳的設計想法和做法。這個過程，身為導演的你，致力於把眾多設計想法統合成一個有意義且美麗的整體（既使是某些悲劇情境，亦是一種可怕的美；請見威廉・波爾〔William Ball〕在其精湛的導演技藝之論著《方向感》〔*A Sense of Direction*〕中，對所謂「整體美」〔general beauty〕的討論。）

但最後，縱使是在第七次或第八次（或任何一次）會議之後，事務進入下一個階段，決策與承諾的階段，會議還是要開的。與導演和演員的合作不一樣，導演與演員是經由例行性地每天會聚數小時來醞釀，由此產生雙方理解的漸次過程，而導演與設計者的工作通常是在製作早期就已完成[5]。雖然相對地導演與設計者面談的時間少很多，但若是好的過程，就像在生活中經常發生的，雙方以有限的時間，然可能是深度鑽研過程。必須做出拍板定案

---

5 譯註：此書合著者麥克連教授是導演也是舞台設計者，他在此意謂，通常在製作早期，導演已和設計者對劇本的詮釋和製作方向達成共識，然與演員，則需經過一個為時甚長的排練期，每次排練數小時，直到演出週前臻於完整和完美，導演和演員雙方在這排練過程逐漸達到共識。在此以譯者的劇場經驗和體會稍做補充：在創作發生上，設計與表演的本質與經歷很不一樣，演員非常需要充分時間從劇本的字裡行間去摸索、推敲、琢磨、醞釀，是另一種靈媒，漸漸接受另一個有形體的生命進駐自己的身心靈，有時還需特殊技藝，然演員對這進程自己全程必須恆是覺知的主控者。劇場各種設計與演員的創作流程是非常不同的，而最後在演出時，全都要融合成一整體。

的決策（或幾乎常是快要拍板定案的），因為設計牽涉到花錢的材料必須事先訂購和準備，還有製作的人力和時數需估算和籌備，以及布景工廠空間和進入實際表演空間——也就是劇院——兩者之間的複雜工作日程安排。表演上的變化可以在排練最後時段做到，但大多數設計無法如此工作[6]。導演必須能夠完整想像出他可能只在紙上或比例模型上看到的設計的效果。像所有的設計者一樣，導演必須能夠充分的視覺化舞臺擺置圖、布景設計圖、布景透視圖、模型和服裝設計圖等建構的基礎——這個製作的效率將會由此決定[7]。

在這個時刻，導演在想像中走過最後一次測試，將設計投射到（想像的）最終具相的現實裡。這些設計能以期待的方式相互輝映嗎？在這些設計方案中，導演是否有足夠的選擇，以一種完整、可行且令人興奮的劇場方式來演繹每一個場景、每一個時刻？劇本的戲劇動作是否會因設計而增強，而使氛圍變得清晰且濃烈？設計方案能否提供演員表演時所需要的必要支持？設計的任何方面會破壞或削弱演員存在這戲劇空間的首要地位嗎？

一旦交付給設計們去執行，導演必須信任他們，並盡一切可能使設計「運作成功」，全心全力去認知設計的所有潛力，完全致力於使它們在這日益成形的製作裡，成為總體中有機的要素，導演也能因此在排練時擁有更豐沛的能力和方法去敘述故事、創造戲劇世界與觀劇之深刻體驗，打造出感人的、永難忘懷的劇場。

---

6 有一則關於英國著名演員暨導演約翰‧吉爾古德爵士的傳聞是，當他擔任導演時，竟然在著裝彩排的中場休息時，改動舞臺上的設計。

7 譯註：作者馬克連非常懇切叮嚀導演學子，必須在設計的每個過程中反覆檢視測試設計構想之必要，各種設計涉及製作和設備、人力、工時等，一旦設計實體化要更改就非常麻煩、困難，甚至痛苦，導演在設計落實製作之前檢視完整是非常重要的。不過，也必須說，在首演前的劇場週，不得已需做設計更動的可能性還是會發生，如馬克連所舉的約翰‧吉爾古德不理想的作為，可惜作者並未仔細解說原因。因劇場週時間很有限，要進行的事務不計其數，在這時候更動設計確實是很不妥當，導演必須記取這點。

習作

1. 假設這是一個導演和設計者合作的完整實作練習，不過它是在工作室或教室進行，所有設計並未實際製作、也沒有實際觀眾的演出。前往這本書的最後一部分，「重點專題3：與設計者合作完成執導一齣全長、充分製作的戲劇」，仔細研討其描述的細節。於此，你要做的是文中述及的習作之一個版本，一個工作室計畫，提供你和設計同儕工作經驗，沒有實際製作。這個課堂上的計畫以呈現草圖、設計圖、模型和結構的方式，在計畫中各個階段的呈現，設計者和導演激盪並分享意見。

   在這導演與設計合作之課堂版本裡，如果你和你可能合作的設計團隊接受挑戰，且老師認為以你的進度更近一步的挑戰是必要的，可以考慮不僅一套布景且角色眾多的劇本；設計，在這計畫裡並不真正製作，而是在教室裡「翱翔」。適合這個習作的這種場景多地點多的戲劇或歌劇，例如：契訶夫的《三姐妹》或《櫻桃園》、易卜生的《海上婦人》、韋伯斯特的《馬爾菲女公爵》、蘇菲・崔德威的《機械時代》和柴可夫斯基的歌劇《尤金・奧涅金》（Eugene Onegin）。這些作品的多場景結構，讓你和你的設計者能獲得發展設計的重要元素，即為使設計與敘事交織並相輔的方法，就像戲劇動作在各個地點展開那樣。

   這項計畫可以僅由導演和舞臺設計者完成，也可以與舞臺、服裝、燈光、音效等設計完整的團隊共同完成，或者，與其中任何一個項目的設計者也可以。為了與指導老師和群組裡的其他人充分交流與回應，建議你和你的設計者在最後呈現前的作品發展過程中，至少要有兩到三次的中期呈現。
2. 如果在第一次的練習中沒有包含服裝、燈光或音效等其中任何一項，那麼再練習一次，將重點擺在沒有包含到的項目。
3. 從旁觀察由經驗豐富的導演執導作品的設計過程，這位導演可能是你負笈學校的教授，也可能是在離你不遠的劇院工作的優秀導演。為了獲得這個就近觀察的特殊待遇，你可能需要擔任助理導演或助理舞臺監督，但是跟隨一位造詣精深的導演和參與一個完善的製作計畫，這個觀察的過程對你來說，價值是無法估算的[8]。

當你完成了這些習作，覺得已經準備好了，便繼續進行重點專題3「與設計者合作完成執導一齣全長、充分製作的戲劇」，這一次是確實製作，將在觀眾前演出。對導演學子，重點專題3是一個理想的頂尖計畫，宜安排在學程或榮譽課程（honors course）的最後一年。

---

8 譯註：國立臺北藝術大學戲劇學系和劇場藝術創作研究所主修導演的學子，除了主修課程導演一到導演四以外，必須先具有擔任戲劇學院由老師執導和設計的演出之舞監助理和導演助理等資歷，才取得進行畢業製作的資格。在學習過程裡，亦安排如「導演與設計」、「舞台設計」等專題。大學部和研究所的畢製需是一齣完整的製作演出，由各部門的畢製同學在其主修老師指導下完成。

重點專題3

與設計者合作完成執導一齣全長、充分製作的戲劇

這門課程的最後一個專題現已在你的手邊：執導一齣完全製作的全長戲劇。貫穿這本書，目標就是一步一步地引導你朝向這個專題，於此，你可鞏固對導演流程的掌控。現在是你總結你所學習，並邁向戲劇製作的合作流程的時候。

- 選擇一部劇本，可以向你——導演——和設計們呈現一組完整但不是壓倒性設計的挑戰。
- 選擇一部知名劇作家優秀的劇本；這會教你關於結構和風格。
- 選擇一部適合你的製作環境的劇本，要很清楚你可以合作的演員有哪些以及可以承擔的製作規模。就這一點，人數少的演員陣容、一套景到底的戲，足以解決充分的製作並現場演出的要求。
- 選擇一部在你（身為導演）的認知和才能範圍內的劇本，也是設計們和演員的能力所及的。
- 進行準備工作時，先複習第三篇的幾章，與設計談話之前，寫一份風格分析和一份製作計畫。
- 與設計工作，一如與演員工作。記得，唯當你的演員和設計飛翔了，你和這齣戲才可能飛翔。

附錄1

音樂劇和歌劇

音樂劇與歌劇各都是一門博大精深的學問，所以本書並沒有提供執導它們的細節作法，但還是必須提出一些建議，因為每位導演遲早都會有機會去執導其中一種形式的演出。你可能沒有什麼處理音樂劇和歌劇的專業背景，但將它們視為你工作的一部分能夠大大拓展你的機會。年輕的導演在執導大部分的現代戲劇，甚至是一些歷史戲劇時，會比較有安全感，對很多導演來說，音樂劇和歌劇是脫離正常業務軌道的，他們提出這樣的問題：我該對音樂瞭解多少？對歌唱和舞蹈呢？該如何統整協調由這個領域才華洋溢的專家所組成的工作團隊呢？

音樂劇

美國劇場的音樂從十八世紀劇場管弦樂團慣常演奏的「歌調」（airs）[1]演變而來，在戲劇中伴以歌曲、穿插著歌舞，歌劇表演還是處在主流的地

---

1 譯註：根據國家教育研究院的「舞蹈辭典」之名詞解釋：「Air，音樂術語。十六世紀時，英法兩國把Air（歌調）一詞作為聲樂曲的通稱……十七至十八世紀時，它也是器樂曲的一種。……樂器曲的歌調包括樂器演奏類（Airs à Jouer）和舞曲類（Airs de Movement）。十七世紀法國的「反復歌」（Airs de Cour）是屬於嚴肅風格的歌調，別於一般輕鬆風格之飲酒歌（Airs de Boire）。」（參照：Don Michael Randel Ed.《The New Harvard Dictionary of Music》1986、康謳主編《大陸音樂辭典》民國六十九年。）http://terms.naer.edu.tw/detail/713840/ 查詢日期：2020年3月4日。

位。之後，在十九世紀，管弦樂團開始為舞臺上的戲劇表演演奏背景音樂，這種做法也一直沿用到之後無聲電影的年代。十九世紀時，開始將歌曲廣泛運用在戲劇中，歌舞也大量出現在歌手的表演當中。

來到二十世紀，在喬治・柯翰（George M. Cohan）的引領下，美國音樂劇走出自己的一條路，首先顯現在短劇、歌曲、舞蹈和歌舞雜耍上，然後是1943年，羅傑斯（Rodgers）和哈姆斯特恩（Hammerstein）製作的《奧克拉荷馬》（*Oklahoma!*），以及其他高度整合的音樂劇，具有對白、歌曲、全體演出的歌舞場景、精緻的布景、服裝、燈光，還有樂池中現場演奏的樂團。「大音樂劇」（big musical）在1950年代出現，隨之而來的是大量的導演需求。但什麼樣的導演最能夠勝任這項工作成了一個問題：是戲劇導演嗎？還是樂團的指揮？又或者是編舞家？

請謹記這重要的一點：許多新推出的音樂劇其實是改編自一般的舞臺劇，舉例來說，《奧克拉荷馬》是改編自里恩・瑞格斯（Lynn Riggs）的《綻放的紫丁花》（*Green Grow the Lilacs*）；《旋轉木馬》（*Carousel*）改編自莫納（Molnár）的《利利翁》（*Liliom*）；《吻我，凱特》（*Kiss Me, Kate*）改編自莎士比亞的《馴悍記》（*Taming of the Shrew*）；《窈窕淑女》（*My Fair Lady*）來自於蕭（Shaw）的《賣花女》（*Pygmalion*）；《卡巴萊歌廳》（*Cabaret*）改編自范・德魯頓（Van Druten）《我是一個相機》（*I Am a Camera*）；《異想天開》（*The Fantasticks*）則是改編自埃德蒙德・羅斯坦德（Edmund Rostand）的《浪漫傳奇》（*Les Romanesques*）。舞臺劇導演因為這種「新舊並呈」（new-old）的形式需要雕琢表演、發展大規模的布景以及舞臺調度，而占有一席之地。但由於表演者必須具備歌唱與舞蹈能力，導演也必須精通至少其中一個領域，像是精通舞蹈的高爾・錢皮恩（Gower Champion）或是鮑伯・佛西（Bob Fosse），或者扮演一個協調者的角色，例如喬治・阿伯特（George Abbott）、約書亞・羅根（Joshua Logan）、摩斯・哈特（Moss Hart）或哈爾・普林斯（Hal Prince）。而後的音樂劇——例如《歌舞線上》（*A Chorus Line*）、《九》（*Nine*）、《芝加哥》（*Chicago*）——導演的工作，包含戲劇表演和歌唱，全然被能夠掌控龐大歌舞的編舞家暨導演取代，像是湯米・圖恩（Tommy Tune）、麥克・

班奈特（Michael Bennet）、蘇珊・史卓曼（Susan Stroman）以及葛瑞西埃拉・丹尼爾（Graciela Daniele）。

之後，大型音樂劇因為經費過於龐大製作不易，規模較小的《我願意！我願意！》（*I Do! I Do!*）或《異想天開》獲得表現空間。舞臺劇導演因為整體演出的重心此時落在主要角色的演技，歌舞只占一部分，他們的地位更加確定。此外，他們還能夠以適中的經費，在非營利的劇場，像是地區劇場或是大學劇場製作音樂劇。1980年代，一些原本還有對話的音樂劇場借助史蒂芬・桑坦（Stephen Sondheim）充滿創意的協助，已經完全以樂曲或歌曲貫串整齣戲，這當中仍然有一些是由著名的導演執導的。

所以，你得要問問你自己：哪一種音樂劇是我能夠掌握的？在教育或社區劇場中的音樂劇製作，導演是重要的協調者，從設計到行政，製作的各個層面他都必須參與。文本和音樂已經將結構建立的相當穩固，縱使沒有深度地理解歌曲和戲劇性時刻還有場景變換的關係，導演不需要去更改任何結構就能夠做得很好了。導演經由和指揮討論音樂，和編舞討論舞蹈，和舞臺設計、燈光設計、服裝設計一同工作，以及和編舞家、音樂總監與設計者們密切的規劃舞臺上運作的一切。最後，導演把所有都整合起來——這個模式甚為龐大，包括戲劇場景、歌曲、舞蹈和全體演出的歌舞場景與布景變換的高潮片段——導演將為這個演出定下韻律和步調。

在較小規模的音樂劇製作中，導演會直接參與所有面向的發展。所以，現在問題變成了：我對音樂劇的形式瞭解多少？舞蹈呢？對用戲劇性的時刻（dramatic moment）結合這兩者瞭解多少？對學習去尊重音樂家和舞蹈家的創意呢？若你在所有這些領域皆能部分參與，並且明白它們對故事線和戲劇動作——觀眾最渴望最期待的要素——有什麼幫助，你就會知道如何提升你的創作夥伴，達到更高的成就。

於是，掌控音樂劇就跟掌控舞臺劇非常類似：你越理解風格以及它該如何運作，你越清楚你可以做什麼。請記得：音樂從古希臘時代起就一直是劇場的一部分，它在現代劇場中作為一種溝通形式、感受的途徑，與它過去的功能沒什麼不同。二十世紀再度興起的舞蹈，以一個完整的、帶有敘事成分的元素，加入了音樂劇的形式中。要是沒有傑出的編舞家，音樂劇不容易存活。想要瞭解美國夢的輝煌，就像在《第42街》（*42nd Street*）所表現，就是要去瞭解每個年代是怎麼將它的神奇和玄妙呈現在舞臺上，以及用這種方法，它如何激起觀眾高昂的情緒，甚至狂喜。在美國，音樂劇已經在我們的日子和生活的感受裡占有一席之地。製作音樂劇確實像一場冒險，它考驗你協調、整合音樂、歌曲、舞蹈、戲劇張力和舞臺調度並發現韻律的所有能力。

如同所有劇場藝術的領域一般，有很多書籍能夠提供你更深入的分析和拓展你的知識。在參考書目當中，列有一些和音樂劇相關的書籍，若你對這門豐富多采、扣人心弦的劇場形式有興趣，這些書能為你的探索開啟一扇門。

歌劇

關於歌劇，非常重要必須記得的是：無論它如何被搬上舞臺，它必須以音樂事件來運作，如同戲劇事件一樣，而導演、指揮和歌唱家之間的關係，是獲取整體成功的核心。確實，歌劇的戲劇元素和音樂元素共生關係使得它如此獨特，它也從中獲得在劇院的強大魅力。縱使承襲了悠久歷史的傳統，歌劇自二十世紀的最後十年起，在設計、舞臺、意象和表演等方面，至少在幾位深具開創性的導演、指揮和設計者手上，以一個當代最具創新的形式的劇場之一員穩定的發展著。導演們像是彼得・賽拉斯（Peter Sellars）、法蘭西斯卡・贊貝羅（Francesca Zambello）、羅伯・威爾森、派翠絲・切羅（Patrice Chereau）和羅伯特・勒佩吉（Robert LePage），以及富冒險精神的指揮伊沙—佩卡・薩羅南（Esa-Pekka Salonen）和詹姆斯・康隆（James Conlon）等諸位音樂家，洞見歌劇在戲劇形式可以如同在音樂形式同樣精湛，大大拓展了這項動人藝術形式的可能性。不過，投入這項藝術形式的導演們必須瞭解，他們和指揮和歌唱家的合作，將會與他們在舞臺劇所經驗的一樣精彩、意義重大、具有挑戰性，在某些層面甚至尤有過之。

很多導演因為歌劇容許概念自由而投入。**歌劇的表現力展現到最旺盛的狀態時是非常強而有力的，因為音樂結合了視覺意象和人聲產生出超然的力**

量。這意味著，歌劇導演對作品的音樂層面和特定作品的製作歷史必須高度敏銳。如同舞臺劇，導演需要針對特定歌劇理解其歷史背景，以及要對這齣歌劇先前演出有所認識，除非這是一齣全新的製作。歌劇這種表現形式（或許和我們所認知的莎士比亞和古典戲劇這類話劇不同），其中最飽滿豐富的部分是當代詮釋如何連結到作品中無可避免的傳統元素。你將執導的製作，無論尋求的是對演出傳統的「忠實」，還是重新詮釋並跳脫出來，你都能確定的是，在歌劇的世界，導演對作品的詮釋，必然會被置入「這作品在過去如何處理」的檢視之下。無論你的導演方法是受到正面影響還是無關傳統，正如大部分的劇場裡，這些做法有否彰顯作品的精髓或者是更添光彩，統統取決於它能如何娛樂、取悅和感動觀眾。

除了對演出歷史和傳統必要的理解之外，對與指揮協力合作，導演必須抱持開放的態度，因為這項工程的音樂層面是這位重要合作夥伴的重責大任。你應當極度重視於如何與指揮在共同願景中，領導（並參與）設計者與表演者，執行這個製作。當然，身為歌劇導演，必須敏銳並重視歌唱家以及他們的特殊需要，那些攸關歌唱的現實，包括他們在指揮的指揮棒下以及你和設計者建議的舞臺調度之下，他們必須和樂隊搭配的特定事項。有些演出，某些歌唱家大膽並享受面對作品中歌唱和表演的挑戰，然而其他人卻是更為小心謹慎，這種時候你必須將原本預想的一些部分，調整為歌唱家可以完成演出中樂譜和聲樂的需求。但是，劇場裡各部門息息相關，若你知道其他藝術家的需求，有建設性地處理，比起勉強給予解決方案，結果會好很多。

歌劇導演不一定要需是一位高度成就的音樂家，如果你認真考慮投身這門藝術，解讀音樂的能力無比重要，不能低估其教育性的目標。至少，歌劇導演需要具備靈敏的耳朵，盡可能累積聆賞歌劇與其他嚴肅形式音樂的經驗。再來是關於語言。歌劇和話劇不同之處在於，歌劇經常（實際上更為頻繁）是以唱詞原本的語言呈現而非英語譯詞。有相當多重要的歌劇是用英文，從斯特拉溫斯基（Stravinsky）的傑作《浪子的結局》（*The Rake's Progress*），到班傑明・布列頓（Benjamin Britten），他創作眾多，於此僅舉出兩齣偉大歌劇《彼得・葛萊姆》（*Peter Grimes*）和《比利・巴德》

（*Billy Budd*）為例，美國作品像是蓋希文（Gershwin）的《波吉與貝斯》（*Porgy and Bess*），還有許多出自作曲家梅諾悌（Gian-Carlo Menotti）、菲力普·葛拉斯（Philip Glass）等人的當代作品。大多數的歌劇核心固定劇目仍然是以義大利語、德語、法語以及俄語為主，如果你認真看待執導歌劇這件事，卻沒辦法學會太多種語言，應該至少去認識其中一種。（一位加州大學洛杉磯分校年輕學生導演，在大學時就想要從事歌劇工作，於是鼓起勇氣搬到維也納學習德文，同時實地觀察了歐洲的歌劇，他也因為這個行動而廣為人知。最後，他獲得了每種主要語言的工作知識，搭配他導演的天賦與技藝，讓他以歌劇導演的身分暢行全世界。）

你在舞台劇中與劇本、演員以及設計們的合作，為你執導歌劇工作做了絕佳的準備，它也是同樣具有戲劇動作、角色和特定的世界亟待被具相的一種戲劇形式。莫札特（Mozart）、威爾第（Verdi）、華格納（Wagner）、史特勞斯（Strauss）、浦契尼（Puccini）的作品，以及其他經過觀眾和時間考驗的作品，還有，毫無疑問的，親炙偉大歌劇作曲家如何將表達人物狀態的音樂和戲劇相結合，這些都是劇場所能提供最豐厚的酬勞。你在劇本分析和風格分析曾下過的功夫，讓你做好準備，去與音樂人以及緊密的製作過程中的設計家和歌唱家演員（singer-actor）互動。用心觀察其他導演執導這類形式的作品，將對你幫助很大，特別要注意成功的導演的舞臺調度展現音樂要素和戲劇情境的手法。（很多出色的歌劇出品了DVD，是極佳的學習資源。）雖然角色情緒強度已經由音樂描繪成形了，最大的挑戰還是在於發展戲劇動作的段落。你將會學習到，高潮之具相強度必須夠強到與音樂相稱，如此才得以掌握總體意圖。

許多專校和大學的音樂學院中有開設歌劇的課程，參與你學校中歌劇的工作坊是個開始學習歌劇的絕佳途徑。在工作坊的環境裡，先執導短的場景然後短歌劇（好的短歌劇不少），是逐漸增強歌劇導演能力的理想流程，不僅可累積經驗，同時會對該課程帶來助益，因為參與者不但想要理解這形式的音樂層面也想要明白戲劇層面。面對歌劇時要有創造力，但要小心別毀了歌劇本身音樂形式的功能性。試著去減少那些可能營造出「這齣戲的菁華」卻會推翻音樂層面內在運作的部分。不過，以對話為主的劇場導演如果能夠對歌劇的雙重性質有一定的敏銳度的話，是能夠做得很好的，從戲劇和音樂兩方面的互動獲得滿足，並且獲得最豐盛的成果。

今日的年輕世代有個優勢，相較於以往，有更多的歌劇問世了，尤其是對這個藝術形式的愛好蓬勃成長的美國。興趣如此遽增無疑是來自近幾十年來出現越來越多的新潮、有效的製作方法，提供了演出舞台，讓好的戲劇、好的音樂得以發揮。越來越多製作使用字幕（將歌者演唱的內容，投影至舞臺上方，就像外語電影的字幕一般），同樣是很重要的因素，那讓觀眾更沒有隔閡的體驗歌劇。觀賞歌劇現場演出，養成對這項藝術形式的感知能力意義重大，無疑能激發出很多想法，明白演出的可行性。在很多大學或中型城市裡，都能夠找到值得一看的製作，更不用說是這個國家重要的歌劇中心像是紐約、芝加哥、舊金山、洛杉磯、西雅圖、休士頓、聖路易和首府華盛頓。此外，還有許多重要的夏日歌劇節像是新墨西哥的聖達菲歌劇院（Santa Fe Opera），和紐約州的光玻夏季音樂節（Glimmerglass Festival）（所有這些活動都必定有網站列出他們的表演節目表）。上述所有，加上能夠取得的豐富歌劇影像，代表了在實現想像的路上，你絕不會缺少足以借鏡的資源。

習作

1. 透過任何可接觸到的管道，選擇一齣你感興趣的音樂劇，包括它的相關書籍、首演的演出人員和樂譜（如果有辦法取得的話），去分析關於籌組一部有效的製作所有必要的元素。包含列出主要表演者的數量和聲音類型、合唱團的規模、編舞與舞者的需求（需要幾位具備何種特定舞蹈技巧的舞者）、音樂需求 （樂器的性質、管弦樂團的規模，完成音樂這部分需要精簡的管弦樂團還是一或兩架鋼琴）、以及布景和服裝數量的設計需求。重複練習不同類型的音樂劇以獲得隨之而來各種類型需求的處理概念。理想的情況下，你所選擇的劇目應該是多樣化的，也許你的第一個研究對象聚焦在傳統音樂劇如《奧克拉荷馬》，那麼第二個就要處理一些具有其他需求的劇目，像是桑坦的《刺客》（*Assassins*）或《激情》（*Passion*），又或者是亞當・蓋特（Adam Guettel）的《弗洛依德・柯林斯》（*Floyd Collins*）。目的是讓你獲得不同音樂劇不同需求的概念。

2. 執導音樂劇的其中一景，須包含伴奏及歌唱（有舞蹈更好）。
3. 選擇一齣歌劇的錄影來分析，在演出的戲劇層面，探究舞臺劇導演和設計詮釋所達到的成果。（有很多很好的選擇，但是試著找比較具有創造力的作品，像是彼得・賽拉斯執導的莫札特或韓德爾（Handel）作品，以及派翠絲・切羅執導的華格納的《指環》（*Ring Cycle*）（由皮耶・布列茲〔Pierre Boulez〕指揮），或者是哥茲・弗立德利奇（Goetz Friedrich）執導、理查・史特勞斯（Richard Strauss）的《伊蕾克翠》。描述這些特定的作品中戲劇和音樂兩個面向如何相輔相成。（這項練習應當重覆練習。）
4. 選擇一齣抓住你想像力的歌劇，試著提出製作的方針，或許是和舞臺設計與服裝設計的同儕一起工作，並且在導演或設計的課堂上簡報，像是真的要規劃這個製作一般看待你所提出的任何想法，對你在導演方面的所有問題當確實地提出來，這能幫助你理解這部作品的音樂和戲劇層面。（如果你的計畫能夠請歌劇導演或其他相關經驗人士惠予評論，那會非常有幫助。）

附錄2

導演與戲劇顧問

二十世紀末的幾十年中，另一個身影開始頻繁出現在美國劇場裡——戲劇顧問（dramaturg）[1]，或是戲劇文學經理（literary manager）。在歐洲，長久以來，戲劇顧問或戲劇文學經理已是固定職稱，在美國是隨著劇院制度穩定下來而開始占有一席之地，變成美國劇院製作中常駐的職銜。今時今日，許多大型和中型的地方劇院（resident theatre），甚至一些小型的劇院，都有戲劇顧問的職位。究竟這個職位是什麼？和導演工作的關係又是什麼？什麼是戲劇顧問在劇場中的專業呢？

就劇本的架構而言，「**戲劇構作**」（dramaturgy）常被理解為是一種劇作家所使用來構築劇本的結構或策略。舉個例子，我們會談論易卜生中期寫實劇作特有的劇場構作，以及易卜生和其他劇作家的劇場構作如布雷希特或品特有何不同，或是相關聯之處。然而，從劇場「**製作**」方面以及劇團（theatre company）對整體藝術走向長期的規劃來說，「**戲劇構作**」這個詞彙已經包含了所有支持藝術領導和製作進程的文學相關活動，甚至是新戲的

1　譯註：關於dramaturgy和dramaturg該如何翻譯，《戲劇顧問》（*Dramaturgy in the Making*）的譯者陳佾均在該書〈譯者說明〉說道：「……一直是譯介工作上的大難題：歷年來，這個詞的中文譯名包括戲劇學家、戲劇／文學顧問、戲劇文學指導和戲劇構作等。……以『戲劇』和『構作』所組成的這個複合詞，容易指向文本中心的劇場，並將dramaturg的工作內容局限於劇本情節或結構上的分析，也就是本書作者所謂的『微觀』層次，而輕忽了一個dramaturg在『鉅觀』層次的任務，譬如劇季策劃、翻譯編審、觀眾溝通，乃至於人事聘薦與人才培育等工作。」請見《戲劇顧問》（臺北：國家表演藝術中心，2016），頁7。

發展。這些活動的發展，促成戲劇顧問或是文學經理功能的演進，成為今日我們在劇場認知的樣貌。對導演來說，理解如何和戲劇顧問的互動與合作是必要的。知道如何最佳化導演與戲劇顧問的關係非常關鍵，如同與劇場中其他的主要合作關係一樣，為的是有效率的合作，也為了讓戲劇顧問所帶來的資源成為助力。一般來說，戲劇顧問的功能，作用在三種類別的行動中，一是廣義的提供藝術層面的協助，再來是在製作過程給予特定方面的支援，以及協助新戲的發展。

戲劇顧問與藝術總監

在我們稱之為「**藝術協力**」（artistic support）的範疇中，戲劇顧問在許多方面與劇院的藝術總監合作。其中包括了監管劇院裡的文學辦公室的日常作業，即為收件並審閱由劇作家或經紀人以製作為考量投送進來的新劇本。於策劃劇季劇目方面，戲劇顧問也會提供廣泛的必要文獻、資訊和具啟發性的素材，包括了劇本或劇作家的背景知識、劇本關注的特定議題等，來協助發展劇院節目的人員。所謂的戲劇文學經理，就涵蓋了其中幾種功能。

戲劇顧問多種職務中一項看似平常卻十分重要的功用是，和劇院的藝術總監就節目的規劃持續對話——要選擇哪個劇本進行製作？如果是新創作品的話需要進一步發展。在那些相互關係中最好的例子是，導演和戲劇文學經理可以形成富有成效的合作關係，他們對即將推出的製作和劇季的劇目都能進行探討並妥善制訂。這種對話是很有價值的雙向交流，戲劇顧問提供導演刺激且有用的建議，導演極可能發現，戲劇顧問是他要探索某些特定戲劇、劇作家、劇季、製作方向等等的可貴參謀。這意味著戲劇顧問必須熟知戲劇文學的豐富多彩，不只各個年代、國家、文化，更包含了新的文本和劇作家，以及對劇場製作和各式各樣的藝術家高度完備的知識。唯有學識淵博歷練豐富的人，才有辦法用最適宜的方式勝任如此重要的角色。每個導演或藝術總監會根據目前情況的需要，衡量彼此關係的密度以及各自參與工作的方式。就務實面來看，其交流可能是戲劇顧問協助導演彙整劇本之所有的翻譯版本這麼直接，或者，更有企圖心的是，也許是跟導演和翻譯者一同進行重新翻譯或改編。但在這類關係發展得最好的，是導演或藝術總監可以和戲劇顧問交談敏感的議題，像是一齣特定製作的手法，或是整個劇季演出劇目的選擇。

戲劇顧問對製作的支援

在這個我們稱之為「**製作支援**」（production support）的範疇，戲劇顧問在特定劇作或計畫實際製作階段，提供廣泛的資訊給所有努力奉獻的創作團隊成員，包含了導演、演員，甚至是設計，雖然設計師的工作與排練進度有著不同的時間進程。舉製作史特林堡的劇作《父親》（*The Father*）為例，戲劇顧問會提供關於劇作家、劇作本身，以及劇本和瑞典在十九世紀末的時代背景，像是禮節、服裝、軍旅生活等等的素材。甚至在排練過程當中，提供視覺意象，幫助導演和演員也是戲劇顧問的支援功能：故事發生地點的瑞典小鎮、駐守軍隊的照片，甚至是能喚起對劇中景致、情緒，或是史特林堡劇中世界風格的畫作。由於這些資料文獻對演員的想像會有強烈的影響，在選擇和呈現的時候，必須經過導演和戲劇顧問謹慎的工作處理。如果製作的是布萊希特的《勇氣母親和她的孩子》和《伽俐略》，在排練過程裡，一位稱職的戲劇顧問的珍貴貢獻是可以很清楚的，在書面和視覺上他將提供的專題文獻如：三十年戰爭、早期望遠鏡的演進、宗教審判，甚至是布萊希特劇作的發展和二十世紀，如第二次世界大戰與原子彈的發明之間的關聯性等。

戲劇顧問和新戲的發展

戲劇顧問和文學經理第三個主要活動領域是新戲的開發，他們這方面的努力在美國獲得特別認可。由於許多劇院設立了新戲發展的計畫，這些計畫中的大部分活動都是由戲劇顧問監督，他們多是劇院的工作人員，與劇院旗下的劇作家一起工作，為某一特定的製作，或為了開發新題材進行工作坊。有些劇院設有委託新銳劇作家撰寫新戲的運作，戲劇顧問會與藝術總監合作，決定哪些劇作家可以被委託，或選出哪些劇本進一步發展。在某些情況，發展新戲的工作早於導演出現之前，是從劇作家和戲劇顧問之間的關係開始。當導演開始執導一齣已經或正在由戲劇顧問參與發展的新戲，這種情況明顯需要導演運用敏銳的判斷力和精煉的技能和他人共事，確保眾人的努力能以最佳的方式融合在一起，請謹記在心，最終的目標是要能讓這齣戲實踐劇作家的視野和發揮最大的潛力。

擁有一位優秀的戲劇顧問來豐富集體創作的劇場作品，確實如同擁有一位精彩的設計師或任何一位受過高度訓練的團隊成員一般珍貴。如同和演員以及設計師合作，好的導演學習如何從戲劇顧問身上的專業才能獲益，為眾人集體合作的心血增添光彩。如何使工作關係對製作全程有利益，是所有在劇場工作的導演的重要課題。

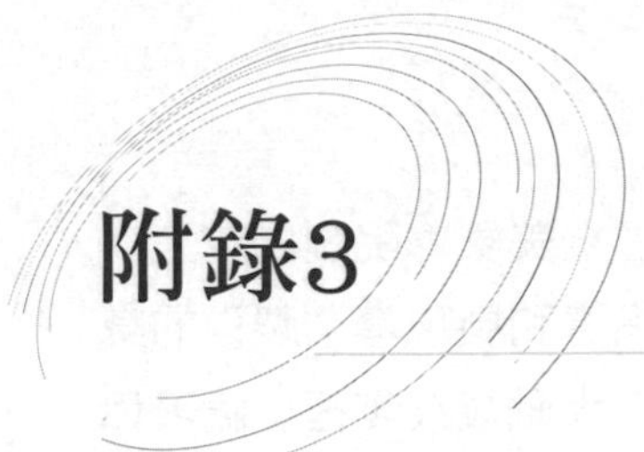

附錄3

你作為導演的未來

在談論導演的未來時，就不能不回顧導演這專業在美國是如何運作過來的。在某些方面，相較於早年在麻州的省城（Provincetown），劇作家們互相執導彼此的劇作，情形並沒有太大的改變。當這劇團在格林威治村（Greenwich Village）的麥克道格街（MacDougal Street）成立時，尤金・奧尼爾曾經想命名為「劇作家劇場」（The Playwright's Theatre），奧尼爾的看法是，劇作是它存在的理由。但發起這個團體且執導最多作品的喬治・克拉姆・庫克（George Cram Cook）認為「省城戲院」（Provincetown Playhouse）才是一個比較好的名稱，因為它描摹出所有的劇場技藝，並不是只有一項而已。當他為奧尼爾的多場景劇《瓊斯皇帝》引介「穹頂」（dome），且獲得設計師克雷昂・特洛可摩東（Cleon Throckmorton）襄助，他的導演身分已經取代了他作家的身分了。在紐約迅速竄紅的設計師暨導演的羅伯特・瓊斯（Robert E. Jones）也很快的加入陣容。

脫胎自華盛頓廣場伶人劇團（Washington Square Players）的戲劇協會劇團（The Theatre Guild），同樣由劇作家所發起，但它比較是以製作作品為導向而邀請導演加入。在1920年代早期，導演是獨立創作藝術家這樣的理念開始產生影響力，接著到了1920年代中葉達到高峰。而1930年代從戲劇協會劇團分支出來的同仁劇團（The Group Theatre）則隨著新創劇目的推出，採用了史丹尼斯拉夫斯基的表演方法，致力於影響甚至改變美國社會。從這觀點產生了導演是表演教師也是舞臺導演的理念。

建立在這些過往軌跡的基礎之上，現今的藝術劇場蓬勃發展，不僅有劇作家常駐，還有演員、舞臺設計和導演。這也成為了全美國學院劇場或大學劇場的常態，所有劇場的各種領域也都能見到教師指導和展現專業製作的身影。到了1940年代，藝術劇場模式全面運作，在二次大戰後幾年裡，隨著伊力・卡山（Elia Kazan）、約書亞・羅根（Joshua Logan）、哈羅德・克拉曼（Harold Clurman）、艾倫・史奈德（Alan Schneider）及其他眾多導演的作品，藝術劇場模式在商業劇院[1]達到了頂峰。外部影響也在1950年代出現，如帝龍・格斯里爵士（Tyrone Guthrie）在加拿大的斯特拉福（Stratford），以演出莎劇為主軸創立了劇團，尤其，歐洲劇作家的經典作品接續不斷出現，為美國觀眾製作演出如布萊希特、尤涅斯柯、尚－保羅・沙特（Jean-Paul Sartre）和貝克特等大家劇作。

1950年代，電影發展到全新的階段，電視也開始吸收了部分原本欣賞戲劇的觀眾。而在劇場界，大型音樂劇主宰了商業劇場，曾經的主流，話劇（speaking plays），則退居次位。

這些後來出現的變化，影響了當時藝術劇場中與劇作家同等高位的導演後來的發展走向。藝術劇場的導演——也是本書的焦點——依舊持續在地方上的非營利劇院與教育劇場耕耘著。在1960年代「新」戲劇的浪潮以及「即興」劇場的實驗中，演員獨自構成「戲劇」（plays）或是經由主導人帶領共譜出演出片段，有人開始質疑，在1960代之前就投入藝術劇場的導演，是否還能在新的時代生存下去。但二十世紀的70和80年代，這個走向因更多傳統戲劇的回歸獲得導正，包括非裔美籍、女性、亞裔美籍、拉丁裔和同性戀劇作家等的作品，導演再度成為不可或缺的藝術力量。

1960年代教育劇場興起，帶來了大量尋求工作的劇場實習生。雖然百老匯和地方劇院除了出色的才俊外對其他人大多遙不可及，但一種新型的社區劇場之出現打開了一條寬敞大道——那種團體只要找到關注他們的觀眾就

---

[1] 譯註：英文的theatre含義多元，一是「劇場」，泛指有製作演出的戲劇活動或團體，另一是「劇院」，在歐美，多為有固定的劇院建築（playhouse）的戲劇營業機構，有固定的工作人員編制策劃營運劇季（season）的演出劇目和活動，這類又可概分為營利和不營利兩種，前者為商業劇院走向，後者以藝術和教育以及社會功能等為主要目標。

能存活下來。在1960年代這樣的背景之下，這波運動橫跨了整個美國，因為其形式已經是多元劇場（multitheatre）、多元劇作（multiplay）、多元觀眾（multiaudience）——具有目的性的劇場了。劇院作為一個整體，現在存在不同的層次上：商業的百老匯和紐約之外的巡演劇團（the road company）[2]；中型城市的地方性非營利劇院；校園裡的教育培訓劇院；多元性社區劇院（multicommunity theatres），有些是由市政府或州政府的藝術基金支持，但有更多劇院自食其力。兒童劇院、民族劇院和銀髮族劇院各有一席之地。

你要如何使自己能勝任上述各種形式劇院的工作呢？你能夠獲得導演工作嗎？每個學習導演藝術的學生都想知道他們的前景如何。然而，如果你期待在接受完整的導演訓練之後，就能進入一個工作機會眾多的市場，那麼你還沒有真正面對進入這行業的現實，那就是在如此高度獨立且要求創造力的世界，這樣的藝術形式，工作機會遠遠少於想要爭取工作的人數。

你同樣需明白的是，一如在表演領域一樣，即使在開始導戲之前僅有很少甚至是完全沒有接受過正式導演訓練的年輕人，也能在競爭者眾多的導演職涯中獲得成功。劇場不會拒絕才華出眾的人。你所受到的導演訓練會開啟一段終生不斷吸收技能與經驗的過程，而你在校園中的學習，會提供你時間和場域去探索你的藝術才能和領導能力。不過，就像在所有領域，沒有事情是絕對的。你現在要自立，像所有的藝術家，你在職涯上的成就，完全取決於你自己。

你想要成為什麼樣的導演呢？這是你現在必須面對的問題，因為有非常多的路徑要去選擇，有些是重疊的，而且非常有可能你必須要同時兼任兩個領域的工作，幾年後，你才可能駕馭自如。

你能觸及的各種領域工作會在下一個部分有所描述，為了便於討論，且歸類為五種職銜：專業導演（the professional director）、經理暨藝術總監（the managing artistic director）、學術界導演（the academic director）、社區導演（the community director），以及藝術家領導（the artist-leader）。

---

[2] 譯註：在百老匯演出成功後，該劇巡迴全美各地甚至海外巡演，如《獅子王》、《歌劇魅影》等。

專業導演

專業導演列在所有可能工作的首位，因這是眾多導演的最高目標，要求最高，最難企及。當你閱讀《紐約時報》（*The New York Times*）每天的劇院廣告時，尤其是週日，就能很容易的注意到這個領域是怎麼一回事。大型的音樂劇主宰了百老匯，只有一些新劇目和賣座劇目復演依然在列。然而最大宗的，製作成本相對較低的外百老匯（Off-Broadway），推出大量新戲，以及知名劇作家的作品復演。美國其他主要城市的情況也大致朝這個方向發展。所有以導戲作為工作的一部分來謀生的導演們，當然算是專業導演，但僅有少數是全時間與全職演員及設計共事的導演。從1960年代以來，因地方非營利劇院在美國各大城市增長，能夠在這些劇院工作的機會大量提升。前進紐約還是很多人的目標，但今天，專業導演可以在其他地方謀生。

在導演這工作裡，你所遇到最具挑戰性的，當然就是對導演的特殊要求：每個和你共事的人清楚自己的本分且期望用自己的方式來創作。本書的內容一直試著引導你往這個目標邁進，因導演在製作中的職責往往是一樣的：解放藝術才華，無論在何種層次。專業導演的職責不同之處是：(1)他／她必須在處理對待新劇本和其劇作家方面具有優秀才能，或者是設計出新的手法來呈現既有的劇本；(2)他／她必須富有創造力地與有才華的演員和設計合作，後者期待在自己的創作上擁有獨立性。這工作顯然不是新手可以勝任的。經驗，是想要進入這個層級、這麼競爭激烈行業的基本門檻——在這個層級，如何與成熟的演員溝通的經驗，和劇場整體規劃與對於節奏變化充分感知的經驗，都是被強調的。本書的第三篇就是要為此打下基礎。然而，如果你進入這個領域，從此你很快就會發現，**一個「才華洋溢」專業導演的定義，大多是來自他的個人特質，即是，作為一個創作者，在達到專業品質和水準上，他可以影響其他高度穩沉的有才之士。這是導演專業的最高水準。**

在現代的藝術劇場尋求職涯發展，需要你豐沛的能量和無窮的創意。這就是為什麼如果你想要走這條路，你必須盡可能導戲、導戲，再導戲。酬勞不是最主要的考量，經驗才是一切。你會發現有很多不同類型的非營利劇院會邀請你去實習或做短期工作人員。（參見劇場通訊集團〔Theater

Communications Group〕出版的刊物。）有些是提供復演和音樂劇的工作機會，其他的主要是工作新戲，或是整體計畫的一部分，範圍非常廣。無論你決定要針對哪一個專業層級的導演工作，你都必須知道，相關的職缺不多，而要獲得其中一份工作，憑藉的也許不是才能，而是認識某人以及在對的時間出現在對的地方。在一個由強烈中心目標驅動的團體裡，你的信念是什麼？對你要成為什麼樣的人你投入了多少努力？這些可能決定你成為有潛力導演的地位。**劇場就是承諾**（Theatre is commitment），你會發現，這句話，有極特殊的含義。

如果你認真想成為一位專業導演，你必須付出所有來成就它。經驗豐富和成功的專業人士證明了成功的先決條件不只包含才華，同時也包括無論經歷多少艱難險阻，都要展現出才能的強烈**企圖心**和堅強**意志**，以及承受不斷被拒絕的能力。缺少其中任何一項，成為專業導演這個目標很難達成，結果也會是令人心碎的。通往專業導演的路不只一條，但有一些事項你必須斟酌。

實習

在學生時期，你就應該尋求各種實習機會，作為銜接學校訓練與職場的可貴橋樑。要盡你所能的找到在最好的劇院和最優秀導演身邊的實習機會。也許就在你所在的城市或地區，但也該考慮在國內的其他地方或甚至是到國外的可能性。目的在於當你邁向導演一職的途中，無論在哪裡，都能夠親眼見習最優秀的導演工作，並且在最傑出的導演身邊學習。在某些方面，你成為導演的發展，仍然與學徒模式有關，冶煉藝術作品的各個層面均是經由師徒制得以代代相傳。

人際關係網

將實習策略以及從中獲得的人際關係緊密結合，就是人脈，去和那些已經或跟你一樣正在努力進入這職場工作的人，建立起連結與關係。與設計師、演員，以及可能是最重要的——與作家緊密合作，是和志同道合夥伴共組團隊的一種方式，同時也是為自己尋求機會的一種方式。在這條旅途上，讓你自己以及你的作品具有知名度是必要的，若你不願積極建立人脈和也不願為成就導演事業最重要的事實與本質付出——你所有的天賦、所受過的訓練可能都會與達到這個目標無關了。劇場是一門人與人之間緊密互動的社交藝術，不像寫作或繪畫可以獨自完成，你不只需要其他人和你共事，你必須在創造出劇場的社交世界找到出路，因為導演機會是絕對不會落到沒沒無聞也沒有知名作品的人手上的。

工作坊與銜接課程

另外一個從學院訓練到進入職場的墊腳石，就是參與訓練機構（例如大學開設的導演工作坊之類的）、相關組織（例如紐約戲劇聯盟〔New York Drama League〕的導演計畫），和劇院（例如林肯戲劇中心〔Lincoln Center Theatre〕的導演實驗室〔Lincoln Center Directors Lab〕）所舉辦的研討會或工作坊。紐約市的舞臺導演及編舞協會（Society of Stage Directors and Choreographers）是美國導演和編舞家的職業協會。這個組織提供準會員的福利是能夠獲得它的刊物，裡面有許多關於導戲和編舞具有深度的文章和專訪，同時也提供時事訊息，包含了協會在全國各地舉辦的導演工作坊和研討會訊息。這類的課程提供了新銳導演管道去展現他們的作品並且拓展知名度。滿懷理想、致力於拓展人脈與建立事業的年輕導演，會認同這樣的機會並積極爭取。

擔任導演導戲

擔任才華洋溢且經驗豐富導演的助理，對每個年輕導演的成長來說，的確非常珍貴，經由各種實習，希望你會獲得很多這樣的機會。然而，執導你自己的導演作品，那是無可取代的。盡可能多導戲，盡全力做出最好、最吸引人的作品，然後邀請大家來欣賞它。你剛開始起步時，你執導作品的好劇照是可貴的，然而邀請那些能夠幫助你的人來看戲，親眼看到你的作品，這重要性是無可替代的。創造自己作為藝術家工作的機會，並盡可能長久堅持下去。

沒有一條蹊徑能保證你成為一位專業導演，你和你的作品必須為自己爭取目光。請銘記在心，你是在要求別人把領導權、承擔作品成敗的責任，以及整個群體或組織的生存能力託付給你。成就導演事業需要時間，你選擇了一條艱辛的道路，但如果它是如此強烈的呼召你，那這確實會是趟不虛此行的旅程。

藝術總監

隨著地方非營利劇院的出現，藝術總監這份工作成為專業劇場導演的另一個選擇。這職位是因地方非營利劇院非有它不可而發展出來，到目前還是這樣，雖然掌握這個職位的人有時是稱為行政暨藝術總監。這些劇院的「製作人」往往是最主要的導演。藝術總監要制定製作方針、安排節目、雇用演員、設計師和其他導演、打造劇院的對外形象，還要舉辦對劇院成長和使命的重要的活動。他／她通常會以一個主要顧問的身分，和行政總監在預算、內部管理、行銷、公眾關係、票務、觀眾訂戶、租借與周邊籌措資金的活動、財務狀況等方面密切合作，但藝術總監的自主權是明確且必要的，只需要對擁有聘任或解雇權力的董事會負責。此外，劇院的形象是由藝術總監營造出來的，包括觀眾，因為他／她才瞭解劇院的需要和願望。藝術總監要展現領導才華，因為只有透過他／她的把關與願景，才會讓觀眾在素質及數量上都有所增長。

學術界的導演

與全職的專業導演的工作機會相比，在學術界有較多的機會。雖然大部分的導演僅和訓練中的演員工作，他們可以獲得「專業」的稱謂，因他們是以製作戲劇和指導他們如何導戲演戲維生。如果把中學和小學的活動與大專院校的一起加起來，每年有幾千齣戲演出，觀眾有幾百萬人。在這個國家，校園劇院是最大的劇場專業人才雇主。

設備優良的劇院到處都有，導演的責任就是創造出多樣化的作品，橫跨現代與古典，每個作品都有不同的風貌。學術界導演就是統領各部門的領袖，經常要身兼工作中相關的多重角色：統籌者、製作人、公關、首席評論家、學者、理論家、冒險家、表演老師、導演老師、其他劇場課程老師，以及推動眾人的原動力和鼓舞的力量。大家對在大專院校中的導演有過多要求，這就不奇怪何以好導演難得，而傑出導演是稀有珍寶了，就和在商業劇場裡一樣。

會有這麼多人嚮往學術界的導演這個領域，不只是因為工作機會多，也因為這份志業能帶來豐富的趣味和強度。在戲劇製作的階梯上，導演總是不斷攀升，從簡單的戲劇到高度複雜的戲劇，包括歷史戲劇，然而，在課堂教學，耕耘開發年輕學子的才華，也是一種知性和精神滿足的補償，本身就能成為一種目的。

現今大學當中頂尖的學術界劇院團隊，已經有足夠水準的設備和設計人才，能製作出不遜於專業定目劇院的作品了，這就是為什麼人們期待導演要做出原創性和風格。有些學校不僅擁有研究生演員可以拓展選角的可能範圍，同時設有劇團[3]，其中包括一位或更多的專業演員，他們可能兼任教職，或是受聘為特定劇目或戲劇季演出。不管這些情況會提供何種的拓展選擇，學生的教育和培訓必須始終在價值觀和決策制度中作為核心考量。

社區劇場導演

自從1960年代美國各城市開始推廣加強建設娛樂設施後，由地方和州政府贊助支持的社區劇院應運而生。對某些人，建設的動機是社會學功能的，一種用娛樂資源來觸及都市內層問題的途徑。有了政府與慈善機構撥款協助

3 譯註：美國大學戲劇學院設有劇團的如建於1962年耶魯大學的耶魯劇團（Yale Repertory Theater），以及成立於1980年哈佛大學的美國劇團（American Repertory Theatre, A.R.T.），這兩個頂尖的專業劇團皆由著名的戲劇學者、教育家、劇評家與導演Robert Brustein創建。耶魯劇團和美國劇團的戲劇演出，在演員陣容方面，皆由戲劇學院的碩生演員與專業演員同台演出。

一些城市增加財源，參與劇場被視為滿足新的社區團體需要的一種方式，在二十世紀60年代和70年代，包括非裔美人、西班牙裔美人和其他種族／民族等，他們得到前所未有的明確認同。舊的社區劇院，從二十世紀20年代以來一直滿足當地成年業餘愛好者的藝術和社交需求，那時，在方向和數量上都發生了變化，特別強調兒童劇場、創意戲劇和青少年劇場。

現今，社區劇場導演的身影會在幾個不同的層面出現，他／她可能是規劃特定民族、銀髮族、兒童或者成人藝術劇場的專家。有時候，除了導演之外，經費還足夠聘請設計師／技術監督。

娛樂是主要功能，但並不意味可以用粗製濫造的業餘製作充數。每一個讓團隊引以為傲的機會，都取決於社區導演領導的活力與技術。對具有事業心的導演來說，以社區為基礎的劇院，發展的潛力是很大的；劇院是一種社會機構，社區就是適合它活動的基地。

從另一個層面來說，社區劇院是因一群人聚合成一個團體、想要創作自己的戲劇而發展來的，有時已有劇作家在其中。導演們會以戲劇導演和表演指導的身分參與且領導這些團體。有些地方劇院因營運相當成功，足以根據劇院的規模來支付工會分級標準的報酬（演員工會〔Actors Equity〕是專業演員的協會）。這立刻讓劇院的特色更鮮明更持久，但也增加了其他的製作經費負擔，通常需要有專業的經營管理才能成功。

如果你想要成為社區導演，你會需要在你的劇場訓練之外，增進開發劇場動力和財務與經營管理的能力，因為，這個領域的成功必須結合藝術天賦和紮實的製作能力，以及對社區深刻的瞭解。大多數情況下，至少在早期，你像是製作人的時候可能多過當導演；你的成長取決於你有效率地扮演好這兩種身分的能力。你也會成為學術意義上的老師，因你將是人才和社區關係的開發者。

在許多方面，這種獨立的劇院對工作其中的人往往是心滿意足的，且提供年輕導演好工作。「經營你們自己的劇院」不僅是尋求工作的途徑，同時也是實現社區需求的方式，因為真正重要的是觀眾。

藝術家領導

或許將即興劇場（improvisational theatre）貼上「實驗性」這樣的標籤有些言過其實，因為從二十世紀60年代早期，它即以現在這種形式存在。然而，它是如此深深紮根於劇場的本質「兩片木板和滿腔激情」（two boards and a passion），且有著和**義大利即興喜劇**（commedia dell' arte）一脈相承的高貴血統，直到今天，它仍是如此活躍充滿活力，並不令人意外。舊金山默劇團（San Francisco's Mime Troupe）就是一個很好的例子。本書所定義的「**導演**」一詞，在此有不同的意義，因為在實務上，即興劇場包括集體即興，並非單一個人的想像力產物，儘管這個人可能是領導其他人進入即興且影響他們的具相。所成就的是在這群體裡浮現的相互改變。更好的稱謂是**藝術家領導**（artist-leader），原因很簡單，因為它意味著強大的劇場藝術背景和傑出的領導能力。

雖然即興作品是集體創作，透過劇場的視覺和聽覺元素、透過即興既有的變化多端和無法預料性質，也透過比一般劇本簡短的即興對話，它還是擁有非凡的能力可以傳達強烈的戲劇意念。於是這樣子由團隊發展出來的劇場作品，無法由其他團隊之外的導演和演員「演繹」，因為這是屬於這個團隊即興創作的、獨一無二的作品，且主導者已經將它唯一的演繹拍板定案——那一場，**他們**，在那群觀眾面前所揭示的表演。在這種團體中的表演者，總是被這種形式所吸引，並且精通這種表演，而在發展表演風格、舞臺調度、創造眾人作品的過程中，那位帶領並引導團隊的個人也是一樣。

這個段落的用意不在於討論創設即興劇場的技術，因為任何在過程中所需要的技術，只會隨著團隊在實現自己的藝術目標的過程中發展出來。此外，當可能的範圍非常廣時，引進時下的手法，只會讓導演學子對什麼是真正重要倍加混淆，那些原是應該盡可能清楚理解的：藝術家領導和總藝師詮釋導演（the master craftsman interpretive director）有多麼不同？

毫無疑問的，這涉及一種非常明確的領導模式。從1960年代早期所顯示，這種領導方式是基於對社會變革的承諾。因此，不只是主事者對於這劇場藝術和技藝的知識讓他／她成為領導者，更因為擁有了對社會觀點的信念，加上行動家般的投入——需要導演或領導者勇於傳達自己的觀點，去接觸並且影響群眾，才得以發揮這樣的功能。目的不像詮釋型的導演對劇作家作品的詮釋，為了傳揚其他人的理念，而是，作品如果是基於政治理念，企圖向觀眾灌輸特定的觀點。這種領導方式必然會聚集一群和導演理念有所共鳴且有類似傳播欲望的表演者。

志願執導者

所有上述的導演工作都是「**有給職**」，但無酬的工作不代表遭遇的挑戰就會比較少。許多學生在鑽研導演技藝時——就像他們在學習各種形式的表演、寫作和音樂一樣——沒有設定專業目標。這些人有些是天生的領導者，只要機會來到，他們隨時隨地都已經準備好要挺身而出，他們是讓所在社區的劇場文化得以繼續生存的關鍵人物，同時是行動派也是忠實觀眾。充分利用你的技能，你是被需要的。

導演是祭司

最後，把導演的形象僅僅定位為別人作品的詮釋整合者，是不公平的。**賦予他／她經手的作品舞臺生命，導演就像一位祭司，用一種可以追溯到古希臘的形式演繹我們這個時代的寓言。只有在你執導過一些作品，並且感受到身為一個主導者和觀眾間的互動和連結時，才能更深入的體會到這複雜的觀點。戲劇作品不只是娛樂，它們更是全面的體驗。身為一位祭司，一位將劇場表演的儀式帶來生命的祭司，是你將它具體實現了。劇作家具有詩意的想像，導演們，經由演員和設計師，在舞臺上，賦予這想像實體的生命。劇場不只是一個為了娛樂而存在的場所，最理想的型態，它應該要成為人們探索未知、多元理解和尋求歸屬的生活中心。**

參考書目

以下是一些書籍和其他資源的列表，任何進修到導演高階的學子對這些都應該有些熟悉。這份參考書目的範疇，從討論工作中的導演和導戲到導演與演員、導演與設計師的關係，以及戲劇文學、對戲劇顧問和演出發展的處理等等。當你在研習劇場的相關科目時，你從這些出版文獻累積了許多知識，不過，你需要進行一番檢視，找出錯過的著述，以便為你自己發展自己的導演觀點提供盡可能完整的基礎。在這些著述裡，你會遇到一系列關於劇場藝術形式的觀點和不同的導演方法。有的在某些方面可能與本書表達的觀點不同，有的甚至在宣揚自己的看法時有爭議性。然而，這些全都是劇場論述的一部分。當你的導演經驗越豐富，加上對劇場文學的全面了解，你就越能參與圍繞著劇場形式的對話，並把成為對劇場界有貢獻的一員規劃為你的志業。導演並不是一種高超技倆的展現，而是一門堅固地建立在技術和背景之上、高度發展的技藝。

沒有任何參考書目可以對像導演如此廣闊的專題給出明確定義，更不用說其相關的領域像演出、設計、劇場史、戲劇文學等等。但是一份好的參考書目可以讓你開始你自己的發現和最後的掌握之旅程。這就是這份參考書目的意圖——給你一個好的開始。接下來的，就看你了。

導演

Alberts, David. *Rehearsal Management for Directors*. Portsmouth, NH: Heinemann, 1995.

American Theatre Magazine. www.tcg.org

Aronson, Arnold. *American Avant-Garde Theatre*. New York: Routledge, 2000.

Artaud, Antonin. *The Theatre and Its Double,* trans. Mary Caroline Richards. New York: Grove Press, 1994.

Ball, William. *A Sense of Direction: Some Observations on the Art of Directing*. New York: Drama Book Publishers, 1984.

Barrault, Jean-Louis. *Reflections on Theatre,* trans. Barbara Well. London: Rockliff Pub. Corp., 1951.

_____. *The Theatre of Jean-Louis Barrault,* trans. Joseph Chiari. New York: Hill and Wang, 1961.

Bartow, Arthur. *The Director's Voice: Twenty-one Interviews*. New York: Theatre Communications Group, 1988.

Berliner, Terry and David Diamond, eds. *Stage Director's Handbook: Complete Opportunities for Directors and Choreographers*. Stage Directors and Choreographers Foundation. New York: Theatre Communications Group, 1999.

Berry, Ralph. *On Directing Shakespeare*. London: Croom Helm and New York: Barnes & Noble Books, 1977.

Blau, Herbert. *The Impossible Theatre*. New York: Macmillan, 1964.

Bloom, Michael. *Thinking Like a Director: A Practical Handbook*. London: Faber and Faber, 2001.

Blumenthal, Eileen and Julie Taymor. *Julie Taymor: Playing with Fire*. New York: Harry N. Abrams, 1999.

Boal, Augusto. *Theatre of the Oppressed,* trans. Charles A. & Maria-Odilia Leal McBride. New York: Theatre Communications Group, 1993.

Bogart, Anne. *A Director Prepares: Seven Essays on Art and Theatre*. New York: Routledge, 2001.

Bogart, Anne and Tina Landau. *The Viewpoints Book: A Practical Guide to Viewpoints and Composition*. New York: Theatre Communications Group, 2005.

Bradby, David and David Williams. *Directors' Theatre*. New York: St. Martin's Press, 1988.

Braun, Edward. *The Director and the Stage: From Naturalism to Grotowski*. London: Methuen, 1982.

____. *Meyerhold: A Revolution in Theatre*. Iowa City: University of Iowa Press, 1995.

____, trans. and ed. *Meyerhold on Theatre*. New York: Hill and Wang, 1969.

Brecht, Bertolt. *Couragemodell*. Frankfurt: Suhrkamp-Verlag, 1958.

Brook, Peter. *The Empty Space*. New York: Atheneum, 1968.

____. *The Shifting Point*. New York: Harper & Row, 1987.

____. *Threads of Time*. Washington, DC: Counterpoint, 1998.

Brustein, Robert. *Who Needs Theatre*. New York: Atlantic Monthly Press, 1987.

Castelucci, Claudia, et al. *The Theatre of Societas Raffaello Sanzio*. New York: Routledge, 2007.

Chekhov, Michael. *Michael Chekhov's To the Director and Playwright*. New York: Limelight Editions, 1984.

Citron, Stephen. *The Musical from Inside Out*. Chicago: Ivan R. Dee, 1997.

Clurman, Harold. *On Directing*. New York: Macmillan, 1972.

Cole, Susan Letzler. *Directors in Rehearsal: A Hidden World*. New York: Theatre Arts Book, 1992.

Cole, Toby and Helen Krich Chinoy, eds. *Directors on Directing,* 2nd rev. ed. Boston: Allyn & Bacon, 1963.

Cook, Judith. *Directors' Theatre*. London: Hodder & Stoughton, 1989.

Croydon, Margaret. *Conversations with Peter Brook, 1970–2000*. London: Faber and Faber, 2003.

Daniels, Rebecca. *Women Stage Directors Speak: Exploring the Influence of Gender on Their Work*. Jefferson, NC: McFarland, 2000.

Delgado, Maria M. and Paul Heritage, eds. *In Contact with the Gods?: Directors Talk Theatre*. Manchester and New York: Manchester University Press, 1996.

Donkin, Ellen and Susan Clement, eds. *Upstaging Big Daddy: Directing Theatre As If Gender and Race Matter.* Ann Arbor: University of Michigan Press, 1999.

Eliot, T. S. "The Function of Criticism," in *Selected Essays*. New York: Harcourt Brace Jovanovich, 1950.

Ferres, John H. *Twentieth-Century Interpretations of* The Crucible. Englewood Cliffs, NJ: Prentice-Hall, 1972.

Forsyth, James. *Tyrone Guthrie*. London: Hamish Hamilton, 1976.

Frankel, Aaron. *Writing the Broadway Musical*. Cambridge, MA: DaCapo Press, 2000.

Gershkovich, Alexander. *The Theatre of Yuri Lyubimov,* trans. Michael Yurieff. New York: Paragon House, 1989.

Giannachi, Gabriella and Mary Luckurst. *On Directing: Interviews with Directors*. Foreword by Peter Brook. New York: St. Martin's Griffin, 1999.

Gielgud, John. *Stage Directions*. New York: Random House, 1963.

Gladkov, Alexander. *Meyerhold Speaks/Meyerhold Rehearses,* trans. and ed. Alma Law. Amsterdam: Harwood Academic Publishers, 1997.

Goodwin, John, ed. *Peter Hall's Diaries*. New York: Harper and Row, 1984.

Gorchakov, Nikolai. *Stanislavsky Directs,* trans. Miriam Goldina. New York: Funk & Wagnalls, 1954.

Grotowski, Jerzy. *Towards a Poor Theatre*. New York: Routledge-Theatre Arts Books, 2002.

Guthrie, Tyrone. *A Life in the Theatre*. New York: McGraw-Hill, 1959.

Hauser, Frank and Russell Reich. *Notes on Directing*. New York: RCR Creative Press, 2003.

Heilpern, John. *Conference of the Birds: The Story of Peter Brook in Africa*. New York: Macmillan, 1978.

Hoover, Marjorie L. *Meyerhold: The Art of Conscious Theatre*. Amherst: University of Massachusetts Press, 1974.

Hunt, Albert and Geoffrey Reeves. *Peter Brook*. Cambridge University Press, 1995.

International Theatre Institute. www.iti.worldwide.org.

Irvin, Polly. *Directing for the Stage*. East Sussex, England: Rotovision, 2003.

Jones, David Richard. *Great Directors at Work: Stanislavsky, Brecht, Kazan, Brook*. Berkeley: Univ. of California Press, 1987.

Jones, Tom. *Making Musicals*. New York: Limelight Editions, 1997.

Journal for Stage Directors and Choreographers. www.sdcfoundation.org.

Kalb, Jonathan. *Beckett in Performance*. Cambridge and New York: Cambridge University Press, 1989.

Kazan, Elia. "On What Makes a Director." Director's Guild of America, 1973.

____. *A Life*. New York: Doubleday, 1989.

Kiernander, Adrian. *Ariane Mnouchkine and the Theatre du Soleil*. Cambridge University Press, 1993.

Lavender, Andy, et al. *Hamlet in Pieces: Shakespeare Reworked: Peter Brook, Robert Lepage, Robert Wilson*. London and New York: Continuum Publishing Group, 2003.

Lepage, Robert. *Connecting Flights*. Toronto: Coach House Press, 1998.

London, Todd. *The Artistic Home: Discussions with Artistic Directors of America's Institutional Theatres*. New York: Theatre Communications Group, 1988.

Lowen, Tirzah. *Peter Hall Directs* Antony and Cleopatra. New York: Limelight Editions, 1991.

Manfull, Helen. *In Other Words: Women Directors Speak*. Lyme, NH: Smith and Kraus, 1998.

McCabe, Terry. *Mis-Directing the Play*. Chicago, IL: Ivan R. Dee, Publisher, 2001.

Miller, Jonathan. *Subsequent Performances*. New York: Viking, 1986.

Miller, Scott. *From* Assassins *to* West Side Story: *The Director's Guide to Musical Theatre*. Heinemann, 1996.

____. *Deconstructing Harold Hill*. Portsmouth, NH: Heinemann, 1999.

Mitter, Shomit. *Systems of Rehearsal: Stanislavsky, Brecht, Grotowski, and Brook*. London and New York: Routledge, 1992.

Mitter, Shomit and Maria Shevtsova. *Fifty Key Theatre Directors*. London and New York: Routledge, 2005.

Moffitt, Dale. *Between Two Silences: Talking with Peter Brook*. Dallas, TX: Southern Methodist University Press, 1999.

O'Connor, Garry. *The Mahabarata: Peter Brook's Epic in the Making*. London: Hodder and Stoughton, 1989.

Oppenheim, Lois. *Directing Beckett*. Ann Arbor: University of Michigan Press, 1994.

Otto-Bernstein, Katharina. *Absolute Wilson*. London and New York: Prestel, 2006.

Quadri, Franco, Franco Bertoni, and Robert Stearns. *Robert Wilson*. New York: Rizzoli, 1997.

Quick, Andrew. *The Wooster Group Work Book*. New York: Routledge, 2007.

Quintero, Jose. *If You Don't Dance They Beat You*. Boston: Little-Brown, 1974.

Rossi, Alfred. *Astonish Us in the Morning: Tyrone Guthrie Remembered*. Detroit: Wayne State University Press, 1977.

Sachs, Harvey. "Profile of Giorgio Strehler." *New Yorker,* May 4, 1992.

Saint-Denis, Michel. *Theatre: The Rediscovery of Style*. New York: Theatre Arts Books, 1961.

Savran, David. *Breaking the Rules: The Wooster Group*. New York: Theatre Communications Group, 1988.

Schechner, Richard. *Environmental Theatre*. New York: Hawthorne Books, 1973.

Schechner, Richard. *Grotowski Sourcebook*. New York: Routledge, 2001.

Schneider, Alan. "What Does a Director Do?" *New York Theatre Review,* Spring-Summer 1977.

_____. *Entrances: An American Director's Journey*. New York: Viking, 1986.

Shapiro, Mel. *The Director's Companion*. Florence, KY: Wadsworth, 1997.

Shaw, Bernard. *The Art of Rehearsal*. New York: Samuel French, 1928.

Shyer, Laurence. *Robert Wilson and His Collaborators*. New York: Theatre Communications Group, 1989.

Slowiak, James and Jairo Cuesta. *Jerzy Grotowski*. New York: Routledge, 2007.

Smith, C. H. *Orghast at Persepolis*. New York: Viking, 1972.

Society of Stage Directors and Choreographers. www.sdcfoundation.org.

Stage Directors and Choreographers Foundation. *Stage Director's Handbook: 2003–2004: Opportunities for Directors and Choreographers*. New York: Theatre Communications Group, 2004.

Stanislavski, Konstantin. *Stanislavski on the Art of the Stage,* trans. David Magarshack. London: Faber and Faber, 1950.

____. *My Life in Art,* trans. J. J. Robbins. New York: Theatre Arts Books, 1952.

____. The Seagull *Produced by Stanislavsky,* ed. S. D. Balukhaty, trans. David Magarshack. London: Denis Dobson, 1952.

Theatre Communications Group. www.tcg.org.

Thelan, Lawrence. *The Show Makers: Great Directors of the American Musical Theatre*. New York: Routledge, 1999.

Tovstonogov, Georgi. *The Profession of the Stage Director.* Moscow: Progress Publishers, 1972.

Turner, Jane. *Eugenio Barba*. New York: Routledge, 2005.

Whitmore, Jon. *Directing Postmodern Theatre: Shaping Signification in Performance*. Ann Arbor: University of Michigan Press, 1994.

Willett, John. *The Theatre of Erwin Piscator: Half a Century of Politics in the Theatre*. London: Eyre Methuen, 1978.

____, ed. and trans. *Brecht on Theatre: The Development of an Aesthetic*. New York: Hill and Wang, 1964.

Williams, David, comp. *Peter Brook: A Theatrical Casebook*. London: Methuen, 1988.

____. *Collaborative Theatre: The Theatre du Soleil Sourcebook (Making Theatre)*. New York: Routledge, 1999.

Wills, J. Robert, ed. *The Director in a Changing Theatre*. Palo Alto, CA: Mayfield Publishing, 1976.

Wilson, Robert. *The Theatre of Images*. New York: Harper & Row, 1984.

Zeigler, Joseph Wesley. *Regional Theatre: The Revolutionary Stage*. Cambridge, MA: DaCapo Press, 2000.

表演以及導演和演員的關係

Adler, Stella. *The Technique of Acting*. New York: Bantam, 1990.

Adler, Stella and Barry Paris, ed. *Stella Adler on Ibsen, Strindberg, and Chekhov.* New York: Vintage, 2000.

Adler, Stella, et al. *The Art of Acting*. New York: Applause Books, 2000.

Barton, John. *Playing Shakespeare*. London and New York: Methuen, 1984.

Bartow, Arthur, ed. *Training of the American Actor*. New York: Theatre Communications Group, 2006.

Benedetti, Robert. *Seeming, Being, and Becoming: Acting in Our Century.* New York: Drama Book Specialists, 1976.

____. *The Actor at Work,* 7th ed. Boston: Allyn and Bacon, 1996.

Berry, Cicely. *Voice and the Actor.* New York: Macmillan, 1978.

Boal, Augusto. *Games for Actors and Non-Actors*. 2nd ed. New York: Routledge, 2002.

Boleslavsky, Richard. *Acting: The First Six Lessons*. New York: Routledge, 2003.

Brockbank, Philip, ed. *Players of Shakespeare: 1* and *Players of Shakespeare: 2*. Cambridge and New York: Cambridge University Press, 1989.

Brook, Peter. *The Open Door: Thoughts on Acting and Theatre*. New York: Theatre Communications Group, 1995.

Carnicke, S. *Stanislavsky in Focus*. New York: Routledge, 1998.

Caruso, Sandra and Paul Clemens. *The Actor's Book of Improvisation*. New York: Penguin, 1992.

Chaikin, Joseph. *The Presence of the Actor.* New York: Atheneum, 1977.

Chekhov, Michael. *To the Actor on the Technique of Acting*. New York: Harper & Brothers, 1953.

Cohen, Robert. *Acting in Shakespeare*. New York: McGraw-Hill, 1990.

Cole, Toby, ed. *Acting: A Handbook of the Stanislavski Method*. New York: Crown Publishers, 1963.

Craig, David. *On Singing Onstage,* rev. ed. New York: Applause Books, 1990.

Donnellan, Declan. *The Actor and the Target*. New York: Theatre Communications Group, 2006.

Green, Ruth M. *The Wearing of a Costume*. London: Pitman & Sons, 1966.

Gussow, Mel. *Michael Gambon: A Life in Acting*. New York: Applause Theatre & Cinema Books, 2004.

Hagen, Uta. *A Challenge for the Actor.* New York: Scribner, 1991.

Hagen, Uta and Haskel Frankel. *Respect for Acting*. New York: John Wiley, 1973.

Hodge, Alison. *Twentieth-Century Actor Training*. New York: Routledge, 2000.

Hodgson, John and Ernest Richards. *Improvisation*. London: Methuen, 1966.

Johnstone, Keith. *Impro: Improvisation and the Theatre*. New York: Theatre Arts Books, 1987.

Lessac, Arthur. *The Use and Training of the Human Voice*. New York: DBS Publications, 1967.

Lewis, Robert. *Advice to the Players*. Introduction by Harold Clurman. New York: Theatre Communica- tions Group, 1989.

Linklater, Kristin. *Freeing the Natural Voice*. New York: Drama Book Publishers, 1976.

Meisner, Sanford and Dennis Longwell. *Sanford Meisner on Acting*. New York: Vintage, 1987.

Mekler, Eve. *A New Generation of Acting Teachers*. New York: Penguin, 1987.

Olivier, Laurence. *Laurence Olivier on Acting*. New York: Simon and Schuster, 1986.

Olivieri, Joseph. *Shakespeare Without Fear: A User-Friendly Guide to Acting Shakespeare*. Florence, KY: Wadsworth, 2000.

Oxenford, Lyn. *Playing Period Plays*. London: J. Garnet Miller, 1958.

Parrish, Wayland Maxfield. *Reading Aloud,* 4th ed. New York: John Wiley, 1966.

Redgrave, Michael. *The Actor's Ways and Means*. London: William Heinemann, 1953.

Rudlin, John. *Commedia dell'Arte: An Actor's Handbook*. London and New York: Routledge, 1994.

Russell, Mark, ed. *Out of Character.* New York: Bantam, 1997.

Saint-Denis, Michel. *Training for the Theatre*. New York: Theatre Arts Books, 1982.

Salvi, Delia. *Friendly Enemies: The Director-Actor Relationship*. New York: Watson-Guptill, 2003.

Seyler, Athene and Stephen Haggard. *The Craft of Comedy.* New York: Theatre Arts Books, 1946.

Shapiro, Mel. *An Actor Performs*. New York: Harcourt Brace, 1997.

Spolin, Viola. *Improvisation for the Theatre*. Evanston, IL: Northwestern University Press, 1963.

Stanislavski, Konstantin. *Building a Character,* trans. Elizabeth Reynolds Hapgood. New York: Theatre Arts Books, 1949.

____. *An Actor Prepares*. New York: Theatre Arts Books, 1952.

Vened, Christopher. *In Character: An Actor's Workbook for Character Development*. Portsmouth, NH: Heinemann, 2000.

Vineberg, Steve. *Method Actors: Three Generations of American Acting Style*. New York: Macmillan, 1991.

設計流程以及戲劇製作

Appia, Adolphe. *Adolph Appia's Music and the Art of the Theatre,* trans. Robert W. Corrigan and Mary Douglas Dirks. Coral Gables, FL: University of Miami Press, 1962.

Aronson, Arnold. *American Set Design*. New York: Theatre Communications Group, 1985.

____. *The History and Theory of Environmental Scenography*. Ann Arbor: University of Michigan Press, 1988.

____. *Looking Into the Abyss: Essays on Scenography*. Ann Arbor: Univ. of Michigan Press, 2005.

Bablet, Denis. *Edward Gordon Craig,* trans. Daphne Woodward. New York: Theatre Arts Books, 1966.

____. *The Revolutions of Stage Design in the 20th Century*. Paris and New York: Leon Amiel, 1977.

Barton, Lucy. *Historic Costume for the Stage*. Boston: Walter H. Baker, 1961.

Baugh, Christopher. *Theatre Performance and Technology: The Development of Scenography*. Basingstoke, England and New York: Palgrave Macmillan, 2005.

Beacham, Richard. *Adolphe Appia: Artist and Visionary of the Modern Theatre*. New York: Routledge, 1994.

Bryer, Robin. *The History of Hair.* London: Philip Wilson, 2000.

Burian, Jarka. *The Scenography of Josef Svoboda*. Middletown, CT: Wesleyan University Press, 1971.

Corson, Richard. *Fashions in Hair: The 1st 5,000 Years,* 2nd ed. London: Peter Owen, 2001.

Corson, Richard and James Glavan. *Stage Makeup,* 9th ed. Boston: Allyn and Bacon, 2000.

Craig, Edward Gordon. *On the Art of the Theatre*. New York: Theatre Arts Books, 1957.

Davenport, Milia. *Book of Costume,* 2 vols. New York: Crown Publishers, 1948.

Ebrahimian, Babak. *Sculpting Space in the Theatre: Conversations with Top Set, Light, and Costume Designers*. Boston: Focal Press, 2006.

Essig, Linda. *Lighting and the Design Idea*. 2nd ed. Florence, KY: Wadsworth Publishing, 2004.

______. *The Speed of Light: Dialogues on Lighting Design and Technological Change*. Portsmouth, NH: Heinemann, 2002.

Fraser, Neil. *Stage Lighting Design*. Marlborough, England: Crowood, 1999.

Fuerst, Walter R. and Samuel J. Hume. *Twentieth-Century Stage Decoration,* 2 vols. New York: Benjamin Blom, 1967.

Gassner, John. *Form and Idea in Modern Theatre*. New York: Dryden Press, 1956.

Graves, Maitland. *The Art of Color and Design*. New York: McGraw-Hill, 1951.

Hainaux, Rene. *Stage Design Throughout the World, 1970–75*. New York: Theatre Arts Books, 1976.

____. *Stage Design Throughout the World Since 1960*. New York: Theatre Arts Books, 1978.

Hainaux, Rene and Yves-Bonnat. *Stage Design Throughout the World Since 1950*. London: George G. Harrap & Co., 1964.

Hays, David. *Light on the Subject: Stage Lighting for Directors and Actors—and the Rest of Us*. New York: Limelight Editions, 2004.

Henderson, Mary C. *Mielziner: Master of Modern Stage Design*. New York: Watson-Guptill, 2001.

Herbert Willi, et al. *Erich Wonder: Stage Design*. Ostfildern, Germany: Hatje Cantz Publisher, 2001.

Howard, Pamela. *What Is Scenography? (Theatre Concepts)*. New York: Routledge, 2002.

Ingham, Rosemary. *From Page to Stage: How Theatre Designers Make Connections Between Scripts and Images*. Portsmouth, NH: Heinemann, 1998.

Jones, Robert Edmond. *The Dramatic Imagination*. New York: Theatre Arts Books, 2004.

Kaye, Deena and James LeBrecht. *Sound and Music for the Theatre: The Art and Technique of Design*. 2nd ed. Boston: Focal Press, 1999.

Keller, Max. *Light Fantastic: The Art and Design of Stage Lighting*. London and New York: Prestel, 2000.

Knapp, Gottfried. *Hans Schaal: Stage Architecture*. Fellbach, Germany Edition Axel Menges, 2002.

Laver, James. *Costume in the Theatre*. New York: Hill and Wang, 1964.

Lebrecht, James and Deena Kaye. *Sound and Music for the Theatre: The Art and Technique of Design,* 2nd ed. Boston: Focal Press, 1999.

Leonard, John A. *Theatrical Sound*. New York: Routledge/Theatre Arts Books, 2001.

Moiseiwitsch, Tanya, et al. *The Stage Is All the World: The Theatrical Designs of Tanya Moiseiwitsch*. Seattle: University of Washington Press, 1999.

Oddey, Alison and Christine White, eds. *The Potentials of Space: The Theory and Practice of Scenography*. Bristol, England: Intellect, Ltd., 2006.

Palmer, Richard H. *The Lighting Art: The Aesthetics of Stage Lighting*. Boston: Allyn & Bacon, 1993.

Pektal, Lynn. *Costume Design: Techniques of Modern Masters*. New York: Watson-Guptill Backstage Books, 1993.

Pilbrow, Richard. *Stage Lighting Design: The Art, the Craft, the Life*. Hollywood: Design Press, 2000.

Rich, Frank with Lisa Aronson. *The Theatre Art of Boris Aronson*. New York: Alfred A. Knopf, 1987.

Rosenthal, Jean. *The Magic of Light*. Boston: Little, Brown, 1972.

Russell, Douglas A. *Stage Costume Design*. Englewood Cliffs, NJ: Prentice-Hall, 1973.

____. *Theatrical Style: A Visual Approach to the Theatre*. Palo Alto, CA: Mayfield Publishing, 1976.

____. *Period Style for the Theatre*. Boston: Allyn and Bacon, 1980.

Smith, Ronn and Ming Cho Lee. *American Set Design Two*. New York: Theatre Communications Group, 1985.

Southern, Richard. *The Open Stage*. London: Faber and Faber, 1953.

Thorne, Gary. *Stage Design: A Practical Guide*. Crowood Press, 1999.

Thudium, Laura. *Stage Makeup*. New York: Watson-Guptill Backstage Books, 1999.

Tsypin, George. *George Tsypin Opera Factory: Building in the Black Void*. New York: Princeton Architectural Press, 2005.

Todd, Andrew and Jean-Guy Lecat. *The Open Circle: Peter Brooks Theatre Environments*. New York: Palgrave-Macmillan, 2003.

戲劇文學

Anderson, Maxwell. *The Essence of Tragedy*. Washington, DC: Anderson House, 1939.

Bentley, Eric. *The Playwright as Thinker*. New York: Harcourt, Brace, Jovanovich, 1948.

____. *The Brecht Commentaries, 1943–1980*. New York: Grove Press and London: Eyre Methuen, 1981.

Bergson, Henri. *Laughter,* ed. Wylie Sypher. Garden City, NY: Doubleday, 1956.

Brater, Enoch. *Why Beckett*. London: Thames and Hudson, 1989.

Brustein, Robert. *The Theatre of Revolt*. Boston: Little, Brown, 1964.

Butcher, S. H., trans. *Aristotle on Music and Poetry*. New York: Liberal Arts Press, 1956.

Corrigan, Robert W., ed. *Comedy: Meaning and Form*. San Francisco: Chandler Publishing, 1965.

____. *Tragedy: Vision and Form*. San Francisco: Chandler Publishing, 1965.

Esslin, Martin. *Brecht: A Choice of Evils,* 4th ed. London: Methuen, 1984.

____. *Theater of the Absurd,* 3rd ed. New York: Viking Press, 1987.

Gussow, Mel. *Conversations with Pinter*. New York: Grove Press, 1996.

____. *Conversations with Stoppard*. New York: Grove Press, 1996.

____. *Conversations with and about Beckett*. New York: Grove Press, 2001.

____. *Conversations with Miller*. New York: Applause, 2002.

____. *Edward Albee: A Singular Journey*. New York: Applause, 2001.

Harmon, Maurice, ed. *No Author Better Served: The Correspondence of Samuel Beckett & Alan Schneider.*

Cambridge, MA and London: Harvard Univ. Press, 1998.

Hart, Lynda. *Sam Shepard's Metaphorical Stages*. Westport, CT: Greenwood Press, 1987.

Kott, Jan. *Shakespeare Our Contemporary*. New York: W. W. Norton, 1974.

____. *The Theater of Essence*. Evanston, IL: Northwestern University Press, 1984.

Martin, Robert A. and **Steven R. Centola**, eds. *The Theatre Essays of Arthur Miller.* Cambridge, MA: DaCapo Press, 1996.

Meredith, George. *An Essay on Comedy,* http://www.fullbooks.com/An-Essay-on-Comedy.html

Moore, Honor, ed. *The New Women's Theatre*. New York: Vintage, 1977.

Tennant, P. F. D. *Ibsen's Dramatic Technique*. New York: Humanities Press, 1965.

Willett, John. *The Theatre of Bertolt Brecht: A Study from Eight Aspects*. New York: New Directions, 1959.

戲劇顧問、讀劇，以及文本發展

Ball, David. *Backwards and Forwards: A Technical Manual for Reading Plays*. Carbondale: Southern Illinois University Press, 1983.

Bly, Mark, ed. *Production Notebooks, Theatre in Process,* Vols. 1 and 2. New York: Theatre Communications Group, 1996 and 2001.

Cardullo, Bert, ed. *What Is Dramaturgy?* New York: Peter Lang, 1995.

Cohen, Edward M. *Working on a New Play*. New York: Limelight Editions, 1995.

Jonas, Susan, ed. *Dramaturgy in American Theatre*. Florence, KY: Wadsworth, 1996.

Kahn, David and Donna Breed. *Scriptwork: A Director's Approach to New Play Development*. Carbondale: Southern Illinois University Press, 1995.

Literary Managers and Dramaturgs of the Americas. www.lmda.org.

Nelson, Richard and David Jones. *Making Plays: The Writer-Director Relationship in the Theatre Today*. London: Faber and Faber, 1995.

Thomas, James. *Script Analysis for Actors, Directors, and Designers,* 4th ed. Boston: Focal Press, 2009.

術語中英對照表

A

absurdist comedy 荒誕喜劇
academic director 學術導演
act 幕、行動
acting 表演、演技
acting area 表演區
acting instructor 表演指導
action （戲劇）動作、（戲劇）行動、行為、行動
activity 活動
actor 演員、表演者
actor mannerism 演員的慣性
actor-ownership 演員的所有權
adaptation 改編
adjustment 調整
airs 歌調
allegorical dramatic poem 寓言戲劇詩
amplified stomach 墊腹
analysis 分析、研究
animation 動感
appearances 表象、外貌
apron 臺裙
archaeological clothing 歷史考據型服裝
architectural façade 建築牆面
arena/arena stage 四面式舞台、圓形舞台、環形舞台
artist-director 藝術家導演
artistic support 藝術協力
artist-leader 藝術家領導
articulation 吐字
atmosphere 氛圍
audience 觀眾

B

beat 節拍、節次
behavioristic 行為主義式
black comedy 黑色喜劇
black box stage 黑盒子劇場
blocking 走位、舞台調度、場面調度
body position 身體位置
boarder 沿幕
box setting 盒子式布景、廂型設計
bridge 過門、過渡樂句
business 事務、小道具運用

C

cast 演員陣容
casting 選角
cavity 凹洞
character 角色、性格
character arcs 角色弧線
characterization 角色刻劃、角色塑造
character-mood-intensity 角色情緒張力
climactic composition 高潮構圖
comedy 喜劇
comedy of manners 世態喜劇、儀態喜劇
comic fool 喜劇丑角
commedia dell'arte 義大利即興喜劇
communicate 溝通
community director 社區導演
complex character 複雜角色
composite type 複合類型、複合形式、複合型戲劇
composition 構圖
composition with furniture 有傢俱的構圖
conflict 衝突

convention 慣用手法、慣例、傳統
costume 服裝
counterpoint 對位、對比
court masque 宮廷假面舞劇
critical study 評論學
criticism 評論
curtain line 大幕線

D

decorum 儀表形態、儀態
decorum in speech 談吐
departure from realism 非寫實主義
desire 欲求
deus ex machina (deux ex machina) 機械神
diagnostic criticism 診斷式批評
diagonal 對角線
dialogue 對話、對白
direct 導演、執導、導戲
director 導演
director's options 導演的選項
discovery 發現
double plot 雙線情節佈局
dramatic action 戲劇動作、戲劇行動
dramatic criticism 戲劇批評
dramaturgy 劇場構作 、戲劇顧問

E

electronic media 電子媒介
emotional environment 感情環境
empathy 移情作用
end stage 單面式舞台
energy 能量
ensemble 整體性
environmental fact 環境事實
expressionism 表現主義
eye focus 眼睛焦點

F

fabric of normalcy 常態的基本結構
façade 建築牆面
farce 鬧劇
facial mask 化妝設計
flat 景片
flexibility 彈性、可塑性
focus 焦點
follow spot 追蹤燈
forcing 驅迫力、要脅力
forestage-proscenium stage 延伸台口鏡框式舞台
form 形式
found space 非常規表演空間
fractionated scenery 分解式布景
French scene 法式分場
full-length play 全長劇

G

game of visual perception 視覺感知遊戲
gender role 性別角色
gesture 姿勢、手勢
given circumstance 既定情境
ground row 地排景片
groundplan 舞台擺置、舞台擺置圖、平面圖
group arrangement 群組安排

H

hand property 隨身道具、小道具
hearing 聽力、可聽度、聽力範圍
historical play 歷史戲劇
history play 歷史劇
horizontal location 地平線位置

I

idea 思想、理念、題旨
illumination 照明
illusory 幻覺
illustrate 具相、形塑
illustration 具相、形塑
image 意象、圖像
image-making 塑造意象
Imaginative theatre 想像力劇場
improvisation 即興、即興創作
individuality 獨特性、個體性
inner environment 內在環境
inner language 內在語言
intensity 強度、張力
intercultural study 跨文化研究
interior speech 內在言談或論說
interpretation 詮釋
interrupted silence 受干擾的靜默

J

jog 外凸

K

kabuki 歌舞伎

L

level 水平高度
lighting 燈光
line 台詞
line focus 線條焦點
literary manager 文學（劇本）經理、戲劇文學經理
look-through scenery 看透式布景

M

major project 重要計畫
makeup 化妝
managing artistic director 經理暨藝術總監
masque 面具舞劇
master-craftsman-director 總藝師導演
master craftsman interpretive director 總藝師詮釋導演
melodrama 通俗劇
minimalism 極簡主義
minimalist 極簡抽象派藝術家
mood value 氣氛價值、情緒價值、情緒值
mood 情緒、氣氛、氛圍
mood bridge 氛圍橋段
moral stance 道德觀
movement 移動
multiaudience 多元觀眾
multiplay 多元劇作
multitheatre 多元劇場
multicommunity theatre 多元社區劇場
musical 音樂劇

N

naturalism 自然主義
nervosity 神經狀況
non-profit theatre 非營利劇場
number dialogue 數字對白

O

obstacle course 障礙路徑
one-act play 獨幕劇
open position 敞開的位置
open-thrust stage 開展式舞台
opera 歌劇
orchestrate voice 編排音聲
organic blocking 有機走位

overdesign 過度設計

P

pacing 步調
paid employment 有給職
painted-architectural 繪景建築式
painted scenery 繪景式布景
perception 感知
period play 時代劇
performance 演出
physicalization 實體化
pictorial scenery 圖畫式布景
picturization 圖像化
pitch 音高
plane 層面
play 戲劇、表演、劇本、演出、遊戲、扮演
playscript 劇本原稿
playwright 劇作家、劇作者、編劇
plot 情節
poise 姿態
polar attitude 態度導向
presentational 表現的，寫意的，非寫實的
presentationalism 表象主義
previous action 先前動作
processed sound 經過處理的聲音
production 製作、演出
production support 製作支援
professional director 專業導演
projected scenery 投影式布景
projection 投射
promptbook 排演本
pronounciation 發音
property 道具
proscenium arch 鏡框、鏡框口
proscenium stage 鏡框式舞台
proscenium wall 鏡框牆
psychic imprint 心靈印記

R

reading play 讀劇
reality 現實
reciprocation 交互作用
reciprocity 交互作用
regionalism（語言的）地方色彩
rehearsal 排練、排演
rehearse 排練、排演
relaxation 放鬆
representationalism 再現主義
resident theatre 地方劇院
review 觀後感
revival 復演
rhythm 韻律
rhythmic beat 韻律性節拍
rhythm-mood beat 韻律和氣氛之節拍
road company 巡演劇團
romantic-historical drama 浪漫歷史劇
rule of alternation 交替變動的規則

S

scene 場、場景
scenery 布景
scenography 舞台美學、舞台布景設計
screen unit 景片組合
sculptural property 雕塑型道具
secondarily intellectual 第二度智力
selective visibility 選擇性的可見度
self-conscious directing 刻意的導演走向
semiotics 符號學
serious drama 正劇
serious play 正劇
set property 大道具
simple character 簡明角色
sitcom 情境喜劇

situation comedy 情境喜劇
skeletal framing 骨架結構
skycloth 天空幕
sit-down drama 坐下戲劇
soundscape 聲音景觀、聲音環境、環境音、音景
space and mass 空間與群眾
speech 論說、言談
sphere （身體）球形範圍
stage convention 舞台傳統、舞台慣例
stage machine 舞台機器
stageplace 舞台場域
staging 場面調度、搬演
stand-up drama 站立戲劇
storytelling 敘事、說故事
subtext 潛台詞
style 風格
symbolization 象徵化
synthesis 統合

T

tempo 節奏
text 文本
theatre 劇場、劇院
theatre company 劇團
theatre-in-the-round 環形劇場
theatrical moment 劇場性時刻
theatricality 劇場性
thrust stage 伸展式舞台
tone 基調
tragedy 悲劇
tragic hero 悲劇英雄
tragicomedy 悲喜劇
trap door 陷阱門

U

underdesign 設計不足
unit 段落
unit beat 段落節拍
unit shift 段落變動

V

verse 詩文體
vision 意象、視野、願景
violence level 暴力強度
volume 音量
vomitory 觀眾席下之出入口

W

wagon 臺車
will 意志力
wing 側翼幕
wing-and-drop settings 翼幕和布幕布景
whiggery 自由主義

專有名詞中英索引

0-9

A

B

C

D

E

F

G

H

I

J

K

L

M

N

O

P

Q

R

S

T

U

V

W

Y

Z

戲劇導演——分析、溝通與風格

作　　者 / 法蘭西斯・霍吉、邁可・馬克連
譯　　者 / 洪祖玲
出 版 者 / 揚智文化事業股份有限公司
發 行 人 / 葉忠賢
總 編 輯 / 閻富萍
特約執編 / 謝依均
地　　址 / 新北市深坑區北深路三段 258 號 8 樓
電　　話 / (02)8662-6826
傳　　真 / (02)2664-7633
網　　址 / http://www.ycrc.com.tw
E-mail / service@ycrc.com.tw
ISBN / 978-986-298-352-2
初版一刷 / 2020 年 10 月
初版二刷 / 2022 年 9 月
定　　價 / 新台幣 650 元

Play Directing: Analysis, Communication, and Style, 7th Edition, by Francis Hodge, Michael McLain / ISBN: 978-0-205-57124-6

國家圖書館出版品預行編目（CIP）資料

戲劇導演：分析、溝通與風格 / 法蘭西斯．霍吉, 邁可．馬克連著；洪祖玲譯. -- 初版. -- 新北市：揚智文化, 2020.10

面； 公分

譯自:Play directing: analysis, communication, and style, 7th ed.

ISBN 978-986-298-352-2（平裝）

1.導演 2.劇場藝術

981.4 109012267

Notes

Notes

Notes

Notes